Psicologia da Triplicidade do Ego e da Personalidade e os Conceitos de Sigmund Freud e de C. G. Jung

Dados Internacionais de Catalogação na Publicação (CIP)
(Câmara Brasileira do Livro, SP, Brasil)

Cruz, Adão José Gonçalves da
Psicologia da triplicidade do ego e da personalidade e os conceitos de Sigmund Freud e de C. G. Jung / Adão José Gonçalves da Cruz. -- 1. ed. -- São Paulo : Ed. do Autor, 2025.

ISBN 978-65-01-84490-9

1. Freud, Sigmund, 1856 -1939 2. Jung, C. G. (Carl Gustav), 1875-1961 3. Psicologia - Estudo e ensino I. Título.

25-322489.0 CDD-150.7

Índices para catálogo sistemático:

1. Psicologia : Estudo e ensino 150.7

Livia Dias Vaz - Bibliotecária - CRB-8/9638

1ª edição – Impresso
2025

Artigos Científicos publicados pelo autor

ENSAIOS DE PSICOLOGIA

A Triplicidade do Ego e a Psicopatologia Fenomenológica

A Triplicidade do Ego e a Triplicidade da Personalidade e a Psicanálise de Sigmund Freud

A Triplicidade do Ego e a Triplicidade da Personalidade e a Psicologia Analítica de C. G. Jung

A Triplicidade do Ego e a Triplicidade da Personalidade e a Teoria das Relações Objetais de Melanie Klein

Apóstolo Paulo: Psicologia do Caminho de Damasco

Beethoven e os Arquétipos Musicais

C. G. Jung e a Psicoastrologia: Fenômeno de Sincronicidade

C. G. Jung e os Condensados Bose-Einstein: Neuropsicologia Quântica

C. G. Jung e os Condensados Bose-Einstein: Processos Psíquico-quânticos da Anima e Animus

C. G. Jung e os Condensados Bose-Einstein: Processos Psíquico-quânticos da Individuação

C. G. Jung e os Condensados Bose-Einstein: Processos Psíquico-quânticos do Apokalypsis de São João

Entropia Psíquica: Psicologia da Decadência Social

Estudo de Caso Jeffrey Dahmer: Entropia Psíquica ou Esquizofrenia?

Fundamentos de Psicologia Esotérica

Inconsciente Social: Síndrome de Estocolmo

Psicologia da Anima e do Animus

Psicologia da Arca da Aliança

Psicologia da Ciência de Morrer: Processos do Luto Social e do Luto Psíquico

Psicologia da Pedra Filosofal

Psicologia da Triplicidade do Ego e da Triplicidade da Personalidade e os Fenômenos no Córtex Visual Primário e Secundário do Sujeito nos Transtornos da Personalidade

Psicologia da Triplicidade do Ego e da Personalidade e os Conceitos de Sigmund Freud e de C. G. Jung

Psicologia de Sonho de Uma Noite de Verão e os Símbolos e Arquétipos dos Contos de Fadas

Psicologia do Apokálypsis e a Fenomenologia na Psique e no Córtex Visual Humano

Psicologia do Desenvolvimento Biopsicossocial e o Inconsciente Coletivo de C. G. Jung

Psicologia do Mito da Caverna e sua Representação Arquetípica na Psique e no Córtex Visual Primário e Secundário

Psicologia do Mito de Prometeu como Símbolo e Arquétipo da Transformação e do Desenvolvimento Humano

Psicologia e Arquétipos da Oração Pai Nosso

Psicologia Esotérica e o Mito da Caverna

Psicologia Esotérica e o Behaviorismo de B. F. Skinner

Psicologia Esotérica: a Gênese e Topologia do Ego

Resposta a Carl Gustav Jung: Origem e Arquétipos do Inconsciente Coletivo

Resposta ao Neurocientista Antônio Damásio: Origem e Formação do Cérebro e da Mente Humana

Terapia de Retrospecção e Concentração – TRC

Universo da Natureza da Psique: a inexistência do tempo

Adão José Gonçalves da Cruz
escritor

Pesquisa-Ação

A ideia de escrever ensaios de psicologia sobre o comportamento humano se tornou real ao observar nos "laboratórios móveis" diversos tipos de fenômenos físicos, de religiosidade/espiritualidade (R/E), psicológicos e mentais; todavia, foi quando comecei a observar e escutar pessoas (de forma direta e indireta), bem como pesquisar comportamentos de pessoas reais dentro de transportes coletivos.

Acordava por volta das 3 horas da manhã (madrugada), de segunda à sexta-feira, para ter condições de acompanhar pessoas peculiares e grupos de pessoas em diferentes transportes coletivos, para depois ir trabalhar e à noite, estudar. Na época, escutar e observar pessoas e analisar comportamentos de pessoas reais foram nos "laboratórios móveis", ou seja, em lugares públicos como ônibus coletivos, praças públicas, salas de cinemas, cineclubes, sistema de transporte metroviário (metrô) em diversas estações do metrô paulista; em centros comerciais, bares, salas de jogos virtuais, moradores de rua, lanchonetes, restaurantes e em ruas de bairros e comunidades na cidade de São Paulo, Brasil.

Depois de dezoito anos de observações e análises de pessoas reais, que também incluiu cursos, palestras presenciais e em vídeos, pesquisa literária, documentários de fatos, bem como observar e escutar pacientes em casas de repouso, hospitais, clínicas e hospitais psiquiátricos e sistema penitenciário na cidade de São Paulo, Brasil. Também frequentava estádios oficiais de futebol profissional para observar diferentes grupos de torcedores nas arquibancadas (e nas saídas dos estádios) em diferentes campeonatos oficiais, bem como "futebol de várzea" em alguns finais de semana durante partidas de futebol de campo. Nos finais de semana aproveitava para reunir o material observado e coletado durante a semana.

Nestes ensaios, o leitor poderá apreender os estudos da natureza da psique, a dobra do tempo psíquico e a autorrealização através da prática de exercícios científicos da Terapia de Retrospecção e Concentração - TRC. Esses estudos e pesquisas abrangem hipóteses da origem do inconsciente coletivo, do inconsciente pessoal, do processo psíquico-quântico da individuação etc., com base nos estudos de Carl Gustav Jung.

SUMÁRIO

PARTE II

CAPÍTULO IV

CAPÍTULO V

PARTE III

CAPÍTULO VI

CAPÍTULO VII

Prefácio

Neste ensaio de "*Psicologia da Triplicidade do Ego e da Personalidade e os Conceitos de Sigmund Freud e de C. G. Jung*", são apresentados conceitos de personalidade e de ego sob diferentes perspectivas da psicologia analítica e da psicanálise. A ciência conceitua que a personalidade é definida como o conjunto de características psicológicas que determinam padrões de pensamento, sentimento e ação, influenciados por fatores genéticos, sociais e ambientais, sendo fundamental para a identidade do indivíduo.

São apresentados conceitos de personalidade e de ego sob diferentes perspectivas da psicologia analítica e da psicanálise. A ciência conceitua que a personalidade é definida como o conjunto de características psicológicas que determinam padrões de pensamento, sentimento e ação, influenciados por fatores genéticos, sociais e ambientais, sendo fundamental para a identidade do indivíduo.

O ego, por sua vez, é apresentado como o "eu consciente", mediador entre impulsos instintivos e normas sociais, responsável pela percepção da realidade e pela formação da identidade pessoal. Pela psicanálise, o "ego" equilibra as demandas do "id" e do "superego", desenvolvendo mecanismos de defesa para proteger a mente de conflitos e ansiedade. Diante do exposto, apresento críticas à clareza das teorias psicanalíticas e de outras abordagens, sugerindo a necessidade de revisão e aprofundamento dos conceitos de "*Ego*" e de "*personalidade*", ao apresentar hipótese fundamental da existência, bem como diferenciando a triplicidade do Ego e a triplicidade da personalidade.

Para mitigar esse "turbulento" campo de conhecimento é preciso formular perguntas para que se apreenda o que está sendo apresentado. O que os diversos autores e profissionais de Psicologia querem que as pessoas entendam o que realmente venha ser o triple Ego? Qual a origem desse arquétipo? Como o triple Ego e a triple personalidade são constituídos e como se transformam ao longo da vida do indivíduo? Como e quando o triple Ego e a triple personalidade se manifestam no inconsciente e no consciente do sujeito? Como e quando a constituição subjetiva e objetiva do sujeito "acomodam" esses arquétipos nas estruturas biopsicossocial e espiritual do sujeito?

A *constituição subjetiva* refere-se à percepção e interpretação individual da realidade, baseada nas experiências, sentimentos e visão de mundo de cada pessoa. É a dimensão pessoal, focalizada na experiência e na percepção do indivíduo. É influenciada por vivências, cultura, relações sociais e histórico pessoal. No contexto do direito, corresponde à capacidade do indivíduo de exigir um direito do Estado, como a exigência de um direito fundamental.

A *constituição objetiva* se refere à realidade em si, como ela é, independentemente de interpretações individuais. No direito, está ligada ao dever do Estado de garantir e promover os direitos de todos os cidadãos. Refere-se à realidade como ela é, independente de quem a observa. No âmbito jurídico, é a dimensão de dever do Estado, que tem a obrigação de garantir direitos, valores e fins da sociedade, como a justiça e a igualdade. No direito, esta dimensão não anula a subjetiva, mas a complementa, garantindo que os direitos sejam assegurados mesmo sem uma reivindicação direta. As normas constitucionais e os direitos fundamentais, sob esta perspectiva, funcionam como um sistema que orienta e limita a ação do Estado e dos poderes públicos.

Novos estudos do Conhecimento Psicológico conceituam a complexidade da estrutura da triplicidade do Ego e da triplicidade da personalidade, através das análises de elementos conscientes e inconscientes, ao se conscientizar da importância de integrar aspectos biológicos, psicológicos, mentais e espirituais na compreensão da totalidade do sujeito, diante de transtornos da personalidade.

Ao apresentar hipóteses da origem e estrutura da triplicidade do Ego e da triplicidade da personalidade; todavia, é preciso encontrar a verdade de razão[1] para dada hipótese. Logo, um caráter verdadeiramente científico deve ser livre de preconceitos.

Popularmente entende-se por *preconceito*, que é um julgamento ou opinião formada previamente, sem conhecimento ou reflexão adequados, frequentemente baseado em estereótipos. Ele pode ser positivo

[1] **Verdade de razão** (Filosofia): verdade necessária e cujo oposto é impossível.

ou negativo e geralmente está associado à intolerância e à discriminação, manifestando-se em relação a características como raça, gênero, religião, orientação sexual e classe social. O *preconceito* limita a percepção da realidade e impede o desenvolvimento de relações sociais mais justas e igualitárias.

Na psicologia, *preconceito* é uma atitude de julgamento negativo pré-concebido, composta por elementos cognitivos (crenças), emocionais (medo, raiva, nojo) e comportamentais (predisposição para agir). Trata-se de um julgamento sem reflexão ou conhecimento aprofundado sobre grupos ou indivíduos, influenciado por fatores sociais e pela economia cognitiva de quem o emite, como analisado por Jung (2016) em "Sincronicidade - a dinâmica do inconsciente".

> Quando Galileu descobriu as luas de Júpiter, com a ajuda do seu telescópio, entrou imediatamente em choque também com os preconceitos de seus contemporâneos eruditos. Ninguém sabia o que era um telescópio nem o que ele poderia fazer. Ninguém jamais ouvira falar em luas de Júpiter. Naturalmente cada época pensa - e hoje pensamos assim mais do que nunca - que todas as épocas anteriores eram preconceituosas, e estamos, portanto, tão errados quanto todas as épocas anteriores que pensavam desta maneira. Quantas vezes não vimos a verdade condenada! É triste, mas infelizmente, é verdade que os homens não aprenderam a lição da História. Este fato nos trará as maiores dificuldades, pois, ao nos prepararmos para recolher o material empírico que lançará um pouco de luz sobre um assunto tão obscuro, estamos certos de encontrá-lo justamente onde todas as autoridades nos garantiram que nada poderia ser encontrado (Jung, 2016, p. 43-44).

Introdução

Ao apresentar críticas às teorias psicanalíticas, bem como de outras abordagens psicológicas, sugerindo a necessidade de revisão e aprofundamento dos conceitos de "ego" e de "personalidade", apresento hipótese fundamental da existência da triplicidade do Ego e da triplicidade da personalidade, diferenciando o "Eu Superior" (a triplicidade do Ego) e o "eu inferior" (a triplicidade da personalidade), ao analisar a importância de integrar aspectos biológicos, psicológicos, mentais e espirituais na compreensão da totalidade do sujeito, pois, um dos objetivos é distinguir e valorizar as experiências da religiosidade e espiritualidade (R/E) do sujeito.

Popularmente, entende-se por "personalidade", que é o conjunto de características psicológicas que definem o modo como uma pessoa pensa, sente e age, formando sua individualidade e padrões de comportamento relativamente estáveis ao longo do tempo. É influenciada por fatores genéticos, sociais e ambientais, e é o que torna cada indivíduo único em sua maneira de interagir com o mundo. As teorias psicanalítica, humanista e comportamental se destacaram nas universidades, século XX, ao apresentar suas abordagens para se entender a personalidade.

A teoria psicanálise, de Sigmund Freud, focaliza em impulsos inconscientes e conflitos internos do "id", "ego" e "superego". Explora a influência do inconsciente, dos conflitos internos e das experiências da infância no desenvolvimento da personalidade, tendo como base os conceitos de "id", "ego" e "superego". Apresenta ser as três estruturas da personalidade, representando os impulsos instintivos (id), o senso de realidade (ego) e a moralidade (superego). Apresenta o desenvolvimento psicossexual, nas fases de desenvolvimento (oral, anal, fálica, latência e genital) onde a libido (o componente energético) se localiza em diferentes partes do corpo.

A teoria humanista destaca a autorrealização e o potencial de cada indivíduo. Enfatiza a experiência subjetiva, a liberdade de escolha e a busca pela autorrealização. Seus principais conceitos é a autorrealização, cuja tendência inata de cada pessoa para desenvolver seu pleno potencial. E a visão holística, que acredita que a pessoa é um todo e que sua personalidade não pode ser totalmente compreendida apenas analisando seus componentes.

A teoria comportamental enfatiza a influência do ambiente e do aprendizado, pelo condicionamento, no desenvolvimento da personalidade. Argumenta que a personalidade é moldada por fatores ambientais e pelo aprendizado, através de reforço e punição. Cujos principais conceitos é o condicionamento, pelo aprendizado baseado em associações, onde comportamentos são fortalecidos ou enfraquecidos dependendo das consequências. E a modelagem, que é a ideia de que a personalidade é construída gradualmente através de uma série de aprendizados, com comportamentos específicos sendo reforçados.

Assim sendo, os principais aspectos da personalidade são padrões de pensamento, sentimento e ação. Refere-se à forma consistente como uma pessoa se comporta em diferentes situações, incluindo suas reações emocionais e escolhas. Embora a personalidade seja relativamente estável, ela pode se desenvolver e se manifestar de maneiras diferentes ao longo da vida devido a experiências. Pela influência de fatores, é moldada por uma combinação única de fatores biológicos (genética) e ambientais (experiências e ambiente social). A personalidade está ligada à identidade de uma pessoa, cuja personalidade é fundamental para suas atitudes, comportamentos e forma de se relacionar.

Popularmente, entende-se por "Ego", sendo o "eu" ou a consciência de si, uma parte da mente que lida com a realidade, ajusta ou media os impulsos instintivos com as normas sociais e forma a identidade pessoal. O "Ego" é responsável por nossa personalidade, nossa percepção do mundo e como nos enxergamos, agindo como um mediador entre nossos desejos internos, os valores morais e as exigências externas.

Em geral, as pessoas têm entendimento do "Ego" pela mediação psíquica, pois, na Psicanálise de Freud (1979), o "Ego" é a parte da mente que faz a ponte entre o "Id" (impulsos instintivos) e o "Superego" (valores morais e éticos). Ele tenta equilibrar as demandas da realidade externa com os desejos internos.

Pela Psicanálise, quanto a formação da identidade, o "Ego" é fundamental na formação da identidade pessoal, ajudando a criar um senso de continuidade e consistência ao longo da vida. É a parte que nos faz sentir como um "eu" único. Quanto à percepção da realidade, o "Ego" interpreta a realidade, as memórias e as emoções, influenciando a forma como vemos o mundo e como nos relacionamos com as pessoas ao nosso redor.

O "Ego" também desenvolve mecanismos de defesa para proteger a mente de conflitos e ansiedade, contribuindo para o equilíbrio psíquico. Todavia, pela psicanálise um "Ego" excessivamente inflado ou "ferido" pode levar a conflitos, dinâmicas prejudiciais em relacionamentos e dificuldades em ouvir e entender os outros. No entanto, neste ensaio de psicologia analisamos os entendimentos, teorias, conceitos e estrutura psicológica do "Ego" tendo como base os estudos de Sigmund Freud, C. G. Jung, Melanie Klein (1991/1996) e Donald Winnicott (1983/2021).

Todavia, Sigmund Freud (2011) não explicou nem mostrou a esquematização da estrutura e origem do ego e nem a formação psíquico-estrutural do que ele teorizou como sendo "id", "ego" e "superego". Apresentou vasto estudo do "mal psíquico" - *dos sintomas* -, com seus desdobramentos psicanalíticos. Mesmo sendo um gênio (para a época), Sigmund Freud (2011) teorizou e esboçou um esquema obscuro da formação e manifestação de uma possível "estrutura psicológica do ego".

Por exemplo, Anna Freud (2006) analisou parte da teoria de Sigmund Freud em "O Ego e os Mecanismos de Defesa - a relação entre a análise do id e a do ego".

> Descrevi, com uma considerável soma de pormenores, como os fenômenos de transferência estão abrangidos em três categorias: transferência de tendências libidinais, transferência de atitudes defensivas e "representar" na transferência. Meu propósito foi mostrar que as dificuldades técnicas de análises são relativamente menores, quando se trata de uma questão de levar os derivados do id para a consciência; e que são máximas, quando temos de enfrentar os elementos inconscientes no ego. Isso talvez seja mais bem expresso da seguinte maneira: a dificuldade não é inerente à nossa técnica analítica como tal;

> não está menos bem adaptada para fazer subir à consciência a parte inconsciente do ego do que para inculcar na consciência a parte inconsciente do id ou do superego. Ocorre apenas que nós, analistas, estamos menos familiarizados com as dificuldades da análise do ego do que com as da análise do id. A teoria analítica deixou de sustentar que o conceito de ego é idêntico ao de sistema de consciência perceptiva; quer dizer, percebemos que vastas porções das instâncias do ego são inconscientes e requerem o auxílio da análise, a fim de tomá-las conscientes. O resultado é que a análise do ego assumiu, aos nossos olhos, maior importância. Tudo o que se apresentar na análise, oriundo do ego, é material tão bom quanto um derivado do id. Não temos o direito de considerá-lo, simplesmente, uma interrupção na análise do id. Mas, é claro, tudo o que provém do ego é também uma resistência, em todos os sentidos da palavra: uma força dirigida contra a emergência do inconsciente e, por conseguinte, contra o trabalho do analista. E nossa ambição aprendermos a orientar a análise do ego de um paciente - ainda que tenha de ser levada a cabo contra a vontade desse ego -, pelo menos com a mesma firmeza com que conduzimos a análise do seu id (Freud, Anna, 2006, p. 23).

Diante desses desdobramentos psicanalíticos poucos esclarecedores da realidade psíquica do sujeito, torna-se necessário conhecer as análises críticas de "A teoria da sexualidade infantil", "O conceito de libido", "Neurose e fatores etiológicos na infância", "As fantasias do inconsciente", "O complexo de Édipo", entre outras teorias para tentar entender as manifestações da trilogia de Freud: "id", "ego" e "superego", com base nos estudos em "Freud e a Psicanálise (Jung, 2014).

> Como já disse, a observação das fantasias sexuais prematuras, consideradas como fonte das neuroses, levou Freud a admitir uma sexualidade infantil ricamente desenvolvida. Como os senhores sabem, muitos contestam pura e simplesmente o caráter real destas observações, isto é, acham que foi um erro grosseiro e uma obcecação obstinada que induziram Freud e toda a sua escola, tanto na Europa como na América, a ver coisas que realmente não existiam. Por isso, consideram-nos pessoas atacadas por uma epidemia intelectual. Devo confessar que não tenho

> meios para me defender dessa "crítica". De resto, devo observar que a chamada ciência não tem direito de afirmar a priori que certos fatos não existem. No máximo, o que se pode dizer é que tais fatos parecem pouco prováveis e necessitam de maior confirmação e estudo mais acurado. Também não é válida a objeção de que nada de fidedigno se possa descobrir com este método psicanalítico, por ser ele irracional. Também, na época não se acreditou no telescópio de Galilei, e Colombo descobriu a América baseado numa hipótese falsa. Na minha opinião, o método pode estar repleto de erros, mas isto não impede que o utilizemos. Também se fizeram, antigamente, determinações de tempo e lugares com observações astronômicas inteiramente insatisfatórias. As objeções contra o método devem ser consideradas subterfúgios, até que os oponentes pisem no campo dos fatos. É aqui, e não com guerra de palavras, que se decide o problema (Jung, 2014, §230).

Apesar da genialidade e *expertise* de Sigmund Freud (1979), existe um legado teórico de obscuridade, ou seus sucessores não entenderam suas teorias nem a aplicabilidade da psicanálise? Ou existe algum esquema com laboratórios farmacêuticos, sendo fomentado pelas políticas de governo (desde o século XX) quando se analisa a problemática "*da medicalização e a patologização da vida na escola*", que "ecoa" na graduação nas universidades? São esses os futuros profissionais da saúde que farão diagnósticos de crianças, adolescentes e de adultos, que passaram pelo mesmo *processo da medicalização e da patologização*? Círculo vicioso freudiano ou política de governo pós primeira guerra mundial para controle populacional?

Todavia, não podemos menosprezar a genialidade de Sigmund Freud; no entanto, as teorias deveriam ter sido examinadas e reeditadas por pesquisadores comprometidos em *buscar a Verdade* da natureza psíquica do ser humano. Acredito que estavam (de certa forma) preocupados com o bem-estar das crianças e adolescentes que sofriam e sofrem de alguma desordem psíquica com sua sintomatização; ao invés de serem controladas (de forma persecutória) por uma minoria que procura monopolizar o "aparelho educacional" desde as *fases patrística* e *escolástica*, Período Medieval, séculos IX-XVI.

Pelos estudos da American Psychiatric Association (2025) e pelas análises em Barnhill (2024), entende-se por "desordem psíquica com sintomatização", pois, refere-se a um transtorno mental (ou distúrbio mental/psicológico) que se manifesta através de sintomas físicos ou problemas na forma como a pessoa pensa, sente e se comporta. Por exemplo, a somatização ocorre quando uma condição psíquica é expressa como um sintoma físico, como dor ou cansaço, que não pode ser explicado por uma doença orgânica. Outras manifestações podem incluir desânimo, irritabilidade ou preocupações excessivas com sintomas físicos.

Por exemplo, pela realidade sociopolítica brasileira, desde as últimas décadas do século XX, vivenciamos fatos que podem ser analisados por qualquer pessoa de mente mediana, ao avaliar as questões apresentadas abaixo para tentar apreender o conjunto de características psicológicas que definem o modo como pessoas pensam, sentem e agem, formando suas individualidades e padrões de comportamentos relativamente estáveis ao longo do tempo, ao serem influenciados pelos macros e microambientes, como espirais dentro de espirais.

Por exemplo, no Brasil, podemos analisar o comportamento das pessoas no ambiente eleitoral, pelas duvidosas eleições de 2022, quando o ator Luiz Inácio Lula da Silva fomentou e promoveu a corrupção na América Latina, ao fundar com Fidel Alejandro Castro Ruz (1926-2016) o "Foro de São Paulo[2], em 1990". Na época, esses atores apresentavam fortes indícios de *transtornos da personalidade*.

Antes do período eleitoral, nas eleições de 2022, esse ator brasileiro profundamente aliado ao *anarcocomunismo*[3], usurpou por "força do judiciário brasileiro" o cargo de presidente da República do Brasil, mesmo tendo sido condenado por diferentes instâncias no judiciário brasileiro.

---

[2] "The Psychology of Apokálypsis and Phenomenological Psychology in its Relation to the Psyche and the Subject's Visual Cortex", publicado no periódico "International Journal of Human Sciences Research (ISSN 2764-0558)", sob o DOI https://doi.org/10.22533/at.ed.5585925290512.

[3] **Anarcocomunismo**, disponível em: https://pt.wikipedia.org/wiki/Anarcocomunismo. Acesso em 05 dezembro 2025.

Todavia, pela análise de comportamentos das pessoas, se observa as manipulações durante as eleições[4] em 2018 e as eleições em 2022, que provocaram a soltura da prisão dos atores da operação Lava Jato[5] (decisão oficial[6]_vol.1 e decisão oficial[7]_vol.2) e do escândalo do Mensalão[8] (relatório oficial[9]_vol.1 e relatório oficial[10]_vol.2). Na época em questão, indicados em 2025 pelo presidente supra, os novos ministros do STF, Flávio Dino[11] de Castro e Costa, Cristiano Zanin Martins, tiveram participação direta e indireta[12] na operação Lava Jato.

---

[4] Jovem Pan – Os Pingos nos Is - CPI DO STF CAMINHA/ ENTREVISTA: VALDEMAR/ SENADORES CONTRA BARROSO. <https://youtu.be/cICECi1dztU>, acesso em 24.11.2022.

[5] **Operação Lava Jato:** foram conjuntos de investigações, algumas controversas, realizadas pela Polícia Federal do Brasil, que cumpriu mais de mil mandados de busca e apreensão, de prisão temporária, de prisão preventiva e de condução coercitiva, visando apurar um esquema de lavagem de dinheiro que movimentou bilhões de reais em propina. A operação teve início em 17 de março de 2014 e conta com 80 fases operacionais autorizadas, entre outros, pelo então juiz Sergio Moro, durante as quais se prenderam e condenaram-se mais de cem pessoas; tendo seu término em primeiro de fevereiro de 2021. O nome da operação deve-se ao uso de um posto de combustíveis para movimentar valores de origem ilícita, investigada na primeira fase da operação, na qual se prendeu o doleiro Alberto Youssef. Ela investigou crimes de corrupção ativa e passiva, gestão fraudulenta, lavagem de dinheiro, organização criminosa, obstrução da justiça, operação fraudulenta de câmbio e recebimento de vantagem indevida. A Lava Jato foi apontada como uma das causas da crise político-econômica de 2014 no país. De acordo com investigações e delações premiadas, estava envolvida em corrupção membros administrativos da empresa estatal Petrobras, políticos dos maiores partidos do Brasil, incluindo presidentes da República, presidentes da Câmara dos Deputados e do Senado Federal e governadores de estados, além de empresários de grandes empresas brasileiras. A Polícia Federal considera-a a maior investigação de corrupção da história do país. Ao longo de seus desdobramentos, entre outras pessoas relevantes que acabaram sendo presas graças à operação, incluem-se o ex-governador do Rio de Janeiro Sérgio Cabral e o seu sucessor Luiz Fernando Pezão; ainda durante o mandato, o ex-senador Delcídio do Amaral, o ex-presidente da Câmara dos Deputados Eduardo Cunha, os ex-ministros da Fazenda Antônio Palocci e Guido Mantega, o publicitário João Santana, **o ex-ministro-chefe da Casa Civil José Dirceu**, o empresário Eike Batista e em abril de 2018, **o ex-presidente da República Luiz Inácio Lula da Silva**. Ao final de dezembro de 2016, a Operação Lava Jato obteve um acordo de leniência com a empreiteira Odebrecht, que proporcionou o maior ressarcimento da história mundial, por outro lado, causou graves danos à ordem econômica brasileira. O acordo previu o depoimento de 78 executivos da empreiteira, gerando 83 inquéritos no STF, e de que o ministro do tribunal Edson Fachin retirou o sigilo em abril de 2017. Novas investigações surgiram no exterior a partir destes depoimentos em dezenas de países, dentre eles Cuba, El Salvador, Equador e Panamá. Em fevereiro de 2021, a operação de combate à corrupção terminou, após quase sete anos de ação. Disponível em:
https://pt.wikipedia.org/wiki/Opera%C3%A7%C3%A3o_Lava_Jato#:~:text=A%20opera%C3%A7%C3%A3o%20teve%20in%C3%ADcio%20em,1%C2%BA%20de%20fevereiro%20de%202021. Acesso em 10 dezembro 2025.

[6] **Operation Lava Jato: Decision of the case:** https://static.poder360.com.br/2021/08/decisao-lula-sitio-atibaia-21ago2021.pdf, 05.12.2025.

[7] **Operation Lava Jato: Decision of the case:**
https://www.senado.leg.br/comissoes/cpi/relatoriofinalvol1.pdf, 05.12.2025.

[8] ***Escândalo do Mensalão***: foi um grande escândalo de compra de votos que ameaçou derrubar o governo de **Luiz Inácio Lula da Silva**, em 2005. *Mensalão* é um neologismo, uma variante da palavra para "grande pagamento mensal" (*salário mensal* ou *mensalidade*). O escândalo estourou em 6 de junho de 2005 quando o deputado brasileiro Roberto Jefferson (Partido Trabalhista Brasileiro) disse ao jornal *Folha de São Paulo* que o Partido dos Trabalhadores (PT) pagou a alguns deputados 30.000 reais (cerca de US$ 12.000 na época) para que votassem em legislação, que favorecia o partido no poder. Os recursos teriam vindo de verbas publicitárias de empresas estatais, canalizadas por meio de uma agência de publicidade de Marcos Valério. A investigação envolveu então membros do Partido da Social-Democracia Brasileira, Democratas, Partido do Movimento Democrático Brasileiro e sete outros partidos políticos também envolvidos. Muitos assessores de Lula renunciaram e vários deputados enfrentaram a opção de renunciar ou expulsar do Congresso. O próprio presidente foi reeleito em 2006 e, **em 2010, o Brasil elegeu a chefe de gabinete, Dilma Rousseff, como presidente**. Grande parte da liderança do PT foi afetada de alguma forma, com muitos renunciando ou não conseguindo ser reeleitos. A economia do Brasil foi amplamente percebida como não tendo sido substancialmente afetada pelo escândalo. Roberto Jefferson, que inicialmente gerou o escândalo, foi expulso da Câmara dos Deputados em 14 de setembro de 2005 por infrações éticas determinadas pelo Conselho de Ética do Congresso. Apesar da continuação de renúncias adicionais, em outubro o escândalo morreu um pouco quando o Brasil realizou um referendo polêmico sobre a proibição da venda de armas, uma iniciativa fortemente rejeitada pelos eleitores.

[9] **Mensalão volume 1: Scandal Report, Brasília, Brazil**:
https://www.senado.leg.br/comissoes/cpi/relatoriofinalvol1.pdf, acesso em 05.12.2025.

[10] **Mensalão volume 2: Scandal Report, Brasília, Brazil**:
https://www.senado.leg.br/comissoes/cpi/relatoriofinalvol2.pdf, acesso em 05.12.2025.

[11] Análise: Dino frustra cautela de Zanin | CNN PRIME TIME. Disponível em:
https://www.youtube.com/watch?v=VJwSTvuiAkM. Acesso em 05 dezembro 2025.

[12] NT.: A participação de **Flávio Dino de Castro e Costa** e **Cristiano Zanin Martins** nos escândalos do mensalão e na Operação Lava Jato está relacionada a diferentes contextos: Flávio Dino foi citado em uma delação que foi arquivada por falta de provas, enquanto Cristiano Zanin atuou como advogado de réus e teve um inquérito contra si trancado. Nenhum dos dois foi réu ou condenado em nenhuma das operações.

Como e quando a constituição subjetiva e objetiva do sujeito "acomodam" esses arquétipos nas estruturas biopsicossocial e espiritual do sujeito?

A *constituição subjetiva* refere-se à percepção e interpretação individual da realidade, baseada nas experiências, sentimentos e visão de mundo de cada pessoa. É a dimensão pessoal, focalizada na experiência e na percepção do indivíduo. É influenciada por vivências, cultura, relações sociais e histórico pessoal. No contexto do direito, corresponde à capacidade do indivíduo de exigir um direito do Estado, como a exigência de um direito fundamental.

A *constituição objetiva* se refere à realidade em si, como ela é, independentemente de interpretações individuais. No direito, está ligada ao dever do Estado de garantir e promover os direitos de todos os cidadãos. Refere-se à realidade como ela é, independente de quem a observa. No âmbito jurídico, é a dimensão de dever do Estado, que tem a obrigação de garantir direitos, valores e fins da sociedade, como a justiça e a igualdade. No direito, esta dimensão não anula a subjetiva, mas a complementa, garantindo que os direitos sejam assegurados mesmo sem uma reivindicação direta. As normas constitucionais e os direitos fundamentais, sob esta perspectiva, funcionam como um sistema que orienta e limita a ação do Estado e dos poderes públicos.

Ao analisar esses atores no cenário sociopolítico brasileiro, pela visão de Winnicott (2021), a personalidade é um processo em desenvolvimento impulsionado por uma tendência inata à integração, que se constitui a partir da relação primordial entre o indivíduo e o ambiente, especialmente a mãe. A construção da personalidade saudável depende de um ambiente "suficientemente bom" que permita ao bebê a integração do "verdadeiro self" e "falso self", o que leva à saúde, ao amadurecimento e à criatividade.

Por outro lado, para Winnicott (2021), a falta de cuidados satisfatórios desde a infância, apresentam o impasse no desenvolvimento, dizendo que o ambiente imprevisível não oferece previsibilidade, o indivíduo pode ficar preso na defesa contra o imprevisível, sem a capacidade de criar e de se sentir parte do mundo, vivendo de forma restrita em um pequeno mundo conhecido; consequentemente, a falta de previsibilidade e a sensação de agressão sem ser atendido podem levar à "agonia impensável" e à perda da espontaneidade, fazendo com que a pessoa se sinta privada de sua raiz pessoal e de sua capacidade de existir de forma criativa.

> Os seres humanos provavelmente serão os responsáveis pela destruição do mundo. Se for assim, talvez possamos morrer na próxima explosão atômica sabendo que isso não é saúde, mas medo; é parte do fracasso das pessoas e da sociedade saudáveis em dar suporte a seus membros doentes. [...] (Winnicott, 2021, p. 36-37).

Nesse cenário, pela "força do judiciário brasileiro" incluímos os atores Alexandre de Moraes e Gilmar Ferreira Mendes, entre outros ministros, os ministros Flávio Dino de Castro e Costa, Cristiano Zanin Martins, indicados pelo presidente supra, em 2025, para fazer parte do supremo tribunal federal (STF), que também apresentavam fortes indícios de *transtornos da personalidade.*

Por outro lado, por apresentarem esse tipo de comportamento, parece que desde a infância eles não conseguiram desenvolver a capacidade de sentirem-se como pessoas inteiras, pois apresentam a capacidade de defesa e organização pessoal comprometidas.

Entende-se como "*fortes indícios de transtornos da personalidade*", que incluem dificuldades persistentes e debilitantes para estabelecer e manter relacionamentos saudáveis, levando a instabilidade e isolamento social. Relacionamentos curtos, intensos e conflituosos, ou alternância entre idealização e desvalorização dos outros. Dificuldade em confiar nos outros, muitas vezes interpretando interações como ameaçadoras, como apresentado em American Psychiatric Association (2025) e em Barnhill (2024).

Esses atores causaram e causam sofrimento psíquico para milhões de brasileiros, ao "ofuscarem" os direitos e garantias assegurados pela constituição cidadã, a Constituição Federal de 1988, no seu artigo 5º. Esses atores visam a não promoção da saúde psicológica e a não qualidade de vida das pessoas e das coletividades, para a eliminação de quaisquer formas de negligência, discriminação, exploração, violência, crueldade e opressão, bem como dificultam aos cidadãos suas responsabilidades política e social, quando se analisa crítica e historicamente a realidade política, econômica, social e cultural conquistados ao longo dos últimos séculos.

No contexto sócio-histórico da Psicologia no Brasil, com base no "compromisso social da Psicologia", direta e ou indiretamente, esses atores estão violando a política familiar e aos trabalhadores dessa família em dar assistência às pessoas mais vulneráveis sob sua responsabilidade pessoal e social. Todavia, esse serviço está sob a responsabilidade do conselho federal de psicologia (CFP) através do Crepop (Centro de Referências Técnicas em Psicologia e Políticas Públicas). Esse tema tem como base os três primeiros "Princípios Fundamentais" do código de ética profissional do psicólogo (CEPP):

I. O psicólogo baseará o seu trabalho no respeito e na promoção da liberdade, da dignidade, da igualdade e da integridade do ser humano, apoiado nos valores que embasam a Declaração Universal dos Direitos Humanos.

II. O psicólogo trabalhará visando promover a saúde e a qualidade de vida das pessoas e das coletividades e contribuirá para a eliminação de quaisquer formas de negligência, discriminação, exploração, violência, crueldade e opressão.

III. O psicólogo atuará com responsabilidade social, analisando crítica e historicamente a realidade política, econômica, social e cultural.

No entanto, neste e em outros ensaios de psicologia e artigos científicos (Cruz, 2025) apresentei a origem da *triplicidade do Ego* (desde a fase uterina ou ciclo endometrial) e sua criação, ou seja, o início da criação da *triple personalidade* (do corpo denso, corpo vital e corpo de desejos), com suas estruturas e desenvolvimentos. Todavia, sempre analisando e valorizando os atributos psíquicos e espirituais, ou seja, a "Vontade" e a "Imaginação", a religiosidade e espiritualidade (R/E) do sujeito, pois não se separa o biológico, do psicológico (Jung, 2014, §232-234).

Por outro lado, estudiosos, pesquisadores acadêmicos e estudantes "engessados" pelos sistemas de instituições acadêmicas, se expressam que "conhecem profundamente o psiquismo humano". Na realidade falam apenas do intelectual, do que aprenderam ditado pela ciência acadêmica e não pelas experiências vividas nem pelas observações da realidade humana. É quando ouvimos as frases "ego inflado", "distorções egóicas", "massageando o ego", "diagnóstico egóico", "trilogia egóica" etc., na realidade estão se referindo ao comportamento da *triple personalidade*, ao *eu inferior* por desconheceram a totalidade psíquica do ser humano, ou seja, por desconhecerem a realidade e estrutura da *triplicidade do Ego* e da *triplicidade da personalidade*.

Por exemplo, quando C. G. Jung foi entrevistado na cidade de Zurique, Suíça, entre os dias 5 até 8 de agosto de 1957, pelo Dr. Richard I. Evans, do *Department of Psychology University of Houston, USA*. Nessa entrevista, a última pergunta do Dr. Richard I. Evans foi:

EVANS: Isto me conduz à última pergunta que quero lhe fazer. O mundo vai se tornando tecnicamente mais eficiente e parece que cada vez é mais necessário que as pessoas se comportem coletivamente. Você acredita ser possível que o maior grau de desenvolvimento do homem consiste em submergir sua individualidade numa consciência coletiva, indiferente de cada um?

JUNG: Isso dificilmente será possível. Penso que haverá uma reação. Começará uma reação contra essa dissociação coletiva. O homem não suportará para sempre sua anulação. Haverá uma reação e eu a vejo se iniciando! Quando penso em meus pacientes, todos eles procuram sua própria existência; pois querem garantir sua existência contra a existência atomizada em nada, em insignificância. O homem não pode suportar uma vida sem significado!

Portanto, as literaturas que contribuem para o Conhecimento Psicológico publicadas por pesquisadores, psicólogos(as) e estudantes de psicologia nos séculos anteriores e nas primeiras décadas do século XXI, ainda apresentam teorias obsoletas e a falta de entrosamento (pelo menos nas literaturas da América Latina), pois temos a ausência de nobreza ao não explicarem a diferença e o entendimento do *Eu Superi-*

or (da *triplicidade do Ego*) e do *eu inferior* (da *triplicidade da personalidade*), desde o período ou *fase escolástica.*

Acredito firmemente que nas próximas décadas essas questões serão sanadas, pois faz parte do desenvolvimento do ser humano, que não invalida a epistemologia nem a *práxis*. A epistemologia e a *práxis* relacionam-se na medida em que a epistemologia da *práxis* é um quadro teórico-metodológico que conecta a produção de conhecimento (epistemologia) com a ação transformadora e reflexiva (*práxis*). Ela postula que o conhecimento não é neutro, mas construído e transformado na ação e na reflexão sobre a prática. Essa perspectiva enfatiza a importância da consciência crítica, da emancipação e do engajamento de graduandos em Psicologia, de pesquisadores, de Psicólogos profissionais e profissionais da saúde na transformação do "universo psicológico", para atingir um desenvolvimento biopsicossocial.

Entende-se por desenvolvimento biopsicossocial, pois, a psicologia entende o desenvolvimento humano como um processo contínuo de transição e mudança ao longo da vida, envolvendo os aspectos físico, motor, intelectual, emocional e social. A área estuda como as pessoas crescem, mudam e se adaptam desde o nascimento até a velhice, analisando como fatores biológicos, psicológicos e sociais se interagem. As teorias de desenvolvimento enfatizam que o aprendizado é uma construção ativa do conhecimento baseada na experiência, sendo crucial para entender o desenvolvimento cognitivo e comportamental em diferentes fases da vida.

A *Psicologia da triplicidade do Ego* e da *triplicidade da personalidade* rompe com padrões anteriores, pré-estabelecidos, ou seja, rompe com padrões antigos e passa para a fase seguinte, pois possibilita saber quem fomos, o que somos e o que queremos ser como pessoa. Por isso, contribui para o desenvolvimento de competências pessoal e interpessoal ao promover o autoconhecimento, aprimorar habilidades socioemocionais e analisar o comportamento humano.

Nesses processos ajuda a identificar e a desenvolver tanto competências técnicas e teóricas quanto aquelas ligadas ao relacionamento interpessoal, como a comunicação e a proatividade, por meio de uma *abordagem biopsicossocial* que integra o desenvolvimento pessoal ao profissional.

Competências pessoais são habilidades individuais que incluem autoconsciência, inteligência emocional e organização. Já as competências interpessoais referem-se à capacidade de interagir eficazmente com outras pessoas, como comunicação, trabalho em equipe e resolução de conflitos. Portanto, as competências interpessoais é um subconjunto das competências pessoais, pois depende de como a pessoa gerencia seus aspectos individuais para se relacionar com eficiência com os outros.

Tendo isso em mente, não devemos esquecer as limitações das próprias faculdades psíquicas e mentais, nem que, às vezes, seriam necessários poderes de raciocínios mais elevados e poderosos do que os nossos para poder resolver entendimentos e problemas de ordem psíquica e mental. No entanto, é necessário ter pelo menos conhecimento básico do pensamento filosófico e do conhecimento filosófico-científico.

O conhecimento filosófico investiga questões fundamentais através da reflexão racional e lógica, não dependendo de comprovação empírica. Já o conhecimento científico busca explicar o mundo natural através de métodos empíricos e experimentais, baseando-se na observação e na verificação de hipóteses para produzir resultados testáveis e replicáveis; portanto, o Conhecimento Psicológico está em movimento, em progresso.

Para Platão, a filosofia nos direciona ao tipo de raciocínio mais elevado, pois abraça as "Formas Puras" em si mesmas, porque a verdadeira inteligência e o verdadeiro conhecimento resultam unicamente da compreensão das "Formas Puras". E isso só é possível através do *pensamento racional* e da busca pelo *conhecimento interior.*

Pela filosofia de Platão, *temos que ter conhecimento para buscar a Verdade.* Todavia, a filosofia não trabalha com a verdade, pela própria definição de verdade. Então, o que é Verdade?

A Verdade não muda, pois se ela mudar é porque era mentira. A Verdade não aumenta, porque se aumentar o que tínhamos como "verdadeiro" era mentira. Portanto, a Verdade não muda, a Verdade não cresce, a Verdade não aumenta, a Verdade é absoluta e imutável. A Verdade é perfeita, porque se ela fosse imperfeita, seria mentira.

Então, sendo essa a definição da Verdade, podemos perguntar: os educadores e os graduandos universitários são perfeitos, ou seja, as pessoas são imutáveis? Os conhecimentos transmitidos nas universidades são absolutos?

Para tentar responder essas perguntas, basta ter conhecimento básico dos desdobramentos do ensino acadêmico desde as *fases patrística* (séculos V-VIII) e *escolástica* (século IX - início do Renascimento), ou seja, desde o período medieval. Portanto, diante da nossa incapacidade, somos incapazes de ver a Verdade, porque não somos perfeitos, nem imutáveis e nem absolutos.

Assim sendo, podemos fazer analogia entre as *fases patrística* e *escolástica* e o atual *ensino escolar e acadêmico*, que residem nas formas como as instituições de ensino (público e privado) lidam com o conhecimento.

A *fase patrística* seria análoga à *educação básica*, focada na introdução e defesa de novos conceitos ("cristianismo") através da reelaboração de conhecimentos já existentes ("filosofia grega"), muitas vezes com um viés mais apologético (que defende e justifica conceitos, ideias etc.).

A *escolástica* seria como o *ensino superior*, que aprofunda e sistematiza esse conhecimento, buscando conciliar diferentes áreas (pela fé e razão) por meio de métodos mais rigorosos e dialéticos para construir estrutura mais complexa de saberes.

No ciclo ou *fase patrística* temos a educação básica/fundacional, cujo objetivo, sendo a defesa e a explicação do "cristianismo" para o público inicial. Parece utilizar ferramentas de uma "filosofia antiga" (Platão e neoplatonismo) para dar sentido a novos dogmas cristãos, como a criação do "Nada", a Trindade, o renascimento ou encarnação etc. O método parece estar focado na apologética (defesa da fé e da família cristã) e na introdução de conceitos (batismo, primeira-comunhão etc.). Era como se os "padres da Igreja" estivessem fundando uma nova espiral. Nesse entendimento, pela analogia, o ensino atual é direcionado ao ensino fundamental e médio, pois apresenta conceitos de forma mais direta, buscando estabelecer bases, pois, a *fase patrística* construiu o alicerce conceitual para o "cristianismo", adaptando a "filosofia clássica" à nova doutrina.

O ciclo ou *fase escolástica* (ensino superior), cujo objetivo é a sistematização e aprofundamento do conhecimento, reconciliando fé e razão para a elaboração de um saber mais complexo. Como "ferramentas" utilizou a filosofia de Aristóteles, que trazia um método mais sistemático e dialético, para aprofundar os temas implantados na *fase patrística*. A dialética foi usada para debater e refinar o conhecimento. Quanto ao método, enfatizava a razão e a investigação para corroborar e explicar os dogmas, mas sempre com um objetivo final de explicar a fé, de forma racional. A analogia no ensino atual, corresponde à educação superior, que exige um aprofundamento temático, com o uso de metodologias de investigação e análise mais complexas, como as encontradas nas atuais faculdades e universidades. O foco não é mais apenas apresentar os conceitos, mas investigá-los e integrá-los em um sistema mais completo e rigoroso.

Portanto, a analogia geral da Grécia Antiga ao ensino atual, que o "conhecimento clássico" (filosofia grega) seria o conhecimento já existente e consolidado, com sua própria autonomia, da qual a *patrística* e a *escolástica* se serviram. O estudante que se encontra no atual "*período da fase patrística*", recebe a herança filosófica grega e começa a aplicá-la a um novo campo de estudo de forma inicial e defensiva.

O estudante/pesquisador que se encontra no atual "*período da fase escolástica*", partindo do conhecimento introduzido pela *patrística*, utiliza um método mais rigoroso (aristotélico) para construir um sistema de conhecimento mais elaborado e complexo, que irá além da simples introdução.

O *ensino acadêmico atual* parece reproduzir a educação básica, quando introduz os conceitos (*patrística*); no entanto, quanto ao ensino superior se aprofunda e sistematiza esses conceitos (*escolástica*), muitas vezes utilizando novas "ferramentas" (métodos científicos, tecnologias, artigos científicos etc.), direcionando o estudante/pesquisador além do conhecimento inicial herdado.

Por analogia, assim temos os conceitos arcaicos da trilogia psicanalítica do "id", "ego" e "superego" postulado por Sigmund Freud (2011). Todavia, diante dos novos conhecimento e conceitos da *triplicidade do Ego* (do "Eu Superior" ou "Eu Sou") e da *triplicidade da personalidade* (do "eu inferior"), que tem em sua base os Fundamentos de Psicologia Analítica (Jung, 1985, §74-144).

> É difícil nos lembrarmos do quão moderno é o conceito de indivíduo humano. Talvez a luta para alcançar esse conceito se reflita no nome hebraico bíblico com que se designava Deus. O monoteísmo parece estar muito vinculado à expressão eu sou. Sou o que sou. (*Cogito, ergo sum* é diferente: o *sum* aqui significa que tenho um *sentido* de existência como pessoa, que sinto em meu juízo que minha existência foi provada. Mas aqui estamos preocupados com um estado não autoconsciente de ser, para além de exercícios intelectuais de autoconsciência.) Será que esse nome conferido a Deus (eu sou) reflete o perigo ao qual o indivíduo sente que está exposto quando está a ponto de alcançar o estado de um ser individual? Se eu sou, é porque consegui agrupar isto e aquilo, reivindiquei que isto sou eu e repudiei todo o resto; ao repudiar o não eu, insultei o mundo, por assim dizer, e posso aguardar um ataque. Então, quando as pessoas chegaram pela primeira vez ao conceito de individualidade, rapidamente o colocaram no céu e lhe deram uma voz que só um Moisés conseguiria escutar (Winnicott, 2021, p. 60).

Essa explicação pode ser encontrada em João 6:33-35, "Porque o pão de Deus é o pão que desce do céu e dá vida ao mundo. Disseram-lhe: Senhor, dá-nos sempre deste pão! Jesus replicou: Eu sou o pão da vida: aquele que vem a mim não terá fome, e aquele que crê em mim jamais terá sede".

Portanto, o pão de Deus é aquele que desce do céu e dá Luz ao mundo - Eu Sou (*ego sum*) -, o pão da vida. Este, então, é o símbolo do Pote de Ouro de Maná que foi encontrado na Arca. Esse maná é o Ego ou Espírito Humano, que dá vida aos corpos físicos, aos organismos que vemos no mundo físico.

Diante deste tema podemos analisar que, realmente, a filosofia não trabalha com a Verdade, ela direciona e trabalha na *busca da Verdade*. Mas como é que vamos definir como seria a *busca da Verdade*?

As argumentações de Platão (1987) em "A República", Platão (1991) em "Diálogos" e Platão (2011) em "Timeu-Crítias", que sustenta que existe um conjunto que contém todas as *crenças*, tudo que supomos que seja verdade. E existe um conjunto que contém a *Verdade*. No atual estágio de desenvolvimento da humanidade nenhuma instituição (pública e privada) de ensino tem condições de ver e transmitir toda a *Verdade* devido sua imperfeição.

Mas algumas coisas dentro desses conjuntos (de *crenças* e de *Verdade*) nós podemos ver e conhecer. Portanto, existe uma *interseção* entre o conjunto das *crenças* e o conjunto da *Verdade*. Entre esses conjuntos, é onde estariam as "*crenças verdadeiras*"; portanto, temos um terceiro conjunto ou subconjunto que chamamos de *conhecimento*. Portanto, agora temos três conjuntos:

- *Conjunto de crenças*
- *Conjunto de Verdades*
- *Conjunto de conhecimentos* (ou subconjunto pela *interseção* entre os dois primeiros conjuntos).

Mas por que temos que dar um nome diferente? *É porque as pessoas supõem que suas crenças sejam verdadeiras e isso faz parte da natureza do ser humano*. Mas como é que a pessoa sabe que a sua crença é verdadeira? É quando a pessoa supõe ou acha que sabe, é porque não sabe. Assim, surge a questão da filosofia, pois, ela direciona e trabalha na *busca da Verdade*.

Como se observa, dentro desse *subconjunto*, ou "*conjunto das crenças verdadeiras*" se encontra o *conjunto de conhecimentos*; portanto, cada pessoa possui esse *conjunto dentro de si*.

E o *conjunto de conhecimentos* se define pelo seguinte: *é uma crença verdadeira e justificada. Para que ela seja considerada uma crença verdadeira é necessário que se justifique*. Essa "justificação" é o primeiro passo no caminho da realização para formar um *conjunto de conhecimentos*. Mas o que vem a ser justificar? Por que se diz que essa crença é verdadeira?

É porque essa "justificação" tem que estar baseada em *argumentos racionais*, pela *Razão*. Que vem do questionamento sistemático e incessante a respeito dessa *Verdade* ou dessa *crença*; portanto, isso é *Conhecimento*. Assim, se observa que a Filosofia é baseada em quatro pilares:

- Razão
- Verdade
- Lógica
- Conhecimento

A *Razão* é o que nos impele à *busca da Verdade*; pois, no atual desenvolvimento sendo impossível para muitas pessoas através da lógica, que é um método de pensamento que nos permite atingir o conhecimento: o que nos direciona novamente para *a busca da Verdade*, porque essa busca é infinita; portanto, a *Verdade é infinita*.

Assim, apresento evidências teóricas e de observação cujo objetivo é extinguir as falhas (que são ministradas em universidades, nos cursos de formação de Psicólogos) das teorias de psicanálise de Sigmund Freud e de seus sucessores, quando se constata que o processo de "***busca da verdade***" não foi apresentado corretamente, quanto aos conceitos de "id, ego e superego", "narcisismo", "complexo de Édipo", "histeria", "neurose", "inconsciente" etc., ***ao apresentar hipóteses e observações da origem e estrutura do triple Ego e da triple personalidade***.

Nos ulteriores capítulos, bem como em Cruz (2025) em "Psicologia da Triplicidade do Ego e da Triplicidade da Personalidade e os Fenômenos no Córtex Visual Primário e Secundário do Sujeito nos Transtornos da Personalidade", apresento evidências teóricas que são os modelos, hipóteses e estruturas conceituais que guiam a ciência, enquanto evidências de observação são os dados empíricos coletados através de experimentos ou observação (pela minha "*pesquisa-ação*") direta da natureza, sendo que as duas interagem constantemente, pois a teoria informa o que observar e os dados observacionais servem para testar, refutar ou confirmar essas teorias, formando o ciclo do método científico.

PARTE I

Psicologia Topológica do Ego em Busca da Verdade

Os Conceitos de Ego de Sigmund Freud e C. G. Jung

CAPÍTULO I

Psicologia Topológica do Ego: em busca da Verdade

Ao apresentar a *Psicologia da Triplicidade do Ego e da Personalidade e os Conceitos de Sigmund Freud e de C. G. Jung*, bem como nos conceitos de "Ego" e "Personalidade" para Melanie Klein e Donald Winnicott, temos que conhecer os princípios de psicologia topológica que é uma teoria de Kurt Lewin[13], que usa conceitos da geometria topológica para estudar a relação entre as pessoas e o ambiente. Lewin (1973), na sua teoria, procura descrever e classificar os fenômenos psicológicos, pois, representa a relação entre as pessoas e o ambiente por meio de um espaço vital. Ele considera que o indivíduo e o ambiente são entidades separadas, mas interdependentes, porque permite determinar quais os eventos possíveis ou não num dado espaço de vida. É o espaço vital psicológico do indivíduo (Lewin, 1973).

Com esta base teórica apresentamos a topologia, evolução, estrutura psicológica e espiritual da *triplicidade do Ego* e da *triplicidade da personalidade*, com um olhar sobre o presente para analisar e arquitetar o futuro conhecimento da psicologia topológica do *triple Ego* e da *triple personalidade*, ao analisar os conceitos de "id", "ego" e "superego" de Sigmund Freud (2011), bem como os posteriores entendimentos de Melanie Klein (1991/1996) e Donald Winnicott (1983/2021).

Como graduando em psicologia considero quaisquer "verdades científica" como hipóteses momentaneamente satisfatórias. Todavia, "verdades científica" não são artigos de fé e eternamente válidos, pois, toda hipótese precisa ser evidenciada, autenticada, justificada e amparada para ser considerada como possível verdade. Portanto, este ensaio de psicologia está bem longe de ser e ter a última palavra sobre a totalidade do desenvolvimento do *triple Ego* e da *triple personalidade.*

Pelo conhecimento psicológico popular pelas "Psicologias" (Schultz; Schultz, 2019 *apud* Hutz *et al.*, 2016), o termo "ego" é frequentemente associado a características como orgulho, arrogância, pre-

[13] LEWIN, Kurt. (1973) **Princípios de Psicologia Topológica**. [Trad. original *Principles of Topological Psychology*, de 1936] Ed. Cultrix e Editora da Universidade de São Paulo.

sunção ou excesso de autoestima. No senso comum, uma pessoa com "muito ego" vista como alguém que se gaba, é autocentrada ou que tem uma visão inflada de si mesma. Expressões como "fulano ou beltrano tem um ego enorme" ou "isso é coisa do seu ego" são usadas para descrever comportamentos de vanglória ou egocentrismo.

Essa percepção popular difere significativamente do conceito de "ego" na Psicologia e Psicanálise, onde o termo tem um significado técnico e neutro: refere-se à parte da mente que lida com a realidade, mediando entre os impulsos internos (id), a moralidade (superego) e o mundo externo, sendo essencial para a identidade e o equilíbrio mental saudável.

Portanto, a compreensão popular do ego está mais relacionada ao que a psicologia chama de egoísmo ou narcisismo do que ao conceito psicanalítico original.

Pelo conceito psicanalítico original de Sigmund Freud (1979), o ego (termo em português para o original em alemão *das Ich*, que significa "eu") é a instância psíquica que atua como mediador entre os impulsos instintivos do *id*, as exigências morais do *superego* e as demandas da realidade externa. Em resumo, o ego é o "eu" que percebemos, a parte organizada da personalidade que tenta manter o equilíbrio e a adaptação ao mundo real.

Todavia, essas concepções estão longe da realidade interna do ser humano, como evidenciamos nos ulteriores capítulos. Com essa base tentaremos esclarecer dificuldades de muitos(as) psicólogos(as) e pesquisadores, quando se trata de definir os conceitos de *Ego* e *personalidade* para o Conhecimento Psicológico, cujo objetivo é conceituar no meio acadêmico, clínico, o verdadeiro entendimento psicológico, biológico, mental e espiritual desses importantes arquétipos: *Ego* e *personalidade*.

De forma didática, para tentar minimizar a falta de entrosamento e confusão generalizada ao longo dos anos, nos "diagramas", "figuras" e nos ulteriores capítulos deste ensaio de psicologia, aludo ao "*triple Ego*" ou à "*triplicidade do Ego*" (escrito em *maiúsculo*), sendo o *Ego*. Menciono ao "*ego*" ou à "*triplicidade do ego*" (escrito em *minús-*

culo), sendo o *eu inferior*, *triple personalidade*, ou simplesmente *personalidade*.

Nas "Partes II e III" deste ensaio procurei apresentar e analisar a origem, transformação, estrutura psicológica e espiritual da *triplicidade do Ego* e da *triplicidade da personalidade*, ou simplesmente *Ego* e *personalidade*.

Por exemplo, para entender a estrutura biológica e psicológica da *triple personalidade* durante o processo do sono, as correntes de energia ou força do corpo de desejos fluem e seus vórtices se movem e giram com grande rapidez. Mas assim que o *triple Ego* retorna ao corpo denso (ao concluir o processo do sono), suas correntes de energia e vórtices são praticamente interrompidas pela matéria densa e pelas correntes de energia do sistema nervoso central do corpo vital, que transmite mensagens do e para o cérebro, pois, é quando acordamos no ambiente físico, no ambiente externo do senso comum, no espaço vital psicológico do indivíduo.

Diversos escritores, pesquisadores, professores, estudantes de psicologia etc., apresentaram estudos, teorias, artigos científicos etc., mas não explicaram essa complexidade humana nem a origem e a verdadeira estrutura psicológica, psíquica e espiritual do sujeito. Por exemplo, essa complexidade psíquica e espiritual não é apresentada, mencionada e nem explicada nas "Obras Completas" de Sigmund Freud (1979), bem como não encontramos estudos atualizados de pesquisadores, escritores, professores, mestres e graduandos em Psicologia que escolheram seguir a abordagem psicanalítica e suas vertentes, entre outras abordagens; todavia, continuam (de forma persecutória) estudando os sintomas e os desdobramentos dos sintomas, pela sintomatização.

Entende-se por estrutura psicológica e psíquica pelo Conhecimento Psicológico, que são conceitos inter-relacionados que descrevem a organização da mente de um indivíduo, mas com focos ligeiramente diferentes. *Estrutura psicológica* abrange a organização de pensamentos, emoções, crenças e comportamentos que influenciam a percepção e interação com o mundo. *Estrutura psíquica* é um termo mais técnico em psicologia analítica e especialmente em psicanálise, que se refere à forma como os elementos da psique (inconsciente, pré-consciente e consciente) estão organizados, influenciando o modo como o indivíduo lida com o desejo e a realidade. Consequentemente, colaboram e continuam contribuindo para diagnósticos que estão longe da realidade psicológica e neuropsicológica do sujeito.

Entende-se por *sintomatização,* à formulação e expressão de sintomas, ou seja, o ato de se manifestar através de sinais e queixas, que podem ser tanto físicas (somatização) quanto psicológicas ou relacionais, como em dificuldades de aprendizado ou manifestações de sofrimento psíquico. O termo pode ser usado em contextos médicos para descrever a apresentação de uma doença, mas também em contextos da psicologia e psicanálise, onde indica a forma como um indivíduo lida com questões emocionais e existenciais através de sintomas.

Portanto, com o surgimento da filosofia na Grécia antiga, século VI a.C., temos o ***primeiro marco*** da psicologia como ciência, desde a passagem do pensamento mítico ao filosófico-científico; todavia, quando alterou o seu paradigma pela perda do poder explicativo do pensamento mítico, pois, resultou de longo período de transição e de transformação do pensamento como conhecimento psicológico, é a *episteme*, a ciência ou início do Conhecimento Psicológico.

No século XIX surgiu o ***segundo marco*** da psicologia como ciência, com Wilhelm M. Wundt (1832-1920) em "História da Psicologia Moderna" (Schultz; Schultz, 2011, p. 67-80). Nesse período, na Europa e nos Estados Unidos – USA., as pessoas estavam em busca de novas explicações sobre as "psicologias", bem como para aclarar as ideias sobre temas *esotéricos* e *exotéricos* que circulavam no cenário educacional. Cujos temas são divulgados nas universidades desde a Idade Média (séculos V a XVI).

Acredito ser importante saber dos fatores que influenciaram os diferentes ambientes dos contextos sociopolíticos, socioeconômicos e socioculturais em que *a Psicologia como ciência estava se desenvolvendo*, pois, pelas análises de Cruz (2021) em "Inconsciente Social: Síndrome de Estocolmo", o indivíduo sofre influências do meio ambiente porque altera de algum modo o seu psiquismo. Como exemplo, podemos analisar a Lei Eusébio de Queirós[14] que influenciou os contextos sociopolítico, socioeconômico e sociocultural do Brasil, bem como suas relações políticas internacionais.

Na primeira década do século XX, em 1909, podemos considerar como o ***terceiro marco***, pois, antes da primeira guerra mundial[15] foi apresentado ensinamentos psicológicos e espirituais mais avançados, conhecidos como Ensinamentos da Sabedoria Ocidental em "*The Rosicrucian Cosmo-Conception*" (Heindel, 2012). Neste tratado de filosofia e de religiosidade e espiritualidade (R/E) em busca da "paz psíquica" ou "homeostasia psíquica" além de outros temas, são abordados assuntos e temas *esotéricos* e *exotéricos*, desde a passagem do pensamento mítico ao filosófico-científico, até o atual desenvolvimento biológico, psíquico, mental e espiritual do ser humano.

Nesse período temos os fatores que influenciaram fortemente os diferentes ambientes nos seus contextos sociopolíticos, socioeconômicos e socioculturais, p.ex., a gripe espanhola[16] de 1918, a crise econômica[17] de 1929, pois afetaram profundamente o mundo ociden-

---

[14] **Lei Eusébio de Queirós** ou lei n.º 581/1850, promulgada no Segundo Reinado, proibiu a entrada de africanos escravos no Brasil, criminalizando quem a infringisse, conforme o seu artigo 3.º (*ver Gabinete Monte Alegre*). Um dos principais motivos de sua promulgação foi a pressão da Inglaterra, materializada pela aplicação unilateral, por aquele país, do chamado *Bill Aberdeen*, ato do Parlamento Britânico, promulgado em 9 de agosto de 1845, que autorizava os britânicos a prender qualquer navio suspeito de transportar escravos no oceano Atlântico. A continuidade da escravatura no Brasil foi ficando insustentável com o passar do tempo, colocando o país entre as nações vistas como "não civilizadas". A pressão inglesa foi tanta, que dois meses antes da aprovação dessa lei, a esquadra bélica britânica atacou a costa brasileira. O Partido Conservador, a partir de aproximadamente 1831, passou a defender no Poder Legislativo, o fim do tráfico negreiro. À frente dessa defesa esteve Eusébio de Queirós, Ministro da Justiça, que já havia exercido o cargo de chefe de polícia da Corte. Ele insistiu na razão do país tomar por si só a decisão de colocar fim ao tráfico, preservando a imagem de nação soberana. Medidas mais árduas contra o comércio de pessoas pelo Atlântico foram escritas. A partir desta medida os gastos excedentes passaram a ser utilizadas em infraestrutura. Assim foram construídas as primeiras linhas telegráficas e de navegação, as primeiras estradas de ferro. A iluminação a gás chegou às cidades e o número de colégios passou a se expandir. O decreto n.º 731 de 1854 (a conhecida "Lei Nabuco de Araújo") mais tarde intensificaria a repressão ao tráfico, ao atribuir à Marinha Brasileira a função de processar e julgar aqueles que violassem a Lei Eusébio de Queiroz. Cerca de 20 anos depois, filhos de escravizadas nascidos a partir de 28 de fevereiro de 1871 estariam livres pela Lei do Ventre Livre. Em 1885, já quase sem mais conseguir sustentar as pressões externas e internas pela abolição, o governo brasileiro aprovou a "Lei dos Sexagenários".

[15] ALBERTINI, Luigi. (2005) **Origins of the War of 1914**. vol.I. Enigma Books: New York.
ALBERTINI, Luigi. (1953) **Origins of the War of 1914**. vol.II, Oxford University. Press: Londres.
ALBERTINI, Luigi. (2005) **Origins of the War of 1914**. vol.III. Enigma Books: New York.

[16] A **Gripe Espanhola** foi uma pandemia causada pelo vírus influenza que surgiu em 1918. Espalhou-se rapidamente pelo mundo, causando cerca de 50 milhões de mortes. A gripe espanhola foi o nome que recebeu uma pandemia de vírus influenza que se espalhou pelo mundo entre 1918 e 1919.

[17] **Quinta-feira Negra** (em inglês, *Black Thursday*) refere-se ao dia 24 de outubro de 1929, quando ocorreu o *crash* da Bolsa de Valores de Nova Iorque. O *crash* desencadeou a mais devastadora crise econômica da História dos Estados Unidos, considerando-se a abrangência e a duração dos seus efeitos. Marca o início dos 12 anos da Grande Depressão, que afetou todo o mundo ocidental industrializado. O *crash* está associado principalmente a 24 de outubro de 1929, chamado de *Quinta-feira Negra*, o dia da maior venda de ações na história dos EUA e 29 de outubro de 1929, chamado de *Terça-feira Negra*, quando os investidores negociaram cerca de 16 milhões de ações na Bolsa de Valores de Nova York em um único dia. O *crash*, que se seguiu ao *crash* da Bolsa de Valores de Londres em setembro, sinalizou o início da Grande Depressão.

tal industrializado, é quando observamos o desenvolvimento do Conhecimento Psicológico.

Max Heindel (1865-1919) nasceu em Copenhague, Dinamarca, em 23 de julho de 1865, tornou-se engenheiro naval e acabou por imigrar para os Estados Unidos - USA. Em 1905, ele se interessou profundamente pelo estudo da metafísica e passou os anos seguintes conscientemente trabalhando e procurando Verdades espirituais. Na primeira década do século XX desenvolveu seus estudos *esotéricos*, pois, quando em visita a Alemanha, em 1907, ele foi qualificado para receber conhecimentos no templo etéreo da Ordem Rosacruz. Quando retornou aos Estados Unidos - USA, esses elevados *ensinamentos esotéricos* foram divulgados no formato de livro, *The Rosicrucian Cosmo-Conception*, publicado em novembro de 1909. Depois, ele fundou a *The Rosicrucian Fellowship* em agosto de 1909 e passou seus anos restantes, até 6 de janeiro de 1919, escrevendo, lecionando, disseminando os *fundamentos do Cristianismo Esotérico*. Depois estabeleceu a sede da *The Rosicrucian Fellowship*, em Oceanside, Califórnia, USA.

Na primeira metade do século XX, se observa o ***quarto marco***, tendo como base os estudos de Carl Gustav Jung (1875-1961), que além de outros estudos, apresentou a relação do ser humano com Deus em “O Homem e seus Símbolos” (Jung, 1964). Todavia, quando se conhece os estudos filosóficos de Platão (a *Teoria das Ideias*) e de Aristóteles (o *Corpus aristotelicum*), é possível observar as transformações e o desenvolvimento do conhecimento psicológico[18] de C. G. Jung.

Nesse período encontramos os fatores que influenciaram profundamente diferentes sociedades mundiais, p.ex., a Primeira Guerra Mundial[19] e as invasões germânicas na Segunda Guerra Mundial[20],

[18] JUNG, Carl Gustav. (1979) **O Símbolo da Transformação na Missa**. Coleção OBRAS COMPLETAS, vol. XI/3. RJ: Vozes.
JUNG, Carl Gustav. (1979) **Resposta a Jó**. Col. OBRAS COMPLETAS, vol. XI/4. Rio de Janeiro: Vozes.
JUNG, Carl Gustav. (1980) **Psicologia do Inconsciente**. Col. OBRAS COMPLETAS. Petrópolis: Vozes.
JUNG, Carl Gustav. (1980) **Psicologia e Religião**. Da coleção OBRAS COMPLETAS. Vol.11/1. RJ: Vozes.
JUNG, Carl Gustav. (1998) **Aion – Estudos Sobre o Simbolismo do Si-mesmo**. Col. OBRAS COMPL. 5.ed. Vol.V. RJ: Vozes.
JUNG, Carl Gustav. (1983) **Interpretação Psicológica do Dogma da Trindade**. Col. OBRAS COMPL. vol. XI/2. 2ed. RJ: Vozes.
[19] ALBERTINI, Luigi. (2005) **Origins of the War of 1914**. vol.I. Enigma Books: New York.
ALBERTINI, Luigi. (1953) **Origins of the War of 1914**. vol.II, Oxford University. Press: Londres.
ALBERTINI, Luigi. (2005) **Origins of the War of 1914**. vol.III. Enigma Books: New York.

pois, alteraram a vida psíquica das pessoas nos seus contextos sociopolíticos, socioeconômicos e socioculturais, como se observa em "Aspectos do Drama Contemporâneo" (Jung, 2013). Todavia, quando se analisa *o desenvolvimento do conhecimento da Psicologia como ciência*, bem como a implementação de Jung (1985) em "Fundamentos de Psicologia Analítica".

Seus estudos com profundas influências do conhecimento psicológico podem ser constatados em "Psicologia e Alquimia" (Jung, 2011, §332-356), bem como através de suas cartas em "Cartas de C. G. Jung - 1946-1955" (Jung, 2018, p. 212-213; p. 218-225), quando se confirma que discutiu diferentes temas do Conhecimento Psicológico com diferentes pessoas: 1) Das três dimensões psíquicas na natureza da psique. 2) Textos sobre Deus e Sua Natureza nos pensamentos e sentimentos ortodoxos das Igrejas. 3) Controvérsias sobre cartas e da psicologia de Sigmund Freud. 4) Sobre evidências da existência de um corpo vital, ou "corpo sutil", que interatua entre a mente e o corpo físico do ser humano no Mundo Físico; entretanto, observou as dimensões compactas da natureza psicológica humana, seu *espaço*, *causalidade*, *sincronicidade* e *tempo*. 5) Relata sobre a origem da pesquisa sobre ***a separação e a composição dos opostos psíquicos na alquimia***, o *Mysterium Coniunctionis*, cujo tema foi apresentado no documentário literário de "*Christian Rosencreutz*, *Chymische Hochzeit*, 1616"; portanto, observamos verdades antigas com "novas roupagens".

> [...] Poderíamos supor que a psique vai surgindo aos poucos da menor extensidade até a infinita intensidade, ultrapassando, por exemplo, a velocidade a luz e assim irrealizando o corpo. isto explicaria a 'elasticidade' do espaço sob as condições da PES. Senão houver um corpo movendo-se no espaço, também não poderá haver tempo e isto poderia explicar a 'elasticidade' do tempo (JUNG, 2018, p. 212-213; p. 218-225).

Em cada "***marco***" notamos que é possível distinguir períodos do desenvolvimento e da transformação do Conhecimento Psicológico, da

[20] A Segunda Guerra Mundial foi um conflito de proporções globais, pois aconteceu entre 1939 e 1945. Caracterizada como um conflito em estado de guerra total. Segunda Guerra Mundial fez Aliados e Eixo enfrentarem-se na Europa, África, Ásia e Oceania. Após seis anos de conflito, mais de 60 milhões de pessoas morreram.

psicologia como ciência, bem como do desenvolvimento mental, espiritual e psíquico do ser humano desde os primórdios.

Como foi observado, nos três primeiros "***marcos***" temos o começo do desenvolvimento do conhecimento da ciência psicológica a partir do "***Oriente***". Por analogia, assim como os primeiros "representantes" da humanidade começaram seu desenvolvimento ao ***Oriente*** do Jardim do Éden (Gênesis 3).

Dentro dessa mesma ideia, observamos que Sigmund Freud, nasceu em Freiberg in Mähren, 6 de maio de 1856 e faleceu em Londres, 23 de setembro de 1939. Ele nasceu em uma família judaica, na cidade de Freiberg in Mähren que pertencia ao Império Austríaco, atualmente, denominada Příbor, na República Checa: ao ***Oriente*** do continente europeu.

Sigmund Freud foi um neurologista e psiquiatra austríaco, pois, é considerado o criador da psicanálise e a personalidade mais influente da história no campo da psicologia. Sua influência pode ser observada ainda em diversos outros campos do conhecimento e até mesmo na cultura popular, inclusive no uso cotidiano de palavras que se tornaram recorrentes, mas que surgiram a partir de suas teorias.

Expressões como "*neurose*", "*repressões*", "*projeções*" etc., popularizaram-se a partir de seus escritos. Iniciou seus estudos pela utilização da técnica da hipnose no tratamento de pacientes diagnosticados, à época, com histeria, como forma de acesso aos seus conteúdos mentais. Ao observar a melhora dos pacientes tratados pelo médico francês Charcot por meio da hipnose, Freud elaborou a hipótese de que a causa da histeria era de ordem psicológica e não orgânica. Essa hipótese, segundo autores, serviu de base para outros conceitos desenvolvidos por Freud, como o "conceito do inconsciente".

Ao analisar os estudos de Carl Gustav Jung (1875-1961), que foi um psiquiatra e escritor suíço; todavia, nasceu e iniciou seus estudos na parte ***ocidental*** do continente europeu. Ele criou muitas teorias e ideias que ainda são usadas na psicologia. Jung trabalhou durante cerca de sete anos com Sigmund Freud no início de sua carreira; todavia, a partir de 1913 seguiram caminhos diferentes no desenvolvimento da ciência psicológica.

Parece difícil de ser admitido por muitos estudiosos; mas, C. G. Jung escreveu parte da sua contribuição para o desenvolvimento do Conhecimento Psicológico, para ser apreendido a partir do século XXI. Por isso, muitos estudiosos (além da política acadêmica e de governo de épocas) não entenderem seus conceitos psicológicos nem o que foi apresentado em "Civilização em Transição" (Jung, 2013) e em "Presente e Futuro" (Jung, 2013), bem como o que foi analisado em seus outros ensaios.

No início do século XXI, na década de 2020, foi divulgado nos Estados Unidos - USA, no Reino Unido e em outros países da Europa os "Fundamentos de Psicologia Esotérica" (Cruz, 2020). Nesse ensaio se observa a análise e valorização a religiosidade e espiritualidade (R/E) do sujeito, bem como o desenvolvimento e transformação da natureza da psique; portanto, de alguma forma contribui para o desenvolvimento e transformação do pensamento psicológico, é a *episteme*, a ciência do Conhecimento Psicológico.

Pelo apresentado nos ulteriores capítulos, é possível analisar a aplicabilidade dos ensinamentos de Platão (a *Teoria das Ideias*) e de Aristóteles (o *Corpus aristotelicum*[21]), bem como os temas e textos publicados em "*The Rosicrucian Cosmo-Conception - The Method of Acquiring Firsthand Knowledge*" (Heindel, 2012, p. 430-497), quando direcionamos nossa atenção ao desenvolvimento humano no século XXI.

Com base nas pesquisas e estudos de C. G. Jung é plausível identificar arquétipos como a *sombra*, a *persona,* a *personalidade* etc., pois se manifestam em diferentes interfaces no convívio familiar, na

[21] ***Corpus aristotelicum*** são os mais de trinta tratados escritos por Aristóteles que chegaram até nós e que constituem provavelmente seu trabalho de caráter didático. Os escritos de Aristóteles dividem-se em dois grupos: os 'exotéricos' e os 'esotéricos'. Os escritos exotéricos são os diálogos e introduções (*protréptico*) e os escritos esotéricos são os tratados ou ainda o *Corpus aristotelicum*. Alexandre de Afrodísias sugeriu que os escritos exotéricos exprimiam as opiniões falsas dos inimigos de Aristóteles, enquanto os escritos esotéricos expressavam as opiniões verdadeiras. Até o século I a.C., no entanto, as obras exotéricas eram as mais conhecidas, seja pelo seu caráter acessível e introdutório, seja porque as obras acroamáticas circulavam apenas entre um estreito círculo de filósofos peripatéticos. Além disso, após a morte destes filósofos, as obras acroamáticas ficaram escondidas na casa de um peripatético por quase trezentos anos e isso dificultou enormemente o acesso aos textos acroamáticos. Foi somente por volta do ano de 50 a.C., que estes escritos foram descobertos e posteriormente organizados e publicados por Andrônico de Rodes, décimo escolarca do Liceu. Ocorre, por conseguinte, uma reviravolta: Aristóteles, que até então era considerado apenas mais um discípulo de Platão pelo grande público, passa a rivalizar com o antigo mestre em importância e as obras acroamáticas obscurecem de tal maneira as exotéricas que estas perdem-se quase que totalmente.

escola, no trabalho, em redes sociais, em tribunais de justiça etc., análogo às sombras nas paredes da caverna, do "mito da caverna" em "A República" (Platão, 1987).

Assim também, podemos fazer analogia com a teoria de Platão (a *Teoria das Ideias*), quando analisamos em Gênesis 3 a formação do primitivo inconsciente pessoal de Adão (*animus*) e Eva (*anima*), pois é possível observar que ainda mantinham *Ideias Primordiais*, *Ideias das Formas Puras* ligadas ao Divino. Em Gênesis 3:1-24, "[...] A serpente era o mais astuto de todos os animais dos campos que o Senhor Deus tinha formado. Ela disse a mulher: É verdade que Deus vos proibiu comer do fruto de toda árvore do jardim?' A mulher respondeu-lhe: Podemos comer do fruto das árvores do jardim. Mas do fruto da árvore que está no meio do jardim, Deus disse: Vós não comereis dele, nem o tocareis, para que não morrais.' 'Oh, não! - tornou a serpente - vós não morrereis! Mas Deus bem sabe que, no dia em que dele comerdes, vossos olhos se abrirão, e sereis como deuses, conhecedores do bem e do mal'".

Portanto, quando Eva (*anima*) exerceu o seu livre-arbítrio para concorrer na conquista do Mundo Físico junto com Adão (*animus*), as *Ideias das Formas Puras* foram "contaminadas", ou seja, com o incremento de conhecimentos do senso comum, *gradativamente*, eles transformaram o primitivo inconsciente pessoal, como se observa nos versículos ulteriores em Gênesis 3:1-24, "[...] A mulher, vendo que o fruto da árvore era bom para comer, de agradável aspecto e mui apropriado para abrir a inteligência, tomou dele, comeu, e o apresentou também ao seu marido, que comeu igualmente. Então os seus olhos abriramse; e, vendo que estavam nus, tomaram folhas de figueira, ligaram-nas e fizeram cinturas para si. [...]".

Modo biológico, ao observamos a pesquisa científica da "***Eva Mitocondrial***[22]", se baseia no conceito do *Ancestral Comum Mais Re-*

---

[22] **Eva Mitocondrial**: segundo evidências do relógio molecular e da evolução dos homininis, o material mitocondrial da MRCA (também chamado de mt-MRCA ou mt-Eve) está situado no momento de divergência entre os haplogrupos L, formando os subgrupos L0 a L6, como mostra a imagem acima. Estima-se que essa separação ocorreu aproximadamente há 155 mil anos atrás, sendo anterior à especiação dos *Homo sapiens*, mas mais novo do que a dispersão recente da África. Pesquisadores da Universidade da Califórnia concluíram que todos os humanos eram descendentes de um grupo relativamente pequeno de mulheres que viveram na África há cerca de 200 mil anos, que denominaram de Eva Mitocondrial. Eles se basearam na análise do DNA retirado das mitocôndrias, que difere do DNA do núcleo da célula e é transmitido apenas pela linhagem feminina. Ele sofre mutações em taxas mais rápidas do que o DNA nuclear. Comparando o DNA mitocondrial de mulheres de

cente (MRCA, do inglês *Most Recent Common Ancestor*). Portanto, nos seres humanos, durante o processo da fecundação, a única parte do espermatozoide que entra no ovócito é o ***núcleo***. Logo, em um zigoto, a contribuição genética paterna é exclusivamente ***nuclear***, enquanto a materna não se restringe somente ao ***núcleo*** e é ***extranuclear***. A Teoria da Eva Mitocondrial[23]; no entanto, parte do princípio que seria possível traçar uma linhagem a partir das contribuições maternas, geração por geração, até o MRCA, pois seria a mulher mais recente da qual a linhagem dos humanos viventes descende.

Pelos estudos de Jung (2014, §232-234), quando se analisa na natureza da psique que o inconsciente coletivo contém toda a herança espiritual, renascida na estrutura psicológica de todo o indivíduo, constata-se que a separação da psicologia, da biologia é artificial porque a psique humana vive numa união indissolúvel com o corpo, mente, alma e espírito. Por analogia, em 1.Coríntios 15:44-45, "[...] semeado corpo animal, ressuscita corpo espiritual. Se há um corpo animal, também há um espiritual. Como está escrito: O primeiro homem, Adão, foi feito alma vivente {Gn 2,7}; o segundo Adão é espírito vivificante. [...]."

Os Psicólogos poderiam, de forma *voluntária* e *consciente*, aproveitar as fortes influências do "Poder da Transmutação", para promover auxílio de saúde e alívio dos sofrimentos psíquicos e mentais dos seus clientes, ao saber ***qual é a origem de tudo que aí está?***

---

vários grupos étnicos, eles puderam estimar quanto tempo se passou para que cada grupo assumisse características distintas a partir de um ancestral comum. De fato, eles construíram uma árvore genealógica para o gênero humano, na base da qual estavam a Eva Mitocondrial, a grande avó de todos os humanos. Isto não significa que ela foi a única mulher existente em sua época, mas que um pequeno grupo fundador possuía o mesmo DNA Mitocondrial e produziram uma linhagem direta de descendentes por linha feminina que persiste até a presente data. Uma ideia semelhante à da Eva Mitocondrial é aplicada à evolução da contribuição paterna, chamada de Adão cromossomial-Y ou Y-MRCA, buscando o homem do qual os humanos atuais descendem. Vale ressaltar que o MRCA materno e paterno não necessariamente vivera na mesma janela temporal. Também existem mais incertezas quanto à estimativa de quando o Y-MRCA surgiu. Enquanto estima-se que o mt-MRCA tem de 120 a 156 mil anos, o intervalo calculado para o Y-MRCA é bem mais abrangente, de 180 a 580 mil anos. É importante ressaltar que entender a história evolutiva da mitocôndria, as contribuições maternas exclusivas no genótipo da prole e, assim, buscar a mt-MRCA, não significa dizer que a Eva Mitocondrial foi a primeira mulher, ou a primeira humana. Também não implica que as outras mulheres que viveram na mesma época que a Eva Mitocondrial não possuem descendentes atualmente. A Teoria da Eva simplesmente busca descendentes pelos quais é possível traçar uma linha evolutiva contínua através exclusivamente de vínculos maternos. Seria necessário encontrar, a cada geração, o surgimento de pelo menos uma fêmea, a fim de garantir que a linhagem, ao ser analisada apenas pelos cromossomos extranucleares, não fosse quebrada (isso poderia acontecer, por exemplo, se uma fêmea da linhagem tivesse gerado apenas machos). Assim, é possível que as outras mulheres não tenham tido descendência cujas gerações estão conectadas por pelo menos uma mulher.

[23] 1) GILBERT, Scott F.; BARRESI, Michael J.F. (2019). *Biologia do desenvolvimento*. [S.l.]: Artmed Editora.

2) Parsons, T.J.; Muniec, D.S.; Sullivan, K.; Woodyatt, N.; Alliston-Greiner, R.; Wilson, M.R.; et al. (1997). *A high observed substitution rate in the human mitochondrial DNA control region*. [S.l.]: Nature Genetics.

3) Sykes, B. (2002). *The Seven Daughters of Eve: The Science That Reveals Our Genetic Ancestry*. [S.l.]: W. W. Norton & Company.

CAPÍTULO II

Os Conceitos de Ego para Sigmund Freud:
Sigmund Freud e o Id: Componente Original da Personalidade

Para Sigmund Freud, o "Id" é uma região psíquica totalmente inconsciente (Freud, 1996), localizada no núcleo da personalidade. Segundo Freud, o termo "Id" significa "Isso", ele é o componente não dominado da personalidade. O tempo inteiro, o Id busca reduzir tensões através da satisfação de necessidades básicas, pois, sua única função é a busca do prazer.

Pelos conceitos de Freud, um recém-nascido é a personificação do Id, livre das restrições do ego e do superego. O bebê busca a satisfação das suas necessidades, sem considerar o que é possível nem o que é adequado.

Por exemplo, o bebê gosta de sugar porque sente prazer na sucção. Não importa se ele suga um seio, uma mamadeira ou outro objeto. O Id não se importa se o leite tem valor nutricional, pois o Id não está em contato com a realidade, ele simplesmente deseja satisfazer o desejo pulsional de sugar.

Como o Id não têm contato direto com a realidade, ele não se altera ao longo do tempo nem amadurece com as experiências do indivíduo, mas além de ser *irrealista* e buscar o prazer, o Id também é *ilógico*, quer dizer, ele pode sustentar simultaneamente ideias incompatíveis. Por exemplo, conscientemente, uma pessoa pode sentir afeto por outra pessoa e ao mesmo tempo sente o desejo inconsciente de destruir essa pessoa.

Esses desejos opostos são possíveis, porque o Id não tem moralidade; não pode fazer julgamento de valor nem distinguir entre o "bem" e o "mal". Quase toda a energia do Id é gasta em um único propósito: buscar o prazer, sem considerar o que é adequado ou justo.

Podemos pensar no Id como a parte mais primitiva da psique, pois, ele se importa apenas com a satisfação de necessidades. Essa é a única parte da personalidade que um recém-nascido tem. Ele busca o prazer sem se importar com as consequências, porque no Id contém pulsões como Eros (pulsão de vida) e Thanatos (pulsão de morte). O Id não tem qualquer habilidade de aguardar nem almeja esperar, todas as necessidades precisam ser satisfeitas imediatamente. O Id também não muda ao longo da vida. Ele permanece na mente inconsciente por toda a vida da pessoa. Ele não é influenciado por experiências, estressores, aprendizagem. O Id é sempre o mesmo.

Nessa teoria, Freud considera que o Id é o aspecto original da personalidade, pois está enraizado na biologia do indivíduo: nascemos com ele. O Id não resulta da experiência social e jamais se modifica ao longo do tempo; os impulsos da infância permanecem inalterados por toda a vida. Esse material psíquico busca algum meio de expressão, de forma insistente e indiscriminada, o que significa justamente a satisfação imediata e completa.

Como o Id é a região psíquica que hospeda as pulsões básicas, os sonhos são as nossas motivações primárias, pois funciona através de processos primários de pensamento; contudo, os processos primários são insuficientes para garantir a sobrevivência da pessoa, pois, se limitam a ações reflexas, experiências fantasiosas e realizações alucinatórias de desejos. Portanto, a sobrevivência dependerá do desenvolvimento de processos secundários de pensamento que permitam o contato com o mundo externo: esses processos funcionam através do ego.

Sigmund Freud e a Estrutura Psicológica do Ego

Segundo Freud, o ego ou o "eu", é a única região da mente em contato com a realidade do mundo externo. O ego emerge do Id durante a infância e se torna a única fonte de comunicação da pessoa com o mundo físico. O ego funciona segundo o princípio da realidade; princípio que ele tenta sobrepor ao princípio do prazer, do Id.

Como o ego é o único setor da mente em contato com a realidade, ele se torna o tomador de decisões; o ramo executivo da personalidade. De toda forma, como o ego é parcialmente consciente, parcialmente pré-consciente e parcialmente inconsciente (Freud, 1961), ele pode tomar decisões conscientes, mas também pode tomar decisões das quais a pessoa não está totalmente ciente.

Por exemplo, uma mulher pode tomar a decisão de escolher roupas excessivamente arrumadas e bem costuradas, porque se sente confortável quando está bem-vestida. Note que isso é uma decisão consciente, mas ao mesmo tempo ela pode fazer essa escolha porque foi mais bem tratada por outras pessoas quando estava mais bem-vestida, pois, ela tem apenas vaga noção de que esse fato contribui para sua escolha no presente. Perceba que se trata de uma motivação pré-consciente.

Agora, vamos supor que essa mulher escolha roupas impecáveis na vida adulta, porque era severamente punida aos três anos de idade, por ainda não controlar o defecar ou o evacuar. Observe que essa é uma motivação inconsciente para escolha do vestuário na vida adulta.

O ego, enquanto realiza suas funções cognitivas e intelectuais, precisa levar em consideração as demandas do Id, que busca o prazer desenfreadamente e do Superego, que é o reservatório dos valores morais e dos ideais da pessoa. Mas, além de suportar a pressão desses "dois opressores", o ego ainda precisa servir ao "terceiro mestre": o mundo externo.

Toda essa pressão gera ansiedade, o que faz com que o ego aplique a repressão e outros mecanismos psíquicos de defesa para se proteger. Por exemplo, no "eu" é sempre território de batalha, no mínimo, entre seus ideais, os seus impulsos pulsionais e os ideais que são do Eu, são do Superego e são do mundo.

Para Sigmund Freud, o Eu não é senhor em sua morada, ele está sempre em conflito. E isso é interessante, pois, o indivíduo se aliena dessa estrutura subjetiva, quando tenta se apartar desse conflito interno e alega para si mesmo que não está acontecendo nada. Por outro lado, o indivíduo coloca a culpa em outro indivíduo. Todavia, se o indivíduo está desejando algo que ele não quer desejar, é porque ***forte tendência maléfica*** (que é totalmente inconsciente), ou o "demônio" do Id governa aquela situação, mesmo que temporária.

Todavia, devemos notar que a função do ego não é frustrar os impulsos do Id, mas ajudá-lo a obter a satisfação que deseja por caminhos racionais e inteligentes, ou seja, considerando a realidade do mundo exterior, *somente o ego é capaz de fazer essa ponte entre o inconsciente e o mundo externo* (Freud, 1979). O ego decide quando e como as pulsões do Id serão satisfeitas da forma mais adequada, pois determina o tempo, o lugar e os objetos socialmente aceitáveis à satisfação dessas pulsões: de vida e de morte.

Sigmund Freud e a Diferenciação do Ego

Segundo Freud, o ego se diferencia do Id quando o bebê aprende a se diferenciar do mundo ao seu redor; quando percebe que não forma uma unidade com o mundo, mas que é um ser separado das coisas que o cerca. O Id não é impactado por essa aprendizagem, ele permanecerá o mesmo por toda a vida, *mas o ego continuará a desenvolver estratégias para administrar as exigências irrealistas e incansáveis do Id.*

Freud argumentou que às vezes o ego consegue dominar o Id, outras vezes é subjugado por ele; porém, no auge da saúde psicológica o ego consegue controlar o Id, quase completamente. Isso caracteriza as pessoas psicologicamente maduras.

Sigmund Freud: o Ego - "Mestre da Racionalidade"

O ego é o "mestre da racionalidade", porque mantém o indivíduo trabalhando em um emprego que não gosta, p.ex., se as alternativas forem a fome, a saúde, o desemprego etc., pois, o ego é prático e racional e fará todo possível para evitar que o indivíduo sofra desnecessariamente. Logo, o ego força o indivíduo a aceitar situações adversas, se essas forem as condições apropriadas à satisfação das necessidades básicas desse indivíduo.

Por exemplo, quando a criança, na primeira infância, começa a ser punida ou recompensada pelos pais por suas condutas, ela vai aprendendo como deve se comportar de maneira a obter recompensas e evitar punições.

Assim, a partir da segunda infância, a criança vai aprendendo que não pode pegar objetos dos outros sem encarar as consequências. Que não pode defecar nem urinar em público e nem pode agredir as pessoas à sua volta, ou seja, aprende a adiar a obtenção do prazer e a lidar de forma inteligente, racional com o mundo externo. Nos primeiros anos de vida da criança, o ego administra as primeiras aprendizagens sobre o convívio social, pois, ela ainda não desenvolveu o Superego.

Para Sigmund Freud, somente a partir dos 5 ou 6 anos de idade o superego surge, quando a criança começa a se identificar com os pais e a introjetar os seus valores e ideais.

Sigmund Freud e a Estrutura Psicológica do Superego

Pelos conceitos de Freud, o superego representa os aspectos morais da personalidade e é orientado pelos princípios morais ou idealistas. O superego se desenvolve a partir do ego, pois, assim como o ego, ele não tem energia própria: ambos são sustentados pela energia do Id.

Todavia, ainda que o superego se desenvolva a partir do ego, é importante entender que *o superego não tem contato com o mundo externo*. Logo, suas exigências, por perfeição, são excessivas e irrealistas.

Sigmund Freud: a Consciência e Ego Ideal

Na teoria de Freud, o superego tem dois subsistemas: a consciência e o "ego ideal". Freud não fez distinção muito clara entre essas duas instâncias; todavia, de forma geral, podemos dizer que a consciência resulta de experiências nas quais fomos punidos por comportamentos impróprios. Então, a consciência é a instância que nos dirá o que ***não*** devemos fazer. Agora, o ego ideal se desenvolve a partir de experiências nas quais fomos recompensados por condutas adequadas; portanto, o ego ideal nos dirá o que ***devemos*** fazer.

Um superego bem desenvolvido age para controlar os impulsos sexuais e agressivos, pelo processo da repressão. O superego não pode produzir repressões por si mesmo; todavia, pode exigir que o ego o faça. Freud ressalta que o superego está intimamente ligado ao ego, sempre julgando suas ações e intenções, pois, o superego ou "super-eu" é uma instância que atua a partir de três procedimentos:

O primeiro procedimento é a observação. Por assim dizer, o "super-eu" é uma função que vigia, que presta atenção, pois, chega próximo de ser sinônimo de consciência. Todavia, uma consciência muito atenta, muito preconizada é uma expressão muito forte do superego, ou "super-eu".

O segundo procedimento, é quando o "super-eu" se torna uma instância de julgamento, além de vigiar e comparar o Eu com o mundo; o "eu" com os objetos, ainda examina a presença de desejos. Por exemplo, é aquela pessoa que está sempre se julgando; julgando os outros; que está sempre se comparando com os outros; que está sempre disposta a conferir a dimensão do seu ego com o tamanho dos seus ideais. É quando a pessoa está dominada pelas ações do "super-eu".

A *terceira função* ou *procedimento do "super-eu"* é justamente a punição. É porque apreendemos as coisas com uma consciência que se auto-observa; com uma consciência judicativa, pois, nos tornamos "algozes" de nós mesmos. Então, aplicamos punições que levam a um dos maiores enigmas da psicanálise: *o sentimento de culpa.*

Figura 1 – Topologia, Estrutura e Constituição do Ego

O Ego e a Personalidade Humana

(Topologia, Estrutura e Constituição do Ego)

Teoria do Ego de Sigmund Freud	Teoria do Ego de C. G. Jung	Teoria do Ego de Max Heindel		
		Personalidade (eu inferior)	Mente Humana	Ego (Eu Superior)
Superego (Supereu)	Inconsciente Coletivo	Corpo de Desejos	o elo entre o Ego e a Personalidade	Espírito Divino
Ego	Consciente e o Inconsciente Pessoal (subconsciente)	Corpo Vital		Espírito de Vida
Id ("Isso")	Corpo Físico (biológico)	Corpo Denso (biológico)		Espírito Humano

Fonte: Do próprio autor.

Para Sigmund Freud, o Id - "Isso", representa os Impulsos instintivos gerados no inconsciente e manifestados no corpo físico.

Sigmund Freud: Culpa e Inferioridade

O *sentimento de culpa* surge quando o ego age ou tem intenção de agir em desacordo com os padrões morais do superego. Padrões que são herdados dos pais e de outros adultos que cuidam da criança.

Para Freud, a culpa é uma função da consciência, ou seja, ela resulta da ação ou da intenção de agir em desacordo com os padrões morais do superego; porém, em certas situações sentimos outra coisa, o sentimento de inferioridade que é diferente da culpa.

O sentimento de inferioridade surge quando o ego é incapaz de atender os padrões de perfeição moral do ego ideal.

Sigmund Freud: o Superego em Busca da Perfeição

Para Sigmund Freud, o superego não está preocupado com a felicidade do ego. O Superego simplesmente busca a perfeição sem capacidade de perceber ou compreender parte da realidade, mesmo que essa parte seja importante ou óbvia, porque não considera as dificuldades ou impossibilidades enfrentadas pelo ego, ao tentar dar conta de suas exigências. Algumas das exigências do superego são possíveis de cumprir; no entanto, neste ponto, o Superego é parecido com o Id, no sentido de que ele é completamente ignorante e despreocupado com a viabilidade das suas exigências.

Sigmund Freud e a Saúde Psíquica

O Id, o ego e o superego não se organizam da mesma forma em todas as personalidades (Figura 1). Essa organização varia imensamente, pois, em alguns indivíduos o superego não se desenvolve após a infância, pois, eles não têm nenhum freio moral. Em outros, o superego pode dominar completamente a personalidade à custa de *fortes sentimento de culpa e de inferioridade.*

Em outros indivíduos, o ego e o superego podem se alternar no controle da personalidade, o que pode resultar em flutuações de humor extremas e ciclos alternados de autoconfiança e autodepreciação.

O indivíduo psicologicamente saudável é aquele em que o Id e o superego estão integrados em um ego suficientemente forte, para atuar de maneira harmônica, com o mínimo de conflitos em relação às demandas que lhes são impostas pelo ambiente externo.

Resumo

Como apresentado, temos a hipótese fundamental da existência da triplicidade do Ego e da triplicidade da personalidade, diferenciando o "Eu Superior" (a triplicidade do Ego) e o "eu inferior" (a triplicidade da personalidade), é preciso encontrar a verdade de razão para dada hipótese; logo, um caráter verdadeiramente científico deve ser livre de preconceitos.

Na vida diária das pessoas muitas soluções podem e são transferidas do inconsciente para o consciente, mesmo quando em tratamento psicológico. O processo de transferência e contratransferência entre o consciente e o inconsciente é desconsiderado por alguns terapeutas (da psicanálise), pois consideram esse processo somente entre terapeuta e paciente por serem distintos; todavia, em grande medida, muitas pessoas desconhecem quem realmente são internamente; por isso, somos terapeutas e pacientes de nós mesmos.

Quando se observa e analisa a "Figura 1", a Alma Consciente (experiências extraídas do corpo denso) cresce pela ação e pelos impactos externos no lobo frontal (principalmente) e pelas experiências físicas. Por analogia, temos as ações do "id", de Freud.

A Alma Emocional (experiências extraídas do corpo de desejos) cresce pelos sentimentos e emoções gerados pelas ações e pelas experiências dos sentimentos, emoções e da moral. Por analogia, temos as ações do "superego", de Freud.

A Alma Intelectual (experiências extraídas do corpo vital) é um mediador entre as outras duas e cresce pelo exercício da memória, que liga as experiências passadas e às do presente e aos sentimentos engendrados pelas experiências. Por analogia, temos as ações do "ego", de Freud. Origina a simpatia e a antipatia, que não têm existência independente da memória nem dos sentimentos, que se resultassem somente das experiências seriam evanescentes.

Por analogia, pelo entendimento psicanalítico de Freud, temos um foro interno, ou seja, um "tribunal interno" cujo "superego" é a "promotoria", o "ego" o "juiz" e o "id" o "paciente". Na psicanálise o "ego" (ou "eu") é uma das três estruturas do *aparelho psíquico*, ao lado do "id" e do "superego". O aparelho psíquico funciona como um mediador consciente entre os impulsos instintivos do "id", os valores morais impostos pelo "superego" e a realidade externa. O "ego" é racional, lógico e responsável por interpretar a realidade, tomar decisões e usar mecanismos de defesa para lidar com angústias, conflitos psíquicos etc., (Freud, 2011).

Na psicanálise, a "personalidade" é entendida como uma estrutura complexa e fragmentada, formada pela dinâmica entre o "Id" (pulsões e instintos), o "Ego" (mediador entre o Id, a realidade e o Superego) e o "Superego" (moral e normas sociais aprendidas). Essa estrutura é moldada pelas experiências infantis, especialmente as vivências no desenvolvimento psicossexual e pelo conflito constante entre desejos, realidade e restrições sociais, culminando na busca por um equilíbrio psíquico.

Nos processos e postulados apresentados, tanto nos precedentes quanto nos ulteriores capítulos, entendemos que a transferência e contratransferência entre o *Eu Superior* (o triple Ego) e o *eu inferior* (a triple personalidade), o sujeito pode conduzir sua vida diariamente e com sucesso desde a infância, quando tem acesso às experiências milenares do triple Ego, através da sua *Consciência Superior*, *Supraconsciência* ou *Triple Consciência*, formada pela Alma Consciente, Alma Emocional e Alma Intelectual. Cuja Consciência Superior, pois é revitalizada em cada vida após enfrentarmos o processo que chamamos de "morte" (diagramas I e II).

Conhecemos a analogia entre o ***triple Ego***, o *Eu Superior*, que penetra os seus veículos, a ***triple personalidade***, o *eu inferior* durante o dia, neles vive e por seu intermédio trabalha e que à noite é um espírito livre, livre dos grilhões do corpo denso. Todos sabemos que cadeia, prisão representada nosso atual corpo denso; como somos torturados pelas doenças e pelos sofrimentos físicos e psíquicos, pois não há qualquer de nós que esteja sempre com perfeita saúde de modo que jamais sinta o látego da dor; principalmente pessoas que estejam em *busca da Verdade*, no caminho da autorrealização ou totalidade psíquica e espiritual.

A força germinante que ativa as sementes na terra e a prepara para produzir cada espécie vegetal multiplicada; todavia, por analogia, é a mesma força que agita a mente humana e promove as atividades altruístas que fazem o mundo melhor.

Todavia, não temos espaço suficiente para apresentarmos as profundas experiências das vidas do *Eu Superior* (do triple Ego), nem sobre sua eterna Consciência de Almas (Almas Consciente, Emocional e Intelectual) e nem da sua inconsciência ao renascer (diagrama II). O pouco que temos, em teoria, é a base dessa experiência a "herança" do inconsciente coletivo (Jung, 2012). Essa Consciência de Almas é ofuscada pela consciência do senso comum ou "mecanismos inconscientes" de Freud (1996), que podemos chamar de "estágios de sobrevivência" durante as primeiras "*instâncias da triple personalidade*" no Mundo Físico.

CAPÍTULO III

Carl Gustav Jung e a Estrutura Psicológica do Ego: o Ego, o Inconsciente Pessoal e os Complexos

Na visão de C. G. Jung (Figura 2), o ego é o centro da parte consciente da personalidade, ou seja, é a parte do psiquismo preocupado em perceber, pensar, sentir e lembrar. De certa forma, o ego é a consciência que temos de nós mesmos e é responsável pela realização de nossas atividades diárias. O ego é seletivo admitindo na consciência apenas uma parte dos estímulos aos quais estamos expostos, bem como apenas uma parte dos nossos processos psicológicos. No entanto, o ego nunca está consciente de tudo o que se passa na mente.

Figura 2: A Psique

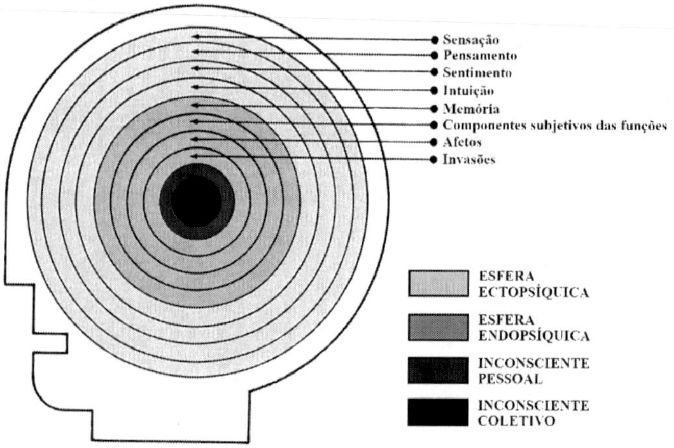

Fonte: Figura do livro de Jung, C. G.(1985) Fundamentos de Psicologia Analítica. Da col. OBRAS COMPLETAS, Vol. XVIII/1, RJ: Vozes; Fig. 4 - A Psique, pp.39.

O ego consiste apenas do que o indivíduo está consciente. Do que esse indivíduo sabe que é ele mesmo. Por exemplo, enquanto uma pessoa fala, ela está consciente do que fala, está consciente de si mesma; contudo, apenas até certo ponto, pois muitas coisas estão acontecendo.

Por exemplo, se um indivíduo faz gestos, mas não está consciente deles, porque acontecem inconscientemente, mas outras pessoas podem vê-los. Alguém pode dizer ou usar palavras e não lembrar que as usou ou em que momento as usou, pois, não está consciente delas. Então, alguma "dose" de inconsciência parece ocorrer na situação consciente dessa pessoa.

Para C. G. Jung, as pessoas nunca estão totalmente conscientes de si mesmas. Por exemplo, enquanto algum indivíduo tenta elaborar algum argumento, ao mesmo tempo há processos inconscientes que prosseguem, talvez, um sonho que esse indivíduo pode ter tido noite passada ou uma parte dele mesmo pensa sabe-se lá o quê. Qual bebida vai tomar ou sobre pessoas que esse indivíduo viu quando estava escrevendo algum artigo, pois, esse indivíduo continua escrevendo o artigo, mas está inconsciente de muitas coisas em sua mente para elaboração de alguma parte desse artigo.

Portanto, ego e consciência não são sinônimos. O ego é uma força unificadora da personalidade e se localiza no centro da consciência (Figura 2), mas não é a própria consciência. O ego é responsável pelo sentimento de continuidade e de identidade que todos nós temos. Então, o ego contém nossos pensamentos conscientes, bem como nossas ações e sentimentos conscientes; nossas lembranças conscientes de nossas experiências acontecidas.

Carl Gustav Jung e o Inconsciente Pessoal

Para Jung, o inconsciente pessoal é semelhante aos conceitos de pré-consciente e inconsciente de Sigmund Freud, quer dizer, o inconsciente é um reservatório do material que uma vez foi consciente, mas foi esquecido ou suprimido por ser pouco relevante ou desagradável.

O inconsciente pessoal também consiste em impressões sensoriais que são muito fracas para serem registradas conscientemente, como o barulho do tráfego na autoestrada longe da presença do indivíduo.

Como o inconsciente pessoal é formado por nossas experiências pessoais (Figura 2), ele é único em cada pessoa. Uma parte do material armazenado nessa região psíquica é fácil de ser acessada, mas há memórias difíceis de serem acessadas e outras que estão muito abaixo da linha da consciência; todavia, podem exigir a colaboração com um terapeuta habilidoso para serem novamente acessadas.

Carl Gustav Jung e os Complexos

Na medida em que adicionamos mais e mais experiências em nosso inconsciente pessoal, começamos agrupá-las no que C. G. Jung chamou de *complexos*; que são núcleos ou padrões de emoções e memórias, percepções e desejos organizados em torno de um mesmo tema ou ideia.

Por exemplo, podemos dizer que a pessoa tem *complexo* sobre poder e *status*, o que quer dizer que ela está preocupada com essas questões ao ponto de influenciarem o seu comportamento. Então, a pessoa pode tentar se tornar importante, concorrendo a um cargo público ou tentando obter outros tipos de poder na sociedade. Assim, cada *complexo* determina a forma como a pessoa percebe o mundo, por orientar pensamentos e comportamentos em determinadas direções. *Complexos* podem ser conscientes ou inconscientes; aqueles que não estão sob controle consciente podem invadir e interferir na consciência.

Ressaltamos que uma pessoa com *complexo*, muitas vezes, não está consciente de sua influência, embora as pessoas ao seu redor possam facilmente perceber seus efeitos. Alguns *complexos* podem ser danosos, mas outros podem ser úteis. Por exemplo, um complexo de perfeição ou conquista pode levar alguém a trabalhar arduamente no desenvolvimento de certos talentos ou habilidades.

C. G. Jung acreditava que os *complexos* se originaram não apenas da experiência, na infância e na vida adulta, mas também a partir das experiências de nossos ancestrais, quer dizer, da herança da espécie contida no inconsciente coletivo (Jung, 2016).

Psicologia Topológica do Triple Ego - Evolução, Estrutura Psicológica e Espiritual da Triplicidade do Ego: Conceitos de C. G. Jung e de Max Heindel

Um dos objetivos desse ensaio de psicologia é tentar esclarecer a dificuldade de muitos psicólogos(as) e pesquisadores, quando se trata de definir o conceito de Ego para o entendimento psicológico, bem como conceito Espiritual do sujeito.

Para tentar minimizar a falta de entrosamento e confusão generalizada ao longo dos anos, nos "diagramas", "figuras" e nos ulteriores parágrafos e capítulos deste ensaio de psicologia, aludo ao "*Ego*" ou à "*triplicidade do Ego*" (***escrito em maiúsculo***), sendo o *Eu Superior*. Menciono ao "*ego*" ou à "*triplicidade do ego*" (***escrito em minúsculo***), sendo o *eu inferior*, *eu pessoal*, *triple personalidade*, ou simplesmente *Ego* e *personalidade*.

Por postulado[24], na "Parte III" deste ensaio de psicologia apresentamos *a origem, transformação e estrutura psicológica da triplicidade do Ego e da triplicidade da personalidade*, pois, pelos estudos de Winnicott (2021, p. 22-23) "Estamos preparados para examinar a estrutura da personalidade e a relação do indivíduo com a sociedade e com os ideais."

> Quando há imaturidade na vida instintiva, existe o risco de doença na personalidade, no caráter ou no comportamento do indivíduo. Deve-se ter o cuidado de entender aqui, entretanto, que o sexo pode operar como uma função parcial, de modo que, ainda que o sexo possa *parecer* estar funcionando bem, a potência e seu equivalente feminino podem acabar empobrecendo o indivíduo, ao invés de enriquecê-lo. Mas não nos deixamos levar com facilidade por essas coisas, já que não estamos olhando para o indivíduo tendo em vista seu comportamento e os fenômenos de superfície. Estamos preparados para examinar a estrutura da personalidade e a relação do indivíduo com a sociedade e com os ideais. Pode ser que em determinada época os psicanalistas tendessem *a pensar na saúde como ausência de distúrbios psiconeuróticos*, mas esse não é mais o caso. Precisamos de critérios mais sutis. Não temos de jogar fora o que usamos antes, agora que pensamos em termos de liberdade dentro da personalidade, de capacidade para ter confiança e fé, de questões de constância e confiabilidade objetal, de liberdade em relação à autoilusão, e também de algo que tem mais a ver com a riqueza do que com a pobreza no que se refere à

[24] **Postulado** é o que se considera como fato reconhecido, como axioma, como verdade indemonstrável, mas certa ou necessária.

> qualidade da realidade psíquica pessoal (Winnicott, 2021, p. 22-23).

Diversos escritores, pesquisadores, professores, estudantes de psicologia etc., apresentam estudos, teorias etc., mas não explicam essa complexidade nem a origem, a estrutura psicológica e espiritual do sujeito. Por exemplo, a complexidade desse sujeito não é apresentada nem mencionada nas "Obras Completas" de Sigmund Freud, bem como não encontramos estudos atualizados de pesquisadores, escritores, professores etc., que escolheram seguir a abordagem psicanalista, entre outras abordagens. Todavia, continuam estudando os sintomas e os desdobramentos dos mesmos sintomas.

Portanto, neste e em outros ensaios de psicologia apresento sua origem, estrutura e desenvolvimento, sempre analisando e valorizando os atributos psíquicos e espirituais da "Vontade" e da "Imaginação" do sujeito, pois, pelas análises de Jung (2014, §232-234) não se separa o biológico, do psicológico.

Como mencionado, as literaturas que contribuem para o Conhecimento Psicológico publicadas por pesquisadores, psicólogos(as) graduados em psicologia nos séculos anteriores e nas primeiras décadas do século XXI, ainda apresentam essa falta de entrosamento e distinção em explicar a diferença e o entendimento entre a *triplicidade do Ego* (o *Eu Superior*) e a *triplicidade da personalidade* (o *eu inferior*).

Ao rever a literatura, com base no surgimento da filosofia na Grécia antiga, século VI a.C., temos o ***primeiro marco*** da psicologia como ciência, desde a passagem do pensamento mítico ao filosófico-científico (Marcondes, 2005). Os gregos buscavam respostas para a hipótese da origem das coisas, ou seja, ***qual é a origem de tudo que aí está?***

Como formulado pelos gregos, nas suas diferentes escolas, que buscavam o conhecimento através da ***Razão*** e não pelo dogma, muito menos seguiam as técnicas da abordagem sofista, pela falta de compromisso em *busca da Verdade*.

Deste modo, conhecemos os *espaços-tempo* e as *dimensões compactas* em que os processos e fenômenos psíquicos acontecem no sistema da topologia psicológica, ou seja, no espaço psíquico do sujeito (Lewin, 1973).

Estrutura e Composição da Triplicidade do Ego e da Psique

São as atribuições e funções do triple Ego, quando se conhece a origem e formação do *núcleo* do inconsciente coletivo e do inconsciente pessoal (diagrama II); portanto, é preciso ter alguma ideia da realidade psicológica, antropológica e espiritual do triple Ego, como analisado por Jung (1985, §74-144) em "Fundamentos de Psicologia Analítica".

Quando se compreende e interpreta as coisas que existem nessas regiões ou *dimensões compactas* (diagramas I e II) é possível conhecer grande parte do conteúdo psíquico e mental existente na psique do sujeito; todavia, é quando se encontra a verdadeira natureza das coisas, pois pela *Razão* (Platão, 1991), saberemos *qual é a origem do Ego e de tudo que aí está na psique do sujeito?*

O objetivo é preparar-se para criar, reproduzir e avaliar as soluções que foram geradas na presente vida, ao conhecer as análises de Cruz (2023) em "Psicologia Esotérica: a Gênese e Topologia do Ego".

Quando direcionamos nossos estudos e análises ao desenvolvimento humano no século XXI, é porque as pessoas clamam em saber a origem da *triplicidade do Ego*, como se constata nos documentos literários de *Christian Rosenkreuz*, pelas "Cartas de C. G. Jung – 1946-1955" (Jung, 2018, p. 222-225) e em "O Eu e o Inconsciente" (JUNG, 2014, §385), pois, não se trata de opinar se são desejáveis ou não. As pessoas querem saber como esse importante arquétipo - o *triple Ego* - se manifesta em diferentes interfaces, análogo às interfaces de "*o mito da caverna*" (Platão, 1987, §508b-509c, §509d-511e).

Sabemos que o mundo está passando por grandes mudanças e de paradigma global da consciência. As energias invisíveis em nosso sistema solar estão se acelerando à medida que nos preparamos para outra fase de desenvolvimento mental, psíquico e espiritual, que levará a uma transição na ordem universal e expansão da consciência. Primeiro, essa mudança envolve os mais adaptados e flexíveis mentalmente, depois, progressivamente, afetará o restante da humanidade (Heindel, 2012).

Isso se comprova, pois, por volta do início do século XX, o "poder da transmutação" foi revelado ao mundo científico pelas invenções, pelas pesquisas, bem como pelo desenvolvimento da ciência psicológica, quando a Psicologia passou a "conhecer" as pessoas a partir de estudos do inconsciente (Freud, 1996 *apud* Jung, 2013).

Portanto, desde as primeiras décadas do século XXI, esse "poder da transmutação" prepara a humanidade para a "reunificação das almas", ou seja, da *anima* e do *animus*, quando se conhece as análises de Jung (2014) em "O Eu e o Inconsciente".

> A anima, sendo feminina, é a figura que compensa a consciência masculina. Na mulher, a figura compensadora é de caráter masculino e pode ser designada pelo nome de animus. Se não é simples expor o que se deve entender por anima, é quase insuperável a dificuldade de tentar descrever a psicologia do animus (JUNG, 2014, §329).

Essa reunificação psíquica, mental e espiritual se fez conhecer em "O Homem e seus Símbolos" (Jung, 1964), pois se observa que foi para tentar restabelecer a consciência primeira da presenta humanidade (Gênesis 1, 2 e 3).

Modo psicológico, essas intervenções na consciência humana podem ser comprovadas com o avanço do conhecimento da ciência psicológica, tendo como base "Os Arquétipos e o Inconsciente Coletivo" (Jung, 2016).

> [...] O inconsciente coletivo é uma parte da psique que pode distinguir-se de um inconsciente pessoal pelo fato de que não deve sua existência à experiência pessoal, não sendo, portanto, uma aquisição pessoal. Enquanto o inconsciente pessoal é constituído essencialmente de conteúdos que já foram conscientes e, no entanto desapareceram da consciência por terem sido esquecidos ou reprimidos, os conteúdos do inconsciente coletivo nunca estiveram na consciência e, portanto não foram adquiridos individualmente, mas devem sua existência apenas à hereditariedade. Enquanto o inconsciente pessoal consiste em sua maior parte de *complexos*, o conteúdo do incons-

ciente coletivo é constituído essencialmente de *arquétipos*. [...] (Jung, 2016, §87-110).

Também é preciso ter algum conhecimento de os "Fundamentos de Psicologia Esotérica" (Cruz, 2020), que podemos considerar que foi a primeira divulgação de temas *psicológicos-esotéricos*, para tentar apreender a complexidade psíquica do sujeito, devido à forte influência e transformação das "Psicologias" como as conhecemos. É a *episteme*, a ciência do Conhecimento Psicológico, quando se conhece os assuntos, temas e escritos de Platão, pela *Teoria das Ideias* e da filosofia de Aristóteles, pelo *Corpus aristotelicum* (Aristóteles, 1991).

Esses temas também são analisados em "*The Rosicrucian Cosmo-Conception*" (Heindel, 2012), pois foram escritos (*especialmente* para os povos ocidentais), para as pessoas cujo elevado grau de desenvolvimento intelectual, psíquico e espiritual lhes convida a elevar a inteligência mental e inteligência espiritual. Quando se avalia que o intelecto pede imperiosamente por explicações lógicas, *para saber qual é a origem da triplicidade do Ego, da triplicidade da personalidade e de tudo que aí está na psique* (mente e triple alma) *do sujeito?*

É quando se confronta o preceito sacerdotal praticado desde a Idade Média, nas *fases patrística* e *escolástica*, séculos IX a XVI: "não procureis conhecer os mistérios de Deus". Se observa que não foi explicado as razões nem o *modus operandi* da existência, bem como da relação do ser humano com o Divino.

Cruz (2023) em "Psicologia Esotérica: a Gênese e Topologia do Ego", procura resgatar e qualificar os conceitos do *triple Ego* e da *triple personalidade*, sendo de grande importância para o futuro do Conhecimento Psicológico, ao analisar o *sistema psicológico* implementado por Jung (1985, §74-144) em "Fundamentos de Psicologia Analítica".

Portanto, observa-se que as condições sócio-históricas presentes no momento do nascedouro de um dado ramo, ou área da ciência, são muito importantes para compreender o seu desenvolvimento; entretanto, não seria diferente com o surgimento de os "Fundamentos de Psicologia Esotérica" (Cruz, 2020), bem como da hipótese da ***triplicidade do Ego*** e da ***triplicidade da personalidade*** quando se conhece suas matrizes psicológicas (Figueiredo, 2012).

Ao analisar a "Figura 2", com base as análises de Jung (1985, §74-108) em "Fundamentos de Psicologia Analítica – *A Psique*", fundamentada nas experiências diárias da *Triple Consciência do Ego*, conforme analisado por Heindel (2012, p. 177-200) em "*The Rosicrucian Cosmo-Conception - The Relation of Man to God*", cuja parte dessa análise psicológica é apresentada por Jung (2015, §68-286) em "Aion – Estudos Sobre o Simbolismo do Si-mesmo", posso afirmar que a *Psique* é inteiramente constituída pela *Mente* e pela *triple Alma* do sujeito e coordenada pelo triple Ego (o *Eu Sou*, ou Eu Superior). Veremos essa constituição no ulterior capítulo "*A Consciência Tridimensional do Ego no Mundo Físico*".

A Triplicidade do Ego: sua Consciência em Ambientes Internos e Externos: o Desenvolvimento do Psiquismo Humano

O desenvolvimento do psiquismo é o processo pelo qual a mente humana se forma e adolesce, envolvendo aspectos biopsicossociais; todavia, são fatores biológicos, psicológicos e sociais que interagem para influenciar a saúde e o bem-estar de um indivíduo. Este modelo, que se contrapõe ao foco exclusivo nos fatores físicos do modelo biomédico, entende que a doença e a saúde resultam da complexa interação entre a fisiologia do corpo (biológico), a mente (psicológico) e o ambiente social e cultural (social).

Justamente por força da dificuldade de elaboração deste conceito (subjetivo-objetivo); todavia, pelo fato de C. G. Jung unir a Psicologia com a Física Quântica (Xavier, 2003), temos a possibilidade de abalizar o *sistema da triplicidade do Ego* e o *sistema da triplicidade da personalidade*, pois cada sistema tem sua *autonomia psicológica, mental e espiritual.*

Em psicologia, autonomia é a capacidade de uma pessoa se autogovernar, tomando decisões e agindo de forma independente, com base nas suas próprias vontades, valores e autoconhecimento, sem depender excessivamente da aprovação ou interferência de outros. Essa capacidade envolve autoconhecimento, responsabilidade e inteligência emocional, pois o desenvolvimento da autonomia é um processo essencial para o bem-estar e a realização pessoal; quando se conhece os processos espiritual, psicológico e social apresentado em Gênesis 3.

Cada sistema elabora seus processos psíquico-quânticos, pois pelo *significado sincronístico* (Jung, 2016) ambos os sistemas podem interagir em diferentes espaços-tempos na natureza da psique do sujeito (Jung, 2014). No entanto, cada sistema utiliza suas respectivas dimensões compactas, quando se apreende as análises apresentadas nos diagramas I e II.

O *sistema tríplice do Ego* (o Eu Superior) interage através do inconsciente coletivo (Jung, 2016), (diagramas V, VI e VII). O *sistema tríplice da personalidade* (o eu inferior) interage através do inconsciente pessoal (diagramas I e II).

Carl Gustav Jung conheceu aspectos da teoria da relatividade (Russell, 1960) e da física quântica (Xavier, 2003), especialmente o princípio da incerteza, da complementaridade e da não localidade, por intermédio dos físicos teóricos, Wolfgang Pauli (Xavier, 2003) e Albert Einstein (Einstein, 1961), bem como teve conhecimento das pesquisas de parapsicologia feitas por J. B. Rhine, na universidade de Duke (Rhine, 1934).

Pelas pesquisas associadas com suas experiências pessoais, profissionais e de seus pacientes, C. G. Jung sugeriu que as camadas mais profundas do inconsciente (Jung, 2014) não dependem das leis de espaço, tempo e causalidade (Kant, 2001/2003/2007), pois, produz fenômenos paranormais como a *clarividência espacial* e a *premonição* (pelo *significado sincronístico*), quando se conhece os estudos de Jordan (1936) em "A Teoria Quântica de Campos).

> Na medida do alcance de nossa experiência atual, podemos dizer que os processos inconscientes se acham numa relação compensatória em relação à consciência. Uso de propósito a expressão "compensatória" e não a palavra "oposta", porque consciente e inconsciente não se acham necessariamente em oposição, mas se complementam mutuamente, para formar uma totalidade: o si-mesmo (Selbst). De acordo com esta definição, o si-mesmo é uma instância que engloba o eu consciente. Abarca não só a psique consciente, como a inconsciente, sendo, por-

> tanto, por assim dizer, uma personalidade que também somos. Podemos facilmente imaginar que possuímos almas parciais. Conseguimos, por exemplo, representar nossa persona, sem grande dificuldade. Mas ultrapassa o poder da nossa imaginação a clara imagem do que somos enquanto si-mesmo, pois nesta operação a parte deveria compreender o todo. É impossível chegar a uma consciência aproximada do si-mesmo, porque por mais que ampliemos nosso campo de consciência, sempre haverá uma quantidade indeterminada e indeterminável de material inconsciente, que pertence à totalidade do si-mesmo. Este é o motivo pelo qual o si-mesmo sempre constituirá uma grandeza que nos ultrapassa (Jung, 2014, §274).

Para corroborar as hipóteses apresentadas, analisamos os estudos da dobra do tempo psíquico de Hameroff e Penrose (2016), entre as duas camadas da psique (inconsciente coletivo e inconsciente pessoal) e as duas naturezas da psique (natureza subjetiva e natureza objetiva), pois, pode-se observar e analisar *fenômenos de sincronicidade* pelas projeções de conteúdos psíquicos entre "dois mundos", ou seja, entre as camadas na natureza da psique, conforme analisado por Jung (2011, §346) em "Psicologia e Alquimia".

Ao analisar a dobra do tempo psíquico (Libet, 2004 *apud* Minkowski, 1995) na psique do sujeito tem como base a teoria das pontes de Einstein-Rosen (Afriat; Selleri, 1999 *apud* Bell, 1964). Por analogia, como acontece no macrocosmo, assim incide no microcosmo e de *forma sincronística*, entre os corpos da triple personalidade e entre as duas camadas na natureza da psique: entre o inconsciente pessoal e o inconsciente coletivo (diagramas I e VII).

Em outras palavras, enquanto se gasta bilhões de dólares em buscar no macrocosmo, fora do planeta (pelo "buraco de minhoca"), com base na teoria das pontes de Einstein-Rosen, é possível fazer a mesma busca da dobra do tempo entre o triple Ego e a triple personalidade, *pela dobra do tempo psíquico*. Cientificamente, o custo financeiro é muito menor e é mais seguro realizar inúmeras pesquisas.

Assim, temos os *processos sincronísticos inconscientes* entre o corpo denso, o corpo vital e o corpo de desejos através da *triple sincronicidade da mente*, que une o *Eu Superior* (o Mundo Espiritual) e o *eu inferior* (o Mundo Físico, diagramas I e II), para que o triple Ego (o *Eu Superior*) possa interagir com o seu triple arquétipo: a *triple personalidade.*

A dobra do tempo psíquico (Libet, 2004 *apud* Minkowski, 1995) na psique do sujeito tem como base a teoria das pontes de Einstein-Rosen (Afriat; Selleri, 1999 *apud* Bell, 1964). Ao pesquisar, analisar e postular os diferentes mundos (Heindel, 2012) com suas regiões ou dimensões compactas (diagramas I e II), pela dobra do tempo psíquico, podemos notar que existem duas realidades de alma vividas pela mesma pessoa no universo da natureza da psique (Jung, 2014): *a realidade a anima e a realidade do animus.*

Da realidade da anima no inconsciente pessoal: os espaços-tempos vividos pela *anima* no Mundo Físico (Jung, Emma, 1997), pois, quando se vive como mulher está consciente da *triple personalidade* (corpo denso, corpo etéreo e corpo de desejos) e seus processos nas suas respectivas dimensões compactas. Transmite constantemente conteúdos psíquico-quânticos para o *animus*, na sua realidade externa. Todavia, o *animus* também recebe constantemente conteúdos psíquico-quânticos diretamente do inconsciente coletivo (da realidade espiritual interna) e transmite para a *anima*; todavia, nesses processos quânticos, temos como paradigma a teoria das pontes de Einstein-Rosen, pela dobra do tempo psíquico na natureza da psique, porque o tempo inexiste no inconsciente coletivo (diagramas II e VII).

Da realidade do animus no inconsciente pessoal: os espaços-tempos vividos pelo *animus* no Mundo Físico, pois, quando se vive como homem está consciente da *triple personalidade* (corpo denso, corpo etéreo e corpo de desejos) e seus processos nas suas respectivas dimensões compactas. Transmite constantemente conteúdos psíquico-quânticos para a *anima*, na sua realidade externa. Todavia, a *anima* também recebe constantemente conteúdos psíquico-quânticos diretamente do inconsciente coletivo (da realidade espiritual interna) e transmite para o *animus*; todavia, nesses processos quânticos, temos como paradigma a teoria das pontes de Einstein-Rosen, pela dobra do tempo psíquico na natureza da psique, porque o tempo inexiste no inconsciente coletivo.

Dependendo do grau de consciência do indivíduo, o inconsciente coletivo (Jung, 2016) apresenta diferentes experiências herdadas que o triple Ego (ou Ego) pode alcançar, em geral, inconscientemente, através de *processos sincronísticos* (Jung, 2012) entre as camadas da natureza da psique.

O processo psíquico-quântico objetivo acontece no *Increatum* (Jung, 2011, §430-432), pois, no Mundo do Espírito Divino, de Vida e Humano (Heindel, 2012), o triple Ego concebe todo o conhecimento do Mundo Físico, tendo a Mente como elo ou ponte (diagrama I), conforme analisado por Cruz (2023, p. 389-525) em "Psicologia Esotérica: a Gênese e Topologia do Ego". Todavia, é quando acontece o fenômeno da *dobra do tempo psíquico* entre as *duas camadas da psique* (inconsciente coletivo e inconsciente pessoal) e nas *duas naturezas da psique* (subjetiva e a objetiva), pode-se observar fenômenos de sincronicidade pelas projeções de conteúdos psíquicos entre "dois mundos".

> Entretanto, na medida em que o indivíduo humano, como unidade viva, é composto de fatores puramente universais, é coletivo e de modo algum oposto à coletividade. A ênfase individualística de sua própria peculiaridade representa, pois, uma contradição frente a este fato básico do ser vivo. A individuação, pelo contrário, tem por meta a cooperação viva de todos os fatores. Mas como os fatores universais sempre se apresentam em forma individual, uma consideração plena dos mesmos também produzirá um efeito individual, que não poderá ser superado por outro e muito menos pelo individualismo. A meta da individuação não é outro senão a de despojar o si mesmo dos invólucros falsos da persona, assim como do poder sugestivo das imagens primordiais. Do que até agora foi dito depreende-se claramente o significado psicológico da persona. Entretanto, quando nos voltamos para o outro lado, isto é, para as influências do inconsciente coletivo, encontramo-nos num obscuro mundo interior, de compreensão muito mais difícil do que a da psicologia da persona, acessível a

> qualquer um. Não há quem não saiba o que significa "assumir um ar oficial", ou "desempenhar seu papel na sociedade". Através da persona o homem quer parecer isto ou aquilo, ou então se esconde atrás de uma "máscara", ou até mesmo constrói uma persona definida, a modo de muralha protetora. Assim, pois, o problema da persona não apresenta grandes dificuldades intelectuais (Jung, 2014, §268-269).

Como analisamos, o *triple Ego* tem seus ambientes internos e externos, que são os ambientes mental, das emoções e sentimentos e o biológico. Estes três ambientes internos do *triple Ego* são utilizados na aquisição de experiências internas, pois fazem parte da sua consciência formada pela quintessência extraída da *triple personalidade*, ao assimilar durante e no final de cada *ciclo de vida* (no processo que chamamos "morte"): a *Alma Consciente, Alma Emocional e Alma Intelectual.*

No atual estágio de desenvolvimento humano, o *triple Ego* é *dependente* da sua *triple personalidade* para interagir no meio ambiente interno/externo próximo, cujo objetivo é adquirir experiências pelas interferências do ambiente interno/externo sobre os seus corpos. Essas experiências são inconscientes e outras conscientes, pois cada corpo da *triple personalidade* interage em diferentes ambientes de acordo sua natureza (diagramas I e II). Assim, temos novos pensamentos, novas emoções e sentimentos, bem como competência para realizar atividades biológicas e fisiológicas com os membros físicos, bem como substituir de tempos em tempos seus organismos celulares.

Assim, temos os *processos sincronísticos inconscientes* entre o corpo denso, o corpo vital e o corpo de desejos através da *triple sincronicidade da mente*, que une o *Eu Superior* (o Mundo Espiritual) e o *eu inferior* (o Mundo Físico, diagramas I e II), para que o triple Ego (*Eu Superior*) possa interagir com o seu triple arquétipo: a *personalidade.*

A conscientização da sua externalidade, que faz parte do processo para elevação da consciência do ***triple Ego*** nos e dos diferentes ambientes no mundo físico, cujo objetivo é que a ***triple personalidade*** conheça a si-mesma pela sua relativa autonomia temporal. O objetivo da conscientização da sua externalidade é elevar sua consciência e forma, ou seja, alcançar sua homeostase psíquica e biológica através de "ajustes" nas convivências diárias com as outras pessoas, que também se encontram em processo análogo e no mesmo ambiente externo, ou seja, no Mundo Físico.

Nesse processo de conscientização todos são influenciados pelas alterações do ambiente externo e se adaptam melhor ao meio fazendo uso da adaptabilidade e flexibilidade. Portanto, todos os atores influenciam e são influenciados pelos diferentes ambientes (internos e externos) em diferentes contextos socioculturais.

Em psicologia, o termo "externalidade" pode ser entendido como o efeito involuntário e não compensado que as ações de um indivíduo causam sobre outros, tanto de forma positiva (benefícios) quanto negativa (prejuízos). Embora o conceito seja mais relevante na abrangência financeira, se aplica a fenômenos psicológicos sociais, como a influência de uma pessoa no humor de um grupo ou os impactos de um tratamento psicológico em indivíduos não diretamente envolvidos.

Na psicologia, flexibilidade se refere à capacidade de se ajustar rapidamente a diferentes situações e mudar planos; enquanto, adaptabilidade é a habilidade de aprender com as mudanças e integrar novas informações para encontrar soluções criativas, tornando-se um aspecto chave para a flexibilidade psicológica. Ambas são habilidades importantes para o bem-estar, pois permitem lidar com adversidades, inovar e manter o funcionamento psicológico positivo, elevando a autoestima.

Donald Winnicott: a Personalidade e o Desenvolvimento da Personalidade

"Psique-soma" refere-se à unidade indivisível entre a mente (*psique*) e o corpo (*soma*). Conceito explorado principalmente na obra de Donald Woods Winnicott (1896-1971), que destaca como a experiência emocional se manifesta no corpo e como o corpo é fundamental para a experiência mental. A expressão também pode se referir à crença, em algumas filosofias e religiões, que o ser humano é composto por diferentes partes como espírito (*pneuma*), mente (*psique*) e corpo (*soma*).

Para Winnicott (2021), a personalidade é um processo em desenvolvimento impulsionado por uma tendência inata à integração, que se constitui a partir da relação primordial entre o indivíduo e o ambiente, especialmente a mãe. A construção da personalidade saudável depende de um ambiente "suficientemente bom" que permita ao bebê a integração do "verdadeiro self" e "falso self", o que leva à saúde, ao amadurecimento e à criatividade.

Para Winnicott (2021), quanto ao desenvolvimento da personalidade, sua tendência inata à integração, que todo indivíduo nasce com uma tendência natural para se integrar e se constituir como uma pessoa única. Assim, ele mostrou que é na relação com o ambiente, que acontece a construção da personalidade, que ocorre na relação interpessoal, sendo a relação mãe-bebê fundamental. Tendo um ambiente "suficientemente bom", que é o ambiente que cuida adequadamente do bebê de forma suficiente e previsível, que possibilita o desenvolvimento saudável, a integração psique-soma (mente-corpo) e o "verdadeiro self".

Winnicott (2021) apresentou a saúde e o amadurecimento emocional como sinônimos, para que sejam alcançados por meio de um viver criativo e pela capacidade de lidar com sentimentos de amor, ódio e agressividade.

Para Winnicott (2021), os conceitos chave do verdadeiro self *versus* falso self, é que o verdadeiro self é a identidade espontânea do indivíduo, que se desenvolve em um ambiente que não interfere de forma excessiva. O falso self surge como uma defesa contra um ambiente inadequado, como forma de adaptação e não de expressão autêntica.

Winnicott (2021) entendeu que a psique (mente) como ligada ao corpo (soma) e aos relacionamentos com o mundo exterior, sendo o resultado da elaboração imaginativa das funções corporais e das experiências vividas. Assim temos a agressividade e motilidade. A agressividade inicial do bebê está ligada à satisfação de necessidades (como mamar) e à motilidade, não a um sadismo destrutivo, sendo fundamental para a sobrevivência. A motilidade se expressa desde antes do nascimento na movimentação do bebê dentro do útero, algumas vezes intensa e vigorosa. Depois de nascer, ao movimentar-se, a criança experimenta encontros com coisas externas, pois, com isso, o meio ambiente é constantemente descoberto e redescoberto.

Winnicott (2021) apresentou o impasse no desenvolvimento, dizendo que o ambiente imprevisível não oferece previsibilidade, o indivíduo pode ficar preso na defesa contra o imprevisível, sem a capacidade de criar e de se sentir parte do mundo, vivendo de forma restrita em um pequeno mundo conhecido; consequentemente, a falta de previsibilidade e a sensação de agressão sem ser atendido podem levar à "agonia impensável" e à perda da espontaneidade, fazendo com que a pessoa se sinta privada de sua raiz pessoal e de sua capacidade de existir de forma criativa.

Donald Winnicott: o Ego e o Desenvolvimento do Ego

Para Winnicott (2021), o ego não é uma estrutura psíquica rígida, mas uma tendência inata do indivíduo à integração da personalidade, que se desenvolve sob condições ambientais favoráveis. O desenvolvimento do ego acontece a partir da relação de confiança entre o bebê e a mãe, ou cuidador primário, que adapta o ambiente para atender às suas necessidades, permitindo ao bebê sentir-se no controle (onipotência) para, gradualmente, lidar com a realidade.

Para Winnicott (2021), a falha ambiental gradual e positiva é essencial para o desenvolvimento do ego. A mãe que se adapta de forma quase total no início, começa a falhar de forma gerenciável, permitindo que o bebê reconheça um mundo externo. Todavia, mostra a falha excessiva, pois, se a adaptação inicial da mãe for insuficiente, o bebê pode não conseguir desenvolver a capacidade de sentir-se como uma pessoa inteira, pois a sua capacidade de defesa e organização pessoal fica comprometida.

Segundo Winnicott (2021), a atuação da mãe, cuja função materna é fundamental no desenvolvimento do ego, pois a capacidade da mãe de se colocar no lugar do bebê e atender às suas necessidades garante a sensação de continuidade do self e evita a "ansiedade impensável".

Assim, Winnicott (2021) apresenta o "ego" e o "self", pois, não usa o termo "ego" como sinônimo de personalidade, mas como a "parte da personalidade que tende, sob condições favoráveis, a se integrar em uma unidade. Para ele, o "self" é a sensação de ser a mesma pessoa ao longo do tempo, uma continuidade temporal e espacial que se desenvolve a partir do "ego". A concepção de "self" é mais complexa e não deve ser comparada diretamente com a visão de "ego" nos estudos de Freud (1961) e Klein (1991).

Winnicott (2021) mostra a relação entre ego e self, pois, o desenvolvimento do ego é crucial para a consolidação do self, pois o ego proporciona a base para a integração e a unidade do "eu sou". Para ele o desenvolvimento do ego e do self está intrinsecamente ligado ao corpo e às experiências sensoriais, especialmente na amamentação, que fornece o "projeto" para futuras experiências.

Winnicott (2021) mostra os desafios nesse desenvolvimento, quanto a integração do ego, ao argumentar que o desenvolvimento do ego é um processo de integração que ocorre em estágios, desde as primeiras experiências com o ambiente até o desenvolvimento das habilidades intelectuais e emocionais.

Winnicott (2021) argumenta sobre a função intelectual, dizendo que o desenvolvimento intelectual deve ser um processo de prazer, não de defesa contra a ansiedade. Quando o desenvolvimento intelectual se torna uma defesa, pode haver inibição do desenvolvimento emocional. Todavia, explica que um ego fraco ou a falta de um ambiente adequado pode levar à formação de um falso self, que serve como defesa contra a expressão do verdadeiro self.

Donald Winnicott: os Conceitos de *Holding*, *Handling* e Apresentação Objetais

Para Winnicott (2021), os conceitos de *holding*, *handling* e apresentação objetais descrevem funções essenciais da mãe/cuidador para o desenvolvimento saudável do bebê.

Pelos conceitos de Winnicott (2021), o *holding* é a sustentação física e psicológica. É a sustentação física (os braços que seguram) e psicológica (o suporte e a segurança) que a mãe/cuidador oferece ao bebê. Cuja função garante que o bebê se sinta seguro, protegido e contido, o que permite a constituição do "eu" e a sensação de unidade psíquica. Por exemplo, um bebê que é embalado com carinho, alimentado e protegido de perigos físicos, se sente seguro no ambiente.

Para Winnicott (2021), o *handling* é o manejo corporal que ajuda na integração corpo-mente (soma-psique), pois, a apresentação de objetos introduz o bebê ao mundo externo, permitindo a transição para a autonomia. É o manuseio corporal do bebê durante os cuidados diários, como banho, troca de roupa, alimentação etc. Cuja função ajuda o bebê a sentir os contornos e os limites do seu próprio corpo, contribuindo para a integração mente-corpo (psique-soma) e para a noção de individualidade. Por exemplo, a maneira como a mãe, ou o pai, segura o bebê com delicadeza e firmeza, permitindo que ele sinta o seu corpo e se perceba como uma pessoa separada.

Para Winnicott (2021), a apresentação objetal é o ato de introduzir gradualmente o bebê a outros objetos e experiências fora da relação com a mãe/cuidador, como brinquedos, pessoas e situações. Cuja função é promover a transição da dependência para a independência, permitindo que o bebê comece a buscar satisfação e a se relacionar com o mundo externo de forma autônoma.

Por exemplo, a mãe/cuidador que oferece brinquedos, incentiva a interação com outras pessoas e permite que o bebê experimente frustrações leves (como a ausência temporária da mãe/cuidador), para que aprenda a se ajustar e a se sentir seguro mesmo sem a presença constante desses responsáveis.

Para Winnicott (2021), a relação entre os conceitos é que estes três processos são interdependentes e ocorrem em sequência. O cuidado inicial (*holding* e *handling*) cria a base de segurança necessária para que o bebê possa, mais tarde, se aventurar a explorar o mundo externo (apresentação objetal). Uma falha nessas funções pode resultar em sofrimento psíquico, enquanto um cuidado "suficientemente bom" permite um desenvolvimento emocional saudável e a formação de afeto seguro, ou o desenvolvimento de apego seguro.

A Inteligência Humana e a Inteligência Animal

A ciência psicológica define o pensamento como a manipulação elaborada das representações mentais da informação. Uma representação arquetípica pode assumir a interface de palavra, de imagem visual, de som etc., pelos conteúdos psíquicos armazenados na psique e ou na memória. O processo de pensar transforma determinada representação da informação em novas formas, permitindo ao indivíduo imaginar, criar ideias, responder perguntas, resolver problemas complexos ou alcançar objetivos, através da ação de forças arquetípicas (diagramas I e II).

Diante do apresentado, *observa-se que o animal não tem essas habilidades mentais porque não é humano nem possui mente para pensar*. É quando se observa e analisa as concepções atuais sobre inteligência intelectual, inteligência emocional (Salovey; Mayer, 1990 *apud* Salovey; Mayer; Caruso, 2001) e inteligência espiritual (Heindel, 2012) que compõem os atributos da *triplicidade do Ego* (diagramas I e II).

Nos ambientes psíquico, mental, espiritual e biológico do ser humano acontecem fenômenos que fazem partes dos estudos e investigações de centenas de pesquisadores, que ao longo da história definiram o que é ser inteligente para saber utilizar as inteligências biológica, intelectual, emocional e espiritual, pois, os atuais *atributos do reino animal são as inteligências biológica e emocional*.

Todavia, é possível observar o interesse de diferentes autores e estudiosos em fomentar estudos da inteligência emocional ou inteligência social (Woyciekoski; Hutz, 2009).

> [...] A Inteligência Emocional (IE) constitui um campo em expansão que engloba várias áreas de pesquisa. A concepção da IE como uma habilidade foi desenvolvida numa série de artigos na década de 1990 (Mayer, DiPaolo, & Salovey, 1990; Salovey & Mayer, 1990), sendo que a pesquisa inicial visou a aspectos teóricos de delimitação de construto, medição e comprovação empírica, baseados no modelo psicométrico de inteligência (Mayer, Salovey, & Caruso, 2002). Ela foi definida academicamente pela primeira vez por Salovey e Mayer (1990), como uma subforma de IS que abrangeria a habilidade de monitorar as emoções e sentimentos próprios e dos outros, discriminá-los e utilizar essas informações para orientar pensamentos e ações. Os primeiros estudos empíricos demonstraram a habilidade das pessoas em identificar emoções em cores, rostos e formas (Mayer et al., 1990), além de ter sido investigado a compreensão de emoções de personagens em histórias (Mayer & Geher, 1996). [...] (Woyciekoski; Hutz, 2009).

Com base nesses estudos, para compreendermos o grau de consciência que resulta da posse de veículos ou corpos utilizados pela vida evolutiva nos reinos animal e humano, pois, conduzimos nossa atenção para os diagramas I e II, que vemos o *triple Ego* - o Pensador – que desceu à Região Química do Mundo Físico e nessas *dimensões compactas* coordena todos os seus corpos. O *triple Ego* obteve o seu estado de consciência de vigília e continua aprendendo a controlar seus corpos que constitui a *triple personalidade*, ou simplesmente *personalidade*.

Os "órgãos" do corpo de desejos (Heindel, 2011) e os da mente ainda não se desenvolveram, quando comparamos com os órgãos do corpo físico, denso (Heindel, 2012). A mente nem sequer é ainda um corpo ou veículo organizado. Atualmente não é mais do que um simples elo, um arquétipo (porque a mente é formada por Forças Arquetípicas: diagrama I, quarta região do Mundo do Pensamento) que o *triple Ego* usa como *ponto focal*, pois foi o último dos veículos de comunicação que se formou (diagrama IV).

Ao analisar os diagramas I e II, se observa que o Espírito Humano, gradualmente, trabalha da substância mais sutil à mais densa construindo sua *triple personalidade*. Primeiro trabalha com substância sutil e depois com substância cada vez mais densa, até o biológico, até sair do útero materno.

O corpo físico foi o primeiro a ser construído e chegou ao seu quarto grau de densidade (Heindel, 2012, p. 87-146). O corpo vital encontra-se em seu terceiro estágio. O corpo de desejos está no segundo estágio; portanto, sendo ainda como uma "espécie de nuvem". A mente é um arquétipo em pleno desenvolvimento, ainda mais sutil (diagramas I e II). Como esses veículos ou corpos sutis ainda não desenvolveram quaisquer órgãos, fica evidente que isolados seriam inúteis como veículos de consciência.

Portanto, pela hipótese de o corpo de desejos estar intimamente ligado à mente (Cruz, 2023 *apud* Heindel, 2011), podemos analisar a emoção como facilitadora do pensamento, pois, refere-se à capacidade do pensamento gerar e controlar emoções, bem como a possibilidade de elas influenciarem o processo cognitivo do indivíduo. Assim, as emoções podem e influenciam processos de pensamentos por meio da promoção de distintas estratégias de processamento da informação, análogo aos estudos de Searle (1984) *apud* Konar (1999).

Portanto, a consciência é o conhecimento das percepções, dos pensamentos e dos sentimentos que experimentamos em diferentes momentos na vida, em diferentes ambientes. A consciência é nossa compreensão subjetiva tanto do ambiente ao nosso redor quanto de nosso mundo interno, na natureza da psique (ou natureza da mente/alma); todavia, é inobservável às outras pessoas, mas estudada pela ciência empírica. Na consciência desperta, estamos espertos e conscientes de nossos pensamentos, emoções e percepções. Segundo a ciência empírica, "todos os outros estados de consciência são considerados estados alterados de consciência".

Na fase intrauterina e de forma consciente, por volta da 21ª semana, é quando a genitora começa a sentir os movimentos do feto; todavia, em geral, é quando o *triple Ego* interpenetra o corpo denso (criado pelo *triple Ego*, com os materiais cedidos pelos pais biológicos: o sequenciamento do DNA), para quando nascer revitalizar, agrupar e sincronizar os outros corpos sutis com o sistema nervoso central e assim obter consciência do e no Mundo Físico.

> Desde o início, mesmo quando o bebê está vivendo num mundo subjetivo, a saúde não pode ser descrita em termos apenas individuais. Posteriormente torna-se possível pensar numa criança saudável num ambiente não saudável; essas palavras, no entanto, não fazem sentido no começo, até que o bebê consiga fazer uma avaliação objetiva da realidade, tornando-se capaz de distinguir claramente entre o eu e o não eu, entre o real compartilhado e os fenômenos da realidade psíquica pessoal, e tenha algo de ambiente interno. Refiro-me ao processo bidirecional em que a criança vive num mundo subjetivo e a mãe se adapta, com o intuito de dar a cada criança um suprimento básico da *experiência de onipotência*. Isso envolve essencialmente uma relação viva (Winnicott, 2021, p. 18).

A fase intrauterina refere-se ao período de desenvolvimento do ser humano dentro do útero da mãe, desde a fecundação até o nascimento, onde ocorre a implantação do óvulo fertilizado e o crescimento do embrião/feto. Esta fase é crucial para o desenvolvimento dos órgãos e sistemas do corpo, pois o ambiente intrauterino fornece nutrientes, hormônios e estímulos essenciais para este processo. Assim, temos o desenvolvimento na fase intrauterina.

Fertilização e implantação, que é o processo que começa com o óvulo fertilizado, que se implanta no útero, dando início ao desenvolvimento embrionário.

Formação de órgãos, que a partir de uma única célula que se divide, formam-se os tecidos e órgãos do embrião e feto.

Maturação fisiológica, os órgãos e sistemas, como os rins, o fígado e o sistema nervoso se desenvolvem e amadurecem ao longo desta fase, embora alguns continuem a se desenvolver após o nascimento.

Ambiente intrauterino, a gestante fornece ao *triple Ego* (ao Eu Superior) o ambiente intrauterino com nutrientes e hormônios, que são cruciais para o desenvolvimento do feto.

Para Winnicott (2021), constata-se nessa fase de desenvolvimento a importância do período de desenvolvimento físico e mental, que é uma fase de transformação intensa para a mãe e de desenvolvimento de habilidades cognitivas, como percepção, memória e linguagem, no bebê. Temos a programação fetal, que a saúde durante a vida intrauterina pode afetar o estado de saúde do indivíduo na vida adulta.

> A criatividade é, portanto, a manutenção ao longo da vida de algo que pertence à experiência do bebê: a capacidade de criar o mundo. Para o bebê, isso não é difícil; se a mãe for capaz de se adaptar às necessidades do bebê, ele não vai perceber que o mundo estava lá antes de ele ter sido concebido ou de sua existência ter sido concebida. O princípio de realidade é o fato da existência do mundo, independentemente de o bebê tê-lo criado ou não. O princípio de realidade é muito ruim, mas, com o passar do tempo, quando a criança é chamada a dizer "gu-gu", grandes desenvolvimentos já ocorreram e ela adquiriu mecanismos mentais geneticamente determinados para lidar com essa lesão. Pois o princípio de realidade é uma lesão. Gostaria de descrever alguns desses mecanismos mentais. Caso as condições ambientais tenham sido suficientemente boas, a criança (que se tornou você e eu) encontrou maneiras de absorver a lesão. A submissão, por um lado, simplifica a relação com o outro, que, é claro, tem necessidades próprias para atender, a própria onipotência para cuidar. No outro extremo, a criança conserva a onipotência, sob o pretexto de ser criativa e de ter uma visão pessoal de tudo (Winnicott, 2021, p. 39).

Como entendimento dos parágrafos acima, podemos ter vaga ideia de que este é um verdadeiro "milagre da vida biológica", quando um ser humano provê vida para outro ser humano. Assim, temos a árvore genealógica em plena atividade.

Grosso modo, essa atividade humana pode ser entendida que o ser humano está começando a adquirir consciência, na sua psique, pelo inconsciente coletivo (Jung, 2016), sobre o poder de dar vida para *partículas biológicas*, como em Gênesis 3: a Árvore da Vida!

Entende-se por *partículas biológicas* como os fragmentos ou entidades minúsculas de matéria orgânica, como vírus, bactérias, células, esporos, pólen e componentes de tecidos, que podem ter ou não atividade metabólica e reproduzem-se em conjunto. Tais partículas desempenham um papel crucial em processos biológicos e ambientais, desde a indução de chuvas, o funcionamento de sistemas imunitários e a propagação de doenças até o desenvolvimento de vacinas e tratamentos médicos.

Pelos conceitos psicanalíticos de Sigmund Freud (1961/2011), que um recém-nascido é a personificação do "id", livre das restrições do "ego" e do "superego". O bebê busca a satisfação das suas necessidades, sem considerar o que é possível nem o que é adequado. Melanie Klein (1991) discordou de Freud e conceituou sobre a "*origem*" do ego e da personalidade.

> Para tornar mais claro meu argumento, é necessário fazer alguma referência às minhas concepções sobre o ego arcaico. Acredito que ele existe desde o início da vida pós-natal, embora sob forma rudimentar e com grande falta de coesão. Já no estágio mais inicial, ele desempenha uma série de funções importantes. Pode bem ser que esse ego arcaico se assemelhe à parte inconsciente do ego postulada por Freud. Embora não afirmasse que existe um ego desde o começo, ele atribuía ao organismo uma função que, tal como a vejo, só pode ser desempenhada pelo ego. A ameaça de aniquilamento, pela pulsão de morte interna, é, em minha concepção — que neste ponto difere da de Freud[18][25] —, a ansiedade primordial; e é o ego que, a serviço da pulsão de vida, e até possivelmente posto em funcionamento pela pulsão de vida, deflete em certa medida essa ameaça para fora. Essa defesa fundamental contra a pulsão de morte foi atribuída por Freud ao organismo, ao passo que eu considero esse processo como a atividade, principal do ego. Existem outras, atividades primordiais do ego que, em minha concepção, derivam-se da necessidade imperiosa de lidar com a luta entre as pulsões de vida e de morte. Uma dessas funções é a integração gradual que advém da pulsão de vida e se expressa na capacidade de amar. A tendência oposta do ego, de cindir a si e a seus objetos, ocorre em parte devido à falta de coesão, do ego quando do nascimento e, em parte, porque ela constitui uma defesa contra a ansiedade primordial, sendo assim um meio de preservar o ego. Tenho, por muitos

[25] (18) Freud afirmou que "o inconsciente parece não conter nada que confira qualquer conteúdo ao conceito de aniquilamento da vida". Inhibitions, Symptoms and Awciety, SM. 20, 129.

> anos, atribuído grande importância a um processo específico de cisão: a divisão do seio em um objeto bom e um objeto mau. Considerei isso como expressão do conflito inato entre o amor e o ódio e das ansiedades dele decorrentes. Contudo, coexistindo com essa divisão, parece haver diversos processos de cisão, e foi somente nos últimos anos que alguns deles foram mais claramente entendidos. Por exemplo, verifiquei que concomitantemente à internalização voraz e devoradora do objeto — o seio em primeiro lugar —, o ego fragmenta, em graus diversos, a si e a seus objetos e, dessa maneira, consegue uma dispersão dos impulsos destrutivos e das ansiedades persecutórias internas. Esse processo, variando em intensidade e determinando a maior ou menor normalidade do indivíduo, é uma das defesas utilizadas durante a posição esquizo-paranóide, a qual acredito que se estenda normalmente pelos primeiros três ou quatro meses de vida[19][26]. Não estou sugerindo que, durante aquele período, o bebê não seja capaz de fruir plenamente suas mamadas, a relação com sua mãe e os freqüentes estados de conforto físico ou bem-estar. Mas, sempre que a ansiedade surge, ela é principalmente de natureza paranóide, e as defesas contra ela, assim como os mecanismos utilizados, são predominantemente esquizoides. O mesmo acontece, *mutatis mutandis*, na vida emocional do bebê durante o período caracterizado pela posição depressiva (Klein, 1991, p. 222-223).

Como a ciência empírica ***ainda*** não pode mensurar o corpo vital (Heindel, 2011) e o corpo de desejos (Heindel, 2011) da triple personalidade (diagramas I e II), diz que eles não existem e que não passam de "*subjetividades*"; entretanto, aceita a "existência empírica" do "id", "ego" e "superego", do inconsciente, de arquétipos, da mente, da alma, doença psíquica, doença mental etc., que também estão no campo das "*subjetividades científicas*".

Para a ciência empírica, *subjetividades científicas* referem-se à forma como a experiência, valores e perspectivas pessoais dos cientistas influenciam a prática da ciência, desafiando a ideia de uma objetivi-

---

[26] (19) Cf. meu trabalho "Notas sobre Alguns Mecanismos Esquizóides"; também Herbert Rosenfeld, "Analysis of a Schizophrenic State with Depersonalization" (1947).

dade pura e mostrando que a produção de conhecimento envolve dúvidas, interpretações e a construção da realidade, especialmente nas ciências humanas, onde o próprio sujeito (o pesquisador) é parte do objeto (o humano). Isso envolve a análise de como os pesquisadores lidam com incertezas, como escolhem seus métodos e como a cultura e a história moldam a forma de ver o mundo, com a psicologia sendo um exemplo claro ao focalizar na singularidade do indivíduo.

O *triple Ego* separado e autoconsciente dirige as ações dos seus corpos (da *triple personalidade*), enquanto o espírito do animal separado, ***ainda*** *não individualizado nem autoconsciente*, faz parte de veículos de entidades com consciências próprias, pertencentes a outra evolução, que podemos chamar de Espíritos-grupo, conforme pesquisado por Heindel (2012, p. 56-86) em *The Rosicrucian Cosmo-Conception - The Four Kingdoms*.

Sabemos que o ser humano não pode ser manipulado tão facilmente de fora (mas pelo inconsciente: Gênesis 3), seja ou não com o seu consentimento; todavia, antes que alguém possa afirmar que conhece o inconsciente humano, é necessário apreender o que foi analisado em "O Inconsciente" (Freud, 1996), em "Psicologia do Inconsciente" (Jung, 2013), em "O Eu e o Inconsciente" (Jung, 2014) e em *The Rosicrucian Cosmo-Conception - The Rosicrucian Cosmo-Conception* (Heindel, 2012, p. 87-146).

Todavia, conforme o *triple Ego* prospera, sua "Vontade" e "Imaginação" como expressão original se desenvolvem; menos acessível se torna às sugestões externas e mais se liberta para agir a seu talento, aptidão, sem levar em conta sugestões alheias. Esta é a diferença capital entre o ser humano e os reinos mineral, vegetal e animal, bem como de outros seres que habitam a Região Etérea do Mundo Físico. Estes também agem de acordo com a lei cósmica, mas pelos ditames de Espíritos-grupo (através de "*instintos*"), enquanto, gradativamente, o ser humano se converte numa lei em Si-mesmo.

Pelos estudos de Heindel (2012, p. 87-146) em *The Rosicrucian Cosmo-Conception - Man and the Method of Evolution*, o *ser humano não é animal e não tem "instinto"*. Esse "*instinto*" pertence ao reino animal e demais seres espiritualmente inferiores ao ser humano. O ser humano compreende, ou seja, é dotado de ***intuição*** (Heindel, 2012).

> Em muitas mulheres, nas quais o corpo vital é positivo, e em pessoas avançadas de ambos os sexos, onde o corpo vital foi sensibilizado por uma vida pura e santa, por meio da oração e concentração, essa memória superconsciente inerente ao espírito da vida está ocasionalmente, até certo ponto, acima da necessidade de se vestir com matéria mental e desejo para impor ação. Nem sempre precisa incorrer no perigo de ser submetida e talvez superada por um processo de raciocínio. Às vezes, na forma de intuição ou ensinamento interno, ela se imprime diretamente no éter refletor do corpo vital. Quanto mais facilmente aprendermos a reconhecê-la e seguir seus ditames, mais frequentemente ela falará, para nosso bem-estar eterno (Heindel, 2012, p. 92).

Por exemplo, não perguntamos ao mineral se ele quer ou não se cristalizar, nem à flor se quer ou não florescer, nem ao leão se deixará ou não de devorar carne. Todos estão, tanto nas grandes quanto nas pequenas coisas, sob o domínio absoluto de Espíritos-grupo (Heindel, 2012), pois carecem de iniciativa própria e livre arbítrio; que em certo grau é um atributo do ser humano.

> A alma humana vive unida ao corpo, numa unidade indissolúvel, por isto só artificialmente é que se pode separar a psicologia dos pressupostos básicos da biologia e, como esses pressupostos biológicos são válidos não só para o homem, mas também para todo o mundo dos seres vivos, eles conferem aos fundamentos da Ciência uma segurança que supera os do julgamento psicológico que só tem valor na esfera da consciência. Por isso não deve causar surpresa que os psicólogos se sintam inclinados a retornar à segurança do ponto de vista biológico e utilizem a teoria dos instintos e da fisiologia. Também não é de espantar a existência de uma opinião largamente difundida que considera a psicologia meramente como um capítulo da fisiologia. Embora a psicologia reclame, e com razão, a autonomia de seu próprio campo de pesquisa, ela deve reconhecer uma extensa correspondência de seus fatos com os dados da biologia. [...] (Jung, 2014, §232-234).

Todos os animais da mesma espécie (Darwin, 1872) aparentam ser quase iguais porque procedem e são orientados pelos mesmos Espíritos-grupo (diagrama VII), enquanto bilhões de seres humanos que povoam a Terra não existem dois que se pareçam exatamente iguais. Nem sequer os gêmeos fraternos e univitelinos (exceto pelo DNA), porque a maravilha dos outros corpos mais sutis que o *triple Ego* configura como *triple personalidade* ou "*eu inferior*" (diagramas I e II), produz diferenças tanto na aparência física quanto no caráter, no psicológico, no mental e no espiritual.

Por exemplo, todos os bois pastam erva e todos os leões comem carne, mas "aquilo que é alimento para um ser humano pode ser veneno para outro", pois, isto é mais uma ilustração da absoluta influência dos Espíritos-grupo (Heindel, 2012). Essa influência contrasta com a do *triple Ego* (o Eu Superior), que faz cada ser humano necessitar de algum tipo de alimento diferente de que outro precisa para alimentar o seu corpo denso.

Outro exemplo, os médicos notam com perplexidade a mesma peculiaridade ao administrar algum medicamento no ser humano. O mesmo medicamento atua diferentemente sobre cada pessoa, enquanto em animais da mesma espécie produz sempre efeitos idênticos. Isto se dá porque todos os animais seguem ordens e logísticas de Espíritos-grupo, porque no atual esquema de desenvolvimento sempre agem sob circunstâncias idênticas.

Somente o ser humano pode, até certo ponto, seguir seus próprios desejos e livre-arbítrio (o livre-arbítrio é ***exclusivo*** do triple Ego e não da triple personalidade). É certo que os erros dos seres humanos são muitos e graves, o que leva muitas pessoas a julgarem que melhor seria que as pessoas fossem obrigadas a seguir caminhos determinados. Mas se assim o fosse as pessoas nunca aprenderiam ser independentes.

As lições de discernimento entre o "Bem" e o "Mal" não podem ser aprendidas sem o exercício da livre escolha do próprio caminho e sem que se aprenda a rejeitar o erro como uma verdadeira "matriz de dor", bem como não está destinado numa interminável "busca do prazer" (pela teoria freudiana), ou seja, numa *interface de sagrado e profano* (Eliade, 2000).

Se o ser humano agisse apenas pela retidão, por não ter alguma alternativa nem oportunidade de agir diferentemente, seria um autômato e não um ***triple Ego*** em evolução para atingir *status divino*, bem como não será um eterno "escravo do Id", pelas arcaicas e obsoletas ideias de Sigmund Freud e de seus seguidores.

Por analogia, como o arquiteto aprende pelos seus erros, corrigindo-os nas edificações futuras, assim também *o triple Ego quando na interface humana e autoconsciente* (diagrama II), através de seus tropeços e dores que produz, alcança sabedoria superior à do reino animal. O animal só atua "sabiamente" porque são *impelidos* pelos Espíritos-grupo.

Todavia, pela evolução das espécies (Darwin, 1872), no devido tempo, o reino animal alcançará o estado de consciência humano. Conseguirá essa proeza pela atual proteção e por observar a "liberdade de escolha do seu dono humano", pois, comete erros e por eles aprende durante seu adestramento. Por analogia, a presente humanidade aprende a aprender durante o processo de ensino escolar, acadêmico, por exemplo.

Portanto, com base nas ideias da teoria de Darwin (1872), ao analisar as hipóteses de Klein (1991) e de Winnicott (1983/2021), pois, quando o *triple Ego renasce* suas predisposições inatas e herdadas pelo inconsciente coletivo (Jung, 2016) são potencialidades como sementes à espera de condições propícias para germinar. Por exemplo, na parábola do semeador, no Evangelho de Mateus 13:1-30. Nessa parábola pode-se fazer alusão ao inconsciente coletivo e ao inconsciente pessoal, pois, no inconsciente pessoal observa-se as intervenções feitas desde o Jardim do Éden (Jung, 2016, §74-144 *apud* Heindel, 2012, p. 352-364).

Pelos estudos de Winnicott (1983) podemos analisar "a necessidade do ego e necessidade do id". Para ele, o id (impulsos instintivos) não precede o ego, diferentemente da visão freudiana, pois, para Winnicott (2021), a necessidade inicial é a de um ambiente suficientemente bom que permita ao ego (unidade psicológica integrada) emergir e organizar os "instintos" do bebê, que são inicialmente externos ao sujeito. O ego winnicottiano, apoiado pelo "ego materno", é a necessidade de integrar as experiências corporais e instintivas do bebê, transformando-as em algo próprio e não apenas impulsos puros.

> Se está claro que não nos satisfazemos com a ideia da saúde como simples ausência de doença psiconeurótica – ou seja, de distúrbios relativos à progressão das posições do id em direção à genitalidade plena e à organização de defesas associadas à ansiedade e a relações interpessoais –, então podemos dizer que, nesse contexto, a saúde não é fácil. A vida de um indivíduo saudável é caracterizada tanto por medos, sentimentos conflituosos, dúvidas e frustrações como por características positivas. O principal é que o homem ou a mulher sintam que estão vivendo a própria vida, assumindo responsabilidade pela ação ou pela inatividade, e sejam capazes de assumir o crédito pelo sucesso e a culpa pelas falhas. Em outras palavras, pode-se dizer que o indivíduo passou da dependência para a independência, ou para a autonomia (Winnicott, 2021, p. 24).

O id para Winnicott (1983) não é uma entidade prévia que gera o ego, mas uma tendência inata e pulsional que o ego deve processar. No início, o id, ou os "impulsos instintivos", é externo ao bebê. Ele precisa ser "interpretado" pelo funcionamento do ego em um processo de elaboração imaginativa, que só se torna possível com o apoio materno.

Para Winnicott (1983), o id está ligado às funções corporais, mas para se tornar parte do sujeito, precisa ser trabalhado pelo ego, que o transforma através de cuidados e manejo do ambiente. Para ele, o ego é a unidade básica do sujeito psicológico, que se forma a partir de uma tendência inata à integração.

Segundo Winnicott (1983), o ego se desenvolve graças a um "ego materno" que se adapta às necessidades do bebê, oferecendo um ambiente seguro e responsivo, o que permite ao bebê desenvolver um senso de continuidade e "ser".

> A avaliação de saúde com relação às posições do id mostra-se insatisfatória pela ausência da psicologia do ego. Um exame do ego nos leva direto aos estágios pré-

> genitais e pré-verbais do desenvolvimento individual e à provisão ambiental: a adaptação voltada para as necessidades primitivas que são características da primeira infância. Neste ponto, minha tendência é pensar em termos de "segurar" [holding]. Esse conceito vale para o "segurar" físico na vida intrauterina, e gradualmente seu alcance se amplia até abarcar todo o cuidado adaptativo em relação ao bebê, incluindo a forma de manuseio. Por fim, esse conceito pode se ampliar a ponto de incluir a função da família, o que conduz à ideia de trabalho social [casework], que está na raiz da assistência social. O "segurar" pode ser feito com sucesso por alguém que não tenha o menor conhecimento intelectual daquilo que está acontecendo com o indivíduo; o que se exige é a capacidade de se identificar, de perceber como o bebê está se sentindo. Num ambiente que propicia um "segurar" bom o suficiente, o bebê é capaz de realizar o desenvolvimento pessoal de acordo com suas tendências herdadas. O resultado é uma continuidade da existência, que se transforma num senso de existir, num senso de self e, finalmente, em autonomia (Winnicott, 2021, p. 24-25).

Pelos estudos de Winnicott (1983) o ego não apenas age como mediador entre o instinto e a realidade, mas tem a necessidade de integrar os impulsos instintivos, transformando-os em algo que pertence à pessoa. A necessidade do ego é a de não apenas existir, mas de desenvolver uma "existência pessoal" e realizar a "elaboração imaginativa das funções corporais". Sem o apoio ambiental, o ego não se desenvolve e o indivíduo fica à mercê da ansiedade impensável.

Para Winnicott (1983), a necessidade do ego de integrar os instintos (id) é mais central e primária do que a ideia freudiana de um id que precisa ser mediado. A formação do ego é um processo que depende da sustentação ambiental, que possibilita a "tomada de posse" das pulsões, fazendo com que o ser humano se integre e se constitua como uma pessoa.

> Deve-se ressaltar que ao me referir a satisfazer as necessidades do lactente não estou me referindo à satisfação de instintos. Na área que estou examinando os instintos não estão ainda claramente definidos como internos ao lactente. Os instintos podem ser tão externos como o troar de

> um trovão ou uma pancada. O ego do lactente está criando torça e, como conseqüência, está a caminho de um estado em que as exigências do id serão sentidas como parte do *self*, não como ambientais. Quando esse desenvolvimento ocorre, a satisfação do id se torna um importante fortificante do ego, ou do self verdadeiro, mas as excitações do id podem ser traumáticas quando o ego ainda não é capaz de incorporá-las, e ainda é incapaz de sustentar os riscos envolvidos e as frustações experimentadas até o ponto em quem a satisfação do id se torne um fato (Winnicott, 1983, p. 129).

No entendimento psicológico de Winnicott (1983), a "vivência do ego" é a jornada do bebê, desde um estado de não-integração até a formação de um "eu" unificado e capaz de interagir com o mundo. A função do ambiente facilitador (especialmente o *holding* materno) é crucial para que o ego, inicialmente fragmentado, se integre e se torne um centro de experiência e ação. Esse processo permite ao indivíduo desenvolver um senso de realidade, a capacidade criativa, eventualmente, o verdadeiro self.

> No corpo de um recém-nascido anencefálico podem ocorrer acontecimentos funcionais, inclusive localização instintiva, acontecimentos esses que seriam denominados vivências da função do id, se houvesse um cérebro. Poder-se-ia dizer que, se houvesse um cérebro normal, haveria uma organização dessas funções, e a essa organização se poderia dar o rótulo de ego. Contudo, sem aparelho eletrônico não há vivência, e conseqüentemente não há ego. Contudo, normalmente o funcionamento do id não é perdido; ele é reunido em todos os seus aspectos e passa a ser vivência do ego. assim, não faz sentido usar a palavra 'id' para fenômenos que não são registrados, catalogados, vivenciados e eventualmente interpretados pelo funcionamento do ego (Winnicott, 1983, p. 55).

Portanto, em diferentes instâncias do entendimento psicológico do recém-nascido, quando se apreende a hipótese de Klein (1991), em ambas as camadas da psique se observa "brotar as sementes" de oportunidades e de ***tendências inconscientes*** em todos os indivíduos.

> Retomando ao processo de cisão, que considero ser precondição para a relativa estabilidade do bebê pequeno:

durante os primeiros meses ele mantém predominantemente o objeto bom separado do mau e, desse modo, fundamentalmente o preserva - o que também significa que a segurança do ego é aumentada. Ao mesmo tempo, essa divisão fundamental só é bem-sucedida se existir uma capacidade adequada de amar e um ego relativamente forte. Minha hipótese, portanto, é que a capacidade de amar promove tanto as tendências integradoras quanto o sucesso da cisão fundamental entre o objeto amado e o odiado. Isso soa paradoxal. Mas, como já disse, uma vez que a integração baseia-se em um objeto bom firme mente enraizado que forma o núcleo, do ego, um certo montante de cisão é essencial para a integração, por preservar o objeto bom e, mais. tarde, capacitar o ego a sintetizar os dois aspectos do objeto. A inveja excessiva, uma expressão dos impulsos destrutivos, interfere na cisão fundamental entre o seio bom e o seio mau, e a estruturação de um objeto bom não pode ser suficientemente conseguida. Dessa maneira, não fica assentada a base para uma personalidade adulta plenamente desenvolvida e integrada, pois a diferenciação ulterior entre bom e mau fica perturbada em vários sentidos. Na medida em que essa perturbação do desenvolvimento é devida à inveja excessiva, ela se origina da prevalência, em estágios mais iniciais, de mecanismos paranóides e esquizóides, os quais, segundo minhas hipóteses, formam a base da esquizofrenia. Na investigação dos processos arcaicos de cisão, é essencial diferençar entre um objeto bom e um objeto idealizado, embora essa distinção não possa ser nitidamente traçada. Uma cisão muito profunda entre os dois aspectos do objeto indica que não são o objeto bom e o objeto mau que estão sendo mantidos separados, mas sim um objeto idealizado e um objeto extremamente mau. Uma divisão tão profunda e nítida revela que os impulsos destrutivos, inveja e ansiedade persecutória são muito intensos e que a idealização serve principalmente como defesa contra essas emoções (Klein, 1991, p. 223-224).

Relevância da Evolução, Estrutura Psicológica e Espiritual da Triplicidade do Ego: o Desenvolvimento Biopsicossocial

Quando se observa e analisa os diagramas I e II, primeiro essas mudanças envolvem as pessoas mais adaptadas e flexíveis, para depois afetar o restante da humanidade. Quando se considera o *processo de formação da triple personalidade*, pelo triple Ego, com base na teoria dos Condensados de Bose-Einstein (Pethick; Smith, 2002 *apud* Pitaevkskii; Stringari, 2003), temos o estado ou fase da matéria no qual os átomos encontram-se desprovidos de sua "individualidade", passando a admitir um mesmo estado quântico fundamental (Cruz, 2021).

Por analogia, com base na teoria dos Condensados de Bose-Einstein, nessa mesma sequência, temos o estado da matéria na fase intrauterina e de forma consciente, que por volta da 21ª semana a genitora começa sentir os movimentos do feto (Guyton; Hall, 2011). *É quando o triple Ego provê vida ao interpenetrar o corpo denso* (criado pela própria triplicidade do Ego, com os materiais biológicos cedidos por outros seres humanos, pelo sequenciamento do DNA); para quando nascer revitalizar, agrupar e sincronizar os outros corpos sutis da *triple personalidade* (o corpo vital e o corpo de desejos) com os centros físicos dos sentidos através do sistema nervoso central (SNC), para obter consciência do e no Mundo Físico, Heindel (2011).

Portanto, assim começamos a conhecer a consciência do outro. *Qualquer pessoa pode observar esse fenômeno depois de alguns meses ou anos, ao praticar todos os dias o método da Terapia de Retrospecção e Concentração* (Cruz, 2023).

Esse método terapêutico foi apresentado em artigo científico por Cruz (2025), é a abordagem ou conjunto de técnicas que profissionais em Psicologia, Psiquiatra podem utilizar para ajudar pessoas a lidarem com seus sofrimentos, conflitos, transtornos mentais, melhorar o bem-estar, desenvolver autoconhecimento e mudar padrões de comportamento, pensamentos e emoções. Variando da abordagem da Psicanálise, da Terapia Cognitivo-Comportamental (TCC) etc., a *Terapia de Retrospecção e Concentração (TRC)* tem como objetivo, finalidade e propósito a promoção de mudanças duradouras e qualidade de vida.

Todavia, é possível analisar que antes do nascimento no Mundo Físico (diagrama II) esse ser vivente tinha uma consciência: *a consciência do triple Ego*. Assim, conhecemos a consciência do outro, que começa a se manifestar no Mundo Físico pelo nascimento do corpo denso, o qual faz parte da *triple personalidade*.

Nessa fase (diagrama II) podemos entender melhor o paradoxo de Winnicott (2021, p. 27), pois, o paradoxo é que o bebê "cria" o objeto (p.ex., o seio materno) em sua fase inicial; todavia, esse objeto já está lá, sendo oferecido pela mãe. O paradoxo deve ser aceito, pois é a mãe que, ao oferecer o objeto no exato momento e lugar em que o bebê o procura, permite a ele ter a ilusão de tê-lo criado, o que é fundamental para o desenvolvimento de sua subjetividade e senso de realidade.

A consciência do outro é a consciência que se manifesta através da *triple personalidade*, do ser social que é gerado no útero materno: *a consciência da triple personalidade* que começa a se relacionar no grupo social familiar, no e com o Mundo Físico. Pelos estudos de Moscovici (2007), é o ser social que se integra e é integrado nos diferentes contextos socioculturais da sociedade pela *subjetividade*, pelas representações sociais como indivíduo dentro e fora de grupos sociais.

Para a ciência empírica, *subjetividades científicas* referem-se à forma como a experiência, valores e perspectivas pessoais dos cientistas influenciam a prática da ciência, desafiando a ideia de uma objetividade pura e mostrando que a produção de conhecimento envolve dúvidas, interpretações e a construção da realidade, especialmente nas ciências humanas, onde o próprio sujeito (o pesquisador) é parte do objeto (o humano). Isso envolve a análise de como os pesquisadores lidam com incertezas, como escolhem seus métodos e como a cultura e a história moldam a forma de ver o mundo, com a psicologia sendo um exemplo claro ao focar na singularidade do indivíduo.

A *subjetividade* parece ser o "núcleo" da psicologia, focalizando na singularidade de cada indivíduo, construída por vivências, cultura, linguagem e interações sociais, englobando o mundo interior de sentimentos, percepções, significados e crenças que moldam a *triple personalidade*, ou o "eu" Seus aspectos incluem a construção contínua do *self* (do Si-mesmo) através de experiências, a relação dialética entre o indivíduo e o mundo social (modos de ser); e o estudo de processos internos (conscientes e inconscientes), o que a torna um campo complexo de investigação para entender a totalidade da experiência humana.

Pelas ideias acima, com base nas análises de Moscovici (2007) em "Representações Sociais", toda representação social é constituída como um processo em que se pode localizar uma origem, mas uma origem que é sempre inacabada, a tal ponto que outros fatos e discursos virão nutri-la ou corrompê-la. É importante especificar como esses processos se desenvolvem socialmente e como são organizados cognitivamente em termos de arranjos de significações e de uma ação sobre suas referências.

Portanto, no processo de desenvolvimento biopsicossocial do ser humano, permite à *anima* e ao *animus* maior comunicação entre o consciente e o inconsciente; todavia, este último com os corpos sutis da ***triple personalidade*** (diagramas I e II), conforme analisado em "Memórias, Sonhos, Reflexões (Jung, 2006, p. 197-229) e pelos fenômenos inconscientes analisados em "O Eu e o Inconsciente" (Jung, 2014, §329).

Pela realidade do *psiquismo humano* é imperativo que a ciência empírica apreenda a análise psicológica de Cruz (2025) em "Psychology of the Triplicity of the Ego and the Triplicity of the Personality and the Phenomena in the Primary and Secondary Visual Cortex of the Subject in Personality Disorders", tendo como base as análises do inconsciente coletivo (Jung, 2016).

> A hipótese do inconsciente coletivo é algo tão ousado como a suposição de que existem instintos. Podemos admitir sem hesitação que a atividade humana é em grande escala influenciada por instintos – abstração feita das motivações racionais da mente consciente. Quando se afirma que nossa fantasia, percepção e pensamento são do mesmo modo influenciados por elementos formais inatos e universalmente presentes, parece-me que uma inteligência normal poderá descobrir nessa ideia tanto ou tão pouco misticismo como na teoria dos instintos. Apesar de me

> terem acusado frequentemente de misticismo, devo insistir mais uma vez em que o inconsciente coletivo não é uma questão especulativa nem filosófica, mas sim empírica. A pergunta seria simplesmente saber se tais formas universais existem ou não. No caso afirmativo existe uma área da psique que podemos chamar de inconsciente coletivo [...] (Jung, 2016, §91-99).

O Triple Ego: Transmutação de Objetos Sólidos e Aspectos da Triple Personalidade

Extraordinária sabedoria foi e é utilizada na reconstrução do corpo denso (diagramas I e II). No momento a ciência ainda não tem suficiente capacidade para entender este maravilhoso instrumento vivo, que traz grandes benefícios para a estrutura psíquica e espiritual do ser humano, bem como as capacidades latentes para o futuro desenvolvimento da humanidade, pelo trabalho do triple Ego através do sistema sanguíneo (Heindel, 2012).

Para entender toda a maravilhosa conexão devemos recorrer aos "Fundamentos de Psicologia Esotérica" (Cruz, 2020), porque pode explicar como o sangue é a expressão física mais elevadas do triple Ego sobre a *personalidade* (Jung, 2014). O *sistema tríplice do Ego* guia e controla o *sistema tríplice da personalidade* (diagramas I e II) por meio do sangue (Heindel, 2012); portanto, sangue é o meio usado para agir sobre os sistemas do corpo denso. Este é apenas o lado físico deste maravilhoso fenômeno humano.

Durante parte do tempo em que a digestão está acontecendo, o triple Ego age parcialmente através do sistema nervoso, especialmente no início do processo digestório. Por exemplo, quando os nervos são bloqueados durante experimentos científicos, o caminho direto através do sangue ainda está aberto e o triple Ego pode enviar informações necessárias para executar o processo digestório e fabricar sucos gástricos para cada tipo de alimento.

Assim também, em qualquer momento, o sangue é enviado pelo triple Ego para executar alguma atividade necessária para a sobrevivência do corpo denso. Por exemplo, se alguma situação requer pensamento e ação inesperados, o sangue é prontamente levado para a cabeça. Se uma refeição pesada deve ser digerida, a maior parte do sangue sai da cabeça e fica centrado em torno do sistema digestório.

Portanto, não se pode pensar bem depois de uma refeição pesada, copiosa. A pessoa fica sonolenta. Muito sangue sai do cérebro, porque o pouco sangue que fica é insuficiente para continuar as funções necessárias para a consciência de vigília completar funções específicas. Todavia, além disso, quase todo o fluido vital ou energia solar especializada pelo baço é absorvida pelo sangue, que percorre através desse órgão após refeição de maior volume do que entre as refeições mais leves.

Durante as horas de vigília o triple Ego trabalha e controla o corpo denso por meio do sangue. Maior parte do sangue vai para a parte do corpo que requer a execução de alguma atividade vital, conforme observado em *The Rosicrucian Cosmo-Conception - Mixing Blood in Marriage* (Heindel, 2012, p. 352-360).

A Consciência Tridimensional do Ego no Mundo Físico

Para a psicanálise e suas vertentes, a "Tríade da Personalidade" pode se referir à "Tríade Obscura" (Narcisismo, Maquiavelismo, Psicopatia), focando em traços negativos (manipulação, egocentrismo), ou à Tríade da Luz, que inclui virtudes como altruísmo, empatia e perdão, contrastando com o lado sombrio da psicologia (pela psicanálise). Em outro contexto, pode ser o tripé da psicanálise (estudo, análise pessoal, supervisão) ou os três eixos da formação da personalidade (biologia, aprendizado, ambiente), mas mais comumente, refere-se a esses dois grupos de traços de personalidade: a "Tríade da Personalidade" e a "Tríade Obscura".

Pelo Conhecimento Psicológico, a *Psique* (do grego *psychḗ*, "sopro", "alma"), popularmente, refere-se à mente, alma, espírito e ego, abrangendo pensamentos, sentimentos, memórias e a totalidade da experiência humana consciente e inconsciente, sendo central para a psicologia e filosofia como o "eu" interior que se adapta ao mundo, com raízes mitológicas na deusa da alma.

Dentro dessa mesma ideia psicológica e filosófica, Heindel (2012, p. 87-146) em *The Rosicrucian Cosmos-Conception: Man and the Method of Evolution*, demonstra que a *Essência* de cada parte da *triple personalidade* é extraída de cada corpo para formar parte da *Consciência Triple do Ego*, pois, interage como *interfaces de consciência e de inconsciência* no Mundo Físico.

Nos processos de inconsciência e de consciência, o Ego fica direcionado para três regiões (diagramas I e II): a Região Concreta do Mundo do Pensamento, a Região Química e a Região Etérea do Mundo Físico em diferentes espaços-tempo, elevando a *Consciência Triple do Ego* através da *triple alma* ou *poder anímico*: 1) do corpo denso se extraí a *Alma Consciente*, que se conecta ao *Espírito Divino*; 2) do corpo vital se extraí a *Alma Intelectual*, que se conecta ao *Espírito de Vida*; 3) do corpo de desejos se extraí a *Alma Emocional*, que se conecta ao *Espírito Humano*, pois, foi quando o triple Ego adquiriu a consciência como *Ser Humano* (Heindel, 2012).

Experiências espiritual, mental, psíquica e biológica do indivíduo quando *extraídas*, simultaneamente, são amalgamadas como *Consciência Triple do Ego*, ou *Triple Consciência do Ego*; todavia, por assim dizer, temos a integração da *Essência* da triple personalidade no triple Espírito (no triple Ego). Aqui acontece o fenômeno do Self, do Si-mesmo, Jung (2015, §68-286), ou seja, a integração da *Triple Consciência do Ego no próprio triple Ego*, ao assimilar a *Essência* das experiências da triple personalidade em sua Consciência Espiritual.

Com base as análises de Jung (1985, §74-108) em "Fundamentos de Psicologia Analítica – A Psique", fundamentada nas experiências diárias da *Triple Consciência do Ego*, conforme analisado por Heindel (2012, p. 177-200) em "*The Rosicrucian Cosmo-Conception - The Relation of Man to God*", cuja parte dessa análise psicológica é apresentada por Jung (2015, §68-286) em "Aion – Estudos Sobre o Simbolismo do Si-mesmo". Portanto, posso afirmar que a *Psique* (Figura 2) é inteiramente constituída pela *Mente* e pela *triple Alma* do sujeito e coordenada pelo triple Ego (o *Eu Sou*, ou Eu Superior).

Conforme analisado por Jung (2014, §68-286) em "Aion – Estudos Sobre o Simbolismo do Si-mesmo", a verdadeira manifestação do Self, do Si-mesmo é realizada quando o sujeito cria a "Pedra Filosofal", o Corpo-Alma, a "Vestimenta de Chama Luminosa" que São Paulo chamou de *Soma Psuchicon* (Ψυχή Σώμα) em 1.Coríntios 15:38-49, "Mas Deus lhe dá um corpo, como determinou e a cada espécie de semente dá seu corpo apropriado. Nem toda carne é a mesma: os homens têm uma espécie de carne, os animais têm outra, as aves outra e os peixes outra. Há corpos celestes e há também corpos terrestres; mas o esplendor dos corpos celestes é um e o dos corpos terrestres é outro. Um é o esplendor do Sol, outro o da Lua e outro o das estrelas; e as estrelas diferem em esplendor umas das outras. Assim será com a ressurreição dos mortos. O corpo que é semeado é perecível e ressuscita imperecível; é semeado em desonra e ressuscita em glória; é semeado em fraqueza e ressuscita em poder; é semeado um corpo natural e ressuscita um corpo espiritual. Se há corpo natural, há também corpo espiritual. Assim está escrito: 'O primeiro homem, Adão, tornou-se um ser vivente'; o último Adão, espírito vivificante. Não foi o espiritual que veio antes, mas o natural; depois dele, o espiritual. O primeiro homem era do pó da terra; o segundo homem, do céu. Os que são da terra são semelhantes ao homem terreno; os que são do céu, ao homem celestial. Assim como tivemos a imagem do homem terreno, teremos também a imagem do homem celestial".

Tudo que foi vivido e experimentado pelo indivíduo (interna e externamente) no Mundo Físico, armazenado como *interfaces de memórias* (Cruz, 2023), quando no final de cada vida essas experiências vividas por cada indivíduo são *extraídas* como *Essências* e farão parte da consciência do triple Espírito: do triple Ego, ou simplesmente Ego. Portanto, é quando se observa (diagramas I e II) que a *mente* é o *elo* entre a *triple personalidade* (o eu inferior) e o *triple Espírito* (o Eu Superior). Parte dessa análise psicológica é apresentada em "Aion – Estudos Sobre o Simbolismo do Si-mesmo" (Jung, 2014, §68-286).

Outro fator, contrário da ideia geralmente aceita, que o triple Ego é bissexual. Se o triple Ego não se manifestasse no Mundo Físico pela força sexual, o corpo físico seria necessariamente assexuado; portanto, o corpo físico é apenas um símbolo externo; um arquétipo criado pelo triple Ego.

Nos mundos internos o triple Ego não se manifesta através do sexo, se manifesta através de duas qualidades distintas: Vontade e Imaginação. A Vontade é o poder masculino (*animus*) e está coligado às forças solares. A Imaginação é o poder feminino (*anima*) e está unido às forças lunares. De certa forma pode explicar a forte tendência imaginativa da mulher e o especial poder que a Lua exerce sobre o mecanismo biológico feminino.

A Consciência dos Animais: os Corpos dos Reinos Mineral, Vegetal e Animal no Mundo Físico

Desde Wundt (1904), a Psicologia estuda o comportamento e o desenvolvimento psicológico dos animais. Os animais domesticados e selvagens possuem corpos separados como meio de consciência. Portanto, podemos perguntar: Os animais possuem triple personalidade separada e possuem triple Ego?

Pelos estudos de Heindel (2012, p. 56-86) em "*The Rosicrucian Cosmo-Conception - The Four Kingdoms*", com base no artigo científico de Cruz (2025) em "Psicologia da Triplicidade do Ego e da Triplicidade da Personalidade e os Fenômenos no Córtex Visual Primário e Secundário do Sujeito nos Transtornos da Personalidade", podemos entender que os três Mundos ou Estados de Matérias (visível e invisível) do nosso planeta são atualmente o campo onde se processa a evolução de diversos reinos de vida em vários graus de desenvolvimento. Destes, somente quatro nos interessam: os reinos mineral, vegetal, animal e o humano.

Estes quatro reinos estão relacionados com os três Mundos ou Estados de Matérias de maneiras diferentes, de acordo com o progresso conseguido por esses grupos de vida em evolução na "escola da experiência". No que diz respeito à forma, os corpos densos de todos os reinos são compostos das mesmas substâncias químicas: sólidos, líquidos e gases (Tabela 3 – Tabela Periódica de Elementos).

O corpo denso do ser humano é um composto químico tanto quanto o da pedra, se bem que esta última esteja ocupada somente pela vida mineral. Todavia, mesmo do ponto de vista puramente físico e deixando à margem qualquer outra consideração, notamos várias diferenças importantes se comparamos o corpo denso do ser humano com o mineral da Terra (Tabela 3 – Tabela Periódica de Elementos). O ser humano move-se, cresce e se propaga, mas o mineral em seu estado natural nada disso pode fazer.

Comparando o ser humano com os vegetais verificamos que ambos, planta e ser humano têm corpos densos e são capazes de crescerem e propagarem-se. Mas o ser humano tem capacidades que a planta não possui: sente, tem o poder de mover-se, pensar e perceber as coisas que estão fora dele, no ambiente.

Quando comparamos o ser humano com os animais constatamos que ambos possuem as capacidades da sensação, movimento, crescimento, propagação e senso de percepção. Mas o ser humano tem a faculdade da linguagem, uma estrutura cerebral superior e as mãos, os quais são de grande vantagem física. Podemos notar, especialmente, o desenvolvimento do polegar que torna a mão humana muitíssima mais útil do que a dos animais. O ser humano desenvolveu linguagem definida com a qual expressa seus pensamentos e sentimentos. Tudo, isso situa o corpo denso do ser humano em uma classe à parte, mais avançada do que as dos três reinos inferiores.

Pelos estudos de Heindel (2012, p. 56-86) em "*The Rosicrucian Cosmo-Conception - The Four Kingdoms*", para compreender-se as diferenças entre os quatro reinos é preciso buscar nos mundos invisíveis as causas que dão a um reino o que a outros é (temporariamente) negado.

Para funcionar em qualquer mundo ou região e expressar as qualidades que lhe são peculiares, é necessário antes de tudo, possuir algum veículo de expressão formado da matéria do referido mundo (diagramas I e II), ou seja, pelo menos deve estar formado de algum tipo de matéria, como caracterizado pelos Condensados de Bose-Einstein como o estado ou fase da matéria no qual os átomos encontram-se desprovidos de sua “individualidade”, passando a admitir um único *estado quântico fundamental*[27].

Por exemplo, para funcionarmos no Mundo Físico precisamos de um corpo denso adaptado ao ambiente físico. Se assim não fosse seríamos “fantasmas” (como geralmente dizem) e seríamos invisíveis para a maioria dos seres físicos. Assim, também precisamos de um corpo vital (Heindel, 2011) para poder expressar vida, crescimento ou externar as outras qualidades pertinentes à Região Etérea do Mundo Físico (diagramas I e II).

Para expressar sentimentos e emoções é necessário ter um veículo composto de matéria do Mundo do Desejo. E para possibilitar o pensamento faz-se necessária uma mente, formada por substância da Região do Pensamento Concreto.

Ao examinarmos os quatro reinos em relação à Região Etérea, constatamos que o mineral não possui corpo vital separado. Logo compreendemos a razão, pois o mineral não pode crescer, propagar-se ou mostrar vida com sensações.

Como hipótese necessária para sustentar outros fatos conhecidos, a ciência materialista admite que no sólido mais denso, tanto quanto no gás mais rarefeito e atenuado, não se tocam sequer dois átomos; que existe um envoltório de éter ao redor de cada átomo e que os átomos no universo flutuam em um “oceano” de éter.

O cientista ocultista ou esotérico sabe que isso é exato na Região Química e que o mineral não possui um corpo vital de éter separado. Como o éter planetário é o único que envolve os átomos do mineral, compreende-se então a diferença acima. Como já dissemos, é necessário ter um corpo vital (Heindel, 2011), um corpo de desejos (Heindel, 2011) separados etc., para poder expressar as qualidades correspondentes aos diferentes reinos, porque os átomos do Mundo do Desejo, do Mundo do Pensamento e até dos mundos superiores interpenetram o mineral, da mesma forma que interpenetram o corpo denso do ser humano. Ajuízo ser análogo à teoria de Pauli sobre “O Problema do neu-

---

[27] **Estado quântico fundamental**: é o estado quântico de menor energia possível.

trino solar", analisado por Oliveira Filho; Saraiva (2013) em "Astronomia e Astrofísica".

> [...] Os neutrinos foram previstos teoricamente por Wolfgang Pauli (1900-1958), em 1930, para explicar a variação da energia dos elétrons emitidos em decaimentos β (beta), em que um nêutron se transforma espontaneamente em um próton, emitindo um elétron. A vida média de um nêutron livre é de aproximadamente 12 minutos. Pauli propôs que a diferença de energia estava sendo carregada por uma partícula neutra de difícil detecção, o neutrino. Pauli recebeu o prêmio Nobel em 1945 (Oliveira Filho; Saraiva, 2013, p. 252-253).

Se a interpenetração do éter planetário, o éter que envolve os átomos do mineral, fosse bastante para permitir-lhe sentir e propagar-se, sua interpenetração pelo Mundo do Pensamento planetário seria também suficiente para permitir-lhe pensar, o que não pode acontecer por faltar-lhe um veículo ou corpo separado. O mineral é interpenetrado somente pelo éter planetário; portanto, incapaz de crescimento individual. Todavia, como o mais inferior dos quatro éteres, o éter químico é ativo no mineral; necessário para a ação das forças químicas nos minerais (Tabela 3 – Tabela Periódica de Elementos).

Pelos estudos de Heindel (2012, p. 56-86) em "*The Rosicrucian Cosmo-Conception - The Four Kingdoms*", a planta, o animal e o ser humano em relação à Região Etérea, notamos que cada um deles tem um corpo vital (Heindel, 2011) separado, além de serem compenetrados pelo éter planetário que forma a Região Etérea. Porém, existe uma diferença entre o corpo vital da planta e os corpos vitais do animal e do ser humano.

No corpo vital da planta estão em plena atividade somente o éter químico e o éter de vida. A planta pode crescer pela ação do éter químico e propagar a sua espécie mediante a atividade do éter de vida do corpo vital separado que possui. O éter de luz também está presente, embora parte latente (*as plantas não sentem, apenas reagem ao biológico porque tem vida*), pois, isso é verificável pelo processo da fotossíntese; todavia, o éter refletor falta-lhe por completo. Portanto, é óbvio que as faculdades sensoriais e a memória, que são qualidades desses éteres, não podem ser expressas pelo reino vegetal.

Se dirigimos nossa atenção para o corpo vital do animal, constatamos que nele os éteres químico, de vida e de luz são dinamicamente ativos. Consequentemente, o animal possui as qualidades de assimilação e crescimento, originadas pelas atividades do éter químico e a faculdade de propagar-se por meio do éter de vida, comuns aos reinos vegetal e animal. Mas além disso, devido a ação do éter de luz, o animal tem as faculdades de gerar calor interno e de percepção sensorial. Todavia, o éter refletor é inativo no animal, pelo que carece de pensamento e de memória, mas possuem inteligência emocional que está ligada pela ação conjunta dos éteres de vida e de luz.

Pelos estudos de Heindel (2012), quando analisamos o ser humano, vemos que os quatro éteres são dinamicamente ativos em seu altamente organizado corpo vital. Por meio das atividades do éter químico o ser humano é capaz de assimilar alimentos e crescer. As forças ativas no éter de vida capacitam-no a propagar sua espécie. As forças no éter de luz suprem de calor seu corpo denso, pois atuam sobre seu sistema nervoso central (SNC) e músculos, abrindo-lhe "as portas da comunicação" com o mundo externo por meio dos cinco sentidos básicos, também presentes no reino animal. A ação conjunta dos outros éteres, através do éter refletor capacita o triple Espírito (o triple Ego) a controlar a triple personalidade por meio do pensamento.

É possível analisar que o ser humano, pelas atividades do éter refletor, armazena experiências passadas sob a forma de memórias no seu subconsciente (memória involuntária); todavia, como se observa a partir da 21ª semana na fase intrauterina, quando a genitora começa sentir as atividades físicas do feto. Após o nascimento o bebê utiliza essas memórias involuntárias como meio de sobrevivência e para se estruturar nos primeiros meses de vida no ambiente físico, pois não se separa o biológico, do psicológico (Jung, 2014).

> A alma humana vive unida ao corpo, numa unidade indissolúvel, por isto só artificialmente é que se pode separar a psicologia dos pressupostos básicos da biologia e, como esses pressupostos biológicos são válidos não só para o

> homem, mas também para todo o mundo dos seres vivos, eles conferem aos fundamentos da Ciência uma segurança que supera os do julgamento psicológico que só tem valor na esfera da consciência. Por isso não deve causar surpresa que os psicólogos se sintam inclinados a retornar à segurança do ponto de vista biológico e utilizem a teoria dos instintos e da fisiologia. Também não é de espantar a existência de uma opinião largamente difundida que considera a psicologia meramente como um capítulo da fisiologia. Embora a psicologia reclame, e com razão, a autonomia de seu próprio campo de pesquisa, ela deve reconhecer uma extensa correspondência de seus fatos com os dados da biologia. [...] (Jung, 2014, §232-234).

O corpo vital da planta, do animal e do ser humano estende-se além da periferia do corpo denso, do mesmo modo que a Região Etérea Universal, que é o corpo vital do planeta Terra estende-se além da parte densa, o que demonstra, mais uma vez a veracidade do axioma hermético: "Como em cima, assim é embaixo". A distância dessa extensão do corpo vital do ser humano é cerca de uma polegada e meia. A parte que está fora do corpo denso é muito luminosa e apresenta a cor da flor do pessegueiro recém-aberta. Essa aura pode ser observada por pessoas que possuem certa clarividência involuntária; todavia, frequentemente, não compreendem o que veem.

O corpo denso e construído na matriz do corpo vital durante a vida pré-natal (*com uma exceção*), é a cópia exata, molécula por molécula do corpo vital. Assim como as linhas de força na água congelada são os condutores para a formação dos cristais de gelo, as linhas de força no corpo vital determinam a forma (a configuração) do corpo denso.

Durante a vida na Região Química (diagramas I e II) o corpo vital é o construtor e restaurador do corpo denso. *Por exemplo, podemos observar as cirurgias estéticas na face humana, que se deformam com o tempo, pois, é a ação do corpo vital que tenta restaurar a forma original do corpo denso; todavia, o mesmo acontece nos transplantes de órgão e tecidos que são rejeitados*.

Nesse mesmo processo de restauração, se não fosse pelo coração etéreo, o coração físico, denso, se romperia rapidamente em consequência da tensão que lhe impomos continuamente. Todos os abusos praticados com o corpo denso são neutralizados pelo corpo vital, tanto quanto é possível, pois trava uma luta constante contra a morte do corpo denso.

A *exceção* referida acima, consiste no fato de que o corpo vital do homem (*animus*) é feminino ou negativo, enquanto o da mulher (*anima*) é masculino ou positivo. Nisso reside a chave de numerosos e intrincados problemas da vida. Por exemplo, da infertilidade, da homoafetividade, transplantes de órgãos e tecidos, de transtornos da personalidade etc., como analisado por Jung (2014) em "O Eu e o Inconsciente - anima e animus" e estudos de Jung, Emma (1997) em "Animus e Anima".

> [...] O homem atribui a si mesmo, ingenuamente, as reações da sua anima, sem perceber que na realidade não pode identificar-se com um complexo autônomo; o mesmo ocorre na psicologia feminina, só que de um modo muito mais intenso, se é que isto é possível. A identificação com o complexo autônomo é a razão essencial da dificuldade de compreender e descrever o problema, sem falar de sua obscuridade e estranheza. Sempre partimos do pressuposto ingênuo de que somos os senhores em nossa própria casa. Deveríamos habituar-nos, no entanto, com a idéia de que mesmo em nossa vida psíquica mais profunda, vivemos numa espécie de casa cujas portas e janelas se abrem para o mundo: os objetos e conteúdos deste último atuam sobre nós, mas não nos pertencem. [...] (Jung, 2014, §296-406).

A mulher dá vazão às suas emoções pela polaridade indicada devido ao seu corpo vital positivo que gera excesso de sangue. Isso a obriga a trabalhar sob enorme pressão interna, a qual romperia o envoltório físico se não houvesse uma "válvula de segurança". Essa "válvula", por um lado é o fluxo sanguíneo periódico, por outro são as lágrimas que em ocasiões especiais limitam a pressão, posto que são realmente uma "hemorragia branca".

O homem (*animus*) pode ter - e tem - emoções tão fortes quanto as da mulher (*anima*), mas geralmente é capaz de dominá-las sem lágrimas, pois seu corpo vital negativo não gera quantidade de sangue maior do que pode controlar com facilidade.

Para responder à pergunta: Os animais possuem triple personalidade separada e possuem triple Ego? Pelos estudos de Heindel (2012, p. 56-86) em "*The Rosicrucian Cosmo-Conception - The Four Kingdoms*", o espírito animal em sua descida alcançou somente o Mundo do Desejo. Ainda não se desenvolveu até o ponto de poder *interpenetrar sincronicamente* um corpo denso.

Portanto, ***o animal não tem Espírito interno individual***, ou seja, ***não tem triple Ego individual***, mas Espírito-grupo que o dirige de fora. O animal tem um corpo denso, corpo vital e corpo de desejos, mas o Espírito-grupo que o dirige encontra-se externamente. ***O corpo vital e o corpo de desejos do animal não estão completamente dentro do corpo denso, especialmente no que concerne à cabeça***. Pelo biológico e para sobreviver, que em grau muito baixo o animal possui memória involuntária, porque possui um sistema nervoso central e que está ligado à inteligência emocional, que são coordenados pelo Espírito-grupo.

Por exemplo, a cabeça etérea de um cavalo sobressai muito além e acima da sua cabeça densa. Quando, em raros casos, acontece de a cabeça etérea de um cavalo penetrar (*sincronicamente*) na cabeça do seu corpo denso, esse cavalo pode aprender a ler, a contar e a executar operações elementares de aritmética. Devido a esta peculiaridade os cavalos, os cães, os gatos e outros animais domésticos percebem o Mundo do Desejo, ainda que nem sempre distingam a diferença entre este e o Mundo Físico.

Podemos observar que um cavalo pode se espantar ante uma figura invisível para o cavaleiro. Um gato pode tentar se esfregar em pernas invisíveis, pois ainda que veja o "fantasma", não percebe que as pernas não são densas, nas quais se poderia esfregar. O cão, mais atinado que o cavalo e o gato, sente muitas vezes existir algo que não compreende quando vê surgir seu dono já falecido e não pode lamber as mãos invisíveis do antigo dono. Então, uiva de forma lúgubre, indo deitar-se a um canto com o rabo entre as pernas.

Talvez, a seguinte ilustração possa mostrar a diferença entre o ser humano com seu triple Ego individual interno e o animal orientado pelo seu Espírito-grupo. Estes Espíritos-grupo dirigem as ações animais em harmonia com a lei cósmica, até que os espíritos virginais a seu cargo tenham adquirido consciência própria e se tornam humanos. Então, gradualmente começarão a manifestar vontade própria, libertando-se cada vez mais do Espírito-grupo e tornando-se responsáveis pelos seus próprios atos.

Contudo, os Espíritos-grupo continuam a influenciar os "recém-humanos" (ainda que em grau decrescente) como espírito de raça, de tribo, de comunidade ou de família, até que cada indivíduo humano se torne capaz para agir em plena harmonia com a lei cósmica. Só então o triple Ego se libertará e se tomará inteiramente independente do Espírito-grupo, que por sua vez entrará numa fase superior de evolução.

A posição ocupada pelos Espíritos-grupo no Mundo do Desejo dá ao animal uma consciência diferente da do ser humano, que tem uma consciência de vigília clara e definida, pelo que vê as coisas fora de si nítida e distintamente. Devido ao caminho evolutivo em espiral, os animais domésticos mais avançados, particularmente o cão, o cavalo, o gato e o elefante veem os objetos quase que da mesma maneira, embora não tão claramente definidos.

Todos os animais selvagens têm uma "consciência pictórica" interna análoga ao sonho do ser humano. Quando um desses animais encara um objeto, percebe imediatamente dentro de si uma imagem, acompanhada de uma forte impressão de malefício ou benefício para ele. Se o sentimento é de medo (através da inteligência emocional), associa-se a uma sugestão dos Espíritos-grupo de como escapar ao perigo iminente.

Este estado de consciência negativo facilita aos Espíritos-grupo guiar por sugestão os corpos densos das espécies que estão sob a sua responsabilidade, pois, ***os animais não têm vontade própria e não pensam***. Os animais ***possuem inteligência emocional*** devido a atuação dos Espíritos-grupo sobre o éter químico, éter de vida e éter luminoso ou de luz.

Referências Bibliográficas

AFRIAT, A; SELLERI, F. (1999) **The Einstein, Podolsky, and Rosen Paradox**. [Springer Science Business Media New York 1999. Originally published by Plenum Press, New York in 1999] Softcover reprint of the hardcover, 1st.edition. New York.

AMERICAN PSYCHIATRIC ASSOCIATION. (2025) **Manual Diagnóstico e Estatístico de Transtorno DSM-5** [*American Psychiatric Association*, trad. Maria Inês Corrêa Nascimento et al.]; revisão técnica: Aristides Volpato Cordioli [et al.]. Porto Alegre: Artmed. https://psychiatryonline.org/doi/book/10.1176/appi.books.9781615375363. Acesso em 13.09.2025.

ARISTÓTELES (1991) **The Complete Works of Aristotle**. Complete Works (Aristotle). [Copyright © 1984 by The Jowett Copyright Trustees Published by Princeton University Press, 41 William St., Princeton, New Jersey In the United Kingdom: Princeton University Press, Oxford]. Jonathan Barnes, Princeton University Press, Princeton, New Jersey.

BELL, J. S. (1964). **On the Einstein-Podolsky-Rosen Paradox**. Physics Vol.1, 195-200. Reproduzido em Wheeler & Zurek (1983), op. cit., pp. 403-8, e em Bell (1987), op. cit., p. 14-21.

CRUZ, A. J. G. (2021) **Inconsciente Social: Síndrome de Estocolmo**. 1ª ed. São Paulo: Gonçalves Cruz.

CRUZ, A. J. G. (2021) **Fundamentos de Psicologia Esotérica**. 1ª ed. São Paulo: Gonçalves Cruz.

CRUZ, A. J. G. (2023) **Psicologia Esotérica: a Gênese e Topologia do Ego**. 1ª ed. São Paulo: Gonçalves Cruz.

CRUZ, A. J. G. (2023) **Psicologia Esotérica e o Mito da Caverna**. 1ª ed. São Paulo: Gonçalves Cruz.

CRUZ, A. J. G. (2021) **Resposta a Carl Gustav Jung: Origem e Arquétipos do Inconsciente Coletivo**. 1ª ed. São Paulo: Gonçalves Cruz.

CRUZ, A. J. G. (2022) **Universo da Natureza da Psique: a inexistência do tempo**. 1ª ed. São Paulo: Gonçalves Cruz.

CRUZ, A. J. G. (2025). **Esoteric Psychology and the Biopsychosocial Approach to Psychology in the 21st Century: Retrospection and Concentration Therapy (TRC)**, publicado no periódico "International Journal of Human Sciences Research (ISSN 2764-0558)", sob o DOI https://doi.org/10.22533/at.ed.5585725160413, v.5, n.7, 08 maio 2025.

CRUZ, A. J. G. (2025). **The Psychology of Apokálypsis and Phenomenological Psychology in its Relation to the Psyche and the Subject's Visual Cortex**. "International Journal of Human Sciences Research (ISSN 2764-0558)", DOI https://doi.org/10.22533/at.ed.5585925290512, v.5, n.9, 24 junho 2025.

CRUZ, A. J. G. (2025). **The Topological Psychology of the Ego - Evolution, Psychological and Spiritual Structure of the Ego and the Concepts of the Ego by Sigmund Freud and Carl Gustav Jung**. "International Journal of Human Sciences Research (ISSN 2764-0558)", sob o DOI https://doi.org/10.22533/at.ed.5585825070511, v.5, n.8, 28 maio 2025.

CRUZ, A. J. G. (2025). **Psychology of the Triplicity of the Ego and the Triplicity of the Personality and their Phenomena in the Primary and Secondary Visual Cortex of the Subject in Personality Disorders**. "Open Minds – Internacional Journal (ISSN 2675-5157)", sob o https://doi.org/10.22533/at.ed.5157425121211, v.1, n.4, 23 dezembro 2025.

DARWIN, Charles. (1872) **The Origin of Species** [edited by Charles W. Eliot LL D]. P. F. Collier & Son, New York.

EINSTEIN, Albert. (1961) **Relativity: The Special and the General Theory**. New York: Bonanza Books.

ELIADE, Mircea. (1991) **Mito do Eterno Retorno**. Trad. José Antonio Ceschin. São Paulo: Mercuryo.

ELIADE, Mircea. (2000) **Nacimiento y Renacimiento, El significado de la iniciación en la cultura humana**. Trad. Miguel Portillo, Ed.Kairós [Título original: *BIRTH AND REBIRTH*. Harper San Francisco, a división of HarperCollins Publishcrs Inc.].

ELIADE, Mircea. (2000) **O Sagrado e o Profano - A Essência das Religiões**. Trad. Rogério Fernandes. Coleção Vida e Cultura. Lisboa: Livros do Brasil.

FREUD, Anna (2006) **O Ego e os Mecanismos de Defesa**. Tradução Francisco Settíneri. Porto Alegre: Artmed.

FREUD, Sigmund Schlomo. (1979) **Sinopses da Edição Standard brasileira das Obras Psicológicas Completas de Sigmund Freud**. Trad. Helena Floresta de Miranda; Luiz Horácio da Matta. Rio de Janeiro: Salamandra.

FREUD, Sigmund Schlomo. (1996) **O Inconsciente.** [Ed. Standard Brasileira das Obras Psicológicas Completas de S. Freud, vol.15. original em 1915]. Rio de Janeiro: Imago.

FREUD, Sigmund. (2011) **Além do Princípio do Prazer** (1920). In. Obras completas volume 18. São Paulo: Companhia das Letras.

FREUD, Sigmund. (2011) **O Eu e o Isso** [1923. In. Obras completas vol.19. São Paulo: Companhia das Letras.

FREUD, Sigmund (2010). **A pulsão e seus destinos**. In: Paulo: Companhia das Letras.

GUYTON, Arthur C.; HALL, John E. (2011) **Tratado de Fisiologia Médica** [recurso eletrônico]. (John Edward,1946), John E. Hall. [tradução Alcides Marinho Junior ... et al.]. Rio de Janeiro: Elsevier.

HAMEROFF, S; PENROSE, R. (2016) **Consciousness in the Universe: An Updated Review of the "Orch OR" Theory**, in Biophysics of Consciousness: A Foundational Approach, eds. Roman R. Poznanski, Jack A. Tuszynski, Todd E. Feinberg, World Scientific, Chapter 14. 2016; Hameroff Penrose updated review of Orch OR chapter 14 Biophysics of Consciousness - Stuart Hameroff, Change the Music - Psychotherapy and Brain Vibrations, Vol 4 Issue 4, April 2016.

HEINDEL, Max. (2012) **The Rosicrucian Cosmo-Conception**. [Rosicrucian Fellowship According to Last Edition (6th), Oceanside, CA. USA.

HEINDEL, Max. (2011) **The Desire Body**. [The Rosicrucian Fellowship. Second Edition]. Oceanside, CA. USA.

HEINDEL, Max. (2011) **The Vital Body**. [Copyright 2011 by The Rosicrucian Fellowship. 3ªdition]. Oceanside, CA. USA.

JUNG, Carl Gustav. (1998) **Aion – Estudos Sobre o Simbolismo do Si-mesmo**. Col. OBRAS COMPL. 5.ed. Vol.V. RJ: Vozes.

JUNG, Carl Gustav. (2014) **A Natureza da Psique**. Da coleção OBRAS COMPLETAS Vol.VIII/2. Rio de Janeiro: Vozes.

JUNG, Carl Gustav. (1985) **Fundamentos de Psicologia Analítica**. Da col. OBRAS COMPLETAS, Vol. XVIII/1, Rio de Janeiro: Vozes.

JUNG, Carl Gustav. (2012) **Os Arquétipos e o Inconsciente Coletivo**. Col. OBRAS COMPLETAS, vol. 9/1. Rio de Janeiro: Vozes.

JUNG, Carl Gustav. (2014) **O Eu e o Inconsciente**. Coleção OBRAS COMPLETAS Vol.VII/2. 4ed. Rio de Janeiro: Vozes.

JUNG, Carl Gustav. (2013) **Psicologia do Inconsciente**. Col. OBRAS COMPLETAS. Petrópolis: Vozes.

JUNG, Carl Gustav. (1990) **Psicologia e Alquimia**. Da coleção OBRAS COMPLETAS. Vol.12. RJ: Vozes.

JUNG, Carl Gustav. (2012) **Sincronicidade - a dinâmica do inconsciente**. Col. OBRAS COMPL. 18ed.Vol.8/3. Rio de Janeiro: Vozes.

JUNG, Emma. (1997) **Animus e Anima**. Trad. Dante Pignatari, 1ed. [original: *Animus und Anima*], São Paulo: Cultrix.

JORDAN, E. Pascual (1936) **Positivistische Bemerkungen über die parapsychologischen Erscheinungen, Zentralblatt für Psychotherapie**. Leipzig.

KANT, Immanuel. (2003) **A Metafísica dos Costumes.** [Título original: **Die Metaphysik der Sitten**] Tradução Edson Bibi. [contendo: A Doutrina do Direiro e a Doutrina da Virtude] 1ªed. São Paulo: Edipro.

KANT, Immanuel. (2001) **Crítica da Razão Pura**. [Tradução do original alemão intitulado "*KRITIK DER REINEN VERNUNFT*"] Trad. Manuela Pinto dos Santos e Alexandre F. Morujão. 5ed. Lisboa: Fundação Colouse Gulbenkion.

KANT, Immanuel. (2007) **Fundamentação da Metafísica dos Costumes.** [Título original: **Grundlegung zur Metaphysik der Sitten]** Tradução Paulo Quintela. Portugal, Lisboa: Edições 70.

KLEIN, R. K. (1996) **Psicoterapia de grupo a curto prazo**. Em H.I.Kaplan & B.J. Sadock (Orgs.), Compêndio de psicoterapia de grupo (3ed., ***pp.215-225***). Porto Alegre: Artes Médicas.

KLEIN, Melanie. (1991) **Inveja e gratidão e outros trabalhos** [Melanie Klein (1946-1963): tradução da 4ª.ed. inglesa; Elias Mallet da Rocha, Liana Pinto Chaves (coordenadores) e colaboradores.] Rio de Janeiro: Imago Ed.

KONAR, Amit. (1999) **Artificial Intelligence and Soft Computing: behavioral and cognitive modeling of the human brain**. [©2000 by CRC Press LLC], N. York, Washington, D.C., CRC Press - Boca Raton London.

LEWIN, Kurt. (1973) **Princípios de Psicologia Topológica**. [Trad. original *Principles of Topological Psychology*, de 1936] Ed. Cultrix e Editora da Universidade de São Paulo.

LIBET, B. (2004) **Mind Time: the temporal factorin consciousness**. Cambridge: Harvard University Press.

MARCONDES, D. (2005) **Textos Básicos de Filosofia:** dos Pré-socráticos a Wittgenstein. 4. ed. Rio de Janeiro: Jorge Zahar Editor.

MINKOWSKI, Eugène. (1995) **O Tempo Vivido**. [Título original: *Le Temps Vecú*. 1933]. Paris: Quadrige/P.U.F.

MOSCOVICI, S. (2007) **Representações Sociais**. Petrópolis: Vozes.

PETHICK, C.J.; SMITH, H. (2002) **Bose-Einstein Condensation in Dilute Gases**. Cambridge University Press, New York.

PITAEVKSKII, L.; STRINGARI, S. (2003) **Bose-Einstein Condensation**. Oxford University Press. New York.

PLATÃO (1987) **A República**. [introdução, tradução e notas de Maria H. R. Pereira], 5ed., Lisboa: Fundação Calouste Gulbenkian, 1949. Trad. Maria Helena da Rocha Pereira. 5ed. Lisboa.

PLATÃO (1991) **Diálogos**. [Seleção de textos de J. Américo Motta Pessanha. Trad. J. Cavalcante de Souza, Jorge Paleikat e J. Cruz Costa]. 5ed. São Paulo: Nova Cultural.

RHINE, Joseph Banks. (1934) **Extra-Sensory Perception**. Boston: Boston Society for Psychic Research.

RUSSELL, Bertrand A. W. (1960) **ABC da Relatividade**. Tradução G. Rebuá. Rio de Janeiro: Zahar.

SALOVEY, P., & MAYER, J. D. (1990). **Emotional intelligence**. Imagination, Cognition and Personality, 9, 185-211.

SALOVEY, P., MAYER, J. D., CARUSO, D., & Lopes, P. N. (2001). **Measuring emotional intelligence as a set of mental abilities with the MSCEIT**. In S. J. Lopes & C. R. Snyder (Eds.), Washington, DC: American Psychological Association.

SALOVEY, P., WOOLERY, A., & MAYER, J. D. (2001). **Emotional intelligence: Conceptualization and measurement**. In G. Fletcher & M. S. Clark (Eds.), The Blackwell handbook of social psychology: Vol. 2. Interpersonal processes (pp. 279 307). Oxford, UK: Blackwell.

SEARLE, J. (1984) **Minds, Brains and Science**. Cambridge: Harvard University Press.

XAVIER, C. R. (2003) **A Permuta dos Sábios: um Estudo Sobre as Correspondências entre Carl Gustav Jung e Wolfgang Pauli**. São Paulo: Annablume.

WINNICOTT, Donald W. (1983) **O Ambiente e os Processos de Maturação: estudos sobre a teoria do desenvolvimento emocional**. [Trad. Irineo Constantino Schuch Ortiz]. Porto Alegre: Artmed.

WINNICOTT, Donald W. (2021) **Tudo Começa em Casa**. [Traduzido por Paulo Cesar Sandler / Conselho técnico: Ana Lila Lejarraga, Christian Dunker, Gilberto Safra, Leopoldo Fulgencio, Tales Ab' Sáber] São Paulo: Ubu Editora.

WOYCIEKOSKI, C.; HUTZ, C. S. (2009). **Inteligência Emocional: Teoria, Pesquisa, Medida, Aplicações e Controvérsias**. Disponível em 21.08.2024, www.scielo.br/prc.

WUNDT, Wilhelm M. (1904) **Principles of Physiological Psychology**. Vol.1, London Swan Sonnenschein & Co. Lim. New York: The Macmillan Co.

PARTE II

A Metodologia de Aristóteles e o Desenvolvimento Biopsicossocial do Ser Humano

A Triplicidade do Ego e a Imagem e Semelhança de Deus

CAPÍTULO IV

Psicologia Esotérica e o Processo de Desenvolvimento Biopsicossocial do Ser Humano

Neste ensaio de psicologia apresento críticas à clareza das teorias psicanalíticas, bem como de outras abordagens psicológicas, sugerindo a necessidade de revisão e aprofundamento dos conceitos de "ego" e de "personalidade", ao apresentar hipótese fundamental da existência da triplicidade do Ego e da triplicidade da personalidade, diferenciando o "Eu Superior" (a triplicidade do Ego) e o "eu inferior" (a triplicidade da personalidade); ao analisar a importância de integrar aspectos biológicos, psicológicos, mentais e espirituais na compreensão do sujeito diante de transtornos da personalidade.

Os Fundamentos de Psicologia Esotérica (Cruz, 2021) analisa e elucida as relações ambientais inconscientes e conscientes entre o triple Ego, a mente, a triple alma, a triple personalidade e o desenvolvimento psíquico, emocional e social, mental e espiritual do sujeito. Engloba técnicas, práticas e entendimento mais profundo da psique (mente/triple alma) através de conhecimentos filosófico-científicos, com suas orientações teórico-metodológicas e do Conhecimento Psicológico convencional.

Dentro do modelo biopsicossocial procura compreender e explicar a complexidade humana, com o objetivo de promover a saúde psíquica, emocional e social, mental e espiritual das pessoas, ao analisar as diferentes dimensões do inconsciente e do consciente com visão ampla e integral, que permite abordagens e intervenções psicológicas aplicadas e personalizadas.

O modelo biopsicossocial é uma abordagem que considera a saúde e a doença como resultado da interação de fatores biológicos, psicológicos e sociais. Se concentra principalmente em causas biológicas, pois, busca compreensão mais abrangente do processo de adoecimento, considerando a influência do contexto social e da experiência subjetiva do indivíduo.

Portanto, psicológica e mentalmente não há duas pessoas iguais e o trabalho na esfera de ação de cada Escola de Pensamento da Psicologia no século XXI é individual; logo, podemos ajuizar que cada escola de pensamento utiliza seus próprios métodos, com suas orientações teórico-metodológicas das "Psicologias" (Schultz; Schultz, 2019 *apud* Hutz *et al.*, 2016).

Com base na matriz psicológica (Figueiredo, 2012) das principais Escolas de Pensamento da Psicologia, direcionamos nossa atenção às primeiras escolas filosóficas (Jônica e Italiana), no mesmo alcance dos filósofos pré-socráticos (Bock *et al.*, 2018 p. 31-35 *apud* Oliveira, 2024, p. 5-8) com relação à "*natureza das coisas*" no Mundo Físico, para que se tenha conhecimentos nos e dos ambientes biológico, social, psíquico, mental e espiritual do sujeito.

Esses conhecimentos poderão abrir portas para um "abismo" (um "crepúsculo" no inconsciente) no qual não estamos prontos para mergulhar por medo de enfrentar memórias inevitáveis de situações passadas, que sabemos que não podemos mais evitar. Devemos nos preparar para os terremotos simbólicos (pela *subjetividade*) que abalam nossa montanha (de conhecimentos obsoletos) e deixar o vulcão expelir seus vapores (nossos desejos mais profundos) e lavas para criar a paisagem de nossa nova vida em um novo ciclo (diagrama II).

Nosso mundo está mudando rapidamente e devemos confrontar a profundidade de nosso "imenso poder espiritual" que está adormecido, latente nos recessos de nossa consciência (Jung, 2014, §339-340), mas desconhecido para nós neste momento; todavia, varia em muito para cada pessoa.

Mas os Céus (diagrama II) estão trabalhando conosco, apontando a direção de nossa libertação da materialidade, a ilusão que nos fascina como coelhos na frente da serpente, despertando-nos para a percepção de que a verdadeira realidade reside dentro e fora de nossa forma física, pois não se separa o biológico, do psicológico. É fundamental lembrar que somos *Seres Espirituais Imortais e Eternos*, que no atual estágio de desenvolvimento, escolhemos viver uma vida temporária como seres humanos mortais no planeta Terra (diagrama I).

Nesse estágio de desenvolvimento (embora inconsciente) temos o propósito de desenvolver nossa triple alma (as almas consciente, intelectual e emocional) que é a quintessência transmutada de nossas atividades nos mundos ou regiões Química, Etérea e de Desejo (diagrama II). Essa *triple quintessência* realimenta o triple Espírito (o ***triple Ego***) para despertar e fortalecer nossas faculdades espirituais latentes.

A Psicologia Esotérica Biopsicossocial e suas Orientações Teórico-Metodológicas

No século XX, em 1909, foi publicado nos Estados Unidos, USA., as primeiras pesquisas e estudos sobre Psicologia Esotérica no *The Rosicrucian Cosmo-Conception* (Heindel, 2012) e nas demais obras desse autor, sendo o primeiro passo para a implementação de os Fundamentos de Psicologia Esotérica (Cruz, 2021).

Essas obras abordam o desenvolvimento humano antes da passagem do pensamento mítico ao filosófico-científico, até o atual desenvolvimento biológico, social, psíquico, mental e espiritual do sujeito contemporâneo. São publicações mais próximas da realidade do psiquismo humano, que proporcionam fortes influências na transformação do saber psicológico, é a *episteme*, a ciência do Conhecimento Psicológico.

Ao avaliar os temas e textos publicados no *The Rosicrucian Cosmo-Conception* (Heindel, 2012), foram escritos para os povos ocidentais, *especialmente para as pessoas de elevado grau de desenvolvimento intelectual, psíquico e mental.* Agora, você pode examinar a veracidade de a inteligência humana carecer por explicações lógicas das coisas, dos “mistérios” do mundo, da problemática da vida e da “morte” (Heindel, 2012, p. 87-96 *apud* Aristóteles, 1991, §467b10-467b13 - 480b21-480b30).

A Psicologia Esotérica Biopsicossocial se orienta pela *filosofia de Platão* e pelo *Corpus aristotelicum*, com seus temas e textos *esotéricos* ou *acroamáticos* (herméticos, profundos, enigmáticos, misteriosos, místicos, ocultos etc.), pois aborda o desenvolvimento psíquico, social, mental e espiritual do ser humano.

Nesses contextos filosófico-científicos, as primeiras universidades na Europa na Idade Média, século IX ao XVI, se confrontaram com *preceitos de fé e razão*, na *fase patrística* pela influência de Platão e na *fase escolástica* pela influência de Aristóteles.

Nessas universidades não explicaram a *origem, a Razão da triplicidade do Ego nem da triplicidade da personalidade* (Cruz, 2025, p. 01-20), bem como não explicaram os *comportamentos sagrados e profanos* (Eliade, 2000, p. 17-37) desse *triple corpo*, pois, no *estado de vigília* esses corpos vivem como sendo uma "singular personalidade". Na realidade a triple personalidade (diagramas I e II) se refere ao conjunto único de características psicológicas que diferenciam um indivíduo do outro, influenciando como pensam, sentem, agem etc., (Jung, 2014, §284-323).

No contexto sócio-histórico a Psicologia Esotérica Biopsicossocial procura resgatar e valorizar os temas e textos publicados no *The Rosicrucian Cosmo-Conception* (Heindel, 2012). Os classifica como sendo de grande importância para o Conhecimento Psicológico, ao analisar e comparar com o "sistema psicológico" implementado por Carl Gustav Jung (1875-1961), através de os "Fundamentos de Psicologia Analítica" (Jung, 1985) e "Psicologia do Inconsciente" (Jung, 2013).

Os estudos de C. G. Jung apresentam teorias e estudos sobre a formação e função dos símbolos, da individuação, da influência dos mitos no inconsciente coletivo, da sincronicidade psíquica, da formação da personalidade, da formação e função dos *arquétipos da persona*, *sombra*, *anima*, *animus* e do *Self* (Jung, 2015, §101-148).

As condições sócio-históricas no momento do surgimento de um dado ramo ou área da ciência, são muito importantes para compreender o seu desenvolvimento e importância social. Não seria diferente no surgimento de os Fundamentos de Psicologia Esotérica (Cruz, 2021), quando se conhece sua matriz psicológica (Figueiredo, 2012, p. 172-194).

Assim emergiu os estudos da Psicologia Esotérica Biopsicossocial pelas suas abordagens e aplicação de conhecimentos psicológicos e sociais produzidos, que tem sua base na *filosofia de Platão*, na *metodo-*

logia de Aristóteles e nos *Fundamentos de Psicologia Analítica,* de C. G. Jung.

Com essa base apresenta hipóteses dentro do Conhecimento Psicológico, pois busca evidenciar a origem, a formação e o desenvolvimento biopsicossocial do ser humano: **1)** da formação e desenvolvimento da mente humana. **2)** da formação e desenvolvimento da natureza da psique (mente/triple almas). **3)** da formação e desenvolvimento do inconsciente pessoal e coletivo. **4)** da *quantização* da energia biológica, psíquica, mental e espiritual do sujeito. **5)** da *quantização* da inteligência biológica, psíquica, mental e espiritual do sujeito. **6)** da razão e lógica do triple arquétipo do Ego (Figura 5). **7)** da razão e lógica de criar e revitalizar o triple arquétipo da personalidade. **8)** da razão e lógica do processo da individuação e da totalidade psíquica, o self (o Si-mesmo).

Quando o profissional da saúde deixar de criticar e se dispuser a aceitar *provisoriamente* como *verdade provável*, afirmações que de imediato não possa constatar, então (*e somente então*) poderá desenvolver suas faculdades superiores latentes ao praticar o método *Terapia de Retrospecção e Concentração – TRC* (Cruz, 2023). *Todavia, é um dos meios para promover novas formas de atuação profissional voltadas ao coletivo, pois, fomenta os direitos sociais e da saúde da população carente e mais necessitada.*

Nessa fase, o profissional em Psicologia deixará de ser um simples profissional de fé e ou empírico e passará ao Conhecimento Direto (Heindel, 2012, p. 430-497). Verá que sempre há outras Verdades além do seu Conhecimento Psicológico. Sabe serem Verdades, mas no momento seu insuficiente avanço psíquico, mental e espiritual não lhe permite investigar nem analisar, a exemplo do "mito da caverna" (Platão, 1987).

O método *Retrospecção e Concentração* (Cruz, 2025, p. 01-17) foi criado para tratamento psicológico e mental do sujeito com o objetivo de orientar e curar os diferentes corpos da *triple personalidade*, conforme artigo científico publicado por Cruz (2025, p. 01-20) em "Esoteric Psychology and the Biopsychosocial Approach to Psychology in the 21st Century: Retrospection and Concentration Therapy (TRC)".

Este método terapêutico é destinado ao tratamento psicológico de qualquer pessoa que apresenta algum transtorno da personalidade (American Psychiatric Association – DSM-5, 2025, p. 645-684), pela *sincronicidade psíquica* (Jung, 2012), pois, um corpo não pode ser influenciado sem que os outros sejam afetados; porém, o trabalho principal ou definido pode ser feito em qualquer deles. Este método terapêutico que foi publicado em artigo científico por Cruz (2025), também é verificável quando se recorre à terceira lei de Newton (Cohen, 1978 *apud* Hall, 1996), pela Filosofia de Platão (Platão, 1987) e na metodologia de Aristóteles.

É imprescindível ter em mente que a lógica é o guia mais seguro em todos os ambientes internos e externos, de tudo que possa existir na natureza da psique do sujeito (Jung, 2014, §601-648). Também não podemos esquecer as limitações das próprias faculdades psíquica e mental; nem que às vezes sejam necessários poderes de raciocínios mais elevados e poderosos do que os seus para poder resolver problemas de ordens biológica, psíquica, social, mental e espiritual ao se deparar com problemas fundamentais da psicologia contemporânea (Jung, 2014, §649-688).

É quando compreendemos que o Conhecimento Psicológico, desde o início do século XX, não encontrou algum ajuste nem intervenções e abordagens nos diversos conceitos psicológicos de forma coerente e acessível, que facilita o método dialético (Platão, 1991) com o indivíduo durante o tratamento psicológico.

Metodologia de Aristóteles: Metafísica, Causalidades e a Natureza das Causas

Aristóteles viveu entre 384 e 322 a.C. Aos 17 anos tornou-se aluno de Platão na *Academia*, em Atenas, onde permaneceu por vinte anos, aproximadamente. Após a morte de Platão, Aristóteles viajou pela Ásia realizando estudos biológicos. Mais tarde retornou à Macedônia e se tornou o tutor de Alexandre - o grande, ou Alexandre da Macedônia. Anos mais tarde Aristóteles retornou para Atenas com quase 50 anos e fundou o Liceu: uma famosa escola pública. Após a morte de Alexandre - o grande, 323 a.C., Aristóteles passou a ser perseguido e fugiu de Atenas e faleceu aos 63 anos de idade (Bock *et al.*, 2018 p. 31-35 *apud* Oliveira, 2024, p. 5-8).

Segundo Bock *et al.* (2018) e Oliveira (2024), Aristóteles foi o primeiro filósofo a abordar amplamente tópicos que mais tarde seriam temas centrais para o Conhecimento Psicológico como: raciocínio, memória, sensações, motivação, desenvolvimento, educação, linguagem, aprendizagem etc. Sem citar seus trabalhos nas áreas da biologia, fisiologia, ética, política, retórica, física, metafísica, ótica, lógica, entre outras.

A *Essência* das coisas foi objeto de interesse tanto de Platão quanto de Aristóteles. Ambos queriam ir além das aparências das coisas e compreendê-las em profundidade; todavia, utilizaram diferentes métodos.

Para Platão (2011) a *Essência* das coisas é diferente da matéria de natureza densa. A *Essência* é uma *Forma Pura* e para acessá-la precisamos superar a informação obtida pelo senso comum; ir além da informação e trazer à consciência o conhecimento inato que essa "Alma" traz ao ser amalgamada ao corpo, como analisado em "Psicologia Esotérica e o Mito da Caverna" (Cruz, 2023) e "A República" (Platão, 1987).

Aristóteles (1991) considerou que só pelo estudo da Natureza podemos chegar à *Essência* das coisas. Para ele, se estudarmos várias manifestações de um mesmo fenômeno, p.ex., várias espécies de plantas, chegará um momento no qual conseguiremos inferir a *Essência* desse fenômeno.

Aristóteles adotou tanto o *racionalismo* quanto o *empirismo*. O *racionalismo*: a *lógica*, as operações mentais são caminhos para se chegar ao conhecimento. O *empirismo*: enfatiza a primazia da *informação sensorial* para aquisição do saber. Ele acreditava que a informação obtida pelos sentidos é fundamental, mas que ela é matéria-prima sobre a qual deve atuar a atividade mental: a *Razão Ativa*. Assim, a filosofia de

Aristóteles evidenciou como é difícil em muitos casos, separarmos claramente os filósofos como *racionalistas* ou *empiristas*.

No Liceu, Aristóteles realizou muitas observações e categorizações de fenômenos biológicos e fisiológicos. Utilizou o método da observação, definição e classificação. Ele produziu uma espécie de enciclopédia sobre a Natureza, pois, estava interessado principalmente em estudar e entender como funcionava o mundo ao seu redor, ou seja, o meio ambiente mais próximo. Por ter procurado explicar muitos *fenômenos psicológicos* usando como base a biologia e a fisiologia, ele foi considerado como o primeiro "*psicólogo fisiologista*".

Para Aristóteles, quatro aspectos ou *quatro causas* são fundamentais para se entender qualquer coisa: *causa material*, *causa formal*, *causa eficiente*, *causa final*. Por exemplo, ao observar uma estátua, temos: a) *Causa material*: a estátua tem uma *causa material* que é o tipo de material do qual é feita, p.ex., mármore. b) *Causa formal*: a estátua tem uma *causa formal* que é o seu padrão ou formato específico, p.ex., um pedaço de mármore pode ser o formato de uma mulher. c) *Causa eficiente*: a estátua tem uma *causa eficiente* que é a força que transforma o material e lhe dá forma; nesse caso a energia do escultor. d) *Causa final*: a estátua tem uma *causa final* que é a *Razão* pela qual a coisa existe. No caso da estátua, essa *Razão* pode ser a de gerar prazer estético para quem a observa.

Aristóteles entendeu que tudo na natureza apresenta essas *quatro causas*. Ele acreditava que tudo na natureza existe para atender a algum propósito. Ao longo dos seus estudos biológicos, fisiológicos e psicológicos, ele procurou o propósito da existência das coisas.

Pela metodologia de (Aristóteles, 1991) em "The Complete Works of Aristotle", (Aristóteles, 1984) em "Ética a Nicômaco" (Aristóteles, 1984) e (Aristóteles, 1984) em "Metafísica", que existe um *Poder* ou *Energia* que move a Natureza em direção à realização plena de suas potencialidades ou *Essências*. Mas que *Poder* é esse?

Para Aristóteles existe uma *Escala na Natureza* que vai de elementos inanimados na base da escala (Figura 1: o 7º Plano Cósmico) até o "Motor Imóvel" no topo, que temos a "*Causa*" de tudo que existe.

O "Motor Imóvel" ou o "Ser Supremo tem como atributos o *Poder*, o *Verbo* e o *Movimento* (Heindel, 2012, p. 177-245).

Aristóteles e a Metafísica: Atividades da Vida, Memória e a Alquimia e Crescimento da Alma

Figura 1 – A Escala de Aristóteles e o Motor Imóvel

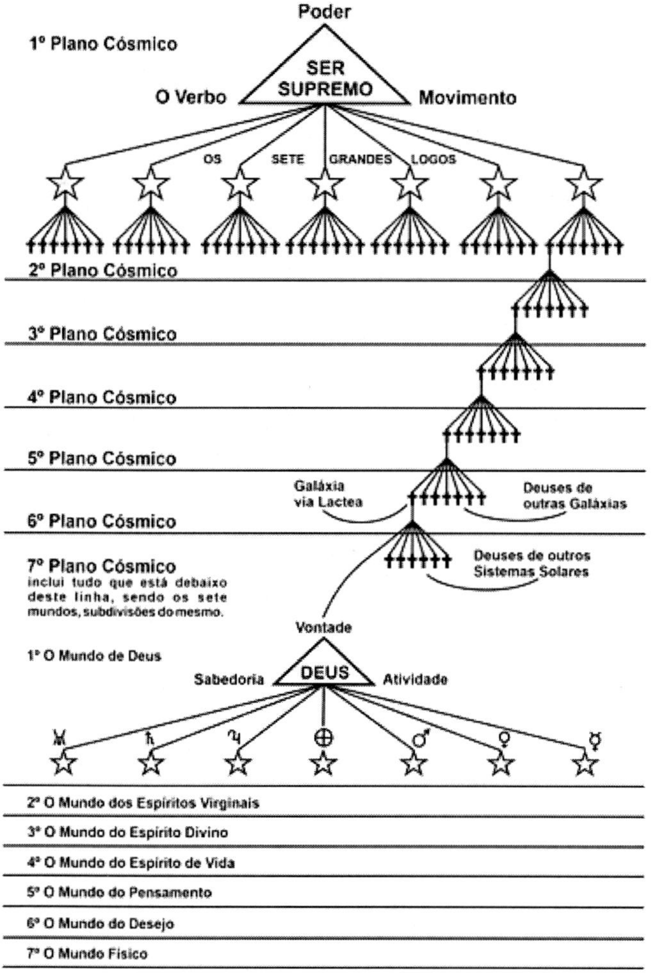

Source: Diagram 6 – **The Rosicrucian Cosmo-Conception – Man and the Method of Evolution** (HEINDEL, 2012, p. 178).

Por exemplo, no evangelho de São João 1:1-5, o *Verbo* se apresenta além dos processos cognitivos, mentais e espirituais mais elevados do atual desenvolvimento do ser humano: "Figura 1 - Sétimo Plano Cósmico". Para Aristóteles, o "Motor Imóvel" é o *Movimento* que impulsiona a *Natureza das Coisas* (Figura 1: do 2º ao Sétimo Plano Cósmico).

Para Aristóteles, é importante que o "Motor Imóvel" não seja confundido com a concepção popular (pelo senso comum) de "Deus". O "Motor Imóvel" não é uma divindade com forma humana que julga as pessoas após a morte. Ele é *eterno, incorruptível, imóvel e necessário*. É *eterno* porque não foi criado, sempre existiu e existirá. É *incorruptível* porque não é feito da matéria que se altera e degrada com o tempo. É *imóvel* porque não pode ser movido por forças externas: é o *Poder* que gera todas as Forças na Natureza. É *necessário*, porque os seres viventes necessitam de um *Poder* que os mova e os impulsione. Assim, também, Jung (2011, §430-432) em "Psicologia e Alquimia" analisa o *Increatum*.

Por exemplo, em Gênesis 2 e 3 relata momentos da evolução humana, quando encontrou hierarquias em desenvolvimento (Heindel, 2012, p. 360-364). Tudo indica serem as primeiras etapas da humanidade nos processos de conhecimento do inconsciente e da consciência, pois, são episódios simbólicos (Jung, 1964, p. 20-103).

Por analogia, Jung (2014, §570-815) em "A Natureza da Psique" também analisa a estrutura e as etapas da vida e do inconsciente humano, pois, o encontro com essas hierarquias mudou o curso da evolução humana, que se projeta ao longo dos tempos para que a humanidade possa encontrar o significado oculto dos relatos na Bíblia Sagrada.

Pelos estudos de Heindel (2012, p. 261-365), em Gênesis 3:6 temos um bom exemplo do tipo de controle do comportamento e controle coercitivo, pela manipulação mental a que a *triple personalidade* foi submetida desde o início dos tempos.

Portanto, pelas análises de Aristóteles o "Motor Imóvel" é o que dá propósito a todas as coisas na Natureza e quanto mais próximo se está do "Motor Imóvel", o objeto se torna mais perfeito. Na narrativa em Gênesis 3, pela escala criada por Aristóteles (Figura 1 - Sétimo Plano Cósmico) o ser humano é a criatura mais próxima da ***Vontade***, ***Sabedoria*** e ***Atividade***. Aristóteles considerou o ser humano um ser único na Natureza; no entanto, é a criatura mais perfeita entre os reinos mineral, vegetal e animal (Heindel, 2012, p. 177-232).

Figura 2 – Hierarquia das Almas

DIAGRAM 5 SHOWS THE TENFOLD CONSTITUTION OF MAN

Man is a threefold Spirit, possessing a Mind by means of which he governs a threefold Body, which he emanated from himself to gather experience. This threefold Body he transmutes into a threefold Soul, upon which he nourishes himself from impotence to omnipotence.

The Divine Spirit	emanates	The Dense Body	extracting	Conscious Soul
The Life Spirit	from	The Vital Body	as	Intellectual Soul
The Human Spirit	itself	The Desire Body	pabulum	Emotional Soul

The mirror of mind also contributes increasingly to spiritual growth as the thoughts which it transmits to and from the Spirit polish it to greater brightness sharpening and intensifying its focus more and more to a single point, perfectly flexible and under the control of the Spirit.

Source: ***The Rosicrucian Cosmo-Conception - Man and the Method of Evolution*** (HEINDEL, 2012, p. 87-96).

Aristóteles foi mais influenciado pelas abordagens biológicas e fisiológicas de Hipócrates - o "pai da medicina". Todavia, ele aceitou que ao estudarmos os animais somos capazes de aprender mais sobre nós mesmos ao observar sua biologia e fisiologia.

Para Aristóteles, todos os seres vivos possuem "Almas". Para ele existem três tipos de "Almas": a) As *plantas* possuem *almas vegetativas* ou nutritivas, elas permitem o crescimento, a assimilação de nutrientes e a reprodução; b) Os *animais* possuem *almas sensitivas*. Essas almas apresentam todas as funções vegetativas, mas elas conseguem ainda responder aos estímulos do ambiente, sentir prazer, dor e ter memória; c) *Somente os seres humanos possuem Almas Intelectivas ou racionais* (Figura 2). As Almas apresentam todas as experiências humanas e anteriores, mas são as únicas capazes de racionalidade.

Para Aristóteles a "Alma" é um conjunto de capacidades (Aristóteles, 1991, §402a1-40a 2a9 - 435b20-435b26). O tipo de Alma que habita cada um dos seres viventes é o que proporciona a esses seres suas principais características. Por isso, Aristóteles, ao contrário de Platão, não aceitou a existência da "Alma" separada do corpo. Todavia, é possível observar as alegações de Platão, analisadas por Heindel (2012, p. 87-96) em "*The Rosicrucian Cosmo-Conception - Man and the Method of Evolution*".

Portanto, do *triple corpo* extraímos a *Essência da triple Alma* por transformação mental (Figura 2), que é amalgamada através da mente pelo triple Espírito (o *triple Ego*) para aumentar sua consciência, pois, através da mente melhoramos a saúde biológica e psíquica do nosso *triple corpo*, *triple personalidade,* ou simplesmente *personalidade* (Cruz, 2023, p. 200-324 *apud* Jung, 2014, §284-323).

À medida que refinamos nosso *triple corpo*, que é composto pelo corpo denso, corpo vital e corpo de desejos, apreendemos a transformação do nosso corpo denso pelas experiências adquiridas, para alcançar dimensões mais sutis da *triple Alma* que viabiliza o nosso crescimento psíquico, mental, social e espiritual (Aristóteles, 1991, §71a1-71a11 - 100b6-100a19).

É quando ajuizamos que *o conhecimento intelectual é um meio, mas não é a própria finalidade no tratamento psicológico do sujeito*. Portanto, uma das premissas da *Psicologia Esotérica Biopsicossocial* é satisfazer a mente do profissional da saúde, ao evidenciar que no "universo da psique" (Jung, 1985, §74-144) tudo que concorra para o bem-estar do paciente durante o tratamento psicológico é admissível, para que triunfe sobre o processo de adoecimento.

Aristóteles considerou que um aspecto da Alma sobrevive a morte do corpo. Esse aspecto é o raciocínio: a *Razão Ativa*, como se observa nas pesquisas e estudos de Jung (2014, §796-815) e dos estudos de Heindel (2012, p. 56-86) em "*The Rosicrucian Cosmo-Conception - The Four Kingdoms*". Por exemplo, as habilidades técnicas de um artista plástico não são uma parte separada dele, ao contrário, as habilidades são parte integrante dele. Assim, como é impossível separar essas habilidades do artista plástico, é impossível separar a "Alma" do corpo. A "Alma" não existia antes do corpo e não sobreviverá à sua morte. Assim, como as experiências de uma pessoa ou seu caráter não podem sobreviver sem o corpo.

Para Aristóteles o raciocínio é divino e é o único aspecto que recebemos externamente. Por isso, o raciocínio é imortal e eterno, pois, sobrevive à morte do indivíduo. Para ele o raciocínio não é produto da atividade corporal. Receber informações do ambiente através dos sentidos é o primeiro passo para se obter conhecimento, mas isso por si só é insuficiente. Cada sentido obtém informações de um tipo específico e essas informações isoladas não são muito úteis. Por exemplo, se observamos um recém-nascido mexendo o corpo, isso nos oferece algumas pistas sobre o que se passa com ele. Se ouvirmos seu choro temos mais algumas pistas. Sc sentimos algum cheiro desagradável, também temos mais informações; contudo, é a combinação das informações obtidas por todos esses sentidos, que nos permite uma interação de melhor qualidade com o ambiente. Assim, temos o senso comum, que foi o nome dado por Aristóteles, ao mecanismo mental que coordena as informações dos cinco sentidos humanos.

A função do senso comum é sintetizar a experiência sensorial, tornando-a mais significativa. Ainda assim, a informação sensorial mesmo depois de sintetizada pelo senso comum é insuficiente para se compreender a realidade. Segundo Aristóteles, podemos usar essa informação de duas maneiras: pela *Razão Passiva* ou pela *Razão Ativa.*

A *Razão Passiva* envolve o uso da informação sensorial sintetizada para lidar com questões do dia a dia; mas, não oferece qualquer entendimento sobre a *Essência das Coisas*. Aristóteles afirmou que só a *Razão Ativa*, a forma mais elevada de raciocínio, nos permite compreender a *Essência das Coisas*.

Pela visão de Aristóteles existem quatro níveis de entendimento: a) *Primeiro nível*: a informação sensorial, que é tão somente a recepção de informações isoladas pelos sentidos; b) *Segundo nível*: o senso comum, que é a sintetização dessas informações; c) *Terceiro nível*: a *Razão Passiva*, que é o uso dessa informação sintetizada para lidar com o cotidiano; d) *Quatro nível*: a *Razão Ativa*, que é o entendimento da *Essência das Coisas* com base na experiência sintetizada.

A *Razão Ativa* dá ao ser humano seu grande propósito: sua Enteléquia (*Entelékheia*). Assim, como o grande propósito de uma semente é tornar-se uma árvore, o grande propósito do ser humano é exercitar a *Razão Ativa.* Essa é a Natureza interna do ser humano. A *Razão Ativa* é aquela parte da “Alma” que sobrevive à morte do corpo; contudo, ela não leva consigo nenhuma lembrança da vida e nem outra característica física da pessoa que morreu.

Para Aristóteles, quando seguimos nossa Natureza interna sentimos prazer, quando nos desviamos dela sofremos; portanto, para o ser humano exercitar a *Razão Ativa*, investigar a *Essência das Coisas* é a fonte do maior de todos os prazeres.

A ideia de Aristóteles é de que todos temos potencial, que pode ser plenamente desenvolvido. Essa ideia está na base das teorias psicológicas que trabalham com o conceito de *autorrealização* e *totalidade psíquica*, como se observa nas teorias de Carl Rogers, Abraham Maslow e C. G. Jung.

A Espiritualidade Tríplice do Ego é a Imagem e Semelhança de Deus: A Triplicidade da Personalidade é a Imagem e Semelhança do Triple Ego

Como e quando acontece o fenômeno em que o *triple Ego* extrai a *quintessência* da *triple personalidade*?

Pelos estudos de Jung (2013) em "Interpretação psicológica do Dogma da Trindade", pela psicologia analítica, o *Pai*, o *Filho* e o *Espírito Santo* são interpretados como arquétipos e símbolos psíquicos, que representam diferentes aspectos na psique e no processo de individuação e não de um dogma religioso literal.

O *Arquétipo Pai* representa a figura arquetípica da autoridade, lei e Espírito (o Ego), que se manifesta através do arquétipo paterno individual. O *Arquétipo Filho* (o Cristo) pode ser visto como a personificação da estrutura, da transformação e da configuração interior. O *Arquétipo Espírito Santo* atua como o mediador entre o Pai e o Filho, representando a conexão e a comunicação entre os princípios, pelas atividades no Mundo Físico, ou seja, do processo de nascimento até ao processo *post mortem* (diagramas I e II).

Modo psicológico, pelas análises de Jung (2013) em "Interpretação psicológica do Dogma da Trindade" e pelas análises de Cruz (2021) em "Psicologia e Arquétipos da Oração Pai Nosso", o Pai Celestial se unifica ao Ego, à Consciência que busca se manifestar e se iluminar. O *Arquétipo Pai* também está ligado à lei, à razão, à ordem e ao Espírito (o Ego). É a figura que estabelece a autoridade, as leis e a estrutura que moldam a experiência humana.

O *Arquétipo Filho*, do Cristo (a estrutura), que é a figura do Filho é interpretada como aquilo que configura a forma e a estrutura, que se torna a manifestação concreta do princípio paterno no Ego. É o princípio da individuação, o que permite a evolução e a diferenciação do Si-Mesmo, conforme analisado por Jung (2014, §68-286) em "Aion – Estudos Sobre o Simbolismo do Si-Mesmo".

O *Arquétipo Espírito Santo* (o mediador), cujo Espírito Santo é visto como o elo, ou ponte psíquica, entre o Pai e o Filho, a Força Arquetípica que permite a comunicação entre os diferentes atributos ou conteúdos psíquico, mental e espiritual. É o princípio que possibilita a união das partes e a transcendência. Jung (2013, §194-206) em "Interpretação psicológica do Dogma da Trindade" analisou nas figuras arquetípicas a necessidade da "luta" ou "rebelião" (pelo senso comum, o popular arquétipo de "Satanás", do "Diabo") para que a psique pudesse se desenvolver e se atualizar "dos perigos" externos, ou seja, "das lendas urbanas".

> [...] A realidade psicológica consta dos seguintes termos: Pai, Filho e Espírito Santo. Posto o "Pai", segue-se, logicamente, o "Filho", mas o "Espírito Santo" não resulta logicamente do "Pai" nem do "Filho". É forçoso concluir que este último constitui uma realidade particular, que se baseia num pressuposto diferente. De acordo com a antiga doutrina, o Espírito Santo é vera persona, quae a filio et a patre missa est [verdadeira pessoa, enviada pelo Pai e pelo Filho]. O processio a patre filioque [o ato de proceder do Pai e do Filho] é uma inspiração e não uma geração, como no caso do Filho. Esta representação um tanto estranha corresponde a uma distinção que se fazia, na Idade Média, entre corpus (corpo) e spiramen (respiração); o que se entendia por spiramen era muito mais do que um simples "sopro". O que se designava desse modo era a anima, que é uma espécie de sopro, como o próprio termo anima (ἄνεμος = vento) indica. Tal sopro é, antes de mais nada, uma atividade do corpo, entendida porém como realidade autônoma, e constituindo uma substância (ou hipóstase) paralela ao corpo. Com isto se queria dizer que o corpo vive, sendo a vida representada como uma entidade autônoma associada, ou seja, como uma alma independente do corpo. Aplicando essa concepção à fórmula da Trindade, deveríamos dizer: Pai, Filho e Vida, a qual procede de ambos ou é vivida por ambos. O Espírito Santo é um conceito que, como vida, não pode derivar logicamente de modo algum da identidade de Pai e Filho; é mais uma ideia psicológica, isto é, uma realidade que se fundamenta numa concepção originária irracional. E esta concepção é constituída por aquele arquétipo, cuja forma mais clara encontramos na teologia real do Egito. Trata-se, como vimos, do Deus-Pai, do Kamutef (isto é, d'Aquele que gera) e do Filho. O Ka é o

> espírito de vida, o princípio vital próprio, tanto do homem como do deus, e pode, por conseguinte, ser considerado com razão como "alma", ou como sósia espiritual. É a "vida" do morto e por isso pode ser comparado, de um lado, com a alma e, do outro, com o "espírito", com o "gênio" do homem. O Ka-mutef representa, como vimos, uma hipostasiação da potência genética. O Espírito Santo é igualmente uma potência genética e vital hipostasiada. A Trindade cristã oferece-nos, portanto, uma representação verdadeiramente arcaica, mas de valor incomum, precisamente por constituir uma representação suprema e hipostasiada do puramente imaginado (a tríade bidimensional!). Entretanto, sua forma ainda não possui um caráter concreto, pois o arquétipo se acha representado pela relação "Pai-Filho". Se fosse apenas isto, o arquétipo seria uma díade. Entre o "Pai" e o "Filho" surge um terceiro elemento, que não é figura humana, mas espírito. Por isso a relação masculina (pai-filho) na ordem da natureza, na qual existe ainda a de mãe e filha, foi suprimida e transposta para um plano, em que o elemento feminino foi excluído: no velho Egito e no Cristianismo, a Mãe de Deus fica fora da Trindade. Veja-se, neste sentido, o gesto brusco de rejeição do Filho em relação à Mãe, nas Bodas de Caná (Jo 2,4: Mulher, que há entre mim e ti?) [...], como também no templo, onde ela procurava o Filho de doze anos (Lc 2,49: Por que me procuráveis? Não sabíeis que devo ocupar-me das coisas de meu Pai?). Certamente não nos enganaremos se admitirmos que este plano especial para o qual foi transferida a relação "pai-filho" seja a dos primitivos mistérios, das iniciações masculinas. Há certas tribos em que se proíbe às mulheres, até mesmo sob pena de morte, que presenciem as práticas dos mistérios. É por meio dos ritos iniciáticos que os jovens do sexo masculino são sistematicamente afastados das mães e transformados numa espécie de espíritos através de um novo nascimento. Esta ideia arquetípica continua até hoje no celibato sacerdotal. [...] (Jung, 2013, §194-206).

Assim, é possível analisar em que fase (ou estágio) o arquétipo do *triple Ego* no "ser humano" extrai a *quintessência* da *triple perso-*

nalidade, que é autônoma e que se manifesta no Mundo Físico de tempos em tempos, como podemos analisar nos diagramas I e II.

Entende-se por ***quintessência***, à quinta essência ou ao quinto elemento, uma substância etérea, segundo a filosofia antiga, completava os quatro elementos clássicos (terra, água, ar e fogo) e era a base do universo desde os adventos na Grécia Antiga. Pelas argumentações de Platão (1987) em "A República", Platão (1991) em "Diálogos" e Platão (2011) em "Timeu-Crítias", o termo ***quintessência*** também designa a parte mais pura e concentrada de algo, a sua ***Essência*** ou o seu suprassumo.

Na cosmologia moderna, o conceito de ***quintessência*** é aplicado a uma forma de energia escura, uma substância misteriosa que impulsiona a expansão acelerada do universo. Por analogia, é o ***núcleo*** do átomo semente dos corpos denso, vital e de desejos, ou seja, ***o núcleo da triple personalidade***.

Quando o triple Espírito (o triple Ego) tenha desenvolvido o triple corpo e obtenha o domínio (mesmo parcialmente) deles por meio do foco mental, começa a desenvolver a triple alma (Figura 2), trabalhando dentro desde o inconsciente. A maior ou menor consciência de alma que o ser humano tenha depende da quantidade de trabalho feito pelo triple Espírito (o triple Ego) em seus corpos, ou seja, na sua triple personalidade (diagramas I e II). Assim, temos o espírito (*pneuma*), mente (*psique*) e corpo (*soma*).

Ao analisar a "Figura 2", o corpo de desejos é trabalhado pelo triple Ego, pois, em cada período de vida (diagrama II) é transmutado em *Alma Emocional* para depois ser assimilada pelo Espírito Humano, cujo veículo especial é o corpo de desejos.

O corpo vital é trabalhado em cada período de vida (diagrama II), para depois ser assimilado pelo Espírito de Vida após ser transformado em *Alma Intelectual*, pois edifica e eleva a Consciência do triple Ego.

O corpo denso é trabalhado em cada período de vida (diagrama II), para depois ser assimilado pelo Espírito Divino após ser transformado em *Alma Consciente*, pois edifica e eleva a Consciência do triple Ego; porque o corpo denso é a sua emanação material.

Por analogia, as mesmas ideias apresentadas pelo *fenômeno de sincronicidade*, Jung (2016, §818-871) em "Sincronicidade – a dinâmica do inconsciente", temos a *Alma Consciente* que cresce pela ação, pelos impactos externos e pelas experiências cognitivas. A *Alma Emocional* cresce pelos sentimentos e emoções gerados pelas ações e pelas experiências emocionais e de sentimentos. A *Alma Intelectual* é um mediador entre as outras duas e cresce pelo exercício das memórias (de curto, médio e longo prazo), que liga as experiências passadas ao presente e os sentimentos por elas engendrados. Origina a simpatia e a antipatia, que não têm existência independente das memórias; todavia, sentimentos que resultassem somente das experiências seriam evanescentes.

Diante do exposto, com base nas pesquisas e postulados de Heindel (2012, p. 87-146) em "*The Rosicrucian Cosmo-Conception: Man and the Method of Evolution*", durante o *processo psíquico e mental dos exercícios científicos diários de Retrospecção e Concentração*, a *Essência* de cada parte da triple personalidade *extraída diariamente* para tornar-se parte do sistema do triple Ego (diagrama I), deve ser utilizada como veículo ou meio de comunicação e de consciência em diferentes espaços-tempos:

1. Do *corpo denso* (físico) se extraí a *Alma Consciente*, que se conecta ao *Espírito Divino*, elevando sua consciência em cada renascimento (diagrama II), bem como através do *método terapêutico* apresentado em artigo científico por Cruz (2025, p. 01-20) em "*Esoteric Psychology and the Biopsychosocial Approach to Psychology in the 21st Century: Retrospection and Concentration Therapy (TRC)*".

2. Do *corpo vital* se extraí a *Alma Intelectual*, que se conecta ao *Espírito de Vida*, elevando sua consciência em cada renascimento (diagrama II), bem como através do método terapêutico apresentado em artigo científico por Cruz (2025, p. 01-20) em "*Esoteric Psychology and the Biopsychosocial Approach to Psychology in the 21st Century: Retrospection and Concentration Therapy (TRC)*".

3. Do *corpo de desejos* se extraí a *Alma Emocional*, que se conecta ao *Espírito Humano*, elevando sua consciência em cada renascimento (diagrama II), bem como através do *método terapêutico* apresentado em artigo científico por Cruz (2025, p. 01-20) em "*Esoteric Psychology and the Biopsychosocial Approach to Psychology in the 21st Century: Retrospection and Concentration Therapy (TRC)*".

O *fenômeno de sincronicidade*, Jung (2016, §818-871) em "Sincronicidade – a dinâmica do inconsciente", que ocorre nos processos inconscientes entre a triplicidade do Ego (o *Eu Superior*) e a triplicidade da personalidade (o *eu inferior*), se revela diária e ininterruptamente, *principalmente durante o processo do sono*.

Para que se tenha ideia real desse *fenômeno*, primeiro é preciso apreender o verdadeiro significado e prática de projeção, transferência e contratransferência psíquica, mental e espiritual entre o *triple Ego* e a *triple personalidade*, conforme analisado em "*La Psicología de la Transferencia*" (Jung, 1954/1983), bem como analisado por Jung (2011) em "Psicologia e Alquimia".

> [...] A rigor, a projeção nunca é feita - ela acontece, ela simplesmente está aí. Na obscuridade de algo exterior eu me defronto, sem reconhecê-la, com minha própria interioridade ou vida anímica. A meu ver, seria um erro reduzir a fórmula 'tam ethice quam physice' (moral tanto quanto física) à teoria das correspondências, fazendo desta última sua causa ('prius'). Pelo contrário, essa teoria seria muito mais uma racionalização da vivência da projeção. O alquimista não pratica sua arte por acreditar teoricamente numa correspondência, mas tem uma+ teoria das correspondências pelo fato de vivenciar a presença da idéia na matéria (physis). Minha tendência é portanto a de acreditar que a verdadeira raiz da alquimia deve ser buscada menos nas conceituações filosóficas do que nas projeções vivenciadas de cada pesquisador. Na minha opinião, o praticante tinha certas vivências psíquicas enquanto realizava as experiências químicas no laboratório; no entanto, essas vivências se lhe afiguravam comportamentos específicos do processo químico. Como se tratava de projeções, naturalmente ele não sabia, no nível da consciência, que a vivência nada tinha a ver com a matéria propri-

> amente dita (isto é, tal como hoje a conhecemos). O alquimista vivenciava sua projeção como uma propriedade da matéria; mas o que vivenciava na realidade era o seu inconsciente. Deste modo, repetia toda a história do conhecimento da natureza. Como é sabido, a ciência teve início com a observação das estrelas, nas quais a humanidade descobria as dominantes do inconsciente, os 'deuses', bem como as estranhas qualidades psicológicas do zodíaco - uma teoria completa e projetada do caráter. A astrologia é uma experiência primordial, como a alquimia. Projeções deste tipo repetem-se todas as vezes que o homem tenta explorar uma escuridão vazia, preenchendo-a involuntariamente com formas vivas. [...] (Jung, 2011, §342-356).

Esse método terapêutico apresentado em artigo científico[28] é a abordagem ou conjunto de técnicas que profissionais em Psicologia, Psiquiatra podem utilizar para ajudar pessoas a lidarem com seus sofrimentos, conflitos, transtornos mentais, melhorar o bem-estar, desenvolver autoconhecimento e mudar padrões de comportamento, pensamentos e emoções. Variando da abordagem da Psicanálise, da Terapia Cognitivo-Comportamental (TCC) etc., a *Terapia de Retrospecção e Concentração (TRC)* tem como objetivo, finalidade e propósito a promoção de mudanças duradouras e qualidade de vida.

Como pessoas individualizadas, cada indivíduo precisa saber quais são suas verdadeiras necessidades internas, aquelas que ninguém vê, nem mesmo quem as produziu no inconsciente do sujeito, senão qual seria a necessidade de existir um saber psicológico para auxiliar o paciente, para que alcance sua homeostase psíquica durante o tratamento psicológico?

Assim, observamos que todas as pessoas têm potencialidades para o desenvolvimento de incontáveis arquétipos (*benéficos e malévolos*), mas como esse desenvolvimento é dependente da experiência, um arquétipo só começa a ser ativado em nosso inconsciente quando passamos por experiências relacionadas ao respectivo arquétipo.

---

[28] CRUZ, A. J. G. (2025). **Esoteric Psychology and the Biopsychosocial Approach to Psychology in the 21st Century: Retrospection and Concentration Therapy (TRC)**, publicado no periódico "International Journal of Human Sciences Research (ISSN 2764-0558)", sob o DOI https://doi.org/10.22533/at.ed.5585725160413, v.5, n.7, 08 maio 2025.

Portanto, *os profissionais em Psicologia precisam apreender como a projeção psíquica e de forças arquetípicas se realiza diária e constantemente entre a triplicidade do Ego* (o Eu Superior) *e a triplicidade da personalidade* (o eu inferior), *para se ter algum diagnóstico mais próximo da realidade do sujeito.*

Portanto, direcionado pelo conhecimento psicológico e biológico é possível entender a análise psicológica de Jung (2014, §232-234) em "A Natureza da Psique: V - Determinantes Psicológicas do Comportamento Humano", pois pode auxiliar no entendimento do processo psicológico do paciente, porque durante o processo de transferência e contratransferência (Jung, 1954/1983) *não se cria nem transfere arquétipos, mas a projeção de forças ou energias arquetípicas de um conjunto de arquétipos, cujo objetivo do analista deve ser para proteger e dar suporte logístico durante o processo de tratamento psicológico, tanto para a triple personalidade quanto para o triple Ego, através da psique* (mente e triple alma) *do paciente/cliente.*

Diante do exposto, analisamos este *fenômeno de sincronicidade*, tendo como base os estudos de Jung (2016, §818-871) em "Sincronicidade – a dinâmica do inconsciente", quando se ajuíza que a *Ideia Germinal, Luz*, *Vida* e *Som* são expressões do Poder Anímico e da Mente Criadora (diagramas V e VI). Estes sons mostram a *origem* de entidades psíquicas (diagrama VII e Tabela 1). Todavia, é quando se ajuíza que *Forças Arquetípicas* são armazenadas nos respectivos *núcleos psíquicos* (análogo ao núcleo atômico[29]), pois eles contêm *conteúdos psíquicos* das regiões *Continental*, *Oceânica* e *Aérea* (diagrama I), cujos *conteúdos psíquicos* fazem parte da psique (mente/triple alma) do ser humano.

- *Núcleo psíquico do arquétipo da forma*: são configurados, em *gérmen* (análogo à configuração química[30], Tabela 3 – Tabela Periódica de Elementos) e quantizados pelas *Ideias Germinais da forma mineral, vegetal, animal e humana* para ulterior formação e projeção de forças arquetípicas e de arquétipos.

---

[29] Nota do Autor: análogo ao **Núcleo atômico** (Fís. Nucl.) Parte do átomo com carga positiva e com a quase totalidade da sua massa constituída por prótons e nêutrons, e que ocupa pequeníssimo volume.
[30] **Configuração** (Quím.): modo como estão ligados, uns aos outros, os átomos de uma molécula.

- *Núcleo psíquico do arquétipo da vitalidade universal*: são configurados, em *gérmen* (análogo à configuração química, Tabela 3 – Tabela Periódica de Elementos) e quantizados pelas *Ideias Germinais da vida vegetal, animal e humana* para ulterior formação e projeção de forças arquetípicas e de arquétipos.
- *Núcleo psíquico do arquétipo do desejo e da emoção*: são configurados, em *gérmen* (análogo à configuração química, Tabela 3 – Tabela Periódica de Elementos) e quantizados pelas *Ideias Germinais do desejo e da emoção dos animais e dos seres humanos* para ulterior formação e projeção de forças arquetípicas e de arquétipos, p.ex., a triple personalidade. É a origem do terceiro aspecto do tríplice Espírito no ser humano: o Espírito Humano. Nesses *núcleos psíquicos* encontram-se a Sagrada Expressão do Poder do Espírito Santo (dos Elohim): a *anima* e o *animus*. Os *núcleos psíquicos* são utilizados como interfaces pelas duas entidades psicológicas, gêmeas e autônomas: *anima* e *animus*.
- *Núcleo psíquico das Forças Arquetípicas*: são configurados, em *gérmen* (análogo à configuração química, Tabela 3 – Tabela Periódica de Elementos), onde *arquétipos* foram criados e quantizados, em *gérmen*, para ulterior *constituição da Mente dos atuais seres humanos*, quando na Revolução de Saturno no Período Terrestre, conforme Heindel (2012, p. 233-245) em "*The Rosicrucian Cosmo-Conception - The Earth Period*".

Modo psicológico, o processo de transferência e contratransferência pode ser entendido pelas análises de Jung (2014) em "O Eu e o Inconsciente".

> A anima, sendo feminina, é a figura que compensa a consciência masculina. Na mulher, a figura compensadora é de caráter masculino e pode ser designada pelo nome de animus. Se não é simples expor o que se deve entender por anima, é quase insuperável a dificuldade de tentar descrever a psicologia do animus" (Jung, 2014, §329).

Mesmo inconsciente, para fazer uso da transferência e contratransferência, conforme analisado por Jung (1954/1983) em "*La Psico-*

logía de la Transferencia", o triple Ego deve fazer uso da Vontade e da Imaginação, pois, é preciso ter sempre em mente que as duas figuras crepusculares - *anima* e *animus* - atuam através do pensamento, do sentimento e da percepção em diferentes ambientes para que a sincronicidade seja criada e constantemente revitalizada. Essa projeção anímica tem *significado sincronístico* entre o triple Ego (o *Eu Superior*) e a triple personalidade (o *eu inferior*), conforme analisado por Jung (2016) em "Sincronicidade - a dinâmica do inconsciente".

Entende-se por imaginação, que é a capacidade mental de criar e representar mentalmente objetos, ideias e cenários, seja através da manipulação de memórias ou da criação de coisas novas. É uma faculdade essencial para a criatividade, o desenvolvimento cognitivo e a resolução de problemas, envolvendo a manipulação de imagens, conceitos e subjetividades. A imaginação está ligada à criatividade, à memória e aos sonhos, pois sua atuação no inconsciente e no consciente é importante tanto na compreensão da realidade quanto na fuga dela.

Assim, temos os *processos sincronísticos inconscientes* entre o corpo denso, o corpo vital e o corpo de desejos através da *triple sincronicidade da mente*, que é o elo ou ponte que une o *Eu Superior* (no Mundo Espiritual) e o *eu inferior* (no Mundo Físico, diagramas I e II), para que o triple Ego (*Eu Superior*) possa interagir com o seu triple arquétipo: a *personalidade*. Todavia, é quando acontece o fenômeno da *dobra do tempo psíquico* entre as *duas camadas da psique* (inconsciente coletivo e inconsciente pessoal) e nas *duas naturezas da psique* (subjetiva e a objetiva); quando podemos observar fenômenos de sincronicidade pelas projeções de conteúdos psíquicos entre "dois mundos".

Ao analisar a dobra do tempo psíquico (Libet, 2004 *apud* Minkowski, 1995) na psique do sujeito, temos como base a teoria das pontes de Einstein-Rosen (Afriat; Selleri, 1999 *apud* Bell, 1964). Por analogia, como acontece no macrocosmo, assim incide no microcosmo e de *forma sincronística*, entre os corpos da triple personalidade e entre as duas camadas na natureza da psique: entre o inconsciente pessoal e o inconsciente coletivo (diagramas I, II e VII).

Em outras palavras, enquanto se gasta bilhões de dólares em buscar no macrocosmo, fora do planeta (pelo "buraco de minhoca"), com base na teoria das pontes de Einstein-Rosen, é possível fazer a mesma busca no microcosmo da dobra do tempo entre o triple Ego e a triple personalidade, ou seja, *pela dobra do tempo psíquico*. Cientificamente, o custo financeiro é muito menor e é mais seguro realizar inúmeras pesquisas em ambiente controlado.

Portanto, agora é possível apreender que pessoas com transtornos da personalidade obstruem, *inconscientemente*, parte do *processo sincronístico* ao apresentar diferentes sintomas, porque não se separa o biológico, do psicológico (Jung, 2014).

> A alma humana vive unida ao corpo, numa unidade indissolúvel, por isto só artificialmente é que se pode separar a psicologia dos pressupostos básicos da biologia e, como esses pressupostos biológicos são válidos não só para o homem, mas também para todo o mundo dos seres vivos, eles conferem aos fundamentos da Ciência uma segurança que supera os do julgamento psicológico que só tem valor na esfera da consciência. Por isso não deve causar surpresa que os psicólogos se sintam inclinados a retornar à segurança do ponto de vista biológico e utilizem a teoria dos instintos e da fisiologia. Também não é de espantar a existência de uma opinião largamente difundida que considera a psicologia meramente como um capítulo da fisiologia. Embora a psicologia reclame, e com razão, a autonomia de seu próprio campo de pesquisa, ela deve reconhecer uma extensa correspondência de seus fatos com os dados da biologia. [...] (Jung, 2014, §232-234).

Pelos estudos dos *fenômenos de sincronicidade*, Jung (2016, §818-871) em "Sincronicidade – a dinâmica do inconsciente", podemos analisar e conhecer os *processos sincronístico do corpo denso, do corpo vital, do corpo de desejos e da mente*. Ao analisar os diagramas I e II, a *triple personalidade* ou *personalidade humana* se manifesta em diferentes dimensões compactas.

Processo sincronístico do corpo denso: o corpo denso (Guyton; Hall, 2011) *atrai* para si *energia arquetípica e psíquica* em forma de Luz Branca e Pura diretamente do Espírito Divino (ver diagrama I - 4ª região), que está conectado *espiritualmente* ao Pai Celestial, o Deus-Pai do nosso sistema solar (diagrama VI). É quando o Espírito Divino *projeta* de Si-mesmo energia espiritual e psíquica em forma de Luz Branca e Pura que interpenetra o corpo denso. Parte dessa Luz Banca e Pura é *projetada* para fora do corpo denso, para formar ou revitalizar uma aura que se expande de 1 a 3 polegadas em volta do corpo denso.

Processo sincronístico do corpo vital: o corpo vital (Heindel, 2011) interpenetra sincronicamente o corpo denso, célula por célula, órgãos e tecidos e *atrai* para si *energia arquetípica e psíquica* em forma de Luz Branca e Pura diretamente do Espírito de Vida (ver diagrama I - 4ª região), pois está conectado *espiritualmente* ao Cristo (Jung, 2015, §68-286), no Mundo Interplanetário do Espírito de Vida. É quando o Espírito de Vida *projeta* de Si-mesmo energia espiritual e psíquica em forma de Luz Branca e Pura que interpenetra o corpo vital. Parte dessa Luz Banca e Pura é *projetada* para fora do corpo vital, para formar ou revitalizar a aura que se expande de 1 a 3 polegadas em volta do corpo vital.

Processo sincronístico do corpo de desejos: o corpo de desejos, na sua forma oval (Heindel, 2011), simultaneamente interpenetra os corpos vital e denso (assim como a casca de um ovo envolve a clara e a gema). O corpo de desejos *atrai* para si *energia arquetípica e psíquica* em forma de Luz Branca e Pura diretamente do Espírito Humano (ver diagrama I - 4ª região), pois está conectado *espiritualmente* ao Espírito Santo, aos *Elohim*. É quando o Espírito Humano *projeta* de Si-mesmo energia espiritual e psíquica em forma de Luz Branca e Pura que interpenetra o corpo de desejos. Parte dessa Luz Banca e Pura é *projetada* para fora do corpo de desejos, para formar ou revitalizar a aura que se expande de 1 a 5 polegadas em volta do corpo de desejos.

Processo sincronístico da mente: Pelos postulados de Heindel (2012), quando se analisa o diagrama I, a mente é o "elo" ou "ponte" que une o triple Ego (o *Eu Superior*) e a triple personalidade (o *eu inferior*). O triple Ego é configurado como sendo a Imagem e Semelhante de Deus (Gênesis 1:26-27) na natureza da psique (Jung, 2014) de cada pessoa, pois, se manifesta através do triple espírito: o Espírito Divino, o

Espírito de Vida e o Espírito Humano (ver diagrama I - 4ª região). As Forças Arquetípicas desse triple Espírito (da *triplicidade do Ego*) criam e revitalizam o *núcleo da triple personalidade em todos os seres humanos*.

Portanto, (na forma, análoga a uma nuvem espessa e transparente) a mente atrai para si *energias arquetípicas diretamente da Triplicidade do Ego*; todavia, sua maior influência está na projeção de *energia* ou *força Arquetípica* e espiritual do Espírito Divino. Depois na projeção de *energia* ou *força Arquetípica* e espiritual do Espírito de Vida. E com menor influência, a projeção de *energia* ou *força Arquetípica* e espiritual do Espírito Humano, porque ainda não agimos como verdadeiros "seres humanos", pois a mente é uma aquisição recente do atual Período Terrestre (diagrama IV).

Deste modo, de forma sincronística, a mente interpenetra e envolve a região e a cabeça do corpo de desejos, do corpo vital e do corpo denso. Nesse processo, a mente atrai para si (na forma de Forças Arquetípicas: diagrama I - 4ª região) a triple Luz Branca e Pura diretamente do triple Ego. É quando o triple Espírito (o *Eu Superior*) projeta através dos doze pares de nervos cranianos (Sobotta, 2000, p. 267-340) sua triple Luz Branca e Pura, que interpenetra e envolve a mente. Gradualmente, essa triple Luz Banca e Pura é projetada para fora da mente, criando ou revitalizando uma aura mental que se expande de 1 a 7 polegadas em volta da mente.

Quando entendemos os argumentos em Gênesis 1, bem como as análises das "Figuras 1, 2, 3, 4 e 5" poderemos apreender que a *triplicidade do Ego* (do Eu Superior) é a Imagem e Semelhança do Deus-Trino: (Deus-Pai, Deus-Filho (Cristo) e do Deus-Espírito Santo), análogo ao "*Motor Imóvel*" de Aristóteles, bem como congruente às análises de Jung (2011, §332-446) em "Psicologia e Alquimia - O *Increatum*".

Consequentemente, quando apreendermos a origem da *triplicidade do Ego* e as explicações da origem *da triplicidade da personalidade* teremos condições para entender que esses arquétipos constituem a imagem e semelhança do *triple Ego*; todavia, assim como o *triple Ego* é a Imagem e Semelhança de Deus (Gênesis 1:26-27).

- O Espírito Divino está *unido mental*, psíquica e espiritualmente ao Deus-Pai.
- O Espírito de Vida está *unido emocional*, psíquica e espiritualmente ao Cristo.
- O Espírito Humano está *unido inconsciente* (e *consciente em algumas milhares de pessoas*) psíquica e espiritualmente ao Espírito Santo, *Elohim* ou Jeová.

Aristóteles e a Psicologia: Aprendizagem, Motivação e Emoção, Leis de Associação e o Fenômeno da Imaginação

Entende-se por imaginação, que é a capacidade mental de criar e representar mentalmente objetos, ideias e cenários, seja através da manipulação de memórias ou da criação de coisas novas. É uma faculdade essencial para a criatividade, o desenvolvimento cognitivo e a resolução de problemas, envolvendo a manipulação de imagens, conceitos e *subjetividades*. A imaginação está ligada à criatividade, à memória e aos sonhos, pois sua atuação no inconsciente e no consciente é importante tanto na compreensão da realidade quanto na fuga dela.

Pelo padrão do Conhecimento Psicológico, *subjetividade* é a maneira individual e particular como cada pessoa percebe, sente, pensa e interpreta o mundo, abrangendo sentimentos, desejos, valores e perspectivas próprias, sendo uma construção dinâmica influenciada por experiências, cultura e relações sociais, diferente do "subjetivo" (que pertence ao sujeito), a subjetividade é o processo de formação do "eu". Ela se opõe à objetividade, pois está ligada a julgamentos de valor e impressões pessoais, tornando a visão de um mesmo objeto ou situação única para cada um.

Sobre as memórias, as argumentações de Platão (1987) em "A República", Platão (1991) em "Diálogos" e Platão (2011) em "Timeu-Crítias", afirma que nascemos com todo o conhecimento dentro de nós, precisamos apenas "relembrá-lo". Todavia, para Jung (2016, §87-110) em "Os Arquétipos e o Inconsciente Coletivo", as memórias constituem a herança divina. Com essa visão de mundo nascemos com muitas memórias.

No entanto, Aristóteles considerou que a memória é resultado das experiências que os nossos sentidos nos proporcionam no "mundo empírico". Ao lembrarmos de algum objeto ou coisa, espontaneamente, trazemos de volta esse objeto ou coisa que já foi vivido ou experimentado pelos sentidos no Mundo Físico (Aristóteles, 1991, §449b4-449b8 - 453a32-453b11).

Logo, Aristóteles diferencia *lembrar, de recordar:* a) *Lembrar:* é um processo espontâneo, algo que acontece sem precisar fazer qualquer esforço, é automático; b) *Recordar:* exige esforço e é um processo que envolve alguma busca ativa para conseguir determinada informação. Existem regras que podem favorecer a recordação de certas informações, são as Leis de Associação: *Lei da Contiguidade, Lei da Similaridade, Lei do Contraste, Lei da Frequência.*

Lei da Contiguidade: É a mais básica das Leis de Associação. De acordo com essa lei, quando pensamos em algum objeto, coisa, ou em uma pessoa tendemos a pensar também o que e como vivenciamos com essa pessoa. Por exemplo, se eu penso em um amigo de infância, provavelmente, também vou pensar em situações que vivemos juntos. Outro exemplo, se eu penso em um produto "b" que preciso comprar no mercado, lembro que ele fica entre o produto "a" e o produto "c"; portanto, consigo encontrá-lo com facilidade, ou consigo ensinar alguém a encontrá-lo.

Lei da Similaridade: essa lei afirma que quando pensamos em alguma coisa, tendemos também a pensar em outras coisas semelhantes. Por exemplo, se eu visito uma amiga e vejo que ela tem um cachorrinho, penso no cachorrinho que eu também tenho em casa, ou no meu gato de estimação, se eu tiver um.

Lei do Contraste: essa lei afirma que quando pensamos em algo, tendemos a pensar também no seu oposto. Por exemplo, se eu penso em uma situação na qual sofri com um calor terrível, existe uma tendência para que eu pense, também, em situações nas quais senti clima fresco e agradável.

Lei da Frequência: com essa lei, Aristóteles afirmou que quando alguns eventos ocorrem juntos, repetidas vezes, maiores são as chances de associarmos esses eventos. Por exemplo, se vejo um relâmpago e segundos depois ouço um trovão e esses dois eventos se repetirem várias vezes, no futuro sempre que um relâmpago aparecer já esperarei pelo trovão em seguida. Esse tipo de associação pode acontecer naturalmente, como no caso do relâmpago, ou pode acontecer artificialmente quando aprendemos o som das letras do alfabeto na escola, ou quando precisamos memorizar os nomes de determinados conceitos ou fenômenos científicos. De acordo com Aristóteles, em um caso ou noutro, a frequência favorece a associação.

Quando nossos sentidos são estimulados pelos ambientes interno e ou externo criam informações duradouras. Por exemplo, quando ouvimos um som ou vemos um objeto essas informações não desaparecem quando o som acaba, ou quando o objeto sai do nosso anglo de visão. Essas informações ficam retidas em nossas memórias de curto ou de longo prazo, pois, as informações geradas pelos sentidos é a matéria-prima sobre a qual a *Razão* irá trabalhar; tanto a *Razão Passiva* quanto a *Razão Ativa*. Significa que essas informações formam uma espécie de "ponte" ou "elo" entre a experiência sensorial, que originou as informações e o intelecto que analisa sobre tais informações.

Para Aristóteles, a imaginação seria um "efeito de longo prazo" provocada pela experiência sensorial. Quando imaginamos recorremos às informações que estão guardadas na memória de longo prazo. Justamente por isso, Aristóteles considerou que não devemos confiar tanto na imaginação. Ele explicou que uma coisa é ter *experiência sensorial verdadeira*, pois ela ocorre em tempo real; então os objetos estão próximos aos órgãos dos sentidos, isso é confiável. Agora, a *imaginação* que trabalha apenas com *imagens armazenadas* é um processo muito menos confiável, pois é mais suscetível a enganos.

Aristóteles entendeu que o maior prazer para o ser humano e o exercício da *Razão Ativa*, pois, nosso propósito, nossa *Enteléquia*, é o desenvolvimento da *Razão*; todavia, realizar esse propósito é a fonte do maior prazer que o ser humano pode sentir.

Influenciado pelas abordagens de Hipócrates, Aristóteles compreendeu que somos seres biológicos, ou seja, que nossos corpos têm necessidade: "*apetites* ou *desejos*", que precisam ser satisfeitos. Embora sejamos diferentes dos animais, compartilhamos muitas de suas necessidades, como a nutrição e a reprodução, pois, muitos de nossos comportamentos são motivados por "*desejos*" como a fome, o desejo sexual, a sede, a busca por contato físico etc.

Para Aristóteles, a maior parte das pessoas tem a vida governada pelos "*desejos*". Essas pessoas são semelhantes aos animais. Além dos "*desejos*" e da racionalidade temos também as emoções, amor, ódio, medo etc. Na filosofia de Aristóteles *a função das emoções é a de amplificar, intensificar as tendências*.

A vontade de satisfazer esses "*desejos*" motiva as pessoas em buscar alguma satisfação, cuja consequência é a busca do prazer. Em outras palavras, parte do nosso comportamento é orientado pelo "*fenômeno da imaginação*" da busca do prazer e pela evitação da dor. No entendimento do contexto psicológico de Jung (2014, §230-522) quando se apreende "*A teoria da sexualidade infantil*", "*O conceito de libido*", "*O complexo de Édipo*" e "*A etiologia da neurose*" analisados em "Freud e a Psicanálise", temos a chance de corrigir o fenômeno imaginativo da "teoria do princípio do prazer" de Sigmund Freud (Cruz, 2025, p. 01-20). *É quando ajuizamos que as teorias freudianas percorrem o processo de obsolescência da prática clínica do tratamento psicológico.*

Por exemplo, indivíduo com transtorno da personalidade (American Psychiatric Association – DSM-5, 2025, p. 645-684) ao longo do tempo corre risco de sofrimento e ou prejuízo psíquico e mental porque *amplifica, intensifica e energiza suas tendências*.

Outra *função das emoções* é a de motivar algumas ações, p.ex., uma pessoa que não tem *tendência* para a agressividade, mas se ela estiver com fome e precisar disputar alimento, a *emoção* pode motivá-la a lutar, momentaneamente, ao *amplificar, intensificar e energizar suas tendências*, mesmo que ela seja uma pessoa pacífica.

A *emoção* também pode provocar a chamada percepção seletiva, alterando o nosso julgamento. *Emoção* refere-se a uma reação psicofisiológica intensa e breve a um *estímulo*, geralmente com manifestações corporais e faciais, enquanto *sentimento* é a experiência subjetiva e duradoura resultante da emoção.

CAPÍTULO V

Relevância da Psicologia Esotérica Biopsicossocial e suas Orientações Teórico-Metodológicas e o Processo de Desenvolvimento Biopsicossocial do Ser Humano

Consideremos que o ser humano atua nesses cinco mundos por meio de corpos apropriados (Figuras 3 e 4); um *veículo de comunicação* para cada uma dessas dimensões ou regiões.

A Psicologia Esotérica Biopsicossocial (Cruz, 2023) procura apreender a *Razão da triplicidade do Ego* (do *Eu Superior*) e da *triplicidade da personalidade* (do *eu inferior*), bem como valorizar os assuntos e temas analisados por Heindel (2012, p. 87-178) em "*The Rosicrucian Cosmo-Conception*", pois o ser humano tem um corpo para cada uma dessas regiões ou dimensões, que forma sua *triple personalidade* (Figuras 3 e 4). Portanto, apresenta *hipóteses da origem, da formação, da estrutura e da evolução do Eu Superior, ou triple Ego; do eu inferior, ou triple personalidade* (Cruz, 2023, p. 389-525).

Figura 3 – A Formação e Estrutura do Ego e da Personalidade

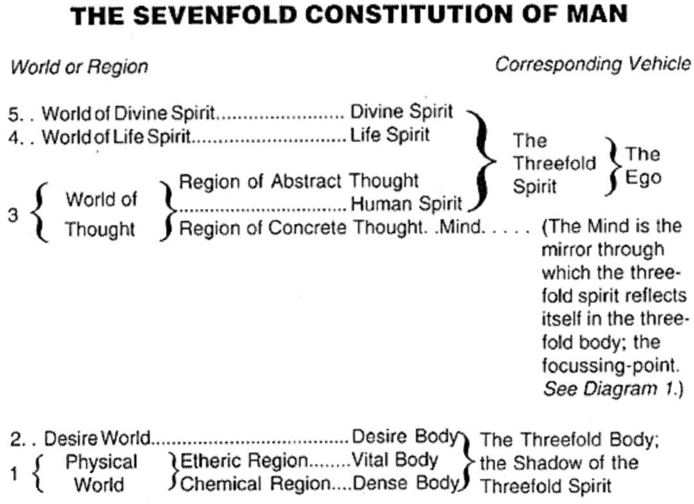

Source: Diagram 4-A, ***The Rosicrucian Cosmo-Conception - Man and the Method of Evolution*** (HEINDEL, 2012, p. 87-96).

Conforme apresentado em American Psychiatric Association – DSM-5, 2025, p. 645-684 *apud* Barnhill, 2024, Capítulo 18, o transtorno da personalidade é um padrão persistente de experiência interna e comportamento que se desvia acentuadamente das expectativas da cultura do indivíduo, é difuso e inflexível, pode começar na adolescência ou no início da fase adulta, é estável ao longo do tempo e leva a sofrimento ou prejuízo psíquico e mental, que subjaz o "núcleo do mal psíquico": ***os sintomas***.

Figura 4 – Ciclos de Renascimentos: Ego e Personalidade

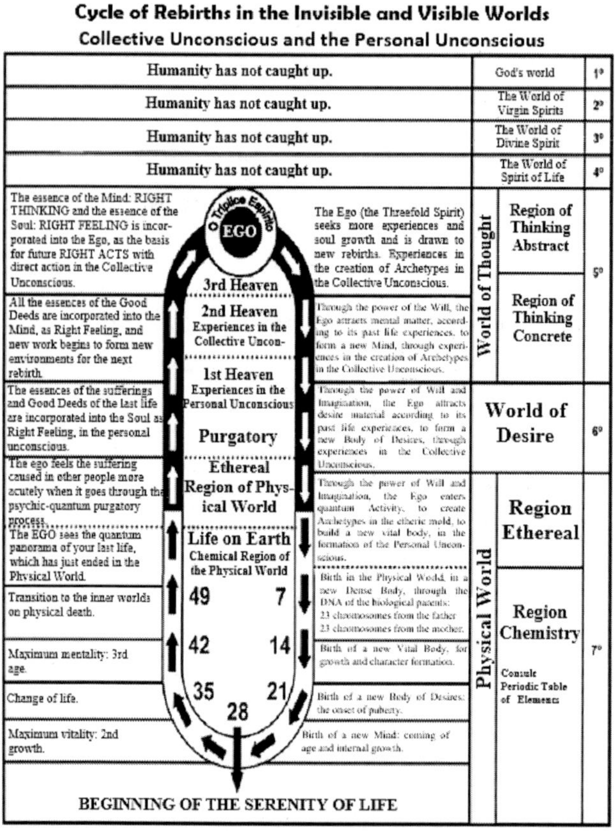

This diagram shows the passage of the Ego, which is represented by the circle at the top of the World of Thought, to the Chemical Region of the Physical World, through the septenary cycles that represent the chronological age of the Human Being, from birth to the *postmortem* psychic-quantum process, to the Invisible Worlds. Based on the book HEINDEL (2012) in "*The Rosicrucian Cosmo-Conception*".

Ao analisar a *triple personalidade* (Cruz, 2023, p. 389-525) no contexto da análise experimental do comportamento, o indivíduo pode apresentar *desconexões parciais* ou *rupturas parciais* entre o sistema nervoso central (SNC), o corpo vital (Heindel, 2011), o corpo de desejos (Heindel, 2011) e a mente (Cruz, 2020, p. 242-259). Todavia, pelos estudos de Jung (2014, §167-262) em "A Natureza da Psique", é quando apresenta partes do SNC menos desenvolvidas, déficits cognitivo-afetivos e de determinantes psicológicos do comportamento.

Ao analisar a anatomia e fisiologia cerebral em "Atlas de Anatomia Humana" (Sobotta, 2000, p. 258-355 *apud* Guyton; Hall, 2021, p. 697-740), por *postulado*, essas *desconexões parciais* interferem expressivamente no SNC por prejuízos no sistema límbico, de efeitos causados por lesões hipotalâmicas (Guyton; Hall, 2021, p. 741-762).

Nesse quadro neuropsicológico, também foram analisados os 12 pares de nervos cranianos (Sobotta, 2000), transtornos psicóticos (American Psychiatric Association – DSM-5, 2025, p. 742-744), espectro da esquizofrenia e outros transtornos psicóticos analisados em Barnhill (2024, Capítulo 2), pois, têm conexão com o *córtex visual primário e secundário* (Guyton; Hall (2021, p. 627-740 e p. 753-762). Na base teórica, além das observações de campo para complementar as análises, temos os estudos de Jung (2015, §01-75 e §320-387) em "Psicogênese das Doenças Mentais", estudos de Jung (2013) em "Estudos Psiquiátricos", estudos de Luria (1981) em "Fundamentos de Neuropsicologia" e estudos de Fuentes *et al.* (2014) em "Neuropsicologia: teoria e prática".

Por *postulado*, publicado em artigo científico por Cruz (2025, p. 01-20), esquematizou-se as *desconexões parciais* que afetam algumas funções do sistema nervoso central (SNC), com prejuízo de um ou mais dos *12 pares de nervos cranianos* em ambos os hemisférios cerebrais (Sobotta, 2000, p. 258-355). Essas *desconexões parciais* podem ocorrer entre o sistema nervoso central (SNC) e os corpos da triple personalidade: 1) Entre o SNC, a mente e o corpo vital. 2) Entre o SNC e o corpo de desejos. 3) Entre o SNC, o corpo vital e o corpo de desejos. 4) Entre o SNC, o corpo vital e a mente.

Figura 5 – Triple Ego, Mente e a Triple Personalidade

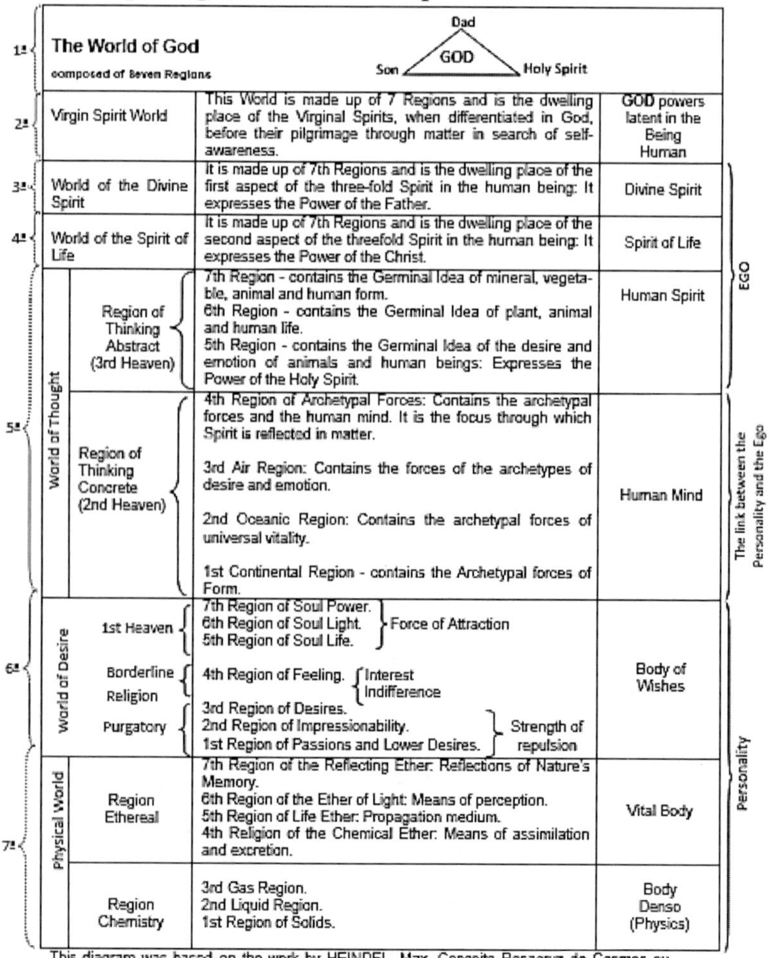

This diagram was based on the work by HEINDEL, Max. Conceito Rosacruz do Cosmos ou Cristianismo Místico (Rosicrucian Concept of the Cosmos or Mystical Christianity), translated by Fraternidade Rosacruz - sede central do Brasil, 3ed, São Paulo, 1993, pp.53, diagram 2.

Na "Figura 5" (quinta região), o *Espírito Humano* (da triplicidade do Ego) possibilita a perceptibilidade das experiências psíquicas e espirituais na consciência humana (Jung, 2014, §570-815 *apud* Cruz, 2023, p. 172-188). Nesse contexto psicológico foram analisados os danosos efeitos da hipnose clínica. Foram analisadas intervenções e abordagens das Escolas de Pensamento da Psicologia do século XXI, bem como a formação de arquétipos (Heindel, 2011) e de complexos (Jung, 2014, §194-219).

O objetivo é criticar as técnicas de hipnose e apresentar os nocivos efeitos causados no inconsciente do sujeito, pois, interfere de forma direta e negativa nos processos psíquicos do sujeito (Cruz, 2021, p. 97). Causa graves interferências nos *processos de sincronicidade psíquica* (Jung, 2012) entre as duas camadas da natureza da psique, ou seja, entre o inconsciente coletivo e o inconsciente pessoal (Jung, 2014); por conseguinte, a hipnose obstrui o contato direto da consciência e do inconsciente do sujeito com o inconsciente coletivo (Jung, 2016, §88-110).

Ao se submeter às técnicas de hipnose o indivíduo corre riscos de iniciar processos de *entropia psíquica* (Jung, 2014, §48-59 *apud* Cruz, 2023, p. 31-54); consequentemente, as técnicas de persuasão, necromancia, tabuleiro *Ouija*, programação neurolinguística (PNL) etc., têm efeitos lesivos mais profundos no inconsciente pessoal. Dizer que *o paciente tem o controle e está consciente de tudo que acontece durante esses processos*, se enquadra no processo de controle mental análogo à narrativa em Gênesis 3:1-14. Todavia, este é um bom exemplo do tipo de controle do comportamento e controle coercitivo, pela manipulação mental a que a *triple personalidade* foi submetida desde o início dos tempos.

Essas prejudiciais técnicas sempre criam uma espécie de "núcleo psíquico", formado entre o consciente e o inconsciente do sujeito. É quando o *arquétipo da sombra* (Jung, 2015, §13-19) e ou *da personalidade degenerada* (Cruz, 2020) aproveitam *o rebaixamento do nível de consciência* e subjugam a *anima* e o *animus* (Cruz, 2022). Pela *repetição* de *rebaixamento do nível de consciência*, o corpo vital (Heindel, 2011, p. 57-80) e a energia psíquica (Jung, 2014, §26-59) são manipulados e os arquétipos demoníacos *da personalidade degenerada* são *revitalizados* na natureza da psique (Jung, 2014) e o indivíduo entra em *entropia psíquica* (Cruz, 2023).

Este fenômeno é chamado de "possessão demoníaca" pela Igreja Católica Apostólica Romana, quando arquétipos demoníacos *da personalidade degenerada* são *revitalizados* na natureza da psique, conforme analisado por Cruz (2020) em "C. G. Jung e os Condensados Bose-Einstein: Processos Psíquico-quânticos do Apokalypsis de São João".

Devemos entender que a separação da psicologia, da biologia é artificial porque a psique humana vive numa união indissolúvel com a triple Alma, a *triplicidade do Ego* e a *triplicidade da personalidade* (Cruz, 2021, p. 151-295 *apud* Jung, 2014, §232).

No atual estágio do desenvolvimento humano, a "*formação psíquica*" da maioria das pessoas é feita através de informações dos cinco sentidos clássicos, pelo senso comum, pois pertencem ao mundo das formas. Por exemplo, quando vemos um trem mover-se sobre os trilhos o que vemos é matéria inerte, pois a força que o move não é visível; percebemos apenas os efeitos de um conjunto de forças físicas que faz o trem mover sobre os trilhos. O real poder está oculto e obedece às forças de dimensões invisíveis. O estudo da física clássica, Alvarenga (2007), de certa forma demonstra os possíveis movimentos de qualquer objeto físico, porque na atual condição da consciência humana, o mundo das formas e dos fenômenos físicos parecem ser constantes e reais.

Tudo que vemos no plano físico, em realidade, é pensamento cristalizado. Nossas casas, automóveis, televisores, microcomputadores, aviões, telefones móveis, cristais de gelo, as flores do campo, as asas da libélula etc., são resultados de pensamentos de matéria mental que a ciência moderna alega serem intangíveis pela física clássica; todavia, não pelas possibilidades da *física quântica*.

Se algum terremoto, fogo, cataclismo natural etc., resultar na destruição das casas, automóveis etc., é possível reconstruir modelos similares e até melhores que os anteriores através do pensamento. Isso demonstra que mesmo destruindo objetos físicos, o projeto mental idealizado permanece intacto como pensamento-forma; todavia, *podemos considerar que pensamentos são coisas vivas, cambiáveis e transformadores de ambientes interno e externo*. Portanto, em *Essência*, existe *Vida* na mente humana, p.ex., a simbólica "Árvore da Vida" em Gênesis 2:9. Antes do ser humano criar quaisquer objetos no Mundo Físico, muitos arquétipos são criados e revitalizados na natureza da psique do sujeito (Heindel, 2011, p. 87-96 *apud* Jung, 2014, §649-688).

Podemos ajuizar que os pensamentos são potencialmente poderosos, constantes e reais que objetos físicos. Ao avaliar a atuação do pensamento na psique, verificamos que o pensamento (*mesmo inconsciente*) vem antes de qualquer objeto de natureza concreta (Figura 5). O pensamento em si mesmo é um produto da mente, que pela dinâmica do inconsciente atua sobre o cérebro humano de forma transcendental, *a priori*, do espaço e do tempo (Kant, 2001, §01-07).

Quando no processo de transformação de alguma coisa física, mensurável, o pensamento interage em diferentes dimensões ou regiões (Figura 5, *quarta região das Forças Arquetípicas*). As coisas orgânicas e inorgânicas, do Estado de Matéria ou Mundo do Pensamento até o Mundo Físico são engendradas em diferentes dimensões. São pensamentos que ganham formas através de *Forças Arquetípicas* e se transformam em arquétipos. Desse modo o *núcleo* desses arquétipos (da *triple personalidade* ou *eu inferior*) foi engendrado nas Regiões Abstrata e Concreta do Mundo do Pensamento e se manifesta em diferentes espaços e tempos no Mundo do Desejo e nas Regiões Etérea e Química do Mundo Físico (Cruz, 2021, p. 151-295 *apud* Heindel, 2012, p. 56-146).

Ao analisar os estudos de Heindel (2012, p. 286-291) em "The Rosicrucian Cosmo-Conception" e de Jung (2015, §250-268) em *Mysterium Coniunctionis*, pode-se constatar o início da maléfica interferência no inconsciente da humanidade quando a mente (em *gérmen*) foi despertada (Gênesis 3:6), cujo evento ocorreu na primeira metade da Época Atlante. Desde essa época temos o primeiro e grande complexo (Jung, 2014, §194-219) no subconsciente (ou memória involuntária) da primitiva humanidade. Todavia, qualquer pessoa de mente mediana pode entender esse tema ao analisar a mitologia grega, pela simbólica "caixa de Pandora" (Brandão, 1986, p. 168-178), pelo simbólico "fogo de Prometeu" (Cruz, 2021, p. 127-130 *apud* Brandão, 1986, p. 165-167).

Ao compreender esses temas mitológicos, é possível saber *o porquê* o ser humano cria e revitaliza criaturas mefistofélicas na psique (Cruz, 2023, p. 325-388). Por exemplo, quando em alucinação o indivíduo com transtornos psicóticos (American Psychiatric Association – DSM-5, 2025, p. 742-744) diz que "*ouve vozes, vê e sente coisas*", é quando seus arquétipos demoníacos se comunicam de *forma transcendente* (Jung, 2014, §131-148) entre o inconsciente e o consciente e *atuam no córtex visual primário e secundário* (Guyton; Hall, 2021, p. 653-662 e 727-740 *apud* Sobotta, 2000, p. 258-355. Esses fenômenos psíquicos e biológicos (Jung, 2014, §232) podem ser analisados na "*fenomenologia do exorcismo*" criado pela Igreja Católica Apostólica Romana na Idade Média, séculos IX; porém, percorre *processo de obsolescência.*

Nos *processos da sincronicidade psíquica* o corpo de desejos, o corpo vital e o cérebro, ininterruptamente, estão ligados à mente pela dinâmica do inconsciente, pois, pelas ***tendências*** do sujeito essas criaturas diabólicas (Heindel; Foss Heindel, 2011, p. 582-588) podem se manifestar através de sonhos, terrores noturnos, alucinações, psicose e delírios. Por exemplo, espíritos demoníacos (Jung, 2014, §570-600) que atuam na psique do sujeito estão intimamente ligados ao inconsciente pessoal pelos *complexos* (Jung, 2014, §194-219), pois agem como ***tendências*** incrementadas no subconsciente (***na memória involuntária***) com base nas anteriores vidas do próprio sujeito (Jung, 2014, §284-323 *apud* Heindel, 2012, p. 87-146).

Constata-se que os processos cognitivos e sinápticos iniciam por volta da 21ª semana quando a genitora começa sentir os movimentos do feto; todavia, *é quando o triple Ego provê Vida ao interpenetrar o corpo denso* (criado pelo próprio Ego, com os materiais biológicos cedidos por outros seres humanos, pelo sequenciamento do DNA), para quando nascer possa sincronizar, agrupar e revitalizar através do sistema nervoso central (SNC) os corpos denso, vital e de desejos que formam a *triple personalidade.*

Pelos ininterruptos *processos da sincronicidade psíquica* (Jung, 2016), entre o *triple Ego* (Eu Superior) e a *triple personalidade* (eu inferior), que o sujeito obtém consciência do e no Mundo Físico, ou seja, pelas atividades na natureza da psique entre o corpo vital e o corpo de desejos o ser humano obtém consciência do e no Mundo Físico. A partir desse estágio o *triple Ego* começa a criar, revitalizar e projetar pensamentos, sentimentos e emoções (Jung, 2011, §342-356); é quando podemos observar e analisar as *tendências* e comportamentos da *triple personalidade* nos ambientes interno (na psique) e externo (ambiente físico).

Qualquer pessoa pode observar esses fenômenos depois de alguns meses ou anos, ao praticar todos os dias o método terapêutico da Terapia de Retrospecção e Concentração (Cruz, 2023).

Conferindo com os estudos de Winnicott (1983) podemos analisar "a necessidade do ego e necessidade do id". Para ele, o id (impulsos instintivos) não precede o ego, diferentemente da visão freudiana, pois, a necessidade inicial é a de um ambiente suficientemente bom que permita ao ego (unidade psicológica integrada) emergir e organizar os instintos do bebê, que são inicialmente externos ao sujeito. O ego winnicottiano, apoiado pelo "ego materno", é a necessidade de integrar as experiências corporais e instintivas do bebê, transformando-as em algo próprio e não apenas impulsos puros.

O id para Winnicott (1983) não é uma entidade prévia que gera o ego, mas uma tendência inata e pulsional que o ego deve processar. No início, o id, ou os impulsos instintivos, é externo ao bebê. Ele precisa ser "interpretado" pelo funcionamento do ego em um processo de elaboração imaginativa, que só se torna possível com o apoio materno.

Portanto, para Winnicott (1983), o id está ligado às funções corporais, mas para se tornar parte do sujeito, precisa ser trabalhado pelo ego, que o transforma através de cuidados e manejo do ambiente. Para ele, o ego é a unidade básica do sujeito psicológico, que se forma a partir de uma tendência inata à integração.

Assim, o ego se desenvolve graças a um "ego materno" que se adapta às necessidades do bebê, oferecendo um ambiente seguro e responsivo, o que permite ao bebê desenvolver um senso de continuidade e "ser".

No entanto, para Winnicott (1983) o ego não apenas age como mediador entre o instinto e a realidade, mas tem a necessidade de integrar os impulsos instintivos, transformando-os em algo que pertence à pessoa. A necessidade do ego é a de não apenas existir, mas de desenvolver uma "existência pessoal" e realizar a "elaboração imaginativa das funções corporais". Sem o apoio ambiental, o ego não se desenvolve e o indivíduo fica à mercê da ansiedade impensável.

Ansiedade "impensável" refere-se a um estado de ansiedade extrema, incontrolável, que paralisa ou interfere severamente na vida diária, caracterizada por preocupações excessivas, medos irracionais e sintomas físicos (insônia, tremores, palpitações, falta de ar), muitas vezes sem um motivo claro, podendo evoluir para um Transtorno de Ansiedade Generalizada (TAG) ou fobias específicas (American Psychiatric Association – DSM-5, 2025), exigindo busca por apoio profissional para manejo com terapia.

Para Winnicott (1983), a necessidade do ego de integrar os instintos (id) é mais central e primária do que a ideia freudiana de um id que precisa ser mediado. A formação do ego é um processo que depende da sustentação ambiental, que possibilita a "tomada de posse" das pulsões, fazendo com que o ser humano se integre e se constitua como uma pessoa.

> Deve-se ressaltar que ao me referir a satisfazer as necessidades do lactente não estou me referindo à satisfação de instintos. Na área que estou examinando os instintos não estão ainda claramente definidos como internos ao lactente. Os instintos podem ser tão externos como o troar de um trovão ou uma pancada. O ego do lactente está criando força e, como conseqüência, está a caminho de um estado em que as exigências do id serão sentidas como parte do *self*, não como ambientais. Quando esse desenvolvimento ocorre, a satisfação do id se torna um importante fortificante do ego, ou do self verdadeiro, mas as excitações do id podem ser traumáticas quando o ego ainda não é capaz de incorporá-las, e ainda é incapaz de sustentar os riscos envolvidos e as frustações experimentadas até o

> ponto em quem a satisfação do id se torne um fato (Winnicott, 1983, p. 129).

Todavia, antes do *triple Ego* interpenetrar e dar Vida ao corpo denso, as *tendências psíquicas e mentais* foram indelevelmente incrementadas no *núcleo* de cada corpo da *triple personalidade*, ou *eu pessoal*, foi quando *configuraram* as admissíveis *desconexões parciais* (Heindel, 2011, p. 133-146).

Mesmo inconsciente, pelas *tendências psíquicas e mentais* que foram indelevelmente incrementadas no *núcleo* de cada corpo da *triple personalidade*, através da *sincronicidade psíquica*, a mente humana atrai ideias e pensamentos devido ao tipo e a natureza vibracional dos pensamentos criados.

Por exemplo, se emitirmos pensamentos de auxílio para as pessoas mais necessitadas, atrairemos meios de como auxiliá-las. Porém, *para que algum pensamento externo nos envolva, deve estar vibrando no mesmo ritmo vibratório que o nosso*, pois, bilhões de pessoas não sabem utilizar esse poder de forma adequada; não percebem a extensão do poder do pensamento humano.

Por analogia, quando acionamos um diapasão um outro vibra no mesmo tom. O pensamento pode ser considerado como um diapasão e utiliza, pela *sincronicidade psíquica*, um órgão particular do indivíduo: o cérebro. Isso ocorre com os nossos pensamentos, pois, quando emitimos determinados pensamentos, de acordo sua intensidade vibracional percorre diferentes dimensões e atraem pensamentos afins, pois, são fortemente influenciados desde os Estados de Matéria ou Mundo do Pensamento, até a Região Química do Mundo Físico, isto é, no cérebro através de processos sinápticos.

Os pensamentos podem ser repensados e revitalizados por outras pessoas (Descartes, 1996 *apud* Heindel, 2012, p. 87-96). Nesse processo poderão ser acrescidos de mais intensidade, pois ao retornarem ao seu emissor a intensidade será superior do que quando foram projetados, sejam pensamentos negativos ou positivos (Jung, 2011, §346 *apud* Heindel, 2012, p. 87-96).

Quando se avalia a fisiologia humana, o cerebelo é conhecido por pequeno cérebro por nele concentrar as principais funções cerebrais, motora e cognitiva, pois comanda todos os movimentos do corpo físico. Qualquer lesão no cerebelo pode comprometer o equilíbrio corporal, alterações no tônus postural com tremores e ataxia (Guyton; Hall, 2021, p. 711-726). No entanto, a disfunção neural no sujeito, independente de técnicas educativas, implica em limitações nos processos de aprendizagem.

O hemisfério esquerdo, tradicionalmente está associado à lógica, linguagem, análise e raciocínio. É responsável pela fala, escrita, cálculos matemáticos e pensamento analítico. No hemisfério direito está relacionado à criatividade, intuição, percepção espacial e reconhecimento facial (Luria, 1981, p. 199-299). Controla a expressão artística, a música e a interpretação de emoções. O corpo caloso é uma estrutura de fibras nervosas, permite a comunicação e a troca de informações entre os dois hemisférios (Sobotta, 2000, p. 267-340). Temos a área de Broca que reproduz o som da fala. Temos a área de Wernicke lugar que se desencadeiam respostas para linguagem compreendida por influência do sistema límbico (onde se processa as emoções) e o hipocampo (memória de longo prazo).

A afasia e ecolalia são disfunções da linguagem que se pode pensar no comprometimento da área de Wernicke que fica no lobo temporal. A ausência de codificação com o som resulta na falha da comunicação falada, pois, em processos de aprendizagem evidencia-se na leitura e compreensão do som com a omissão ou troca da representação gráfica, simbólica. Assim percebemos que a dislexia é uma disfunção na área da linguagem que reflete na dificuldade em aprender a ler e escrever. Observa-se também déficit auditivo ao som das palavras e compreensão verbal. A fala é prejudicada evolutivamente podendo levar ao estado de tartamudez.

O sistema límbico é responsável pelas emoções que estão relacionadas, também, diretamente com os processos neurológicos e aprendizagens do sujeito. Pessoas sem aspirações não aprendem e nem interagem. É composto pelo hipocampo onde se consolida a memória de longo prazo. O hipotálamo que é regulador hormonal, amígdala que nos refere à noção de perigo e o tálamo que regula o comportamento. O lobo frontal, no entanto, pode se afirmar, região cerebral onde há maior concentração funcional ao que corresponde a aprendizagem (Guyton; Hall, 2021, p. 727-752 *apud* Luria, 1981, p. 161-195).

Por exemplo, casos de *attention-deficit/hyperactivity disorder (ADHD)* seguidos de queixa escolar são muito comuns. A disfunção da memória de trabalho e da audição facilita a dispersão, dificultando o sujeito focalizar a sua atenção no que se objetiva aprender/memorizar, pois, o não tratamento pode trazer significativas *interferências nos processos neuropsicológicos*.

Segundo a ciência, em 95% das pessoas o hemisfério dominante é o esquerdo. Mesmo no momento do nascimento, a área cortical que virá a se tornar a área de Wernicke é cerca de 50% maior no hemisfério esquerdo que no direito, em mais da metade dos neonatos. Portanto, é fácil entender por que o lado esquerdo do cérebro continua ser dominante.

Se por alguma razão o lado esquerdo for lesado, deixado de ser irrigado com sangue, ou removido nas fases iniciais da infância, o lado oposto é capaz de desenvolver todas as características de dominância?

A ciência explica que a capacidade de um hemisfério dominar o outro é devido aos processos mentais (Fuentes *et al.*, 2014), que parecem estar dirigidos para uma parte do cérebro a cada instante. A ciência julga pelo fato de seu tamanho ser geralmente maior ao nascimento, o lobo temporal esquerdo começa ser mais usado que o direito e como consequência, pelo fato de a atenção ser dirigida para a região mais desenvolvida.

A velocidade de aprendizado no hemisfério cerebral que parte na frente aumenta rapidamente, o que não é acompanhado pelo lado oposto. No ser humano normal (pelo padrão científico) há dominância de um lado sobre o outro. Pela estimativa científica, em 95% das pessoas o lobo temporal esquerdo e o giro angular ficam dominantes e nos 5% restantes, ambos os lados se desenvolvem simultaneamente, passando a haver dupla dominância, ou raramente, apenas o lado direito fica altamente desenvolvido.

Figura 6 – Áreas Corticais Somatossensoriais

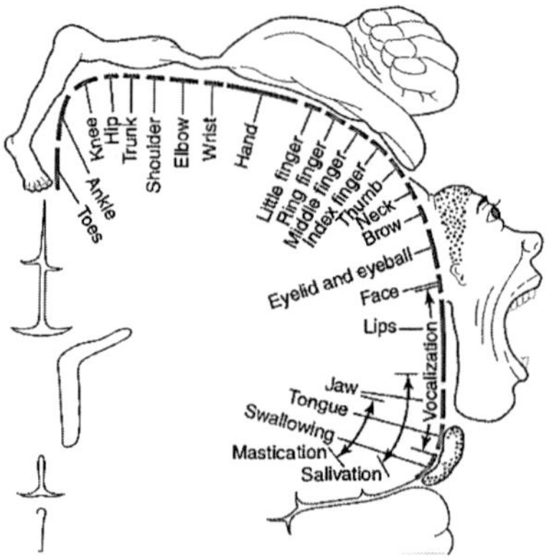

Figure 56-2. Degree of representation of the different muscles of the body in the motor cortex. *(Modified from Penfield W, Rasmussen T: The Cerebral Cortex of Man: A Clinical Study of Localization of Function. New York: Hafner, 1968.)*

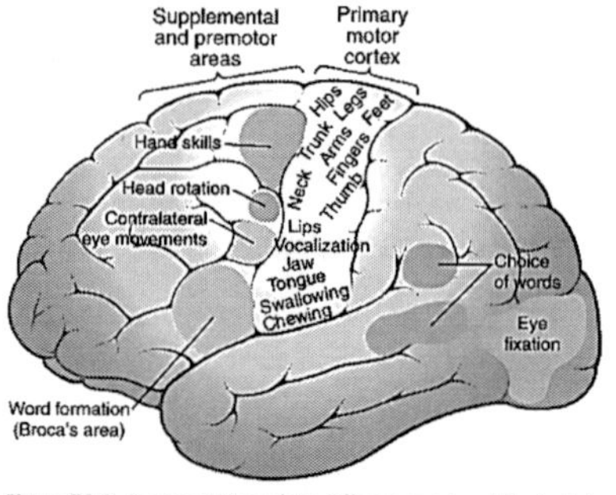

Figure 56-3. Representation of the different muscles of the body in the motor cortex and location of other cortical areas responsible for specific types of motor movements.

Source: GUYTON; HALL (2021) Treatise on Medical Physiology; p. 698.

A dominância de certas áreas do córtex sensorial referente ao corpo e do córtex motor para o controle das funções motoras voluntárias está geralmente associada ao lobo temporal e ao giro angular dominantes (Guyton; Hall, 2021, p. 697-709). Por exemplo, a área pré-frontal e pré-motora da palavra (área de Broca), localizada mais lateralmente no lobo frontal intermediário, é quase sempre dominante no lado esquerdo do cérebro (Guyton; Hall, 2021, p. 727-752). Essa área da palavra causa a formação de palavras pela excitação simultânea dos músculos da laringe, dos músculos respiratórios e dos músculos da boca. As áreas motoras para o controle das mãos, também são dominantes do lado esquerdo do cérebro em aproximadamente 90% das pessoas, fazendo com que a maioria da população seja destra.

Embora as áreas interpretativas do lobo temporal e do giro angular, como também muitas áreas motoras, serem altamente desenvolvidas num hemisfério, elas são capazes de receber informações sensoriais procedentes de ambos os hemisférios. Também são capazes de controlar atividades motoras em ambos os hemisférios, utilizando principalmente as fibras do corpo caloso para comunicação entre os dois hemisférios.

Figura 7 – Hemisférios do Cérebro Humano

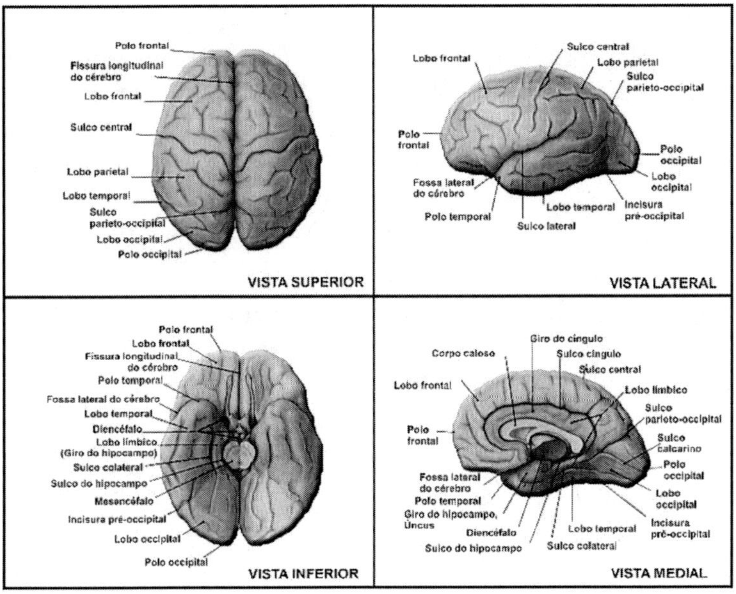

Fonte: SOBOTTA, Johannes. **Atlas de Anatomia Humana**. 21.ed. Ri de Janeiro: Guanabara Koogan; p. 288, Figuras 489-491.

Essa organização unitária, de alimentação cruzada evita interferência entre as funções executadas pelos dois lados do cérebro, essa interferência poderia, obviamente, criar situações de conflito tanto no pensamento como nas respostas motoras (Guyton; Hall, 2021, p. 697-752); que uma das funções do corpo caloso e da comissura anterior é a de fazer com que as informações estocadas em um dos hemisférios fiquem disponíveis para as áreas corticais do hemisfério oposto. Três importantes exemplos dessa cooperação são:

1. A secção do corpo caloso bloqueia a transferência de informações da área de Wernicke do hemisfério dominante para o córtex motor ao lado oposto do cérebro; portanto, as funções cerebrais intelectuais, localizadas primariamente no hemisfério dominante perdem seu

controle sobre o córtex motor direito. Assim, também, sobre o controle das funções motoras voluntárias da mão e do braço esquerdo, apesar de se manterem normais os movimentos subconscientes usuais da mão e do braço esquerdo.

2. A secção do corpo caloso impede a transferência de informações visuais e somáticas do hemisfério direito para a área de Wernicke, do hemisfério dominante. Portanto, as informações visuais e somáticas procedentes do lado esquerdo do corpo frequentemente deixam de chegar à área de interpretação geral do cérebro, por isso, não podem ser usadas na tomada de decisão.

3. Pessoas em que o corpo caloso é completamente seccionado têm duas porções cerebrais conscientes inteiramente distintas. Por exemplo, em uma pessoa recentemente estudada, apenas a metade do seu cérebro era capaz de entender a palavra falada, porque esse era o hemisfério dominante. O lado direito do seu cérebro foi capaz de entender a palavra escrita, também, era capaz de emitir resposta motora a ela, sem que o lado esquerdo do cérebro sequer tivesse conhecimento da razão pela qual a resposta era dada. Além disso, ocorria um efeito totalmente diferente quando uma resposta emocional era evocada do lado direito do cérebro. Uma resposta emocional subconsciente ocorria também no hemisfério esquerdo. Isso sucedia indubitavelmente porque as áreas bilaterais do cérebro ligadas às emoções, os córtices temporais anteriores e áreas adjacentes, permaneceram com suas intercomunicações preservadas pela comissura anterior, que não havia sido seccionada.

Sincronicidade Psíquica, Mental e Afetiva do Triple Ego e da Triple Personalidade

Como vimos nos precedentes capítulos, constata-se que os processos cognitivos e sinápticos da triple personalidade iniciam por volta da 21ª semana é quando a genitora começa sentir os movimentos do feto (Guyton; Hall, 2021); todavia, *é quando o triple Ego provê Vida ao interpenetrar o corpo denso* (criado pelo próprio triple Ego, com os materiais biológicos cedidos por outros seres humanos, pelo sequenciamento do DNA), para quando nascer possa sincronizar, agrupar e revitalizar através do sistema nervoso central (SNC) os corpos denso, vital e de desejos que formam a *triple personalidade* (Cruz, 2025).

Pelos estudos de Melanie Klein (1991), o "ego arcaico" se manifesta muito antes do que foi proposto pelo psicanalista Sigmund Freud (1961), ao dizer que o "ego" emerge do "id" durante a infância e se torna a única fonte de comunicação da pessoa com o mundo físico. Todavia, o "ego", pela Razão, funciona segundo o princípio da realidade pela metodologia de Aristóteles (1991) e não pelo princípio do prazer do "id", proposto por Sigmund Freud (1961).

Para Winnicott (2021), o "ego" é a expressão da integração psíquica e a unidade do sujeito, surgindo da relação entre o bebê e um ambiente humano que oferece suporte e cuidado. Ele não é a mesma coisa que o conceito freudiano dc ego, mas o "self" é uma sensação de continuidade e totalidade do ser que se desenvolve a partir do corpo e das experiências vividas. O "ego" é o meio pelo qual o "self" se manifesta e se relaciona com o mundo externo, construindo sua realidade psíquica através de experiências que são facilitadas por um ambiente de apoio.

Para Jung (2015) em "Aion – Estudo Sobre o Simbolismo do Si-Mesmo - Cristo, símbolo do Si-Mesmo", o Ego é o centro da consciência, responsável por nosso senso de identidade, pensamentos, sentimentos e memórias. O Ego atua como um mediador entre o mundo interno e externo, organizando a experiência consciente e permitindo que a pessoa interatue com o mundo, tome decisões e realize atividades diárias. Embora fundamental para a adaptação, o Ego é apenas uma parte do todo da psique (mente e triple alma), que é centrado no *Self.*

> [...] A imagem divina do homem não foi destruída pelo pecado, mas apenas danificada e corrompida ("deformada"), e será reconstruída pela graça divina. O âmbito da integração é indicado pela descensus ad inferos, descida de Cristo aos infernos, descida cujos efeitos redentores abrangem inclusive os mortos. O seu equivalente psicológico é a integração do inconsciente coletivo, parte constitutiva e indispensável da individuação: "Nosso fim dever ser, portanto, diz Agostinho, nossa perfeição, mas nossa

perfeição é Cristo", porque Ele é a imagem perfeita de Deus. Por isso é também chamado "Rei". Sua esposa (sponsa) é a alma humana que se acha "unida interiormente ao Logos num mistério espiritual escondido, para que se tornem dois em uma só carne", em correspondência ao matrimônio de Cristo com a Igreja. Com exceção da continuidade deste hierógamos (núpcias sagradas) no dogma e nos ritos da Igreja, o símbolo em questão se desenvolveu na Alquimia, ao longo da Idade Média, até se transformar na coniunctio (união) dos contrários, ou seja, nas núpcias químicas e, consecutivamente, na representação da totalidade do lapis philosophorum (pedra filosofal), de um lado, e no conceito de combinação química, do outro. A imagem divina do homem, danificada pelo pecado, pode ser restaurada ("reformada") com a ajuda de Deus, de acordo com o que diz a Carta aos Romanos 12,2: "E não vos conformeis com os esquemas deste mundo, mas transformai-vos pela renovação da vossa mente, para que possais discernir qual é a vontade de Deus". As imagens da totalidade produzidas pelo inconsciente no decurso de um processo de individuação representam tais "reformas" (transformações) de um arquétipo (do mandala) existente a priori. Como já acentuei repetidas vezes, na prática é impossível distinguir entre os símbolos espontâneos do si-mesmo (da totalidade) e uma imagem divina. O termo "renovação" (anakainosis, reformatio) não expressa uma mudança em sentido próprio, apesar do metamorphousthe (transformai-vos), e sim o restabelecimento de um estado original, uma apocatástase; isto está em perfeita consonância com as descobertas psíquicas empíricas de um arquétipo da totalidade, existente em todas as épocas, que pode desaparecer facilmente do campo usual da consciência ou jamais ser percebido, até que uma consciência iluminada pela conversão reapareça sob a figura de Cristo. Esta "anamnese" restabelece um estado original de união com a imagem divina. Ela significa uma integração, uma ponte lançada sobre a brecha da cisão da personalidade, cuja existência é devida a diversos impulsos que levam a direções diferentes e conflitantes entre si. Só quando uma pessoa ainda se conserva legitimamente inconsciente de seus impulsos, como

> um animal, não há cisão. Mas isto é impossível ou prejudicial quando uma inconsciência artificial, isto é, uma repressão, já não reflete o impulso instintivo. [...] (Jung (2015, §68-125).

Pelos ininterruptos *processos da sincronicidade psíquica* (Jung, 2016), entre o *triple Ego* (Eu Superior) e a *triple personalidade* (eu inferior), que o sujeito obtém consciência do e no Mundo Físico. A partir desse estágio o *triple Ego* começa a criar, revitalizar e projetar pensamentos, sentimentos e emoções pelas análises de Jung (2011, §342-400) em "Psicologia e Alquimia". Todavia, é quando podemos observar e analisar as *tendências* e os comportamentos da *triple personalidade* nos ambientes interno (na psique) e externo (ambiente físico), conforme analisado por Heindel (2012, p. 139-146) em "*The Rosicrucian Cosmo-Conception*".

A Sincronicidade Psíquica, Mental e Afetiva do Corpo Vital

Nos capítulos precedentes, avaliamos que por volta da 21ª semana é quando a genitora começa sentir os movimentos do feto (Guyton; Hall, 2021); todavia, *é quando o triple Ego provê Vida ao interpenetrar o corpo denso* (criado pelo próprio triple Ego, com os materiais biológicos cedidos por outros seres humanos, pelo sequenciamento do DNA).

Com base os estudos de Heindel (2011, p. 120-130) em "The Vital Body", quando o triple Ego está a caminho do renascimento (diagrama II), o átomo-semente do corpo vital reúne novo material. A polaridade deste material determinará seu sexo durante a vida vindoura.

Em seguida, o átomo-semente do corpo vital é despertado para a atividade; no entanto, o processo de formação não é tão simples como no caso da mente e do corpo de desejos, pois devemos lembrar que esses veículos são comparativamente desorganizados, enquanto o corpo vital e o corpo denso são mais organizados e são muito complexos. O material, de determinada quantidade e qualidade, é atraído da mesma maneira e sob a operação da mesma lei, no caso dos corpos superiores, análogo aos Condensados de Bose-Einstein[31].

[31] **Quantum Made Simple**: https://toutestquantique.fr/condensation-de-bose-einstein/. Acesso em 14.09.2025.

Modo psicológico, tendo como paradigma os Condensados de Bose-Einstein, ao analisar o diagrama I - Região Abstrata do Mundo do Pensamento - pode-se verificar um aglomerado de partículas psíquicas (conteúdos psíquicos) "ultrafrias" atraídas de cada região e sub-região, em diferentes estados quânticos de matéria[32] e em diferentes espaços-tempos (Kant, 2001); todavia, ao serem agregadas agrupam-se e passam a admitir um mesmo *estado quântico fundamental*[33].

Através de algoritmos quânticos[34], análogo aos processos dos Condensados de Bose-Einstein, acontecem na condensação dos diferentes estados de matérias[35], em diferentes espaços-tempo[36] para constituir os diferentes corpos da *triple personalidade*: corpo denso, vital e de desejos (diagrama I). É o corpo mental ou mente que conecta o *triple Ego* à *triple personalidade* entre as diferentes dimensões compactas (diagrama II). Tendo como base o processo dos Condensados de Bose-Einstein, cada corpo com o seu respectivo *átomo semente*, comporta-se como um único e grande átomo (veja a animação[37]).

Pelos estudos de Heindel (2011), a construção do novo corpo e a colocação no ambiente adequado é feita por grandes Seres de incomensurável Sabedoria, através do inconsciente coletivo (diagramas V e VI). Por meio do som (diagrama V) eles estimulam o éter refletor do corpo vital, para que as imagens da vida vindoura sejam refletidas nele. O corpo vital é construído pelos habitantes do mundo celestial e pelos espíritos elementais, que forma um tipo particular de cérebro. Mas é preciso observar e analisar que o próprio *triple Ego* que retorna (após a impregnação do óvulo nas trompas de Falópio) incorpora nele a *quintessência* de seus antigos corpos vitais, além disso, também faz um pequeno trabalho original (antes da *multiplicação celular* no útero). Isso é feito para que na vida vindoura possa haver algum espaço para a expressão original e individual do *triple Ego*, pois, ***o livre-arbítrio que é***

---

[32] CRUZ, A. J. G. (2019) **C. G. Jung e os Condensados Bose-Einstein: Neuropsicologia Quântica**. 1ªed. São Paulo: Gonçalves Cruz.; ***Capítulo V - Estados Fundamentais de Matéria - Estados Físicos da Matéria***.
[33] **Estado quântico fundamental**: é o estado quântico de menor energia possível.
[34] PITTENGER, A. O. (2001) **An Introduction to Quantum Computing Algorithms**, Birkhauser, Boston.
[35] CRUZ, A. J. G. (2022) **Psicologia da Anima e do Animus**. 1ª ed. São Paulo: Gonçalves Cruz.
[36] KANT, Immanuel. (2001) **Crítica da Razão Pura**. [Tradução do original alemão intitulado "*KRITIK DER REINEN VERNUNFT*"] Trad. Manuela Pinto dos Santos e Alexandre Fradique Morujão. 5ed. Lisboa: Fundação Colouse Gulbenkion.
[37] **Quantum Made Simple**: https://toutestquantique.fr/condensation-de-bose-einstein/. Acesso em 14.09.2025.

exclusivo do triple Ego e não da triple personalidade. Todavia, não pelas ***tendências*** predeterminadas de vidas passadas, devido as atividades lesivas da triple personalidade, mas pela elevação da consciência do triple Ego.

As trompas de Falópio, também conhecidas como tubas uterinas, são dois tubos finos que conectam os ovários ao útero e são essenciais para a reprodução. Elas têm a função de capturar cada óvulo liberado pelos ovários, transportar o óvulo fertilizado pelo encontro com o espermatozoide até o útero, onde se implanta para iniciar a *multiplicação celular* e gestação.

A *multiplicação celular* é o motor da gestação, começando com o zigoto (uma única célula) que se divide rapidamente por mitose, formando um embrião, placenta e membranas, essencial para o rápido desenvolvimento de órgãos e tecidos, como cérebro e músculos, com as células se especializando em diferentes camadas (ectoderme, mesoderme, endoderme) para formar o corpo completo do bebê e suas estruturas de suporte, um processo contínuo e complexo desde a concepção.

Pelas pesquisas e estudos de Heindel (2012, p. 87-146) em "*The Rosicrucian Cosmo-Conception*", o corpo vital tendo sido moldado pelos "Senhores do Destino", dará forma ao corpo denso, em cada órgão e tecido. Esta matriz ou molde etéreo é colocado no útero da futura mãe, após o óvulo ser fecundado nas trompas de Falópio ou tubas uterinas.

O ***núcleo*** do átomo-semente do futuro corpo denso está na cabeça triangular de um (ou mais no caso de gêmeos etc.) das centenas de espermatozoides no sêmen depositado pelo pai biológico. Somente por esse processo (do ***núcleo*** do átomo-semente de o corpo denso estar na cabeça triangular de um ou mais de espermatozoides), isso torna possível a fertilização e aqui está a explicação do fato de que muitas vezes uniões sexuais são infrutíferas; todavia, muitas vezes pelo processo *in vitro*[38].

[38] ***In vitro*** (do latim "no vidro") refere-se a procedimentos ou experimentos realizados em um ambiente controlado fora de um organismo vivo, como em um laboratório, usando vidraria (tubos de ensaio, placas de Petri), para estudar células, tecidos ou moléculas isoladas, sendo o oposto de "in vivo" (no corpo). A técnica mais conhecida é a Fertilização in vitro (FIV), onde óvulos são fertilizados por espermatozoides em laboratório, formando embriões que são depois transferidos para o útero para gestação.

Os constituintes químicos do fluido seminal e dos óvulos são os mesmos em todos os momentos, se fossem esses os únicos requisitos, a explicação do fenômeno da infertilidade, se buscada apenas no mundo material e visível não seria encontrado.

No entanto, torna-se claro quando entendemos que, assim como as moléculas de água congelam apenas ao longo das linhas de força na água e se manifestam como cristais de gelo em vez de congelar em uma massa homogênea; todavia, como seria o caso se não houvesse linhas de força anteriores à coagulação, também não poderia haver corpo denso construído até que haja um corpo vital como matriz para edificar o material denso; também deve haver um átomo-semente para o corpo denso, para atuar como medidor da qualidade e quantidade da matéria que deve ser construída nesse corpo denso. Embora no atual estágio de desenvolvimento não há plena harmonia nos materiais do corpo, porque isso resultaria em um corpo perfeito, ainda assim a desarmonia não deve ser tão grande a ponto de alterar o organismo. *Assim temos a hipótese da origem das doenças psíquicas, físicas e emocionais.*

Quando a fecundação do óvulo ocorre, o corpo de desejos da mãe trabalha sobre ele por um período (aproximado) de dezoito a vinte e um dias, pois, o triple Ego permanece do lado de fora em seu corpo de desejos e invólucro mental, mas sempre em íntimo contato com a mãe (que permanece inconsciente desses processos). Ao expirar esse tempo, o triple Ego entra no corpo da mãe por volta da 21ª semana de gestação, para conduzir o seu novo corpo físico, denso.

Esses corpos sutis numa espécie em forma de "sino" se movem para baixo sobre a cabeça do corpo vital e o "sino" se fecha na parte inferior. A partir desse momento, o triple Ego concentra toda a sua atenção sobre o seu novo veículo de manifestação até o nascimento como criança, para a nova vida terrena conforme esquematizado no diagrama II.

Heindel (2012, p. 87-146) em "*The Rosicrucian Cosmo-Conception*", que o corpo vital de uma mulher (*anima*) é positivo e o corpo vital de um homem (*animus*) é negativo. Quando agentes invisíveis e visíveis estão ajudando o triple Ego a nascer, a questão do sexo já foi determinada, seja pela lei da alternância ou por uma modificação dessa lei por circunstâncias específicas na vida individual do Espírito (do triple Ego); é então ajudado a atrair para si a quantidade suficiente dos diferentes tipos de éter, conforme exigido por seu desenvolvimento e consciência. Esses materiais são todos de certa polaridade, positiva ou negativa, análogo ao processo dos Condensados de Bose-Einstein[39].

Por exemplo, quando uma matriz feita exclusivamente de átomos etéreos positivos é colocada no útero da futura mãe, esses átomos infalivelmente atrairão para si átomos físicos negativos e o corpo infantil resultante se tornará feminino (pela *anima*) em consequência. Se, por outro lado, a matriz que é colocada no útero da mãe for composta de átomos etéreos negativos, a matriz atrairá os átomos densos positivos, com o resultado de que o órgão sexual masculino (pelo *animus*) é mais desenvolvido.

Por analogia, a vida, como a eletricidade, requer expressão positiva e negativa, caso contrário não pode se manifestar corretamente; consequentemente, existem anomalias devido o psiquismo do sujeito, tendo como base as vidas anteriores do próprio sujeito, que podemos chamar de ***tendências***.

Ao consultar a American Psychiatric Association (2025), as *tendências psíquicas e mentais* abrangem um espectro de experiências humanas, desde traços de personalidade como curiosidade (abertura à experiência) até alterações que se tornam transtornos, como depressão, ansiedade, transtorno bipolar, esquizofrenia etc., caracterizadas por sofrimento significativo e prejuízo funcional, envolvendo pensamentos, emoções, percepções e comportamentos que se manifestam de forma intensa ou disruptiva, influenciadas por fatores genéticos e ambientais.

Quando o triple Ego está a caminho do renascimento através da Região do Pensamento Concreto, do Mundo do Desejo e da Região Etérea, ele reúne certa quantidade de material de cada um. A qualidade deste material é determinada pelo ***núcleo*** do átomo-semente, com base no princípio de que semelhante atrai semelhante.

---

[39] **Quantum Made Simple**: https://toutestquantique.fr/condensation-de-bose-einstein/. Acesso em 14.09.2025.

A quantidade depende da qualidade de matéria exigida pelo arquétipo construído pelo próprio triple Ego no Segundo Céu (diagramas I e II). A partir da quantidade de átomos etéreos prismáticos que são apropriados por um determinado Espírito (pelo triple Ego), os Agentes Relatores e seus auxiliares constroem uma forma etérea que é então colocada no ventre da mãe e gradualmente revestida com matéria física (pelo sequenciamento do DNA) que então forma o corpo visível da criança que está sendo gerada.

O cordão de prata ou prateado (*que não é o cordão umbilical*), que cresceu a partir do átomo-semente do corpo denso (localizado no coração) desde a concepção, é ligado à parte que germinou do vórtice central do corpo de desejos (localizado no fígado). Quando o cordão prateado é ligado pelo átomo-semente do corpo vital (localizado no plexo solar), o triple Ego "morre" para a vida no mundo suprassensível (no mundo invisível) e vivifica o corpo denso (por volta da 21ª semana quando no útero materno) que usará em sua vida terrena vindoura.

O corpo vital de uma criança ao nascer é desorganizado, aproximadamente, até aos sete anos de idade quando o corpo vital individual nasce; por isso, o corpo vital de uma criança tem como logística o corpo vital microcósmico.

No período imediatamente após o nascimento, os diferentes veículos ou corpos, se interpenetram. Embora estejam todos presentes, como na vida adulta, eles estão apenas presentes (sem atividades individuais), pois, nenhuma de suas faculdades positivas está ativa. O corpo vital ainda não pode usar as forças que operam ao longo do polo positivo dos éteres.

A assimilação, que atua ao longo do polo positivo do éter químico, é muito delicada durante a infância e o que há dessa assimilação, se deve ao corpo vital macrocósmico, cujos éteres atuam como um "útero etéreo" para o corpo vital da criança até o sétimo ano, amadurecendo-o gradualmente durante esse período; todavia, pela logística do corpo vital macrocósmico.

A faculdade propagativa, que atua ao longo do polo positivo do éter vital, também está latente. O aquecimento do corpo (que é realizado ao longo do polo positivo do éter de luz) e a circulação do sangue são devidos a ação do corpo vital macrocósmico; os éteres agindo sobre a criança e desenvolvendo-a lentamente até o ponto em que ela mesma possa controlar essas funções, ou seja, de manter o corpo aquecido em determinada temperatura corporal. As forças que trabalham ao longo do polo negativo dos éteres são muito mais ativas, pois também fazem parte da logística do corpo vital macrocósmico.

A excreção de sólidos, realizada ao longo do polo negativo do éter químico (correspondente à subdivisão sólida da Região Química), é muito desenfreada, assim como a excreção de fluido (antes do desfralde da criança), que é realizada ao longo do polo negativo do éter vital (correspondente à segunda subdivisão ou subdivisão fluida da Região Química). A percepção sensorial passiva, que é devida às forças negativas do éter de luz, também é extremamente proeminente na primeira infância. A criança é muito impressionável e é "toda olhos e ouvidos". Podemos observar esse comportamento da criança a partir da primeira infância, pois, começa a ficar mais acentuado a partir dos dois anos de idade. Assim se observa e analisa toda a logística do corpo vital macrocósmico.

Embora o corpo vital de uma criança ainda esteja comparativamente desorganizado desde o momento do nascimento, o éter que deve ser usado para sua conclusão está dentro da aura da criança, pronto para ser assimilado; todavia, se alguém em seu ambiente estiver fraco e anêmico (uma espécie de "vampiro inconsciente"), ele ou ela extrai do estoque não assimilado de éter da criança muito mais facilmente do que de um adulto cujo corpo vital é totalmente organizado.

Naturalmente, a pessoa fraca e anêmica atrai mais facilmente o éter que é polarizado negativamente, como no corpo de um menino (do *animus*), do que o éter positivo da menina (da *anima*). A massagem do baço e a estimulação dos *nervos esplâncnicos*, praticadas cuidadosa e conservadoramente, ajudarão a contraparte etérea desse órgão em sua atividade de especializar a energia solar, da qual os processos vitais são tão dependentes quanto os pulmões são do ar.

Os *nervos esplâncnicos* são nervos do sistema nervoso autônomo que transmitem sinais para e dos órgãos do abdômen e da pelve. Existem os nervos esplâncnicos torácicos, que são predominantemente simpáticos e ajudam a controlar a digestão e a frequência cardíaca e os nervos esplâncnicos pélvicos, que são parassimpáticos e estão envolvidos nas funções sexuais, urinárias e intestinais.

Por exemplo, os nervos esplâncnicos torácicos têm como função transmitir sinais simpáticos para os órgãos abdominais e pélvicos, controlando funções como o fluxo sanguíneo, a digestão e as respostas ao estresse; também transmite a sensação de dor visceral. Na sua composição incluem os nervos esplâncnicos maior, menor e mínimo, que se originam de diferentes segmentos da medula espinhal torácica. Sua relação com o diafragma, eles atravessam o diafragma para alcançar a cavidade abdominal e pélvica. Os nervos esplâncnicos pélvicos têm a função de transmitir fibras parassimpáticas para o intestino grosso e as vísceras pélvicas. Todavia, têm funções específicas, que incluem a vasodilatação dos tecidos eréteis (pênis e clitóris), a atividade motora do intestino grosso e da bexiga e a secreção no intestino posterior. Sua origem é das raízes nervosas sacrais (S2, S3 e S4). Quanto à sua importância clínica, dor visceral, os nervos esplâncnicos são frequentemente afetados em condições de dor visceral crônica e intratável, como a dor associada ao câncer de pâncreas.

O que foi exposto acima expressa as experiências de Donald Winnicott (2021), ao apresentar conceitos de *holding* e *handling*. O *holding* é a sustentação física e psicológica. É a sustentação física (os braços que seguram) e psicológica (o suporte e a segurança) que a mãe/cuidador oferece ao bebê. Cuja função garante que o bebê se sinta seguro, protegido e contido, o que permite a constituição do "eu" e a sensação de unidade psíquica. Por exemplo, um bebê que é embalado com carinho, alimentado e protegido de perigos físicos, se sente seguro no ambiente (interno/externo).

Para Winnicott (2021), o *handling* é o manejo corporal que ajuda na integração corpo-mente (soma-psique), pois, a apresentação de objetos introduz o bebê ao mundo externo, permitindo a transição para a autonomia. É o manuseio corporal do bebê durante os cuidados diários, como banho, troca de roupa, alimentação etc. Cuja função ajuda o bebê a sentir os contornos e os limites do seu próprio corpo, contribuindo para a integração mente-corpo (psique-soma) e para a noção de individualidade. Por exemplo, a maneira como a mãe, ou o pai, segura o bebê com delicadeza e firmeza, permitindo que ele sinta o seu corpo e se perceba como uma pessoa separada. Esse manejo corporal (*handling*) ajuda a estimular os *nervos esplâncnicos*.

Costumamos pensar que quando uma criança nasce ela nasce e isso é o fim de tudo. Durante o período de gestação o corpo denso é protegido do impacto do mundo exterior ao ser colocado dentro do útero protetor da mãe até que tenha atingido maturidade suficiente para atender às condições externas. Assim também o corpo vital, o corpo de desejos e a mente estão em estado de gestação e nascem em períodos posteriores porque não tiveram uma evolução tão longa quanto o corpo vital e o corpo denso; portanto, leva mais tempo para que cheguem a um estado de maturidade suficiente para se individualizarem. O corpo vital "nasce" por volta do sétimo ano de vida, quando o período de crescimento excessivo marca seu advento.

Apenas uma pequena porção do éter apropriado por cada triple Ego é assim usada; no entanto, o restante do corpo vital da criança, ou melhor, o material do qual esse veículo será finalmente feito, está fora do corpo denso. Por essa razão, o corpo vital de uma criança se projeta muito mais além da periferia do corpo denso do que o do adulto. Durante o período de crescimento, esse estoque de átomos de éter é utilizado para vitalizar os acréscimos dentro do corpo até que, quando a idade adulta é atingida, o corpo vital se projeta apenas de uma a uma polegada e meia além da periferia do corpo denso.

Do primeiro ao sétimo ano de vida, o corpo vital cresce e amadurece lentamente dentro do "útero" do corpo vital macrocósmico; todavia, por causa da maior sabedoria desse veículo do macrocosmo, o corpo da criança é mais arredondado e bem construído do que na vida adulta.

Enquanto o corpo vital macrocósmico guia o crescimento do corpo da criança, ele é protegido dos perigos que mais tarde o ameaçarão, quando o corpo vital individual imprudente assume o controle, fica descontrolado antes do período da adolescência. Isso acontece (aproximadamente) a partir do sétimo ano, quando começa o período de crescimento excessivo e perigoso, pois continua pelos próximos sete anos, ou seja, aproximadamente, até aos 14 anos de idade. Durante este tempo, o corpo de desejos macrocósmico desempenha a função de um "útero" para o corpo de desejos individual. Se o corpo vital tivesse domínio contínuo e irrestrito no reino humano, como tem na planta, o ser humano cresceria excessivamente.

Houve um tempo no passado distante em que o ser humano era constituído análogo a uma planta, tendo apenas um corpo denso e um corpo vital. As tradições da mitologia e do folclore em todo o mundo, que relata a respeito dos gigantes nos tempos antigos, são absolutamente verdadeiras, porque então os seres humanos cresciam tão altos quanto as árvores (Êxodo, na Bíblia).

Talvez, agora, em relação ao corpo vital, seja possível apreender a narrativa bíblica, em Gênesis 3:22, "E o Senhor Deus disse: 'Eis que o homem se tornou como um de nós, conhecedor do bem e do mal. Agora, pois, cuidemos que ele não estenda a sua mão e tome também do fruto da árvore da vida, e o coma, e viva eternamente.'"

O corpo vital da planta constrói folha após folha, levando o caule cada vez mais alto. Se não fosse pelo corpo de desejos macrocósmico, ele continuaria assim indefinidamente, mas o corpo de desejos macrocósmico intervém em um certo ponto e impede o crescimento posterior. A força que não é necessária para o crescimento adicional está disponível para outros fins e é usada para construir a flor, o fruto e a semente.

Pelos estudos acadêmicos, a primeira infância geralmente abrange do nascimento até os 6 anos de idade, sendo fundamental para o desenvolvimento cerebral e a formação de laços afetivos. A segunda infância, também conhecida como "período de latência" ou "idade escolar", vai dos 6 anos até a puberdade (aproximadamente 10-12 anos), é marcada pelo avanço do raciocínio, aprendizado escolar e desenvolvimento de habilidades sociais e motoras.

A primeira infância (do nascimento aos 6 anos), temos o desenvolvimento, que é o período mais crítico para o desenvolvimento cerebral, onde ocorrem a maior parte das conexões neurais. A criança aprende a andar, falar e a expressar emoções. O comportamento tem como foco explorar o ambiente mais próximo, construir laços afetivos e desenvolver habilidades motoras (grossas e finas). A interação com os cuidadores (pais, familiares e professores) e a segurança do ambiente são cruciais.

A teoria de Piaget (2012) corrobora o desenvolvimento e aprendizado na primeira infância, pois enfatiza o desenvolvimento cognitivo através de estágios, principalmente o sensório-motor (do nascimento aos 2 anos) e o pré-operatório (de 2 a 7 anos). Durante a primeira infância a criança aprende ativamente, usando seus sentidos e ações para construir seu conhecimento, o que influenciou profundamente a educação infantil, promovendo abordagens lúdicas e exploratórias.

Para Piaget (2012), as implicações para a educação, a teoria que fundamenta a educação infantil está baseada na exploração e na experiência, onde a criança é a protagonista da sua própria aprendizagem. Ele argumenta que ambientes ricos em oportunidades para manipulação de objetos, experimentação e resolução de problemas são essenciais.

Piaget (2012) enfatiza que a atuação do educador é criar um ambiente seguro para que a criança possa construir seu conhecimento ativamente, em vez de apenas receber informações passivamente. Ele enfatiza que é importante respeitar o nível de compreensão da criança, oferecendo experiências que estejam alinhadas ao seu estágio de desenvolvimento.

Pelos estudos de Piaget (2012), aprendizado é a base para o desenvolvimento cognitivo, emocional e social. A criança absorve informações do ambiente (estruturado ou não) e a qualidade das experiências (positivas ou negativas) tem um impacto duradouro.

Existe entendimento pelos conceitos de Vygotsky (2010, p. 55-80), que o ambiente social e cultural desempenha papel fundamental na formação da mente e no desenvolvimento das habilidades cognitivas das pessoas. Sua abordagem enfatiza a importância das interações sociais, da linguagem e da cultura no desenvolvimento humano.

Entre os conceitos de Vygotsky (2010), o mais importante está na ideia da zona de desenvolvimento proximal (ZDP), que representa a diferença entre o nível de habilidade atual de uma pessoa e o potencial que ela pode alcançar com o apoio de um tutor ou orientação adequada. Ele enfatizava a importância dos adultos ou colegas mais experientes como mediadores para ajudar os indivíduos a alcançarem seu potencial máximo.

Vygotsky (2010) também destacou a internalização das experiências sociais e culturais como um processo pelo qual os indivíduos absorvem e internalizam os conhecimentos e as habilidades adquiridas por meio da interação com os outros e com o ambiente.

Portanto, o desenvolvimento do aprendizado é um processo contínuo e multifacetado de aquisição de novos conhecimentos, habilidades e comportamentos, fundamental para o crescimento pessoal e profissional, envolvendo etapas como aquisição, prática e reflexão, sendo influenciado por teorias como as de Piaget (2012) (desenvolvimento precede aprendizado) e Vygotsky (2010) (aprendizado e desenvolvimento são inseparáveis), onde o ambiente e a interação desempenham papéis cruciais na formação do ser autônomo e capaz de atuar na sociedade.

Alguns autores dividem essa fase, do nascimento aos 3 anos, pois sinalizam como o período de aprendizado intenso e formação de base. Dos 4 a 6 anos, a criança começa a ter mais autonomia, desenvolve a capacidade de seguir rotinas, brincar e praticar esportes.

A segunda Infância (dos 6 anos até a puberdade), apresenta o desenvolvimento na sua fase mais importante, pois, é a fase de latência, marcada pelo aprimoramento das habilidades cognitivas. O raciocínio lógico e o aprendizado escolar se tornam mais complexos. O comportamento da criança se torna mais consciente de si e do mundo. Há maior desenvolvimento da autorregulação emocional, a capacidade de se acalmar e enfocar em tarefas.

Quanto ao aprendizado, a escola se torna o centro da vida social, com o aprendizado de leitura, escrita e outras disciplinas. Ocorre o desenvolvimento da independência e da socialização mais ampla com outras crianças e adultos. Todavia, é o período de socialização que corresponde a uma fase de maior desenvolvimento social e de interação com o grupo de iguais. Pode haver mais conflitos com os pais, familiares e colegas.

Todo o processo acontece no e com o corpo vital humano quando o corpo denso fica sob seu domínio. Todavia, após o sétimo ano, faz com que o corpo vital cresça muito rapidamente, mas por volta do décimo quarto ano o corpo de desejos individual nasce do "ventre" do corpo de desejos macrocósmico, então fica livre para trabalhar em seu corpo denso. O crescimento excessivo começa a ser controlado e a força até então usada para esse fim torna-se disponível para a propagação, para que a "planta humana possa florescer e produzir frutos". Portanto, o nascimento do corpo de desejos pessoal marca o período da puberdade.

A partir desse período, a atração pelo sexo oposto é sentida, sendo especialmente ativa e desenfreada no terceiro período setenário da vida, ou seja, do décimo quarto ao vigésimo primeiro ano de vida, porque a mente restritiva ainda não floresceu.

Devemos lembrar que a assimilação e o crescimento dependem das forças que trabalham ao longo do polo positivo do éter químico do corpo vital (Heindel, 2011). O indivíduo se liberta dessa dependência, aproximadamente, a partir do sétimo ano de vida, juntamente com o equilíbrio do corpo vital. Apenas o éter químico está totalmente maduro naquele momento; os outros éteres (vital, luminoso e refletor) precisam de mais amadurecimento. No décimo quarto ano, o éter de vida (ou vital) do corpo vital, que está intimamente ligado à propagação, está totalmente maduro. No período de sete a quatorze anos de idade, a assimilação excessiva armazena grande quantidade de força vital que vai para os órgãos sexuais e o éter vital está pronto quando o corpo de desejos é emancipado, a partir da pré-adolescência.

A pré-adolescência é um período de transição entre a infância e a adolescência, geralmente dos 10 aos 13 anos, marcado por rápidas mudanças físicas, emocionais e cognitivas. Durante esta fase ocorrem os primeiros sinais da puberdade, mas também surgem o amadurecimento emocional, o início da busca por identidade, a necessidade de autonomia, o pertencimento e questionamentos sobre o mundo e sobre si mesmo.

No sétimo ano de vida, o corpo vital da criança atinge perfeição suficiente para permitir que ela receba impactos do mundo exterior. Ele perde sua cobertura protetora de éter (*a logística do corpo vital macrocósmico*) e começa sua vida livre; portanto, fica livre para procurar sua própria logística no ambiente mais próximo. Agora começa o tempo em que educadores escolares/familiares podem trabalhar o corpo vital e ajudar essa criança na formação da memória, da consciência, dos bons hábitos e de temperamento harmonioso. Autoridade e disciplina são as palavras de ordem desta época, quando a criança deve aprender o significado das coisas externas e internas.

Por exemplo, na primeira época, a criança aprende o que as coisas são, mas não deve se preocupar com seu significado, exceto o que possa captar por si mesma. Na segunda época, dos 7 aos 14 anos de idade, é essencial que a criança aprenda o significado delas, mas deve aprender a aceitar as coisas com a autoridade dos pais e professores, memorizar suas explicações em vez de raciocinar por si mesma, pois a razão pertence a um desenvolvimento posterior; embora a criança possa fazê-lo por conta própria, com proveito; portanto, é prejudicial neste período forçá-la a pensar.

Todavia, não se deve imaginar que quando o corpinho de uma criança nasce, o processo de nascimento está completo. O corpo físico, denso teve a evolução mais longa. Por analogia, como um sapateiro que trabalhou em seu ofício por vários anos é mais experiente do que um aprendiz e pode fazer sapatos melhores e mais rápido, assim também o triple Ego que construiu muitos corpos físicos os produz rapidamente (pelo adequado sequenciamento do DNA dos pais biológicos), mas o corpo vital é uma aquisição posterior do ser humano.

Portanto, o ser humano não é especialista em construir e educar um corpo vital. Consequentemente, leva mais tempo para construí-lo a partir dos materiais não usados na confecção do revestimento do arquétipo (Heindel, 2011), pois, geralmente, o corpo vital não nasce antes da criança completar sete anos de idade.

Quando o corpo vital nasce por volta dos sete anos de idade, é um período de crescimento em que uma nova relação é estabelecida entre pais, filhos e familiares próximos. Essa nova relação pode ser expressa por duas palavras: *autoridade* e *disciplina*. Nesse período, a criança deve aprender determinadas lições com base na fé, na autoridade e na disciplina de seus professores/educadores (análogo à *fase patrística*), seja em casa ou na escola, pois, como a memória é um atributo ou faculdade do corpo vital (com repercussão no biológico e na mente); todavia, agora, a criança pode memorizar o que é aprendido.

A memória é a capacidade mental de codificar, armazenar e recuperar informações, experiências e conhecimentos; essencial para nossa identidade, aprendizado e adaptação. Envolve processos como codificação (transformação em traços neurais), consolidação (armazenamento) e evocação (recuperação). Existem tipos de memórias como a de curto prazo (momentânea) e longo prazo (duradoura), além de memórias explícitas (fatos, eventos) e implícitas (habilidades motoras).

No biológico, o "principal órgão da memória" é o hipocampo. Uma estrutura no lobo temporal crucial para formar novas memórias, mas as memórias são armazenadas e acessadas por diversas áreas do cérebro, incluindo o córtex, amígdala e outras regiões, formando redes neurais que se fortalecem com o uso e a ***repetição***, sendo a memória um processo distribuído e dinâmico, não localizado em um único ponto. O atributo básico do corpo vital é a ***repetição***.

Portanto, a criança é eminentemente ensinável; particularmente porque não é tendenciosa por opiniões preconcebidas que impedem a maioria dos adultos de aceitar novos pontos de vista. No final deste segundo período, próximo de doze a quatorze anos de idade, o corpo vital se encontra desenvolvido e a puberdade é alcançada. Todavia, existe a puberdade tardia.

Puberdade tardia é o atraso no início das mudanças físicas da puberdade, definida como a ausência de desenvolvimento em meninas após os 13 anos ou meninos após os 14 anos. Geralmente indica que a criança se desenvolverá mais tarde, mas normalmente, sendo muitas vezes uma variação normal da família (atraso constitucional). Pode ser causada por doenças crônicas, desnutrição, excesso de exercício ou fatores genéticos. O diagnóstico envolve exames físicos, hormonais e de imagem para investigar a causa (ou causas), com tratamento direcionado para cada caso, podendo incluir terapia hormonal para induzir o desenvolvimento.

Por outro lado, as crianças que "morrem" antes do sétimo ano de idade, nasceram apenas no que diz respeito aos corpos denso e vital e não são responsáveis perante a Lei de Consequência (de Causa e Efeito). Mesmo até os doze ou quatorze anos de idade, o corpo de desejos está em "processo de gestação", pois, aquilo que não foi vivificado não pode morrer, ou seja, apenas os corpos denso e vital entram em decomposição quando uma criança morre.

Nessa condição, o ser humano (a criança) retém seu corpo de desejos e a mente para o próximo nascimento (diagrama II). Portanto, a criança não percorre todo o caminho que o triple Ego geralmente percorre em um ciclo de vida (diagrama II), mas apenas ascende ao Primeiro Céu para aprender lições necessárias. Depois de uma espera de um a vinte anos (aproximadamente), essa criança pode renascer na mesma família, ou ser encaminhada para nascer em outra família.

A Sincronicidade Psíquica, Mental e Afetiva do Corpo de Desejos

Com base nos estudos de Heindel (2011, p. 28-56) em "The Desire Body", da infância à puberdade, os veículos ou corpos do recém-nascido não se tornam ativos imediatamente após o nascimento. O corpo denso fica indefeso por muito tempo após o nascimento, como vimos no capítulo anterior.

Acontece o mesmo com as forças que atuam no corpo de desejos. O sentimento passivo de dor física está presente, enquanto o sentimento de emoção está quase totalmente ausente. A partir da primeira infância, a criança mostrará emoção à menor provocação, mas a duração dessa emoção é apenas momentânea. Tudo está na superfície.

Por analogia, o corpo vital da planta constrói folha após folha, levando o caule cada vez mais alto. Se não fosse pelo corpo de desejos macrocósmico, ele continuaria assim indefinidamente, mas o corpo de desejos macrocósmico intervém em certo ponto e impede o crescimento posterior. A força que não é necessária para o crescimento adicional está disponível para outros fins e é usada para construir a flor, o fruto e a semente.

Da mesma forma, o corpo vital humano, quando o corpo denso fica sob seu domínio, após o sétimo ano, faz com que este cresça muito rapidamente, mas por volta do décimo quarto ano o corpo de desejos individual nasce do "útero" do corpo de desejos macrocósmico; portanto, o indivíduo fica livre para trabalhar em seu corpo denso. O crescimento excessivo é controlado e a força até então usada para esse fim torna-se disponível para propagação, para que "a planta humana" possa florescer e produzir frutos. É quando o adolescente se capacita para formar espermatozoide e engravidar uma mulher. Por outro lado, a adolescente se capacita para gerar óvulos e engravidar.

> Quanto à aquisição da genitalidade plena, a maturidade, ou a saúde, assume uma forma especial quando o adolescente se transforma em um adulto que pode se tornar pai. É conveniente que um jovem que gostaria de ser igual ao pai sonhe heterossexualmente e desempenhe de forma plena sua capacidade genital; e também que uma jovem que deseja ser igual à mãe seja capaz de sonhar heterossexualmente e experimentar o orgasmo genital na relação sexual. O teste é: será que a experiência sexual pode ser acompanhada do afeto e dos sentidos mais amplos da palavra "amor"? (Winnicott, 2021, p. 22).

Portanto, o nascimento do corpo de desejos individual marca o período da puberdade. A partir desse período, a atração pelo sexo oposto é sentida, sendo especialmente ativa e desenfreada no terceiro período setenário da vida - do décimo quarto ao vigésimo primeiro ano de vida - porque a mente restritiva ainda não nasceu.

No entanto, não se deve imaginar que quando o corpinho de uma criança nasce, o processo de nascimento está completo. O corpo físico, denso teve a mais longa evolução que o corpo vital. O corpo de desejos é uma adição posterior do ser humano. Esse corpo (que ainda é invisível para a maioria das pessoas) não é trazido à luz até o décimo quarto ano, aproximadamente, quando a natureza de desejos se expressa mais fortemente durante a chamada juventude "quente e descontrolada", pois, a mente que completa o ser humano não nasce até o vigésimo primeiro ano, aproximadamente. Para a sociedade humana, essa idade é reconhecida como a primeira vez que a pessoa está apta a exercer sua responsabilidade social.

Por volta dos quatorze anos de idade, em geral, temos o nascimento do corpo de desejos, que marca o início da autoafirmação. Nos primeiros anos, a criança se considera mais pertencente a uma família e subordinada "aos anseios" de seus pais e da família do que após o décimo quarto ano. A razão é que na garganta do feto e da criança pequena existe uma glândula, chamada glândula timo, que é maior antes do nascimento; no entanto, depois diminui gradualmente ao longo dos anos da infância e finalmente desaparece em idades que variam de acordo com as características da criança.

Os anatomistas ainda ficam intrigados quanto à função deste órgão e ainda não chegaram a nenhuma conclusão definitiva, mas foi sugerido que antes do desenvolvimento dos ossos da medula vermelha, a criança não é capaz de fabricar seu próprio sangue; portanto, a glândula timo contém uma essência, fornecida pelos pais biológicos, sobre o qual a criança pode recorrer durante a infância, até ser capaz de fabricar e regular a temperatura do seu próprio sangue.

Essa teoria, pela fisiologia humana, é verdadeira, pois, à medida que o sangue da família flui na criança, ela se considera parte da família e não como uma pessoa singular, um triple Ego, ou seja, não exerce a função do "Eu Sou". Mas quando começa a fabricar seu próprio sangue, quando o triple Ego se afirmar, não será mais a menina do papai ou o filhinho da mamãe. Terá sua própria identidade. Então vem a idade crítica em que ***durante o período da adolescência, os pais colhem o***

que plantaram desde o nascimento da criança, somados às tendências da criança.

> É difícil nos lembrarmos do quão moderno é o conceito de indivíduo humano. Talvez a luta para alcançar esse conceito se reflita no nome hebraico bíblico com que se designava Deus. O monoteísmo parece estar muito vinculado à expressão eu sou. Sou o que sou. (*Cogito, ergo sum* é diferente: o *sum* aqui significa que tenho um *sentido* de existência como pessoa, que sinto em meu juízo que minha existência foi provada. Mas aqui estamos preocupados com um estado não autoconsciente de ser, para além de exercícios intelectuais de autoconsciência.) Será que esse nome conferido a Deus (eu sou) reflete o perigo ao qual o indivíduo sente que está exposto quando está a ponto de alcançar o estado de um ser individual? Se eu sou, é porque consegui agrupar isto e aquilo, reivindiquei que isto sou eu e repudiei todo o resto; ao repudiar o não eu, insultei o mundo, por assim dizer, e posso aguardar um ataque. Então, quando as pessoas chegaram pela primeira vez ao conceito de individualidade, rapidamente o colocaram no céu e lhe deram uma voz que só um Moisés conseguiria escutar (Winnicott, 2021, p. 60).

A mente ainda não "nasceu", ou seja, não está suficiente madura, pois nada mantém a natureza do desejo sob controle e muito depende de como a criança foi educada nos anos anteriores e do exemplo presencial de vida que os pais e familiares apresentaram diante da criança; todavia, não pelo que falaram.

Pelos estudos de Winnicott (2021, p. 60), nessa fase da vida, a autoafirmação, o sentimento "eu sou", é mais forte do que em qualquer outro momento; portanto, a autoridade paterna deve dar lugar ao conselho, à orientação, ao exemplo prático. Os pais devem praticar a máxima tolerância, pois em nenhum momento da vida um ser humano precisa tanto de simpatia quanto durante os próximos sete anos, ou seja, de catorze aos vinte e um anos de idade, quando a natureza do desejo é indisciplinada e impulsiva.

Como analisado por Heindel (2011), o corpo de desejos requer proteção contra os ataques do Mundo do Desejo até que, por volta do décimo quarto ano, nasça, na época que chamamos de puberdade. Nesse período a mente não está suficientemente madura para ser liberada de sua "capa protetora", até que o sujeito atinja a maioridade por volta dos vinte e um anos de idade (reconhecido pelas normais e lei social). Esses períodos são aproximadamente corretos, pois cada pessoa difere de todas as outras em relação aos períodos exatos, mas os dados são próximos o suficiente para serem analisados coletivamente.

Pelas análises de Heindel (2012, p. 87-146) em "*The Rosicrucian Cosmo-Conception*", quando o triple Ego termina seu dia na escola da vida, a força centrífuga da *Repulsão* faz com que ele se livre de seu veículo denso pelo "processo da morte"; o próximo será o corpo vital. Nessa fase, no Purgatório, a matéria de desejo mais grosseira acumulada pela falta de experiência do triple Ego, como personificação de seus desejos mais baixos (diagrama I), é purgada pela *força centrífuga*. Nos reinos superiores, apenas a força de atração domina e mantém o "Bem" por ação da *força centrípeta*, que tende a atrair tudo da periferia para o centro.

A *força centrípeta* (de atração) também governa quando o triple Ego está renascendo (diagrama II). Sabemos que podemos atirar uma pedra mais longe, do que atirar uma pena de ave. Portanto, a matéria mais grosseira é lançada para fora após a morte do corpo denso pela ação da força de *Repulsão*; todavia, pela mesma razão a matéria mais grosseira em que o triple Ego que retorna incorpora as ***tendências*** para o "Mal" que é volvida para dentro, para o centro pela *força centrípeta* (pela atração) como resultado, pois, quando uma criança nasce tudo o que é melhor e mais puro aparece do lado de fora.

Portanto, em parte responde algumas perguntas, do porquê a partir da puberdade começam a se manifestar determinadas enfermidades, doenças psíquicas e mentais, bem como a partir do início da puberdade começam aparecer os "lados obscuros" do sujeito, conforme analisado por Cruz (2026) em "Estudo de Caso Jeffrey Dahmer: Entropia Psíquica ou Esquizofrenia?" e CRUZ (2020) em "C. G. Jung e os Condensados Bose-Einstein: Processos Psíquico-quânticos do Apokalypsis de São João".

Assim, são apresentadas evidências teóricas e de observação cujo objetivo é extinguir as falhas (que são ministradas em universidades, nos cursos de formação de Psicólogos) das teorias de psicanálise de Sigmund Freud e de seus sucessores, quando se constata que o processo de "***busca da verdade***" não foi apresentado corretamente, quanto aos conceitos de "id, ego e superego", "narcisismo", "complexo de Édipo", "histeria", "neurose", "inconsciente" etc., ***ao apresentar hipóteses e observações da origem e estrutura do triple Ego e da triple personalidade***.

Evidências teóricas são os modelos, hipóteses e estruturas conceituais que guiam a ciência, enquanto evidências de observação são os dados empíricos coletados através de experimentos ou observação (pela minha "*pesquisa-ação*") direta da natureza, sendo que as duas interagem constantemente, pois a teoria informa o que observar e os dados observacionais servem para testar, refutar ou confirmar essas teorias, formando o ciclo do método científico.

Portanto, o meu entendimento é corroborado por Aristóteles, que parte do nosso comportamento é orientado pelo "*fenômeno da imaginação*" da busca do prazer e pela evitação da dor.

Diante desses desdobramentos psicanalíticos poucos esclarecedores da realidade psíquica do sujeito, torna-se necessário conhecer as análises críticas pelos contextos psicológicos de Jung (2014, §230-522) em "Freud e a Psicanálise", quando se apreende "*A teoria da sexualidade infantil*", "*O conceito de libido*", "*O complexo de Édipo*" e "*A etiologia da neurose*", pois, temos a chance de corrigir o *fenômeno imaginativo* da "teoria do princípio do prazer" de Sigmund Freud, também, apresentado em artigo científico por Cruz (2025, p. 01-20). *É quando ajuizamos que as teorias freudianas percorrem o processo de obsolescência da prática clínica do tratamento psicológico.*

> Como já disse, a observação das fantasias sexuais prematuras, consideradas como fonte das neuroses, levou Freud a admitir uma sexualidade infantil ricamente desenvolvida. Como os senhores sabem, muitos contestam pura e simplesmente o caráter real destas observações, isto é, acham que foi um erro grosseiro e uma obcecação obstinada que induziram Freud e toda a sua escola, tanto na

> Europa como na América, a ver coisas que realmente não existiam. Por isso, consideram-nos pessoas atacadas por uma epidemia intelectual. Devo confessar que não tenho meios para me defender dessa "crítica". De resto, devo observar que a chamada ciência não tem direito de afirmar a priori que certos fatos não existem. No máximo, o que se pode dizer é que tais fatos parecem pouco prováveis e necessitam de maior confirmação e estudo mais acurado. Também não é válida a objeção de que nada de fidedigno se possa descobrir com este método psicanalítico, por ser ele irracional. Também, na época não se acreditou no telescópio de Galilei, e Colombo descobriu a América baseado numa hipótese falsa. Na minha opinião, o método pode estar repleto de erros, mas isto não impede que o utilizemos. Também se fizeram, antigamente, determinações de tempo e lugares com observações astronômicas inteiramente insatisfatórias. As objeções contra o método devem ser consideradas subterfúgios, até que os oponentes pisem no campo dos fatos. É aqui, e não com guerra de palavras, que se decide o problema (Jung, 2014, §230).

Como apresentado acima, quando uma criança nasce, tudo o que é melhor e mais puro aparece do lado de fora. *O mal latente geralmente não se manifesta até depois que o corpo de desejos nasce por volta dos quatorze anos de idade e as correntes de energia nesse veículo começam a sair do fígado.* Nesse momento, no período da adolescência, o triple Ego começa a "viver" sua vida individual e mostrar o que está no ***núcleo*** da triple personalidade.

Portanto, agora podemos analisar o porquê que o período de adolescência é um tempo de experimentação e crescimento quase sem controle. É um período de incerteza, turbulento, desafiador, tempestuoso e difícil para o ser humano de ambos os sexos.

O corpo de desejos nasce por volta de catorze anos de idade, época da puberdade. Esse é o momento em que os sentimentos e paixões estão começando a exercer seu poder sobre o(a) jovem à medida que a matriz da matéria de desejos é removida, pois, antes protegia o corpo de desejos. Este é, na maioria dos casos, um tempo difícil e é bom para os adolescentes que aprenderam a olhar reverentemente para seus pais e ou professores, pois, serão seus paradigmas.

Se adolescentes estão acostumados a aceitar as declarações de seus pais com confiança e se seus responsáveis lhe deram ensinamentos sábios, provavelmente, já terão desenvolvido algum senso inerente de verdade que será um guia seguro. Todavia, apenas na medida em que falharam em fazê-lo, esses jovens estarão sujeitos a ficarem à deriva durante esse período tempestuoso, que é a adolescência.

> Alguns adolescentes sofrem muito, e não oferecer ajuda pode ser crueldade. É comum que sejam suicidas aos catorze anos, e é deles a tarefa de tolerar a interação de muitos fenômenos disparatados – a própria imaturidade, as próprias mudanças relativas à puberdade, as próprias ideias do que é vida e os próprios ideais e aspirações; acrescente-se a isso uma desilusão pessoal com o mundo dos adultos, que lhes parece essencialmente um mundo de compromissos, de falsos valores e de digressões infinitas em relação ao tema central. À medida que deixam esse estágio, os adolescentes começam a se sentir reais, e adquirem um senso de self e um senso de ser. Isso é saúde. Do ser, vem o fazer, mas não pode haver *fazer* antes do *ser* – eis a mensagem que eles nos enviam. Não é necessário encorajar os adolescentes que têm dificuldades pessoais e que tendem a ser rebeldes enquanto ainda são dependentes; eles realmente não precisam de encorajamento. Lembramos que as fases finais da adolescência constituem uma idade de aquisições excitantes, em termos de aventuras; por isso é algo bom assistir ao surgimento de um jovem ou de uma jovem da adolescência para os primórdios de uma identificação com a paternidade ou a maternidade e com a sociedade responsável. Ninguém poderia dizer que a palavra "saúde" é sinônimo de "fácil". Isso é especialmente verdadeiro na área de conflito entre a sociedade e seu contingente adolescente (Winnicott, 2021, p. 20-21).

Portanto, quando uma pessoa "morre", ou seja, é resgatada na infância em uma vida, ele ou ela não raramente se lembra dessa vida no próximo corpo, porque crianças menores de quatorze anos não viajam em torno de todo o ciclo de vida, o que exige a construção de um conjunto completo de novos corpos. Eles simplesmente passam para as regiões superiores do Mundo do Desejo e lá esperam por um novo renascimento (diagrama II), que geralmente ocorre de um a vinte anos após a morte, ou o resgate. Quando eles retornam ao nascimento, eles trazem consigo a velha mente e o corpo de desejos, com as experiências aprendidas durante o seu período de vida fora do corpo denso.

A Sincronicidade Psíquica, Mental e Afetiva do Corpo de Desejos: Sua Aparência e Funções

Pelos estudos de Heindel, 2012, p. 139-146), além do corpo denso que é visível e do corpo vital que pode ser detectável, também temos um corpo feito de conteúdos de desejo, a partir do qual formamos nossos sentimentos e emoções. Este veículo nos impele pela busca do prazer, pois está unido à mente.

Enquanto os dois corpos que falamos, que se encontram bem-organizados, o corpo de desejos aparece à vista espiritual como uma nuvem ovoide que se estende de dezesseis a vinte polegadas além do corpo físico. Está acima da cabeça e abaixo dos pés, de modo que nosso corpo denso fica no centro dessa "nuvem" em forma de ovo, assim como a gema está no centro de um ovo.

A razão para o estado rudimentar deste veículo, ou corpo, é que ele foi adicionado à constituição humana mais recentemente do que os corpos mencionados anteriormente: os corpos denso e vital. A evolução da forma pode ser comparada à maneira pela qual os sucos (matéria gelatinosa) do caracol primeiro se condensam em carne e depois se tornam uma casca dura. Quando nosso corpo visível atual germinou pela primeira vez no Espírito (no Triple Ego), era uma forma do pensamento, mas gradualmente se tornou mais denso e mais concreto até ser, agora, uma cristalização química (Tabela 3).

O corpo vital foi emanado em seguida pelo Espírito (pelo triple Ego) como um pensamento-forma (ou pensamento que ganhou forma) e está no terceiro estágio de concreção, que é etéreo. O corpo de desejos é uma aquisição ainda posterior. Essa também era um pensamento-forma em seu início, mas agora se condensou com conteúdo de desejos.

A mente, recebida recentemente, ainda é apenas um pensamento-forma, nubloso.

Braços e membros, ouvidos e olhos não são necessários para usar o corpo de desejos, pois ele pode deslizar pelo espaço mais rapidamente do que o vento sem os meios de locomoção de que necessitamos neste mundo visível.

Quando visto pela visão espiritual, parece que há neste corpo de desejos uma série de vórtices giratórios de energia. É uma característica do material ou conteúdo de desejo estar em constante movimento e do *vórtice principal na região do fígado*. Há um fluxo constante de ressurgência que irradia para a periferia desse corpo em forma de ovo e retorna ao centro através de uma série de outros vórtices.

O corpo de desejos exibe todas as cores e matizes que conhecemos e um grande número de outras cores que são indescritíveis na linguagem do senso comum. Essas cores variam em cada pessoa de acordo com suas características e temperamento e variam de momento a momento, à medida que humores, fantasias ou emoções passageiras são experimentadas pelo sujeito pela sua *subjetividade*.

Para a ciência empírica, *subjetividades* referem-se à forma como a experiência, valores e perspectivas pessoais dos cientistas influenciam a prática da ciência, desafiando a ideia de uma objetividade pura e mostrando que a produção de conhecimento envolve dúvidas, interpretações e a construção da realidade, especialmente nas ciências humanas, onde o próprio sujeito (o pesquisador) é parte do objeto (o humano). Isso envolve a análise de como os pesquisadores lidam com incertezas, como escolhem seus métodos e como a cultura e a história moldam a forma de ver o mundo; com a psicologia sendo um exemplo claro ao focalizar na singularidade do indivíduo.

No Conhecimento Psicológico, a *subjetividade* refere-se à maneira única e singular como cada indivíduo experimenta e interpreta o mundo, construída por meio de suas vivências, emoções, relações sociais, cultura e história pessoal. Este conceito parece ser fundamental para a compreensão do indivíduo, sendo estudado tanto em sua dimensão individual (as experiências e sentimentos únicos) quanto social (a influência das interações e do contexto histórico-cultural na construção da identidade).

Assim, temos as concepções da *subjetividade* em psicologia na sua origem e construção. A *subjetividade* não é inata, mas se constrói ao longo da vida através da apropriação ativa do mundo social e cultural.

A singularidade é a marca individual que diferencia as pessoas. Uma mesma experiência pode ter significados e efeitos diferentes para cada indivíduo, dependendo de suas vivências passadas, como traumas de infância, por exemplo. Temos a interpretação pessoal, que é o conjunto de ideias, sentimentos e significados baseados no ponto de vista de cada pessoa, influenciado por seus próprios interesses e desejos, em contraste com a objetividade, que pode ser verificada por diferentes sujeitos.

Por outro lado, cada indivíduo tem sua relação com o mundo social, pela *subjetividade individual*, que se refere à forma como o indivíduo age, se relaciona e lida com a sociedade, construindo sentido através das experiências. A *subjetividade social* que se refere à influência do contexto social, como os meios de comunicação social e as notícias pessimistas, na maneira como o indivíduo vê o mundo.

Portanto, pelo processo de agenciamento, a *subjetividade* se desenvolve na relação entre as forças que atravessam o indivíduo e as práticas sociais, num processo contínuo e fluido de afirmação de si mesmo. Todavia, temos a atuação da linguagem que é um elemento crucial na construção da *subjetividade*, pois permite a comunicação, o afeto e a criação de unidades de sentido que moldam a existência humana.

Por exemplo, houve um tempo na história passada da Terra em que a incrustação ainda não estava completa e os seres humanos daquela época viviam em ilhas aqui e ali, em meio a mares ferventes. Eles ainda não haviam desenvolvido olhos ou ouvidos, mas um pequeno órgão: a glândula pineal, que os anatomistas chamaram de terceiro olho, projetava-se pela parte de trás da cabeça (hoje, o córtex visual primário e secundário) e era um órgão localizador do sentido que avisava o indivíduo quando ele chegava muito perto de uma cratera vulcânica, pois, permitia-lhe escapar da destruição do seu corpo denso. Desde então, os hemisférios cerebrais cobriram a glândula pineal, em vez de um único órgão do sentido, todo o corpo por dentro e por fora tornou-se sensível a impactos, que é um estado de desenvolvimento muito mais elevado.

No corpo de desejos, cada partícula é sensível a vibrações semelhantes às que chamamos de visão, audição e sentimento, pois cada partícula está em movimento incessante, num *movimento quântico*, girando rapidamente de modo que, no mesmo instante, pode estar no topo e na base do corpo de desejos e transmitir em todos os pontos a todas as outras partículas uma sensação daquilo que experimentou. Assim, cada partícula de matéria de desejo sentirá instantaneamente qualquer sensação experimentada por qualquer partícula única. Portanto, o corpo de desejos é de natureza extremamente sensível, capaz dos sentimentos e emoções mais intensos.

Entende-se por "*movimento quântico*" ao movimento de partículas subatômicas na mecânica quântica, que se desvia da física clássica, ou a um termo usado em tecnologias emergentes como a computação quântica. Na física quântica, o movimento quântico de partículas como elétrons ao redor do núcleo de um átomo é regido por probabilidade e incerteza, diferentemente da trajetória previsível de objetos macroscópicos, conforme descrito pela física clássica, Alvarenga (2007).

O corpo de desejos é o veículo ou corpo de sentimentos e emoções que estão sempre mudando de momento a momento. Quando falamos que os éteres (luminoso e refletor) que forma o nosso corpo-alma (o *Soma Psuchicon* - Ψυχή Σώμα) estão em constante movimento e se misturam com a corrente sanguínea, esse movimento é relativamente lento em comparação com a rapidez das correntes de energia do corpo de desejos.

A matéria do desejo se move com rapidez inconcebível, comparável apenas à velocidade da luz; todavia, pode ser compatível com a teoria eletromagnética de Maxwell[40], com base na teoria da relatividade, proposta por Albert Einstein (Oliveira Filho; Saraiva, 2013, p. 623-685) e analisada por Russell (1960) em "ABC da Relatividade".

Os impulsos do corpo de desejos conduzem o sangue através do sistema em velocidades variadas, de acordo com a força das emoções do sujeito. Os materiais das regiões inferiores e superiores entram na composição dos corpos de desejos (diagrama I, Mundo do Desejo) da grande maioria da humanidade. Nenhum é tão ruim, mas esses materiais têm boas características na atuação da força das emoções da triple personalidade. Isso se expressa nos materiais, ou conteúdos de desejos das regiões superiores que encontramos nos corpos de desejos. Por outro lado, muito, muito poucos são tão bons que não usam os materiais das regiões inferiores.

Da mesma forma que os corpos vital planetário e de desejos interpenetram a matéria densa da Terra, os corpos vital e de desejos interpenetram o corpo denso da planta, do animal e do ser humano. Mas durante o dia a dia na vida do ser humano, seu corpo de desejos não tem a forma de seus corpos denso e vital. Após o processo de morte, o corpo de desejos assume a forma do corpo vital. Durante a vida do sujeito na Terra, o corpo de desejos tem a aparência de um ovoide luminoso que, nas horas de vigília, envolve completamente o corpo denso, como a clara faz com a gema de um ovo. Estende-se de doze a dezesseis polegadas além do corpo denso.

Neste corpo de desejos há vários centros sensoriais; todavia, na grande maioria das pessoas, eles estão latentes. É o despertar desses centros de percepção que corresponde à abertura dos "olhos espirituais". A matéria no corpo de desejos humano está em movimento incessante, de rapidez inconcebível. Não há nele um lugar fixo para qualquer

[40] James Clerk **Maxwell** (1831-1879) foi um físico e matemático britânico. Ele é mais conhecido por ter dado a sua forma final à teoria moderna do eletromagnetismo, que une a eletricidade, o magnetismo e a óptica. Esta é a teoria que surge das **equações de Maxwell**, assim chamadas em sua honra e porque ele foi o primeiro a escrevê-las juntando a lei de Ampère, por ele próprio modificada, a lei de Gauss e a lei da indução de Faraday. Maxwell demonstrou que os campos elétricos e magnéticos se propagam com a velocidade da luz. Ele apresentou uma teoria detalhada da luz como um efeito eletromagnético, i.e., que a luz corresponde à propagação de ondas elétricas e magnéticas, hipótese que tinha sido posta por Faraday. Demonstrou em 1864 que as forças elétricas e magnéticas têm a mesma natureza: uma força elétrica em determinado referencial pode tornar-se magnética se analisada noutro e vice-versa. Ele também desenvolveu um trabalho importante em mecânica estatística, tendo estudado a teoria cinética dos gases e descoberto a chamada distribuição de Maxwell-Boltzmann. Maxwell é considerado por muitos o mais importante físico do séc. XIX, o seu trabalho em eletromagnetismo foi a base da relatividade restrita de Einstein e o seu trabalho em teoria cinética de gases fundamental ao desenvolvimento posterior da mecânica quântica (MQ).

partícula, como no corpo denso. A matéria que está na cabeça em um momento, pode estar nos pés no próximo momento e vice-versa.

Não há órgãos no corpo de desejos, como nos corpos denso e vital, mas existem centros de percepção, pois quando ativos, aparecem como vórtices de energia, permanecendo sempre na mesma posição relativa ao corpo denso, a maioria deles em torno da cabeça. Na maioria das pessoas, eles são meros redemoinhos e não têm utilidade como centros de percepção. Eles podem ser despertados, mas *métodos diferentes produzem resultados diferentes*.

O método terapêutico apresentado em artigo científico por Cruz (2025) é a abordagem ou conjunto de técnicas que profissionais em Psicologia, Psiquiatra podem utilizar para ajudar pessoas a lidarem com seus sofrimentos, conflitos, transtornos mentais, melhorar o bem-estar, desenvolver autoconhecimento e mudar padrões de comportamento, pensamentos e emoções. Variando da abordagem da Psicanálise, da Terapia Cognitivo-Comportamental (TCC) etc., a *Terapia de Retrospecção e Concentração (TRC)* tem como objetivo, finalidade e propósito a promoção de mudanças duradouras e qualidade de vida para a tríple personalidade.

Por exemplo, no *clarividente involuntário* desenvolvido ao longo de linhas negativas impróprias, esses vórtices giram na direção oposta aos ponteiros de um relógio: *no sentido anti-horário*.

No corpo de desejos do *clarividente voluntário* devidamente treinado, eles giram na mesma direção que os ponteiros de um relógio: *no sentido horário*. Brilha com esplendor excessivo, superando em muito a luminosidade brilhante do corpo de desejos das pessoas comuns, ou seja, das pessoas que se guiam somente pelo senso comum. No *clarividente voluntário*, esses centros lhe fornecem meios para a percepção das coisas no Mundo do Desejo e ele vê e investiga o que quiser e em qualquer momento; no entanto, a pessoa cujos centros giram no *sentido anti-horário* (o clarividente involuntário) é como um espelho, que reflete o que passa diante dela. Essa pessoa é incapaz de buscar informações precisas e verdadeiras.

O que foi relatado acima é uma das diferenças fundamentais entre um médium e um clarividente positivo devidamente treinado. É muito difícil para a maioria das pessoas distinguir entre os dois; no entanto, há uma regra infalível que pode ser seguida por qualquer pessoa: nenhum vidente genuinamente desenvolvido jamais exercerá essa faculdade por dinheiro ou seu equivalente, nem a usará para satisfazer sua curiosidade, mas apenas para auxiliar a humanidade a elevar sua consciência e forma.

A Sincronicidade Psíquica, Mental e Afetiva do Corpo de Desejos: Efeito das Emoções e a Cor da Aura

A ciência moderna descobriu que toda a matéria está em um estado de fluxo, que as partículas que compõem nossos corpos se decompõem continuamente e são eliminadas do sistema, para serem substituídas por outras que permanecem por um curto período até que também se decomponham. Por analogia, nossos humores, emoções e desejos mudam a cada momento que passa, o velho sentimento dando lugar ao novo em uma sucessão interminável. Portanto, eles também devem ser compostos de matéria e sujeitos a leis semelhantes às que governam as substâncias físicas visíveis.

Vejamos como o corpo de desejos muda sob os diferentes sentimentos, desejos, paixões e emoções, para que possamos aprender a construir sabiamente e bem o "templo místico" em que habitamos.

Quando estudamos uma das chamadas ciências físicas, como anatomia ou arquitetura, que lida com coisas tangíveis, nossa tarefa é facilitada pelo fato de termos palavras que descrevem as coisas de que tratamos, mesmo assim a imagem mental concebida por uma palavra difere de acordo com a cultura e profissão de cada indivíduo. Quando falamos de uma "ponte", pode-se fazer uma imagem mental de uma estrutura de ferro de um milhão de dólares, outro pode pensar em uma prancha de madeira para atravessar um riacho etc.

A dificuldade que experimentamos em transmitir impressões precisas de nosso significado aumenta rapidamente quando tentamos transmitir ideias sobre as forças intangíveis da Natureza, como a eletricidade, por exemplo. Medimos a força da corrente em *volts*, o volume em *amperes* e a resistência do condutor em *ohms*, mas, na verdade esses termos são apenas invenções para encobrir nossa ignorância do assunto. Sabemos o que é um quilo de café, mas o maior cientista do mundo não tem uma concepção mais precisa do que são os *volts*, *amperes* e *ohms* sobre os quais ele fala com tanta sabedoria do que o estudante que ouve esses termos pela primeira vez.

Então, não é de admirar que assuntos suprafísicos (pela *metafísica*) sejam descritos em termos vagos e muitas vezes enganosos, pois não temos palavras em nenhuma linguagem física que descrevam com precisão esses assuntos e a pessoa está quase impotente e totalmente perdida por termos descritivos com os quais se expressar a respeito deles.

Pelos estudos de Kant (2001) em "Crítica da Razão Pura" e de Schopenhauer (2005) em "El Mundo como Voluntad y Representacion", entende-se por *metafísica*, que é o ramo da filosofia que investiga as questões fundamentais da realidade, como a natureza do ser, a existência, a causalidade, o espaço e o tempo, que está além da experiência empírica direta. Ela busca entender a essência das coisas e o que constitui o mundo em um nível fundamental, abrangendo desde as ideias de Aristóteles sobre o "ser enquanto ser" até questões modernas sobre a relação entre mente e matéria. As principais áreas de estudo da *metafísica* é a *ontologia*, que é o estudo do ser, da existência e das categorias da realidade. *Causalidade* que investiga sobre as causas e os efeitos que moldam a realidade. *Natureza da realidade* que é a análise do que é real, incluindo se apenas o que pode ser percebido pelos sentidos é real. *Relação* entre mente e matéria que examina como a consciência e a realidade física se relacionam. *Possibilidade* e *necessidade* que questiona se as coisas poderiam ser diferentes do que são.

Todavia, se fosse possível lançar imagens coloridas do corpo de desejos na tela e mostrar como esse *veículo quântico* muda de contorno e cor de acordo com as emoções, mesmo assim não daria uma compreensão adequada a qualquer pessoa que não fosse capaz de ver essas coisas por si mesmo, pois os corpos de cada ser humano diferem dos corpos de todos os outros na maneira como respondem a certas emoções. Aquilo que faz com que alguém sinta intenso amor, ódio, raiva, medo ou qualquer outra emoção pode deixar o outro totalmente intato, intocado.

Podemos observar várias vezes multidões com o propósito de comparação a esse respeito; todavia, encontraremos algo surpreendentemente novo e diferente do que havia sido observado até o momento. Por exemplo, as hipóteses do triple Ego e da triple personalidade como Conhecimento Psicológico.

Os pensamentos, sentimentos e emoções relacionados com a vida comum de cada pessoa é claramente visível, mas em determinado número de pessoas a cor azul escura mostra uma atitude de preocupação; parecia que eles haviam tido alguma decepção na vida e estavam muito inquietos. Até onde sejamos capazes de aprender pela observação, o medo interior de ceder à emoção, pelo transtorno da personalidade, parece exigir um choque que pode tirar a pessoa assim afetada de seu ambiente e a coloque em um novo lugar, entre novas condições, antes que as velhas condições psíquicas, mentais e emocionais possam ser superadas.

Essas condições podem ser analisadas pelos estudos da American Psychiatric Association (2025), que transtorno da personalidade é um padrão persistente de experiência interna e comportamento que se desvia acentuadamente das expectativas da cultura do indivíduo, pois, é difuso e inflexível, começa na adolescência ou no início da fase adulta, é estável ao longo do tempo e leva a sofrimento ou prejuízo.

Por exemplo, a ansiedade excessiva é uma condição em que as correntes de energia de desejos não percorrem longas linhas curvas em nenhuma parte do corpo de desejos, mas esse veículo fica cheio de redemoinhos; todavia, nada além de redemoinhos em casos extremos. A pessoa assim afetada não se esforça para agir sobre nenhuma linha de energia, seja psíquica, mental e emocional. O sujeito vê calamidades onde não há nenhuma e em vez de gerar correntes de energia que levam a ações que possam impedir a coisa ou objeto que ele teme, cada pensamento de preocupação causa um redemoinho no corpo de desejos e a pessoa não faz nada para alterar essa condição.

A condição de muita ansiedade é quando a preocupação se torna excessiva e interfere no dia a dia, causando sintomas físicos (coração acelerado, dor de cabeça, tensão muscular) e mentais (inquietação, dificuldade de concentração, insônia). Essa preocupação no corpo de desejos pode ser comparada à água que está prestes a congelar. O medo que se expressa como ceticismo, cinismo e pessimismo pode ser comparado a essa mesma água quando congela, pois os corpos de desejos de tais pessoas estão quase imóveis e nada que se possa dizer ou fazer parece ter o poder de alterar a condição. Essas pessoas são (para usar uma expressão comum que se encaixa perfeitamente na condição) "puxadas para dentro de uma espécie de concha psíquica", essa concha psíquica deve ser quebrada antes que seja possível chegar ao consciente e ajudar essas pessoas a saírem dessa lamentável condição.

Em geral, as condições acima podem ser observadas no corpo de desejos das pessoas com transtornos de ansiedade, como apresentado pela American Psychiatric Association (2025), que os transtornos da personalidade incluem os transtornos da personalidade paranoide, esquizoide e esquizotípica, pois, indivíduos com esses transtornos frequentemente parecem esquisitos ou excêntricos. Os transtornos da personalidade antissocial, borderline, histriônica e narcisista, pois, indivíduos com esses transtornos costumam parecer dramáticos, emotivos ou erráticos. Os transtornos da personalidade evitativa, dependente e obsessiva-compulsiva, que indivíduos com esses transtornos com frequência parecem ansiosos ou medrosos.

Por exemplo, algumas das emoções de medo e preocupação geralmente são causadas pela apreensão do sofredor de dificuldades econômicas ou sociais. Essas condições podem ser expressar: Talvez esse investimento que fiz possa se depreciar ou se tornar uma perda total. Posso perder minha posição e me encontrar morrendo de fome na rua. Tudo o que empreendo parece dar errado. Meus vizinhos estão me caluniando e tentando minar minha posição social. Meu marido (ou esposa) não se importa mais comigo. Meus filhos estão me negligenciando etc. Todavia, inúmeras sugestões de sentimentos e pensamentos semelhantes se apresentam à mente desses indivíduos.

Essas pessoas devem se lembrar de que toda vez que um desses pensamentos sejam admitidos contribuem no "congelamento" das correntes de energia, ou de força, no corpo de desejos e constroem uma espécie de "concha psíquica" na cor azulada escura com tons avermelhados, por exemplo. A pessoa que habitualmente promove o medo e a preocupação algum dia poderá se desligar do amor pessoal, da simpatia, da ajuda social e da ajuda de outras pessoas. Portanto, devemos nos esforçar para ser alegres e estar motivados mesmo em circunstâncias adversas, senão poderemos nos encontrar em alguma condição dessa mesma natureza, ou pior.

Por exemplo, no início da Primeira Guerra Mundial[41] e nas invasões germânicas na Segunda Guerra Mundial[42], pois, alteraram a vida psíquica das pessoas nos seus contextos sociopolíticos, socioeconômicos e socioculturais, como se observa em "Aspectos do Drama Contemporâneo" (Jung, 2013). As emoções da Europa se espalharam da maneira mais horrível, primeiro entre os chamados "vivos" e depois entre os mortos, quando se conscientizaram das condições em que se encontravam. Esse despertar demorou muito por causa das grandes armas usadas, pelo medo causado pelos estrondos antes de perderem seus corpos densos. Toda a atmosfera dos países envolvidos estava fervilhando com correntes de raiva e ódio; uma nuvem de cor vermelho carmesim escuro, pairava ao redor de todos os seres humanos e sobre a Terra.

Depois, havia listras escuras e coloridas como uma mortalha fúnebre, que parece sempre ser gerada em crises de desastre repentino pela "razão estagnada" e o desespero domina o coração das pessoas. Isso foi indubitavelmente causado pelo fato de que os povos envolvidos sentiram que estava acontecendo uma catástrofe de alta magnitude, que

---

[41] ALBERTINI, Luigi. (2005) **Origins of the War of 1914**. vol.I. Enigma Books: New York.
ALBERTINI, Luigi. (1953) **Origins of the War of 1914**. vol.II, Oxford University. Press: Londres.
ALBERTINI, Luigi. (2005) **Origins of the War of 1914**. vol.III. Enigma Books: New York.

[42] A Segunda Guerra Mundial foi um conflito de proporções globais, que aconteceu entre 1939 e 1945. Caracterizada como um conflito em estado de guerra total. Segunda Guerra Mundial fez Aliados e Eixo enfrentarem-se na Europa, África, Ásia e Oceania. Após seis anos de conflito, mais de 60 milhões de pessoas morreram.

eles eram incapazes de compreender. Os corpos de desejos da maioria giravam em alta velocidade, em longas ondas de pulsação rítmica que se expressavam mais claramente do que palavras: "Apenas mate, mate, mate..."

Após a Segunda Guerra Mundial, a cor alaranjada básica da aura do corpo de desejos do povo ocidental foi novamente visível e tanto os oficiais quanto os soldados pareciam ter se acomodado à guerra como a um jogo; cada participante estava ansioso para superar e enganar o adversário, como analisado por Tzu (2005) em "A Arte da Guerra". A guerra se tornou principalmente um canal para estratégias e engenhosidades; mas devemos acreditar que as condições de raiva, ódio, medo etc., retornou de forma modificada, quando as hostilidades ativas cessaram e as negociações de paz começaram. Todavia, é o que podemos observar e analisar durante o período da chamada "guerra fria".

Por exemplo, nas primeiras décadas do século XXI, observamos o grande conflito entre Israel e o Hamas, com um grande ataque do Hamas em outubro de 2023, bem como o grande conflito entre a Rússia e a Ucrânia que começou em fevereiro de 2022.

O conflito entre Israel e o Hamas foi um capítulo do mais amplo conflito israelo-palestino, que se estende desde a criação do Estado de Israel, em 1948. A guerra mais recente e intensa começou em 7 de outubro de 2023, após um ataque surpresa do Hamas a Israel. A guerra entre a Rússia e a Ucrânia começou em fevereiro de 2022, após a invasão do território ucraniano por tropas russas. O conflito, que é uma escalada de tensões anteriores, que dentre os motivos, tem a oposição da Rússia à aproximação da Ucrânia com a Organização do Tratado do Atlântico Norte (OTAN), vista como uma ameaça política, social e financeira. As consequências incluem muitos mortos e refugiados, sanções econômicas e a destruição de infraestrutura.

Como analisamos, quando dois, três, ou uma multidão se encontram e começam discutir a guerra, as pulsações rítmicas indicam o propósito estabelecido e se arriscam. Os corpos de desejos de tais pessoas, os pensamentos e sentimentos de excitação gerados pela discussão, ou discurso, tomam forma como "bolhas vulcânicas", que rapidamente crescem e podem atingir a uma altura, aproximada, de seis ou oito polegadas. Então essas "bolhas vulcânicas" explodem emitindo uma espécie de "língua de fogo".

Nesse ambiente conflitante, algumas pessoas geram em seus corpos de desejos várias dessas estruturas vulcânicas ao mesmo tempo, em outras pode haver apenas uma ou duas ao mesmo tempo. Quando uma dessas "bolhas vulcânicas" estoura em um lugar, outra aparece em outro lugar no corpo de desejos; enquanto a discussão durou, pois, foram as chamas dessa espécie de "língua de fogo" que coloriu a nuvem de cor escarlate que pairou sobre os locais das guerras em ambos os conflitos apresentados acima.

Quando alguma multidão se dispersava ou as pessoas se separavam após tal discussão, o borbulhar e as "bolhas vulcânicas" ficavam menores e menos frequentes; finalmente cessando e dando lugar novamente às longas pulsações rítmicas mencionadas.

Essa forma de emoção podemos chamar de "raiva abstrata", "raiva psíquica" ou "raiva patriótica", que difere muito do que é observado no caso de duas pessoas que ficam com raiva uma da outra na vida privada, quer comecem a brigar fisicamente ou não.

"Raiva abstrata" refere-se à representação visual ou conceitual da emoção da raiva sem mostrar uma figura humana específica, usando cores, formas e texturas intensas (como vermelho, preto, linhas agudas) para evocar a sensação de fúria, confusão e agressão, como visto em obras de arte geradas por inteligência artificial (IA) ou ilustrações, explorando a raiva como um substantivo abstrato.

"Raiva psíquica" refere-se à emoção de raiva como fenômeno psicológico, que é normal, mas pode se tornar um problema quando descontrolada, reprimida ou ligada a transtornos mentais, manifestando-se como irritabilidade, frustração ou explosões; porém, podendo indicar outras emoções subjacentes como medo, tristeza ou impotência, necessitando de manejo através de terapia e autoconhecimento para se tornar construtiva, não destrutiva.

"Raiva patriótica" (inglês: *patriotic rage*) refere-se a um sentimento intenso de ira ou indignação, que é motivado por um profundo amor ao próprio país ou por uma crença nos seus ideais. Esse sentimento geralmente surge em resposta a ameaças percebidas, insultos ou injustiças dirigidas à nação, seu povo, símbolos ou valores.

Quando se examina pelo lado oculto da natureza psíquica e mental, há hostilidades antes que os golpes físicos sejam desferidos. Formas de desejos irregulares, semelhantes a adagas, projetam-se de uma para a outra como lanças até que a fúria que as gerou se esgote. Na raiva patriótica não há inimigo pessoal; portanto, as formas de desejo são mais contundentes e explodem sem deixar a pessoa que as gerou.

A Sincronicidade Psíquica, Mental e Afetiva do Corpo de Desejos: Influência no Pensamento

É uma lei no Mundo do Desejo conforme analisado por Heindel (2012, p. 38-55) em "*The Rosicrucian Cosmo-Conception*", pois, assim como o ser humano pensa, ele também é, literalmente e sem qualificação.

Um corpo denso formado pela substância inerte da Região Química, vivificado e vitalizado pelo corpo vital composto dos éteres da Região Etérea, recebe o incentivo à ação do corpo de desejos. Todavia, um incentivo que os animais seguem absolutamente, mas que no ser humano é impedido por outro fator - a *Razão*, pois, às vezes o leva a agir de forma contrária ao desejo. Se não houvesse outros reinos na natureza além do Mundo Físico e do Mundo do Desejo, esse fator seria inexistente. Poderíamos ter o reino mineral, vegetal e animal, mas o reino humano, um ser pensante e *racional*, seria uma impossibilidade na Natureza.

Nós mesmos, como triple Egos, funcionamos diretamente na substância sutil da Região do Pensamento Abstrato, que especializamos na periferia de nossa aura individual. Assim, vemos as impressões feitas pelo mundo exterior sobre o corpo vital através dos sentidos, juntamente com os sentimentos e emoções gerados por eles no corpo de desejos e "refletidos" na mente.

A partir dessas imagens mentais, formamos nossas conclusões, na substância da Região do Pensamento Abstrato, sobre os assuntos de que tratam. Essas conclusões são *Ideias*. Pelo poder da vontade, projetamos uma *Ideia* através da mente, onde ela toma forma concreta como *pensamento-forma*, atraindo conteúdos mentais (psíquicos) em torno dessa *Ideia* a partir da Região do Pensamento Concreto.

Entende-se como *pensamento-forma*, que pode se referir tanto à estrutura do pensamento (a maneira como as *Ideias* são organizadas e conectadas com elementos como conceitos, juízos e raciocínio etc.), quanto ao conceito esotérico/espiritual de criações mentais energéticas que podem influenciar o indivíduo. No contexto da psicologia e filosofia, a *forma do pensamento* (ou *pensamento-forma*) é a arquitetura básica de uma *Ideia*, preenchida por seu conteúdo, enquanto no sentido espiritual, são criações mentais que se manifestam na realidade.

A mente é como a lente projetada de um estereoscópio, que projeta a imagem em uma das três direções, de acordo com a vontade do pensador, que anima o pensamento-forma, ou *forma do pensamento*. Um estereoscópio é um dispositivo que permite ver imagens tridimensionais (3D), criando uma sensação de profundidade. Existem diferentes tipos, como microscópios, estereoscópicos (ou lupas binoculares) para visualizar amostras biológicas em 3D e dispositivos para visualizar fotografias, como os antigos modelos de cartão e visores modernos.

1. O pensamento-forma, ou *forma do pensamento* pode ser projetado contra o corpo de desejos em um esforço para despertar sentimentos que levarão à ação imediata.

1.1 Se o pensamento desperta o *Interesse*, uma das forças gêmeas, *Atração* ou *Repulsão*, será despertada. Se a *Atração*, a *força centrípeta* é despertada, pois ela apreende o pensamento, gira-o no corpo de desejos, dota a imagem de vida adicional e a reveste com conteúdo de desejo. Então o pensamento é capaz de agir no cérebro etéreo e impulsionar a força vital através dos centros cerebrais e nervos apropriados para os músculos voluntários que executam a ação necessária. Assim, a força no pensamento é gasta e a imagem permanece no éter do corpo vital como memória do ato e do sentimento que o causou.

1.2 A *Repulsão* é a *força centrífuga* e se ela for despertada pelo pensamento, haverá luta entre a força espiritual (a vontade do ser humano) dentro do pensamento-forma e o corpo de desejos. Esta é a batalha entre a consciência e o desejo, a natureza superior e a inferior. A força espiritual, apesar da resistência, procurará revestir o pensamento-forma com a matéria de desejos necessária para o manejo do cérebro e dos músculos. A *força de repulsão* se esforçará para dispersar o material apropriado e expulsar o pensamento. Se a energia espiritual for forte, ela pode forçar seu caminho através dos centros cerebrais e manter seu revestimento de matéria de desejo enquanto manipula a força vital, forçando à ação e então deixará na memória uma impressão vívida da luta e da vitória. Se a energia espiritual se esgotar antes que a ação proceda, ela será superada pela *força da Repulsão* e será armazenada na memória, como todas os outros pensamento-forma quando gastam sua energia psíquica (Jung, 2014).

Temos em nosso corpo dois sistemas nervosos, o voluntário e o involuntário. O primeiro é operado diretamente pelo corpo de desejos e controla os movimentos do corpo, tende a invalidar e danificar tecidos e músculos; mas é parcialmente limitado pela mente, em sua implacável tarefa.

É essa "guerra interna" entre a consciência, a afetividade, a moral, os impactos no lobo frontal e as tendências emocionais e psíquicas etc., ou seja, a "guerra interna" entre o corpo vital (Heindel, 2011) ***e o corpo de desejos*** (Heindel, 2011) ***que produz a consciência do indivíduo no Mundo Físico; mas, se a mente não agisse como um freio sobre o corpo de desejos nossas horas de vigília seriam muito curtas.*** Assim, em primeira instância podemos analisar e entender os arcaicos conceitos de consciente e inconsciente da psicanálise de Sigmund Freud (1996/2011), ou seja, os conceitos de "id", "ego" e "superego", bem como os posteriores entendimentos de Melanie Klein (1991/1996), Donald Winnicott (1983/2021) e demais seguidores da psicanálise[43].

Se partíssemos somente pelo entendimento da psicanálise, o mesmo aconteceria com nossas vidas, pois o corpo vital logo seria

---

[43] FREUD, Anna (2006) **O Ego e os Mecanismos de Defesa**. Tradução Francisco Settíneri. Porto Alegre: Artmed.

substituído de suas benéficas tarefas pela ***repetição***, pelas atuações imprudentes do corpo de desejos, como evidenciado na exaustão que se segue por algum ataque de raiva e ódio. O temperamento emocional é uma condição em que o indivíduo "perde o controle", quando o corpo de desejos poderia governar os corpos vital e denso sem controle como evidenciados em crimes cruéis.

Em psicologia, a raiva é uma emoção primária e temporária, uma resposta a ameaças ou injustiças percebidas, enquanto o ódio é um sentimento mais profundo, persistente e destrutivo, muitas vezes visto como a exacerbação ou o cultivo da raiva.

Como analisado no *transtorno da personalidade*, apresentado pela American Psychiatric Association (2025, p. 645-684), a doença assume muitas formas; uma é a insanidade e isso também é de diferentes tipos. Portanto, a hipótese apresentada no *transtorno da personalidade*, é onde a conexão entre os centros sensoriais do corpo denso e o corpo vital são distorcidos, onde às vezes a cabeça do corpo vital se eleva acima da cabeça do corpo denso em vez de ser concêntrica, pois, o corpo vital está fora de ajuste tanto com os veículos superiores quanto com o corpo denso.

Quando os corpos denso e vital estão em ajuste, mas a ruptura é entre o corpo vital e o corpo de desejos, uma condição semelhante ocorre, mas quando a ruptura é entre o corpo de desejos e a mente, temos o maníaco delirante, que é mais ingovernável do que um animal selvagem (por isso os animais são controlados pelos Espíritos-grupo). No caso do ser humano, todas as propensões do comportamento animal (de maníaco delirante) são seguidas cegamente.

A tendência natural do corpo de desejos (*cujas causas são desconhecidas pela neurociência*) é endurecer e consolidar tudo com o que entra em contato. O pensamento materialista (*uma das causas desconhecidas*) acentua essa tendência, na proporção, que muitas vezes resulta em vidas sucessivas, na terrível doença que é um endurecimento dos pulmões pelo consumismo exacerbado.

Por exemplo, quando em alucinação o indivíduo com transtornos psicóticos, American Psychiatric Association – DSM-5 (2025, p.

742-744) e pelas análises em Barnhill (2024), diz que "*ouve vozes, vê e sente coisas*" é quando seus arquétipos demoníacos (***criados pelo próprio sujeito***) se comunicam de *forma transcendente* (Jung, 2014, §131-148) entre o inconsciente e o consciente e *atuam no córtex visual primário e secundário* (Guyton; Hall, 2021, p. 653-662 e 727-740 *apud* Sobotta, 2000, p. 258-355).

Entende-se por doenças pelo consumismo exacerbado é a compra excessiva e desnecessária de bens e serviços, impulsionada pela propaganda, busca por *status* social e satisfação momentânea. O consumismo exacerbado está associado a diversas doenças e problemas de saúde, principalmente de ordem mental e psicológica (*por causas desconhecidas da ciência empírica*); todavia, pode levar a consequências físicas indiretas.

Quanto ao endurecimento dos pulmões, também conhecido como fibrose pulmonar, é uma condição crônica na qual se formam cicatrizes no tecido pulmonar. Isso faz com que os pulmões percam elasticidade, dificultando a respiração e as trocas gasosas, o que pode levar à falta de ar. As causas podem incluir doenças autoimunes, exposição a agentes tóxicos, medicamentos, infecções e em muitos casos, *a causa é desconhecida.*

Em alguns casos, o materialismo pode tornar o corpo de desejos frágil, quando o corpo de desejos não pode realizar seu trabalho de endurecimento adequado no corpo denso; todavia, como resultado temos "raquitismo", onde os ossos amolecem. O raquitismo é uma doença que causa o amolecimento e o enfraquecimento dos ossos em crianças, geralmente devido à deficiência de vitamina D, ou cálcio. Em adultos, essa condição é conhecida como osteomalácia. O raquitismo pode causar deformidades ósseas, como pernas arqueadas e outros sintomas, como dores ósseas, atraso no crescimento e fraqueza muscular.

Assim, vemos os perigos que corremos ao entreter tendências materialistas, ou endurecimento das partes moles do corpo, como no consumo exacerbado, ou amolecimento das partes ósseas duras, como no raquitismo. É claro que nem todos os casos de consumo mostram que o sofredor era materialista em uma vida anterior, mas é a hipótese da Psicologia Esotérica que tal resultado geralmente segue o materialismo.

Nossos pensamentos são muito mais importantes do que nossos atos, pois se pensarmos corretamente, sempre agiremos corretamente. Assim é com o *triple Ego* que trabalha com um triple corpo, que controla ou deveria controlar através da mente. No entanto, é triste dizer, que essa *triple personalidade* tem vontade própria e muitas vezes é auxiliada e instigada pela "mente doentia", frustrando assim os propósitos do *triple Ego*.

Para relembrar e conhecer uma ***das causas***, essa "vontade inferior" antagônica é uma expressão da parte superior do corpo de desejos. Quando a divisão do Sol, da Lua e da Terra ocorreu (no início da Época Lemuriana), a porção mais avançada da humanidade em formação, experimentou uma divisão do corpo de desejos em uma parte superior e uma inferior. O restante da humanidade fez o mesmo no início da Época Atlante.

Essa parte superior do corpo de desejos (diagrama I) tornou-se uma espécie de "alma animal". Construiu o sistema nervoso cérebro-espinhal e os músculos voluntários, controlando assim a parte inferior do tríplice corpo, até que a mente fosse engendrada; que se tornou o elo (ou ponte) entre o *triple Ego* e a *triple personalidade*. Então houve a "fusão" da mente com essa espécie de "alma animal" e se tornou uma corregente da *triple personalidade*.

A mente está intimamente ligada aos desejos do ser humano; está enredada na natureza inferior e egoísta do corpo de desejos (diagrama I), tornando difícil para o Espírito (o triple Ego) controlar o triple corpo, que conhecemos como ***triple personalidade***. A mente que é o foco, ou ponte, que deveria ser aliada da natureza superior, pois, está ora alienada, ora aliada à natureza inferior, isto é, escravizada pelo desejo. Muitos psicanalistas podem se revoltar, discutir; mas, assim fica solucionado o problemático conceito da psicanálise, que é o "princípio do prazer do Id" (do "*Isso*"), proposto por Sigmund Freud (1996/2011).

Por outro lado, temos a lei das religiões raciais que, na realidade, foi dada para emancipar o intelecto, do desejo; todavia, quando o "temor de Deus" foi colocado contra "os desejos da carne". No entanto, isso não foi o suficiente para permitir que alguém se tornasse mestre do corpo e garantisse sua cooperação voluntária. Tornou-se necessário que o Espírito (o triple Ego) encontrasse no corpo outro ponto de vantagem, que não estivesse sob o domínio da natureza de desejos: *os músculos do coração*.

Todos os outros músculos do corpo denso são expressões do corpo de desejos, que é um caminho direto para "a capital": que é a mente. A mente é traidora (*quando é orientada somente pelo senso comum*) quando está aliada com a região inferior do corpo de desejos e reina suprema; tem como aliada a *triple personalidade*; todavia, precisamos conhecer a psicologia de "a arte da guerra" (Tzu, 2005).

Referências Bibliográficas

AMERICAN PSYCHIATRIC ASSOCIATION. (2025) **Manual Diagnóstico e Estatístico de Transtorno DSM-5** [*American Psychiatric Association*, trad. Maria Inês Corrêa Nascimento et al.]; revisão técnica: Aristides Volpato Cordioli [et al.]. Porto Alegre: Artmed. https://psychiatryonline.org/doi/book/10.1176/appi.books.9781615375363. Acesso em 13.09.2025.

ARISTÓTELES. (1984) **Ética a Nicômaco**. Trad. L. Vallandro e G. Bornheim [versão inglesa de W.D. Ross]. Sel. de textos José Américo Motta Pessanha. SP: Victor Civita.

ARISTÓTELES. (1984) **Metafísica – Livros I e II**. [Trad., índices analítico e onomástico: Eudoro de Souza; textos José A. Motta Pessanha]. São Paulo: Victor Civita.

ARISTÓTELES (1991) **The Complete Works of Aristotle**. [Copyright © 1984 by The Jowett Copyright Trustees Published by Princeton University Press, 41 William St., Princeton, New Jersey In the United Kingdom: Oxford]. New Jersey: Princeton University Press.

BARLOW, David H. *et al* (2016) **Manual Clínico dos Transtornos Psicológicos: tratamento passo a passo** [recurso eletrônico] / Organizador, David H. Barlow; tradução: Roberto Cataldo Costa; revisão técnica: Antonio Carlos Scherer Marques da Rosa, Elisabeth Meyer da Silva. – 5. ed. – Porto Alegre: Artmed.

BARNHILL, John W. (2024) **CASOS CLÍNICOS DO DSM-5-TR** [E.pub], tradução: André Garcia Islabão; revisão: Camila Carvalho Rocha Granghelli, Thaís Bonini; revisão técnica: José Alexandre de Souza Crippa (coord.), Flávia de Lima Osório, José Diogo Ribeiro de Souza. Porto Alegre: Artmed.

BOCK, A. B, M; FURTADO, O.; TEIXEIRA, M. (2018) **Psicologias: Uma introdução ao estudo da Psicologia**. São Paulo: Saraiva.

BRANDÃO, Junito de Souza. (1986) **Mitologia Grega**. Vol.I. 2ed. RJ: Vozes.

COHEN, I. Bernard. (1978) **Introduction to Newton's 'Principia'**, Harvard University Press, Cambridge, Massachusetts.

CRUZ, A. J. G. (2020) **C. G. Jung e os Condensados Bose-Einstein: Neuropsicologia Quântica**. 1ª ed. São Paulo: Gonçalves Cruz.

CRUZ, A. J. G. (2020) **C. G. Jung e os Condensados Bose-Einstein: Processos Psíquico-quânticos do Apokalypsis de São João**. 1ª ed. SP: Gonçalves Cruz.

CRUZ, A. J. G. (2023) **Entropia Psíquica: Psicologia da Decadência Social**. 1ª ed. São Paulo: Gonçalves Cruz.

CRUZ, A. J. G. (2026) **Estudo de Caso Jeffrey Dahmer: Entropia Psíquica ou Esquizofrenia?** 1ª ed. São Paulo: Gonçalves Cruz.

CRUZ, A. J. G. (2025). **Esoteric Psychology and the Biopsychosocial Approach to Psychology in the 21st Century: Retrospection and Concentration Therapy (TRC)**, publicado no periódico "International Journal of Human Sciences Research (ISSN 2764-0558)", sob o DOI https://doi.org/10.22533/at.ed.5585725160413, v.5, n.7, 08 maio 2025.

CRUZ, A. J. G. (2021) **Fundamentos de Psicologia Esotérica**. 1ª ed. São Paulo: Gonçalves Cruz.

CRUZ, A. J. G. (2022) **Psicologia da Anima e do Animus**. 1ª ed. São Paulo: Gonçalves Cruz.

CRUZ, A. J. G. (2023) **Psicologia Esotérica e o Mito da Caverna**. 1ª ed. São Paulo: Gonçalves Cruz.

CRUZ, A. J. G. (2023) **Psicologia Esotérica: a Gênese e Topologia do Ego**. 1ª ed. São Paulo: Gonçalves Cruz.

CRUZ, A. J. G. (2023) **Terapia de Retrospecção e Concentração – TRC**. 1ª ed. São Paulo: Gonçalves Cruz.

CRUZ, A. J. G. (2025). **The Psychology of Apokálypsis and Phenomenological Psychology in its Relation to the Psyche and the Subject's Visual Cortex**. Periódico "International Journal of Human Sciences Research (ISSN 2764-0558)", DOI https://doi.org/10.22533/at.ed.5585925290512, v.5, n.9, 24 junho 2025.

CRUZ, A. J. G. (2025). **The Topological Psychology of the Ego - Evolution, Psychological and Spiritual Structure of the Ego and the Concepts of the Ego by Sigmund Freud and Carl Gustav Jung**, publicado no periódico "International Journal of Human Sciences Research (ISSN 2764-0558)", sob o DOI https://doi.org/10.22533/at.ed.5585825070511, v.5, n.8, 28 maio 2025.

CRUZ, A. J. G. (2025). **Psychology of the Triplicity of the Ego and the Triplicity of the Personality and their Phenomena in the Primary and Secondary Visual Cortex of the Subject in Personality Disorders**. "Open Minds – Internacional Journal (ISSN 2675-5157)", sob o https://doi.org/10.22533/at.ed.5157425121211, v.1, n.4, 23 dezembro 2025.

DESCARTES, René. (1996) **Discourse on Method and Meditations on First Philosophy**. New Haven & London: Yale University Press.

ELIADE, Mircea. (1991) **Mito do Eterno Retorno**. Trad. José Antonio Ceschin. São Paulo: Mercuryo.

ELIADE, Mircea. (2000) **O Sagrado e o Profano - A Essência das Religiões**. Trad. Rogério Fernandes. Coleção Vida e Cultura. Lisboa: Livros do Brasil.

FIGUEIREDO, L. C. (2012) **Matrizes do Pensamento Psicológico**. 17ª ed. Petrópolis: Vozes.

FUENTES, Daniel. (2014) **Neuropsicologia: teoria e prática** [organizadores, Daniel Fuentes... et al.] 2ed. Porto Alegre: Artmed.

GUYTON, Arthur C.; HALL, John E. (2021) **Textbook of Medical Physiology.** 14.ed. [Guyton and Hall Textbook of Medical Physiology, Elsevier, eBook on VitalSource, ISBN: 9780323640053] Canada: Elsevier.

HALL, Alfred Rupert (1996) **Isaac Newton: adventurer in thought**. Cambridge, Cambridge University Press.

HEINDEL, Max. (2011) **Compiled Information Concerning Archetypes**. [From the writings of Max Heindel Second Edition Collected Works]. *The Rosicrucian Fellowship*, Oceanside, CA. 92058-2329. USA.

HEINDEL, Max; FOSS HEINDEL, A. (2011) **The Message of the Stars.** 20.ed. Oceanside, CA. USA.

HEINDEL, Max. (2011) **The Desire Body**. [The Rosicrucian Fellowship MT. Ecclesia] [Copyright 2011 by The Rosicrucian Fellowship. Second Edition]. Oceanside, CA. USA.

HEINDEL, Max. (2012) **The Rosicrucian Cosmo-Conception**. [The Rosicrucian Fellowship, Oceanside, CA. 92058-2329. USA, 1909, Renewed 1937] [Copyright 2012 by The Rosicrucian Fellowship According to Last Edition (6th) Edited by Max Heindel]. Oceanside, CA. USA.

HEINDEL, Max. (2011) **The Vital Body**. [The Rosicrucian Fellowship MT. Ecclesia] [Copyright 2011 by The Rosicrucian Fellowship. Third Edition]. Oceanside, CA. USA.

HUTZ, C. S. et al. (2016) [Organizadores]. **Psicodiagnóstico**. Porto Alegre: Artmed.

JUNG, Carl Gustav. (2015) **Aion – Estudos Sobre o Simbolismo do Si-mesmo**. Col. OBRAS COMPL. 5.ed. Vol.V. RJ: Vozes.

JUNG, Carl Gustav. (2014) **A Energia Psíquica**. Da coleção OBRAS COMPLETAS Vol.VIII/1. 2ed. RJ: Vozes.

JUNG, Carl Gustav. (1964) **O Homem e seus Símbolos**. Trad. Maria Lúcia Pinto. 8ed. RJ: Nova Fronteira, Ed. Especial Brasileira.

JUNG, Carl Gustav. (2014) **A Natureza da Psique**. Da coleção OBRAS COMPLETAS Vol.VIII/2. RJ: Vozes.

JUNG, Carl Gustav. (1985) **Fundamentos de Psicologia Analítica**. Da col. OBRAS COMPLETAS, Vol. XVIII/1, Rio de Janeiro: Vozes.

JUNG, Carl Gustav. (2014) **Freud e a Psicanálise** [Tradução de Lúcia Mathilde Endlich Orth; revisão técnica Jette Bonaventure]. Petrópolis, Rio de Janeiro: Vozes.

JUNG, Carl Gustav. (2015) **Mysterium Coniunctionis**: **pesquisa sobre a separação e a composição dos opostos psíquicos na alquimia**. [colaboração de Marie-Luise Von Franz]. **Vol. I**, Coleção OBRAS COMPLETAS, vol. XIV/1 Rio de Janeiro: Vozes.

JUNG, Carl Gustav. (2014) **O Desenvolvimento da Personalidade**. [Edição integral Título do original: Über die entwicklung der persönlichkeit] Trad. Frei Valdemar do Amaral. 4ed. Rio de Janeiro: Vozes.

JUNG, Carl Gustav. (2014) **O Eu e o Inconsciente**. Coleção OBRAS COMPLETAS Vol.VII/2. 4ed. Rio de Janeiro: Vozes.

JUNG, Carl Gustav. (2013) **Interpretação psicológica do Dogma da Trindade**. [Tradução de Mateus Ramalho Rocha. – Petrópolis, Rio de Janeiro: Vozes.

JUNG, Carl Gustav. (2013) **Estudos Psiquiátricos**. [*Psychiatrische Studien* - 1875-1961]. Tradução de Lúcia Mathilde Endlich Orth. Petrópolis: Vozes.

JUNG, Carl Gustav. (2016) **Os Arquétipos e o Inconsciente Coletivo**. Tradução Maria Luiza Appy, Dora Mariana R. Ferreira da Silva. Petrópolis, Rio de Janeiro: Vozes.

JUNG, Carl Gustav. (2015) **Psicogênese das Doenças Mentais**. Da coleção OBRAS COMPLETAS Vol.III. Rio de Janeiro: Vozes.

JUNG, Carl Gustav. (2013) **Psicologia do Inconsciente**. Tradução de Maria Luiza Appy. Petrópolis: Vozes.

JUNG, Carl Gustav. (2011) **Psicologia e Alquimia**. Da coleção OBRAS COMPLETAS. Vol.12. RJ: Vozes.

JUNG, Carl Gustav. (2016) **Sincronicidade - a dinâmica do inconsciente**. Col. OBRAS COMPL. 18ed. Vol.8/3. Rio de Janeiro: Vozes.

KANT, Immanuel. (2001) **Crítica da Razão Pura.** [Título original: **Kritik Der Reinen Vernunft**] Tradução Manuela Pinto dos Santos e Alexandre Fradique Marujão. 5ªed. Lisboa: Fundação Caloustre Gilbenkian.

KLEIN, R. K. (1996) **Psicoterapia de grupo a curto prazo**. Em H.I.Kaplan & B.J. Sadock (Orgs.), Compêndio de psicoterapia de grupo (3ed., ***pp.215-225***). Porto Alegre: Artes Médicas.

KLEIN, Melanie. (1991) **Inveja e gratidão e outros trabalhos** [Melanie Klein (1946-1963): tradução da 4ª.ed. inglesa; Elias Mallet da Rocha, Liana Pinto Chaves (coordenadores) e colaboradores.] Rio de Janeiro: Imago Ed.

LURIA, Aleksandr Romanovich. (1981) **Fundamentos de Neuropsicologia**. Tradução de Juarez Aranha Ricardo. - Rio de Janeiro: Livros Técnicos e Científicos; São Paulo: Ed. da Universidade de São Paulo.

MANUAL DIAGNÓSTICO E ESTATÍSTICO DE TRANSTORNOS MENTAIS (2014) [American Psychiatric Association; tradução: Maria Inês Corrêa Nascimento ... et al.]; revisão técnica: Aristides Volpato Cordioli ... [et al.]. 5.ed., Porto Alegre: Artmed.

OLIVEIRA, G. V. N. (2024) **Aristóteles e as Virtudes Morais** [Gabriel Vinicius Nunes Oliveira, Robério Vinícius Almeida Cruz, Bruna Eduarda Vieira de Farias]. Ponta Grossa, PR: Atena.

PIAGET, J. (2012) **Seis Estudos de Psicologia.** [Trad. Maria Alice Magalhães D'Amorim e Paulo Sérgio Lima Silva.] 25. ed. Rio de Janeiro: Forense Universitária.

PLATÃO (1987) **A República**. [introdução, tradução e notas de Maria H. R. Pereira], 5ed., Lisboa: Fundação Calouste Gulbenkian, 1949. [FUNDAÇÃO CALOUSTE GULBENKIAN] Trad. Maria Helena da Rocha Pereira. 5ed. Lisboa.

PLATÃO (1991) **Diálogos**. [Seleção de textos de J. Américo Motta Pessanha. Trad. J. Cavalcante de Souza, Jorge Paleikat e J. Cruz Costa]. 5ed. São Paulo: Nova Cultural.

PLATÃO (2011) **Timeu-Crítias**. [Tradução do grego, introdução e notas Rodolfo Lopes]. 1ªed. Lisboa: Editor: Centro de Estudos Clássicos e Humanísticos.

SCHULTZ, Duane P.; SCHULTZ, Sydney Ellen. (2019) **História da Psicologia Moderna**. [tradução Priscilla Rodrigues Lopes; revisão técnica Maria Fernanda Costa Waeny]. 4.ed., SP: Cengage.

SCHOPENHAUER, A. (2005) **El Mundo como Voluntad y Representacion**. vols.I e II, trad. Pilar López de Santa Maria, Editorial Trotta, Madrid, 2009. Também a tradução brasileira: *O mundo como Vontade e como Representação*, Trad. de Jair Barboza, São Paulo: Ed. UNESP.

FREUD, Sigmund Schlomo. (1979) **Sinopses da Edição Standard brasileira das Obras Psicológicas Completas de Sigmund Freud**. Trad. Helena Floresta de Miranda; Luiz Horácio da Matta. Rio de Janeiro: Salamandra.

FREUD, Sigmund Schlomo. (1996) **O Inconsciente.** [Ed. Standard Brasileira das Obras Psicológicas Completas de S. Freud, vol.15. original em 1915]. Rio de Janeiro: Imago.

FREUD, Sigmund. (2011) **Além do Princípio do Prazer** (1920). In. Obras completas volume 18. São Paulo: Companhia das Letras.

FREUD, Sigmund. (2011) **O Eu e o Isso** [1923. In. Obras completas vol.19. São Paulo: Companhia das Letras.

FREUD, Sigmund (2010). **A pulsão e seus destinos**. In: Paulo: Companhia das Letras.

SOBOTTA, Robert H. Johannes. (2000) **Atlas de Anatomia Humana**. trad. Wilma Lins Werneck: *Atlas de Anatomie des Menschen*. 21ed. atualizada. vols.I e II. Rio de Janeiro: Guanabara Koogan.

TZU, Sun. (2005) **A Arte da Guerra**. São Paulo: Cultura Brasil.

VIGOTSKI, L. S.; LURIA, A. R.; LEONTIEV, A. N. (2010) Linguagem, desenvolvimento e aprendizagem. 11. ed. São Paulo: Ícone.

WINNICOTT, Donald W. (1983) **O Ambiente e os Processos de Maturação: estudos sobre a teoria do desenvolvimento emocional**. [Trad. Irineo Constantino Schuch Ortiz]. Porto Alegre: Artmed.

WINNICOTT, Donald W. (2021) **Tudo Começa em Casa**. [Traduzido por Paulo Cesar Sandler / Conselho técnico: Ana Lila Lejarraga, Christian Dunker, Gilberto Safra, Leopoldo Fulgencio, Tales Ab' Sáber] São Paulo: Ubu Editora.

PARTE III

A Consciência Tridimensional do Ego: A Natureza, a Formação e a Estrutura da Psique

Hipótese da Origem da Triplicidade do Ego e da Triplicidade da Personalidade

CAPÍTULO VI

A Consciência do Triple Ego no Mundo Físico: a Técnica da Escuta Biopsicossocial – a Escuta pelo Amor

Ouvir é o ato fisiológico de perceber sons, enquanto *escutar* é o ato consciente e voluntário de prestar atenção para compreender o que está sendo dito. *Ouvir* é o processo mecânico e passivo de captar sons, enquanto *escutar* é um ato consciente e intencional de prestar atenção e compreender o que foi dito. Ou seja, *ouvir* é a ação física de audição; *escutar* é *ouvir* com a vontade de entender, interpretar e processar a informação.

Portanto, *ouvir* é um processo mecânico e involuntário, depende do sentido da audição. Por exemplo, podemos *ouvir* o barulho do trânsito vindo da rua, sem a necessidade de querer *ouvir*. A natureza do "*ouvir*" é passiva, pois, capta o som, mas não necessariamente o interpreta.

No entanto, *escutar* é um processo consciente e ativo, exige intenção, atenção e interesse. Por exemplo, podemos *escutar* um paciente, um amigo contando um problema, tentando entender o que ele sente e dando atenção às palavras dele. A natureza do "*escutar*" é ativa, pois, envolve a interpretação, compreensão e processamento da informação recebida.

Na prática, o *processo do escutar* é um aprendizado no desenvolvimento ~~humano,~~ que se transformou em uma técnica psicológica, a "**Técnica da Escuta Biopsicossocial**" que tem como base a dialética. O que se entende por dialética?

A dialética é um método filosófico de análise que busca a verdade através da contraposição e contradição de ideias, seguindo um processo de tese, antítese e síntese. Originada na Grécia Antiga com o diálogo socrático, pois, a dialética pode ser vista como um "motor" do conhecimento e da mudança, tanto no pensamento e sentimento quanto na realidade social, incentivando a análise crítica e a busca por uma compreensão mais profunda através do conflito entre conceitos opostos, muitas vezes inconscientes.

O método da dialética, na Bíblia, pode ser conhecido ao ler alguns parágrafos da primeira Epístola de João e das cartas de Paulo aos Coríntios (1.Coríntios 13) e Filipenses 2, cujo tema é a Fraternidade Universal.

Deus é Luz. Se andarmos na Luz, como Ele está na Luz (diagrama VI), seremos fraternais uns com os outros. Aquele que ama a seu irmão está na Luz, mas aquele que odeia a seu irmão está em trevas e não sabe por onde caminha porque as trevas lhe cegaram os olhos.

Não amemos de palavra, nem de língua, mas por obras e em Verdade, pois, ainda que eu fale as línguas dos homens e dos Anjos, se não tiver Amor, serei como o metal que soa, ou como o sino que tine. Ainda que eu tenha o dom da profecia e conheça todos os mistérios e toda a ciência; ainda que eu tenha tamanha Fé, a ponto de remover montanhas, se não tiver Amor, nada serei.

E ainda que eu distribua todos os meus bens entre os pobres e ainda que entregue o meu corpo para ser queimado, se não tiver Amor, nada disso me aproveitará. O Amor é paciente, é benigno, o Amor não é invejoso, não se ufana, não se ensoberbece, não se conduz inconvenientemente, não busca os seus interesses, não se exaspera, não se ressente do mal; não se alegra com a injustiça, mas regozija-se com a Verdade; tudo sofre, tudo crê, tudo espera, tudo suporta.

O Amor nunca falha, mas se houver profecias, falharão. Se houver ciência, desaparecerá, porque em parte conhecemos e em parte profetizamos. Porém, quando vier o que é perfeito, então o que é em parte será aniquilado. Porque agora vemos como por espelho, obscuramente, então veremos face a face. Agora conhecemos em parte, então conheceremos como também somos conhecidos. Agora pois, permanecem, a Fé, a Esperança e o Amor, porém a maior destas virtudes é o Amor.

Se nós amarmos uns aos outros, Deus está em nós e em nós é perfeito o Seu Amor. ***Deus é Amor*** e quem vive em Amor está em Deus e Deus nele; mas, se alguém diz: “Eu Amo a Deus” e odeia a seu irmão, é mentiroso, pois, quem não ama a seu irmão a quem vê, como pode amar a Deus, a quem não vê? Nós temos Dele este mandamento: "***quem ama a Deus, ame também a seu irmão***".

Portanto, se há alguma consolação em Cristo, se algum conforto no Amor, se alguma Comunhão Espiritual, não atente cada um para o que é propriamente seu, mas também para o que é dos outros. Haja, pois, em vós o mesmo sentimento que houve também em Cristo-Jesus. O qual, tendo a natureza de Deus, não julgou que fosse uma usurpação ser igual a Deus; no entanto, aniquilou-se a Si-Mesmo, tomando a forma de servo, fazendo-se semelhante aos homens.

E achando-se na condição de homem, humilhou-se a Si-Mesmo, tornando-se obediente até à morte e morte na cruz. Pelo que também, Deus o exaltou soberanamente e Lhe deu um nome que está acima de todo o nome, para que ao nome de Cristo-Jesus, se dobre todo o joelho e toda a língua confesse, que Cristo-Jesus é o Senhor para a Glória de Deus-Pai.

Todos devem se esforçar para seguir o exemplo de Cristo e viver a definição que Ele deu de grandeza, isto é, "***aquele que quiser ser o maior entre vós, seja o servo de todos***". O serviço amoroso e desinteressado para com os outros, é o caminho mais curto, mais seguro e o mais agradável que nos conduz a Deus. O reconhecimento da unidade fundamental de cada um de nós com todos, a Comunhão Espiritual, é a realização de Deus.

Nesse esforço para seguir o exemplo de Cristo e para atingirmos essa realização, esforcemo-nos por esquecer, *diariamente*, os defeitos dos nossos irmãos e procuremos servir a Divina Essência neles oculta (o ***triple Ego***), o que constitui a base da Fraternidade Universal.

A Consciência Tridimensional do Triple Ego no Mundo Físico: Hipóteses da Expansão da Natureza da Psique

Os princípios de psicologia topológica é uma teoria psicológica de Kurt Lewin[44], que usa conceitos da geometria topológica para estudar a relação entre as pessoas e o ambiente. Procura descrever e classi-

---

[44] LEWIN, Kurt. (1973) **Princípios de Psicologia Topológica**. [Trad. original *Principles of Topological Psychology*, de 1936] Ed. Cultrix e Editora da Universidade de São Paulo.

ficar os fenômenos psicológicos, pois, representa a relação entre as pessoas e o ambiente por meio de um espaço vital. Considera que o indivíduo e o ambiente são entidades separadas, mas interdependentes, porque permite determinar quais os eventos possíveis ou não num dado espaço de vida. É o espaço vital psicológico do indivíduo.

Ao apresentar críticas à clareza das teorias psicanalíticas, bem como de outras abordagens psicológicas, sugerindo a necessidade de revisão e aprofundamento dos conceitos de "ego" e de "personalidade", pois, apresento hipótese fundamental da existência da triplicidade do Ego e da triplicidade da personalidade, diferenciando o "Eu Superior" (a triplicidade do Ego) e o "eu inferior" (a triplicidade da personalidade), ao analisar a importância de integrar aspectos biológicos, psicológicos, mentais e espirituais na compreensão do sujeito, diante de transtornos da personalidade apresentados em American Psychiatric Association (2025, p. 742-744) e em Barnhill (2024).

Com essa base apresentamos a topologia, evolução, estrutura psicológica e espiritual do Ego, com um olhar sobre o presente para analisar e arquitetar o conhecimento da topologia do Ego, através dos conceitos de Sigmund Freud, Melanie Klein, Donald Winnicott e de Carl Gustav Jung.

Todavia, para mitigar esse "turbulento" campo de conhecimento é preciso formular perguntas para que se apreenda o que está sendo apresentado. O que os diversos autores e profissionais de Psicologia querem que as pessoas entendam o que realmente venha ser o triple Ego? Qual a origem desse arquétipo? Como o triple Ego e a triple personalidade são constituídos e como se transformam ao longo da vida do indivíduo? Como e quando o triple Ego e a triple personalidade se manifestam no inconsciente e no consciente do sujeito? Como e quando a constituição subjetiva e objetiva do sujeito "acomodam" esses arquétipos nas estruturas biopsicossocial e espiritual do sujeito?

Entre essas e outras perguntas, vamos tentar apresentar, de forma racional, a origem, formação, manifestação e o crescimento da consciência desses importantes arquétipos (físico e não físico) e como eles se manifestam no Mundo Físico, no inconsciente e no consciente do indivíduo desde a sua manifestação subjetiva e objetiva para adquirir novas experiências nos diversos Estados de Matéria ou Mundos (diagramas I e II).

Sabemos que mudanças nos ambientes interno e externo, por medo, egoísmo, estresse, controle populacional etc., as pessoas rejeitam tudo que se apresenta como "novo", ou seja, tudo que possa renovar o conhecimento de alguma área ou ramo científico, em especial o Conhecimento Psicológico. Com o objetivo de obscurecer o futuro desenvolvimento do Conhecimento Psicológico, esses "sofistas virtuais" fazem uso da aplicabilidade da inteligência artificial (IA)?

Pelas intervenções tecnológicas, pelo uso de IA, a sociedade está provocando que o ambiente de pesquisa seja alterado, para tentar direcionar os novos profissionais da área da saúde, ou seja, para extrair esses profissionais da "zona de conforto", ao mostrar novas teorias e conceitos racionais e virtuais?

Todavia, todo esse processo técnico e tecnológico parece "revitalizar" as buscas das anteriores teorias e conceitos obsoletos dos sofistas na Grécia Antiga, século VI a.C., que nada acrescentavam ao conhecimento filosófico-científico. Por analogia, parece ser o mesmo "investimento cultural" que está sendo feito através do uso da IA, pelos "sofistas virtuais", como "possível benefício" durante o tratamento psicológico do sujeito, que sofre algum transtorno mental e psíquico, que apresenta sintomas diversos; todavia, que atrasa o desenvolvimento pessoal e profissional do sujeito, quando se apreende a análise em "Sincronicidade - a dinâmica do inconsciente" (Jung, 2016).

> Quando Galileu descobriu as luas de Júpiter, com a ajuda do seu telescópio, entrou imediatamente em choque também com os preconceitos de seus contemporâneos eruditos. Ninguém sabia o que era um telescópio nem o que ele poderia fazer. Ninguém jamais ouvira falar em luas de Júpiter. Naturalmente cada época pensa - e hoje pensamos assim mais do que nunca - que todas as épocas anteriores eram preconceituosas, e estamos, portanto, tão errados quanto todas as épocas anteriores que pensavam desta maneira. Quantas vezes não vimos a verdade condenada! É triste, mas infelizmente, é verdade que os ho-

> mens não aprenderam a lição da História. Este fato nos trará as maiores dificuldades, pois, ao nos prepararmos para recolher o material empírico que lançará um pouco de luz sobre um assunto tão obscuro, estamos certos de encontrá-lo justamente onde todas as autoridades nos garantiram que nada poderia ser encontrado (Jung, 2016, p. 43-44).

Hipóteses da Expansão da Natureza da Psique: parte 1
A Consciência Triple do Ego: o Poder da Transmutação Psíquica e Biológica

O mundo está passando por grande mudança de paradigma global da consciência e forma. As energias invisíveis em nosso sistema solar estão se acelerando à medida que nos preparamos para outra fase de desenvolvimento espiritual, mental, psíquico e biológico que levará para a transição de ordem universal e expansão da consciência e forma do sujeito. Primeiro, essa mudança está envolvendo os mais adaptados e flexíveis, progressivamente, depois afetará o restante da humanidade.

Ao apresentar hipótese fundamental da existência da triplicidade do Ego e da triplicidade da personalidade, diferenciando o "Eu Superior" (a triplicidade do Ego) e o "eu inferior" (a triplicidade da personalidade), é preciso encontrar a verdade de razão para dada hipótese; logo, um caráter verdadeiramente científico deve ser livre de preconceitos

Isso se comprova, pois, por volta do início do século XX, o "Poder da Transmutação[45]" foi revelado ao mundo científico pelas invenções, pelas pesquisas, bem como pelo desenvolvimento da ciência psicológica, quando a psicologia passou a "conhecer" as pessoas a partir do estudo do inconsciente (Freud, 1996; Jung, 1980).

O inconsciente social (Cruz, 2021) permite maior comunicação entre o consciente e o inconsciente no contexto sociocultural; todavia, este último com os reinos invisíveis e seus habitantes, mesmo o inconsciente sendo tratado como subjetividade pela ciência empírica. Portanto, desde as primeiras décadas do século XXI, esse "Poder da Transmu-

---

[45] Nota do Autor: Transmutação: Biologia: é o desenvolvimento de uma espécie nova a partir da acumulação de mutações que ocorreram na espécie original. Química: ação de transformar um elemento químico em outro. Física Nuclear: toda reação nuclear capaz de transformar um nuclídeo em outro. Para a alquimia, transmutação é a conversão de um elemento químico em outro. Como vimos, este conceito é aplicado com características próprias na genética e na física nuclear.

tação" prepara a humanidade para a reunificação do "Divino Masculino" com o "Divino Feminino". Fica evidente quando se analisa "O Eu e o Inconsciente" (Jung, 2014).

> A anima, sendo feminina, é a figura que compensa a consciência masculina. Na mulher, a figura compensadora é de caráter masculino e pode ser designada pelo nome de animus. Se não é simples expor o que se deve entender por anima, é quase insuperável a dificuldade de tentar descrever a psicologia do animus (Jung, 2014, §329).

Quando se conhece as intervenções psíquica e mental em "O Homem e seus Símbolos" (Jung, 1964), se observa que foram para tentar restabelecer a consciência primeira (Gênesis 2). Essas intervenções na consciência humana podem ser comprovadas com o avanço do conhecimento da ciência psicológica, quando se analisa "Os Arquétipos e o Inconsciente Coletivo (Jung, 2016).

> [...] O inconsciente coletivo é uma parte da psique que pode distinguir-se de um inconsciente pessoal pelo fato de que não deve sua existência à experiência pessoal, não sendo, portanto, uma aquisição pessoal. Enquanto o inconsciente pessoal é constituído essencialmente de conteúdos que já foram conscientes e, no entanto desapareceram da consciência por terem sido esquecidos ou reprimidos, os conteúdos do inconsciente coletivo nunca estiveram na consciência e, portanto não foram adquiridos individualmente, mas devem sua existência apenas à hereditariedade. Enquanto o inconsciente pessoal consiste em sua maior parte de *complexos*, o conteúdo do inconsciente coletivo é constituído essencialmente de *arquétipos* [...] (Jung, 2016, §87-110).

As mudanças mental e psíquica exigirão o uso do conhecimento e da compreensão da conservação da força sexual, combinados com disciplina, bom senso, pensamento crítico e discernimento para rasgar a enxurrada de desinformação promovida pelos "sofistas virtuais", por determinados agentes ou "inimigos de altas esferas", enquanto nos concentramos em aplicar em nossas vidas diárias a sabedoria de "Viver a Vida" e saber utilizar esse "Poder da Transmutação" que se revelou, pois transforma o mundo desde a Grécia Antiga, do século VI a.C., ao século I d.C.

Quanto aos "inimigos de altas esferas", pois, esses atuam através de fortes influências maléficas sobre o inconsciente social (Cruz, 2021) dos seres humanos. Assim, também nos referimos ao *Apokalypsis* 16, o *Har Meghíd•dóhn*, Monte de Megido ou *Armageddôn*, bem como às outras problemáticas de Israel. Na realidade, Israel, foi o nome dado ao povo de Deus e não a um lugar geográfico, específico. Essas problemáticas podem ser analisadas e ajuizadas conforme os eventos descritos por São João no Revelador ou *Apokalypsis* 18, bem como analisado em "C. G. Jung e os Condensados Bose-Einstein: Processos Psíquico-quânticos do Apokalypsis de São João" (Cruz, 2020).

Através de estudos consagrados, ficou comprovado que no atual estado da evolução humana - século XXI - a função sexual é o meio pelo qual são formados novos e evoluídos corpos para a perpetuação das espécies (muito antes da teoria de Darwin, (1872)); todavia, quando se apreende que o ***triple Ego*** cria e utiliza seus corpos para obter experiências em diferentes *dimensões compactas* (diagramas I e II).

Muitas vezes, o ***triple Ego*** em vias de renascer (diagramas I e II) dificilmente encontra ambiente que permita desenvolver suas faculdades, de forma a beneficiar-se e a beneficiar a humanidade com seus talentos e proficiências. Pessoas das classes economicamente ricas poderiam oferecer condições mais favoráveis, mas em geral têm poucos filhos ou nenhum. Não porque vivam uma vida sexualmente abstêmia, mas por razões completamente egoístas, para maior comodidade e para poderem entregar-se à paixão sexual ilimitadamente, sem arcar com as dificuldades da família humana.

Entre as classes médias, as famílias também são limitadas, mas nestas as razões parecem ser predominantemente econômicas. Procuram educar um ou dois filhos, dando-lhes vantagens que não poderiam proporcionar-lhes se tivessem quatro ou cinco. Geralmente, as pessoas prolíficas e que também seguem os impulsos geradores sem reserva são da classe social inferior, ou classe baixa na sociedade.

É uma grande verdade que "nenhuma pessoa vive somente para si". As nossas palavras e ações afetam constantemente os outros. Se agirmos retamente podemos ajudar ou prejudicar vidas, mas se descuidamos de nossos deveres podemos frustrá-las. Primeiramente dos que estão em imediato contato conosco; depois da sociedade e dos habitantes da Terra.

Sendo cada pessoa proprietária dos seus próprios corpos, é responsável diante da lei de Consequência (ou de *Causa* e *Efeito*), por qualquer mau uso resultante do abandono de cuidados dos seus corpos, seja por fraqueza da vontade ou outro motivo qualquer.

Dessa maneira anormal, o ser humano exercita a prerrogativa divina de produzir a desordem na Natureza, como apresenta na Bíblia, em Gênesis 6:1-22, "Quando os homens começaram a multiplicar-se sobre a terra, e lhes nasceram filhas, os filhos de Deus viram que as filhas dos homens eram belas, e escolheram esposas entre elas. O senhor então disse: 'Meu espírito não permanecerá para sempre no homem, porque todo ele é carne, e a duração de sua vida será de cento e vinte anos.' Naquele tempo viviam gigantes na terra, como também daí por diante, quando os filhos de Deus se uniam às filhas dos homens e elas geravam filhos. Estes são os heróis, tão afamados nos tempos antigos. O Senhor viu que a maldade dos homens era grande na terra, e que todos os pensamentos de seu coração estavam continuamente voltados para o mal. O Senhor arrependeu-se de ter criado o homem na terra, e teve o coração ferido de íntima dor. E disse: 'Exterminarei da superfície da terra o homem que criei, e com ele os animais, os répteis e as aves dos céus, porque eu me arrependo de os haver criado.' Noé, entretanto, encontrou graça aos olhos do Senhor. Esta é a história de Noé. Noé era um homem justo e perfeito no meio dos homens de sua geração. Ele andava com Deus. Noé teve três filhos: Sem, Cam e Jafet. A terra corrompia-se diante de Deus e enchia-se de violência. Deus olhou para a terra e viu que ela estava corrompida: toda a criatura seguia na terra o caminho da corrupção. Então Deus disse a Noé: 'Eis chegado ao fim de toda a criatura diante de mim, pois eles encheram a terra de violência. Vou exterminá-los juntamente com a terra. Faze para ti uma arca de madeira resinosa: dividi-la-ás em compartimentos e a untarás de betume por dentro e por fora. E eis como a farás: seu comprimento será de trezentos côvados, sua largura de cinqüenta côvados, e sua altura de trinta. Farás no cimo da arca uma abertura com a dimensão dum côvado. Porás a porta da arca a um lado, e construirás três andares de compartimentos. Eis que vou fazer cair o dilúvio sobre a terra, uma inundação que exterminará todo ser que tenha sopro de vida debaixo do céu. Tudo que está sobre a terra morrerá. Mas farei aliança contigo: entrarás na arca com teus filhos, tua mulher e as mulheres de teus filhos. De tudo o que vive, de cada espécie de animais, farás entrar na arca dois, macho e fêmea, para que vivam contigo. De cada espécie de aves, e de cada espécie de quadrúpedes, e de cada espécie de animais que se arrastam sobre a terra, entrará um casal contigo, para que lhes possas conservar a vida. Tomarás também contigo de todas as coisas para comer, e armazená-las-ás para que te sirvam de alimento, a ti e aos animais.' Noé obedeceu, e fez tudo o que o Senhor lhe tinha ordenado".

Diante destes cenários bíblicos e socioculturais, os ***triples Egos*** a ponto de renascerem têm que aproveitar das oportunidades que se apresentam, às vezes sob condições desfavoráveis. Outros que não podem renascer nessas circunstâncias esperam até apresentar ocasião mais favorável. Portanto, através dos nossos pensamentos, sentimentos e atos afetamos uns aos outros e deste modo "os pecados dos pais caem sobre os filhos".

A função sexual tem seu lugar na economia na Natureza do mundo; que foi comprovado por Darwin, (1872). Quando utilizada de forma responsável fornece corpos fortes e cheios de saúde, que o ***triple Ego*** necessita para o seu desenvolvimento (diagramas I e II); portanto, não há maior bênção para o ***triple Ego***, ou simplesmente ***Ego***. Por outro lado, quando se abusa da função sexual, pelos prazeres da carne (pelo "princípio do prazer"), temos o adoecimento mental, psíquico e físico.

Não há maior desgraça, pois converte-se num manancial de todos os males, a verdadeira herança da carne, como se analisa em Gênesis 3:14-23, "Então o Senhor Deus disse à serpente: 'Porque fizeste isso, serás maldita entre todos os animais e feras dos campos; andarás de rastos sobre o teu ventre e comerás o pó todos os dias de tua vida. Porei ódio entre ti e a mulher, entre a tua descendência e a dela. Esta te ferirá a cabeça, e tu ferirás o calcanhar.' Disse também à mulher: Multiplicarei os sofrimentos de teu parto; darás à luz com dores, teus desejos te impelirão para o teu marido e tu estarás sob o seu domínio.' E disse em seguida ao homem: 'Porque ouviste a voz de tua mulher e comeste do fruto da árvore que eu te havia proibido comer, maldita seja a terra por tua causa. Tirarás dela com trabalhos penosos o teu sustento todos os dias de tua vida. Ela te produzirá espinhos e abrolhos, e tu comerás a erva da terra. Comerás o teu pão com o suor do teu rosto, até que voltes à terra de que foste tirado; porque és pó, e pó te hás de tornar-se.' Adão pôs à sua mulher o nome de Eva, porque ela era a mãe de todos os viventes. O Senhor Deus fez para Adão e sua mulher umas vestes de peles, e os vestiu. E o Senhor Deus disse: 'Eis que o homem se tornou como um de nós, conhecedor do bem e do mal. Agora, pois, cuidemos que ele não estenda a sua mão e tome também do fruto da árvore da vida, e o coma, e viva eternamente.' O Senhor Deus expulsou-o do jardim do Éden, para que ele cultivasse a terra donde tinha sido tirado".

É possível observar os *efeitos* (em Gênesis 6) e depois as *causas* (em Gênesis 3). Os Psicólogos poderiam, de forma ***voluntária*** e ***consciente***, aproveitar as fortes influências do "Poder da Transmutação" para promover auxílio de saúde e alívio dos sofrimentos psíquicos e mentais dos seus clientes/pacientes, independente dos *contextos socioculturais* apresentados.

Entende-se como *contexto sociocultural*, que se refere ao conjunto de fatores sociais (como classe social, relacionamentos, educação, condição financeira etc.) e culturais (como valores, crenças, costumes e tradições) que moldam o indivíduo e seu relacionamento com os ambientes (pessoal e profissional).

Esses contextos influenciam diretamente o desenvolvimento humano, a forma como as pessoas interagem e a construção de conhecimento (*de constructos ou construtos*), sendo um conceito fundamental em abordagens que enfatizam a interação social e cultural na formação do indivíduo.

Pelo Conhecimento Psicológico e Social, podemos entender por *constructos*, que são conceitos teóricos ou ideias abstratas, criações mentais que não podem ser observadas diretamente, mas são formadas a partir de dados e observações para ajudar a entender a realidade, como "Amor", "inteligência" ou "satisfação no trabalho" na psicologia, ou conceitos mais amplos como "igualdade de gênero" em ciências sociais, sendo ferramentas essenciais em pesquisas e teorias para dar sentido a fenômenos complexos.

Hipóteses da Expansão da Natureza da Psique: parte 2
A Ideia de Alan Turing e a Inteligência Artificial

A ideia de Alan Turing sobre inteligência artificial (IA) foi definida principalmente pelo "Teste de Turing" proposto em 1950, que estabeleceu que uma máquina pode ser considerada "inteligente" ao conseguir se passar por um ser humano em uma conversa por texto. Além disso, Turing previu que a IA não seria puramente programada, mas baseada no aprendizado autônomo, algo similar ao desenvolvimento humano, o que se tornou um dos pilares da pesquisa moderna.

O "Teste de Turing" como conceito, é um avaliador que interage por texto com uma máquina e um ser humano sem se identificarem e o avaliador tenta distinguir qual deles é a máquina. O objetivo é se o avaliador não conseguir identificar a máquina, ela pode ser considerada "inteligente", pois demonstrou ser um comportamento *conversacional* indistinguível do humano. O teste se tornou um marco fundamental na filosofia e na pesquisa em IA elevando debates sobre o que significa ser inteligente e se o raciocínio humano pode ser replicado artificialmente.

Entende-se por *conversacional* algo relativo à conversação que é usado em bate-papos ou que tem um tom informal e natural. O termo é frequentemente usado para descrever a comunicação que se assemelha a uma conversa humana, tanto na linguagem natural quanto em tecnologia, como na IA, conversacional.

O conceito de aprendizado autônomo, Turing acreditava que a inteligência artificial não deveria ser apenas uma programação explícita. A máquina deveria ser capaz de aprender com a experiência e modificar seu próprio programa de instruções, de forma análoga à inteligência humana. Esse fundamento, essa ideia de uma máquina que pode modificar e melhorar a si mesma é um dos princípios fundamentais da computação moderna, século XXI.

O impacto tecnológico e social da IA contemporânea, século XXI, se baseia nesse conceito, com máquinas que aprendem, se adaptam e evoluem com base em novos dados e interações. Por exemplo, podemos pensar e analisar a ideia sobre transplante de órgãos humanos, pois, parece ser uma esperança de vida e uma chance de recuperação para pessoas com doenças graves, sendo um ato altruísta e que salva vidas.

O processo envolve a doação de órgãos de um doador (vivo ou clinicamente morto) para um receptor, dependendo de um sistema público para a organização da doação e distribuição. Apesar dos avanços tecnológicos, como a bioimpressão de tecidos em 3D e a bioengenharia, a doação de órgãos ainda enfrenta desafios sociais complexos, como a necessidade de mais doadores para reduzir as longas filas de espera.

Por outro lado, órgãos humanos artificiais são sistemas projetados para auxiliar, dar suporte ou substituir órgãos com problemas nos sistemas do corpo humano. Esses dispositivos podem assumir a forma de órgãos inteiros, como corações, rins e pulmões, ou componentes menores, como válvulas cardíacas, articulações e pele. Pelos resultados e discussão, os resultados destes estudos indicam avanços significativos na tecnologia de transplantes de órgãos e tecidos, como o desenvolvimento de técnicas de preservação de órgãos, impressoras 3D para tecidos e órgãos artificiais e a edição genética para compatibilidade aumentada.

O que é fundamental e não podemos esquecer é que o *triple Ego* engendrou e construiu, bem como procura manter a *triple personalidade* viva para ganhar experiências em cada estada no Mundo Físico (diagramas I e II) no mundo dos fenômenos pela subjetividade e objetividade mental, biológica (*sinapses neurais*) e espiritual.

A Ideia de Alan Turing e o *Machine Learning* e as Hipóteses da Expansão da Natureza da Psique

A teoria de Alan Turing permanece sendo um dos pilares conceituais da inteligência artificial (AI); por consequência, do aprendizado de máquina (*machine learning*). Suas ideias estabeleceram as bases para a compreensão de que máquinas podem ser programadas para simular o pensamento e a fala humana, pois com o tempo, aprender com os dados e informações para melhorar seu desempenho.

Assim, entendemos os conceitos de Alan Turing e sua influência, cuja contribuição para a IA e o *machine learning* se concentra em dois conceitos fundamentais: A) Máquina de Turing, que é um modelo teórico de um computador capaz de simular qualquer algoritmo, independentemente de sua complexidade. B) Como se conecta ao *machine learning*, a máquina de Turing estabelece o limite teórico de tudo o que um computador pode computar. Serviu como a base da computação moderna, mostrando que qualquer programa de computador pode ser traduzido para uma máquina de Turing. Os algoritmos de *machine learning* são implementações complexas desses princípios teóricos.

Como no "Teste de Turing", proposto em seu artigo de "*Computing Machinery and Intelligence*" (1950), o teste busca responder à pergunta: As máquinas podem pensar?

O impacto no *machine learning*, embora debatido e considerado por muitos como uma avaliação imperfeita, o teste impulsionou a pesquisa em áreas cruciais para o *machine learning*, como o processamento de linguagem natural e a construção de *chatbots* modernos, que representam avanços na habilidade de simular interações humanas.

Assim, podemos analisar a relação entre a teoria de Turing e o *machine learning*, que se apresenta como um subconjunto da inteligência artificial (IA), pois permite que sistemas "aprendam ou se completam" com dados e informações e melhoram sua precisão ao longo do tempo, sem serem explicitamente programados. O *machine learning* utiliza algoritmos que analisa grandes volumes de dados e de informações para identificar padrões, tomar decisões e fazer previsões.

Suas aplicações práticas incluem assistentes virtuais, sistemas de recomendação de filmes, detecção de fraudes eleitorais, financeiras, políticas, sociais etc., entre outras funções ligadas à saúde humana na medicina e psicologia. Funciona com "aprendizado com dados e de informações", pois, em vez de serem instruídos passo a passo, os sistemas de *machine learning* são treinados com dados e informações históricas para que possam aprender, analisar, induzir etc., análogo aos processos do ensino escolar nos séculos XX e XXI.

Pelas ideias do conhecimento básico da teoria de Alan Turing, IA e *machine learning*, qualquer pessoa de mente mediana pode fazer analogia com a Ideia da extraordinária sabedoria (***analisar o diagrama I, o Mundo do Pensamento Abstrato e Concreto, desde a primeira até a sétima região***) que foi e está sendo utilizada na reconstrução do corpo denso pelo *triple Ego*. No momento (século XXI) a ciência ainda não tem suficiente capacidade para entender este maravilhoso instrumento vivo, que traz grandes benefícios para a estrutura biológica, psíquica e espiritual do ser humano, bem como as capacidades latentes para o futuro desenvolvimento da humanidade, exercido pelo *triple Ego* (Heindel, 2012).

Por analogia, o conceito de aprendizado autônomo, Turing (1950) acreditava que a inteligência artificial (*as sinapses neurais*) não deveria ser apenas uma programação explícita (*biológica*). A máquina (*a triple personalidade*) deveria ser capaz de aprender com a experiência e modificar seu próprio programa de instruções (*através da ação do sangue e sinapses neurais*), de forma análoga à inteligência humana. Esse fundamento, essa ideia de uma máquina (*da triple personalidade*) que pode modificar e melhorar a si mesma é um dos princípios fundamentais da computação moderna, ou seja, *da autonomia de cada personalidade* (a máquina de Turing) *no desenvolvimento atual, moderno.*

Entende-se por *sinapses neurais* que são as conexões entre neurônios ou entre neurônios e outras células (como músculos e glândulas), onde ocorre a transmissão do impulso nervoso. Essa comunicação se dá por meio de dois tipos principais: as *sinapses elétricas*, que utilizam sinais bioelétricos para uma comunicação rápida e as *sinapses quími-*

cas, que liberam neurotransmissores para mediar a informação, com efeitos que podem ser excitatórios ou inibitórios.

Para entender grande parte dessa maravilhosa conexão devemos recorrer aos "Fundamentos de Psicologia Esotérica" (Cruz, 2020), porque auxilia na explicação como o sangue é a expressão física mais elevadas do *triple Ego* sobre a *triple personalidade* (Heindel, 2012). O *sistema tríplice do Ego* guia e controla o *sistema tríplice da personalidade* (diagramas I e II) por meio do sangue e sinapses neurais. O sangue é o meio usado para agir sobre os sistemas do corpo biológico. Estes são apenas o lado físico do fenômeno humano; todavia, é a *triple personalidade* que implementa o sistema *machine learning*, proposto por Turing (1950) em "*Computing Machinery and Intelligence*".

Por exemplo, durante parte do tempo em que a digestão está acontecendo, o triple Ego age parcialmente através do sistema nervoso, especialmente no início do processo digestório. Quando os nervos são bloqueados durante experimentos científicos, o caminho direto através do sangue ainda está aberto e o triple Ego pode enviar informações necessárias para executar o processo digestório e fabricar sucos gástricos para cada tipo de alimento ingerido no sistema biológico.

Assim também, em qualquer momento, o sangue é enviado pelo triple Ego para executar alguma atividade necessária para a sobrevivência do corpo denso. Por exemplo, se alguma situação requer pensamento e ação inesperados, o sangue é prontamente levado para a cabeça excitando o sistema nervoso. Se uma refeição pesada deve ser digerida, a maior parte do sangue sai da cabeça e fica centrado em torno do sistema digestório.

Portanto, não se pode pensar bem depois de uma refeição pesada, copiosa. A pessoa fica sonolenta. Muito sangue sai do cérebro, porque o pouco sangue que fica é insuficiente para continuar as funções básicas necessárias para a consciência de vigília executar funções de sobrevivência e manutenção biológica através da excitação do sistema nervoso. Todavia, além disso, quase todo o fluido vital ou energia solar especializada pelo baço é absorvida pelo sangue, que percorre através desse órgão, após refeição de maior volume do que entre as refeições mais leves.

Durante as horas de vigília o triple Ego trabalha e controla o corpo denso por meio do sangue. Maior parte do sangue vai para a parte do corpo que requer a execução de alguma atividade vital, conforme analisado em *The Rosicrucian Cosmo-Conception - Mixing Blood in Marriage* (Heindel, 2012, p. 352-360).

Em *The Rosicrucian Cosmos-Conception: Man and the Method of Evolution*, (Heindel, 2012, p. 87-146), é mostrado que a *Essência* de cada parte da *triple personalidade* é extraída de cada corpo para formar parte da *Consciência Triple do Ego*, pois, interage como *interfaces de consciência e de inconsciência* no Mundo Físico.

Pelas pesquisas e estudos de Heindel (2012), nos processos de inconsciência e de consciência, o triple Ego fica direcionado para três regiões (diagramas I e II): a Região Concreta do Mundo do Pensamento, a Região Química e a Região Etérea do Mundo Físico em diferentes espaços-tempo, elevando a *Consciência Triple do Ego* através da *triple alma* ou *poder anímico*: 1) Do corpo denso se extraí a *Alma Consciente*, que se conecta ao *Espírito Divino*. 2) Do corpo vital se extraí a *Alma Intelectual*, que se conecta ao *Espírito de Vida*. 3) Do corpo de desejos se extraí a *Alma Emocional*, que se conecta ao *Espírito Humano*, pois, foi quando o triple Ego adquiriu sua consciência como *Ser Humano* no Mundo Físico (diagrama I, quarta região do Mundo do Pensamento).

As experiências espiritual, mental, psíquica e biológica do indivíduo quando *extraídas*, concomitantemente, são amalgamadas como *Consciência Triple do Ego*, ou *Triple Consciência do Ego*. Tudo que foi vivido e experimentado pelo indivíduo (interna e externamente) no Mundo Físico, armazenado como *interfaces de memórias* (Cruz, 2023), quando no final de cada vida essas experiências vividas por cada indivíduo são *extraídas* como *Essências* e farão parte da *Triple Consciência do Ego*.

Pelos estudos de Heindel (2012), quando se analisa (diagrama I) que a *mente* é o *elo* entre a *triple personalidade* (o eu inferior) e o *triple Espirito* (o Eu Superior). Parte dessa análise psicológica é apresentada por Jung (2014, §68-286) em "Aion – Estudos Sobre o Simbolismo do Si-mesmo".

Outro fator, contrário da ideia geralmente aceita, o triple Ego é bissexual. Se o triple Ego não se manifestasse no Mundo Físico pela força sexual, o corpo físico seria necessariamente assexuado; portanto, o corpo físico é apenas um símbolo externo; um arquétipo criado pelo triple Ego.

Nos mundos internos o triple Ego não se manifesta através do sexo, mas através de duas qualidades distintas: Vontade e Imaginação. A Vontade é o poder masculino (*animus*) e está coligado às forças solares. A Imaginação é o poder feminino (*anima*) e está unido às forças lunares. De certa forma pode explicar a forte tendência imaginativa da mulher e o especial poder que a Lua exerce sobre o mecanismo biológico feminino.

Entende-se por imaginação, que é a capacidade mental de criar e representar mentalmente objetos, ideias e cenários, seja através da manipulação de memórias ou da criação de coisas novas. É uma faculdade essencial para a criatividade, o desenvolvimento cognitivo e a resolução de problemas, envolvendo a manipulação de imagens, conceitos e conceitos abstratos. A imaginação está ligada à criatividade, à memória e aos sonhos, pois sua atuação no inconsciente e no consciente é importante tanto na compreensão da realidade quanto na fuga dela, conforme analisado em American Psychiatric Association (2025, p. 742-744) e em Barnhill (2024).

Por analogia, as ideias de Alan Turing (1950) podem ser comparadas com a hipótese do triple Ego. O triple Ego conversa com sua triple personalidade através de processos mentais, sendo a personalidade (mais diretamente o corpo denso) sua "máquina biológica", pois é reconstruída de tempos em tempos pelo próprio triple Ego, porque a verdadeira inteligência está com o triple Ego. Todas as experiências psíquicas, mentais e biológicas experimentadas, ajustadas e desenvolvidas etc., são extraídas dessa sua "máquina biológica inteligente, parcialmente autônoma e artificial", que é a triple personalidade. Isso pode ser apreendido quando se analise os diagramas I e II, comparados com as argumentações nos diferentes capítulos deste ensaio de psicologia.

Pelos estudos de Jung (2014) a separação da psicologia, da biologia[46] é artificial porque a psique humana vive numa união indissolúvel com o corpo. Assim, podemos analisar em Jung (2014) em "A Natureza da Psique: V - Determinantes Psicológicas do Comportamento Humano".

> A alma humana vive unida ao corpo, numa unidade indissolúvel, por isto só artificialmente é que se pode separar a psicologia dos pressupostos básicos da biologia e, como esses pressupostos biológicos são válidos não só para o homem, mas também para todo o mundo dos seres vivos, eles conferem aos fundamentos da Ciência uma segurança que supera os do julgamento psicológico que só tem valor na esfera da consciência. Por isso não deve causar surpresa que os psicólogos se sintam inclinados a retornar à segurança do ponto de vista biológico e utilizem a teoria dos instintos e da fisiologia. Também não é de espantar a existência de uma opinião largamente difundida que considera a psicologia meramente como um capítulo da fisiologia. Embora a psicologia reclame, e com razão, a autonomia de seu próprio campo de pesquisa, ela deve reconhecer uma extensa correspondência de seus fatos com os dados da biologia. [...] (Jung, 2014, §232-234).

Hipóteses da Expansão da Natureza da Psique: parte 3
A Consciência do Ego e o Exercício Científico de Concentração

O exercício científico de ***Concentração*** é realizado pela manhã, o mais cedo possível após acordar. A pessoa não precisa se levantar para abrir persianas, cortinas, janelas ou realizar quaisquer atos desnecessários.

Se o corpo estiver confortável, a pessoa deve relaxar imediatamente e começar a se concentrar. Isso é muito importante, pois o Espírito (o triple Ego) acaba de retornar do Mundo ou Estado de Matéria do Desejo (diagrama I) ao acordar. Nesse momento o contato consciente

---

[46] HERCULANO-HOUZEL, S. (2002) **O Cérebro Nosso de cada Dia**. Rio de Janeiro: Vieira & Lent.

com esse mundo, ou estado de matéria, é mais facilmente recuperado do que em qualquer outro momento do dia.

Se o corpo estiver desconfortável, a pessoa pode se levantar para aliviá-lo antes de se concentrar; mas, o atraso perde muito da eficácia da *Concentração*. Durante o sono, as correntes de energia do corpo de desejos fluem e seus vórtices se movem e giram com grande rapidez. Assim que interpenetra os corpos vital e denso, suas correntes e vórtices de força, ou energia são praticamente interrompidos pelas matérias etérea e densa e pelas correntes de energia do sistema nervoso, que transmitem mensagens do e para o cérebro etéreo, concomitantemente, para o cérebro físico, do corpo denso. Assim temos a primeira manifestação do dia da *triple personalidade* no Mundo Físico: do corpo de desejos, corpo vital e corpo denso ou físico.

O objetivo do exercício científico de *Concentração* é relaxar o corpo denso no mesmo grau de inércia e insensibilidade que estava durante o sono, ou seja, na mesma condição que o Espírito interior (o triple Ego) estava durante o processo do sono, perfeitamente desperto, alerta e consciente. Assim, criamos uma condição na qual os centros sensoriais do corpo de desejos podem começar a girar, enquanto estiver interpenetrando os corpos vital e denso no Mundo Físico (diagramas I e II).

O dicionário oferece várias definições de concentração: "atrair um centro"; outro da química, "reduzir ao máximo pureza e força, eliminando componentes inúteis". Aplicada à nossa questão, uma das definições nos diz que, se direcionarmos nossos pensamentos para um centro, um ponto focal, aumentamos sua força, ou energia, no mesmo princípio de que a potência dos raios solares aumenta quando concentrados por uma lupa.

Ao eliminar da mente, ou do corpo mental, por um momento qualquer outro assunto, toda a capacidade mental ficará disponível para alcançar a meta ou resolver a questão em que nos concentramos. Podemos ficar tão absortos em nosso tema, que se um canhão fosse disparado acima das nossas cabeças não o ouviríamos.

Por exemplo, as pessoas podem ficar muito concentradas na leitura de um livro, que esquecem o que acontece ao seu redor. Por analogia, a pessoa que está desenvolvendo sua visão espiritual deve adquirir a faculdade de absorver-se, igualmente na ideia em que está se concentrando, a fim de isolar sua consciência do mundo dos sentidos e concentrar toda a sua atenção no mundo espiritual.

Quando se aprende a executar essa técnica psicológica e mental poderá, literalmente, ver o lado espiritual que se manifesta na psique durante o processo do sono, seja de algum objeto ou ideia, iluminado pela luz espiritual. Essa técnica é uma ação ou ferramenta específica que pode ser utilizada por psicólogos para auxiliar no entendimento e tratamento do psiquismo e do comportamento humano, pois, é baseada em métodos científicos; que qualquer pessoa pode executar. Assim, ganhará conhecimento da natureza interna, das coisas inimagináveis para a pessoa que se orienta somente pelo senso comum.

De certa maneira, a pessoa poderá comprovar para si mesma o "Mundo das Ideias" de Platão, bem como entenderá melhor o conhecimento explanado em "A República", mais diretamente o "Livro VII – o mito da caverna" (Platão, 1987). Esse tema foi profundamente analisado no ensaio de psicologia, "Terapia de Retrospecção e Concentração – TRC" (Cruz, 2023).

Hipóteses da Expansão da Natureza da Psique: parte 4
A Consciência do Ego e o Exercício Científico de Retrospecção

O exercício noturno, *Retrospecção*, é mais eficaz do que quaisquer outros métodos para quaisquer pacientes, ou clientes avançarem no caminho da realização no tratamento psicológico. Tem um efeito tão profundo que permite a quem o ***pratica diariamente***, aprender agora, não apenas as lições desta vida, mas também aquelas que normalmente estão reservadas para vidas futuras; portanto, conseguirá facilmente atingir sua autorrealização ou totalidade psíquica (Jung, 2014).

Depois de ir para a cama à noite, o corpo relaxa e a pessoa começa a rever as cenas do dia em ordem inversa, começando com os eventos da noite, depois os da tarde, meio-dia e da manhã. A pessoa deve se esforçar para visualizar cada cena o mais fielmente possível, buscando reproduzir mentalmente tudo o que aconteceu em cada cena imaginada, a fim de julgar suas ações. Determinar se suas palavras transmitiram o significado que pretendia ou deram falsa impressão, ou se exagerou ou minimizou suas experiências relatadas aos outros. Deve também revisar sua atitude moral em relação a cada cena.

Por exemplo, nas refeições, a pessoa comeu para viver ou viveu para comer, para agradar o paladar? Que julgue, *sinceramente*, cada má ação praticada durante o dia, para corrigir e compensar as pessoas que injuriou pelas suas ações, pensamentos e sentimento cruéis, perversos etc., bem como deve elogiar suas boas ações, sentimentos e pensamentos relacionados ao seu comportamento diário perante outras pessoas. Às vezes, algumas pessoas têm dificuldades para ficarem acordadas até que o exercício seja efetuado. Nesses casos, elas podem sentar-se na cama até que seja possível seguir o método usual (Cruz, 2023 *apud* Heindel, 2012, p. 486-497).

Esse método terapêutico foi apresentado em artigo científico por Cruz (2025), pois é a abordagem ou conjunto de técnicas que profissionais em Psicologia, Psiquiatra podem utilizar para ajudar pessoas a lidarem com seus sofrimentos, conflitos, transtornos mentais, melhorar o bem-estar, desenvolver autoconhecimento e mudar padrões de comportamento, pensamentos e emoções, bem como lidar com *transtornos da personalidade*, apresentado em American Psychiatric Association (2025) e em Barnhill (2024).

A *Terapia de Retrospecção e Concentração (TRC)* tem como objetivo, finalidade e propósito a promoção de mudanças duradouras e qualidade de vida, variando de abordagens da Psicanálise, da Terapia Cognitivo-Comportamental (TCC) etc. O valor do *exercício científico de Retrospecção* é exponencialmente inimaginável.

Primeiro, é realizado o trabalho de restaurar a harmonia conscientemente e em menos tempo (pela Terapia Breve[47]) do que o corpo de

[47] A Terapia Breve é uma abordagem psicológica focada e de curta duração, que estabelece um tempo limitado de tratamento (meses ou poucas sessões) para resolver problemas específicos, trabalhando com objetivos claros e intervenções proativas para desenvolver estratégias práticas e mudanças de comportamento no presente, diferentemente de terapias longas que exploram o passado em profundidade. Seus pilares são foco, estratégia e um prazo definido, visando a resolução rápida de crises e o desenvolvimento de novas habilidades.

desejos (parte da triple personalidade) pode realizar durante o processo do sono, deixando um espaço e tempo maior da noite disponível para o trabalho externo do que seria possível de outra forma.

Em segundo lugar, *restaura a saúde psíquica e mental*, pois, vive-se o Purgatório e o Primeiro Céu (diagramas I e II) todas as noites e constrói uma consciência espiritual, mental e psíquica como Sentimento Reto, a *Essência* da experiência do dia. Assim, a pessoa evita o Purgatório após a morte e economiza tempo no Primeiro Céu. Por último, mas não menos importante extraí, dia a dia, a *Essência* das experiências que contribuem para o crescimento da alma (*anima* e *animus*) e integrando-as ao Espírito (ao triple Ego); consequentemente, a pessoa vive em uma atitude mental e se desenvolve ao longo de aprendizados e experiências que normalmente teriam sido reservados para vidas futuras.

Pela realização *diária* do exercício científico de Retrospecção e Concentração (Cruz, 2023), gradativamente, a pessoa apaga da sua natureza da psique, da memória subconsciente (ou involuntária) ocorrências indesejáveis. Deste modo, sua aura começa a brilhar com o "ouro espiritual" extraído pelo exercício científico.

Esse *processo alquímico* foi analisado por Jung (2011, §332-424) em "Psicologia e Alquimia - As ideias de salvação na alquimia". Em outras palavras, esse exercício científico quando realizado *diariamente*, gradativamente, extingue os *transtornos da personalidade* (American Psychiatric Association, 2025).

**Hipóteses da Expansão da Natureza da Psique: parte 5
Sincronicidade Espiritual, Mental, Psíquica e Biológica entre a Triplicidade do Ego e a Triplicidade da Personalidade**

A interação psíquica, mental e espiritual entre a triplicidade do Ego (o *Eu Superior*) e a triplicidade da personalidade (o *eu inferior*) ocorre diária e continuamente. Primeiro é preciso apreender o verdadeiro significado e prática de projeção, de transferência e contratransferência conforme analisado por Jung (1954/1983) em "*La Psicología de la Transferencia*", bem como em Jung (2011) em "Psicologia e Alquimia".

> [...] A rigor, a projeção nunca é feita - ela acontece, ela simplesmente está aí. Na obscuridade de algo exterior eu me defronto, sem reconhecê-la, com minha própria interioridade ou vida anímica. A meu ver, seria um erro reduzir a fórmula 'tam ethice quam physice' (moral tanto quanto física) à teoria das correspondências, fazendo desta última sua causa ('prius'). Pelo contrário, essa teoria seria muito mais uma racionalização da vivência da projeção. O alquimista não pratica sua arte por acreditar teoricamente numa correspondência, mas tem uma teoria das correspondências pelo fato de vivenciar a presença da idéia na matéria (physis). Minha tendência é portanto a de acreditar que a verdadeira raiz da alquimia deve ser buscada menos nas conceituações filosóficas do que nas projeções vivenciadas de cada pesquisador. Na minha opinião, o praticante tinha certas vivências psíquicas enquanto realizava as experiências químicas no laboratório; no entanto, essas vivências se lhe afiguravam comportamentos específicos do processo químico. Como se tratava de projeções, naturalmente ele não sabia, no nível da consciência, que a vivência nada tinha a ver com a matéria propriamente dita (isto é, tal como hoje a conhecemos). O alquimista vivenciava sua projeção como uma propriedade da matéria; mas o que vivenciava na realidade era o seu inconsciente. Deste modo, repetia toda a história do conhecimento da natureza. Como é sabido, a ciência teve início com a observação das estrelas, nas quais a humanidade descobria as dominantes do inconsciente, os 'deuses', bem como as estranhas qualidades psicológicas do zodíaco - uma teoria completa e projetada do caráter. A astrologia é uma experiência primordial, como a alquimia. Projeções deste tipo repetem-se todas as vezes que o homem tenta explorar uma escuridão vazia, preenchendo-a involuntariamente com formas vivas [...]. (Jung, 2011, §342-356).

Como pessoas individualizadas, cada indivíduo precisa saber quais são suas verdadeiras necessidades internas, aquelas que ninguém vê, nem mesmo quem as produziu no inconsciente do próprio sujeito. Senão qual seria a necessidade de existir um saber psicológico para auxiliar o paciente, para que possa alcançar sua homeostase psíquica durante o tratamento psicológico?

Assim, se analisa que todas as pessoas têm potencialidades para criar e desenvolver incontáveis arquétipos, mas esse desenvolvimento é dependente da experiência individual. Cada arquétipo só começa a ser ativado no nosso inconsciente quando passamos por experiências relacionadas a ele; portanto, *os Psicólogos profissionais precisam apreender como a projeção de forças arquetípicas e psíquicas se realiza diária e constantemente entre a triplicidade do Ego* (o Eu Superior) *e a triplicidade da personalidade* (o eu inferior), *para que tenha algum diagnóstico mais próximo da realidade do sujeito*.

Direcionados pelos Conhecimentos Psicológico e Neurobiológico é possível apreender a análise de Jung (2014, §232-234) em "A Natureza da Psique: V - Determinantes Psicológicas do Comportamento Humano", pois pode auxiliar no entendimento do processo psicológico do paciente. No entanto, durante o processo de transferência e contratransferência (Jung, 1954/1983) *não se cria nem transfere arquétipos, mas as forças ou energias arquetípicas de um conjunto de arquétipos, cujo objetivo do analista deve ser para proteger e dar suporte logístico durante o processo de tratamento psicológico, tanto para proteger a triple personalidade quanto para valorizar o triple Ego do paciente/cliente.*

Portanto, o processo de transferência e contratransferência pode ser entendido pela análise de Jung (2014) em "O Eu e o Inconsciente".

> A anima, sendo feminina, é a figura que compensa a consciência masculina. Na mulher, a figura compensadora é de caráter masculino e pode ser designada pelo nome de animus. Se não é simples expor o que se deve entender por anima, é quase insuperável a dificuldade de tentar descrever a psicologia do animus" (Jung, 2014, §329).

Mesmo inconsciente, para fazer uso da transferência e contratransferência, conforme analisado por Jung (1954/1983) em "*La Psicología de la Transferencia*", o triple Ego deve fazer uso da Vontade e da Imaginação, pois, é preciso ter sempre em mente que as duas figuras crepusculares, *anima* e *animus*, atuam através do pensamento, do sentimento e da *apercepção* em diferentes ambientes para que a sincronicidade seja criada e constantemente revitalizada.

Entende-se por *apercepção*, como sendo processo psicológico e filosófico de dar significado e compreender claramente algo que foi percebido pelos sentidos, integrando o novo conhecimento com experiências e ideias prévias para formar uma percepção consciente e distinta, sendo fundamental para a autoconsciência e a construção do triple Ego. Enquanto a percepção é a captação e organização das sensações, a *apercepção* é a atribuição de sentido, a assimilação e o reconhecimento ativo desse conteúdo, transformando-o em conhecimento claro.

Assim sendo, essa projeção anímica tem *significado sincronístico* entre o triple Ego (o *Eu Superior*) e a triple personalidade (o *eu inferior*), conforme analisado por Jung (2016) em "Sincronicidade - a dinâmica do inconsciente".

Entende-se por imaginação, que é a capacidade mental de criar e representar mentalmente objetos, ideias e cenários, seja através da manipulação de memórias ou da criação de coisas. É uma faculdade essencial para a criatividade, o desenvolvimento cognitivo e a resolução de problemas, envolvendo a manipulação de imagens, conceitos e conceitos abstratos. A imaginação está ligada à criatividade, à epigênese, à memória e aos sonhos, pois sua atuação no inconsciente e no consciente é importante tanto na compreensão da realidade quanto na fuga dela.

Assim, temos o *processo sincronístico inconsciente* entre o corpo denso, o corpo vital e o corpo de desejos (a triple personalidade) através da *sincronicidade tríplice da mente*, que é o elo ou ponte que une o *Eu Superior* (o Mundo Espiritual) e o *eu inferior* (o Mundo Físico), para que o triple Ego (*Eu Superior*) possa interagir com o seu triple arquétipo: a *personalidade.*

Todavia, é quando acontece o fenômeno da *dobra do tempo psíquico* entre as *duas camadas da psique* (inconsciente coletivo e inconsciente pessoal) e nas *duas naturezas da psique* (subjetiva e a objetiva); quando é possível observar e analisar fenômenos de sincronicidade pelas projeções de conteúdos psíquicos entre "dois mundos" (diagramas I e II).

Portanto, podemos apreender que pessoas com *transtornos da personalidade* (American Psychiatric Association, 2025), *inconscientemente*, obstruem parte do seu processo sincronístico ao apresentar diferentes sintomas, porque não se separa o biológico, do psicológico (Jung, 2014).

> A alma humana vive unida ao corpo, numa unidade indissolúvel, por isto só artificialmente é que se pode separar a psicologia dos pressupostos básicos da biologia e, como esses pressupostos biológicos são válidos não só para o homem, mas também para todo o mundo dos seres vivos, eles conferem aos fundamentos da Ciência uma segurança que supera os do julgamento psicológico que só tem valor na esfera da consciência. Por isso não deve causar surpresa que os psicólogos se sintam inclinados a retornar à segurança do ponto de vista biológico e utilizem a teoria dos instintos e da fisiologia. Também não é de espantar a existência de uma opinião largamente difundida que considera a psicologia meramente como um capítulo da fisiologia. Embora a psicologia reclame, e com razão, a autonomia de seu próprio campo de pesquisa, ela deve reconhecer uma extensa correspondência de seus fatos com os dados da biologia. [...] (Jung, 2014, §232-234).

Agora, podemos observar e analisar como ocorrem os *fenômenos de sincronicidade entre o triple Ego e a triple personalidade* e entre "dois mundos" (diagramas I e II):

Sincronicidade do corpo denso: o corpo denso (Guyton; Hall, 2011) *atrai* para si *energia psíquica* em forma de Luz Branca e Pura diretamente do Espírito Divino, pois está conectado *espiritualmente* ao Pai Celestial, o Deus-Pai do nosso sistema solar (diagramas V e VI). Então, o Espírito Divino *projeta* de Si-mesmo energia espiritual e psíquica em forma de Luz Branca e Pura que interpenetra o corpo denso. Parte dessa Luz Branca e Pura é *projetada* para fora do corpo denso, que forma ou revitaliza uma aura espiritual, que se expande de 1 a 3 polegadas em volta do corpo denso.

Sincronicidade do corpo vital: o corpo vital (Heindel, 2011) interpenetra sincronicamente o corpo denso, célula por célula, órgãos e tecidos e *atrai* para si energia psíquica em forma de Luz Branca e Pura diretamente do Espírito de Vida, pois está conectado *espiritualmente* ao Cristo (Jung, 2015, §68-286), no Mundo Interplanetário do Espírito de Vida. Então, o Espírito de Vida *projeta* de Si-mesmo energia espiritual e psíquica em forma de Luz Branca e Pura que interpenetra o corpo vital. Parte dessa Luz Branca e Pura é *projetada* para fora do corpo vital, que forma ou revitaliza uma aura espiritual, que se expande de 1 a 3 polegadas em volta do corpo vital.

Sincronicidade do corpo de desejos: o corpo de desejos, na sua forma oval (Heindel, 2011), simultaneamente interpenetra os corpos vital e denso (assim como a casca de um ovo envolve a clara e a gema). O corpo de desejos *atrai* para si energia psíquica em forma de Luz Branca e Pura diretamente do Espírito Humano, pois está conectado *espiritualmente* ao Espírito Santo, aos *Elohim*. Então, o Espírito Humano *projeta* de Si-mesmo energia espiritual e psíquica em forma de Luz Branca e Pura que interpenetra o corpo de desejos. Parte dessa Luz Branca e Pura é *projetada* para fora do corpo de desejos, que forma ou revitaliza uma aura espiritual, que se expande de 1 a 5 polegadas em volta do corpo de desejos.

Sincronicidade da mente: Pelos postulados de Heindel (2012), quando se analisa o diagrama I, a mente é o "elo" ou "ponte" que une o triple Ego (o *Eu Superior*) e a triple personalidade (o *eu inferior*). O triple Ego é a Imagem e Semelhante de Deus (Gênesis 1:26-27), que se manifesta através de Triple Espírito: o Espírito Divino, o Espírito de Vida e o Espírito Humano (diagrama I, quarta região do Mundo ou Estado de Matéria do Pensamento). As Forças Arquetípicas desse triple Espírito (da *triplicidade do Ego*) cria e revitaliza o ***núcleo** da triple personalidade de todos os seres humanos*.

Ao analisar o diagrama I, na quarta região contêm as Forças Arquetípicas e a mente humana. É o ***foco***, através do qual o triple Espírito (o triple Ego, o Eu Superior) se reflete na matéria, ou seja, na triple personalidade, que é composta pelos corpos denso, vital e de desejos.

Como analisamos nos diagramas I e II, a triple personalidade humana se manifesta em diferentes dimensões compactas; portanto, a mente (na sua forma análoga a uma nuvem espessa e transparente) atrai para si a triple Força Arquetípica do triple Ego (do *Eu Superior*).

Quando se apreende o verdadeiro significado do triple Ego, podemos analisar os diagramas III e IV para compreender o porquê que o ser humano se tornou, no atual Período Terrestre, a "Imagem e Semelhança de Deus" (Gênesis 1:26-27).

Deste modo, simultaneamente, a mente interpenetra e envolve a cabeça do corpo de desejos, a cabeça do corpo vital e a cabeça do corpo denso. Nesse processo, a mente atrai para si (na forma de energia espiritual e psíquica) a triple Luz Branca e Pura diretamente do triple Ego. Então, o triple Ego (triple Espírito ou *Eu Superior*) projeta sua triple Luz Branca e Pura, que interpenetra e envolve a mente do sujeito através dos doze pares de nervos cranianos (Sobotta, 2000, p. 267-340). Gradualmente, essa triple Luz Branca e Pura é projetada para fora da mente e cria, ou revitaliza, uma aura espiritual que se expande de 1 a 7 polegadas em volta da mente do sujeito.

Modo psicológico, quando se analisa em Gênesis 1 e 2 cada sentença, ao fazer fusão do Conhecimento Psicológico desde o surgimento da filosofia na Grécia antiga, século VI a.C., da passagem do pensamento mítico ao filosófico-científico (Marcondes, 2013, p. 16-101), podemos ter ideia do conteúdo psíquico primordial na mente de cada paciente, quando se apreende e analisa a religiosidade e espiritualidade (R/E) apresentada pelo sujeito durante o tratamento psicológico.

Esse conteúdo psíquico primordial, desde o processo da passagem do pensamento mítico ao filosófico-científico, permanece em uma ou nas duas camadas da natureza da psique do sujeito (Jung, 2014), ou seja, no inconsciente coletivo e ou no inconsciente pessoal (Jung, 2014); portanto, o terapeuta precisa saber como resgatar e trazer ao consciente do sujeito esse conteúdo psíquico primordial, através da escuta psicológica, das experiências de religiosidade e espiritualidade (R/E) do sujeito.

Por outro lado, se o terapeuta apreender como o triple Ego realiza a criação, ao revitalizar o ***núcleo*** de cada parte da triple personalidade (do ***núcleo*** do corpo denso, do ***núcleo*** do corpo vital e do ***núcleo*** do corpo de desejos), tendo como base o auxílio dos genitores desde a fecundação e transformação do DNA; todavia, poderá fazer analogia com as sentenças de Gênesis 1, pela ação direta do triple Ego, pois, terá condições de visualizar mentalmente a transformação e criação da *triple personalidade* desde a fecundação do óvulo, da formação do feto e do nascimento da criança no ambiente físico (diagrama II).

Todavia, a medicina constatou que na fase intrauterina e de forma consciente, por volta da 21ª semana, é quando a genitora começa a sentir os movimentos do feto; todavia, em geral, é quando o *triple Ego* interpenetra o corpo denso (criado pelo *triple Ego*, com os materiais cedidos pelos pais biológicos: pelo sequenciamento do DNA), para quando nascer revitalizar, agrupar e sincronizar os outros corpos sutis com os centros físicos dos sentidos (pelo sistema nervoso central) e assim obter consciência do e no Mundo Físico. Dentro desses ambientes físico, psíquico e espiritual temos o primitivo desenvolvimento emocional do bebê.

> No começo, o bebê é o ambiente e o ambiente é o bebê. Por meio de um processo complexo (parcialmente compreendido, sobre o qual eu e outros já escrevemos em profundidade), o bebê separa os objetos, e então o ambiente, do self. Há um estado intermediário em que o objeto com o qual o bebê se relaciona é subjetivo. O bebê passa então a ser uma unidade, primeiro em certos momentos e depois durante o tempo todo. Uma das muitas consequências desse novo desenvolvimento é que ele começa a ter um interior. Surge, desse modo, um intercâmbio complexo entre aquilo que é dentro e aquilo que é fora, que continua ao longo da vida do indivíduo, constituindo-se na principal relação que ele tem com o mundo. Essa relação é mais importante até mesmo do que a relação de objeto e a gratificação dos instintos. Esse intercâmbio de mão dupla envolve mecanismos mentais denominados 'projeção' e 'introjeção'. E muita coisa acontece, realmente muita, mas não cabe desenvolver essa afirmação aqui. [...] Assim, a estrutura e a força do ego tornam-se um fato, e a dependência de um novo indivíduo em relação ao ambiente transforma-se cada vez mais, indo do extremo da dependência absoluta à independência, embora jamais al-

> cance a independência absoluta. O desenvolvimento e a instalação da força do ego são a característica básica ou importante que indica saúde. Naturalmente, o termo "força do ego" adquire cada vez mais significado à medida que a criança amadurece. No início, o ego só tem força em função do apoio egoico fornecido pela mãe adaptativa, que por algum tempo é capaz de se identificar muito intimamente com seu bebê (Winnicott, 2021, p. 79-80).

A fase intrauterina refere-se ao período de desenvolvimento do ser humano dentro do útero da mãe, desde a fecundação até o nascimento, onde ocorre a implantação do óvulo fertilizado e o crescimento do embrião/feto. Esta fase é crucial para o desenvolvimento dos órgãos e sistemas do corpo, pois o ambiente intrauterino fornece nutrientes, hormônios e estímulos essenciais para este processo. Assim, temos o desenvolvimento na fase intrauterina

Fertilização e implantação, é o processo que começa com o óvulo fertilizado que se implanta no útero, dando início ao desenvolvimento embrionário.

Formação de órgãos, que a partir de uma única célula que se divide, formam-se os tecidos e órgãos do embrião e feto.

Maturação fisiológica, os órgãos e sistemas, como os rins, o fígado e o sistema nervoso se desenvolvem e amadurecem ao longo desta fase, embora alguns continuem a se desenvolver após o nascimento.

Ambiente intrauterino, a gestante fornece o ambiente intrauterino com nutrientes e hormônios, que são cruciais para o desenvolvimento do feto.

Constata-se nessa fase a importância do início do período de desenvolvimento físico, psíquico, afetivo e mental, que é uma fase de transformação intensa para a mãe e do desenvolvimento de habilidades cognitivas, como percepção, memória e futura linguagem e interpretação da linguagem do bebê. Assim, temos a implementação fetal pelo DNA, a saúde durante a vida intrauterina que pode afetar o estado de saúde do indivíduo na vida adulta.

No entanto, ao analisar o diagrama II, o profissional da saúde psicológica poderá visualizar em sua mente a transformação e criação da *triple personalidade* concretizada pela genitora (mesmo inconsciente) e pelo triple Ego que está para renascer em um novo ambiente físico.

Todavia, esse fenômeno e transformação mental, psíquica, afetiva e biológica (através do átomo semente que constitui um ***núcleo*** para cada corpo da *triple personalidade*), acontece na natureza da psique de cada sujeito (Jung, 2014), pois é um fenômeno que advém antes do renascimento humano, como analisado por Jung (2014) em "A Natureza da Psique - Estrutura da Alma".

> Como reflexo do mundo e do homem, a alma é de tal complexidade que pode ser observada e analisada a partir de um sem-número de ângulos. Com a psique acontece justamente o mesmo que acontece com o mundo: porque uma sistemática do mundo está fora do alcance humano, temos de nos contentar com simples normas artesanais e aspectos de interesse particular. Cada um elabora para si seu próprio segmento do mundo e com ele constrói seu sistema privado para seu próprio mundo, muitas vezes cercado de paredes estanques, de modo que, algum tempo depois, parece-lhe ter apreendido o sentido e a estrutura do mundo. Ora, o finito não pode jamais apreender o infinito. Embora o mundo dos fenômenos psíquicos seja apenas uma parte do mundo como um todo, é justamente por esta razão que parece mais fácil apreender uma parte do que o mundo inteiro. Mas deste modo se estaria esquecendo que a alma é o único fenômeno imediato deste mundo percebido por nós, e por isto mesmo a condição indispensável de toda experiência em relação ao mundo. As únicas coisas do mundo que podemos experimentar diretamente são os conteúdos da consciência. Não que eu pretenda reduzir o mundo a uma ideia, a uma representação do mundo, mas o que eu quero enfatizar é como se eu dissesse que a vida é uma função do átomo do carbono. Esta analogia nos mostra claramente as limitações da ótica do profissional à qual eu sucumbo, ao procurar dar alguma explicação do mundo ou mesmo uma parte dele (Jung, 2014, §283-284).

Com base nas análises de Jung (2015) em "Aion – estudo sobre o simbolismo do Si-Mesmo - Cristo, símbolo do Si-Mesmo", o triple Ego se apresenta como sendo a imagem e semelhança de Deus, Gênesis

1:26-27, "E disse Deus: Façamos um homem à nossa imagem, conforme a nossa semelhança; e que eles tenham domínio sobre os peixes do mar, e sobre as aves do céu, e sobre o gado, e sobre toda a terra, e sobre toda a coisa rastejante que rasteja sobre a terra. Assim Deus criou o homem a sua própria imagem, à imagem de Deus o criou; macho e fêmea ele os criou."

A imagem divina do homem não foi destruída pelo pecado, mas apenas danificada e corrompida ('deformada'), e será reconstruída pela graça divina. O âmbito da integração é indicado pela descensus ad ínferos, descida de Cristo aos infernos, descida cujos efeitos redentores abrangem inclusive os mortos. O seu equivalente psicológico é a integração do inconsciente coletivo, parte constitutiva e indispensável da individuação: 'Nosso fim deve ser, portanto, diz Agostinho, nossa perfeição, mas nossa perfeição é Cristo', porque Ele é a imagem perfeita de Deus. Por isso é também chamado 'Rei'. Sua esposa (sponsa) é a alma humana que se acha 'unida interiormente ao Logos num mistério espiritual escondido, para que se tornem dois em uma só carne', em correspondência ao matrimônio de Cristo com a Igreja. Com exceção da continuidade deste hierógamos (núpcias sagradas) no dogma e nos ritos da Igreja, o símbolo em questão se desenvolveu na Alquimia, ao longo da Idade Média, até se transformar na coniunctio (união) dos contrários, ou seja, nas núpcias químicas e, consecutivamente, na representação da totalidade do lapis philosophorum (pedra filosofal), de um lado, e no conceito de combinação química, do outro. A imagem divina do homem, danificada pelo pecado, pode ser restaurada ("reformada") com a ajuda de Deus, de acordo com o que diz a Carta aos Romanos 12,2: 'E não vos conformeis com os esquemas deste mundo, mas transformai-vos pela renovação da vossa mente, para que possais discernir qual é a vontade de Deus'. As imagens da totalidade produzidas pelo inconsciente no decurso de um processo de individuação representam tais 'reformas' (transformações) de um arquétipo (do mandala) existente a priori. Como já acentuei repetidas vezes, na prática é impossível distinguir entre os símbolos espontâneos do si-mesmo (da totalidade) e uma imagem divina. O termo

> "renovação" (anakainosis, reformatio) não expressa uma mudança em sentido próprio, apesar do metamorphousthe (transformai-vos), e sim o restabelecimento de um estado original, uma apocatástase; isto está em perfeita consonância com as descobertas psíquicas empíricas de um arquétipo da totalidade, existente em todas as épocas, que pode desaparecer facilmente do campo usual da consciência ou jamais ser percebido, até que uma consciência iluminada pela conversão reapareça sob a figura de Cristo. Esta 'anamnese' restabelece um estado original de união com a imagem divina. Ela significa uma integração, uma ponte lançada sobre a brecha da cisão da personalidade, cuja existência é devida a diversos impulsos que levam a direções diferentes e conflitantes entre si. Só quando uma pessoa ainda se conserva legitimamente inconsciente de seus impulsos, como um animal, não há cisão. Mas isto é impossível ou prejudicial quando uma inconsciência artificial, isto é, uma repressão, já não reflete o impulso instintivo (Jung, 2015, §72-73).

Portanto, não se separa o biológico, do psicológico (Jung, 2014, §232-234), pois, é possível fazer analogia dos capítulos de Gênesis 1, 2 e 3 com o Conhecimento Psicológico e fisiológico humano, para que se possa conceber a natureza da psique (Jung, 2014); com seus arquétipos e suas duas camadas: o inconsciente pessoal e o inconsciente coletivo (Jung, 2016).

Como apresentado na "Introdução", com base nas argumentações de Platão, em *buscar a Verdade*, existe um *conjunto* que contém todas as *crenças*, tudo que supomos que seja verdade. E existe um *conjunto* que contém a *Verdade*. No nosso atual estágio de desenvolvimento não temos condições de ver toda a *Verdade*, devido a nossa imperfeição; mas, algumas coisas dentro desses *conjuntos* (de *crenças* e de *Verdade*) nós podemos ver e conhecer.

Portanto, com essa base filosófica, psicológica e fisiológica, nos ulteriores parágrafos propomos uma *atividade social* que envolve, conjuntamente, aspectos psicológicos e espirituais. Os aspectos psicológicos e espirituais são indissociáveis do sistema humano, afetando a saúde mental através da busca por significado e propósito, da conexão com algo maior, da resiliência, da compaixão e do bem-estar geral.

Todavia, ao reconhecer a base dos estudos de Melanie Klein (1991) ao perceber que o "ego arcaico" se manifesta muito antes do que foi proposto pelo psicanalista Sigmund Freud (1961), ao dizer que o "ego" emerge do "id" durante a infância e se torna a única fonte de comunicação da pessoa com o mundo físico. Todavia, o "ego" funciona segundo o princípio da realidade pela metodologia de Aristóteles e não pelo princípio do prazer do "id", proposto por Sigmund Freud (1961).

Com base nos conceitos psicanalíticos, temos as primeiras experiências do "ego arcaico" (Klein, 1991) e do "ego que emerge do id durante a infância" (Freud, 1961), em diferentes fases ou posições no ambiente externo. Portanto, o indivíduo se posiciona diante de novos aprendizados, desafios psicológicos e biológicos e em diferentes contextos socioculturais ao conceber sua "nova realidade externa".

Segundo Guyton e Hall (2021) nas primeiras semanas, o zigoto (célula única) passa por rápida *multiplicação celular*, um processo chamado clivagem, que o divide em duas, quatro, oito e mais células chamadas blastômeros. Ao longo da primeira semana, essas divisões continuam enquanto o embrião se move pela tuba uterina até chegar ao útero. No útero, ele se desenvolve em uma esfera de centenas de células, o blastocisto, que se implanta na parede uterina na segunda semana, dando início ao desenvolvimento do feto e da placenta.

Em outras palavras, os estudos de Guyton e Hall (2021), a clivagem celular é o processo de divisões celulares mitóticas consecutivas que ocorrem no zigoto logo após a fecundação, transformando a única célula original em um embrião multicelular. Durante a clivagem, o tamanho do embrião não aumenta; ele se torna uma estrutura com muitas células menores, chamadas blastômeros. Este processo é fundamental para a formação do embrião inicial, a organização do material genético e a preparação para estágios subsequentes, como a formação do blastocisto e a implantação no útero.

Diante do exposto, retornamos à *atividade social* proposta, onde se lê "Deus", *momentaneamente* substitua por "Ego" ou "Eu Superior", para que se tenha algum vislumbre da vida do *triple Ego* antes da 21ª de gestação no útero materno.

Será possível perceber nos ulteriores capítulos que o *Eu Superior* (conscientemente) cria, instrui e instrumentaliza o *eu inferior* (que fica inconsciente e inativo nas primeiras semanas da fase intrauterina), para que atue e adquira experiências no Mundo Físico. Cujo objetivo é que se *transforme e eleve sua consciência e forma* desde o ambiente familiar, pois, constata-se que os processos cognitivos e sinápticos iniciam por volta da 21ª semana na fase intrauterina, quando a genitora começa sentir as atividades físicas do feto. Agora, vamos à subjetividade da nossa *atividade social.*

Em Gênesis 1:1-31, temos:

1. No princípio criou Deus o céu e a terra.

2. E a terra era sem forma e vazia; e havia trevas sobre a face do abismo. E o Espírito de Deus se movia sobre a face das águas.

3. E disse Deus: Haja luz; e houve luz.

4. E viu Deus a luz, que isto era bom; e Deus separou a luz das trevas.

5. E chamou Deus à luz Dia, e às trevas ele chamou Noite. E houve a tarde e a manhã, o primeiro dia.

6. E disse Deus: Haja um firmamento no meio das águas, e deixe que separe as águas das águas.

7. E fez Deus o firmamento, e separou as águas que estavam debaixo do firmamento das águas que estavam acima do firmamento. E assim foi.

8. E Deus chamou ao firmamento Céu. E houve a tarde e a manhã, o segundo dia.

9. E disse Deus: Deixe as águas sob o céu em um lugar, e apareça o solo seco. E assim foi.

10. E chamou Deus ao solo seco de Terra; e ao ajuntamento das águas ele chamou Mares. E Deus viu que isto era bom.

11. E disse Deus: Deixe a terra trazer a relva, a erva produzindo semente, e a árvore frutífera produzindo fruto segundo a sua espécie; cuja semente esteja em si mesma, sobre a terra. E assim foi.

12. E a terra produziu a relva, e a erva que dava semente segundo a sua espécie, e a árvore frutífera, cuja semente estava nela, segundo a sua espécie. E Deus viu que isto era bom.

13. E houve a tarde e a manhã, o terceiro dia.

14. E disse Deus: Haja luzes no firmamento do céu para dividir o dia da noite; e que sejam por sinais, e para estações, e para dias, e anos;

15. e que eles sejam por luzes no firmamento do céu para dar luz sobre a terra. E assim foi.

16. E fez Deus duas grandes luzes; a luz maior para governar o dia, e a luz menor para governar a noite; ele também fez as estrelas.

17. E Deus os colocou no firmamento do céu para dar luz sobre a terra;

18. e para governar sobre o dia e sobre a noite, e para separar a luz das trevas, e Deus viu que isto era bom.

19. E houve a tarde e a manhã, o quarto dia.

20. E disse Deus: Produzam as águas abundantemente criaturas viventes que se movem, e aves que possam voar acima da terra, no vasto firmamento do céu.

21. E Deus criou grandes baleias, e toda criatura vivente que se move, que as águas produziram abundantemente, segundo a sua espécie, e toda ave alada segundo a sua espécie; e Deus viu que isto era bom.

22. E Deus os abençoou, dizendo: Sede frutíferos e multiplicai-vos, e enchei as águas nos mares, e multipliquem-se as aves sobre a terra.

23. E houve a tarde e a manhã, o quinto dia.

24. E disse Deus: Produza a terra criaturas viventes segundo as suas espécies, gado, e seres rastejantes, e animais da terra segundo a sua espécie. E assim foi.

25. E fez Deus os animais da terra segundo a sua espécie, e o gado segundo a sua espécie e tudo que rasteja sobre a terra segundo a sua espécie; e Deus viu que isto era bom.

26. E disse Deus: Façamos um homem à nossa imagem, conforme a nossa semelhança; e que eles tenham domínio sobre os peixes do mar, e sobre as aves do céu, e sobre o gado, e sobre toda a terra, e sobre toda a coisa rastejante que rasteja sobre a terra.

27. Assim Deus criou o homem a sua própria imagem, à imagem de Deus o criou; macho e fêmea ele os criou.

28. E Deus os abençoou, e Deus lhes disse: Sede frutíferos e multiplicai-vos, e reabasteça a terra e subjugai-a; e tende domínio sobre os peixes do mar, e sobre as aves do céu, e sobre toda a coisa vivente que se move sobre a terra.

29. E disse Deus: Eis que vos tenho dado toda erva que dá semente, que está sobre a face de toda a terra, e toda árvore na qual está o fruto de uma árvore que produz semente; para vós será para alimento.

30. E a todo animal da terra, e a toda ave do céu, e a cada coisa que rasteja sobre a terra, em que há vida, eu tenho dado toda erva verde para alimento. E assim foi.

31. E Deus viu todas as coisas que ele havia feito; e eis que era muito bom. E houve a tarde e a manhã, o sexto dia.

A medicina reconhece e consegue manter o corpo denso, físico com vida de crianças prematuras, pois, na fase intrauterina ao nascer a partir do *sétimo mês* (por analogia, no "*sétimo dia*": Gênesis 2:3), o recém-nascido consegue fazer trocas gasosas (Guyton; Hall, 2011, p. 509-518) e atuar o Mundo Físico com um indivíduo separado. É quando acolhe sua individualidade como *triple Ego* e *triple personalidade* fora do útero materno.

Em Gênesis 2:1-25, temos:

1. Assim os céus e a terra foram finalizados, e todo o seu exército.

2. E no sétimo dia Deus terminou o trabalho que havia realizado; e ele descansou no sétimo dia de todo o trabalho que havia feito.

3. E Deus abençoou o sétimo dia, e o santificou, porque nele ele havia descansado de todo o seu trabalho que Deus criou e fez.

4. Estas são as gerações dos céus e da terra quando foram criados, no dia em que o SENHOR Deus fez a terra e os céus,

5. e toda planta do campo antes de estar na terra, e toda erva do campo antes de crescer; pois o SENHOR Deus não havia feito chover sobre a terra, e não havia homem para cultivar a terra.

6. Mas ali subia uma neblina da terra, e regava toda a face da terra.

7. E o SENHOR Deus formou o homem do pó da terra, e soprou nas suas narinas o sopro da vida; e o homem se tornou uma alma vivente.

8. E o SENHOR Deus plantou um jardim na direção leste no Éden; e ali ele colocou o homem a quem havia formado.

9. E da terra o SENHOR Deus fez crescer toda árvore que é agradável à vista, e boa para alimento; e a árvore da vida no meio do jardim, e a árvore do conhecimento do bem e do mal.

10. E um rio saía do Éden para regar o jardim; e dali partia-se, e tornava-se quatro cabeças.

11. O nome do primeiro é Pisom; este é o que circunda toda a terra de Havilá, onde há ouro;

12. e o ouro dessa terra é bom; ali há bdélio e a pedra ônix.

13. E o nome do segundo rio é Giom; esse é o mesmo que circunda toda a terra de Cuxe.

14. E o nome do terceiro rio é Hidéquel; este é o que vai para o leste da Assíria. E o quarto rio é o Eufrates.

15. E o SENHOR Deus tomou o homem, e o colocou no jardim do Éden para cultivá-lo e guardá-lo.

16. E o SENHOR Deus ordenou ao homem, dizendo: De toda árvore do jardim tu poderás comer livremente.

17. mas da árvore do conhecimento do bem e do mal, dela tu não comerás. Pois no dia em que dela comeres, tu certamente morrerás.

18. E o SENHOR Deus disse: Não é bom que o homem esteja sozinho; eu farei uma ajudadora adequada para ele.

19. E da terra o SENHOR Deus formou todo animal do campo, e toda ave do ar; e os levou até Adão para ver como ele lhes chamaria. E como quer que Adão chamasse cada criatura vivente, este era o seu nome.

20. E Adão deu nomes a todo o gado, e a toda ave do céu, e a todo animal do campo; mas para Adão não foi encontrada uma ajudadora adequada.

21. E o SENHOR Deus fez um profundo sono cair sobre Adão, e ele dormiu; e ele tomou uma de suas costelas, e fechou a carne em seu lugar;

22. e da costela que o SENHOR Deus havia tirado do homem, ele fez uma mulher, e a levou ao homem.

23. E Adão disse: Esta, agora é osso dos meus ossos, e carne da minha carne; ela será chamada Mulher, porque ela foi tomada do Homem.

24. Por isso, o homem deixará seu pai e sua mãe e se apegará à sua mulher, e eles serão uma carne.

25. E estavam os dois nus, o homem e sua mulher, e não estavam envergonhados.

Portanto, a nossa *atividade social* proposta, também, pode ser feita com os versículos de Gênesis 3, para podermos ter alguma ideia da expansão de consciência ao experimentar a realidade interna e externa, tanto da *triplicidade do Ego* quanto da *triplicidade da personalidade*.

Assim, se qualquer pessoa quiser obter algum resultado efetivo, positivo e duradouro, ***os exercícios científicos de Retrospecção e Concentração*** (Cruz, 2023) devem ser praticados *diariamente*, para que se torne proficiente na elevação da sua consciência e forma. Por exemplo, com base na primeira e segunda lei da termodinâmica, a energia quando não utilizada é transformada em calor: a temperatura corporal dos seres vivos.

Por analogia, se não nos alimentarmos diariamente para a renovação da energia pelo processo biológico de trifosfato de adenosina (ATP), certamente ficaremos fisicamente fracos, pois, pela falta de alimentos nutritivos e adequados a morte do corpo denso será breve, convergindo para a falência múltipla de órgãos. Nesse mesmo processo, alguns sintomas podem se manifestar através da mente e do sistema nervoso central, quando o indivíduo faz uso da automedicação. Por exemplo, ao utilizar indiscriminadamente drogas psicoativas.

Se entende por automedicação, pela prática de usar medicamentos por conta própria, sem a orientação de um profissional da saúde, o que pode causar graves riscos à saúde, como reações alérgicas, intoxicações, interações medicamentosas perigosas, dependência, resistência microbiana e até mesmo agravar ou mascarar doenças psicológicas graves, podendo levar à morte. Fatores como a facilidade de acesso a medicamentos, a cultura de autoatendimento e a grande quantidade de informações disponíveis na internet contribuem para essa prática.

Por exemplo, as doenças neurológicas são condições que afetam o cérebro, a medula espinhal e os nervos, interferindo no funcionamento do sistema nervoso e causando sintomas como problemas de movimento, memória, linguagem e equilíbrio; todavia, incluem o Alzheimer, o Parkinson, a esclerose múltipla e os acidentes vasculares cerebrais (AVCs), sendo um grupo de mais de 600 condições diferentes que podem ter diversas causas, como genética, lesões e infecções.

Hipóteses da Expansão da Natureza da Psique: parte 6
A Psique Subjetiva e a Psique Objetiva do Sujeito

Em *The Rosicrucian Cosmos-Conception: Man and the Method of Evolution*, (Heindel, 2012, p. 87-146), é explicado que a *Essência* de cada parte da *triple personalidade* é extraída de cada corpo para formar parte da *Consciência do Ego* (do Eu Superior), pois, interage com as *interfaces de consciência e de inconsciência* no Mundo Físico, pelo senso comum.

Ao analisar os diagramas I e II, nos processos de inconsciência e de consciência o triple Ego (o *Eu Superior*) fica direcionado para três regiões: a Região Concreta do Mundo do Pensamento, a Região Química e a Região Etérea do Mundo Físico em diferentes espaços-tempo, elevando a *Consciência do Ego* através da *triple alma* ou *poder anímico*: 1) do corpo denso se extraí a *Alma Consciente*, que se conecta ao *Espírito Divino*. 2) do corpo vital se extraí a *Alma Intelectual*, que se conecta ao *Espírito de Vida*. 3) do corpo de desejos se extraí a *Alma*

Emocional, que se conecta ao *Espírito Humano*, pois, foi quando o Ego adquiriu sua consciência como *Ser Humano*.

Portanto, as experiências espiritual, mental, psíquica, afetiva e biológica do indivíduo quando *extraídas*, concomitantemente, são amalgamadas como *Consciência do Ego*. Tudo que foi vivido e experimentado pelo indivíduo (interna e externamente) no Mundo Físico é armazenado como *interfaces de memórias* (Cruz, 2023), pois, quando no final de cada vida essas experiências *subjetivas* e *objetivas* vividas por cada indivíduo são *extraídas* como *Essências* e farão parte da consciência do *triple Espírito* (o Eu Superior ou triple Ego). Portanto, é quando se analisa no diagrama I, que a *mente* é o *elo* entre a *triple personalidade* (o *eu inferior*) e o *triple Espírito* ou triple Ego (o *Eu Superior*).

A *Psique Subjetiva* é formada pela consciência e conscientização do triple Ego, do *Eu Superior* (diagramas I e II), adquiridas pelas atuações e experiências diárias através das *Almas Consciente, Emocional e Intelectual*, conforme analisado em "*The Rosicrucian Cosmo-Conception - The Relation of Man to God*" (Heindel, 2012, p. 177-200). Parte dessa análise psicológica é apresentada em "Aion – Estudos Sobre o Simbolismo do Si-mesmo" (Jung, 2015, §68-286).

A *Psique Objetiva* é produto da atuação espiritual e pela ação psíquica e cognitiva manifestadas pelas ações e interações diárias, conscientes e inconscientes do Eu Superior (do triple Ego), com e através do inconsciente coletivo (Jung, 2016), adquiridas pelo Espírito Virginal (Heindel, 2012). Portanto, é produto das ações e interações neurofisiológicas, neuropsicológicas, de doenças neurológicas etc., que acontecem no cérebro e no corpo vital, bem como no corpo de desejos e na mente do indivíduo, ou seja, das manifestações do eu pessoal, ou *eu inferior* (da triple personalidade) durante os estados de vigília e do sono.

O que se entende por "ação psíquica e cognitiva", pois, refere-se à interação e ao desempenho que as funções mentais (cognitivas) desempenham na experiência humana, incluindo a forma como percebemos, pensamos, aprendemos e recordamos, influenciando diretamente o nosso comportamento e as nossas emoções em diferentes ambientes: internos e externos. A psicologia cognitiva estuda estes processos mentais, que são a base para a interpretação do mundo e a interação com o ambiente. Portanto, os processos mentais nos permitem receber informação através dos sentidos. Processar e transformar o que é recebido do ambiente. Armazenar e reter a informação nas memórias de curto, médio e longo prazo. Elaborar e raciocinar para pensar, resolver problemas e tomar decisões, entre outras funções.

As *subjetividades* e *objetividades* são formadas diariamente pelas experiências inconscientes e conscientes, pela consciência e conscientização da triple personalidade (*eu inferior*) de cada indivíduo. Essas experiências diárias, conscientes e inconscientes em diferentes ambientes e contextos físicos e não físicos (diagramas I e II), formam e estruturam a *Alma Consciente,* a *Alma Emocional* e a *Alma Intelectual* de cada indivíduo.

A *Alma Consciente* é formada e estruturada pelas ações e interações diárias, conscientes e inconscientes do corpo físico (Guyton; Hall, 2021) do indivíduo pelas interações com e no ambiente físico, pois constitui os desempenhos da *triple personalidade* no Mundo Físico.

A *Alma Emocional* é formada e estruturada pelas ações e interações diárias, conscientes e inconscientes do corpo de desejos (Heindel, 211), ou seja, pela interação consciente e inconsciente dos desejos, emoções e sentimentos do indivíduo no e com o ambiente físico, pois constitui os desempenhos da *triple personalidade* no Mundo Físico.

A *Alma Intelectual* é formada e estruturada pelas ações e interações diárias, conscientes e inconscientes do corpo vital (Heindel, 2011), pelas experiências psíquicas, biológicas e culturais armazenadas nas memórias de curto, médio e de longo prazo, pois constitui os desempenhos da *triple personalidade* com e no Mundo Físico.

Cada *ação neurológica* envolve a geração e propagação de potenciais de ação, que são impulsos elétricos para a transmissão de informações; todavia, enquanto a *interação neurológica* se refere à comunicação complexa entre neurônios através de sinapses (química e elétrica), utilizando neurotransmissores e modulada por outros fatores e à forma como o sistema nervoso interage com o ambiente (interno/externo) e outros tipos de células, moldando o comportamento e a adaptação. Assim analisamos a *plasticidade neural*, que é a capacidade do sistema nervoso de se adaptar e modificar os seus circuitos, em resposta à experiência e à interação organismo-ambiente.

Outro fator, contrário da ideia geralmente aceita, o *triple Ego* ou o Ego é bissexual. Se o Ego não se manifestasse no Mundo Físico pela força sexual através da *triple personalidade*, o corpo físico seria necessariamente assexuado; portanto, o corpo físico é apenas um símbolo externo; um arquétipo criado pelo *triple Ego* para atuar em diferentes ambientes, interno e externo como *anima* e *animus*.

No entanto, nos mundos internos (diagramas I e II) o triple Ego não se manifesta através do sexo, mas através de duas qualidades distintas: Vontade e Imaginação. A Vontade é o poder masculino (*animus*) e está coligado às forças solares. A Imaginação é o poder feminino (*anima*) e está unido às forças lunares. De certa forma pode explicar a forte tendência imaginativa da mulher e o especial poder que a Lua exerce sobre o mecanismo biológico feminino.

As hipóteses apresentadas exigem pesquisas, postulados e estudos científicos de diferentes áreas, ao apresentar argumentos de literaturas de diferentes áreas da ciência empírica. Todavia, não é porque um cientista respeitado disse algo, que aquilo deve ser aceito como verdadeiro. A afirmação deve sobreviver ao teste da observação empírica; portanto, assim se observa quando a Psicologia Esotérica que apresenta seus conceitos, postulados, argumentos e hipóteses para serem observados, criticados, pesquisados e apresentados como Conhecimento Psicológico.

Como graduando em psicologia considero quaisquer verdades científica como hipóteses momentaneamente satisfatórias; todavia, não é um artigo de fé eternamente válido, pois, toda hipótese precisa ser evidenciada, autenticada e amparada para ser considerada como verdade; todavia, é quando nos deparamos com diferentes processos humanos, como os processos da *ontogênese*, *filogênese*, *sociogênese* e *microgênese*.

Por outro lado, observamos que a Psicologia tem como objetivo principal estudar a alma humana (*anima* e *animus*); porém, frente à impossibilidade de constatá-la empiricamente, como convém a um saber científico, passou a observar as ações e reações do sujeito frente a análise experimental do comportamento. Assim, devemos compreender o psiquismo[48] como processo constante, sendo um processo fundado na vida concreta, por meio das ações, vivências, experiências do indivíduo e por meio de suas relações interpessoal e intrapessoal.

Pelo empirismo moderno, tendo como base os estudos da ciência, observações telescópicas das galáxias distantes indicam que o Universo está em expansão, isto é, parece que as distâncias entre as galáxias estão aumentando com o passar do tempo. A observação de que as galáxias têm velocidades de recessão proporcionais à sua distância (pela "Lei de Hubble"), parece ser uma evidência de que o Universo está em expansão. *Essa expansão é do próprio espaço* (e espaço é Espírito não cristalizado)*, pois parece não ter nenhum centro*. Segundo a ciência, se o Universo está se expandindo, pois, era menor no passado e deve ter tido uma origem a partir de um estado infinitamente quente e denso.

Segundo a ciência, o evento que parece ter dado origem ao Universo é chamado "Big-bang". Extrapolando o movimento de recessão retroativamente no tempo, pelos estudos científicos é possível estimar a idade do Universo?

A descoberta científica do fenômeno da expansão do Universo, ocorrida em meados dos anos de 1920, por Edwin Powell Hubble (1889-1953), rapidamente se constituiu em uma das grandes descobertas científicas do século XX. Juntamente com a teoria da relatividade geral, proposta por Albert Einstein (1879-1955). Estas duas descobertas foram fundamentais para o desenvolvimento da moderna cosmologia.

---

[48] O psiquismo humano se traduz pela imagem subjetiva do real no interior das riquezas materiais e não materiais acumuladas no decorrer da história. A evolução do psiquismo humano se dá influenciada pela cultura, isto é, pelas objetivações e apropriações realizadas pelo ser humano, em determinado momento histórico.

No século XXI, ainda se discute nos meios acadêmicos especializados qual é o valor exato da taxa de expansão do Universo, pois, parece ser uma informação crucial para compor um modelo cosmológico que seja o mais verificado possível; todavia, a descoberta de Hubble mostrou que definitivamente o Universo está evoluindo. Não vivemos em um Universo estático, conforme acreditavam os antigos cientistas e muitos dos cientistas do século XX. Segundo a ciência, esta taxa de expansão é conhecida com uma precisão da ordem de 10% e nos próximos anos, pois, a ciência espera que novos experimentos venham a permitir alguma determinação ainda mais precisa desta que é considerada uma das grandezas fundamentais do Universo.

Todavia, dentro deste mesmo princípio de expansão devemos observar que depois de Poincaré[49], a teoria da relatividade "obriga" os filósofos a reformular a questão do tempo. *Com essa reformulação na questão do tempo, acredito que o Conhecimento Psicológico precisa rever suas orientações teórico-metodológicas, pois, tem sua base científica no conjunto de conhecimentos filosóficos*, desde o surgimento da filosofia na Grécia antiga, século VI a.C., da passagem do pensamento mítico ao filosófico-científico (Marcondes, 2013, p. 16-101) em "Iniciação à História da Filosofia".

Por analogia, quando se apreende a análise e as argumentações apresentadas sobre a *triplicidade do Ego* e a *triplicidade da personalidade*, podemos fazer alguma analogia quanto a expansão da psique do sujeito, tendo como base o conjunto de conhecimentos desde a Grécia antiga, século V, a.C., como analisado por Platão (1987) em "A República - Livro VII".

Por outro lado, ao analisar os diagramas IV, V e VI, quando se apreende as argumentações apresentadas neste ensaio de Psicologia, é possível analisar que os objetos no Mundo Físico sempre escondem sua natureza interior, sua origem, pois vemos apenas a superfície. Por analogia, de certa forma, podemos entender a atemporalidade dos arquétipos no inconsciente coletivo (Jung, 2016), bem como a expansão do

---

[49] POINCARÉ, J. Henri (1985) **A Ciência e a Hipótese**. Trad. Maria Auxiliadora Kneipp. Brasília: Editora Unb.
POINCARÉ, J. Henri (1995) **O valor da ciência.** Trad. Maria Helena F. Martins. Rio de Janeiro: Contraponto.
POINCARÉ, J. Henri (1996) **Science and method**. Trad. Francis Maitland. London: Routledge/Thoemmes.

Universo; a expansão da Via Láctea conforme apresentado por Lépine, (2008).

De acordo os estudos da física clássica e quântica, duas grandes teorias divergem sobre como o tempo acontece, tendo como base a exposição metafísica do *conceito de espaço* e do *conceito de tempo* analisado por Kant (2001) em "Crítica da Razão Pura". A mecânica quântica trata o tempo como um parâmetro que flui em ritmo constante, *não linear*, pois a relatividade diz que o tempo pode se contrair e expandir para dois observadores se movendo em velocidade diferentes.

O que acontece no mundo quântico é que as leis da física clássica não são mais determinísticas, i.e., não são capazes de predizer exatamente onde algum objeto possa ser encontrado, ou em qual velocidade: nada é determinístico, as medidas obtidas de sistemas quânticos são expressas em probabilidades.

Por analogia, com base nos postulados de C. G. Jung, o mesmo acontece com os arquétipos na natureza da psique, i.e., na sua camada objetiva, ou seja, no inconsciente coletivo; quando a ciência não é capaz de predizer exatamente onde encontrar algum arquétipo, ou em qual velocidade interage com o inconsciente e o consciente do sujeito. *Portanto, o tempo não existe no inconsciente coletivo*, como analisado por Cruz (2022) em "Universo da Natureza da Psique: a inexistência do tempo".

O tempo psicológico ou psíquico é o tempo em que o *arquétipo da anima* (ou do *animus*) assume interiormente por volta da 21ª semana no processo de gestação uterina. É o tempo filtrado pelas suas vivências subjetivas, sobrecarregado de complexos e arquétipos. É o tempo que se alarga ou se encurta conforme o estado de espírito em que a pessoa se encontra. Por exemplo, os movimentos psíquico-quânticos na natureza da psique, pois, a relatividade diz que o tempo pode se contrair e expandir para dois observadores (*anima* e *animus*), o triple Ego e a triple personalidade, se movendo em velocidades diferentes: ora no consciente, ora no inconsciente do sujeito. Por exemplo, nos processos inconscientes do sono e nos processos conscientes no estado de vigília.

Por analogia, temos os estudos em "Astronomia e Astrofísica" (Oliveira Filho; Saraiva, 2013).

> Em 1905, Albert Einstein (1879-1955) havia proposto a teoria da relatividade especial. Essa teoria propunha que a velocidade da luz no vácuo é constante, independente da velocidade da fonte, que a massa depende da velocidade, que há dilatação do tempo durante movimento em alta velocidade, que massa e energia são equivalentes, e que nenhuma informação ou matéria pode se mover mais rápido do que a luz. A teoria é especial somente porque estava restrita ao caso em que os campos gravitacionais são pequenos, ou desprezíveis. Embora a teoria de relatividade geral, proposta por Einstein em 1916, só difira da teoria da gravitação de Isaac Newton (1643-1726) em poucas partes em um milhão na Terra, em grandes dimensões e grandes massas, como o Universo, ela resulta bastante diferente. A teoria da relatividade geral é universal no sentido de ser válida mesmo nos casos em que os campos gravitacionais não são desprezíveis. Trata-se, na verdade, da teoria da gravidade, descrevendo a gravitação como a ação das massas nas propriedades do espaço e do tempo, que afetam, por sua vez, o movimento dos corpos e outras propriedades físicas. Enquanto na teoria de Newton o espaço é rígido, descrito pela geometria Euclidiana [Euclides de Alexandria (c.365-300 a.C.)], na relatividade geral o espaço-tempo é distorcido pela presença da matéria que ele contém. Um ano depois de propor a relatividade geral, em 1917, Einstein publicou seu artigo histórico sobre cosmologia, Considerações Cosmológicas sobre a Teoria da Relatividade, construindo um modelo esférico do Universo. Como as equações da Relatividade Geral não levavam diretamente a um Universo estático de raio finito, mesma dificuldade encontrada com a teoria de Newton, Einstein modificou suas equações, introduzindo a famosa constante cosmológica, para obter um Universo estático, já que ele não tinha, naquela época, nenhuma razão para supor que o Universo estivesse se expandindo ou contraindo. A constante cosmológica age como uma força repulsiva que previne o colapso do Universo pela atração gravitacional. A solução de Einstein é homogênea, isto é, tem a mesma forma de qualquer ponto do espaço, e iso-

> trópica, isto é, o modelo é o mesmo em qualquer direção. A "hipótese que o Universo seja homogêneo e isotrópico é chamada de Princípio Cosmológico (Oliveira Filho; Saraiva, 2013, p. 623-685).

Por outro lado, precisamos considerar as análises de Russell (1960, p. 53-101) em "ABC da Relatividade", pois argumenta que os problemas resolvidos pela Teoria da Relatividade Restrita, independente da teoria quântica, pois, são exemplificados pela experiência de Michelson-Morley. Admitindo-se a correção da teoria eletromagnética de Maxwell[50], deveriam existir fatos constatáveis sobre o deslocamento no éter, mas, na realidade, não havia tais fatos (mesmo para Einstein, na época). Surgiu então o fato observado de que um corpo em movimento muito ligeiro parece ter sua massa aumentada. Assim, temos a formação da consciência tridimensional do triple Ego.

---

[50] Nota do autor: James Clerk **Maxwell** (1831-1879) foi um físico e matemático britânico. Ele é mais conhecido por ter dado a sua forma final à teoria moderna do eletromagnetismo, que une a eletricidade, o magnetismo e a óptica. Esta é a teoria que surge das **equações de Maxwell**, assim chamadas em sua honra e porque ele foi o primeiro a escrevê-las juntando a lei de Ampère, por ele próprio modificada, a lei de Gauss e a lei da indução de Faraday. Maxwell demonstrou que os campos elétricos e magnéticos se propagam com a velocidade da luz. Ele apresentou uma teoria detalhada da luz como um efeito eletromagnético, i.e., que a luz corresponde à propagação de ondas elétricas e magnéticas, hipótese que tinha sido posta por Faraday. Demonstrou em 1864 que as forças elétricas e magnéticas têm a mesma natureza: uma força elétrica em determinado referencial pode tornar-se magnética se analisada noutro e vice-versa. Ele também desenvolveu um trabalho importante em mecânica estatística, tendo estudado a teoria cinética dos gases e descoberto a chamada distribuição de Maxwell-Boltzmann. Maxwell é considerado por muitos o mais importante físico do séc. XIX, o seu trabalho em eletromagnetismo foi a base da relatividade restrita de Einstein e o seu trabalho em teoria cinética de gases fundamental ao desenvolvimento posterior da mecânica quântica (MQ).

CAPÍTULO VII

A Formação da Consciência Tridimensional do Ego – parte 1

O Desenvolvimento do Psiquismo Humano

Pelos estudos em "Princípios de Psicologia Topológica" (Lewin, 1973), topologia é usado para identificar uma área da matemática que estuda a continuidade e outros conceitos originados a partir destes princípios. Trata-se de uma especialização relacionada com as propriedades e as características que possuem os corpos geométricos e que se mantêm inalterados graças a mudanças contínuas, independentemente do seu tamanho ou do seu aspecto. É preciso destacar que as funções contínuas da matemática são aquelas que, nos pontos próximos do domínio, experimentam pequenas variações nos valores. A nível gráfico, estas funções tendem a estar em condições de se desenharem sem necessidade de levantar o lápis do papel. A topologia estuda as figuras geométricas mais simples como círculos, espaços de fase, cilindros, fractais, esferas, anéis etc.

Por analogia, é preciso ter alguma ideia da realidade psicológica, antropológica e espiritual do triple Ego e da triple personalidade. Quando compreendemos e interpretamos as coisas que existem nessas regiões ou dimensões compactas, é possível conhecer todo o conteúdo psíquico e mental existente na natureza da psique do sujeito; *contudo, é quando descobrimos a verdadeira natureza das coisas, pois, pela Razão saberemos qual é a origem do triple Ego e de tudo que aí está na natureza da psique.*

Nesse sentido, como apresentado, precisamos observar os estudos das origens da psicologia em "Paradigmas em Psicologia Social" (Campos; Guareschi, 2000).

> A Filosofia, considerada uma forma de saber e de reflexão crítica sobre o homem, a natureza, a ciência, a lógica, a ética, a estética e a metafísica, constitui a base da cultura ocidental. A partir da mitologia grega ela foi se racionalizando, na tentativa de encontrar explicações do inexplicável. Até os nossos dias vivemos à procura de respostas às questões propostas pela Grécia Antiga, característica primordial do século XX. Aristóteles, com sua lógica

> formal, procurou desvendar a natureza; Platão, discípulo de Sócrates, questionava a própria realidade e, conseqüentemente, o saber desenvolvido pelo ser humano. Alguns séculos antes, Heráclito lançava as raízes da dialética. O estóicos prepararam o terreno para o desafio ético trazido pelo cristianismo; poderíamos continuar desfilando nomes e temas debatidos ao longo de séculos, tendo o homem e Deus como as grandes i cógnitas para a explicação do Universo. Deus foi o grande tema da Escolástica durante a Idade Média. O ser humano foi o desafio do Renascimento, desde os seus valores éticos e estéticos, de sua capacidade de conhecer o mundo que o cercava, dando origem às ciências que chegaram até nossos dias. A Psicologia tinha por objetivo estudar a alma humana; porém, frente à impossibilidade de constatá-la empiricamente, como convém a um saber científico, passou a observar as ações e reações do ser humano. [...]. [...] Quem é este ser humano, antropóide transformado por descobrir uma ferramenta e ter que explicar para que ela serve...? (Campos; Guareschi, 2000, p. 58-69).

Portanto, é dever de os Fundamentos de Psicologia Esotérica (Cruz, 2023) usar seu conhecimento filosófico-científico, com suas orientações teórico-metodológicas sobre os Mundos Superiores (entre esses o *Mundo das Ideias*, de Platão) para apresentar da melhor maneira possível as retificações que o *Mundo dos Sentidos* deve nos ensinar.

No entanto, é preciso ter sempre em mente os ensinamentos de Platão (com base na *Teoria das Ideias*) e de Aristóteles[51] (com base no *Corpus aristotelicum*[52]), temas apresentados nos diferentes capítulos deste ensaio, para atingir o máximo de compreensão e interpretação das hipóteses apresentadas, cujo objetivo é tentar explicar as origens da

[51] ARISTÓTELES (1991) **The Complete Works of Aristotle**. Complete Works (Aristotle). [Copyright © 1984 by The Jowett Copyright Trustees Published by Princeton University Press, 41 William St., Princeton, New Jersey In the United Kingdom: Princeton University Press, Oxford]. Jonathan Barnes, Princeton University Press, Princeton, New Jersey.

[52] ***Corpus aristotelicum*** são os mais de trinta tratados escritos por Aristóteles que chegaram até nós e que constituem provavelmente seu trabalho de caráter didático. Os escritos de Aristóteles dividem-se em dois grupos: os 'exotéricos' e os 'esotéricos'. Os escritos exotéricos são os diálogos e introduções (*protréptico*) e os escritos esotéricos são os tratados ou ainda o *Corpus aristotelicum*. Alexandre de Afrodísias sugeriu que os escritos exotéricos exprimiam as opiniões falsas dos inimigos de Aristóteles, enquanto os escritos esotéricos expressavam as opiniões verdadeiras. Até o século I a.C., no entanto, as obras exotéricas eram as mais conhecidas, seja pelo seu caráter acessível e introdutório, seja porque as obras acroamáticas circulavam apenas entre um estreito círculo de filósofos peripatéticos. Além disso, após a morte destes filósofos, as obras acroamáticas ficaram escondidas na casa de um peripatético por quase trezentos anos e isso dificultou enormemente o acesso aos textos acroamáticos. Foi somente por volta do ano de 50 a.C., que estes escritos foram descobertos e posteriormente organizados e publicados por Andrônico de Rodes, décimo escolarca do Liceu. Ocorre, por conseguinte, uma reviravolta: Aristóteles, que até então era considerado apenas mais um discípulo de Platão pelo grande público, passa a rivalizar com o antigo mestre em importância e as obras acroamáticas obscurecem de tal maneira as exotéricas que estas perdem-se quase que totalmente.

Psicologia, das almas humana, a origem e topologia do triple Ego e o desenvolvimento do ser humano, como ser pensante, que transforma e é transformado pelo meio em que vive, interna e externamente.

> [...] A Psicologia tinha por objetivo estudar a alma humana; porém, frente à impossibilidade de constatá-la empiricamente, como convém a um saber científico, passou a observar as ações e reações do ser humano. [...]. [...] Quem é este ser humano, antropóide transformado por descobrir uma ferramenta e ter que explicar para que ela serve...? (Campos; Guareschi, 2000).

Ao apresentar essas hipóteses, o leitor poderá ter condições de se aprofundar na psicologia analítica[53], pelas análises de Jung (2014, §296-406) em "O Eu e o Inconsciente", bem como pelas análises de Cruz, 2022) em "Psicologia da Anima e do Animus", na tentativa de apresentar aos leitores (que já tenham percebido), que não estamos tratando de um conceito filosófico e muito menos de um conceito religioso de alma; todavia, do reconhecimento psicológico da existência de um complexo psíquico semiconsciente, cuja função é parcialmente autônoma. É obvio que esta constatação nada tem a ver com os conceitos filosóficos ou religiosos da alma, do mesmo modo que a psicologia nada tem a ver com a filosofia e com a religião (Jung, 1985).

No entanto, diante das hipóteses apresentadas é preciso considerar dois importantes argumentos psicológicos:

Primeiro argumento: este ensaio de psicologia tem como base científica os estudos de Jung, 2014) em "O Eu e o Inconsciente".

> A anima, sendo feminina, é a figura que compensa a consciência masculina. Na mulher, a figura compensadora é de caráter masculino e pode ser designada pelo nome de animus. Se não é simples expor o que se deve entender por anima, é quase insuperável a dificuldade de tentar descrever a psicologia do animus (Jung, 2014, §329).

Segundo argumento: o objetivo específico deste ensaio de psicologia é estudar e analisar as ações e reações da *anima* e do *animus* na natureza da psique do sujeito, com base nos estudos de Jung (2014) em "O Eu e o Inconsciente".

---

[53] JUNG, C. G. (1985) **Fundamentos de Psicologia Analítica**. Da col. OBRAS COMPLETAS, Vol. XVIII/1, RJ: Vozes.

> [...] Essas duas figuras crepusculares do fundo obscuro da psique, a anima e o animus (verdadeiros e semigrotescos 'guardiões do umbral', para usar o pomposo vocabulário teosófico), podem assumir numerosos aspectos, que encheriam volumes inteiros. Suas complicações e transformações são ricas como o próprio mundo, e tão extensas como a variedade incalculável do seu correlato consciente, a *persona*. Habitam uma esfera de penumbra, e dificilmente percebemos que ambos, anima e animus, são complexos autônomos que constituem uma função psicológica do homem e da mulher. Sua autonomia e falta de desenvolvimento usurpa, ou melhor, retém o pleno desabrochar de uma personalidade. Entretanto, já podemos antever a possibilidade de destruir sua personificação, pois conscientizando-os podemos convertê-los em pontes que nos conduzem ao inconsciente. Se não os utilizarmos intencionalmente como funções, continuarão a ser complexos personalizados e nesse estado terão que ser reconhecidos como personalidades relativamente independentes. Por outro lado, não podem ser integrados à consciência enquanto seus conteúdos permanecerem desconhecidos. No entanto, a tentativa de explicação com eles deverá trazer à luz seus conteúdos; só quando esta tarefa for cumprida, isto é, só quando a consciência familiarizar-se suficientemente com os processos inconscientes refletidos na anima, esta última será percebida como uma simples função. Naturalmente, não espero que todos os leitores compreendam de imediato o que anima e animus significam. Confio apenas que não tenham a impressão de tratar-se de algo 'metafísico'; os fatos são empíricos e poderiam ser vazados de igual modo em linguagem racional e abstrata. [...] (Jung, 2014, §339-340).

Nesses processos psíquico-quânticos se observa três hipóteses: 1) Hipótese da progênie do inconsciente pessoal e da formação de complexos. 2) Hipótese da progênie do inconsciente coletivo e da formação de arquétipos. 3) Hipótese da progênie da natureza da psique e das Hierarquias dos Signos do Zodíaco.

Com base nos estudos de Heindel (2012, p. 177-200) em "*The Rosicrucian Cosmo-Conception - The Relation of Man to God*", congruente aos estudos e análises de Jung (2011, §332-446) em "Psicologia e Alquimia - O *Increatum*"; portanto, quando Deus (diagrama VI, o Ser Supremo) quer expandir Sua Consciência, Ele atrai para Si-Mesmo determinada porção de Espaço, Espírito Não-Cristalizado ou Substância Raiz-Cósmica. Essa Substância Raiz-Cósmica é acrescida à Sua Consciência como meio e modo para criar Galáxias, sistemas solares e civilizações em diferentes planetas e em diferentes espaços-tempos *em* Si-Mesmo: diagramas IV, V, VI e VII.

Por analogia, o mesmo acontece com o Deus do nosso sistema solar e Deuses de outros sistemas solares (diagrama VI). Ao analisar os estudos de Lewis (1990) em "*The Sacred Word and its Creative Overtones*", quando Deus (do nosso sistema solar, diagramas I e VI) quer expandir Sua Consciência, Ele atrai para Si-Mesmo determinada porção de Espaço, Espírito Não-Cristalizado ou Substância Raiz-Cósmica. Essa Substância Raiz-Cósmica é acrescentada à Sua Consciência como meio e modo para criar civilizações em diferentes planetas e em diferentes espaços-tempos *em* Si-Mesmo.

Por analogia, ainda na fase intrauterina e de forma consciente, por volta da 21ª semana, é quando a genitora começa a sentir os movimentos do feto; todavia, em geral, é quando o ***triple Ego*** cria e dá Vida ao interpenetrar o corpo denso (criado pelo próprio *triple Ego*, com os materiais cedidos pelos pais biológicos: pelo sequenciamento do DNA), para quando nascer revitalizar, agrupar e sincronizar os outros corpos sutis (da triple personalidade) com os centros físicos dos sentidos (pelo sistema nervoso central) e assim obter consciência do e no Mundo Físico.

Modo psicológico, pelos estudos de Jung (2011), no *Increatum* são criados meios e modos para que Espíritos Virginais (diagrama I, o Mundo dos Espíritos Virginais) possam iniciar sua peregrinação e elevar sua consciência e forma, conforme apresentado em Gênesis 1, 2 e 3; análogo aos estudos de Jung (2011, §332-340) em "Psicologia e Alquimia - as ideias de salvação na alquimia".

Ao analisar o diagrama VI (Ser Supremo), através do Poder do Verbo e de acordo o Evangelho de São João 1:1-5, "No princípio era o Verbo e o Verbo estava com Deus e o Verbo era Deus. Ele estava no princípio com Deus. Tudo foi feito por Ele e nada do que tem sido feito, foi feito sem Ele. Nele estava a Vida e a Vida era a Luz dos homens. A Luz resplandece nas trevas e contra ela as trevas não prevaleceram." Assim, também são as pesquisas e postulados de Heindel (2012, p. 317-365) em "*The Rosicrucian Cosmo-Conception - Occult Analysis of Genesis*"; portanto, para a ciência, o único critério de validez de uma hipótese é seu valor heurístico[54], isto é, explicativo.

Ao analisar o diagrama VI, Deus - o Ser Supremo - criou Globos-calor escuros e negros ou Matérias escuras com energia escura (análogo aos atuais buracos negros observados pela ciência astronômica) e colocou dentro de cada Globo-calor bilhões de Espíritos Virginais.

Ao analisar os diagramas V e VI, no Sétimo Plano Cósmico[55], o Deus (do nosso Sistema Solar)[56] criou um Globo-calor com matéria escura e energia escura no Mundo do Espírito Divino (diagrama III), no princípio da Primeira Revolução do Período de Saturno. Esse Globo-calor era formado somente por Espíritos Virginais, por dentro e por fora.

Fora desse Globo-calor e equidistante no espaço, em diferentes espaços-tempos[57], Deus posicionou centenas de bilhões de Hierarquias, as quais iniciaram sua peregrinação em outro Grande Dia de Manifestação (diagrama IV), para elevar suas consciências e formas; todavia, antes de iniciar a Primeira Revolução do Período de Saturno. Assim principiou a Primeira Revolução do Período de Saturno no Mundo do Espírito Divino, no Globo "A".

Quando a Primeira Revolução do Período de Saturno atingiu sua primeira metade, no Globo "D", com bilhões de Espíritos Virginais

[54] **Heurística**: [Do lat. cient. *heuristica* (gr. *heuristiké* [*téchne*], 'arte de encontrar', 'descobrir').] 1.Conjunto de regras e métodos que conduzem à descoberta, à invenção e à resolução de problemas. [Cf. *heureca.*] 2.Procedimento pedagógico pelo qual se leva o aluno a descobrir por Si-mesmo a verdade que lhe querem inculcar. 3.Ciência auxiliar da História, que trata da pesquisa das fontes. 4.Inform. Metodologia, ou algoritmo, us. para resolver problemas por métodos que, embora não rigorosos, ger. refletem o conhecimento humano e permitem obter uma solução satisfatória.

[55] HEINDEL, Max. (2012) **The Rosicrucian Cosmo-Conception**. [The Rosicrucian Fellowship, Oceanside, CA. 92058-2329. USA, 1909, Renewed 1937] [Copyright 2012 by The Rosicrucian Fellowship According to Last Edition (6th) Edited by Max Heindel]. (ISBN 0-911274-02-2) (ISBN 978-0-911274-02-8). Oceanside, CA. USA; ***Cosmogenesis and Anthropogenesis, pp.177-307***.

[56] LEWIS, Robert C. (1990) **The Sacred Word and its Creative Overtones**. 2ed. [A Student of The Rosicrucian Fellowship Teachings] Oceanside, California, USA.

[57] KANT, Immanuel. (2001) **Crítica da Razão Pura.** [Título original: **Kritik Der Reinen Vernunft**] Tradução Manuela Pinto dos Santos e Alexandre Fradique Marujão. 5ªed. Lisboa: Edição da Fundação Caloustre Gilbenkian.

dentro daquele Globo-calor escuro e negro, os Senhores da Chama entraram em atividade, pois, estavam emergindo dum "intervalo cósmico". Todavia, em diferentes espaços-tempos, centenas de bilhões de Hierarquias estavam entre os Senhores da Chama e aquele Globo-calor com matéria escura e energia escura.

Os Senhores da Chama são Hierarquias Criadoras de Elevada Consciência. Todavia, naquele estágio não precisavam de nenhuma Sabedoria mais para elevar suas consciências. Eles são conhecidos como as Hierarquias de Leo, dos Signos do Zodíaco (diagrama VII).

No atual estágio de desenvolvimento da humanidade, as Hierarquias de Leo regem a Casa 5 do Horóscopo. Por ter essa conexão com o Verbo (diagrama VI), a Casa 5 é conhecida como a *Casa dos Filhos* (dos filhos gerados no útero e dos filhos da alma: os *ideais*), gerados pelas Forças Arquetípicas da mente (na sua quarta sub-região, da Região Concreta do Mundo do Pensamento, diagrama I), com *significado sincronístico* (pela dinâmica do inconsciente[58]) através de processos quânticos de fecundação do homem (*animus* - Sol) e de gestação mulher (*anima* - Lua).

Com base nos estudos em "Sincronicidade - a dinâmica do inconsciente: *um experimento astrológico*" (Jung, 2016, §872-905), na presente manifestação dos atuais seres humanos, pois, além das Hierarquias de Leo reger a Casa 5, também governa o coração e o coração é considerado a sede do Amor. O signo oposto de Leo é Aquário; todavia, atualmente a humanidade está próxima do início da Era de Aquário e do fim da era dos ciclos alternantes: do arco-íris.

Com base nas pesquisas e estudos em "*The Rosicrucian Cosmo-Conception - Cosmogenesis and Anthropogenesis*" (Heindel, 2012 p. 177-307), os Senhores de Mercúrio (diagrama IV, Período Terrestre, Globo "D"), que emergem dum "intervalo cósmico", começam a exercer forte influência na mente dos seres humanos. Os Senhores de Mer-

[58] JUNG, C. G. (2012) **Sincronicidade - a dinâmica do inconsciente**. Col. OBRAS COMPL. 18ed.Vol.8/3. RJ: Vozes.

cúrio têm regência sobre a mente humana e Netuno[59] é a oitava superior de Mercúrio.

Com base na regência dos Senhores de Mercúrio e nas experiências durante a pandemia COVID-19, devemos aproveitar mais essa oportunidade, pois, desde *21 de dezembro de 2020, Júpiter e Saturno entraram em conjunção em Aquário,* aos 0º29', *iniciando mais um ciclo de 20 anos propícios para expansão de consciência.* Como a microcósmica consciência humana se expande, Deus também se expande no interior de cada pessoa, bem como no Macrocosmo.

Na metade da Primeira Revolução do Período de Saturno, os Senhores da Chama, por Vontade própria, projetaram de seus Corpos de Luz, suas Imagens e Semelhanças (Gênesis 1:26-27). Sabemos que Deus é Luz e Deus é um Ser Composto, pois, pelos processos psíquico-quânticos inconscientes temos acesso ao Arquétipo da Santíssima Trindade[60] através do Inconsciente Coletivo; todavia, as Hierarquias de Peixes fazem parte do Inconsciente Coletivo (ver diagrama VII).

Como Deus é um Ser Composto, existem centenas de bilhões de Hierarquias Criadoras (diagrama V) que exercem atividades psíquicas e espirituais diretamente no Inconsciente Coletivo. Elas auxiliam outras Hierarquias menos desenvolvidas dentro do Universo de Deus (diagramas V e VI), através do Logos e dos Signos do Zodíaco, p.ex., a atual humanidade.

Modo psicológico, podemos entender as sentenças de Gênesis 1:26-27, quando analisamos as pesquisas de Jung (2011, §332-340) em "Psicologia e Alquimia - As ideias de salvação na alquimia", bem co-

---

[59] HEINDEL, Max. (2011) **Astro-Diagnosis a Guide to Healing**. [The Rosicrucian Fellowship MT. Ecclesia Oceanside, California, USA] [A Treatise Onmedical Astrology and Diagnosis from The Horoscope and Hand. Copyright 2011 by The Rosicrucian Fellowship. Tenth Edition]. Oceansidc, CA. USA.
HEINDEL, Max. (2012) **Occult Principles of Health and Healing**. [The Rosicrucian Fellowship MT. Ecclesia Oceanside, California, USA] [Copyright 2012 by The Rosicrucian Fellowship. Ninth Edition]. Oceanside, CA. USA.
HEINDEL, Max.; FOSS HEINDEL, A. (1973) **A Mensagem das Estrelas**. [Título original: *The Message of the Stars*, by The Rosicrucian Fellowship] Oceanside, CA. USA.
HEINDEL, Max.; FOSS HEINDEL, A. (1999) **Astrodignose: um Guia de Saúde**. [Título original: *Astro-Diagnosis – A Guide to Healing, by* The Rosicrucian Fellowship, Oceainside, CA. USA]. Trad. Fraternidade Rosacruz – sede central do Brasil, 10ed, São Paulo: Pensamento.
HEINDEL, Max.; FOSS HEINDEL, A. (2011) **The Message of the Stars** [An Esoteric Exposition of Natal and Medical Astrology - Explaining The Arts of Reading The Horoscope and Diagnosing Disease by T. R. F.] 20.ed. Oceanside, CA. USA.
[60] JUNG, C. G. (1979) **O Símbolo da Transformação na Missa**. Coleção OBRAS COMPLETAS, vol. XI/3. Rio de Janeiro: Vozes.
JUNG, C. G. (1980) **Psicologia e Religião**. Da coleção OBRAS COMPLETAS. Vol.11/1. Rio de Janeiro: Vozes.
JUNG, C. G. (1998) **Aion – Estudos Sobre o Simbolismo do Si-mesmo**. Col. OBRAS COMPLETAS. 5.ed. Vol.V. RJ: Vozes.
JUNG, C. G. (1983) **Interpretação Psicológica do Dogma da Trindade**. Col. OBRAS COMPLETAS vol.XI/2. 2ed. RJ: Vozes.
JUNG, C. G. (1985) **Fundamentos de Psicologia Analítica**. Col. OBRAS COMPLETAS, Vol. XVIII/1, Rio de Janeiro: Vozes.

mo os estudos de Heindel (2011, p. 67-80) em "*Freemasonry and Catholicism - The Philosopher's Stone*".

Os Senhores da Chama emitiram de Si-Mesmos (suas Imagens e Semelhanças: Gênesis 1:26-27), ou seja, Matérias[61] de Luz através do Poder do Verbo (João 1:1-5). No ***núcleo*** de cada Imagem Arquetípica ou Matéria de Luz continha Forças Arquetípicas: Arquétipos Primordiais do Espírito Divino, Espírito de Vida e Espírito Humano, todos em *gérmen*, mas com todas as possibilidades psíquicas e espirituais latentes, conforme postulados de Heindel (2012, p. 177-200) em "*The Rosicrucian Cosmo-Conception - The Relation of Man to God*", que são congruentes aos estudos de Jung (2011, §332-446) em "Psicologia e Alquimia - O *Increatum*".

Os Senhores da Chama estavam em diferentes espaços-tempos[62]. Entre Eles e o Globo-calor com matéria e energia escura (onde se encontravam bilhões de Espíritos Virginais), pois ao redor desse Globo-calor estavam bilhões de Hierarquias, que tinham como objetivo elevar suas consciências e formas naquele Grande Dia de Manifestação (diagrama IV), ou seja, na Primeira Revolução do Período de Saturno (diagrama III).

Essa Matéria de Luz, ou Imagens Arquetípicas de Deus foram projetadas numa interface de Luz (e Deus é Luz), cujo objetivo era atingir a atmosfera daquele Globo-calor com matéria e energia escura, ou matéria exótica, onde se encontravam bilhões de Espíritos Virginais.

Nosso primeiro Arquétipo Primordial, a Luz, (a Imagem e Semelhança de Deus, Gênesis 1:26-27) se *envolveu* e se *Unificou* com a primeira Hoste de Hierarquias que se encontrava mais próximo dos Senhores da Chama: os Senhores da Sabedoria (diagrama VII). Precisamos entender que nada está separado no Universo, tudo se interpenetra e se *unifica* (diagrama VI), pois, são congruentes com as ideias geniais do ateísta Russell (1978) em "Significado e Verdade".

> [...] A teoria da correspondência de verdade, de acordo com a qual a verdade das proposições básicas depende de

[61] CRUZ, A. J. G. (2020) **C. G. Jung e os Condensados Bose-Einstein: Processos Psíquico-quânticos da Anima e Animus**. 1ª ed. São Paulo: Gonçalves Cruz; ***Capítulo V - Estados Fundamentais de Matéria e Estados Físicos da Matéria***.

[62] KANT, Immanuel. (2001) **Crítica da Razão Pura.** [Título original: **Kritik Der Reinen Vernunft**] Tradução Manuela Pinto dos Santos e Alexandre Fradique Marujão. 5ªed. Lisboa: Edição da Fundação Caloustre Gilbenkian.

sua relação com alguma ocorrência, e a verdade de outras proposições depende de suas relações sintáticas com as proposições básicas [...] (Russell, 1978, p. 256-309).

Análogo às atividades dos Senhores da Chama, assim atuaram os Senhores da Sabedoria, com base nos estudos de Lewis (1990) em "*The Sacred Word and its Creative Overtones*".

Os Senhores da Sabedoria receberam a Imagem e Semelhança de Deus e seguiram o mesmo processo dos Senhores da Chama, ao projetarem de Si-Mesmos Corpos ou Matérias[63] de Vida (suas Imagens e Semelhanças), em *gérmen*, com o objetivo de atingir a superfície daquele Globo-calor. No ***núcleo*** de cada Corpo de Vida ou Matéria de Vida, também, continha o Espírito Divino, o Espírito de Vida e o Espírito Humano, todos em *gérmen*. Esse mesmo processo pode ser observado nos estudos de Lewis (1990) em "*The Sacred Word and its Creative Overtones*", análogo a projetação de sons ilustrado na Figura 3.

Figura 3 - Esquema Representativo da Semibreve

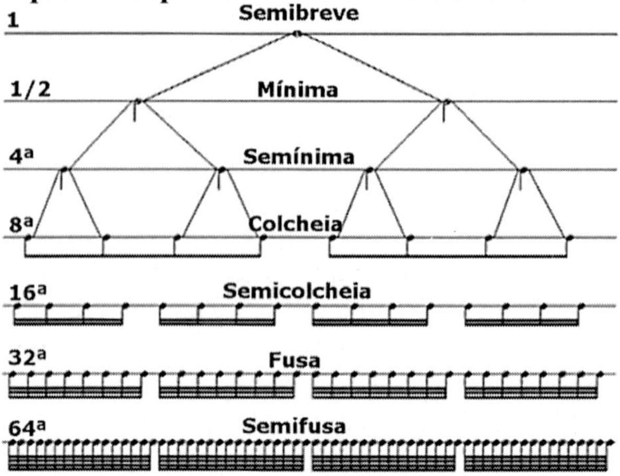

Fonte: do próprio Autor, com base em APEL, Willi. **Harvard Dictionary of Music**. 2ed. Cambridge (Massachusetts): The Belknap Press of Harvard University Press, 1969; e em LEWIS, Robert C. (1990) **The Sacred Word and its Creative Overtones**. 2ed. [A Student of The Rosicrucian Fellowship Teachings] Oceanside, California, USA.

Como *a verdade das proposições básicas depende de sua relação com alguma ocorrência* (Russell, 1978), se observa que o mesmo

[63] CRUZ, A. J. G. (2020) **C. G. Jung e os Condensados Bose-Einstein: Processos Psíquico-quânticos da Anima e Animus**. 1ª ed. São Paulo: Gonçalves Cruz; ***Capítulo V - Estados Fundamentais de Matéria e Estados Físicos da Matéria***.

processo psíquico-quântico aconteceu com as demais Hierarquias (diagrama VII), cujo objetivo foi projetar conteúdos psíquico-quânticos no Globo-calor com matéria e energia escura, pois continha bilhões de Espíritos Virginais (que é a humanidade no atual Período Terrestre).

Por analogia, podemos entender que a presente humanidade tem no ***núcleo*** do Inconsciente Coletivo a Imagem e Semelhança de Deus (Gênesis 1:26-27), tendo como base os estudos e postulados em "Fundamentos de Psicologia Analítica – A Psique". (Jung, 1985, §74-108).

No entanto, com base no mesmo processo psíquico-quântico dos Senhores da Chama (e demais Hierarquias Criadoras, diagramas V e VII), a Hoste de Hierarquias mais próxima da presente humanidade são os Anjos, as Hierarquias da Era de Aquário. O signo oposto de Aquário é Leo e estamos próximos do início da Era de Aquário.

Por isso a humanidade está sentindo cada vez mais, com gradativa transparência psíquica e espiritual, os impactos diários na natureza da psique[64]: a Luz que ilumina cada pessoa. Essa Luz expressa a Imagem e Semelhança de Deus através do ***núcleo*** do Inconsciente Coletivo que contém Forças Arquetípicas do Pai, do Filho (o Cristo) e do Espírito Santos (diagramas I e VI). Esse ***núcleo*** projeta suas Atividades no Espírito Humano, no "Pão de Vida" (João 6:32-35) através da quarta região, da Região Concreta do Mundo do Pensamento (diagrama I).

Esse "Pão de Vida" (o *Maná*) pode ser analisado além da Bíblia Sagrada, pelo equilíbrio da Fé Racional com a Fé Emocional, ou seja, pelo equilíbrio da mente e do coração. Precisamos conhecer o corpo vital[65] (o *Maná* que desceu do Céu) e a sua verdadeira função na personalidade[66] (diagrama I), quando se analisa os diagramas II, V e VII, conforme postulados em "*The Rosicrucian Cosmo-Conception - Cosmogenesis and Anthropogenesis*". (Heindel, 2012, p. 177-307). Proces-

---

[64] JUNG, C. G. (2000) **A Natureza da Psique**. Da coleção OBRAS COMPLETAS Vol.VIII/2. Rio de Janeiro: Vozes.

[65] HEINDEL, Max. (2011) **The Vital Body**. [The Rosicrucian Fellowship MT. Ecclesia Oceanside, California, USA] [Copyright 2011 by The Rosicrucian Fellowship. Third Edition]. Oceanside, CA. USA.

[66] **Personalidade** (Psicologia) é o conjunto de características psicológicas que determinam os padrões de pensar, sentir e agir, ou seja, a individualidade pessoal e social de alguém. A formação da personalidade é processo gradual, complexo e único a cada indivíduo. O termo é usado em linguagem comum com o sentido de "conjunto das características marcantes de uma pessoa", de forma que se pode dizer que uma pessoa "não tem personalidade"; esse uso, no entanto leva em conta um conceito do senso comum e não o conceito científico aqui tratado. **Personalidade** (Arquétipo) é o conjunto de veículos ou corpos que se interpõem e interatuam em diferentes dimensões compactas, para manifestar um conjunto de características psicológicas que determinam os padrões de pensar, sentir e agir, ou seja, a individualidade pessoal e social do Ego.

so análogo se observa nos estudos e análises em "Psicologia e Alquimia - a Natureza Psíquica da Obra Alquímica" (Jung, 2011, §342-452).

Quando as Imagens Arquetípicas atingiram a superfície daquele Globo-calor com matéria e energia escura, que era pouco impressionável (estado físico ou psicológico resultante da atuação de elementos ou situações exteriores sobre os sentidos; sensação), os Espíritos Virginais iniciaram o *processo psíquico-quântico de repouso e assimilação.*

Durante o *processo psíquico-quântico de repouso e assimilação*, pela vibração do Som do Verbo (diagrama VI), os Espíritos Virginais começaram a perceber alguma atividade fora da sua consciência, pois, a consciência dos Espíritos Virginais estava direcionada somente *em* Deus; todavia, ainda não tinham *despertado* consciência *em* Si-mesmos: como a atual consciência interna e externa que cada pessoa possui.

Esse Globo-calor era pouco impressionável, mas refletia as Imagens Arquetípicas como se fossem ecos (diagrama VII), análogo à projetação de sons no "Esquema Representativo da Semibreve", bem como da projetação de Forças Arquetípicas dos Signos do Zodíaco equidistantes no espaço e em diferentes espaços-tempos. Todavia, o posicionamento dos Signos Zodiacais é equivalente aos estudos em "Astronomia e Astrofísica" (Oliveira Filho; Saraiva, 2013, p. 41-180).

Podemos imaginar as Imagens Arquetípicas das diferentes Hierarquias Zodiacais (diagramas V e VII), pois, pareciam que se multiplicavam como ecos, quando entravam em contato com a superfície daquele Globo-calor de matéria e energia escura; todavia, explica parte da mitologia grega, ao relatar que "*Saturno devorava os próprios filhos*" (Brandão, 1986).

Na mitologia grega, Cronos engolia os próprios filhos ao nascerem. Comeu todos, exceto Zeus, que Reia conseguiu salvar enganando Cronos ao enrolar uma pedra (a pedra de Onfalo) em um pano, a qual ele engoliu sem perceber a troca. Também, denota o mesmo relato no mito da "*Saturnalia*", na antiga Roma, em "Mitologia Grega" (Brandão, 1986, p. 340-342).

Por analogia, diariamente a humanidade está sendo influenciada por Forças Arquetípicas projetadas pelos Signos do Zodíaco, com fortes impactos no lobo frontal e nos doze pares de nervos cranianos (Sobotta, 2000); todavia, em variados ângulos de incidência e com diferentes configurações, conforme explanado no ensaio de psicologia em "Psicologia da Anima e do Animus" (Cruz, 2022).

Esse *processo quântico de repouso e assimilação*, que iniciou na segunda metade do Globo "D" na Região Concreta do Mundo do Pensamento (diagrama III), durou até o Globo "G" no Mundo do Espírito Divino. Na segunda metade do Globo "G"; todavia, quando os Senhores da Chama entraram, novamente, em atividade, dessa vez ***despertaram*** os primeiros aspectos do Espírito Divino nos Espíritos Virginais.

Os Senhores da Chama também ensinaram aos Espíritos Virginais a extraírem e assimilar a essência do *gérmen* do corpo denso com seus cinco sentidos latentes, bem como auxiliaram a amalgamar essa essência no Espírito Divino, numa *interface de alma consciente.*

Os Espíritos Virginais *despertaram* em Si-mesmos, *pelos próprios esforços*, uma espécie de consciência de *transe profundo* e elevaram sua consciência e forma em 1(um) grau: *aqui temos a hipótese da origem do inconsciente pessoal ou subconsciente* (memória involuntária). Nessa etapa os Espíritos Virginais possuíam os aspectos do Espírito Divino, o mais elevado do *triple Ego*, bem como a *essência* do corpo ou veículo menos elevado da personalidade: Ego (Eu Superior) e personalidade (*eu inferior* ou *personalidade*[67]), diagrama I. Assim, terminou a primeira Revolução do Período de Saturno, no Globo "A".

É necessário observar que são 7 Revoluções em torno de 7 Globos, que acontecem em 7 Períodos Mundiais (diagrama IV).

Ao terminar o *processo quântico de descanso e assimilação* podemos notar o início da primeira Noite Cósmica, o Caos Primordial,

[67] **Personalidade** (Psicologia) é o conjunto de características psicológicas que determinam os padrões de pensar, sentir e agir, ou seja, a individualidade pessoal e social de alguém. A formação da personalidade é processo gradual, complexo e único a cada indivíduo. O termo é usado em linguagem comum com o sentido de "conjunto das características marcantes de uma pessoa", de forma que se pode dizer que uma pessoa "não tem personalidade"; esse uso, no entanto leva em conta um conceito do senso comum e não o conceito científico aqui tratado. **Personalidade** (Arquétipo) é o conjunto de veículos ou corpos que se interpõem e interatuam em diferentes dimensões compactas, para manifestar um conjunto de características psicológicas que determinam os padrões de pensar, sentir e agir, ou seja, a individualidade pessoal e social do Ego.

quando se analisa a *hipótese da progênie da formação do núcleo e do Inconsciente Coletivo*, quando se observa as vibrações de sons do "Esquema Representativo da Semibreve", com base na Tabela 1: Os Arquétipos Musicais e o Tempo de Vibração, congruente aos postulados em "*The Sacred Word and its Creative Overtones*" (Lewis, 1990)

Ao observar o diagrama III, entre o Globo "A" (situado na dimensão do Mundo do Espírito Divino) e o Globo "B" (situado na dimensão do Mundo do Espírito de Vida), ou seja, no espaço entre dois Mundos ou Estados de Matéria, teve o início da Primeira Noite Cósmica entre as Revoluções dos Globos "A" e "B".

É necessário notar que os Mundos ou Estados de Matérias e os Globos em cada Período Mundial não estão dispostos uns sobre os outros, eles se interpenetram. Esses Mundos representam diferentes dimensões, com diferentes estados de matérias de crescentes densidades; todavia, os Globos representam as transformações ou renascimentos do planeta Terra (o que arrefece em muito a teoria big-bang[68]). O Globo "D" representa a condição mais densa da Terra, quando na respectiva dimensão nos Períodos Mundiais, como se observa no diagrama IV.

Em cada Noite Cósmica ou Caos Primordial, entre Revoluções e Períodos Mundiais, todas as atividades são recapituladas, ou seja, tudo que aconteceu em cada Revolução e Período Mundial é recapitulado durante ulterior Noite Cósmica ou Caos Primordial. Todavia, proporciona às Hierarquias Zodiacais colocar em atividade novas e elevadas condições durante a Noite Cósmica ou Caos Primordial, pois altera ou renova tudo o que aconteceu nas anteriores Revoluções e Períodos Mundiais.

Modo psicológico, cada Período Mundial é um Grande Arquétipo Psíquico-Espiritual do respectivo período, ou seja, no Período de Saturno temos o Arquétipo Psíquico-Espiritual de Saturno; no Período Solar temos o Arquétipo Psíquico-Espiritual Solar e assim por diante, até o Período de Vulcano (diagrama IV).

---

[68]***Big-bang*** é a teoria cosmológica dominante sobre o desenvolvimento inicial do universo. Os "cosmólogos" usam o termo "Big Bang" para se referir à ideia de que o universo estava originalmente muito quente e denso em algum tempo finito no passado. Desde então tem se resfriado pela expansão ao estado diluído atual e continua em expansão atualmente. A teoria é sustentada por explicações mais completas e precisas a partir de evidências científicas disponíveis e da observação. Medições detalhadas da taxa de expansão do universo colocam o Big Bang em cerca de 13,8 bilhões de anos atrás, que é considerada a idade do universo.

Por analogia, o mesmo acontece após o *processo quântico do sono* entre dois dias na vida das pessoas, bem como acontece entre dois renascimentos (diagrama II). Por exemplo, é a mesma ideia colocada em atividade após uma ou mais reuniões empresariais, bem como após reunião do "conselho de classe" para aprovar ou reprovar algum aluno no ensino acadêmico.

É importante observar no diagrama III, que durante a Primeira Noite Cósmica entre as Revoluções dos Globos "A" e "B", os Espíritos Virginais foram auxiliados por diferentes Hierarquias (diagrama VII), durante o *processo de dissolução*[69], a transformar em *energia psíquica primordial*, as matérias assimiladas desde a Região Concreta do Mundo do Pensamento.

Após o *processo de dissolução* os Espíritos Virginais se capacitaram e atraíram Forças Arquetípicas, do Grande Arquétipo Psíquico-Espiritual de Saturno. Através das Forças Arquetípicas criaram um análogo do Inconsciente Coletivo, na natureza da psique, quando todos os Espíritos Virginais entraram em íntimo contato psíquico e espiritual.

Assim, temos a *hipótese da progênie da formação do núcleo e do Inconsciente Coletivo* na natureza da psique dos Espíritos Virginais.

Nessa condição, todos sabiam tudo sobre todos; todavia, foi quando os pioneiros entre os Espíritos Virginais perceberam que alguns Espíritos Virginais não haviam se capacitado, para que os primeiros aspectos do Espírito Divino fossem despertados.

Nessa etapa havia duas classes de Espíritos Virginais: os pioneiros e os atrasados. Os pioneiros eram aqueles que já haviam despertado a consciência de *transe profundo*, análoga à *condição de transe* dos atuais médiuns.

Os Espíritos Virginais pioneiros, com o auxílio de diferentes Hierarquias Zodiacais (diagrama VII), ajudaram os atrasados a *despertarem* os primeiros aspectos do Espírito Divino. Depois, a extrair a essência do *gérmen* do corpo denso com os cinco sentidos latentes, para amalgamar no Espírito Divino como *interface de alma consciente*. Nes-

[69] JUNG, C. G. (1984) **Psicologia e Alquimia**. Da coleção OBRAS COMPLETAS. Vol.12. Rio de Janeiro: Vozes; ***A natureza psíquica da obra alquímica, §342-389***.

sa mesma etapa, iniciaram o *processo de dissolução* e transformaram em *energia psíquica primordial* as matérias assimiladas desde a Região Concreta do Mundo do Pensamento.

Com essa capacitação, pelos *próprios esforços*, os Espíritos Virginais atrasados *despertaram* em Si-mesmos a consciência de *transe profundo* e elevaram sua consciência e forma em 1º(um) grau. Nessa nova condição, atraíram Forças Arquetípicas do Grande Arquétipo Psíquico-Espiritual de Saturno e criaram na sua natureza da psique, um análogo do Inconsciente Coletivo.

Aqui temos a *hipótese da progênie da formação do núcleo e do Inconsciente Coletivo* na natureza da psique dos Espíritos Virginais.

É importante saber que cada Espírito Virginal criou e estruturou sua natureza da psique[70], desde o início da Primeira Revolução do Período de Saturno, no Globo "A", conforme aclarado em "Psicologia da Anima e do Animus" (Cruz, 2022).

Pela capacitação coletiva, os Espíritos Virginais assumiram as atividades da décima segunda Hierarquia do Zodíaco: as Hierarquias de Peixes. Os pioneiros entre os Espíritos Virginais assumiram as atividades psíquicas e espirituais através do *polo positivo* das Hierarquias de Peixes; enquanto os que ficaram atrasados, assumiram as atividades psíquicas e espirituais através do *polo negativo*. Foi quando entraram em íntimo contato psíquico e espiritual com o Grande Arquétipo Psíquico-Espiritual de Saturno.

Assim conhecemos a verdadeira origem do Inconsciente Coletivo, quando se observa e analisa minuciosamente os diagramas II e VII. Todavia, após análise dos diagramas II e VII, o leitor constatará que estão em simetria com as pesquisas e estudos em "Psicologia e Alquimia - Introdução a Problemática da Psicologia Religiosa da Alquimia" (Jung, 2011, §1-43).

Assim, terminou a primeira metade da Primeira Noite Cósmica e da Primeira Revolução do Período de Saturno; todavia, simultaneamente, iniciou a segunda metade da Primeira Noite Cósmica, com a

[70] JUNG, C. G. (2000) **A Natureza da Psique**. Da coleção OBRAS COMPLETAS Vol.VIII/2. Rio de Janeiro: Vozes.

Segunda Revolução do Período de Saturno, no Globo "B" (diagrama III).

Desde o início da Primeira Noite Cósmica entre Revoluções, todas as matérias[71] assimiladas desde a Região Concreta do Mundo do Pensamento pelas diferentes Hierarquias (ver diagrama VII), foram dissolvidas. Permaneceu somente a *energia psíquica primordial* das formas de matérias (ver Tabela Periódica de Elementos), a qual foi revitalizada, conservada e armazenada com cada Hierarquia na configuração de átomos-sementes de cada corpo, ou veículo, durante o Caos Primordial, até o início de outra Revolução ou Período Mundial (diagrama IV).

Diante do apresentado e analisado, é necessário lembrar que estamos tentando evidenciar os estudos de em "O Eu e o Inconsciente" (Jung, 2014).

> A anima, sendo feminina, é a figura que compensa a consciência masculina. Na mulher, a figura compensadora é de caráter masculino e pode ser designada pelo nome de animus. Se não é simples expor o que se deve entender por anima, é quase insuperável a dificuldade de tentar descrever a psicologia do animus (Jung, 2014, §329).

Com essa base e aceno psicológico, "se não é simples expor o que se deve entender por anima, é quase insuperável a dificuldade de tentar descrever a psicologia do animus" (Jung, 2014); todavia, do ponto de vista da física quântica, a energia da "*partícula de Deus*[72]", no-

---

[71] CRUZ, A. J. G. (2020) **C. G. Jung e os Condensados Bose-Einstein: Processos Psíquico-quânticos da Anima e Animus**. 1ª ed. São Paulo: Gonçalves Cruz; ***Capítulo V - Estados Fundamentais de Matéria e Estados Físicos da Matéria***.

[72] "Partícula de Deus" ou **Bóson de Higgs** é uma partícula elementar bosônica prevista pelo Modelo Padrão de partículas, teoricamente surgida logo após o ***Big Bang*** de escala maciça hipotética predita para validar o modelo padrão atual de partículas e provisoriamente confirmada em 14 de março de 2013. Representa a chave para explicar a origem da massa das outras partículas elementares. Todas as partículas conhecidas e previstas são divididas em duas classes: férmions (partículas com spin da metade de um número ímpar) e bósons (partículas com spin inteiro). A compreensão dos fenômenos físicos que faz com que certas partículas elementares possuam massa e que haja diferença entre as forças eletromagnética (cuja interação é realizada pelos fótons) e a força fraca (cuja interação é feita pelos bósons W e Z) são críticas em muitos aspectos da estrutura da matéria microscópica e macroscópica; assim se existir, o bóson de Higgs terá um efeito enorme na compreensão do mundo em torno de nós. O bóson de Higgs foi predito inicialmente em 1964 pelo físico britânico Peter Higgs, trabalhando as ideias de Philip Anderson. Entretanto, desde então não houve condições tecnológicas de buscar a possível existência do bóson até o funcionamento do Grande Colisor de Hádrons (LHC) em meados de 2008. A faixa energética de procura do bóson foi se estreitando e, em dezembro de 2011, limites energéticos se encontram entre as faixas de 116-130 GeV, segundo a equipe ATLAS, e entre 115 e 127 GeV de acordo com o CMS. Em 4 de julho de 2012, anunciou-se que uma partícula desconhecida e com massa entre 125 e 127 GeV/c^2, foi detectada; físicos suspeitaram na época que se tratava do bóson de Higgs. Em março de 2013, provou-se que a partícula se comportava, interagia e decaía de acordo com as várias formas preditas pelo Modelo Padrão, além de provisoriamente provar-se que ela possuía paridade positiva e spin nulo, dois atributos fundamentais de um bóson de Higgs, indicando fortemente a existência da partícula.

meada por cientistas, é uma tentativa de provar a teoria dos Condensados de Bose-Einstein[73].

Modo psicológico, parece ser o mais próximo que a ciência alcançou para elucidar o processo de formação do ***núcleo energético*** do Inconsciente Coletivo[74], pois parece ser compatível com a teoria eletromagnética de Maxwell[75] (ver em "Psicologia da Anima e do Animus" (Cruz, 2022)). Todavia, para entender a "*hipótese do núcleo energético do Inconsciente Coletivo*" é necessário considerar a base das pesquisas e postulados[76] em "*The Rosicrucian Cosmo-Conception - Cosmogenesis and Anthropogenesis*" (Heindel, 2012, p. 177-260), bem como as pesquisas e estudos em "Psicologia e Alquimia - O *Increatum*" (Jung, 2011, §332-446).

Ao conhecer a "*hipótese da progênie e da formação do núcleo do Inconsciente Coletivo*", com base nos estudos em "Fundamentos de Psicologia Analítica: Fig.4 – *A Psique*" (Jung, 1985, §74-144), pois, também auxilia a apreender o Arquétipo da Imagem e Semelhança de Deus (Gênesis 1:26-27) no ser humano, pois, interage por meio do *significado sincronístico* com a *energia psíquica primordial* (diagrama V).

Ao conhecer a base da hipótese acima é possível perceber a ideia que uniu o médico psiquiatra C. G. Jung (1875-1961), ao físico Wolfgang Pauli (1900-1958), onde se deu início às pesquisas interdisciplinares entre Psicologia e Física Quântica, conforme analisado em "C. G. Jung e os Condensados Bose-Einstein: Processos Psíquico-quânticos da Anima e Animus: Capítulo V - Condensados de Bose-Einstein – BECs" (Cruz, 2020).

---

[73] **Quantum Made Simple**: https://toutestquantique.fr/condensation-de-bose-einstein/. Acesso em 14.09.2025.

[74] JUNG, C. G. (2012) **Os Arquétipos e o Inconsciente Coletivo**. Col. OBRAS COMPLETAS, vol. 9/1. Rio de Janeiro: Vozes.

[75] James Clerk **Maxwell** (1831-1879) foi um físico e matemático britânico. Ele é mais conhecido por ter dado a sua forma final à teoria moderna do eletromagnetismo, que une a eletricidade, o magnetismo e a óptica. Esta é a teoria que surge das **equações de Maxwell**, assim chamadas em sua honra e porque ele foi o primeiro a escrevê-las juntando a lei de Ampère, por ele próprio modificada, a lei de Gauss e a lei da indução de Faraday. Maxwell demonstrou que os campos elétricos e magnéticos se propagam com a velocidade da luz. Ele apresentou uma teoria detalhada da luz como um efeito eletromagnético, i.e., que a luz corresponde à propagação de ondas elétricas e magnéticas, hipótese que tinha sido posta por Faraday. Demonstrou em 1864 que as forças elétricas e magnéticas têm a mesma natureza: uma força elétrica em determinado referencial pode tornar-se magnética se analisada noutro e vice-versa. Ele também desenvolveu um trabalho importante em mecânica estatística, tendo estudado a teoria cinética dos gases e descoberto a chamada distribuição de Maxwell-Boltzmann. Maxwell é considerado por muitos o mais importante físico do séc. XIX, o seu trabalho em eletromagnetismo foi a base da relatividade restrita de Einstein e o seu trabalho em teoria cinética de gases fundamental ao desenvolvimento posterior da mecânica quântica (MQ).

[76] **Postulado** é uma sentença que não é provada ou demonstrada, por isso se torna óbvia ou se torna um consenso inicial para a aceitação de uma determinada teoria. O postulado não é necessariamente uma verdade muito clara, é uma expressão formal usada para deduzir algo, a fim de obter um resultado mais facilmente, através de um conjunto de sentenças. O postulado é uma proposição que, apesar de não ser evidente, é considerada verdadeira sem discussão. Muitas vezes o postulado é visto como um sinônimo de axioma, porque tanto um como o outro são aceitos sem debate. No entanto, axioma também pode ter outro significado, como na matemática, que pode ser uma hipótese inicial de outros enunciados, ou então uma sentença, proposição ou uma regra que permite a construção de um sistema formal.

Assim, observamos que os primeiros BECs[77] em gases atômicos ultrafrios foram realizados por Eric Cornell e Carl Wieman na JILA / Universidade do Colorado e por Wolfgang Ketterle, MIT, em 1995. Os três pesquisadores receberam o Prêmio Nobel[78] em 2001. Desde então, o campo dos gases quânticos ultrafrios (BECs e gases Fermi degenerados - DFGs) revolucionou a física moderna e se transformou em uma área de pesquisa extremamente ativa e de rápido avanço.

Todavia, mesmo com as novas técnicas e tecnologias, atingir um BEC ou um DFG não é tarefa fácil, pois, milhares de átomos precisam ser resfriados a temperaturas extremamente frias, apenas alguns bilionésimos de grau acima do zero absoluto. Estas parecem que foram as temperaturas mais frias alcançadas nos experimentos científicos.

Alguns gases, quando resfriados a temperaturas ultrabaixas, alcançam coletivamente um novo estado quântico: o condensado de Bose-Einstein. Os físicos são capazes de resfriar alguns gases a menos de um milionésimo de grau acima do zero absoluto, parando seus átomos com lasers e campos magnéticos. Todos esses átomos alcançam um estado quântico coletivo, semelhante a uma enorme onda quântica, chamados de condensados de Bose-Einstein[79].

Os condensados são simuladores quânticos muito úteis; todavia, podem ser usados para recriar situações mais complexas que ainda não conseguimos entender totalmente na mecânica quântica, como supercondutores ou outras propriedades de um sólido, bem como explicar a *hipótese de atividades quânticas no Inconsciente Coletivo*, conforme analisado em “Resposta a Carl Gustav Jung: Origem e Arquétipos do Inconsciente Coletivo” (Cruz, 2021).

A *energia psíquica primordial* parece constituir a base das Forças Arquetípicas na Região Concreta do Mundo do Pensamento, bem como a base de todas as *Atividades* do Espírito Humano no Inconsciente Coletivo (diagramas I e VI, no Sétimo Plano Cósmico), ao transformar a Luz (pois Deus é Luz) como energia no núcleo de diferentes arquétipos, a exemplo de um *laser*.

---

[77] O desenvolvimento da mecânica quântica: https://physics.wsu.edu/people/faculty/peter-engels/ . Acesso em 05.11.2019.

[78] Prêmio Nobel pelos Condensados Bose-Einstein. https://physicstoday.scitation.org/doi/10.1063/1.1445529, em 12.02.2021.

[79] **Quantum Made Simple**: https://toutestquantique.fr/condensation-de-bose-einstein/. Acesso em 14.09.2025.

Um *laser* (acrônico inglês *para **light** **a**mplification by **s**timulated **e**mission of **r**adiation*), amplificação de luz por emissão estimulada de radiação, pois, é um dispositivo que produz radiação eletromagnética com características muito especiais. É monocromática (possui comprimento de onda muito bem definido), coerente (todos os fótons que compõem o feixe emitido estão em fase) e colimada (propaga-se como um feixe de ondas praticamente paralelas).

Para explicar o efeito fotoelétrico, Albert Einstein postulou em 1905 que a luz é constituída por pacotes discretos e bem determinados de energia denominados *quanta* de luz que, posteriormente, passaram a ser chamados de fótons, termo cunhado por Gilbert Newton Lewis (1875-1946) em 1926.

Em 1913, o dinamarquês Niels Bohr apresentou modelo de átomo, no qual os elétrons orbitam o ***núcleo*** em níveis de energia bem determinados e somente podem "saltar" de um nível para outro se receberem ou emitirem fótons com a quantidade de energia (que pode ser calculada a partir de seu comprimento de onda) exata, exigida para o salto completo.

Todavia, em 1925, Erwin Rudolf Josef Alexander Schrödinger (1887-1961) e Werner Karl Heisenberg (1901-1976) modificaram a forma de se interpretar o modelo de átomo de Bohr, postulando que os elétrons são partículas que apresentam propriedades de ondas, cujo comportamento pode ser explicado por suas funções de onda. Tais funções foram desenvolvidas por Schrödinger e preveem os diferentes níveis que o elétron pode assumir no átomo e as exatas energias associadas. Isso significa que cada tipo determinado de átomo pode ser excitado sempre em quantidades bem definidas através da absorção de um tipo determinado de fóton de comprimento de onda específico.

Ao observar o efeito físico por trás do funcionamento do *laser*, pois, determinados materiais quando em estado instável de alta energia, se corretamente *estimulados*, decaem sua energia emitindo fótons coerentes com o estímulo original, cujas ondas estão em sincronia (em fase) entre si. O *laser* distingue de outras fontes de luz por sua coerência espacial e temporal. A coerência espacial é tipicamente expressa através da saída de um feixe estreito, que possui difração limitada, muitas vezes chamado de "feixe de lápis". Coerência temporal (ou longitudinal) implica uma onda polarizada em uma única frequência, cuja fase determina alguma relação numa distância relativamente grande (o comprimento de coerência) ao longo do feixe.

Através de considerações teóricas, Albert Einstein descobriu que não apenas um elétron absorve um fóton (a *partícula de luz*) incidente e o reemite ao acaso após certo tempo (emissão espontânea), mas que também este mesmo elétron deve reemitir seu fóton absorvido se um segundo fóton interage com ele (emissão estimulada). O fóton reemitido tem o mesmo comprimento de onda do fóton que o estimulou e, igualmente importante, tem a mesma fase.

Um *laser* funciona desde que se consiga excitar um número mínimo de elétrons de determinado material para um nível de energia superior, de modo a se obter uma inversão de população (quando existem mais elétrons excitados do que elétrons no estado fundamental). Quando isso ocorre, estimulam-se alguns elétrons a emitirem seus fótons, o que vai iniciar um efeito em cascata de modo que o fóton emitido por um elétron estimula o elétron seguinte a emitir outro fóton de igual comprimento de onda e fase, o que vai amplificando a emissão de feixes de luz de comprimento de onda definido e coerente.

Para que tudo isso funcione, entretanto, é necessária uma realimentação, ou seja, por certo tempo manter fótons emitidos, estimulados e interagindo com outros elétrons. Isso é obtido com uma *cavidade óptica*, uma região do espaço em que se confina luz por algum tempo com o uso de espelhos altamente refletores e convenientemente alinhados que vão refletindo várias vezes os fótons. Num dos espelhos existe um pequeno orifício por onde alguns fótons depois de muitas vezes refletidos conseguem sair emitindo o feixe colimado de luz. Há também os lasers super radiantes, como o laser de nitrogênio e alguns lasers de corante, desenvolvidos entre outros por Fritz Peter Schäfer (1931-2011) e Peter Pitirimovich Sorokin (1931-2015), que não precisam de espelhos para funcionar. Entretanto, para se compreender perfeitamente um laser, faz-se necessário o uso da mecânica quântica.

A luz gerada por emissão estimulada é muito semelhante à do sinal de entrada, em termos de comprimento de onda, fase e polarização. Isto dá ao laser a sua coerência característica e permite-se a manutenção da polarização uniforme e monocromaticidade estabelecida pela concepção da cavidade óptica.

O feixe na cavidade e o feixe de saída do laser, quando viajam em espaço livre (ou um meio homogêneo) ao invés de guias de ondas (como um laser de fibra óptica), pode ser aproximado como um feixe de Gauss, na maioria dos lasers tais feixes exibem a divergência mínima para um determinado diâmetro.

No entanto, alguns lasers de alta potência podem ser multimodo, com os modos transversais muitas vezes aproximadas utilizando Hermite-Gaussian ou funções de Laguerre-Gauss. Tem sido demonstrado que a laser ressonantes instáveis (não utilizado na maioria dos lasers) produzem feixes em forma fractal, nas proximidades do feixe de "cintura" (ou região focal) é altamente colimada, pois, propaga-se como um feixe de ondas praticamente paralelas.

Todavia, devido à difração, que só pode permanecer fiel dentro da faixa de Rayleigh, o feixe de um modo transversal único (feixe gaussiano), eventualmente, diverge em um ângulo que varia inversamente com o diâmetro do feixe, conforme exigido pela teoria de difração. Assim, o "feixe de lápis" gerado diretamente por um laser de hélio-neon comum iria espalhar-se para um tamanho de talvez 500 quilômetros quando apontado para Lua (a partir da distância da Terra).

Por outro lado, a luz de um laser semicondutor normalmente sai do minúsculo cristal com grande divergência: até 50°; no entanto, mesmo tal feixe divergente pode ser transformado em um feixe colimado de forma semelhante por meio de um sistema de lentes, tal como é sempre incluso, p.ex., em um ponteiro laser, cuja luz origina a partir de um diodo laser. Isso é possível devido à luz ser de um único modo espacial.

Por suas propriedades especiais, hoje, o *laser* é utilizado nas mais diversas aplicações: médicas (cirurgias), na enfermagem como auxilio no tratamento de lesões na pele, na fisioterapia como anti-inflamatório, regenerador e analgésico, industriais (cortar metais, medir distâncias), pesquisa científica (pinças ópticas, hidráulica, física atômica, óptica quântica, resfriamento de nuvens atômicas, informação quântica), comerciais (comunicação por fibras ópticas, leitores de códigos de barras), produção de peças termoplásticas (corte a laser), no campo bélico (miras lasers, armas de energia dirigida, eletro-lasers) e mesmo todos os dias em nossas casas (aparelhos leitores de CD, DVD e Blu-Ray, *laser pointer* usado em apresentações com projetores multimídias). A propulsão a laser vem sendo estudada para o uso em espaçonaves.

Por analogia, os processos de diferentes conteúdos psíquicos na natureza da psique, parecem corresponder aos mesmos processos de um *laser*, quando se entende a projeção de conteúdos psíquicos, conforme analisado em "Psicologia e Alquimia - a natureza psíquica da obra alquímica" (Jung, 2011).

> [...] A rigor, a projeção nunca é feita - ela acontece, ela simplesmente está aí. Na obscuridade de algo exterior eu me defronto, sem reconhecê-la, com minha própria interioridade ou vida anímica. A meu ver, seria um erro reduzir a fórmula 'tam ethice quam physice' (moral tanto quanto física) à teoria das correspondências, fazendo desta última sua causa ('prius'). Pelo contrário, essa teoria seria muito mais uma racionalização da vivência da projeção. O alquimista não pratica sua arte por acreditar teoricamente numa correspondência, mas tem uma teoria das correspondências pelo fato de vivenciar a presença da idéia na matéria (physis). Minha tendência é portanto a de acreditar que a verdadeira raiz da alquimia deve ser buscada menos nas conceituações filosóficas do que nas projeções vivenciadas de cada pesquisador. Na minha opinião, o praticante tinha certas vivências psíquicas enquanto realizava as experiências químicas no laboratório; no entanto, essas vivências se lhe afiguravam comportamentos específicos do processo químico. Como se tratava de projeções, naturalmente ele não sabia, no nível da consciência, que a vivência nada tinha a ver com a matéria propriamente dita (isto é, tal como hoje a conhecemos). O alquimista vivenciava sua projeção como uma propriedade

> da matéria; mas o que vivenciava na realidade era o seu inconsciente. Deste modo, repetia toda a história do conhecimento da natureza. Como é sabido, a ciência teve início com a observação das estrelas, nas quais a humanidade descobria as dominantes do inconsciente, os 'deuses', bem como as estranhas qualidades psicológicas do zodíaco - uma teoria completa e projetada do caráter. A astrologia é uma experiência primordial, como a alquimia. Projeções deste tipo repetem-se todas as vezes que o homem tenta explorar uma escuridão vazia, preenchendo-a involuntariamente com formas vivas. [...] (Jung, 2011, §342-356).

De acordo os processos quânticos observados nos parágrafos acima, podemos caracterizar os Condensados de Bose-Einstein como o estado ou fase da matéria no qual os átomos encontram-se desprovidos de sua "individualidade", passando a admitir um único *estado quântico fundamental*[80].

Ao analisar e considerar a "*partícula de deus*", pelos experimentos dos processos quânticos dos Condensados de Bose-Einstein, por analogia, se aproxima do evento divino, quando todas as Hierarquias Criadoras se tornam, por assim dizer, uma *energia psíquica primordial*, ao projetar de forma altamente colimada (propaga-se como um feixe de ondas praticamente paralelas), todo o seu conteúdo como um *laser*.

As iniciais atividades *quânticas subjetivas e objetivas de atração, agregação, condensação, dissolução e assimilação* (devido atividades quânticas em espiral dentro de espiral), referem-se às experiências assimiladas desde o começo da diferenciação *em* Si-mesmo; *antes* de iniciar a Primeira Revolução do Período de Saturno até o término das Noites Cósmicas entre Revoluções e Períodos, dos Globos "A" ao "G" (diagramas III e IV).

Conforme analisado, de forma concisa e sem apresentar definições matemáticas condizentes à estatística quântica, podemos caracterizar os Condensados de Bose-Einstein como o estado ou fase da matéria no qual os átomos encontram-se desprovidos de sua "individualidade",

---

[80] **Estado quântico fundamental**: é o estado quântico de menor energia possível.

passando a admitir um único *estado quântico fundamental*[81]. Por analogia, o mesmo acontece no Inconsciente Coletivo (e no seu análogo na natureza na psique), onde todas as Hierarquias tornam-se uma e *Única* Consciência *em* Deus, sem que bilhões de Hierarquias criadoras percam a consciência *de* Si-mesmos.

As etapas acima relatadas tornaram-se *fatores psicológicos de extrema importância, que devem ser levados em altíssima consideração, pois se tornou a base das projeções psíquico-quânticas de conteúdos na natureza da psique* e fora dela, através da *energia psíquica primordial.*

Pelo *significado sincronístico*[82], os eventos divinos e os fatos psicológicos da *hipótese da progênie do Inconsciente Coletivo* analisada neste capítulo, pois, abrange todas as Revoluções e Períodos Mundiais.

Como *a verdade das proposições básicas depende de sua relação com alguma ocorrência* em "Significado e Verdade" (Russell, 1978, p. 256-309); portanto, o único critério de validez de uma hipótese é seu valor heurístico[83], isto é, explicativo.

Assim, observamos o desenvolvimento humano, desde o *despertar* da consciência de *transe profundo* até a *da formação do inconsciente coletivo* (diagramas V, VI e VII), que foi desenvolvido em "Psicologia da Anima e do Animus" (Cruz, 2022).

Portanto, quando analisamos os diagramas I e II foi possível observar as diferentes dimensões, com diferentes estados de matérias, pois, essas dimensões (ver diagramas III e IV) configuram os campos do desenvolvimento humano. Todavia, o desenvolvimento psíquico e espiritual da humanidade vai além do atual entendimento da psicologia humana, tendo como base as pesquisas e postulados em "*The Rosicrucian Cosmo-Conception - Cosmogenesis and Anthropogenesis*" (Heindel, 2012, p. 177-260), bem como as pesquisas e estudos em "Psicolo-

[81] **Quantum Made Simple**: https://toutestquantique.fr/condensation-de-bose-einstein/. Acesso em 14.09.2025.
[82] JUNG, C. G. (2012) **Sincronicidade - a dinâmica do inconsciente**. Col. OBRAS COMPL. 18ed.Vol.8/3. RJ: Vozes.
[83] **Heurística**: [Do lat. cient. *heuristica* (grego, *heuristiké* [*téchne*], 'arte de encontrar', 'descobrir').] 1.Conjunto de regras e métodos que conduzem à descoberta, à invenção e à resolução de problemas. [Cf. *heureca.*] 2.Procedimento pedagógico pelo qual se leva o aluno a descobrir por Si-mesmo a verdade que lhe querem inculcar. 3.Ciência auxiliar da História, que trata da pesquisa das fontes. 4.Inform. Metodologia, ou algoritmo, us. para resolver problemas por métodos que, embora não rigorosos, ger. refletem o conhecimento humano e permitem obter uma solução satisfatória.

gia e Alquimia - a Natureza Psíquica da Obra Alquímica" (Jung, 2011, §342-515).

A Formação da Consciência Tridimensional do Ego – parte 2 Globo A - Primeira Revolução Quântica do Período de Saturno: Formação do Inconsciente Coletivo e do Inconsciente Pessoal

As habilidades preditoras essenciais à leitura são as seguintes: consciência fonológica, fluência verbal, conhecimento dos fonemas, vocabulário e compreensão. Há na literatura uma gama de habilidades ditas preditoras do processo de desenvolvimento da leitura. Quanto aos aspectos da linguagem, a consciência fonológica, nomeação automatizada rápida, memória de trabalho fonológica e identificação de letras tem sido amplamente descrita como relevantes neste processo; portanto, se observa que ler e escrever são ferramentas para a aprendizagem e para o desenvolvimento da consciência social.

Portanto, a partir deste capítulo vamos apresentar e tentar analisar os processos psíquico-quânticos da atual humanidade, desde o início do Período de Saturno, no Globo "A", como indicado nos diagramas III e IV.

Os processos psíquico-quânticos analisados tornaram-se ainda mais interessante porque não estão destinados apenas às pessoas do Ocidente ou do Oriente, nem para determinada classe social; todavia, o desenvolvimento psíquico e espiritual da humanidade vai além do atual entendimento da psicologia humana. *São eventos reais e naturais, são processos psíquico-quânticos inconscientes e semiconscientes que estão acontecendo na natureza da psique de todos os seres humanos, através de metadados psíquicos.*

Observamos nessas revoluções quânticas (diagramas III e IV) que os Espíritos Virginais, no seu respectivo espaço-tempo responderam em uníssono, como um diapasão vibrando na mesma tonalidade[84], pois, emitiram a 64ª vibração do som do arquétipo musical da semibreve aos Senhores da Chama, análogo ao *processo quântico feedback.* Essa vibração do som pode ser comparável à transmissão da Luz da

[84] **Tonalidade**: Conjunto de fenômenos harmônicos e melódicos que regem a formação das escalas e seu encadeamento.

Constelação dos Signos Zodiacais em "Astronomia e Astrofísica" (Oliveira Filho; Saraiva, 2013, p. 06-10). Também, ajuízo ser equivalente ao processo da teoria de Pauli sobre "O Problema do neutrino solar" em "Astronomia e Astrofísica" (Oliveira Filho; Saraiva, 2013, p. 252-253).

Este ensaio de psicologia, na realidade, é "instrumento" para analisar fatos psíquicos, produzidos por conteúdos psíquicos, quando projetados na natureza da psique. *Sua importância é a de auxiliar na renovação dos fatos de que tratam a Neurobiologia, Neuropsicologia e a Neuropsiquiatria, pois entrelaçam a nossa atual existência psíquica*; porém, a ciência moderna *ainda não pode ajuizar como as alterações ocorrem em termos mais profundos*.

Pelos estudos e análise do *opus alquímico* em "Psicologia e Alquimia - a Natureza Psíquica da Obra Alquímica" (Jung, 2011, §342-515), que são congruentes às pesquisas e postulados em "*The Rosicrucian Cosmo-Conception - Cosmogenesis and Anthropogenesis*" (Heindel, 2012, p. 177-232), revela haver 777 renascimentos; todavia, não significa que a Terra passe por 777 metamorfoses. Expõe que a vida que evolui faz 7 revoluções em torno de 7 globos dentro de 7 Períodos Mundiais (diagramas III e IV). Os Globos-calor do Período de Saturno eram formados de substância muito mais rarefeita e sutil do que os atuais estratos do nosso planeta Terra.

Ao iniciar a primeira Revolução do Período de Saturno, no Globo "A", os Espíritos Virginais foram inseridos nesse Globo-calor feito de matéria e energia escura, ou matéria exótica, que era constituído por dentro e por fora somente por Espíritos Virginais. A nota chave musical (Si^b Maior) projetada pelos Senhores da Chama entrou em harmonia com a nota musical "Dó", do Verbo (diagramas V, VI e VII). Essa nota musical foi despertada na Noite Cósmica ou Caos Primordial, entre o Mundo dos Espíritos Virginais e o Mundo do Espírito Divino, no Globo "A" do Período de Saturno (diagramas I e III).

Modo psicológico, podemos verificar que os Senhores da Chama, também, são conhecidos como leoninos, o signo de Leo; no entanto, tendo como signo oposto Aquário, o que corresponde com os estudos e análises em "Psicologia e Alquimia - a natureza psíquica da obra alquímica" (Jung, 2011).

> [...] Como é sabido, a ciência teve início com a observação das estrelas, nas quais a humanidade descobria as dominantes do inconsciente, os 'deuses', bem como as estranhas qualidades psicológicas do zodíaco - uma teoria completa e projetada do caráter. A astrologia é uma experiência primordial, como a alquimia. Projeções deste tipo repetem-se todas as vezes que o homem tenta explorar uma escuridão vazia, preenchendo-a involuntariamente com formas vivas [...]. (Jung, 2011, §329).

Os estudos de Jung (2011) tornam-se interessante, pois o signo de Leo rege o coração e Aquário é um signo aéreo, rege os tornozelos e pernas. Pela inteligência intuitiva, o Amor (Leo) nos encaminha através do ar (intelecto), pela amizade (Aquário) íntima entre *anima* e *animus*[85], para o mais elevado nível Espiritual que possamos alcançar dentro da nossa atual capacidade vibracional, no presente Período Terrestre.

Se entendermos a Hipótese Nebular em "Astronomia e Astrofísica" (Oliveira Filho; Saraiva, 2013, p. 129-132), podemos perceber que a nebulosa deveria ter sido escura antes de iluminar-se e ter sido quente antes de ser ígnea; portanto, o início do Período de Saturno, o Globo "A" era constituído somente por Espíritos Virginais, por dentro e por fora. Eles foram incorporados nesse Globo-calor, assim como a vida que excita o mineral está incorporada à Terra. Esse calor deve ter-se produzido pelo movimento e movimento é vida. Os Globos do Período de Saturno eram compostos por matéria e energia escura; todavia, com base na primeira[86] e na segunda[87] lei da termodinâmica[88] podemos considerar como Globos-calor.

---

[85] JUNG, Emma. (1997) **Animus e Anima**. Trad. Dante Pignatari, 1.ed. [original: *Animus und Anima*]. São Paulo: Cultrix.

[86] **Primeira Lei da Termodinâmica**: é uma versão da lei de conservação da energia. Também conhecido como Princípio de Joule, este postulado admite que diversas formas de trabalho possam ser convertidas umas nas outras, elucidando que *a energia total transferida para um sistema é igual à variação de sua energia interna, ou seja, em todo processo natural, a energia do universo se conserva* sendo que a energia do sistema quando isolado é constante. Observa-se também a equivalência entre trabalho e calor, onde se constatou que a variação Q - W é a mesma para todos os processos termodinâmicos. Termodinâmica é o ramo da física que estuda as leis que regem as relações entre trabalho, calor e energia térmica, geralmente tratada como a energia interna dos sistemas. A termodinâmica está preocupada com a modelagem matemática do mundo real, sendo que os conceitos centrais neste estudo servem para caracterizar um sistema termodinamicamente em equilíbrio, sendo que ***pressão***, ***temperatura*** e ***volume*** são variáveis mensuráveis macroscopicamente e determinam o estado de equilíbrio termodinâmico. A primeira declaração explícita da primeira lei da termodinâmica, dada por Rudolf Clausius, em 1850, refere-se a processos termodinâmicos cíclicos. Sempre que o trabalho for produzido pelo órgão gerador de calor, certa quantidade desta energia é consumida, que é proporcional ao trabalho realizado; por outro lado, devido o gasto de uma quantidade igual de trabalho a mesma quantidade de calor é produzida. Clausius

Portanto, os Espíritos Virginais, a fim de desenvolver consciência[89] e forma foram incorporados nesse Globo-calor. Com base nas pesquisas e postulados em "*The Rosicrucian Cosmo-Conception - The Work of Evolution*" (Heindel, 2012, p. 201-222), fora desse Globo-calor, equidistante no espaço, estavam diferentes Hierarquias Criadoras (diagrama VII) que davam suporte logístico aos Espíritos Virginais, para que pudessem desenvolver consciência e forma ***em*** Si-mesmos.

Observa-se que o *processo quântico de Involução* (↓) tem sua "flecha do tempo", Prigogine (2002)[90], na descendente, num processo gradativo de introdução ou incrustação na matéria; todavia, a partir dos Globos "A" (diagrama III) nos Períodos de Saturno, Solar, Lunar e na *metade marciana* (↓) do Período Terrestre, foi quando os Espíritos Virginais (com a orientação e ***proteção*** de exaltadas Hierarquias Criadoras) começaram a reunir forças internas. São forças latentes que através do Poder Anímico e da Mente Criadora (devido atividades quânticas em espiral[91] dentro de espiral) atraem, agregam, condensam, dissolvem e assimilam diferentes Estados Excitados[92] de Matérias, objetivando elevar suas consciências e formas.

Pelos postulados de Heindel (2012), antes de iniciar o périplo dos Espíritos Virginais através de diferentes Estados Excitados de Ma-

---

descreveu a primeira lei de outra forma, referindo-se à existência de uma função do estado do sistema chamada energia interna (U), expressa em termos de uma equação diferencial para os estados de um processo termodinâmico. Esta equação pode ser traduzida em palavras como se segue: *"Em um processo termodinâmico fechado, a alteração da energia interna do sistema é igual à diferença entre a alteração do calor acumulado pelo sistema e da alteração do trabalho realizado"*.

[87] **Segunda Lei da Termodinâmica:** envolve o funcionamento das máquinas térmicas, ou seja, situações em que o calor é transformado em outras formas de energia. O estudo das máquinas térmicas deixou os físicos bastante intrigados com situações que não ocorriam de maneira esperada, mesmo não violando a Lei da conservação de Energia. Uma dessas situações que não ocorriam era a passagem espontânea de calor de um corpo frio para um corpo quente, o que sempre ocorre é o inverso, passagem espontânea de calor de um corpo quente para um corpo frio. Alguém poderia citar o refrigerador como a passagem de calor da região fria para uma região quente, mas não é espontâneo, para que ocorra é necessária à utilização de um motor que realize o trabalho. A outra situação que não ocorre é a transformação integral de calor em trabalho. As máquinas térmicas trabalham utilizando duas fontes de temperaturas diferentes, de modo que uma parte do calor retirado da fonte quente é enviada a fonte fria. Não é possível transformar todo o calor retirado da fonte quente em trabalho. Foram essas duas situações também chamadas de proibições que deram origem a segunda lei da termodinâmica: O calor flui espontaneamente de um corpo quente para um corpo frio, o inverso só ocorre com a realização de trabalho e nenhuma máquina térmica que opera em ciclos pode retirar calor de uma fonte e transformá-lo integralmente em trabalho.

[88] VAN WYLEN, G. J.; SONNTAG, R. E.; BORGNAKKE, C. (1998) **Fundamentos da Termodinâmica**. 5ed. São Paulo: Edgard Blucher.
KREUZER, H. J. (1981) **Nonequilibrium Thermodynamics and its Statistical Foundations**. Clarendon. Oxford.
NEUMANN, Johan. von (1927) **Thermodynamik quantummechanischer Gesamheiten**. Gött. Nach.1,273-291.
PLANCK, Max. (1945). **Treatise on Thermodynamics**. New York: Dover.

[89] KANT, Immanuel. (2003) **A Metafísica dos Costumes.** [Título original: **Die Metaphysik der Sitten**] Tradução Edson Bibi. [contendo: A Doutrina do Direito e a Doutrina da Virtude] 1ªed. São Paulo: Edipro; ***pp.241-244***.

[90] PRIGOGINE, Ilya. (2002) **As Leis do Caos**. Tradução Roberto Leal Ferreira, São Paulo: UNESP.
PRIGOGINE, Ilya. (1996) **O fim das certezas: tempo, caos e as leis da natureza**. [Título original: *La fin des La Certidudes: temps, chaos et les lois de la nature*. Tradução Roberto L. Ferreira] São Paulo: Universidade Estadual Paulista.

[91] **Espiral** (Geom.): qualquer curva plana gerada por um ponto móvel que gira em torno de um ponto fixo, ao mesmo tempo em que dele se afasta ou se aproxima segundo uma lei determinada.

[92] **Estado excitado** (Física): estado de um sistema em que a energia é superior à do estado fundamental.

téria, eles encontravam-se no Mundo dos Espíritos Virginais, o mais próximo ao mais elevado dos Sete Mundos (diagrama I). Eles possuíam Consciência Divina, mas não consciência ***de*** Si-mesmos. O Poder Anímico e a Mente Criadora são faculdades que se adquirem através da *Evolução* (↑), para que se constituam e despertem consciências latentes.

A *Involução* (↓) traz o espírito à matéria pelo processo quântico da condensação (análogo ao processo dos Condensados de Bose-Einstein[93]) com diferentes estados de matérias. *A Epigênese é a atividade quântica criadora e original utilizada pelo Ego*, tornou-se uma alavanca inter-resistente[94] pelo fulcro psicológico; aquela em que o Gênio se manifesta entre a *Involução* (↓) e a *Evolução* (↑). A *Evolução* (↑) liberta o Espírito da matéria pela transformação ou modificação de corpos em diferentes estados de matérias e sua conversão em Poder Anímico ou Alma.

Através do Poder do Verbo (diagrama VI), antes de iniciar a primeira Revolução do Período de Saturno, no Globo "A", os Espíritos Virginais foram incorporados na região ou camada mais profunda do Estado de Matéria ou Mundo do Espírito Divino (diagrama I). A partir da Região Concreta do Pensamento (diagrama III) se capacitaram para adquirir uma espécie de consciência de *transe profundo*[95], com o objetivo de transformar essa consciência: de um estado estático para um estado dinâmico, quântico[96].

No princípio dessa diferenciação no Mundo de Deus (do nosso sistema solar, diagramas V, VI e João 1:1-5), a Harmonia do Som do

---

[93] LEGGETT, A. J. (2006) **Quantum Liquids: Bose Condensation and Cooper Pairing in Condensed Matter Systems**.Oxford University Press, Oxford.
PETHICK, C.J.; SMITH, H. (2002) **Bose-Einstein Condensation in Dilute Gases**. Cambridge University Press, New York.
PITAEVKSKII, L.; STRINGARI, S. (2003) **Bose-Einstein Condensation**. Oxford University Press. New York.

[94] **Alavanca inter-resistente** (Fís.): aquela em que a resistência está entre a potência e o fulcro (fulcro: pela física é o ponto de apoio de uma alavanca); (fulcro: pela psicologia é o suporte através do inconsciente coletivo. 2.Suporte sobre o qual gira algo na natureza da psique).

[95] HEINDEL, Max. (1937) **The Rosicrucian Cosmo-Conception**. 27ed. [The Rosicrucian Fellowship, Oceanside, CA. 92058-2329. EUA, 1909, Renewed 1937] [L.N.Fowler & Co.,Ltd. 29 Ludgate Hill, London:England E. C. 4] Wood & Jones. Printers-Lithographers. Pasadena, USA; ***"Part II – Chapter V – Cosmogenesis and Anthropogenesis"***.

[96] **Estado quântico** é qualquer estado possível em que um sistema mecânico quântico possa se encontrar. Um estado quântico plenamente especificado pode ser descrito por um vetor de estado, por uma função de onda ou por um conjunto completo de números quânticos para um dado sistema. Vetores de estado quântico, na interpretação mais comum da mecânica quântica, não têm realidade física. O que tem significado físico são as probabilidades que podem ser calculadas a partir deles e não os vetores em si. Ao estado quântico de menor energia possível dá-se o nome de **estado quântico fundamental**. Na física quântica, o estado quântico se refere ao estado de um sistema isolado. Um estado quântico fornece uma distribuição de probabilidade para o valor de cada observável, ou seja, para o resultado de cada medida possível no sistema. O conhecimento do estado quântico juntamente com as regras para a evolução do sistema no tempo esgota tudo o que se pode prever sobre o comportamento do sistema. Uma mistura de estados quânticos é novamente um estado quântico. Os estados quânticos que não podem ser escritos como uma mistura de outros estados são chamados estados quânticos puros, todos os outros estados são chamados de estados quânticos mistos.

Verbo (através das notas musicais Dó, Ré, Mi, Fá, Sol, Lá, Si), de forma latente, constituíam a natureza da consciência de *transe profundo* dos Espíritos Virginais quando no Globo "A". Na metade da Revolução, entre o Mundo dos Espíritos Virginais e o Mundo do Espírito Divino (diagramas I e VI), o Verbo expressou-Se através da nota musical "Dó". As outras notas musicais permaneceram latentes, para serem despertadas em ulteriores Revoluções do Período de Saturno, pelas Hierarquias Criadoras que fazem parte do nosso Inconsciente Coletivo[97].

Ao apresentar essas hipóteses, o leitor poderá ter condições de se aprofundar nos fundamentos de psicologia analítica[98], pois, fazendo uso das palavras em "O Eu e o Inconsciente" (Jung, 2014, §296-406), na tentativa de apresentar a "Psicologia da Anima e do Animus", talvez os leitores já tenham percebido que não estamos tratando de um conceito filosófico e muito menos de um conceito religioso de alma; todavia, do reconhecimento psicológico da existência de um complexo psíquico semiconsciente, cuja função é parcialmente autônoma. É obvio que esta constatação nada tem a ver com os conceitos filosóficos ou religiosos da alma, do mesmo modo que a psicologia nada tem a ver com a filosofia e com a religião.

Quando o Deus do nosso sistema solar expande Sua Consciência, reúne ***em*** Si-Mesmo determinada Natureza de Espírito Não-Cristalizado ou Substância Raiz-Cósmica para criar Períodos Mundiais (diagrama IV, Gênesis 1), com o objetivo que diferentes Hierarquias Criadoras (diagrama VII), com diferentes consciências se manifestem. Como se observa no diagrama VI, no Sétimo Plano Cósmico.

Para que os Espíritos Virginais possam fazer uso do Gênio (que é altíssimo grau de capacidade mental criadora, em qualquer sentido) em diferentes estados de matérias; no entanto, esses processos psíquico-quânticos se desenvolvem na natureza da psique, inseridos na matéria escura com energia escura ou Substância Raiz-Cósmica, através do Poder do Verbo (João 1:1-5), no "*Increatum*", conforme analisado em "A Natureza da Psique - Espírito e Vida (Jung, 2014).

[97] JUNG, C. G. (2012) **Os Arquétipos e o Inconsciente Coletivo**. Col. OBRA COMPLETAS, vol. 9/1. Rio de Janeiro: Vozes.
[98] JUNG, C. G. (1985) **Fundamentos de Psicologia Analítica**. Da col. OBRAS COMPLETAS, Vol. XVIII/1, RJ: Vozes.

> A conexão entre espírito e vida é um daqueles problemas cujo tratamento envolve fatores de tal complexidade, que devemos nos pôr em guarda, a fim de não nos emaranharmos na trama das palavras com que procuramos capturar os grandes enigmas. Pois, como poderemos inserir aqueles complexos quase ilimitados de fatos que chamamos de 'espírito' ou 'vida', na corrente do pensar, senão revestindo-os de conceitos verbais, também eles meras fichas de contar do intelecto? Esta dúvida quanto à validade do conceito verbal, por inconveniente que seja, parece-me particularmente oportuna, quando nos apressamos a falar de coisas fundamentais. Por certo, 'espírito' e 'vida' são palavras familiares e mesmo velhas conhecidas, peças de xadrez movidas há milhares de anos, para diante e para trás, no tabuleiro do pensamento. Mas o problema deve ter surgido já nas brumas da pré-história, quando alguém fez a descoberta desconcertante de que o sopro vital que abandona o corpo no último estertor [*Röcheln*, em alemão] do moribundo, significa muito mais do que apenas o ar em movimento. Por isto provavelmente não é por mero acaso que palavras onomatopaicas tais como *ruah* (hebraico), *ruh* (árabe) e *roho* (svahili) signifiquem 'espírito', não menos claramente do que o grego pneuma [**pneuma**] e o latino *spiritus*. [...]. (Jung, 2014, §601-648).

Portanto, pode-se ajuizar, pois, *antes de iniciar o processo quântico de Involução (↓) nada podemos dizer sobre inconsciência, semiconsciência, consciência e individuação*, porque *ainda* não havia qualquer projetação de conteúdos psíquicos e nem de conteúdos psíquico-quânticos para quaisquer *atividades objetivas*, pois, o Ego *ainda* não havia formado sua *psique subjetiva.*

Com esse entendimento, se observa que as Noites Cósmicas não se caracterizam como intervalos inativos, improdutivos entre Revoluções e Períodos Mundiais. Devido atividades quânticas em espiral dentro de espiral, há *atividades quânticas subjetivas de atração, agregação, condensação, dissolução, assimilação* durante os intervalos entre Revoluções e Períodos Mundiais (é quando o Espírito é introduzido na matéria), porque existem diferentes estados de matéria, em diferentes espaços-tempos, tendo como base o "Modelo Padrão de Partículas Elementares".

Segundo a ciência, bósons são as partículas responsáveis pela interação existente entre os férmions. Diferentemente deles, essas partículas não apresentam problema em ocupar o mesmo lugar no *espaço* e ao mesmo *tempo*. Apresentam *spin inteiro*, não possuem *massa* e podem apresentar *carga elétrica*. Os bósons são os glúons, fótons, bósons W e Z e o *bóson de Higgs*. Cada um deles é responsável pela mediação de um tipo de força da natureza. Os fótons, por exemplo são os responsáveis pela interação eletromagnética. Em razão de suas propriedades, é possível que um feixe de luz atravesse outro sem que haja qualquer colisão entre eles.

O desenvolvimento do Modelo Padrão foi conduzido por físicos de partículas teóricos e experimentais. O Modelo Padrão é um paradigma de uma teoria quântica de campos para teóricos, exibindo uma ampla gama de fenômenos, incluindo quebra espontânea de simetria, anomalias e comportamento não perturbativo. Ele é usado como base para a construção de modelos mais exóticos que incorporam partículas hipotéticas, dimensões extras e simetrias elaboradas (como supersimetria) para explicar resultados experimentais em desacordo com o Modelo Padrão, como a existência de matéria escura e oscilações de neutrinos.

Todavia, com base nos experimentos científicos da "*partícula de Deus*[99]" ou *bóson de Higgs*, provou-se que a partícula se comporta, interage e decai de acordo com as várias formas preditas pelo "Modelo Padrão", além de provisoriamente provar-se que ela possui paridade

---

[99] "Partícula de Deus" ou **Bóson de Higgs** é uma partícula elementar bosônica prevista pelo Modelo Padrão de partículas, teoricamente surgida logo após o ***Big Bang*** de escala maciça hipotética predita para validar o modelo padrão atual de partículas e provisoriamente confirmada em 14 de março de 2013. Representa a chave para explicar a origem da massa das outras partículas elementares. Todas as partículas conhecidas e previstas são divididas em duas classes: férmions (partículas com spin da metade de um número ímpar) e bósons (partículas com spin inteiro). A compreensão dos fenômenos físicos que faz com que certas partículas elementares possuam massa e que haja diferença entre as forças eletromagnética (cuja interação é realizada pelos fótons) e a força fraca (cuja interação é feita pelos bósons W e Z) são críticas em muitos aspectos da estrutura da matéria microscópica e macroscópica; assim se existir, o bóson de Higgs terá um efeito enorme na compreensão do mundo em torno de nós. O bóson de Higgs foi predito inicialmente em 1964 pelo físico britânico Peter Higgs, trabalhando as ideias de Philip Anderson. Entretanto, desde então não houve condições tecnológicas de buscar a possível existência do bóson até o funcionamento do Grande Colisor de Hádrons (LHC) em meados de 2008. A faixa energética de procura do bóson foi se estreitando e, em dezembro de 2011, limites energéticos se encontram entre as faixas de 116-130 GeV, segundo a equipe ATLAS, e entre 115 e 127 GeV de acordo com o CMS. Em 4 de julho de 2012, anunciou-se que uma partícula desconhecida e com massa entre 125 e 127 GeV/c^2, foi detectada; físicos suspeitaram na época que se tratava do bóson de Higgs. Em março de 2013, provou-se que a partícula se comportava, interagia e decaía de acordo com as várias formas preditas pelo Modelo Padrão, além de provisoriamente provar-se que ela possuía paridade positiva e spin nulo, dois atributos fundamentais de um bóson de Higgs, indicando fortemente a existência da partícula.

positiva e *spin* nulo, dois atributos fundamentais de um *bóson de Higgs*, indicando fortemente a existência da partícula.

Tendo como paradigma o "Modelo Padrão", conforme analisado em "Psicologia da Anima e do Animus" (Cruz, 2022), pois, há na natureza da psique[100] *atividades psíquico-quânticas subjetivas e objetivas de atração, agregação, condensação, dissolução, assimilação*, com base nos estudos em "Psicologia e Alquimia - a natureza psíquica da obra alquímica" (Jung, 2011).

> O opus alquímico não concerne em geral unicamente aos experimentos químicos, mas a algo semelhante aos processos psíquicos, expresso numa linguagem pseudoquímica [1][101]. Os antigos conheciam aproximadamente o que eram os processos químicos; deviam saber pelo menos que o que praticavam não era química comum. O conhecimento desta diferença já se exprime no título de um tratado atribuído ao (pseudo-)DEMÓCRITO, o qual data do primeiro século: Φυσική και Μυστικισμός (a Física e a Mística). E logo depois as evidências se acumulam de que na alquimia há duas correntes heterogêneas (segundo nos parece), fluindo lado a lado e que não podemos conceber como sendo compatíveis. O 'tam ethice quam physice' (tanto eticamente - isto é, psicologicamente - quanto fisicamente) da alquimia é inconcebível pela nossa lógica. Se admitimos que o alquimista usa o processo químico só simbolicamente, então por que trabalha num laboratório com cadinhos e alambiques? E se, como ele constantemente afirma, está descrevendo processos químicos, por que os desfigura com seu simbolismo mitológico até tomá-los irreconhecíveis? [...] (Jung, 2011, §342-356).

Com essa base, podemos ajuizar que os processos psíquico-quânticos durante as Revoluções e Períodos Mundiais (diagrama IV) se comportam análogos aos Condensados Bose-Einstein[102]; todavia, como o estado ou fase da matéria no qual os átomos encontram-se desprovi-

---

[100] JUNG, C. G. (2000) **A Natureza da Psique**. Da coleção OBRAS COMPLETAS Vol.VIII/2. Rio de Janeiro: Vozes.

[101] [1] EVOLA (*La Tradizione ermetica*, p. 28s) diz: 'A constituição espiritual do homem pertencente aos ciclos pré-modernos da cultura era tal, que cada percepção física tinha simultaneamente um componente psíquico que o 'animava', conferindo à imagem um 'significado' adicional e ao mesmo tempo uma tonalidade emotiva particular e poderosa. Assim sendo, a física antiga era ao mesmo tempo uma teologia e uma psicologia transcendental: pelo fato de receber os lampejos das essências metafísicas na matéria dos sentidos corporais. A ciência natural era ao mesmo tempo uma ciência espiritual e os múltiplos sentidos dos símbolos reuniam os diversos aspectos em um único conhecimento'.

[102] **Quantum Made Simple**: https://toutestquantique.fr/condensation-de-bose-einstein/. Acesso em 14.09.2025.

dos de sua "individualidade", passando a admitir um mesmo *estado quântico fundamental*.

Portanto, na Noite Cósmica entre Revoluções, no seu respectivo espaço-tempo, os Espíritos Virginais aprenderam como quantizar energia escura dentro da matéria escura, no seu campo vibratório, ao iniciar a formação da sua consciência[103], em *gérmen*, naquela dimensão compacta, ou seja, no *gérmen* do átomo semente do corpo denso (diagrama I).

Por analogia, tendo como paradigma o Som do Verbo, do Ser Supremo (diagrama VI), esse *processo psíquico-quântico vibracional* se comporta semelhante ao som da semifusa, pois, ao emitir (de forma crescente e gradativa), pelo *processo quântico feedback*[104], o som do 64º tempo da semibreve é dividido e projetado em quatro espaços-tempo musical, com dezesseis notações em cada (ver Figura 3).

Todavia, ao se aprofundar na pesquisa desse *processo psíquico-quântico vibracional*, comprovou-se ser semelhante aos estudos em "*The Sacred Word and its Creative Overtones*" (Lewis, 1990); todavia, tendo como paradigma o Evangelho de João 1:1-5:

"No princípio era o Verbo, e o Verbo estava com Deus, e o Verbo era Deus. Ele estava no princípio com Deus. Tudo foi feito por ele; e nada do que tem sido feito, foi feito sem ele. Nele estava a vida, e a vida era a luz dos homens. A luz resplandece nas trevas, e contra ela as trevas não prevaleceram."

O *processo psíquico-quântico vibracional* também pode ser observado nas pesquisas e postulados em "*The Rosicrucian Cosmo-Conception*" (Heindel, 2012, p. 177-365), quando os Espíritos Virginais foram inseridos no Globo "A", i.e., na matéria escura com energia escura, dentro do seu campo vibratório. Quando se observa que os Senhores da Chama, devido sua intensa luminosidade e grandes Poderes Espirituais, projetou Arquétipos de Luz em diferentes espaços-tempos (análogo às atuais vibrações dos raios solares) sobre o Globo-calor com

---

[103] KANT, Immanuel. (2003) **A Metafísica dos Costumes.** [Título original: **Die Metaphysik der Sitten**] Tradução Edson Bibi. [contendo: A Doutrina do Direito e a Doutrina da Virtude] 1ªed. São Paulo: Edipro; ***pp.241-244***.

[104] **Feedback**: 1) **Feedback negativo** (Fisiologia) - Em um dado sistema, manutenção de eliminação constante, mediante controle, por inibição, de uma etapa fundamental desse sistema por um produto dele; 2) **Feedback positivo** (Fisiologia) - Em um dado sistema, obtenção de eliminação, que aumenta continuamente, mediante estimulação de uma etapa fundamental desse sistema por um produto dele.

matéria e energia escura, congruente às análises em "Psicologia e Alquimia – A Obra: O Método" (Jung, 2011, §401-446).

Na Bíblia Sagrada, os Senhores da Chama são chamados "Tronos" e ocuparam-se com o ser humano por sua livre vontade. Eram tão avançados que projetaram Arquétipos de Luz dos seus "Corpos". Ao redor do núcleo desse Arquétipo de Luz estava, em *gérmen*, o corpo denso e os cinco sentidos latentes: audição, tato, visão, olfato e paladar.

O Período de Saturno não podia proporcionar aos Senhores da Chama novas experiências; portanto, nenhuma Sabedoria mais. A mesma condição é de duas Hierarquias de ordem ainda mais elevada, acima dos Senhores da Chama (diagramas IV e VII). As remanentes Hierarquias criadoras, com o objetivo de completar sua própria evolução, foram conduzidas a trabalhar no e com o ser humano nos demais Períodos Mundiais.

No Período de Saturno, os Senhores da Chama estavam em diferentes espaços-tempos[105] e projetavam Imagem Arquetípica ou *Imagem e Semelhança de Deus* (Gênesis 1:26-27) sobre a superfície do antigo Globo-calor feito de matéria e energia escura. Esse Globo-calor era tão pouco impressionável que refletia, como ecos, as imagens das diferentes Hierarquias, pois, dava a impressão de que multiplicava e obscurecia tudo que se colocava em contato com aquela matéria escura com energia escura. É isto que o mito grego quer denotar quando diz que "*Saturno devorava os próprios filhos*".

Modo psicológico, é possível analisar que as Imagens Arquetípicas projetadas pelos Senhores das Chamas, quando refletidas na superfície daquele Globo-calor feito de matéria e energia escura; por analogia, parece que se comportavam como aos atuais impactos externos recebidos diariamente no lobo frontal do cérebro humano (de forma inconsciente e *acausal*), pois, dá-se a impressão de que são obscurecidos por complexos no inconsciente pessoal, ou subconsciente (memória involuntária).

[105] KANT, Immanuel. (2001) **Crítica da Razão Pura.** [original: **Kritik Der Reinen Vernunft**] Tradução Manuela Pinto dos Santos e Alexandre Fradique Marujão. 5ªed. Lisboa: Edição da Fundação Caloustre Gilbenkian.

Por exemplo, as incidências da Luz do Sol Espiritual, juntamente com a Luz das Constelações do Zodíaco (dos Signos do Zodíaco[106]), que são refletidos continuamente no Grande Ecossistema (na Terra); todavia, parecem ser obscurecidos ou ignorados pela humanidade. Todavia, esses impactos diários ***revitalizam*** a "Imagem e Semelhança" de Deus (Gênesis 1:26-27) em cada pessoa, quer admitamos ou não. *Data vênia* aos vieses das análises psicológicas de Adler (1870-1937), concernente ao conceito do "Princípio do Poder".

Assim, observamos que os Espíritos Virginais, os atuais seres humanos têm semiconsciência do Inconsciente Coletivo, por adquirirem consciência ***em*** Si-mesmos, conforme em Gênesis 1:26-27: "Então Deus disse: 'Façamos o homem à nossa imagem e semelhança. Que ele reine sobre os peixes do mar, sobre as aves dos céus, sobre os animais domésticos e sobre toda a terra, e sobre todos os répteis que se arrastem sobre a Terra.' Deus criou o homem à sua imagem; criou-o à imagem de Deus, criou o homem e a mulher."

Fazendo analogia com o nosso exemplo acima, pela teoria da relatividade restrita[107], podemos observar os estudos em "Astronomia e Astrofísica" (Oliveira Filho; Saraiva, 2013, p. 623-685), quando apresenta que em 1905, Albert Einstein (1879-1955) havia proposto a teoria da relatividade especial. Essa teoria propunha que a velocidade da luz no vácuo é constante, independente da fonte; que a massa depende da velocidade, pois há dilatação do tempo durante movimento em alta velocidade. Observa-se que massa e energia são equivalentes e que nenhuma informação ou matéria pode se mover mais rápido do que a luz. *A teoria é especial somente porque estava restrita ao caso em que os campos gravitacionais são pequenos, ou desprezíveis.*

Modo psicológico, é o caso da personalidade (diagrama I) em relação ao Universo: a personalidade[108] está restrita ao microcosmo, na

---

[106] CRUZ, A. J. G. (2022) **Psicologia da Anima e do Animus**. 1ª ed. São Paulo: Gonçalves Cruz.

[107] RUSSELL, Bertrand A. W. (1960) **ABC da Relatividade**. Trad. G. Rebuá. Rio de Janeiro: Zahar.

[108] **Personalidade** (Psicologia) é o conjunto de características psicológicas que determinam os padrões de pensar, sentir e agir, ou seja, a individualidade pessoal e social de alguém. A formação da personalidade é processo gradual, complexo e único a cada indivíduo. O termo é usado em linguagem comum com o sentido de "conjunto das características marcantes de uma pessoa", de forma que se pode dizer que uma pessoa "não tem personalidade"; esse uso, no entanto leva em conta um conceito do senso comum e não o conceito científico aqui tratado. **Personalidade** (Arquétipo) é o conjunto de veículos ou corpos que se interpõem e interatuam em diferentes dimensões compactas, para manifestar um conjunto de características psicológicas que determinam os padrões de pensar, sentir e agir, ou seja, a individualidade pessoal e social do Ego.

sua dimensão compacta. Com relação ao *kósmos*, esse evento é relativamente restrito e do ponto de vista psicológico é mais restrito ainda pela individuação: "*A teoria é especial somente porque estava restrita ao caso em que os campos gravitacionais são pequenos, ou desprezíveis*".

Se compararmos a consciência humana com o corpo denso (que é passivo aos campos gravitacionais), este corpo torna-se desprezível porque ele passa por *processos de condensação, dissolução e assimilação* de tempos em tempos (diagrama II), enquanto a consciência é renovada ou ***revitalizada*** através do conteúdo herdado, ou seja, ***revitalizado*** pela herança no Inconsciente Coletivo, que é uma das camadas na natureza da psique.

Dentro deste contexto, podemos ajuizar que o pensamento humano parece ser mais veloz do que a velocidade da luz[109], i.e., da ***luz visível*** emitida pelo Sol físico, ao considerar que a luz do Sol físico percorre, aproximadamente, 8(oito) minutos antes de atingir a superfície da Terra. Todavia, o esquema da projeção da Luz, no contexto apresentado pela "Imagem e Semelhança" (Gênesis 1:26-27), é análogo à projeção do som na "Figura 3".

Entretanto, é preciso lembrar que luz, som e cor caminham juntos, p.ex., basta observar os atributos dos trovões durante fortes chuvas, pois, projetam som, luz e cor. Assim, também, podemos observar a constituição psicológica do ser humano, no fulcro[110] psicológico em "Os Arquétipos e o Inconsciente Coletivo" (Jung, 2016).

> [...] O inconsciente coletivo é uma parte da psique que pode distinguir-se de um inconsciente pessoal pelo fato de que não deve sua existência à experiência pessoal, não sendo, portanto, uma aquisição pessoal [...]. (Jung, 2016, §87-110).

Entretanto, por repetidos esforços durante a primeira Revolução do Período de Saturno, os Senhores da Chama conseguiram inserir nos

---

[109] **Velocidade da luz**: a **luz do Sol** demora aproximadamente oito minutos para chegar à **Terra**, que está a uma distância média de cerca de 150 milhões de quilômetros, o que corresponde a uma unidade astronômica. A **velocidade da luz** no vácuo, simbolizada pela letra "*c*", na teoria da relatividade, é por definição, igual a 299 792 458 metros por segundo. O símbolo "*c*" origina-se do latim *celeritas*, que significa velocidade ou rapidez. A velocidade da luz em um meio material transparente, tal como o vidro ou o ar, é menor que "*c*", sendo a fração função do índice de refração do meio.

[110] **Alavanca inter-resistente** (Fís.): aquela em que a resistência está entre a potência e o fulcro (fulcro: pela física é o ponto de apoio de uma alavanca); (fulcro: pela psicologia é o suporte através do inconsciente coletivo. 2.Suporte sobre o qual gira algo na natureza da psique).

Espíritos Virginais, o *gérmen* do corpo denso com os cinco sentidos latentes (audição, tato, visão, olfato e paladar). Essas formas germinais expandiram-se durante o restante das seis Revoluções, análogo à progressão geométrica[111]. Os Espíritos Virginais se capacitaram para desenvolver órgãos dos sentidos, em especial a audição, a partir da Região Concreta do Pensamento, na metade do Globo "D", diagrama III.

Portanto, a audição é o sentido mais desenvolvido que a humanidade possuí. É o instrumento que conduz metadados psíquicos (numa interface de sons) à consciência com maior exatidão, i.e., impressões inconscientes, bem como impressões conscientes do exterior mais próximo. Entre os cinco sentidos, a audição está menos sujeita às ilusões do Mundo Físico do que qualquer outro órgão dos sentidos. Por isso, apresentamos em detalhes o esquema da projeção da "Imagem e Semelhança", comparável ao "Esquema Representativo da Semibreve".

Como há períodos de repousos entre Revoluções e Períodos Mundiais, que é a Noite Cósmica ou Caos Primordial, quando os Espíritos Virginais alcançaram o 64º nível vibratório da semibreve ***em*** Si-mesmos, responderam como um diapasão, i.e., pelo som da semifusa, análogo aos *processos quânticos feedback*[112].

Assim, devido atividades quânticas em espiral[113] dentro de espiral, os Espíritos Virginais iniciaram sua particular *atividade quântica subjetiva para atrair, agregar, condensar, dissolver e assimilar dentro do processo quântico Involutivo* (↓). A intensidade máxima dessa atividade quântica foi atingida na metade da respectiva Noite Cósmica entre os Globos "A" e "B", quando a nota musical "Dó" atingiu, para aquela Revolução em particular, sua máxima vibração (diagramas III e V).

O *processo quântico feedback* aconteceu pelas atividades quânticas em espiral dentro de espiral, desde o ***inicial*** processo quântico, em *gérmen*, da formação do *inconsciente coletivo* e do ***início*** da *psique subjetiva*, no Globo "A" (diagrama III), pelas atividades das diferentes

[111] **Progressão geométrica**: aquela em que o cociente entre dois termos consecutivos é constante.

[112] **Feedback**: 1) **Feedback negativo** (Fisiologia) - Em um dado sistema, manutenção de eliminação constante, mediante controle, por inibição, de uma etapa fundamental desse sistema por um produto dele; 2) **Feedback positivo** (Fisiologia) - Em um dado sistema, obtenção de eliminação, que aumenta continuamente, mediante estimulação de uma etapa fundamental desse sistema por um produto dele.

[113] **Espiral** (Geometria): qualquer curva plana gerada por um ponto móvel que gira em torno de um ponto fixo, ao mesmo tempo que dele se afasta ou se aproxima segundo uma lei determinada.

Hierarquias Zodiacais (diagrama VII) que estão em diferentes espaços-tempos.

Quanto ao *processo quântico feedback*, ajuízo ser análogo à teoria de Pauli sobre "O Problema do neutrino solar" em "Astronomia e Astrofísica" (Oliveira Filho; Saraiva, 2013).

> [...] Os neutrinos foram previstos teoricamente por Wolfgang Pauli (1900-1958), em 1930, para explicar a variação da energia dos elétrons emitidos em decaimentos β (beta), em que um nêutron se transforma espontaneamente em um próton, emitindo um elétron. A vida média de um nêutron livre é de aproximadamente 12 minutos. Pauli propôs que a diferença de energia estava sendo carregada por uma partícula neutra de difícil detecção, o neutrino. Pauli recebeu o prêmio Nobel em 1945 (Oliveira Filho; Saraiva, 2013, p. 252-253).

O decaimento β (beta) é o processo pelo qual um núcleo instável pode transformar-se em outro *núcleo* mediante a emissão de uma partícula β (beta), alterando o seu número de prótons e número de nêutrons sem variar o número total de *núcleos*. A partícula β (beta) pode ser um elétron, escrevendo-se β^- (beta menos), ou um pósitron β^+ (beta mais).

Pelas ideias do algoritmo quântico de Wolfgang Pauli – "O Problema do neutrino solar" – por analogia, o *processo quântico feedback* pode ser observado na teoria musical, onde o sustenido eleva um semitom; bemol abaixa um semitom; dobrado sustenido eleva dois semitons; dobrado bemol abaixa dois semitons e do bequadro[114] anula o efeito de qualquer um dos outros sinais anteriores, fazendo a nota voltar à entoação natural, ou seja, ao seu estado fundamental.

Quanto ao neutrino, segundo Wolfgang Pauli, parece ser a forma de matéria mais leve que existe e que interage tão pouco, pois pode ser chamado de *partícula fantasma*. O neutrino aparece dentro do núcleo atômico, quando um próton se transforma em nêutron (ou vice-versa), esta reação ocorre nos átomos de hidrogênio do Sol e dentro do corpo humano. Uma demonstração disso é que os átomos de potássio

[114] **Bequadro** anula um acidente (sustenido ou bemol). Por exemplo, numa partitura em Sol Maior (cuja clave contém o Fá♯, que se propaga até a barra final ou até uma modulação), quando se pretende fazer um movimento para a nota Fá natural. O bequadro também se utiliza dentro de um mesmo compasso em que a nota tenha sido previamente acidentada, para restituí-la à sua natural; se o bequadro não for utilizado, o acidente propagar-se-á até ao final do compasso.

presentes em nosso corpo estão emitindo neutrinos neste exato momento; todavia, por outro lado, pelos impactos diários da luz solar no lobo frontal do nosso cérebro. Um terceiro tipo de transformação do neutrino é pelo ponto de vista energético em "A Energia Psíquica" (Jung, 2014, §26-59).

Entretanto, a mesma ideia subsiste nos estudos em "*The Rosicrucian Cosmo-Conception - The Genesis and Evolution of Our Solar System*" (Heindel, 2012).

> [...] A manifestação ativa, particularmente no Mundo Físico, depende da separatividade, da limitação da vida pela forma. Porém, durante o intervalo entre Períodos e Revoluções, cessa a distinção entre a vida e a forma. Isto se aplica não somente ao homem e aos reinos inferiores, mas também aos Mundos e Globos, as bases da forma para a vida em evolução. Nesse noturno intervalo, subsistem somente os átomos-sementes e o núcleo ou centro dos Mundos-Globos. Tudo mais é uma substância homogênea e um só espírito compenetra todo o Espaço, Vida e Forma, polo positivo e negativo, é um só todo [...]. (Heindel, 2012, p. 246-260).

Como se observa nos parágrafos acima, de forma concisa e sem apresentar definições matemáticas condizentes à estatística quântica, podemos caracterizar os Condensados de Bose-Einstein[115] como o estado ou fase da matéria no qual os átomos encontram-se desprovidos de sua "individualidade", passando a admitir um mesmo *estado quântico fundamental*[116].

Assim, ao fazer analogia dos Condensados de Bose-Einstein com os processos da constituição da natureza da psique[117], se observa as iniciais *atividades quânticas subjetivas e objetivas de atração, agregação, condensação, dissolução e assimilação* (devido atividades quânticas em espiral[118] dentro de espiral). Referem-se às experiências, *a priori*, no *Increatum*[119] (diagrama VI) assimiladas pelos Espíritos Vir-

[115] **Quantum Made Simple**: https://toutestquantique.fr/condensation-de-bose-einstein/. Acesso em 14.09.2025.
[116] **Estado quântico fundamental**: é o estado quântico de menor energia possível.
[117] JUNG, C. G. (2000) **A Natureza da Psique**. Da coleção OBRAS COMPLETAS Vol.VIII/2. Rio de Janeiro: Vozes.
[118] **Espiral** (Geom.): qualquer curva plana gerada por um ponto móvel que gira em torno de um ponto fixo, ao mesmo tempo que dele se afasta ou se aproxima segundo uma lei determinada.
[119] JUNG, C. G. (1984) **Psicologia e Alquimia**. Da coleção OBRAS COMPLETAS. Vol.12. Rio de Janeiro: Vozes.

ginais desde o começo da diferenciação *em* Si-mesmos; todavia, *antes* de iniciar a primeira Revolução do Período de Saturno, até o término na respectiva Noite Cósmica: entre o Mundo dos Espíritos Virginais e o Mundo do Espírito Divino (diagrama I).

Na *aplicabilidade positiva* da heurística[120], as etapas acima relatadas tornaram-se *fatores psicológicos de extrema importância, que devem ser levados em altíssima consideração, pois se tornou a base das projeções psíquico-quânticas de conteúdos na natureza da psique e fora dela.* Nessa etapa os Espíritos Virginais *iniciaram, em* Si-mesmos, *a formação* de um *núcleo de matéria escura com energia escura*, onde armazenaram conteúdos psíquicos[121] de todas as suas experiências e em todos os Períodos Mundiais: o átomo semente, conforme postulado em "*The Rosicrucian Cosmo-Conception - Chapter III. Man and the Method of Evolution - Death and Purgatory*" (Heindel, 2012, p. 96-111).

O átomo semente é um arquétipo. Quando o Ego está em processo de renascimento (diagrama II), atrai diferentes estados de matérias e cria um arquétipo da sua nova forma física no segundo céu com a ajuda de Hierarquias criadoras. Este arquétipo é algo vibrante, vivo e luminoso com determinada força psíquica e espiritual, proporcional e em simetria com a duração da vida na Terra, de todos os seres humanos (dos Espíritos Virginais).

[120] **Heurística e sua aplicabilidade positiva e negativa**: a capacidade heurística é uma característica humana. **Do lado positivo**, pode ser descrita como a arte de descobrir e inventar ou resolver problemas mediante a experiência (própria ou observada), somada à criatividade e ao pensamento lateral ou pensamento divergente. Como descrito acima, seja de forma deliberada ou não, heurísticas são procedimentos utilizados quando um problema a ser encarado é por demais complexo ou traz informações incompletas. Por ser inconsciente, é praticada sem que muitas vezes os indivíduos se deem conta do processo. No geral, pode ser considerada como um atalho aos processos mentais, sendo assim uma medida que preserva e conserva energia e os recursos mentais. A heurística pode funcionar efetivamente na maioria das circunstâncias em que é aplicada conscientemente. **Do lado negativo** é um processo geralmente aplicado de forma automática, inconsciente e, portanto, sujeito a inúmeros vieses e padronização de erros. Um exemplo de atalho mental aplicado dessa forma é o julgamento de um indivíduo com base no estereótipo do grupo ao qual pertence, o que em geral resulta em erros sistemáticos. Por ser uma forma automática, é muito difícil, mesmo para profissionais experientes, monitorá-la e às vezes até evitá-la (inclusive quando estão conscientes dela), dada à naturalidade com que, quando somos confrontados com questões de resolução difícil, perguntas e respostas heurísticas mais fáceis vem à mente. Especialmente se associadas a outras heurísticas ao longo do tempo, como a do afeto.

[121] **Metadados psíquicos**: são dados existentes na natureza da psique. Um caractere de um metadado psíquico pode dizer do que se trata aquele dado, geralmente é parte de uma informação inteligível no inconsciente pessoal recebida do inconsciente coletivo. Os metadados psíquicos facilitam o entendimento dos entrelaçamentos psíquicos e a utilidade dos dados para gerar informações. Metadados psíquicos são indispensáveis para a comunicação entre a *psique subjetiva* e *psique objetiva*, mas são inteligíveis também pelo *processo quântico do sono*. Metadados psíquicos são todos os dados descritivos de um pensamento, consciente ou semiconsciente, p.ex., sobre pessoa, data e local de eventos, conteúdo, forma, dimensão, espaço-tempo e outras informações nos processos psíquicos. Geram informações disponíveis sobre um sentimento voltado para uma pessoa, sejam os sentimentos extraídos de uma lembrança daquela pessoa ou situação (situação ocorrida, data da lembrança, formato, extensão do sentimento, se positivo, se negativo etc.). Metadados psíquicos geram informações com estruturas quânticas que auxiliam na descrição, identificação, gerenciamento, localização, compreensão e preservação do pensamento ou sentimento consciente e semiconsciente, além de facilitar a interposição de repositórios psíquicos no inconsciente.

Assim, no Período de Saturno se observa a progênie do átomo semente do corpo denso, em *gérmen*, para ulterior projeção quântica de conteúdos psíquicos e de conteúdos psíquico-quânticos, quando da formação da *psique objetiva*, em *gérmen*, no Globo "D", na Região Concreta do Pensamento (diagrama III).

Temos aqui a Ideia Germinal da *progênie da psique subjetiva*, na primeira Revolução do Período de Saturno, no Globo "A". Depois da *quantização* de energia desse átomo semente, no Globo "A" do Período de Saturno, quando foram *quantizados* todos os conteúdos psíquicos do corpo denso, em *gérmen*, para depois serem projetados através da *psique objetiva*: diagrama IV. Essa Ideia Germinal pode ser observada no dia a dia, na *aplicabilidade negativa* da heurística[122], com base nas análises em "Os Arquétipos e o Inconsciente Coletivo" (Jung, 2016).

> [...] É um preconceito supor que algo nunca pensado possa ter existência dentro da psique. Há muitas provas de que a consciência está longe de abranger a totalidade da psique. Muitas coisas acontecem num estado de semiconsciência e, outras tantas sucedem inconscientemente [...]. Em todo o caso, a psicologia médica foi profundamente marcada pela importância de tais fenômenos, que provocam todo tipo de sintomas psíquicos e fisiológicos [...]. (Jung, 2016, §489-626).

Com base na *heurística e sua aplicabilidade, se positiva, se negativa*, pelas análises de Jung (2016), no inconsciente coletivo contém toda a herança espiritual, renascida e revitalizada (diagrama II) na estrutura psicológica de todo o indivíduo, pois, a separação da psicologia, da biologia é artificial porque a psique humana[123] vive numa união in-

---

[122] **Heurística e sua aplicabilidade positiva e negativa**: a capacidade heurística é uma característica humana. **Do lado positivo**, pode ser descrita como a arte de descobrir e inventar ou resolver problemas mediante a experiência (própria ou observada), somada à criatividade e ao pensamento lateral ou pensamento divergente. Como descrito acima, seja de forma deliberada ou não, heurísticas são procedimentos utilizados quando um problema a ser encarado é por demais complexo ou traz informações incompletas. Por ser inconsciente, é praticada sem que muitas vezes os indivíduos se deem conta do processo. No geral, pode ser considerada como um atalho aos processos mentais, sendo assim uma medida que preserva e conserva energia e os recursos mentais. A heurística pode funcionar efetivamente na maioria das circunstâncias em que é aplicada conscientemente. **Do lado negativo** é um processo geralmente aplicado de forma automática, inconsciente e, portanto, sujeito a inúmeros vieses e padronização de erros. Um exemplo de atalho mental aplicado dessa forma é o julgamento de um indivíduo com base no estereótipo do grupo ao qual pertence, o que em geral resulta em erros sistemáticos. Por ser uma forma automática, é muito difícil, mesmo para profissionais experientes, monitorá-la e às vezes até evitá-la (inclusive quando estão conscientes dela), dada à naturalidade com que, quando somos confrontados com questões de resolução difícil, perguntas e respostas heurísticas mais fáceis vem à mente. Especialmente se associadas a outras heurísticas ao longo do tempo, como a do afeto.

[123] HERCULANO-HOUZEL, S. (2002) **O Cérebro Nosso de cada Dia**. Rio de Janeiro: Vieira & Lent.

dissolúvel com o corpo. Portanto, ao estudar a Tabela 3 (Tabela Periódica de Elementos), precisamos observar a íntima conexão da energia psíquica com a quantização de energia[124] no microcosmo em "Tratado de Fisiologia Médica - Capítulo 67 - Metabolismo dos Carboidratos e Formação do Trifosfato de Adenosina" (Guyton; Hall, 2011, p. 851-860). Contudo, podemos até arriscar em fazer analogia entre a formação de trifosfato de adenosina (ATP), difosfato de adenosina (ADP) e monofosfato de adenosina (AMP) com as leis da termodinâmica clássica e quântica, sempre observando sua entropia[125]. Assim, observamos a análise em "A Natureza da Psique: V - Determinantes Psicológicas do Comportamento Humano" (Jung, 2014).

> A alma humana vive unida ao corpo, numa unidade indissolúvel, por isto só artificialmente é que se pode separar a psicologia dos pressupostos básicos da biologia e, como esses pressupostos biológicos são válidos não só para o homem, mas também para todo o mundo dos seres vivos, eles conferem aos fundamentos da Ciência uma segurança que supera os do julgamento psicológico que só tem valor na esfera da consciência. Por isso não deve causar surpresa que os psicólogos se sintam inclinados a retornar à segurança do ponto de vista biológico e utilizem a teoria dos instintos e da fisiologia. Também não é de espantar a existência de uma opinião largamente difundida que considera a psicologia meramente como um capítulo da fisiologia. Embora a psicologia reclame, e com razão, a autonomia de seu próprio campo de pesquisa, ela deve reconhecer uma extensa correspondência de seus fatos com os dados da biologia. [...] (Jung, 2014, §232-234).

Por outro lado, não devemos confundir a ATP, ADP e AMP com a energia psíquica, pois, são formas de energia que fazem parte do

[124] **Energia**: Fís. Propriedade de um sistema que lhe permite realizar trabalho. A energia pode ter várias formas (calorífica, cinética, elétrica, eletromagnética, mecânica, potencial, química, radiante), transformáveis umas nas outras, e cada uma capaz de provocar fenômenos bem determinados e característicos nos sistemas físicos. Em todas as transformações de energia há completa conservação dela, *i. e.*, a energia não pode ser criada, mas apenas transformada (primeiro princípio da termodinâmica). A massa de um corpo pode-se transformar em energia, e a energia sob forma radiante pode transformar-se em um corpúsculo com massa [símb.: *E*]. **Energia cinética**. 1. Fís. A energia que um corpo possui por estar em movimento. **Energia potencial**. 1. Fís. Energia de um corpo, ou de um sistema de corpos, a qual só depende da posição do corpo ou da configuração do sistema.

[125] Entropia: é uma função termodinâmica de estado, associada à organização espacial e energética das partículas de um sistema e cuja variação, numa transformação desse sistema, é medida pela integral do quociente da quantidade infinitesimal do calor trocado reversivelmente entre o sistema e o exterior pela temperatura absoluta do sistema. O conceito de entropia, é um conceito da termodinâmica que mede o grau de desordem das partículas de um sistema físico. Em outras palavras, na Física, é uma grandeza que mede o grau de liberdade molecular de um sistema, associado ao número de configurações possíveis com as partículas que ele possui.

sistema Ego. Todavia, essas energias atuam de diferentes formas na natureza da psique, pois, a separação da psicologia, da biologia é artificial porque a psique humana vive numa união indissolúvel com o corpo:

- *Energia psíquica*: temos a energia psíquica através do *Inconsciente Coletivo* (pela sinergia do corpo vital[126] e do corpo de desejos[127]), pela logística do sistema Ego (diagramas I e II).
- *Energia biológica*: a ATP, ADP e AMP através do *inconsciente pessoal* (pelo processo da *sinapse química* e da *sinapse elétrica* no corpo físico), pela logística da personalidade[128].

Ao aperfeiçoar, incorporar e refinar as quatro camadas desse elemento vital da Região Etérea (diagrama I), pois, atualmente o corpo vital é invisível, mas atua em nossa bioquímica reorganizando nosso DNA. Atualmente estamos no processo psíquico-quântico de desenvolvimento do nosso próximo veículo, para que funcione conscientemente nos ares (no éter) na Era de Aquário: a "Pedra Filosofal" ou Corpo-Alma. Aquela Vestimenta de Chama luminosa que São Paulo falou: o *Soma Psuchicon* (Ψυχή Σώμα), o Corpo-Alma.

Com base nas análises do parágrafo anterior, quando no processo da gestação humana pela união dos opostos[129], ou seja, pela *homeostasia psíquica* da união sexual da mulher com o homem, onde ambos fornecem, em geral, 23 pares de cromossomos XY; da impregnação do óvulo pelo espermatozoide (que utiliza e gera energia psíquica[130] no *átomo semente*), ambos são conduzidos para o útero (através das trompas uterinas ou trompas de Falópio) para criar um novo corpo denso onde, pela *quantificação*, inicia o processo quântico de reprodução ce-

[126] HEINDEL, Max. **The Vital Body**. [The Rosicrucian Fellowship MT. Ecclesia Oceanside, California, USA] [Copyright 2011 by The Rosicrucian Fellowship. Third Edition]. Oceanside, CA. USA. 2011.
[127] HEINDEL, Max. (2011) **The Desire Body**. [The Rosicrucian Fellowship MT. Ecclesia Oceanside, California, USA] [Copyright 2011 by The Rosicrucian Fellowship. Second Edition]. Oceanside, CA. USA.
[128] **Personalidade** (Psicologia) é o conjunto de características psicológicas que determinam os padrões de pensar, sentir e agir, ou seja, a individualidade pessoal e social de alguém. A formação da personalidade é processo gradual, complexo e único a cada indivíduo. O termo é usado em linguagem comum com o sentido de "conjunto das características marcantes de uma pessoa", de forma que se pode dizer que uma pessoa "não tem personalidade"; esse uso, no entanto leva em conta um conceito do senso comum e não o conceito científico aqui tratado. **Personalidade** (Arquétipo) é o conjunto de veículos ou corpos que se interpõem e interatuam em diferentes dimensões compactas, para manifestar um conjunto de características psicológicas que determinam os padrões de pensar, sentir e agir, ou seja, a individualidade pessoal e social do Ego.
[129] JUNG, C. G. (1985) **Mysterium Coniunctionis**. Coleção OBRA COMPLETAS, vol. XIV/1 Rio de Janeiro: Vozes.
[130] JUNG, C. G. (1985) **A Energia Psíquica**. Da coleção OBRAS COMPLETAS Vol.VIII/1. 2 ed. RJ: Vozes.

lular num novo ambiente físico, para continuar o processo psíquico-quântico do Ego.

Do ponto de vista neuropsicológico quântico, no processo quântico gestacional, podem-se observar atividades de transmissão de conteúdo energético, pela transformação quântica do cérebro[131] (pelo processo das sinapses química e elétrica), que vai além da união do cordão umbilical com o embrião; mesmo a mãe inconsciente de todo esse processo psíquico-quântico.

Por exemplo, análogo a corrente contínua que age nas energias da *anima* e *animus*, devido suas polaridades nos processos inconscientes. Pela corrente alternada onde não existem polos, mas *fases*; sendo a *fase* em que o homem, conscientemente no Mundo Físico, transforma e manifesta a energia interna *negativa* recebida da *anima*; todavia, a mulher, conscientemente no Mundo Físico, transforma e manifesta a energia interna *positiva* recebida do *animus*. Com base nessa hipótese, pela *heurística e sua aplicabilidade, se positiva, se negativa*, devido suas condições e *fases* neurobiológicas e neuropsicológicas, em geral, que existe a união inconsciente durante todo o processo psíquico-quântico antes da impregnação do óvulo pelo espermatozoide, até o *final* do *processo quântico post mortem*. Todavia, marca o início do *processo psíquico-quântico purgatório* quando Ego retoma sua consciência por encetar novo processo interno: diagramas I e II.

Nesta fase, é preciso observar que o conceito de Alma, apresentado em "A Natureza da Psique" (Jung, 2014, §283), parece estar intimamente vinculado com o entendimento da formação da psique. No conjunto das suas obras esses conceitos são adotados por muitos estudiosos com pouco discernimento, pois, na maioria das vezes são entendidos como sinônimos; todavia, como apresentamos a *hipótese da progênie da psique subjetiva* e a *progênie da alma*, essas duas entidades psicológicas - Alma e Psique - *não são sinônimos*, mas uma não existe sem a outra, ou seja, Alma e Psique constituem a verdadeira *Natureza* da consciência humana. Essa ideia pode ser observada nas análises em "A Natureza da Psique" (Jung, 2014).

---

[131] HERCULANO-HOUZEL, S. (2005) **O Cérebro em Transformação**. Rio de Janeiro: Objetiva.

> Como reflexo do mundo e do homem, a alma é de tal complexidade que pode ser observada e analisada a partir de um sem-número de ângulos. Com a psique acontece justamente o mesmo que acontece com o mundo: porque uma sistemática do mundo está fora do alcance humano, temos de nos contentar com simples normas artesanais e aspectos de interesse particular. Cada um elabora para si seu próprio segmento do mundo e com ele constrói seu sistema privado para seu próprio mundo, muitas vezes cercado de paredes estanques, de modo que, algum tempo depois, parece-lhe ter apreendido o sentido e a estrutura do mundo. Ora, o finito não pode jamais apreender o infinito. Embora o mundo dos fenômenos psíquicos seja apenas uma parte do mundo como um todo, é justamente por esta razão que parece mais fácil apreender uma parte do que o mundo inteiro. Mas deste modo estar-se-ia esquecendo que a alma é o único fenômeno imediato deste mundo percebido por nós e por isto mesmo a condição indispensável de toda experiência em relação ao mundo (Jung, 2014, §283).

Do ponto de vista neuropsicológico, quando a matéria mental se condensa a ponto de tornar-se demasiada densa, pesada, pelo *processo da cristalização de pensamentos* (devido interferências no processo neuropsicológico quântico[132]), o Ego nele não podendo agir, retira-se para recuperar sua energia psíquica já exaurida. Este processo é análogo ao *processo psíquico-quântico do sono* em "Atlas de Anatomia Humana - Estados da Atividade Cerebral - Sono, Ondas Cerebrais, Epilepsia, Psicoses" (Sobotta, 2000, p. 761-769). Assim se observa esse conceito psicológico nos estudos em "A Energia Psíquica" (Jung, 2014).

> [...] na experiência, a energia é sempre específica, manifestada no momento como movimento e força; virtualmente é situação, é condição. Quando em ato, a energia psíquica se manifesta nos fenômenos dinâmicos da alma, tais como as tendências, os desvios, o querer, os afetos, a atuação, a produção de trabalho etc., que são justamente forças psíquicas. Quando virtual, a energia aparece nas aquisições, possibilidades, aptidões, atitudes, que são condições (Jung, 2014, §26).

[132] CRUZ, A. J. G. (2022) **Psicologia da Anima e do Animus**. 1ª ed. São Paulo: Gonçalves Cruz.

Podemos observar a *hipótese da progênie da psique objetiva*, pela inicial formação do *átomo semente*, conforme a lógica em "Os Arquétipos e o Inconsciente Coletivo" (Jung, 2016, §87-110), quando ao seu significado no processo da quantização de energia para futuras projeções de conteúdo psíquico.

Tendo aclarado as ideias, que a Alma e a Psique constituem a verdadeira *Natureza* da consciência humana podemos analisar os diagramas V, VII e Tabela 1, onde os Senhores da Chama, sendo Hierarquias Criadoras têm o seu som particular, cuja nota chave é Si♭ Maior, com 2 bemóis.

Há um fator psicológico de extrema importância que devemos levar em consideração, que é o *fenômeno de sincronicidade*, conforme analisado em "Sincronicidade - a dinâmica do inconsciente" (Jung, 2016, §818-958). O *fenômeno de sincronicidade* ocorre em diferentes espaços-tempos nas atividades psíquico-quânticas entre as duas camadas da natureza da psique; todavia, através dos doze departamentos da vida, representados pelas doze casas do horóscopo nas suas *configurações e aspectos*; porém, sob a soberania das Doze Hierarquias Divinas conhecidas como os Signos do Zodíaco. Os Signos do Zodíaco são símbolos vivos no Inconsciente Coletivo (diagramas V, VII e Tabela 1).

Os Senhores da Chama, as Hierarquias de Leo, auxiliaram os Espíritos Virginais desde a primeira Revolução do Período de Saturno, no Globo "A" (diagrama III), tendo como prerrogativa "o despertar" ***em*** Si-mesmos, da sua consciência como Hierarquias *iniciantes* na 12ª Casa no Zodíaco.

No atual Período Terrestre, os Anjos (as Hierarquias de Aquário) estão auxiliando a atual humanidade (Tabela 3 - Tabela Periódica de Elementos) para elevar sua consciência interna, objetivando despertar o "Filho do Homem" (*Apokalypsis* 12), para evitar a falência humana (*Apokalypsis* 13), conforme João 12:34:

"A multidão respondeu-lhe: Nós temos ouvido da lei que o Cristo permanece para sempre. Como dizes tu: Importa que o Filho do Homem seja levantado? Quem é esse Filho do Homem?"

Esse *fenômeno psíquico-quântico e espiritual* pode ser observado nos estudos em "Sincronicidade – a dinâmica do inconsciente" (Jung, 2016).

> [...] Em todos estes casos e em outros semelhantes parece que há um conhecimento *a priori*, inexplicável causalmente e incognoscível na época em apreço. O fenômeno de sincronicidade é constituído, portanto, de dois fatores: 1) *Uma imagem inconsciente alcança a consciência de maneira direta* (literalmente) *ou indireta* (simbolizada ou sugerida) *sob a forma de sonho, associação ou premonição*; 2) *Uma situação objetiva coincide com este conteúdo*. Tanto uma coisa como a outra podem, por assim dizer, causar admiração. De que modo surgem a imagem inconsciente ou a coincidência? Entendo muito bem que as pessoas prefiram duvidar da realidade de tais coisas [...]. (Jung, 2016, §858).

Ao terminar a primeira Revolução do Período de Saturno, os Espíritos Virginais foram transportados, *em consciência*, para diferentes espaços-tempo na Noite Cósmica entre os Globos "A" e "B".

Para melhor compreender o *significado sincronístico*, Jung (2016), é preciso conhecer a Teoria da Relatividade em "Astronomia e Astrofísica" (Oliveira Filho; Saraiva, 2013, p. 623-685), *para tentar entender os espaços-tempos na natureza da psique do sujeito*. Assim, temos os *processos sincronísticos inconscientes* entre o corpo denso, o corpo vital e o corpo de desejos através da *triple sincronicidade da mente*, que une o *Eu Superior* (o Mundo Espiritual) e o *eu inferior* (o Mundo Físico, ver diagramas I e II), para que o triple Ego (*Eu Superior*) possa interagir com o seu triple arquétipo: a *triple personalidade*.

Pela *dobra do tempo psíquico* nas *duas camadas da psique* (inconsciente coletivo e inconsciente pessoal) e nas *duas naturezas da psique* (subjetiva e a objetiva), pode-se observar fenômenos de sincronicidade pelas projeções de conteúdos psíquicos entre "dois mundos". Assim, temos os *processos sincronísticos inconscientes* entre o corpo denso, o corpo vital e o corpo de desejos através da *triple sincronicidade da mente*, que une o *Eu Superior* (o Mundo Espiritual) e o *eu inferior* (o Mundo Físico, ver diagramas I e II), para que o triple Ego (*Eu*

Superior) possa interagir com o seu triple arquétipo: a *personalidade* ou *triple personalidade*.

Essas projeções de conteúdos psíquicos entre a *Região Abstrata* e a *Região Concreta* do Pensamento (diagrama I), ocorrem através da "ponte" entre as duas camadas da psique. Podemos observar nesse *processo psíquico-quântico fenômenos de sincronicidade*, tendo como paradigma a teoria das pontes de Einstein-Rosen[133], quando as analisa pelas teorias de Hameroff (2016)[134], Kant (2001)[135], Libet (2004)[136] e de Minkowski (1995)[137].

Como podemos ser transportados ***em*** *consciência*? Por exemplo, segundo a psiquiatria, todos os seres humanos têm duas realidades e o juízo da realidade é a capacidade de distinguir entre a *realidade interna* e a *realidade externa*:

Realidade interna: que é acessível somente pelo próprio sujeito, ou seja, aos próprios pensamentos, aos próprios sentimentos, às próprias emoções; todavia, se não for comunicado, ninguém pode saber o que está se passando dentro do sujeito, dentro do cérebro desse sujeito, ou simplesmente na cabeça do sujeito.

Realidade externa: é a realidade compartilhada por todos, p.ex., se estou dentro de uma galeria com várias pessoas, as paredes, as portas e outros objetos, a participação é coletiva, porque somos capazes de perceber o que está se passando, pois, é comum a todos, pois todos compartilham.

Por analogia, o mesmo acontece entre as camadas da psique: no inconsciente pessoal e no inconsciente coletivo, que são duas entidades psicológicas[138], uma delas é privada para cada ser humano, conforme

---

[133] AFRIAT, A; SELLERI, F. (1999) **The Einstein, Podolsky, and Rosen Paradox**. [Springer Science Business Media New York 1999. Originally published by Plenum Press, New York in 1999] Softcover reprint of the hardcover, 1st.edition. New York.
BELL, J. S. (1964). **On the Einstein-Podolsky-Rosen Paradox**. Physics Vol.1, 195-200. Reproduzido em Wheeler & Zurek (1983), op. cit., pp. 403-8, e em Bell (1987), op. cit., pp. 14-21.

[134] HAMEROFF, S; PENROSE, R. (2016) **Consciousness in the Universe: An Updated Review of the "Orch OR" Theory**, in Biophysics of Consciousness: A Foundational Approach, eds. Roman R. Poznanski, Jack A. Tuszynski, Todd E. Feinberg, World Scientific, Chapter 14. 2016; Hameroff Penrose updated review of Orch OR chapter 14 Biophysics of Consciousness - Stuart Hameroff, Change the Music - Psychotherapy and Brain Vibrations, Vol 4 Issue 4, April 2016. http://quantumconsciousness.org/content/scholarly-journals.

[135] KANT, Immanuel. (2001) **Crítica da Razão Pura**. [Tradução do original alemão intitulado "*KRITIK DER REINEN VERNUNFT*"] Trad. Manuela Pinto dos Santos e Alexandre Fradique Morujão. 5ed. Lisboa: Fundação Colouse Gulbenkion; "**Da Exposição Metafísica do Conceito de Espaço - Da Exposição Metafísica do Conceito de Tempo**".

[136] LIBET, B. (2004) **Mind Time: the temporal factorin consciousness**. Cambridge: Harvard University Press.

[137] MINKOWSKI, Eugène. (1995) **O Tempo Vivido**. [Título original: *Le Temps Vecú*. 1933]. Paris: Quadrige/P.U.F.

[138] JUNG, C. G. (1984) **O Eu e o Inconsciente**. Coleção OBRAS COMPLETAS Vol.VII/2. 4ed. RJ: Vozes.

estudos em "Os Arquétipos e o Inconsciente Coletivo" (Jung, 2016, §87-110). Assim acontece o transporte ***em*** consciência e não ***de*** consciência.

Esse fenômeno psíquico-quântico, do transporte ***em*** consciência, aconteceu entre os diferentes Estados de Matérias ou Mundos em "Psicologia e Alquimia - a natureza psíquica da obra alquímica" (Jung, 2011, §342-432), após tais objetos psíquicos serem dissolvidos e assimilados como energia[139]. Congruentemente, os Espíritos Virginais (os Egos) dissolvem e assimilam a *essência* dos seus corpos, pelo fenômeno de sincronicidade durante o processo quântico no Caos Primordial[140], para depois serem transportados para diferentes espaços-tempos[141]. Nesses novos espaços-tempos as futuras *atividades subjetivas e objetivas* têm a mesma duração de espaço e de tempo[142] e de tudo que os antecedeu, (análogo ao processo quântico da epigênese), para nova e renovada Revolução ou Período, com novos Estados[143] Excitados[144] de Matérias previamente quantizadas pelas diferentes Hierarquias Criadoras (diagrama VII).

Observa-se que não era necessário deslocar-se fisicamente para ir de um aos outros Mundos ou Estados de Matérias, nem para ir de uma região a outra equidistante. Assim como em nosso corpo se encontram os sólidos, os líquidos e os gases interpenctrando-se uns aos outros, assim também estão as diferentes Regiões e sub-regiões em todos os outros Mundos ou Estados de Matérias (diagrama I); assim também são as atividades psíquico-quânticas na natureza da psique. Logo, os

---

[139] VAN WYLEN, G. J.; SONNTAG, R. E.; BORGNAKKE, C. (1998) **Fundamentos da Termodinâmica**. 5ed. São Paulo: Edgard Blucher.

[140] CRUZ, A. J. G. (2022) **Psicologia da Anima e do Animus.** 1ª ed. São Paulo: Gonçalves Cruz.

[141] KANT, Immanuel. (2001) **Crítica da Razão Pura**. [Tradução do original alemão intitulado "*KRITIK DER REINEN VERNUNFT*"] Trad. Manuela Pinto dos Santos e Alexandre Fradique Morujão. 5ed. Lisboa: Fundação Colouse Gulbenkion; Capítulo: *Doutrina Transcendental Dos Elementos: Primeira Secção - Do Espaço - Exposição Metafísica deste Conceito; Segunda Secção - Do Tempo - Exposição Metafísica do Conceito de Tempo.*

[142] KANT, Immanuel. (2001) **Crítica da Razão Pura**. [Tradução do original alemão intitulado "*KRITIK DER REINEN VERNUNFT*"] Trad. Manuela Pinto dos Santos e Alexandre Fradique Morujão. 5ed. Lisboa: Fundação Colouse Gulbenkion.

[143] **Conceito de estado na Mecânica Quântica**: a especificação de um sistema físico não determina unicamente os valores que experimentos fornecem para as suas propriedades (ou as probabilidades de se medirem tais valores, em se tratando de teorias probabilísticas). Além disso, os sistemas físicos não são estáticos, eles *evoluem* com o tempo, de modo que o mesmo sistema, preparado da mesma forma, pode dar origem a resultados experimentais diferentes dependendo do tempo em que se realiza a medida (ou a histogramas diferentes, no caso de teorias probabilísticas). Essa ideia conduz a outro conceito chave: o conceito de "estado". Um estado é uma quantidade matemática (que varia de acordo com a teoria) que determina completamente os valores das propriedades físicas do sistema associadas a ele num dado instante de tempo (ou as probabilidades de cada um de seus valores possíveis serem medidos, quando se trata e uma teoria probabilística). Em outras palavras, *todas as informações possíveis de se conhecer em um dado sistema constituem seu estado.*

[144] **Estado excitado** (Física): estado de um sistema em que a energia é superior à do estado fundamental.

Espíritos Virginais entram em atividades na próxima Revolução ou Período.

Esse complexo *processo psíquico-quântico subjetivo* é análogo ao "Esquema Representativo da Semibreve" (Figura 3), ao observar e examinar os diagramas V, VI e VII. Nesse esquema psíquico-quântico os Espíritos Virginais, antes do início da Primeira Revolução de Saturno, no Globo "A", *pelos próprios esforços*, tiveram que atingir determinada tonalidade[145] desde a formação, em *gérmen*, do núcleo do seu primeiro átomo semente. Ação necessária para que pudessem alcançar *em* Si-mesmos o mesmo som recebido dos Senhores da Chama e das demais Hierarquias, i.e., em harmonia com a vibração da semibreve para não ficarem atrasados no processo quântico de *Evolução* (↑).

Gradualmente, a décima segunda Hierarquia (diagrama VII) começou a se manifestar no início da fase quântica da criação do Inconsciente Coletivo, no Globo "A" (diagrama III). Observa-se que nesse *coletivo processo quântico* tiveram como finalidade elevar a consciência e forma, em *gérmen*, de novos e diferentes Estados Excitados de Matérias através do 64º tempo da semibreve. Na metade da Revolução entre os Globos "A" e "B", nesse processo quântico do fenômeno de *sincronicidade*[146], também iniciou a formação da *psique subjetiva*. Quando no processo quântico de repouso e assimilação, *a Luz e o gérmen do corpo denso tornaram-se as primeiras essências assimiladas para ulterior formação e projeção de forças arquetípicas.*

Essa complexa harmonia quântica de sons produziu uma *manifestação psíquico-quântica na psique subjetiva*[147], entre os Globos "A" e "B", em diferentes espaços-tempos, quando os Senhores da Chama iniciaram novos algoritmos quânticos[148] para formar a segunda Revolução do Período de Saturno (diagrama III).

A partir do processo quântico de assimilação das primeiras *essências*, a *psique subjetiva* também estava em formação, em *gérmen* (devido atividades quânticas em espiral dentro de espiral; desde o pri-

---

[145] **Tonalidade**: Conjunto de fenômenos harmônicos e melódicos que regem a formação das escalas e seu encadeamento.
[146] JUNG, C. G. (2012) **Sincronicidade - a dinâmica do inconsciente**. Col. OBRA COMPLETAS. 18ed.Vol.8/3. Rio de Janeiro: Vozes.
[147] JUNG, C. G. (2000) **A Natureza da Psique**. Da coleção OBRAS COMPLETAS Vol.VIII/2. RJ: Vozes.
[148] CORMEN, T. H. [et al.] (2002) **Algoritmo: Teoria e Prática**. Trad.2ed. [americana] Vandenberg D. de Souza, RJ: Elsevier. PITTENGER, A. O. (2001) **An Introduction to Quantum Computing Algorithms**, Birkhauser, Boston.

meiro processo quântico de descanso e assimilação que aconteceu depois da primeira Revolução do Período de Saturno, entre os Globos “A” e “B”), cada Espírito Virginal, após extrair e assimilar a *essência* do *gérmen* do corpo denso teve a Ideia Germinal para iniciar a formação duma *Alma Consciente*. Essa Alma é a *quintessência* do corpo denso, pois, tem como ulterior objetivo a projeção quântica de conteúdos psíquicos e de conteúdos psíquico-quânticos.

Observa-se no diagrama I, que o atual ser humano possui um Ego tríplice e uma personalidade[149] tríplice e possui uma Mente, com a qual governa essa personalidade que emanou ***de*** Si-mesmo, para adquirir experiências em diferentes espaços-tempos, com diferentes Estados de Matérias (ver diagrama I e Tabela 3). Desse tríplice corpo extrai a tríplice alma, através das quais procura elevar o seu tríplice estado de consciência (inconsciente, semiconsciente e consciente), conforme estudos em “O Eu e o Inconsciente” (Jung, 2014), bem como em “*The Rosicrucian Cosmo-Conception – Man and the Method Evolution*” (Heindel, 2012, p. 87-146).

Assim como a anima e animus precisam tornar-se um só corpo; todavia, o eu inferior (através do inconsciente pessoal) precisa unir-se ao Eu Superior (através do Inconsciente Coletivo) para tornar-se um só corpo. Aquela Vestimenta de Chama luminosa que São Paulo falou: o *Soma Psuchicon* (Ψυχή Σώμα), o Corpo-Alma, conforme em 1.Coríntios 15:38-49, “Mas Deus lhe dá um corpo, como determinou e a cada espécie de semente dá seu corpo apropriado. Nem toda carne é a mesma: os homens têm uma espécie de carne, os animais têm outra, as aves outra e os peixes outra. Há corpos celestes e há também corpos terrestres; mas o esplendor dos corpos celestes é um e o dos corpos terrestres é outro. Um é o esplendor do Sol, outro o da Lua e outro o das estrelas; e as estrelas diferem em esplendor umas das outras. Assim será com a ressurreição dos mortos. O corpo que é semeado é perecível e ressusci-

[149] **Personalidade** (Psicologia) é o conjunto de características psicológicas que determinam os padrões de pensar, sentir e agir, ou seja, a individualidade pessoal e social de alguém. A formação da personalidade é processo gradual, complexo e único a cada indivíduo. O termo é usado em linguagem comum com o sentido de "conjunto das características marcantes de uma pessoa", de forma que se pode dizer que uma pessoa “não tem personalidade”; esse uso, no entanto leva em conta um conceito do senso comum e não o conceito científico aqui tratado. **Personalidade** (Arquétipo) é o conjunto de veículos ou corpos que se interpõem e interatuam em diferentes dimensões compactas, para manifestar um conjunto de características psicológicas que determinam os padrões de pensar, sentir e agir, ou seja, a individualidade pessoal e social do Ego.

ta imperecível; é semeado em desonra e ressuscita em glória; é semeado em fraqueza e ressuscita em poder; é semeado um corpo natural e ressuscita um corpo espiritual. Se há corpo natural, há também corpo espiritual. Assim está escrito: 'O primeiro homem, Adão, tornou-se um ser vivente'; o último Adão, espírito vivificante. Não foi o espiritual que veio antes, mas o natural; depois dele, o espiritual. O primeiro homem era do pó da terra; o segundo homem, do céu. Os que são da terra são semelhantes ao homem terreno; os que são do céu, ao homem celestial. Assim como tivemos a imagem do homem terreno, teremos também a imagem do homem celestial."

Com base essa base de análise, de acordo os estudos em "O Eu e o Inconsciente" (Jung, 2014, §296-406), na tentativa de apresentar a "Psicologia da Anima e do Animus", talvez o leitor já tenha percebido que não estamos tratando de um conceito filosófico e muito menos de um conceito religioso de alma; todavia, do reconhecimento psicológico da existência de um complexo psíquico semiconsciente, cuja função é parcialmente autônoma. É obvio que esta constatação nada tem a ver com os conceitos filosóficos ou religiosos da alma, do mesmo modo que a psicologia nada tem a ver com a filosofia e com a religião.

Com base nas pesquisas e postulados em "*The Rosicrucian Cosmo-Conception: Man and the Method of Evolution*" (Heindel, 2012, p. 87-146), durante o *processo psíquico-quântico dos exercícios científicos de Retrospecção e Concentração* a essência de cada parte da personalidade precisa ser extraída para tornar-se parte do sistema Ego (diagrama I), interagindo como veículo de comunicação e de consciência em diferentes espaços-tempos:

1. Do *corpo denso* (físico) se extraí a *Alma Consciente*, que se conecta ao *Espírito Divino*, elevando sua consciência em cada renascimento.

2. Do *corpo vital* se extraí a *Alma Intelectual*, que se conecta ao *Espírito de Vida*, elevando sua consciência em cada renascimento.

3. Do *corpo de desejos* se extraí a *Alma Emocional*, que se conecta ao *Espírito Humano*, elevando sua consciência em cada renascimento.

Para que o leitor possa ampliar seu entendimento sobre a psicologia do renascimento (diagrama II), além deste ensaio de psicologia, pode observar as análises em "Os Arquétipos e o Inconsciente Coletivo – Sobre o Renascimento" (Jung, 2016).

> [...] O renascimento não é um processo de algum modo observável. Não podemos medi-lo, pesar ou fotografá-lo; ele escapa totalmente aos nossos sentidos. Lidamos aqui com uma realidade puramente psíquica, que só nos é transmitida indiretamente através de relatos. Falamos de renascimento, professamos o renascimento, estamos plenos de renascimento – e esta verdade nos basta. Não nos preocupamos aqui com a questão de saber se o renascimento é um processo de algum modo palpável. Devemos contentar-nos com a realidade psíquica. No entanto é preciso acrescentar que não estamos nos referindo à opinião vulgar acerca do 'psíquico' que o considera um nada absoluto ou algo menos do que um gás. Muito pelo contrário, a meu modo de ver a psique é a realidade mais prodigiosa do mundo humano [...]. (Jung, 2016, §199-258).

Cada parte dessa *quintessência*, que se tornou consciência de uma parte do Ego (diagrama I) irá se expressar no tríplice Espírito (Espírito Divino, de Vida e Humano) como consciência ***em*** e ***de*** Si-mesmo; todavia, como um análogo do Si-Mesmo, ou seja, do Cristo, conforme analisado em "Aion – Estudos Sobre o Simbolismo do Si-mesmo – Cristo, símbolo do Si-mesmo" (Jung, 2015, §68-286).

Portanto, de forma gradual, do início até a metade de qualquer Revolução ou Período Mundial (diagrama IV), cada Ego ou Espírito Virginal procura adaptar sua natureza da psique[150] em novos espaços e tempos psíquicos para atrair diferentes Estados Excitados de Matérias. Após o período adaptativo sua psique é inserida em diferentes regiões e sub-regiões de outros mundos ou dimensões compactas (diagramas I e II).

Assim observamos os Espíritos Virginais, ao continuarem seu respectivo processo psíquico-quântico, pela fusão do som do Verbo (nota musical "Do"), mais o som dos Senhores da Chama (Si^b Maior,

[150] JUNG, C. G. (2000) **A Natureza da Psique**. Da coleção OBRAS COMPLETAS Vol.VIII/2. RJ: Vozes.

com 3 bemóis), quando criaram *arquétipos* e projetaram sua nota chave: Si Maior, com 5 sustenidos (Tabela 1). Assim, se observa que o signo oposto de Peixes é Virgem cuja nota chave é "Dó Natural"; que o signo oposto de Leo é Aquário cuja nota chave é Lá^b Maior, com 3 sustenidos[151]. Todavia, ao elevarem sua consciência e forma em 1(um), se observa a consonância dos sons das diferentes Hierarquias em harmonia com o Som do Verbo (diagramas V, VI e João 1:1-5).

Assim, podemos notar a formação de um análogo do inconsciente coletivo na natureza da psique (diagrama VII), quando em diferentes espaços-tempos, os Espíritos Virginais tinham, em *gérmen*, o que atualmente está em plena manifestação, tanto no inconsciente coletivo quanto no inconsciente pessoal: a influência do signo de Aquário, pois projeta conteúdos psíquico-quânticos da Era de Aquário; tendo como oposto o signo de Leo.

Portanto, se a pessoa não cultivar Amor no seu coração, nada disso será aproveitado quando chegar a Era de Aquário. *Agora é a hora de fazer mudanças internas, pela forte influência nas duas camadas da psique*: no Inconsciente Coletivo e no inconsciente pessoal.

Modo psicológico, como vimos desde o início deste ensaio de psicologia, podemos verificar que os Senhores da Chama, conhecidos como leoninos, o signo de Leo; todavia, tem Aquário como signo oposto: os Anjos de Aquário. Torna-se interessante que o signo de Leo rege o coração e Aquário, sendo um signo aéreo, rege os tornozelos e pernas. Pela intuição e inteligência espiritual: o Amor (Leo) nos encaminha através do ar (intelecto, pensamento), pela íntima amizade (Aquário) entre *anima* e *animus*[152], para a mais elevada dimensão espiritual que possamos alcançar dentro da nossa atual capacidade no presente Período Terrestre (diagrama II); na tentativa de equilibrar a mente e o coração.

Como os Senhores da Chama (signo de Leo, o Leão de Judá, *Apokálypsis* 5:5) têm acesso direto ao *átomo semente* (o "Livro de Deus", *Apokalypsis* 10:2), que se localiza no ventrículo esquerdo do

---

[151] **Sustenido**: eleva um semitom; Dobrado Sustenido: eleva dois semitons; Semitom: é o menor intervalo existente entre dois sons que o ouvido humano pode perceber e classificar.

[152] JUNG, Emma. (1997) **Animus e Anima**. Trad. Dante Pignatari, 1ed. [original: *Animus und Anima*], São Paulo: Cultrix.

coração, próximo do ápice em "*The Rosicrucian Cosmo-Conception - Death and Purgatory*" (Heindel, 2012, p. 96-111); todavia, tendo o signo de Aquário (os Anjos de Aquário) como signo oposto, este "Livro da Revelação" faz parte do *processo psíquico-quântico no Inconsciente Coletivo* que mostra toda *ordem e progresso* da formação diária da consciência de todos os seres humanos: "por onde serão julgados os vivos e os mortos".

Quando na Noite Cósmica - entre Revoluções e Períodos - todas as Coisas em manifestação transformam-se numa força ativa e homogênea que estabelece e conserva a Ordem Natural de todas as Coisas existentes, i.e., tudo é dissolvido e converte-se novamente no Caos Primordial[153]: porque é no "*Increatum*[154]" que se expressa o Poder Anímico e da Mente Criadora.

É nesse processo quântico (no Caos Primordial) que se expressam todas as Hierarquias Criadoras (diagramas V, VI e VII). A progênie, renovação e revitalização acontecem nesse *processo quântico de repouso e assimilação*, conforme postulados em "*The Rosicrucian Cosmo-Conception - Genesis and Evolution of Our Solar System - Chaos*" (Heindel, 2012, p. 246-249), congruente aos estudos em "Psicologia e Alquimia - a Matéria Prima" (Jung, 2011, §425-432).

Hipótese da Origem e Formação do Inconsciente Coletivo Processo Quântico da Noite Cósmica: Caos Primordial

Com base essa base de análise, de acordo os estudos em "O Eu e o Inconsciente" (Jung, 2014, §296-406), na tentativa de apresentar a "Psicologia da Anima e do Animus", talvez o leitor já tenha percebido que não estamos tratando de um conceito filosófico e muito menos de um conceito religioso de alma; todavia, do reconhecimento psicológico da existência de um complexo psíquico semiconsciente, cuja função é parcialmente autônoma. É obvio que esta constatação nada tem a ver com os conceitos filosóficos ou religiosos da alma, do mesmo modo que a psicologia nada tem a ver com a filosofia e com a religião.

[153] **Caos primordial** (Cosmologia): concepção de que ao princípio o Universo pode ter sido altamente irregular e heterogêneo.
[154] JUNG, C. G. (1984) **Psicologia e Alquimia**. Da coleção OBRAS COMPLETAS. Vol.12. Rio de Janeiro: Vozes, p. 329-337.

Quando chega a Noite Cósmica - entre Revoluções e Períodos - todas as Coisas em manifestação transformam-se numa força ativa e homogênea que estabelece e conserva a Ordem Natural das Coisas, de tudo quanto existe, i.e., tudo é dissolvido no Caos Primordial[155]: porque no *Increato*[156] temos a expressão do Poder Anímico e da Mente Criadora. É nesse processo divino e quântico que as Hierarquias Criadoras (diagrama VII), depois do processo psíquico-quântico de assimilação, ***em*** Si-mesmos, retornam do Caos Primordial, no Princípio da Ordem Natural das Coisas, no Verbo (diagrama VI) e depois no Absoluto[157]; todavia, como em João 1:1-5:

"No princípio era o Verbo, e o Verbo estava com Deus, e o Verbo era Deus. Ele estava no princípio com Deus. Tudo foi feito por ele; e nada do que tem sido feito, foi feito sem ele. Nele estava a vida, e a vida era a luz dos homens. A luz resplandece nas trevas, e contra ela as trevas não prevaleceram."

Por analogia, ao iniciar o *processo psíquico-quântico post mortem*, tudo no sistema humano retorna ao Ego, ao Eu Sou, pois, "*tudo foi feito por ele; e nada do que tem sido feito, foi feito sem ele*". Tudo no sistema Ego foi feito por ele e "*nele estava a vida, e a vida era a luz dos homens*." Portanto, no ***núcleo*** de cada átomo semente temos o Espírito Divino, de Vida e Humano (diagrama I).

> É difícil nos lembrarmos do quão moderno é o conceito de indivíduo humano. Talvez a luta para alcançar esse conceito se reflita no nome hebraico bíblico com que se designava Deus. O monoteísmo parece estar muito vinculado à expressão eu sou. Sou o que sou. (*Cogito, ergo sum* é diferente: o *sum* aqui significa que tenho um *sentido* de existência como pessoa, que sinto em meu juízo que minha existência foi provada. Mas aqui estamos preocupados com um estado não autoconsciente de ser, para além de exercícios intelectuais de autoconsciência.) Será que esse nome conferido a Deus (eu sou) reflete o perigo ao qual o indivíduo sente que está exposto quando está a

[155] **Caos primordial** (Cosmologia): concepção de que ao princípio o Universo pode ter sido altamente irregular e heterogêneo.
[156] JUNG, C. G. (1984) **Psicologia e Alquimia**. Da coleção OBRAS COMPLETAS. Vol.12. Rio de Janeiro: Vozes, pp.329-337.
[157] HEINDEL, Max. (1937) **The Rosicrucian Cosmo-Conception**. 27ed. [The Rosicrucian Fellowship, Oceanside, CA. 92058-2329. EUA, 1909, Renewed 1937] [L.N.Fowler & Co. Ltd. 29 Ludgate Hill, London: England E. C. 4] Wood & Jones. Printers-Lithographers. Pasadena:USA; ***p. 173-182***.

> ponto de alcançar o estado de um ser individual? Se eu sou, é porque consegui agrupar isto e aquilo, reivindiquei que isto sou eu e repudiei todo o resto; ao repudiar o não eu, insultei o mundo, por assim dizer, e posso aguardar um ataque. Então, quando as pessoas chegaram pela primeira vez ao conceito de individualidade, rapidamente o colocaram no céu e lhe deram uma voz que só um Moisés conseguiria escutar (Winnicott, 2021, p. 60).

Em Gênesis 1, bem como em "*The Rosicrucian Cosmo-Conception*" podemos notar o mesmo teor (Heindel, 2012).

> A manifestação ativa, particularmente no Mundo Físico, depende da separatividade, da limitação da vida pela forma. Porém, durante o intervalo entre Períodos e Revoluções, cessa a distinção entre a vida e a forma. Isto se aplica não somente ao homem e aos reinos inferiores, mas também aos Mundos e Globos, as bases da forma para a vida em evolução. Nesse noturno intervalo, subsistem somente os átomos-sementes e o núcleo ou centro dos Mundos-Globos. Tudo mais é uma substância homogênea e um só Espírito compenetra todo o Espaço, Vida e Forma (polos positivo e negativo), onde todos são UNOS (Heindel, 2012, p. 246-260).

Os *processos quânticos nas Noite Cósmicas*, no macrocosmo, consistem em que todos os diferentes Estados Excitados de Matérias são dissolvidos e assimilados durante o Caos Primordial. Após o processo quântico de assimilação, os Espíritos Virginais (os Egos) são transportados para diferentes espaços-tempos, em cujos espaços[158] as anteriores atividades subjetivas e objetivas têm a mesma duração de espaço e de tempo de tudo que os antecedeu. A partir das novas atividades organizam preparatórias (análogo ao processo quântico da epigênese) para nova Revolução ou Período Mundial e em diferentes Estados Excitados[159] de Matérias. Essas novas matérias são preparadas por centenas de bilhões de Hierarquias Criadoras (diagramas V), as quais entram em atividades na próxima Revolução ou Período Mundial.

---

[158] KANT, Immanuel. (2001) **Crítica da Razão Pura**. [Tradução do original alemão intitulado "*KRITIK DER REINEN VERNUNFT*"] Trad. Manuela Pinto dos Santos e Alexandre Fradique Morujão. 5ed. Lisboa: Fundação Colouse Gulbenkion; Capítulo: *Doutrina Transcendental Dos Elementos: Primeira Secção - Do Espaço - Exposição Metafísica deste Conceito; Segunda Secção - Do Tempo - Exposição Metafísica do Conceito de Tempo.*

[159] **Estado excitado** (Física): estado de um sistema em que a energia é superior à do estado fundamental.

Quando os Espíritos Virginais (os Egos) estavam sendo inseridos, incrustados no Globo "A", no Globo-calor com matéria escura e energia escura, iniciou-se sua "peregrinação": a primeira das 7 voltas, em torno dos 7 globos, com 7 revoluções; desde o momento em que a nota musical "Dó" (do Verbo, diagramas V e VI) foi despertada no Mundo dos Espíritos Virginais e atingiu sua vibração máxima antes de iniciar a primeira Revolução do Período de Saturno, ou seja, na Noite Cósmica entre o Mundo dos Espíritos Virginais e o Mundo do Espírito Divino (diagramas I e III).

Ao iniciar a primeira Revolução do Período de Saturno, no Globo "A", no Mundo do Espírito Divino, os Espíritos Virginais já estavam inseridos nesse Globo-calor com matéria escura e energia escura, que era constituído, por dentro e por fora, somente por Espíritos Virginais. A nota chave musical (Si^b Maior) dos Senhores da Chama, ora despertada, entrou em harmonia com a nota musical "Dó" (do Verbo, diagramas V e VI), despertada durante a Noite Cósmica e atingiu sua vibração máxima antes de iniciar a segunda Revolução do Período de Saturno, ou seja, entre o Globo "A" e o Globo "B" (diagramas III e IV).

Pela Expressão do Verbo (João 1:1-5), de acordo o esquema acima, os Senhores da Chama - os leoninos - iniciaram o processo projetar a Luz Espiritual (Gênesis 1), numa interface de "Imagem e Semelhança" (Gênesis 1:26-27) sobre a matéria escura com energia escura, equidistante, no seu respectivo espaço-tempo; todavia, análogo ao tempo de vibração do "Esquema Representativo da Semibreve", bem como quando se observa a Tabela 3 e o "Modelo Padrão de Partículas Elementares".

Os Espíritos Virginais, no seu respectivo espaço-tempo, responderam em uníssono, análogo ao *processo quântico feedback*[160], como um diapasão vibrando na mesma tonalidade[161] e emitiram a 64ª do som do arquétipo musical da semibreve aos Senhores da Chama; todavia, comparável à transmissão da Luz da Constelação dos Signos Zodiacais

[160] **Feedback**: 1) **Feedback negativo** (Fisiologia) - Em um dado sistema, manutenção de eliminação constante, mediante controle, por inibição, de uma etapa fundamental desse sistema por um produto dele; 2) **Feedback positivo** (Fisiologia) - Em um dado sistema, obtenção de eliminação, que aumenta continuamente, mediante estimulação de uma etapa fundamental desse sistema por um produto dele.
[161] **Tonalidade**: Conjunto de fenômenos harmônicos e melódicos que regem a formação das escalas e seu encadeamento.

em "Astronomia e Astrofísica" (Oliveira Filho; Saraiva, 2013, p. 06-10).

Ajuízo ser equivalente ao processo da teoria de Pauli sobre "O Problema do neutrino solar" em "Astronomia e Astrofísica" (Oliveira Filho; Saraiva, 2013, p. 252-253). Aqui observa-se duas hipóteses: a *progênie do Inconsciente Coletivo*; e a *progênie da formação de Arquétipos*.

Torna-se interessante observar que o Prêmio Nobel de Física 2015 foi atribuído conjuntamente a Takaaki Kajita e Arthur B. McDonald[162] pela descoberta, pois as partículas elementares chamadas ***neutrinos*** têm massa. Este é, notavelmente, o quarto Prêmio Nobel associado à medição experimental de neutrinos. A cada segundo no nosso dia a dia, mais de 6 trilhões de neutrinos fluem através do nosso corpo, emanados do núcleo ardente do Sol, mas a maioria deles passam diretamente através de nossos corpos e da Terra, sem interagir com as partículas a partir da qual esses objetos são feitos. Por que devemos nos preocupar tanto com as *partículas fantasmas*, de Wolfgang Pauli, que quase não interagem com as matérias que compõem a personalidade humana?

Análogo ao "Esquema Representativo da Semibreve" (Figura 3), os Espíritos Virginais desde o início da respectiva Revolução tiveram que atingir, ***pelos próprios esforços***, o 64º nível vibratório da semibreve (Tabela 1) para elevar o seu particular som ao nível necessário, para que pudessem alcançar, ***em*** Si-mesmos, sons equivalentes recebidos do coletivo das Hierarquias (Tabela 1), i.e., sons na mesma vibração da 64ª parte da semibreve para não ficarem atrasados (em consciência e forma) quando do processo quântico de *Evolução* (↑), do Globo "D" ao Globo "G" (diagrama III, Período de Saturno).

É preciso analisar os diagramas VI e VII para que o leitor possa *familiarizar-se suficientemente com os seus processos psíquico-quânticos inconscientes e semiconscientes, com o objetivo de discutir conscientização, pensamentos, memória e aprendizado*. De forma la-

---

[162] LINDAU NOBEL LAUREATE MEETINGS https://www.lindau-nobel.org/the-neutrino-catchers-takaaki-kajita-and-arthur-b-mcdonald/. Acesso em 11.05.2020.

tente, por herança, temos os Poderes das Hierarquias Criadoras que fazem parte do nosso Inconsciente Coletivo em "Os Arquétipos e o Inconsciente Coletivo" (Jung, 2016).

As Hierarquias Criadoras continuam cooperando com o processo quântico do desenvolvimento humano, mesmo antes do início do Período de Saturno (diagrama III), através da projeção de forças arquetípicas e de Arquétipos (Gênesis 1), desde o *Increato*[163] (diagrama VI), para o desenvolvimento da nossa consciência e forma em "Os Arquétipos e o Inconsciente Coletivo" (Jung (2016).

> [...] O inconsciente coletivo é uma parte da psique que pode distinguir-se de um inconsciente pessoal pelo fato de que não deve sua existência à experiência pessoal, não sendo, portanto, uma aquisição pessoal. Enquanto o inconsciente pessoal é constituído essencialmente de conteúdos que já foram conscientes e, no entanto, desapareceram da consciência por terem sido esquecidos ou reprimidos, os conteúdos do inconsciente coletivo nunca estiveram na consciência e, portanto não foram adquiridos individualmente, mas devem sua existência apenas à hereditariedade. Enquanto o inconsciente pessoal consiste em sua maior parte de *complexos*, o conteúdo do inconsciente coletivo é constituído essencialmente de *arquétipos* [...]. (Jung (2016, §87-110).

De forma resumida, apresentamos a *progênie do Inconsciente Coletivo e dos Arquétipos*, onde pode-se corroborar toda a análise de (Jung, 2016), pois, as diferentes Hierarquias Criadoras (diagrama VII), em diferentes espaços-tempos[164], se expressam em diferentes Estados de Matéria, pois cooperam no nosso *processo psíquico-quântico inconsciente* para a projeção de conteúdos psíquicos.

Quando os Senhores da Chama projetaram sua "Imagem e Semelhança" através de Arquétipos de Luz (Gênesis 1:26-27), as primeiras Hierarquias Criadoras a receber todo o "Conteúdo Primordial[165]",

---

[163] JUNG, C. G. (1984) **Psicologia e Alquimia**. Da coleção OBRAS COMPLETAS. Vol.12. RJ: Vozes.

[164] KANT, Immanuel. (2001) **Crítica da Razão Pura**. [Tradução do original alemão intitulado "*KRITIK DER REINEN VERNUNFT*"] Trad. Manuela Pinto dos Santos e Alexandre Fradique Morujão. 5ed. Lisboa: Fundação Colouse Gulbenkion.

[165] JUNG, C. G. (1984) **Psicologia e Alquimia**. Da coleção OBRAS COMPLETAS. Vol.12. Rio de Janeiro: Vozes.

com energia interna[166] dessa Luz, foram os Senhores da Sabedoria (diagrama VII). Através do *processo quântico da projeção de conteúdos psíquicos*, pela *sincronicidade*[167]. Eles também projetaram parte da "Imagem e Semelhança" que receberam, com benefícios ou adequações à consciência e forma humana (análogo ao *processo quântico da epigênese*). Com novos e diferentes conteúdos arquetípicos projetaram para as Hierarquias seguintes e estas às outras, até atingir o Globo-calor com matéria escura e energia escura, onde estavam os Espíritos Virginais. Estes, análogo ao *processo quântico feedback*, de forma *sincronística*, responderam seu grau ou nível de consciência.

Conforme postulados em "*The Rosicrucian Cosmo-Conception: The Work of Evolution*" (Heindel, 2012, p. 201-232), todo o Globo "A" era composto de Espíritos Virginais, por dentro e por fora. Os Espíritos Virginais foram incorporados ao referido Globo, assim como a vida que excita o mineral está incorporada à Terra. Esse calor deve ter-se produzido pelo movimento e movimento é vida; sendo escuro e quente podemos considerar um Globo-calor. Portanto, os Espíritos Virginais, a fim de desenvolverem consciência e forma foram inseridos, incrustados nesse Globo-calor. Fora desse Globo-calor, equidistante em diferentes espaços-tempos estavam outras grandes Hierarquias Criadoras (diagramas V, VI e VII) que ajudam os Espíritos Virginais no seu desenvolvimento.

De acordo sua concepção cosmológica e pelos postulados, (Heindel, 2012), todo o algoritmo quântico se sucedeu pela incidência *quantificada* da Luz sobre a matéria escura com energia escura, i.e., os Espíritos Virginais unissonantes e com a Luz que incidia sobre a matéria escura com energia escura, na sua consciência e forma, cuja Luz foi emitida no vácuo pelos Senhores da Chama; depois pelas outras Hierarquias equidistantes no cosmo, em diferentes espaços-tempos, análogo ao "esquema representativo da semibreve" e Tabela 1.

[166] **Energia interna** (Física): função de estado de um sistema, que cresce quando este recebe calor do exterior e decresce quando o sistema fornece trabalho ao exterior. A sua variação é igual à diferença entre o calor recebido e o trabalho cedido e só depende do estado final e do estado inicial do sistema.
[167] JUNG, C. G. (2012) **Sincronicidade - a dinâmica do inconsciente**. Col. OBRA COMPLETAS. 18ed.Vol.8/3. Rio de Janeiro: Vozes.

Como existem atividades quânticas em espiral[168] dentro de espiral, quanto ao processo quântico de condensação, análogo ao fenômeno de massa[169], que é realizado após todos os diferentes Estados de Matérias serem arrefecidos no Caos Primordial (durante as Noites Cósmicas entre Revoluções e Períodos Mundiais) por diferentes Hierarquias, conforme postulados em "*The Rosicrucian Cosmo-Conception – Revolutions and Cosmic Nights*" (Heindel, 2012, p. 194-200). Nestes *processos quânticos nas Noite Cósmicas* pode-se observar o processo quântico dos Condensados de Bose-Einstein[170].

Por outro lado, se o processo de condensação continuasse indefinidamente, ofereceria insuperável obstáculo ao progresso espiritual e psíquico das Hierarquias em evolução. Portanto, durante as *atividades quânticas subjetivas e objetivas* as Hierarquias em *Involução* (↓) e em *Evolução* (↑) têm ***em*** Si-mesmas energia psíquica para dissolver e transformar todos os Estados de Matérias, quando condensados, análogo aos processos da termodinâmica quântica. Por analogia, para a atual humanidade no Mundo Físico esse processo de transformação de matérias, pode ser observado no *processo quântico post mortem* e no processo quântico de renascimento (diagrama II).

Modo psicológico, quando a matéria mental se condensa a ponto de tornar-se demasiada densa, cristalizada, pelo processo psíquico de condensação (ou de pensamentos cristalizados), a Hierarquia nela não podendo agir, retira-se para recuperar sua energia psíquica[171] já exaurida, análogo quando no *processo psíquico-quântico do sono*. Por exemplo, é como uma broca que tenha estado furando metais duros, deve parar e ser guardada durante algum tempo para recuperar-se. Essa mesma ideia está contida nas análises em "A Energia Psíquica" (Jung, 2014).

> [...] na experiência, a energia é sempre específica, manifestada no momento como movimento e força; virtual-

[168] **Espiral** (Geom.): qualquer curva plana gerada por um ponto móvel que gira em torno de um ponto fixo, ao mesmo tempo que dele se afasta ou se aproxima segundo uma lei determinada.

[169] **Fenômeno de massa** (Física): o que só existe ou só se manifesta quando ocorre grande quantidade de fenômenos individuais ou particulares. A pressão de um gás, p. ex., é um fenômeno de massa decorrente das diferentes velocidades das moléculas constitutivas do gás e dos choques dessas moléculas com as paredes do recipiente que o contém.

[170] **Quantum Made Simple**: https://toutestquantique.fr/condensation-de-bose-einstein/. Acesso em 14.09.2025.

[171] JUNG, C. G. (1985) **A Energia Psíquica**. Da coleção OBRAS COMPLETAS Vol.VIII/1. 2 ed. RJ: Vozes.

> mente é situação, é condição. Quando em ato, a energia psíquica se manifesta nos fenômenos dinâmicos da alma, tais como as tendências, os desvios, o querer, os afetos, a atuação, a produção de trabalho etc., que são justamente forças psíquicas. Quando virtual, a energia aparece nas aquisições, possibilidades, aptidões, atitudes, que são condições (Jung, 2014, §26).

Agora, quanto a sua conservação, em "A Energia Psíquica - A Conservação da Energia" (Jung, 2014).

> O princípio de equivalência indica 'que, para qualquer quantidade de energia utilizada em um ponto qualquer, para se produzir uma determinada condição, surge em outro ponto igual quantidade dessa mesma ou de outra forma de energia'. O princípio da constância, pelo contrário, indica 'que a energia total permanece sempre igual a si mesma, sendo, por conseguinte, incapaz de aumentar ou de diminuir'[31][172]. O princípio da constância é, por conseguinte, uma decorrência do princípio de equivalência, necessariamente lógica, mas, por isso mesmo, praticamente baseada em sistemas parciais (Jung, 2014, §34-47).

Conforme apresentado, "que a energia total permanece sempre igual a si mesma, sendo, por conseguinte, incapaz de aumentar ou de diminuir" (Jung, 2014); todavia, pode ser transformada, *quantificada*[173] pela sua particularidade de estímulos para determinada ação.

Por exemplo, no sistema límbico[174], quando envolve o pensamento e o impele para a ação e que acrescenta vida à imagem recém-criada ou revitalizada, o que fica claro é que havia um agente de desejos que retornou, conforme analisado em "A Energia Psíquica" (Jung, 2014).

> A transformação da energia instintiva se processa com sua canalização para um análogo do objeto dos instintos. Do mesmo modo que uma usina elétrica imita uma queda d'água, e assim se apossa de sua energia, assim também o mecanismo psíquico imita o instinto e, deste modo, apos-

---

[172] [31]Busse, op. Cit., p.406s.

[173] **Quantificação** (Física): a passagem da descrição clássica e contínua dum sistema para a descrição quântica, em que alguns observáveis só podem assumir os valores de um conjunto discreto; quantização.

[174] GUYTON; HALL, John E. (2011). **Tratado de Fisiologia Médica** [recurso eletrônico]. (John Edward,1946), John E. Hall. [tradução Alcides Marinho Junior ... et al.]. Rio de Janeiro: Elsevier; ***O Sistema Límbico e o Hipotálamo, p. 749-759.***

sa-se de sua energia para fins especiais. [...] (Jung, 2014, §83).

Por exemplo, quando o inventor que idealiza uma máquina, primeiro ele quantifica a energia e a utiliza na constituição de ideias germinais e arquétipos, depois em pensamentos. Mentalmente ele a vê completa e realizando com perfeição o trabalho para o qual foi idealizada. Em seguida ele a desenha e ao fazê-lo julga ser necessária alguma modificação no primitivo modelo, *é quando a energia instintiva se processa com sua canalização para um análogo do objeto dos instintos*. Quando, a partir da nova ideia, pelas modificações dá-se por satisfeito ao ver sua ideia realizada, ora arquitetada pelo pensamento, passa então a construir a máquina com material apropriado.

Portanto, Jung (2014) observou que aplicando o conceito de energia ao psiquismo, seria necessário mudar sua concepção, pois a concepção original de libido de Freud, a compreendia somente através do aspecto exclusivamente sexual. Para Jung (2014), a energia psíquica seria sexual quando assumisse um aspecto relacionado com a sexualidade; todavia, não seria o único aspecto *qualitativo da energia psíquica*.

Essa energia poderia se manifestar em necessidade de autopreservação, sede, fome etc. Pela observação de Jung (2014), esses aspectos refletiam apenas a forma de energia; no entanto, deveria também observar a intensidade com a qual a energia se manifesta que seria o aspecto *quantitativo da energia psíquica*.

Análogo a um estado de transição[175], as forças ou energia química e psíquica na e sobre a matéria, livres da energia suscetível de se cristalizar pela ação da Hierarquia em evolução, converte o Cosmo em Caos Primordial, ou seja, devolvem a matéria ao seu estado primordial (ver Tabela Periódica de Elementos), para que os corpos dos Espíritos Virginais (a *triple personalidade*[176] do *triple Ego*, diagrama I), ora re-

---

[175] **Estado de transição** (Química): arranjo atômico que se forma no curso de uma reação, quando a energia chega a um valor máximo. [Tanto as ligações que se rompem quanto as que se formam na reação estão distendidas.].

[176] **Personalidade** (Psicologia) é o conjunto de características psicológicas que determinam os padrões de pensar, sentir e agir, ou seja, a individualidade pessoal e social de alguém. A formação da personalidade é processo gradual, complexo e único a cada indivíduo. O termo é usado em linguagem comum com o sentido de "conjunto das características marcantes de uma pessoa", de forma que se pode dizer que uma pessoa "não tem personalidade"; esse uso, no entanto leva em conta um conceito do senso comum e não o conceito científico aqui tratado. **Personalidade** (Arquétipo) é o conjunto de veículos ou corpos que se interpõem e interatuam em diferentes dimensões compactas, para

generados ou revitalizados, possam recomeçar o seu trabalho na aurora de uma nova Revolução ou Período Mundial (diagrama IV). Por outro lado, no desgaste diário mental, emocional e físico, o mesmo processo regenerador ou revitalizador ocorre durante o *processo psíquico-quântico do sono*.

As experiências obtidas nas primeiras Revoluções e Períodos Mundiais capacitou, em geral, cada Ego a reconstruir seus corpos com relativa rapidez. Por exemplo, os nove meses do período gestacional para a perpetuação da espécie, até ao grau ou nível ultimamente alcançado. Também, facilitou (pela epigênese) novo meio e modos para ulterior progresso promovendo alterações, pelas experiências ***em*** Si-mesmo, como se observa no atual ciclo de renascimentos (diagrama II).

Deste modo, no final de cada Revolução - de qualquer Período Mundial - toda a matéria escura com energia escura e toda a vida voltam a *imergir* no processo quântico no Caos Primordial, para *emergir* em uma nova Revolução, *sempre* em diferentes espaços-tempos[177], com diferentes Estados de Matérias, bem como qualitativas influências no análogo do inconsciente coletivo (diagramas IV e V), adquiridas pela natureza da psique em cada *processo quântico post mortem e purgatório* e depois durante o *processo quântico de renascimento* (diagrama II).

Como observamos, nas Tabelas 1 e 2 e no "Esquema Representativo da Semibreve", podemos ter ideia da ação quântica dos arquétipos musicais e das Hierarquias Criadoras, bem como da vibração da consciência ***em*** Si-mesmo; todavia, *sempre* em diferentes espaços-tempos no atual processo quântico de *Evolução* (↑); que teve o seu início na metade mercurial, no Globo "D", do atual Período Terrestre (diagrama IV).

Em resumo, esses processos quânticos consistem em que todos os diferentes Estados de Matérias ou Mundos, após serem dissolvidos e

---

manifestar um conjunto de características psicológicas que determinam os padrões de pensar, sentir e agir, ou seja, a individualidade pessoal e social do Ego.

[177] KANT, Immanuel. (2001) **Crítica da Razão Pura**. [Tradução do original alemão intitulado "*KRITIK DER REINEN VERNUNFT*"] Trad. Manuela Pinto dos Santos e Alexandre Fradique Morujão. 5ed. Lisboa: Fundação Colouse Gulbenkion; Capítulo: *Doutrina Transcendental Dos Elementos: Primeira Secção - Do Espaço - Exposição Metafísica deste Conceito; Segunda Secção - Do Tempo - Exposição Metafísica do Conceito de Tempo.*

assimilados - durante o processo quântico no Caos Primordial - os Espíritos Virginais são transportados, ***em*** consciência, para diferentes espaços-tempos, em cujos espaços as anteriores *atividades quânticas subjetivas e objetivas* têm a mesma duração de espaço e de tempo de tudo que os antecedeu, como forma de preparo (análogo à epigênese[178]) para nova Revolução ou Período Mundial, em diferentes Estados Excitado de Matérias recém-preparado pelas diferentes Hierarquias em manifestação (diagrama VII).

Observa-se que não é necessário deslocar-se fisicamente para ir de um aos outros Mundos ou Estados de Matérias, nem para ir de uma região a outra equidistante. Assim como em cada corpo humano se encontram os sólidos, os líquidos e os gases interpenetrando-se uns aos outros (sem perderem suas individualidades), assim também estão as diferentes Regiões e sub-regiões de todos os outros Mundos ou Estados de Matérias; no entanto, logo entram em atividade quântica na próxima Revolução ou Período Mundial, sempre em grau superior de consciência e forma.

A Formação da Consciência Tridimensional do Ego – parte 3
Globo B: Segunda Revolução Quântica do Período de Saturno
Formação do Inconsciente Coletivo e do Inconsciente Pessoal

Ao iniciar a segunda Revolução do Período de Saturno, no Globo "B", os Espíritos Virginais foram inseridos nesse Globo-calor de matéria e energia escura que era constituído, por dentro e por fora, somente por Espíritos Virginais. A nota musical "Ré" (do Verbo, diagramas V e VI) foi despertada na Noite Cósmica entre os Globos "A" e "B" e atingiu sua vibração máxima antes de iniciar a terceira Revolução do Período de Saturno, ou seja, entre os Globos "B" e "C" (diagrama III).

O *processo quântico de Involução* (↓) tem sua "flecha do tempo[179]" na descendente, num processo gradativo de introdução na maté-

[178] **Epigênese** (Fisiologia): teoria segundo a qual a constituição dos seres se inicia a partir de célula sem estrutura e se faz mediante sucessiva formação e adição de novas partes que, previamente, não existem no ovo fecundado; epigênese.
[179] PRIGOGINE, Ilya. (2002) **As Leis do Caos**. Tradução Roberto Leal Ferreira, São Paulo: UNESP.
PRIGOGINE, Ilya. (1996) **O fim das certezas: tempo, caos e as leis da natureza**. [Título original: *La fin des La Certidudes: temps, chaos et les lois de la nature*. Tradução Roberto L. Ferreira] São Paulo: Universidade Estadual Paulista.

ria; todavia, a partir dos Globos "A" (diagrama IV) nos Períodos de Saturno, Solar, Lunar e a metade do Período Terrestre, foi quando os Espíritos Virginais (com o auxílio, direção e proteção de exaltadas Hierarquias Criadoras) começaram a reunir forças latentes. Tudo aconteceu através do Poder Anímico e da Mente Criadora (devido atividades em espiral dentro de espiral) para atrair, agregar, condensar, dissolver e assimilar diferentes Estados Excitados[180] de Matérias, com o objetivo de elevar ***em*** Si-mesmos suas consciências e formas.

O Estado de Matéria ou Mundo Interplanetário do Espírito de Vida (diagramas I e III) é onde se concentram as Forças Vitais, ou seja, a Vida que excita a todos os diferentes Estados[181] de Matéria e as coloca em constantes atividades.

Após adaptarem-se nos novos espaços-tempos com diferentes Estados Excitados de Matéria; desde o início da segunda Revolução de Saturno, no Globo "B", gradualmente, os Espíritos Virginais foram inseridos na Região mais profunda do Estado de Matéria ou Mundo Interplanetário do Espírito de Vida. Em cada Mundo ou Estados de Matéria existem sete regiões e dentro de cada região existem sub-regiões de maior densidade, naquele respectivo estado de matéria. *A Força de Vida tornou-se a segunda essência assimilada para ulterior formação de arquétipos e projeção quântica de conteúdos psíquicos e de conteúdos psíquico-quânticos.*

Após o período adaptativo foram inseridos em diferentes regiões e sub-regiões de outra Revolução no respectivo Período; portanto, ao terminar a segunda Revolução do Período de Saturno, no Globo "B" (no Mundo do Espírito de Vida), os Espíritos Virginais foram transportados, ***em*** *consciência*, para diferentes espaços-tempos na Noite Cósmica entre os Globos "B" e "C" (ver "Hipótese da Origem e Formação do

---

[180] **Estado excitado** (Física): estado de um sistema em que a energia é superior à do estado fundamental.

[181] **Conceito de estado na Mecânica Quântica**: a especificação de um sistema físico não determina unicamente os valores que experimentos fornecem para as suas propriedades (ou as probabilidades de se medirem tais valores, em se tratando de teorias probabilísticas). Além disso, os sistemas físicos não são estáticos, eles *evoluem* com o tempo, de modo que o mesmo sistema, preparado da mesma forma, pode dar origem a resultados experimentais diferentes dependendo do tempo em que se realiza a medida (ou a histogramas diferentes, no caso de teorias probabilísticas). Essa ideia conduz a outro conceito chave: o conceito de "estado". Um estado é uma quantidade matemática (que varia de acordo com a teoria) que determina completamente os valores das propriedades físicas do sistema associadas a ele num dado instante de tempo (ou as probabilidades de cada um de seus valores possíveis serem medidos, quando se trata e uma teoria probabilística). Em outras palavras, *todas as informações possíveis de se conhecer em um dado sistema constituem seu estado.*

Inconsciente Coletivo - Processo Quântico da Noite Cósmica: Caos Primordial").

Em resumo, esse processo quântico consiste em que todos os diversos Estados de Matérias ou Mundos, após serem dissolvidos e assimilados - durante o processo quântico no Caos Primordial - os Espíritos Virginais foram transportados, ***em*** consciência, para outros espaços-tempos. Cujos espaços, com as anteriores *atividades quânticas subjetivas e objetivas* têm a mesma duração de espaço[182] e de tempo de tudo que os antecedeu, como forma de preparo (análogo à epigênese) para nova Revolução ou Período Mundial, em diferentes Estados Excitado de Matérias, previamente preparadas pelas centenas de bilhões de Hierarquias (diagramas VI e VII).

Se observa que não era necessário deslocar-se fisicamente para ir de um aos outros Mundos ou Estados de Matérias, nem para ir de uma região a outra equidistante. Assim como em nosso corpo se encontram os sólidos, os líquidos e os gases interpenetrando-se uns aos outros (sem perderem suas individualidades), assim também estão as diferentes Regiões e sub-regiões de todos os outros Mundos ou Estados de Matérias; no entanto, logo entram em atividade na próxima Revolução ou Período Mundial dentro do mesmo esquema quântico, ou seja, análogo ao processo quântico do "Esquema Representativo da Semibreve" (Figura 3), porém em grau superior.

Nesse "Esquema Representativo da Semibreve" os Espíritos Virginais, desde o início da respectiva Revolução, tiveram que atingir, pelo próprio esforço, determinado nível vibratório, para elevarem o particular som ao nível necessário para que pudessem alcançar, ***em*** Si-mesmos, o som recebido dos Senhores da Chama e das demais Hierarquias (diagrama VII). Assim o fizeram para não ficarem atrasados no processo quântico de *Evolução* (↑) e revitalizaram o som da 64ª vibração da semibreve.

---

182 KANT, Immanuel. (2001) **Crítica da Razão Pura**. [Tradução do original alemão intitulado "*KRITIK DER REINEN VERNUNFT*"] Trad. Manuela Pinto dos Santos e Alexandre Fradique Morujão. 5ed. Lisboa: Fundação Colouse Gulbenkion; Capítulo: *Doutrina Transcendental Dos Elementos: Primeira Secção - Do Espaço - Exposição Metafísica deste Conceito; Segunda Secção - Do Tempo - Exposição Metafísica do Conceito de Tempo.*

Quando na Noite Cósmica - entre Revoluções e Períodos Mundiais - todas as coisas em manifestação transformam-se numa força ativa e homogênea que estabelece e conserva a Ordem Natural de todas as Coisas existentes, i.e., tudo é dissolvido e converte-se novamente no Caos Primordial[183]: porque no "*Increatum*" se expressa o Poder Anímico e da Mente Criadora, pela análise em "Psicologia e Alquimia - a Matéria Prima" (Jung, 2011, §425-432).

É nesse processo quântico que as Hierarquias Criadoras e os Espíritos Virginais - depois de cada processo psíquico-quântico de descanso e assimilação ***em*** Si-mesmos - retornam ao Caos Primordial, no Princípio da Ordem Natural das Coisas, i.e., no Deus do sistema solar e Este no Verbo, conforme analisado por Heindel, 2012, p. 177-200) em "*The Rosicrucian Cosmo-Conception - Cosmogenesis and Anthropogenesis*".

A Formação da Consciência Tridimensional do Ego – parte 4
Globo C: Terceira Revolução Quântica do Período de Saturno
Formação do Inconsciente Coletivo e do Inconsciente Pessoal

É necessário entender que o ser humano não é um aglomerado aleatório de elementos biológicos, que ocupa determinado espaço em algum tempo finito, num determinado planeta, onde cria oportunidades para sobreviver durante uma única e curta vida, para depois ser descartado no crematório ou no cemitério. *Existe finalidade, propósito e meta na vida; por isso, passamos por transformações psíquico-quânticas para elevar nossa consciência e forma.*

Os processos quânticos analisados tornaram-se ainda mais interessante porque não estão destinados apenas às pessoas do Ocidente ou do Oriente, nem para determinada classe social, *são eventos reais e naturais, são processos psíquico-quânticos inconscientes e semiconscientes que estão acontecendo em todos os seres humanos, através de metadados psíquicos*[184].

---

[183] **Caos primordial** (Cosmologia): concepção de que ao princípio o Universo pode ter sido altamente irregular e heterogêneo.

[184] **Metadados psíquicos**: são dados existentes na natureza da psique. Um caractere de um metadado psíquico pode dizer do que se trata aquele dado, geralmente é parte de uma informação inteligível no inconsciente pessoal recebida do inconsciente coletivo. Os metadados psíquicos facilitam o entendimento dos entrelaçamentos psíquicos e a utilidade dos dados para gerar informações. Metadados psíquicos são indispensáveis para a comunicação entre a *psique subjetiva* e *psique objetiva*, mas são inteligíveis também pelo *processo quântico do sono*. Metadados

Como observamos, as doenças mentais existem em pessoas que têm corpo. Doenças mentais não são doenças de espíritos nem de anjos, são pessoas que têm corpo que possuem doenças; mesmo o corpo exercendo papel secundário; todavia, *a neurobiologia, a neuropsicologia e a neuropsiquiatria ainda não podem precisar como as alterações ocorrem em termos mais profundos.*

Ao iniciar a terceira Revolução do Período de Saturno, no Globo "C" (Região do Pensamento Abstrato), os Espíritos Virginais foram inseridos nesse Globo-calor feito de matéria escura com energia escura, que era constituído por dentro e por fora, somente por Espíritos Virginais. A nota musical "Mi" (do Verbo, diagramas V e VI) foi despertada na Noite Cósmica entre os Globos "B" e "C" e atingiu sua vibração máxima antes de iniciar a quarta Revolução do Período de Saturno, entre os Globos "C" e "D".

Observa-se que o *processo quântico de Involução* (↓) tem sua "flecha do tempo[185]" na descendente, num processo gradativo de introdução ou incrustação na matéria; todavia, a partir dos Globos "A" (diagrama IV) nos Períodos de Saturno, Solar, Lunar e a metade marciana do Período Terrestre, foi quando os Espíritos Virginais (com o auxílio e direção de exaltadas Hierarquias Criadoras) começaram a reunir forças latentes. Através do Poder Anímico e da Mente Criadora (devido atividades quânticas em espiral dentro de espiral) conseguiram atrair, agregar, condensar, dissolver e assimilar diferentes Estados Excitados de Matérias, objetivando elevar suas consciências e formas ***em*** Si-mesmos.

O Mundo ou Estado de Matéria do Pensamento é o Mundo do Som[186], onde se encontram diferentes gradações de sons[187] que incidem

---

psíquicos são todos os dados descritivos de um pensamento, consciente ou semiconsciente, p.ex., sobre pessoa, data e local de eventos, conteúdo, forma, dimensão, espaço-tempo e outras informações nos processos psíquicos. Geram informações disponíveis sobre um sentimento voltado para uma pessoa, sejam os sentimentos extraídos de uma lembrança daquela pessoa ou situação (situação ocorrida, data da lembrança, formato, extensão do sentimento, se positivo, se negativo etc.). Metadados psíquicos geram informações com estruturas quânticas que auxiliam na descrição, identificação, gerenciamento, localização, compreensão e preservação do pensamento ou sentimento consciente e semiconsciente, além de facilitar a interposição de repositórios psíquicos no inconsciente.

[185] PRIGOGINE, Ilya. (2002) **As Leis do Caos**. Tradução Roberto Leal Ferreira, São Paulo: UNESP.
PRIGOGINE, Ilya. (1996) **O fim das certezas: tempo, caos e as leis da natureza**. [Título original: *La fin des La Certidudes: temps, chaos et les lois de la nature*. Tradução Roberto L. Ferreira] São Paulo: Universidade Estadual Paulista.

[186] LEWIS, Robert C. (1990) **The Sacred Word and its Creative Overtones**. 2ed. [A Student of The Rosicrucian Fellowship Teachings] Oceanside, California, USA.

[187] **Semibreve**: é a figura ou arquétipo musical de maior duração. Por esse motivo é tomada como Unidade na divisão proporcional dos valores. Assim sendo, a Semibreve é a única figura que compreende todas as demais: mínima; semínima; colcheia; semicolcheia; fusa e semifusa.

em diferentes estados de matérias mais densas nos seus respectivos espaços-tempos (devido atividades quânticas em espiral dentro de espiral); porém, o Estado de Matéria ou Mundo do Pensamento é dividido em duas Grandes Regiões: a Região Abstrata e a Região Concreta (diagrama I).

Na Região Abstrata, quando no início da terceira Revolução, após adaptação em novos espaços-tempos com diferentes Estados Excitados de Matérias, envoltos em diferentes gradações de sons, pouco a pouco, os Espíritos Virginais foram inseridos em diferentes sub-regiões. Todavia, foi quando a humanidade do Período de Saturno (os Senhores da Mente, as Hierarquias de Sagitário) entrou em atividade na metade da respectiva Revolução; onde se pode observar o início do intricado *processo psíquico-quântico subjetivo da psicologia da anima e animus*[188].

De forma gradual, do início até a metade de quaisquer Revoluções e Períodos Mundiais, os Espíritos Virginais procuram adaptar-se aos novos espaços-tempos com diferentes Estados Excitados de Matérias. Após esse período de adaptação são direcionados e inseridos em diferentes regiões e sub-regiões da respectiva Revolução, no referente Período Mundial (diagrama IV), para revitalizar os intricados *processos psíquico-quânticos subjetivos e objetivos na natureza da psique*, conforme analisado em "Psicologia da Anima e do Animus" (Cruz, 2022).

Da Dialética Subjetividade-Objetividade: a Região Abstrata do Pensamento - Hipótese da Psicologia Quântica da Anima e do Animus

Na Revolução de Saturno, no Globo "C" (diagrama III), observa-se na Região Abstrata do Pensamento (diagrama I), Ideias Germinais para a formação de Arquétipos durante o intrincado *processo psíquico-quântico subjetivo* pela harmonia de sons (Tabela 1 e diagrama V). No Mundo do Som, Ideias Germinais despertaram nos Espíritos Virginais (nos Egos) forças anímicas para criar os primeiros arquétipos ***em*** Si-mesmos, análogo aos "sólidos de Platão" em "*The Sacred Word*

[188] JUNG, Emma. (1997) **Animus e Anima**. Trad. Dante Pignatari, 1ed. [original: *Animus und Anima*], São Paulo: Cultrix.

and its Creative Overtones" (Lewis, 1990), congruente aos estudos e análises em "Os Arquétipos e o Inconsciente Coletivo" (Jung, 2016).

> O inconsciente coletivo é uma parte da psique que pode distinguir-se de um inconsciente pessoal pelo fato de que não deve sua existência à experiência pessoal, não sendo, portanto, uma aquisição pessoal. Enquanto o inconsciente pessoal é constituído essencialmente de conteúdos que já foram conscientes e, no entanto, desapareceram da consciência por terem sido esquecidos ou reprimidos, os conteúdos do inconsciente coletivo nunca estiveram na consciência e, portanto não foram adquiridos individualmente, mas devem sua existência apenas à hereditariedade. Enquanto o inconsciente pessoal consiste em sua maior parte de *complexos*, o conteúdo do inconsciente coletivo é constituído essencialmente de *arquétipos* (Jung, 2016, §87-110).

Na Região Etérea e na Região Química do Mundo Físico (diagrama I), cada pessoa desperta forças anímicas para criar *arquétipos* e *complexos*, análogos aos "sólidos de Platão", quando se observa na Tabela 3 – Tabela Periódica de Elementos. Através de diferentes matérias com diferentes densidades, quando em harmonia, criam diferentes formas, conforme analisado em "O Eu e o Inconsciente" (Jung, 2014).

> [...] A anima, sendo feminina, é a figura que compensa a consciência masculina. Na mulher, a figura compensadora é de caráter masculino e pode ser designada pelo nome de animus. Se não é simples expor o que se deve entender por anima, é quase insuperável a dificuldade de tentar descrever a psicologia do animus (Jung, 2014, §328).

Todavia, confirma a tese de C. G. Jung, quando relata que a separação da psicologia, da biologia é artificial porque a psique humana vive numa união indissolúvel com o corpo.

Consequentemente, ao tentar analisar a *psicologia do animus e da anima* somente pelo viés científico da emoção pode tornar-se complicado, pelo fato de que *estados emocionais quânticos* (da emoção *quantificada*[189]), também, são subjetivos e acessados de forma privilegiada a partir da perspectiva de primeira pessoa. Porque quando essas

[189] **Quantificação** (Fis.): A passagem da descrição clássica e contínua dum sistema para a descrição quântica, em que alguns observáveis só podem assumir os valores de um conjunto discreto; *quantização*.

emoções são arraigadas ou oprimidas[190] nesta interface quantificada podem desencadear ao suicídio, à depressão, à alienação ou aos eventos do *Apokalypsis* 13, por exemplo.

Assim, ao considerar a famosa frase humana do protocolo cerimonial do casamento, "o que Deus uniu o homem não separa", podemos analisar o que se apresenta em Gênesis 2:1-25, "[...] Então o Senhor Deus fez o homem cair em profundo sono e, enquanto este dormia, tirou-lhe uma das costelas, fechando o lugar com carne. Com a costela que havia tirado do homem, o Senhor Deus fez uma mulher e a trouxe a ele. Disse então o homem: 'Esta, sim, é osso dos meus ossos e carne da minha carne! Ela será chamada mulher, porque do homem foi tirada'. Por essa razão, o homem deixará pai e mãe e se unirá à sua mulher, e eles se tornarão uma só carne. O homem e sua mulher viviam nus e não sentiam vergonha."

Pelos postulados em "*The Rosicrucian Cosmo-Conception - Separation of The Sexes*" (Heindel, 2012, p. 267-268), quanto ao fato da separação dos sexos (da manifestação de um lado da força criadora), conforme tradução bíblica (Gênesis 1:26-31 e 2:21-24), mesmo pelas interpolações e erros de interpretação devemos considerar que na escrita hebraica antiga não tinha vogais. Por exemplo, se colocar a vogal "a" na palavra *tsd*: *tsad* significa *costela*. Quando colocadas vogais "e", "a" na mesma palavra *tsd*: *tseda* significa *lado*; portanto, modo psicológico temos o *lado anima* e o *lado animus*.

Modo psicológico, pelos postulados em "*The Rosicrucian Cosmo-Conception - Mixing Blood in Marriage*" (Heindel, 2012, p. 352-365), pode-se observar a heurística na sua aplicabilidade, *se positiva, se negativa*, pelas atividades da *anima* e do *animus* em muitas passagens na Bíblia Sagrada, Eclesiastes 8:17: "[...] então percebi tudo o que Deus tem feito. Ninguém é capaz de entender o que se faz debaixo do Sol. Por mais que se esforce para descobrir o sentido das coisas, o homem não o encontrará. O sábio pode até afirmar que entende, mas, na realidade não o consegue encontrar".

---

190 FREIRE, Paulo. (1987) **Pedagogia do Oprimido**. 17ed. São Paulo: Paz e Terra.

Em Gênesis 43:5, "Mas se não o enviares conosco, não iremos, porque foi assim que o homem falou: 'Não voltem à minha presença, a não ser que tragam o seu irmão'". Em Gênesis 3:12, "Disse o homem: 'Foi a mulher quc mc deste por companheira que me deu do fruto da árvore, e eu comi'".

Quando se observa a heurística[191] na sua aplicabilidade, *se positiva, se negativa* com base nas teorias de Freud[192] e conferir com as teorias de C. G. Jung, é possível ajuizar que o significado e a realidade do inconsciente coletivo[193] vai além da atual concepção científica, pois, ***ainda*** tenta atingir essa camada da psique em "Psicologia da Anima e do Animus" (Cruz, 2022), ao utilizar terapias clínicas obsoletas, p.ex., terapias de hipnose, PNL, imersão psíquica etc.

No Globo "C", na Região Abstrata do Mundo do Pensamento ou Estado de Matéria do Pensamento (diagrama I), na formação do intrincado *processo psíquico-quântico subjetivo da psicologia da anima e animus*, pela harmonia dos sons (Tabelas 1, 2 e 3), as Forças Abstratas despertaram nos Espíritos Virginais a energia psíquica[194]. Eles arquitetaram criar as primeiras Ideias Germinais, análogo ao "Mundo das Ideias" em "A República" (Platão, 1987). *A Ideia Germinal tornou-se a terceira essência assimilada para ulterior formação de arquétipos e*

---

[191] **Heurística e sua aplicabilidade positiva e negativa**: a capacidade heurística é uma característica humana. **Do lado positivo**, pode ser descrita como a arte de descobrir e inventar ou resolver problemas mediante a experiência (própria ou observada), somada à criatividade e ao pensamento lateral ou pensamento divergente. Como descrito acima, seja de forma deliberada ou não, heurísticas são procedimentos utilizados quando um problema a ser encarado é por demais complexo ou traz informações incompletas. Por ser inconsciente, é praticada sem que muitas vezes os indivíduos se deem conta do processo. No geral, pode ser considerada como um atalho aos processos mentais, sendo assim uma medida que preserva e conserva energia e os recursos mentais. A heurística pode funcionar efetivamente na maioria das circunstâncias em que é aplicada conscientemente. **Do lado negativo** é um processo geralmente aplicado de forma automática, inconsciente e, portanto, sujeito a inúmeros vieses e padronização de erros. Um exemplo de atalho mental aplicado dessa forma é o julgamento de um indivíduo com base no estereótipo do grupo ao qual pertence, o que em geral resulta em erros sistemáticos. Por ser uma forma automática, é muito difícil, mesmo para profissionais experientes, monitorá-la e às vezes até evitá-la (inclusive quando estão conscientes dela), dada à naturalidade com que, quando somos confrontados com questões de resolução difícil, perguntas e respostas heurísticas mais fáceis vem à mente. Especialmente se associadas a outras heurísticas ao longo do tempo, como a do afeto.

[192] FREUD, Sigmund Schlomo. (1996) **O Inconsciente.** [Ed. Standard Brasileira das Obras Psicológicas Completas de S.Freud, vol.15. original em 1915]. Rio de Janeiro: Imago.

FREUD, Sigmund Schlomo. (1961) **The Future of an Illusion**. Trad. James Strachey [Original: 1927, Londres: Standard Edition, XXI, The Hogarth Press] England.

FREUD, Sigmund Schlomo. (1996) **As Neuropsicoses de Defesa**. Rio de Janeiro: Imago. (Edição Standard Brasileira das Obras Psicológicas Completas de Sigmund Freud).

FREUD, Sigmund Schlomo. (1996) **Estudos sobre a Histeria**. Rio de Janeiro: Imago. (Edição Standard Brasileira das Obras Psicológicas Completas de Sigmund Freud).

FREUD, Sigmund Schlomo. (1996) **Neurose e Psicose.** In: Edição standard brasileira - obras psicológicas completas de Sigmund Freud. Rio de Janeiro: Imago.

FREUD, Sigmund Schlomo. (1979) **Sinopses da Edição Standard brasileira das Obras Psicológicas Completas de Sigmund Freud**. Trad. Helena Floresta de Miranda; Luiz Horácio da Matta. Rio de Janeiro: Salamandra.

[193] JUNG, C. G. (2012) **Os Arquétipos e o Inconsciente Coletivo**. Coleção OBRAS COMPLETAS, vol. 9/1. Rio de Janeiro: Vozes.

[194] JUNG, C. G. (1985) **A Energia Psíquica**. Da coleção OBRAS COMPLETAS Vol.VIII/1. 2ed. RJ: Vozes.

projeção quântica de conteúdos psíquicos e de conteúdos psíquico-quânticos.

Do início até a metade de cada Revolução e em qualquer Período Mundial (diagrama IV), de forma gradual, os Espíritos Virginais procuraram se adaptar aos novos espaços-tempos com diferentes Estados[195] Excitados[196] de Matérias. Após o período adaptativo foram inseridos em diferentes regiões e sub-regiões da respectiva Revolução e Período Mundial.

Pelos Sons das Forças Abstratas e das Ideias Germinais (diagrama I), por analogia, pode-se observar que as "figuras sonoras de Chladni" referem-se aos padrões geométricos formados numa camada fina de areia, talco etc. Essa camada de areia é depositada sobre uma placa de cristal, vidro ou metal, pois vibrando em diferentes frequências em "*The Sacred Word and its Creative Overtones*" (Lewis, 1990, p. 20), podemos analisar a formação do complicado *processo psíquico-quântico subjetivo*. Todavia, pelo "método socrático", nos livros VII e VIII em "A República – Livro VII" (Platão, 1987), em tese, se observa tentativas dos seres humanos de atingir o Mundo das Ideias.

> - Depois disto - prossegui eu - imagina a nossa natureza, relativamente à educação ou à sua falta, de acordo com a seguinte experiência. Suponhamos uns homens numa habitação subterrânea em forma de caverna, com uma entrada aberta para a luz, que se estende a todo o comprimento da gruta. Estão lá dentro desde a infância, algemado de pernas e pescoço, de tal maneira que só lhes é dado permanecer no mesmo lugar e olhar em frente; são incapazes de voltar a cabeça, por causa dos grilhões; servelhes de iluminação um fogo que se queima ao longe, numa eminência, por detrás deles; entre a fogueira e os prisioneiros há um caminho ascendente, ao longo do qual se construiu um pequeno muro, no gênero dos tapumes que

[195] **Conceito de estado na Mecânica Quântica**: a especificação de um sistema físico não determina unicamente os valores que experimentos fornecem para as suas propriedades (ou as probabilidades de se medirem tais valores, em se tratando de teorias probabilísticas). Além disso, os sistemas físicos não são estáticos, eles *evoluem* com o tempo, de modo que o mesmo sistema, preparado da mesma forma, pode dar origem a resultados experimentais diferentes dependendo do tempo em que se realiza a medida (ou a histogramas diferentes, no caso de teorias probabilísticas). Essa ideia conduz a outro conceito chave: o conceito de "estado". Um estado é uma quantidade matemática (que varia de acordo com a teoria) que determina completamente os valores das propriedades físicas do sistema associadas a ele num dado instante de tempo (ou as probabilidades de cada um de seus valores possíveis serem medidos, quando se trata e uma teoria probabilística). Em outras palavras, *todas as informações possíveis de se conhecer em um dado sistema constituem seu estado.*

[196] **Estado excitado** (Física): estado de um sistema em que a energia é superior à do estado fundamental.

> os homens dos <<robertos>> colocam diante do público, para mostrarem as suas habilidades por cima deles [...] (Platão, 1987, §508b-509c, §509d-511e).

Entre todos os diálogos de Platão, aquele que talvez sintetize com mais clareza o ponto central de sua filosofia tenha sido o *Timeu-Crítias*[197]. Nesta obra, Platão estabelece a famosa diferença entre o *mundo sensível* (o mundo, a região concreta no qual vivemos) e o *Mundo das Ideias - eidos*, em grego. Dentro da análise apresentada é preciso considerar que a *psique subjetiva* é para a *psique objetiva*, assim como a fisiologia é para a anatomia[198].

Quando no Globo "A" (diagrama III), os Espíritos Virginais ***ainda*** não tinham consciência ***de*** Si-mesmo (Gênesis 2 e 3), mas possuíam em *gérmen*, de forma latente (Tabela 3 - Tabela Periódica de Elementos), diferentes matérias com diferentes densidades.

Na ocasião, os Espíritos Virginais emitiram ***em*** Si-mesmos, seus primeiros acordes musicais (Tabela 1). Iniciou-se a *formação* das primeiras Ideias Germinais na *sétima região*, da Região Abstrata do Mundo do Pensamento (diagrama I). O som que vibra na matéria (Tabela 3) é o Som do Verbo, na sua *base formativa* (diagramas V e VI), com o auxílio do som das demais Hierarquias Criadoras (diagrama VII); tendo como orientação o som da nota chave dos Senhores da Chama, desde a primeira Revolução do Período de Saturno, no Globo "A".

Os sagitarianos (a humanidade do Período de Saturno), através de a particular nota chave (Fá Maior), em harmonia com o som do Verbo, auxiliaram os Egos (Espíritos Virginais) através da Força de Vida (do Estado de Matéria ou Mundo Interplanetário do Espírito de Vida). Eles assimilaram essa nota chave na segunda Revolução do Período de Saturno, no Globo "B". Todavia, ao serem inseridos em diferentes sub-regiões, na Região Abstrata do Mundo do Pensamento (análogo à natureza artificial de automação[199]), atraíram e agregaram diferentes estados

---

[197] PLATÃO. (2011) **Timeu-Crítias**. [Tradução do grego, introdução e notas Rodolfo Lopes]. 1ªed. Lisboa: Editor: Centro de Estudos Clássicos e Humanísticos.

[198] GUYTON, Arthur C.; HALL, John E. (2011). **Tratado de Fisiologia Médica** [recurso eletrônico]. (John Edward, 1946), John E. Hall. [tradução Alcides Marinho Junior ... et al.]. Rio de Janeiro: Elsevier.

[199] NASCIMENTO JR, C. L.; YONEYAMA, Takashi. (2004) **Inteligência Artificial em Controle e Automação**. Ed.Blucher. 1ed..P: FAPESP.

de matérias[200] abstrata, em *gérmen*, para que pudessem criar Ideias Germinais ***em*** Si-mesmos.

Pode-se observar o *fenômeno de sincronicidade* nesse particular processo quântico em "Sincronicidade - a dinâmica do inconsciente" (Jung, 2016, §818-871), que existe equivalência expressiva com o Mundo ou Estado de Matéria do Pensamento, com suas Regiões Abstrata e Concreta e estas com suas respectivas sub-regiões que se localizam em diferentes espaços-tempos; todavia, tendo como base o *conceito de espaço* e o *conceito de tempo* em "Crítica da Razão Pura" (Kant, 2001).

É um fator psicológico de extrema importância que devemos ter em larga consideração: o *fenômeno de sincronicidade*[201]. Essas regiões estão localizadas em diferentes espaços-tempos e em *sincronicidade* com a natureza da psique (*psique subjetiva* e *psique objetiva*). Observa-se que os Senhores da Mente (a humanidade do Período de Saturno, diagrama VII) cuja nota chave particular é Fá maior, com um bemol[202] (Tabelas 1), que auxiliaram os Espíritos Virginais a elevarem suas consciências, ***em*** Si-mesmos.

Por analogia, professores e educadores auxiliam estudantes a elevarem suas consciências em diferentes níveis na natureza acadêmica (primeiro e segundo graus, graduação, pós-graduação etc.). Ensinam como pensar de forma lógica e aplicar técnicas abstratas no mundo real e virtual, ou seja, através da realidade interna e externa pela teoria, laboratorial etc.

Quando avaliamos o *processo da neuropsicologia quântica com a teoria dos Condensados de Bose-Einstein*, que de forma bastante simplificada, pode-se inferir que o quinto estado da matéria (neste caso, constituída por bósons[203]) é obtido quando a temperatura chega a ser tão baixa (próximo de zero absoluto). Observa-se que nesse estado quântico as moléculas do sistema entram em "*collapsu*". Todavia, sabe-se que os Condensados de Bose-Einstein se caracterizam como aglome-

---

[200] CRUZ, A. J. G. (2022) **Psicologia da Anima e do Animus**. 1ª ed. São Paulo: Gonçalves Cruz.

[201] JUNG, C. G. (2012) **Sincronicidade - a dinâmica do inconsciente**. Col. OBRA COMPLETAS. 18ed.Vol.8/3. RJ: Vozes.

[202] **Bemol**: abaixa um semitom; Dobrado Bemol: abaixa dois semitons; Semitom: é o menor intervalo existente entre dois sons que o ouvido humano ocidental pode perceber e classificar.

[203] CRUZ, A. J. G. (2022) **Psicologia da Anima e do Animus**. 1ª ed. São Paulo: Gonçalves Cruz.

rado de partículas ultrafrias que admitem um único estado quântico. Os efeitos quânticos podem ser verificados em nível macroscópico, de modo que todos os átomos do sistema se comportam como um único e "grande átomo".

De forma concisa e sem apresentar definições matemáticas condizentes à estatística quântica, podemos caracterizar os Condensados de Bose-Einstein como o estado ou fase da matéria no qual os átomos encontram-se desprovidos de sua "individualidade", passando a admitir um mesmo *estado quântico fundamental*[204].

Por analogia, os estados quânticos de matérias observadas nos Condensados de Bose-Einstein constituem fatores psicológicos de extrema importância que devem ser levados em altíssima consideração, pois, tornou-se paradigma de processos básicos para projeções de conteúdos na natureza e nas camadas da psique, pelo *processo da dobra do tempo psíquico*. Assim, temos os *processos sincronísticos inconscientes* entre o corpo denso, o corpo vital e o corpo de desejos através da *triple sincronicidade da mente*, que une o *Eu Superior* (o Mundo Espiritual) e o *eu inferior* (o Mundo Físico, ver diagramas I e II), para que o triple Ego (*Eu Superior*) possa interagir com o seu triple arquétipo: a *personalidade*.

Nesses processos básicos os Espíritos Virginais iniciaram, ***em*** Si-mesmos, *a criação* de um *núcleo de matéria escura com energia escura*, onde armazenaram *metadados psíquicos*[205] de todas as suas experiências, de todas as Revoluções e de todos os Períodos Mundiais: o *átomo semente*[206]. Assim, desde o Período de Saturno, no Globo "A", temos a *progênie do átomo semente do corpo denso*, em *gérmen*, para

---

[204] **Estado quântico fundamental**: é o estado quântico de menor energia possível.

[205] **Metadados psíquicos**: são dados existentes na natureza da psique. Um caractere de um metadado psíquico pode dizer do que se trata aquele dado, geralmente é parte de uma informação inteligível no inconsciente pessoal recebida do inconsciente coletivo. Os metadados psíquicos facilitam o entendimento dos entrelaçamentos psíquicos e a utilidade dos dados para gerar informações. Metadados psíquicos são indispensáveis para a comunicação entre a *psique subjetiva* e *psique objetiva*, mas são inteligíveis também pelo *processo quântico do sono*. Metadados psíquicos são todos os dados descritivos de um pensamento, consciente ou semiconsciente, p.ex., sobre pessoa, data e local de eventos, conteúdo, forma, dimensão, espaço-tempo e outras informações nos processos psíquicos. Geram informações disponíveis sobre um sentimento voltado para uma pessoa, sejam os sentimentos extraídos de uma lembrança daquela pessoa ou situação (situação ocorrida, data da lembrança, formato, extensão do sentimento, se positivo, se negativo etc.). Metadados psíquicos geram informações com estruturas quânticas que auxiliam na descrição, identificação, gerenciamento, localização, compreensão e preservação do pensamento ou sentimento consciente e semiconsciente, além de facilitar a interposição de repositórios psíquicos no inconsciente.

[206] HEINDEL, Max. (1937) **The Rosicrucian Cosmo-Conception**. 27ed. [The Rosicrucian Fellowship, Oceanside, CA. 92058-2329. EUA, 1909, Renewed 1937] [L.N.Fowler & Co.,Ltd. 29 Ludgate Hill, London: England E. C. 4] Wood & Jones. Printers-Lithographers. Pasadena:USA. *Chapter XI – The Genesis and Evolution of Our Solar System,* ***pp.246-260***.

ulterior projeção quântica de forças arquetípicas e de arquétipos, de conteúdos psíquicos e de conteúdos psíquico-quânticos quando da formação da *psique objetiva*.

Conforme apresentado no início deste ensaio de psicologia, temos aqui a *hipótese da progênie da psique subjetiva*, na primeira Revolução do Período de Saturno, no Globo "A". Nesse *átomo semente*[207] foram quantizados conteúdos psíquicos referentes ao corpo denso, em *gérmen* (dos Globos "A" ao "G", diagramas III e IV) em todas as Revoluções e em todos os Períodos Mundiais, para depois projetar conteúdos psíquico-quânticos da *psique subjetiva* para a *psique objetiva*.

Modo psicológico, tendo os Condensados de Bose-Einstein como paradigma, ao analisar o diagrama I, na Região Abstrata do Mundo do Pensamento, pode-se verificar, por analogia, um aglomerado de partículas psíquicas "ultrafrias" atraídas de cada região e sub-região, em diferentes estados quânticos de matéria[208] e em diferentes espaços-tempos; todavia, ao serem agregadas agrupam-se e passam a admitir um mesmo *estado quântico fundamental*[209].

Por analogia, pela observação participante, dentro desse processo psíquico-quântico supõe-se que a mente esteja próxima duma natureza de "superfluidez topológica" e de "supercondutividade topológica[210]", porque estão num menor estado quântico possível, i.e., na base da natureza da psique humana: *na quarta região das Forças Arquetípicas*.

A observação participante é uma técnica que possibilita graus diversos de integração no grupo ou fenômeno observado e de sistematização dos procedimentos de recolha de informação, de acordo com os objetivos que o investigador estabelece para a sua investigação. Podem ser adaptados, particularmente, a fenômenos ou grupos de reduzida

---

[207] HEINDEL, Max. (1937) **The Rosicrucian Cosmo-Conception**. 27ed. [The Rosicrucian Fellowship, Oceanside, CA. 92058-2329. EUA, 1909] [L.N.Fowler & Co.,Ltd. 29 Ludgate Hill, London:England E. C. 4] Wood & Jones. Printers-Lithographers. Pasadena: USA. ***pp.247***.

[208] CRUZ, A. J. G. (2019) **C. G. Jung e os Condensados Bose-Einstein: Neuropsicologia Quântica**. 1ªed. São Paulo: Gonçalves Cruz.; ***Capítulo V - Estados Fundamentais de Matéria - Estados Físicos da Matéria***.

[209] **Estado quântico fundamental**: é o estado quântico de menor energia possível.

[210] **Topologia**: 1.Ramo da matemática que estuda certas propriedades das figuras geométricas. Entre essas propriedades estão aquelas que não variam quando as figuras são deformadas. A topologia não faz distinção entre uma esfera e um cubo, pois essas figuras podem ser transformadas, através de deformações, uma na outra. Mas a topologia distingue uma esfera de um toro, visto que essas figuras não podem ser deformadas de modo que uma se transforme na outra. 2. Psicologia topológica: Nome dado ao sistema de K. Lewin, cujos modelos descritivos foram tomados à teoria física dos campos e à topologia.

dimensão, pouco conhecidos e ou pouco visíveis, como é o caso dos *processos psíquico-quânticos inconscientes e semiconscientes que estão acontecendo com os atuais seres humanos*[211].

Por exemplo, pela observação participante, temos estudos pela perspectiva da supercondutividade topológica, o estudo da psicologia topológica[212], Kurt Lewin (1890-1947)[213], pois apresenta relevante contribuição para o desenvolvimento da neuroplasticidade ou plasticidade neuronal.

Com base nas ideias e postulados em "*The Rosicrucian Cosmo-Conception - Man and the Method of Evolution*" (Heindel, 2012, p. 87-146), pois observou as *Ideias Germinais* na natureza da psique. Essas *Ideias* são análogas às Forças do ***núcleo*** de um átomo, ao pesquisar a evolução da inteligência espiritual. Ao observar o diagrama III, Globo "C", ou seja, a Região Abstrata do Pensamento (ver diagrama I, regiões 1, 2 e 3) as *Ideias Germinais* são formadas pela *quantificação*[214], num ambiente de estados excitados[215] pelas Forças Anímicas e Forças Criadoras. Essa *quantificação* é aumentada com as respectivas essências assimiladas durante o *processo quântico subjetivo* no final de cada Revolução, ao iniciar a Noite Cósmica entre duas Revoluções (diagrama IV).

O objetivo de incluir hipótese da Noite Cósmica (diagramas III e IV) é uma tentativa de apresentar (a origem) a evolução da teoria das inteligências fluida e cristalizada, que veremos no decorrer deste capítulo. Portanto, essas *ideias acadêmicas* são análogas às hipóteses das

---

[211] JUNG, C. G. (1980) **Psicologia do Inconsciente**. Col. OBRA COMPLETAS. Petrópolis: Vozes.
JUNG, C. G. (1980) **Psicologia e Religião**. Da coleção OBRAS COMPLETAS. Vol.11/1. Rio de Janeiro: Vozes.
JUNG, C. G. (1984) **Psicologia e Alquimia**. Da coleção OBRAS COMPLETAS. Vol.12. Rio de Janeiro: Vozes.
JUNG, C. G. (1985) **A Energia Psíquica**. Da coleção OBRAS COMPLETAS Vol.VIII/1. 2ed. Rio de Janeiro: Vozes.
JUNG, C. G. (1998) **Aion – Estudos Sobre o Simbolismo do Si-mesmo**. Col. OBRA COMPLETAS. 5.ed. RJ: Vozes.
JUNG, C. G. (2012) **Os Arquétipos e o Inconsciente Coletivo**. Col. OBRA COMPLETAS, vol. 9/1. RJ: Vozes.
JUNG, C. G.; WILHELM, R. (1992) **O Segredo da Flor de Ouro**. 7ed. Petrópolis: Vozes.

[212] LEWIN, Kurt. (1973) **Princípios de Psicologia Topológica**. [Trad. original *Principles of Topological Psychology*, de 1936] Ed. Cultrix e Editora da Universidade de São Paulo.

[213] **Kurt Lewin** (1890-1947) foi um alemão-americano psicólogo, conhecido como um dos pioneiros modernos de sociais, organizacional e psicologia aplicada nos Estados Unidos (USA). Exilado da terra de seu nascimento, ele fez uma nova vida para si mesmo, na qual definiram a si mesmo suas contribuições dentro de três lentes de análise: pesquisa aplicada, pesquisa-ação e comunicação em grupo foram suas principais ofertas para o campo da comunicação. Lewin é frequentemente reconhecido como o "fundador da psicologia social" e foi um dos primeiros a estudar a dinâmica de grupos e o desenvolvimento organizacional. Uma pesquisa da *Review of General Psychology*, publicada em 2002, classificou Lewin como o 18º psicólogo mais citado do século XX.

[214] **Quantificação** (Fís.): a passagem da descrição clássica e contínua dum sistema para a descrição quântica, em que alguns observáveis só podem assumir os valores de um conjunto discreto; quantização.

[215] Estado excitado (Fís.): estado de um sistema em que a energia é superior à do estado fundamental.

Forças do ***núcleo*** de um átomo, ao pesquisar a evolução da inteligência psíquica, biológica e espiritual.

No ambiente acadêmico discute-se como a concepção de dois fatores gerais, denominados Inteligência Fluida e Cristalizada ou Gf-Gc, foi capaz de conciliar modelos de compreensão da inteligência, como os estudos desenvolvidos por Spearman[216], Thorndike[217] e Thurstone[218]. A princípio uma representação dicotômica da inteligência, o modelo Gf-Gc sofreu modificações desde a década de 1960. Sua versão mais recente conhecida como teoria das capacidades cognitivas de Cattell[219], Horn[220] e Carroll[221] (Cattell-Horn-Carroll). Conclui-se que a disseminação desta teoria poderá permitir que a inteligência seja representada, não por meio de uma capacidade única e estática, mas por múltiplas formas e passíveis de estimulação.

Portanto, as concepções desenvolvidas neste ensaio de psicologia sobre as inteligências intelectual, emocional e espiritual constituem como sendo atributos ou produtos do Ego[222] (pelos pensamentos da própria triplicidade do Ego), através da mente e das emoções geradas

---

[216] SPEARMAN, C. (1904) **General Intelligence**, Objectively Determined & Measured, American Journal of Psychology 15, 201- 293.
[217] THORNDIKE, R. M. (1997). **The early history of intelligence testing**. In D. P. Flanagan, J. L. Genshaft, & P. L. Harrison. (Orgs.), Contemporary Intellectual Assessment: theories, tests and issues (pp. 3-16). Nova York: Guiford.
THORNDIKE, R. L.; HAGEN E. P. (1977) **Measurement and Evaluation in Psychology and Education**. New York: Wiley.
[218] Louis Leon **Thurstone** foi responsável pela média padronizada e desvio padrão das pontuações de QI usadas hoje, em oposição ao sistema de Teste de Inteligência usado originalmente por Alfred Binet. Ele também é conhecido pelo desenvolvimento da escala de Thurstone. O trabalho de Thurstone em análise fatorial o levou a formular um modelo de inteligência centrado em "Habilidades Mentais Primárias" (PMAs), que eram fatores de grupo independentes de inteligência que diferentes indivíduos possuíam em graus variados. Ele se opôs à noção de uma inteligência geral singular que era fatorada nas pontuações de todos os testes psicométricos e era expressa como uma idade mental. Em 1935, Thurstone, junto com EL Thorndike e J.P. Guilford, fundou o periódico *Psychometrika* e a Psychometric Society, tornando-se o primeiro presidente da sociedade em 1936. As contribuições de Thurstone para métodos de análise fatorial provaram ser valiosas no estabelecimento e verificação de estruturas de fatores psicométricos posteriores e influenciaram os modelos hierárquicos de inteligência em uso em testes de inteligência como o WAIS e o moderno teste de QI Stanford-Binet. As sete habilidades mentais primárias no modelo de Thurstone eram *compreensão verbal*, *fluência verbal*, *facilidade com números*, *visualização espacial*, *memória associativa*, *velocidade perceptiva* e *raciocínio*.
[219] CATTELL, R. B. (1971). **Abilities: their structure, growth, and action**. Boston: Houghton Mifflin.
CATTELL, R. B. (1987). **Intelligence: its structure, growth and action**. Amsterdam: Elsevier.
CATTELL, R. B. (1998). **Where is intelligence? Some answers from the triadic theory**. In J. J McArdle & R. W. Woodcock (Orgs.), Human cognitive abilities in theory and practice (pp. 29-38). New Jersey: Erlbaum.
[220] HORN, J. L. (1985). **Remodeling old theories of intelligence: Gf-Gc theory**. In B. B. Wolman (Org.), Handbook of intelligence (pp. 267-300). Nova York: Wiley. HORN, J. L. (1991). **Measurement of intellectual capabilities: a review of theory**. In K. S. McGrew, J. K. Werder, & R. W. Woodcock (Orgs.), Woodcock Johnson technical manual (pp. 197-232). Chicago: Riverside.
HORN, J. L.; DONALDSON, G.; ENGSTROM, R. (1981). **Apprehension, memory and fluid intelligence decline in adulthood**. Research on Aging, 3, 33-84.
HORN, J. L.; NOLL, J. (1997). **Human cognitive capabilities: Gf-Gc theory**. In D. P. Flanagan, J. L. Genshaft & P. L. Harrison (Orgs.), Contemporary intellectual assessment: theories, tests, and issues (pp. 53-91). Nova York: Guilford.
HORN, J. L.; STANKOV, L. (1982). **Auditory and visual factors of intelligence**. Intelligence, 6, 165-185.
[221] CARROLL, J. B. (1993). **Human cognitive abilities: a survey of factor-analytic studies**. Nova York: Cambridge University Press.
CARROLL, J. B. (1997). **The three-stratum theory of cognitive abilities**. In D. P. Flanagan, J. L. Genshaft & P. L. Harrison (Orgs.), Contemporary intellectual assessment: theories, tests and issues (pp. 122-130). Nova York: Guilford.
CARROLL, J. B. (1998). **Human cognitive abilities: a critique**. In J. J. McArdle & R. W. Woodcock (Orgs.), Human cognitive abilities in theory and practice (pp. 5-23). New Jersey: Erlbaum.
[222] CRUZ, A. J. G. (2023) **Psicologia Esotérica: a Gênese e Topologia do Ego**. 1ª ed. São Paulo: Gonçalves Cruz.

pela personalidade (diagrama I); todavia, são partes dos estudos e investigações de centenas de pesquisadores (ver nas "Referências"), que ao longo da história definiram o que é ser inteligente para saber utilizar as inteligências intelectual, emocional e espiritual.

Atualmente é possível perceber evoluções no pensamento em muitas áreas, também tem sido elevada a necessidade de se repensar o que se entende por inteligência e por comportamento inteligente. Portanto, a verificação das relações entre cognição e emoção pode resultar no reconhecimento da capacidade do ser humano em lidar com seu mundo emocional de forma inteligente, compatível com seus objetivos, propósitos e metas de vida, de forma mais ampla e estruturada.

Quando na Região Abstrata do Pensamento, a consciência (em *gérmen*) dos Espíritos Virginais, gradualmente, foi sendo inserida em camadas de maior densidade que a anterior. Atingiu a sub-região mais profunda, na *atemporalidade da natureza da psique*, composta pela *quinta*, *sexta* e *sétima regiões* da Região Abstrata do Pensamento (diagrama I). Os estudos em "Psicologia e Alquimia - As Idéias de Salvação na Alquimia" (Jung, 2011, §332-400); em "A República" (Platão, 1987, §508b-509c, §509d-511e), bem como em "Crítica da Razão Pura – Estética Transcendental" (Kant, 2001, §2-6), auxiliam na compreensão destes assuntos.

Na Região Abstrata do Pensamento se expressa a origem ou progênie do terceiro aspecto espiritual, a obra alquímica no ser humano na *atemporalidade da natureza psíquica*:

- Na *sétima região*: atraíram, agregaram e aprenderam a criar *Ideias Germinais da forma mineral, vegetal, animal e humana.*
- Na *sexta região*: atraíram, agregaram e aprenderam a criar *Ideias Germinais da vida vegetal, animal e humana.*
- Na *quinta região*: atraíram, agregaram e aprenderam a criar *Ideias Germinais do desejo e da emoção dos animais e do ser humano.*

Quando na camada mais densa da *quinta região*, os Espíritos Virginais alcançaram a origem do terceiro aspecto Divino, ***em*** Si-mesmos, pois aprenderam a criar pensamentos a partir da ***Gênese do***

terceiro aspecto do tríplice Espírito: a Expressão do Poder do Espírito Santo no ser humano (diagrama I). A partir desse processo psíquico-quântico observa-se a formação do sistema Ego: o divino *processo da quantização do sistema Ego*. Observa-se a ***Gênese*** da estrutura divina[223] ***em*** Si-mesmo, o início do despertar da "Imagem e Semelhança de Deus" (Gênesis 1:26-27) no Inconsciente Coletivo da humanidade: a herança divina em "Os Arquétipos e o Inconsciente Coletivo" (Jung, 2016, §87-110).

Por analogia, dentro desse processo psíquico-quântico supõe-se que a mente esteja próxima duma natureza de "superfluidez topológica[224]" e de uma "supercondutividade topológica", porque os Espíritos Virginais estão no *maior estado quântico possível*, i.e., da verdadeira natureza do ser humano; todavia, quando se observa as *Ideias Germinais* na projetação quântica de conteúdos psíquicos e de conteúdos psíquico-quânticos, análogo a um *processo de neuroplasticidade quântica* ou *processo quântico de plasticidade neuronal*.

Ao observar o diagrama I, temos um análogo do "Eu Sou" na estrutura quântica da alquimia no *sistema da triplicidade do Ego* em "Psicologia e Alquimia - As Idéias de Salvação na Alquimia" (Jung, 2011, §332-400). Observa-se conteúdos psíquicos (nas interfaces do sistema Ego) agregados ao Espírito Divino, ao Espírito de Vida e ao Espírito Humano, para ulterior configuração da consciência ***em*** Si-mesmo, conforme postulados em "*The Rosicrucian Cosmo-Conception – Man and the Method Evolution*" (Heindel, 1937, p. 87-96).

Durante os processos quânticos nos Períodos Mundiais (diagrama IV), ao incorporarem esses conteúdos psíquicos (na interface de *alma consciente*, *alma intelectual* e *alma emocional*), o Ego passou a admitir um mesmo estado psíquico-quântico fundamental[225]: que é a *essência* dos átomos-sementes dos corpos (em *gérmen*) do sistema Ego.

---

[223] JUNG, C. G. (1998) **Aion – Estudos Sobre o Simbolismo do Si-mesmo**. Coleção OBRA COMPLETAS. 5.ed. Vol.V. Rio de Janeiro: Vozes.
JUNG, C. G. (2018) **Cartas de C. G. Jung – 1946-1955**. [Col. OBRAS COMPLETAS - 2002] 1.ed. vol.2. [1946-1955] Rio de Janeiro: Vozes***; pp.240-243***.

[224] LEWIN, Kurt. (1973) **Princípios de Psicologia Topológica**. [Trad. original *Principles of Topological Psychology*, de 1936] Ed. Cultrix e Editora da Universidade de São Paulo.

[225] **Estado fundamental** (Física): em um átomo ou num grupamento de átomos, a configuração correspondente à energia potencial mínima.

São diferentes estados de matérias que constituem a personalidade (diagrama I).

Ao analisar o parágrafo anterior, pode-se considerar que o próprio Ego se transformou em um sistema quântico; todavia, com diferentes estados excitados de matérias, pois, podemos observar nesses processos a ideação da projeção quântica de conteúdos psíquicos e de conteúdos psíquico-quânticos na criação de imagens arquetípicas na natureza da psique em "Sincronicidade – a dinâmica do inconsciente: os precursores da sincronicidade" (Jung, 2016, §906-936).

Esse método científico experimental teve o seu início nos primórdios da civilização humana, pois, menciona que os patriarcas viveram centenas de anos (ver Gênesis 5). Adão, Matusalém e os outros patriarcas não alcançaram pessoalmente tanta idade, mas viveram na consciência dos seus descendentes (através de imagens arquetípicas); os quais viam as vidas dos antepassados como se eles a tivessem vivido. Após o mencionado período, os descendentes já não pensavam que eram Adão ou Matusalém. A memória desses antepassados apagava-se e por isso se diz que morreram. Todavia, constata-se que a humanidade já estava inserida no *processo de neuroplasticidade quântica*, pois, formava imagens vivas na natureza da psique. A formação dessas imagens psíquicas foi analisada em "Sincronicidade – a dinâmica do inconsciente" (Jung, 2016).

> [...] Em todos estes casos e em outros semelhantes parece que há um conhecimento *a priori*, inexplicável causalmente e incognoscível na época em apreço. O fenômeno de sincronicidade é constituído, portanto, de dois fatores: 1) *Uma imagem inconsciente alcança a consciência de maneira direta* (literalmente) *ou indireta* (simbolizada ou sugerida) *sob a forma de sonho, associação ou premonição*; 2) *Uma situação objetiva coincide com este conteúdo*. Tanto uma coisa como a outra podem, por assim dizer, causar admiração. De que modo surgem a imagem inconsciente ou a coincidência? Entendo muito bem que as pessoas prefiram duvidar da realidade de tais coisas [...]. (Jung, 2016, §818-871).

Observando experimentos da "psicoastrologia" de Jung (2016, §872-905) em "Sincronicidade - a dinâmica do inconsciente", onde é possível verificar sua congruidade com os postulados em "*The Message of the Stars*" (Heindel; Foss Heindel, 2011, p. 03-29), pois temos dois grupos com três pares de signos em cada grupo. Os pares do primeiro grupo são Câncer⇔Capricórnio, Gêmeos⇔Sagitário e Touro⇔Escorpião. Nestes pares de signos podemos ler a história da evolução humana e da religião, no princípio, no meio e na última terça parte da Época Atlante.

No outro grupo temos Áries⇔Libra, Peixes⇔Virgem e Aquário⇔Leão, onde encontramos a chave para o desenvolvimento do ser humano durante diferentes Épocas ou Eras. Estes três pares estão divididos em três "Eras" distintas:

- *Era Ariana*: Áries⇔Libra, de Moisés até o Ministério de Cristo-Jesus.
- *Era de Peixes*: Peixes⇔Virgem, que abrange (aproximadamente) os últimos 2160 anos sob o regime do catolicismo.
- *Era de Aquário*: Aquário⇔Leão, aproximadamente, os 2160 anos que estão por vir. Este par de signos torna-se iluminado e vivificado pela precessão solar, para a elevação do Filho do Homem (*Apokalypsis* 12). Pelo nascimento do Cristo Interno em cada pessoa - o Leão de Judá (signo de Leo): na *condição* de Super-homem. Podemos observar essa *condição* conexa às ideias em "Assim Falava Zaratustra - O Homem Superior" (Nietzsche, 2002), onde observou aspectos que reforçam as teorias de C. G. Jung, com aspectos do drama contemporâneo[226] e com este postulado da *psicologia quântica da anima e animus*.

Como aludido, em cada etapa do processo quântico na Região Abstrata do Pensamento e nas respectivas sub-regiões (devido atividades quânticas em espiral[227] dentro de espiral), os Senhores da Mente (as Hierarquias de Sagitário, diagrama VII) direcionaram os Espíritos Virginais na sub-região mais profunda da *psique subjetiva*, na *atemporal quinta região*: na *gênese do terceiro aspecto do tríplice Espírito: a Expressão do Poder do Espírito Santo no ser humano* (diagrama I).

---

[226] JUNG, C. G. (1988) **Aspectos do Drama Contemporâneo**. Da coleção OBRAS COMPLETAS, Vol. X/2, Rio de Janeiro: Vozes.

[227] **Espiral** (Geom.): qualquer curva plana gerada por um ponto móvel que gira em torno de um ponto fixo, ao mesmo tempo em que dele se afasta ou se aproxima segundo uma lei determinada.

Mesmo na condição de *transe profundo*, desde o Globo "A" do Período de Saturno, os Espíritos Virginais tiveram acesso às Energias ou Forças Germinais constituídas pelos Elohim (o Espírito Santo), que expressam o Poder Anímico e a Mente Criadora nas duas criaturas autônomas do inconsciente humano: *anima* e *animus*; tendo como base as teorias em "O Eu e o Inconsciente" (Jung, 2014, §296-406), bem como os postulados em "*The Rosicrucian Cosmo-conception - Man and the Method of Evolution*" (Heindel, 2012, p. 87-146).

Pelas teorias e postulados apresentados, quando o Ego se manifesta como mulher ou homem, tem o polo masculino (*animus*) e o polo feminino (*anima*) nos processos inconscientes em "Psicologia e Alquimia - As Idéias de Salvação na Alquimia" (Jung, 2011, §332-400). Como a mulher está expressando conscientemente o seu lado feminino e não o outro, ela procura ter percepção do sexo oposto num homem (*animus*) para ativar o seu lado subconsciente, latente ou adormecido. O inverso é válido para o homem.

Portanto, devemos ter em mente que em cada renascimento (diagrama II) um dos dois arquétipos em "O Eu e o Inconsciente" (Jung, 2014, §339), tem sua autonomia no inconsciente pessoal: ora *anima*, ora *animus*. Assim, ajuizamos a *hipótese da psicologia quântica da anima e do animus*, cuja "raiz" dos conteúdos psíquicos e da formação dos arquétipos encontra-se nas camadas mais profundas das sub-regiões da Região Abstrata do Pensamento (na *psique subjetiva*) e da Região Concreta do Pensamento (na *psique objetiva*). Essas sub-regiões compõe ou forma *a natureza da psique*[228] em cada ser humano, conforme mostrado no diagrama I:

Psique subjetiva: observa-se que a *psique subjetiva* é composta pelas camadas e subcamadas da *Região Abstrata* do Mundo ou Estado de Matéria do Pensamento, sendo:

- *Quinta Região*: contém a *Ideia Germinal do desejo e da emoção* dos animais e do ser humano; é a Origem do terceiro aspecto do tríplice Espírito no ser humano, com suas sub-regiões, devido

[228] JUNG, C. G. (2000) **A Natureza da Psique**. Da coleção OBRAS COMPLETAS Vol.VIII/2. RJ: Vozes.

atividade quântica em espiral dentro de espiral; onde se Expressa o Poder do Espírito Santo, os Elohim.

- *Sexta Região*: contém a *Ideia Germinal da vida* vegetal, animal e humana, com suas sub-regiões, devido atividades quânticas em espiral dentro de espiral.
- *Sétima Região*: contém a *Ideia Germinal da forma* mineral, vegetal, animal e humana, com suas sub-regiões, devido atividades quânticas em espiral dentro de espiral.

Psique objetiva: observa-se que a *psique objetiva* é composta pelas camadas e subcamadas da *Região Concreta* do Mundo ou Estado de Matéria do Pensamento, conforme mostrado no diagrama I:

- *Primeira Região – Continental*: contém as *Forças Arquetípicas da Forma*, com suas sub-regiões, devido atividades quânticas em espiral dentro de espiral.
- *Segunda Região – Oceânica*: contém as *Forças Arquetípicas da vitalidade universal*, com suas sub-regiões, devido atividades quânticas em espiral dentro de espiral.
- *Terceira Região – Aérea*: contém as *Forças dos Arquétipos do desejo e da emoção*, com suas sub-regiões, devido atividades quânticas em espiral dentro de espiral.

Tendo como base na exposição metafísica do conceito de espaço e do conceito de tempo em "Crítica da Razão Pura" (Kant, 2001), ao analisar o diagrama I, pelo sistema quântico e pela *analogia dimensional* temos uma espécie de "ponte psíquica". Nela se "conecta" a Região Abstrata do Pensamento (a *psique subjetiva*), com a Região Concreta do Pensamento (a *psique objetiva*). Pela composição das duas grandes Regiões Abstrata e Concreta do Mundo do Pensamento temos o que Jung (2014) chamou de *a natureza da psique*.

Pela *dobra do tempo*[229] *psíquico*, nas *duas camadas da psique* (inconsciente coletivo e inconsciente pessoal) e nas *duas naturezas da*

[229] Nota do Autor: Tendo como base viagens através de dobra espacial, na Teoria da Relatividade de Albert Einstein, a qual afirma que as grandes massas de gravidade aglomeradas criariam fendas no espaço-tempo. Concentrariam não só massa e energia, mas o próprio tempo junto (já que o espaço e matéria estão intrinsecamente ligados ao tempo). Essas curvaturas seriam imperceptíveis aos nossos olhos, assim como a curvatura da Terra é para quem está nela. Essa teoria também sugere um universo multidimensional, com pelo menos 3 dimensões de espaço e

psique (subjetiva e a objetiva), podemos observar fenômenos de sincronicidade pelas projeções de conteúdos psíquicos entre "dois mundos". Assim, temos os *processos sincronísticos inconscientes* entre o corpo denso, o corpo vital e o corpo de desejos através da *triple sincronicidade da mente*, que une o *Eu Superior* (o Mundo Espiritual) e o *eu inferior* (o Mundo Físico, ver diagramas I e II), para que o triple Ego (*Eu Superior*) possa interagir com o seu triple arquétipo: a *personalidade*.

Essas projeções de conteúdos psíquicos entre a *Região Abstrata* e a *Região Concreta* do Pensamento (diagrama I), ocorrem através da "ponte" entre as duas camadas da psique. Podemos observar nesse *processo psíquico-quântico fenômenos de sincronicidade*[230], tendo como paradigma a teoria das pontes de Einstein-Rosen[231], quando se analisa pelas teorias de Hameroff (2016)[232], Kant (2001)[233], Libet (2004)[234] e de Minkowski (1995)[235].

Na tentativa de compreender melhor as sub-regiões da *psique subjetiva* e da *psique objetiva* podemos recorrer à analogia dimensional[236]. Pode-se tentar visualizar mentalmente a projeção quântica de conteúdos psíquicos e de conteúdos psíquico-quânticos das Regiões Abstrata e Concreta do Estado de Matéria ou Mundo do Pensamento que forma a *natureza da psique*, quando entenderemos melhor a constituição de arquétipos[237].

---

1 de tempo. Baseando-se nisso, a Teoria da Dobra Espacial sugere que aplicação de certa força poderia criar uma "ponte" entre duas partes dessa fenda por uma "quarta dimensão" e, assim, "dobraria" o espaço.

[230] JUNG, C. G. (2012) **Sincronicidade - a dinâmica do inconsciente**. Col. OBRA COMPLETAS. 18ed.Vol.8/3. RJ: Vozes.

[231] AFRIAT, A; SELLERI, F. (1999) **The Einstein, Podolsky, and Rosen Paradox**. [Springer Science Business Media New York 1999. Originally published by Plenum Press, New York in 1999] Softcover reprint of the hardcover, 1st.edition. New York.
BELL, J. S. (1964). **On the Einstein-Podolsky-Rosen Paradox**. Physics Vol.1, 195-200. Reproduzido em Wheeler & Zurek (1983), op. cit., pp. 403-8, e em Bell (1987), op. cit., pp. 14-21.

[232] HAMEROFF, S; PENROSE, R. (2016) **Consciousness in the Universe: An Updated Review of the "Orch OR" Theory**, in Biophysics of Consciousness: A Foundational Approach, eds. Roman R. Poznanski, Jack A. Tuszynski, Todd E. Feinberg, World Scientific, Chapter 14. 2016; Hameroff Penrose updated review of Orch OR chapter 14 Biophysics of Consciousness - Stuart Hameroff, Change the Music - Psychotherapy and Brain Vibrations, Vol 4 Issue 4, April 2016. http://quantumconsciousness.org/content/scholarly-journals.

[233] KANT, Immanuel. (2001) **Crítica da Razão Pura**. [Tradução do original alemão intitulado "*KRITIK DER REINEN VERNUNFT*"] Trad. Manuela Pinto dos Santos e Alexandre Fradique Morujão. 5ed. Lisboa: Fundação Colouse Gulbenkion; "**Da Exposição Metafísica do Conceito de Espaço - Da Exposição Metafísica do Conceito de Tempo**".

[234] LIBET, B. (2004) **Mind Time: the temporal factorin consciousness**. Cambridge: Harvard University Press.

[235] MINKOWSKI, Eugène. (1995) **O Tempo Vivido**. [Título original: *Le Temps Vecú*. 1933]. Paris: Quadrige/P.U.F.

[236] CRUZ, A. J. G. (2022) **Psicologia da Anima e do Animus**. 1ª ed. São Paulo: Gonçalves Cruz.

[237] JUNG, C. G. (2012) **Os Arquétipos e o Inconsciente Coletivo**. Col. OBRA COMPLETAS, vol. 9/1. Rio de Janeiro: Vozes.
EDINGER, E. F. (1995) **Ego e Arquétipo**. Trad. A. Ubirajara Sobral, 10ed. São Paulo: Cultrix.

Através de teorias e postulados, ressalta-se que a projeção quântica de conteúdos psíquicos[238] e de conteúdos psíquico-quânticos ocorre por meio da *Quarta Região das Forças Arquetípicas* (diagrama I), onde se concentram as Forças Arquetípicas e a *Mente humana*. É o ***foco*** através do qual se reflete o Espírito na matéria em "Psicologia e Alquimia - As Idéias de Salvação na Alquimia" (Jung, 2011, §332-400).

Por isso que a mulher (*anima* ⇔ Lua ⇔ Imaginação ⇔ Ideia) procura ter percepção do sexo oposto num homem (*animus* ⇔ Sol ⇔ Vontade ⇔ Logos) para ativar o seu lado subconsciente, latente ou adormecido. O inverso é válido para o homem. Com este embasamento percebemos a "infecundidade psíquica" que ocorre nos casamentos entre homossexuais[239], quando se analisa o matrimônio como sendo um "casamento psíquico" em "O Eu e o Inconsciente" (Jung, 2014, §296-406).

Entende-se por imaginação, que é a capacidade mental de criar e representar mentalmente objetos, ideias e cenários, seja através da manipulação de memórias ou da criação de coisas novas. É uma faculdade essencial para a criatividade, o desenvolvimento cognitivo e a resolução de problemas, envolvendo a manipulação de imagens, conceitos e conceitos abstratos. A imaginação está ligada à criatividade, à memória e aos sonhos, pois sua atuação no inconsciente e no consciente é importante tanto na compreensão da realidade quanto na fuga dela.

Conforme análise do *processo da psicologia quântica da anima e animus com a teoria dos Condensados de Bose-Einstein*, quando a admissão de um único *estado quântico fundamental*[240], podemos observar de modo que todos os átomos do sistema se comportam como um "único átomo". Assim observa-se como a *natureza da psique* e as *camadas da psique* torna-se uma só psique[241]. Devido atividades quânticas em espiral[242] dentro de espiral percebe-se que esse "único átomo" é dissolvido e assimilado para fazer parte da formação da consciência e

---

[238] RAMACHANDRAN, V.S.; ARMEL, K.C. (2003) **Projecting sensations to external objects: evidence from skin conductance response**. Proceedings of the Royal Society of London: Biological, n.270, pp.1499-1506.

[239] CRUZ, A. J. G. (2022) **Psicologia da Anima e do Animus**. 1ª ed. São Paulo: Gonçalves Cruz.

[240] **Estado fundamental** (Física): em um átomo ou num grupamento de átomos, a configuração correspondente à energia potencial mínima.

[241] JUNG, C. G. (2000) **A Natureza da Psique**. Da coleção OBRAS COMPLETAS Vol.VIII/2. RJ: Vozes.

[242] **Espiral** (Geom.): qualquer curva plana gerada por um ponto móvel que gira em torno de um ponto fixo, ao mesmo tempo em que dele se afasta ou se aproxima segundo uma lei determinada.

forma no sistema Ego; todavia, quando no processo quântico da configuração do zigoto, pelo *lado da forma*. Por outro lado, observa-se a configuração quântica da *alma consciente*, da *alma emocional* e da *alma intelectual*, pelo *lado da consciência*, em "*The Rosicrucian Cosmo-conception - Man and the Method of Evolution*" (Heindel, 2012, p. 87-146).

Na terceira Revolução do Período de Saturno, no Globo "C" (Região Abstrata do Pensamento), temos a *progênie do átomo semente*[243] *do corpo denso, para ulterior progênie e assimilação da Alma Consciente*; todavia, para a projeção quântica de conteúdos psíquicos e de conteúdos psíquico-quânticos subjetivos: *a Alma Consciente é a quintessência do átomo semente do corpo denso*. Nesse *átomo semente*, em *gérmen*, foram quantizados os conteúdos psíquico-quânticos referentes ao corpo denso que teve seu princípio, em *gérmen*, no Globo "A", no Estado de Matéria ou Mundo do Espírito Divino (diagrama III).

Dentro desse *processo psíquico-quântico subjetivo*, os sagitarianos (diagrama VII) inseriram os Espíritos Virginais na sub-região mais profunda da *quinta região*. Nessa Sagrada[244] e *atemporal quinta região*, eles entraram em harmonia com a origem do terceiro aspecto Divino no ser humano em "Psicologia e Alquimia - As Idéias de Salvação na Alquimia" (Jung, 1984, §332-400).

Pela Sagrada Atividade do Espírito Santo - os Elohim - através das duas entidades psíquicas e gêmeas, *anima* e *animus*, essa dual Força Espiritual foi dividida para expressarem-se como entidades autônomas em "O Eu e o Inconsciente" (Jung, 1984, §339). Apresentam-se na forma feminina (*anima*) e na forma masculina (*animus*), pela separação dos sexos em "*The Rosicrucian Cosmo-Conception – The Occult Analysis of Genesis*" (Heindel, 2012, p. 317-365).

---

[243] **Átomo semente**: é um arquétipo, pois, quando o Ego está em processo de renascimento, atrai diferentes estados de matérias e cria um arquétipo da sua nova forma física no segundo céu com a ajuda de Hierarquias criadoras. Este arquétipo é algo vibrante, vivo e luminoso com determinada força psíquica, proporcional e em simetria com a duração da sua vida na Terra.

[244] ELIADE, Mircea. (2002) **Mito e Realidade**. Trad. Pola Civelli. São Paulo: Perspectiva.

ELIADE, Mircea. (2000) **Nacimiento y Renaciminto, El significado de la iniciación en la cultura humana**. Trad. Miguel Portillo, Ed. Kairós [Título original: *BIRTH AND REBIRTH*. Harper San Francisco, a división of HarperCollins Publishcrs Inc.].

Todavia, esses eventos podem ser constatados em Gênesis 3:6-7: "[...]. A mulher, vendo que o fruto da árvore era bom para comer, de agradável aspecto e mui apropriado para abrir a inteligência, tomou dele, comeu, e o apresentou também ao seu marido, que comeu igualmente. Então os seus olhos abriram-se; e, vendo que estavam nus, tomaram folhas de figueira, ligaram-nas e fizeram cinturas para si. [...]."

Modo psicológico, a *anima* (a mulher), vendo que o fruto da árvore do conhecimento era bom para comer, de agradável aspecto e muito apropriado para abrir a inteligência, tomou dele, comeu e o apresentou também ao *animus* (seu marido), que comeu igualmente. Então os seus olhos (de *anima* e *animus*) abriram-se, ou seja, tornaram-se entidades psíquicas autônomas. Nesse espaço-tempo a personalidade (ver diagrama I) ainda não havia se formado integralmente, pois, faltava a parte material, o corpo denso, físico para se manifestar no Mundo Físico através dos sentidos em "O Eu e o Inconsciente" (Jung, 2014, §339).

Os Elohim têm sua Divina expressão na dual Força Espiritual através do inconsciente coletivo. Essa dual Força Espiritual se manifesta como força sexual ou força criadora na *anima* (na mulher) e no *animus* (no homem). Essa Sagrada Atividade faz o Ego crescer em consciência e forma, na configuração de duas criaturas autônomas no inconsciente pessoal, através de diferentes interfaces: ora *anima*, ora *animus* (diagrama II).

Nesse processo psíquico-quântico pode-se observar a *homeostase divina*, pois os Espíritos Virginais aprenderam a manifestar ***em*** Si-mesmos diferentes Estados Excitados de Matérias[245] e em diferentes espaços-tempos, as diferentes entidades (*anima* e *animus*) manifestando a dual força sexual.

Todavia, na *quarta região*, que também é atemporal, aprenderam a transformar a energia[246] da "Imagem e Semelhança" (Gênesis 1:26-27), análogo a transformação termodinâmica[247], como núcleo de diferentes matérias na *quarta região*, que é o ***foco***, através da qual a

[245] CRUZ, A. J. G. (2022) **Psicologia da Anima e do Animus**. 1ª ed. São Paulo: Gonçalves Cruz.
[246] JUNG, C. G. (1985) **A Energia Psíquica**. Da coleção OBRAS COMPLETAS Vol.VIII/1. 2ed. RJ: Vozes.
[247] VAN WYLEN, G. J.; SONNTAG, R. E.; BORGNAKKE, C. (1998) **Fundamentos da Termodinâmica**. 5ed. São Paulo: Edgard Blucher.

consciência humana, o Ego, pelo *fenômeno de sincronicidade*[248] se reflete como personalidade[249] na Região Química do Mundo Físico (diagrama I).

Esse *fenômeno de sincronicidade* nos direciona ao método e aos princípios da filosofia do pensamento, por René Descartes[250], que surgiram da *dúvida* do processo do pensar. A única coisa que ele não podia duvidar era da própria *dúvida* do seu pensamento. Assim surgiu a máxima do "Penso, logo existo", a tradução correta é (*Cogito, ergo sum*) "*Penso, portanto, sou*" (o triple Ego). Se eu *duvido* de tudo, o meu pensamento existe e se ele existe, eu também *existo* (o triple Ego *existe*). Nesse processo temos o *pensamento quantizado* pela triplicidade do Ego; todavia, é através da *Alma Consciente, Alma Emocional* e *Alma Intelectual* que constitui a *Triple Consciência do Ego.*

Assim sendo, o que podemos entender por conteúdo psíquico e conteúdo psíquico-quântico? Por exemplo, quando captamos um pensamento que foi pensado por outra pessoa, é porque esse pensamento vibra no mesmo tom (com um diapasão) com alguns dos nossos pensamentos, sejam eles benéficos ou maléficos. Quando esse pensamento é pensado por inúmeras pessoas, ele se torna quântico, pois, todos os pensamentos emitem luz, cor e som; todavia, todos esses atributos se mesclam e o pensamento torna-se *quantizado.*

Quanto aos vídeos apresentados, com base na *quantização de pensamentos*, é possível utilizar essas análises para discernir os fatos apresentados nos vídeos[251], pois, quando os pensamentos desses atores[252] foram pensados por inúmeras pessoas, eles se tornam quânticos;

---

[248] JUNG, C. G. (2012) Sincronicidad - **la dinámica del inconsciente.** TRABAJO COMPLETO CORONEL. 18ed. Vol.8/3. RJ: Vozes.

[249] **Personalidade** (Psicologia) é o conjunto de características psicológicas que determinam os padrões de pensar, sentir e agir, ou seja, a individualidade pessoal e social de alguém. A formação da personalidade é processo gradual, complexo e único a cada indivíduo. O termo é usado em linguagem comum com o sentido de "conjunto das características marcantes de uma pessoa", de forma que se pode dizer que uma pessoa "não tem personalidade"; esse uso, no entanto leva em conta um conceito do senso comum e não o conceito científico aqui tratado. **Personalidade** (Arquétipo) é o conjunto de veículos ou corpos que se interpõem e interatuam em diferentes dimensões compactas, para manifestar um conjunto de características psicológicas que determinam os padrões de pensar, sentir e agir, ou seja, a individualidade pessoal e social do Ego.

[250] DESCARTES, René. (1996) **Discourse on Method and Meditations on First Philosophy**. New Haven & London: Yale University Press. DESCARTES, René. (1988) **Selected Philosophical Writings**. Tradução J. Cottingham, R. Stoothoff, e D. Murdoch. Cambridge: Cambridge University Press.

[251] Jovem Pan News – PAULO GUEDES DIRETO AO PONTO 21.02.22 https://youtu.be/ljNFN6brVtl, acesso em 27.09.2022.

[252] Nota do Autor: Ator é uma função que uma pessoa ou um sistema externo desempenha quando interage com um sistema. Para entender totalmente o objetivo do sistema, você deve saber para quem é o sistema, isto é: Quem usará o sistema? A resposta para esta pergunta é: os Atores. Uma instância de um Ator pode ser um indivíduo ou um sistema externo, entretanto cada Ator fornece uma perspectiva única e importante do sistema que é compartilhada por todas as instâncias do Ator. **O que são Instâncias?** As instâncias de uma classe compartilham o mesmo conjunto de atributos, embora sejam diferentes quanto ao conteúdo desses atributos. Por exemplo, a classe "Empregado" descreve os

todavia, como sabemos, os pensamentos emitem luz, cor e som. E como esses atributos se mesclam, os pensamentos desses atores foram *quantizados*, tanto os pensamentos benéficos quanto os pensamentos maléficos.

Com base na teoria da mecânica quântica, *quantificar* é a passagem da descrição clássica e contínua dum sistema para a descrição quântica, em que alguns observáveis só podem assumir os valores de um conjunto discreto; *quantização*. Quando quantificamos qualquer pensamento, ora pensado, com alguns observáveis (luz, cor e som), ele é envolvido num estado quântico[253]; portanto, torna-se um pensamento quântico, ou pensamento quantizado com novos ***conteúdos psíquico-quânticos***. Todavia, muitas vezes nossos pensamentos não precisam ser *quantizados*, mas *revitalizados* pelo amadurecimento da ideia da própria pessoa que pensou aquele pensamento.

Sabe-se que o Espírito Santo, os Elohim (diagrama VI) é a Terceira e Grande Hierarquia Criadora[254] que contém ***em*** Si-Mesmo, Exaltados Poderes que emanam do Verbo, pois Cria e Expressa Sua Sagrada[255] Consciência (Omnisciência) no Terceiro Dia da Criação, conforme apresentado em Gênesis 1:28-31.

Todos os pensamentos, sentimentos e emoções dos seres humanos não têm origem exclusiva no e do Espírito Santo, mas através d'Ele (através das Hierarquias Criadoras aos Seus Divinos Serviços), porque

---

atributos comuns a todas as instâncias da classe "Empregado". Os objetos dessa classe podem ser semelhantes, mas variam em atributos tais como "nome" e "salário". A descrição da classe contém os itens correspondentes a esses atributos e define as operações ou ações relevantes para a classe, tais como "aumento de salário" ou "mudança do número de telefone". Pode-se então falar sobre uma instância com o nome "Joana Coelho" e outra com o nome "Maria José". Instância é a concretização de uma classe. Em termos intuitivos, uma classe é como um "molde" que gera instâncias de um certo tipo; um objeto é algo que existe fisicamente e que foi "moldado" na classe. **O que são Instâncias Judiciais?** Grau de jurisdição ou de hierarquia judiciária: juízo de primeira instância. O espaço de tempo dentro do qual a causa permanece no mesmo juízo onde é proposta, discutida e julgada definitivamente é chamada a 'instância'. Uma Ação Judicial pode ser julgada definitivamente, ou seja, até o trânsito em julgado, apenas na primeira instância, ou até a segunda instância, ou poder ir para instância superior, para instância de recurso extraordinário, em última instância ou mesmo em única instância.

[253] **Estado quântico** é qualquer estado possível em que um sistema mecânico quântico possa se encontrar. Um estado quântico plenamente especificado pode ser descrito por um vetor de estado, por uma função de onda ou por um conjunto completo de números quânticos para um dado sistema. Vetores de estado quântico, na interpretação mais comum da mecânica quântica, não têm realidade física. O que tem significado físico são as probabilidades que podem ser calculadas a partir deles e não os vetores em si. Ao estado quântico de menor energia possível dá-se o nome de **estado quântico fundamental**. Na física quântica, o estado quântico se refere ao estado de um sistema isolado. Um estado quântico fornece uma distribuição de probabilidade para o valor de cada observável, ou seja, para o resultado de cada medida possível no sistema. O conhecimento do estado quântico juntamente com as regras para a evolução do sistema no tempo esgota tudo o que se pode prever sobre o comportamento do sistema. Uma mistura de estados quânticos é novamente um estado quântico. Os estados quânticos que não podem ser escritos como uma mistura de outros estados são chamados estados quânticos puros, todos os outros estados são chamados de estados quânticos mistos.

[254] JUNG, C. G. (1983) **Interpretação Psicológica do Dogma da Trindade**. Coleção OBRAS COMPLETAS vol.XI/2. 2ed. Rio de Janeiro: Vozes.

[255] ELIADE, Mircea. (2000) **O Sagrado e o Profano - A Essência das Religiões**. Trad. Rogério Fernandes. Lisboa: Livros do Brasil.

todos os seres humanos manifestam seus sentimentos, emoções e pensamentos devido às Sagradas Atividades do Espírito Santo, dos Elohim (diagramas V, VI e VII). Todas as religiões de raças, de todas as raças na Terra têm origem na Expressão dos Arcanjos (dos Arcanjos que estão sob a Divina Atividade do Espírito Santo). Eles atuam através da *quinta, sexta e sétima regiões* do Mundo do Desejo (diagrama I), quando vivificam a mente humana através da Região Concreta do Pensamento (da *quarta região*), por meio do Inconsciente Coletivo. Portanto, *atualmente*, não é privilégio desta ou daquela religião[256], credo político etc., reivindicarem ser o "povo escolhido".

Modo psicológico, em hebraico, Elohim - אלהים - é um substantivo que se refere a Deus, cujo termo é usado na língua hebraica antiga e moderna. É analisado pelos estudiosos judeus como plural majestático (*pluralis majestatis*) ou de excelência (*pluralis excellentiæ*), expressando Grande Dignidade, traduzindo-se por "Elevadíssimo" ou "Altíssimo". Quando um termo é usado com várias acepções diz que há polissemia, p.ex., Elohim. Assim temos o Sagrado nome dos Elohim, pois, devido translações sofridas, no tempo e no espaço, tornou-se um conceito da área de linguística, mas especificamente da semântica (*semantiké*).

Podemos analisar que, quando fisicamente o ser humano vive num corpo feminino, *internamente* manifesta o polo masculino (*animus* ⇔ Sol ⇔ vontade ⇔ Logos) nos seus processos psíquico-quânticos inconscientes; portanto, assim como existem progressões e declínios solares, por analogia, também existem progressões e declínios psíquico-quânticos pela influência do Sol (através das sinapses química e elétrica, complexos etc.) por meio da conexão dos doze pares de nervos cranianos[257].

Quando vive como homem, *internamente* manifesta o polo feminino (*anima* ⇔ Lua ⇔ Imaginação ⇔ Ideia), nos seus processos psíquico-quânticos inconscientes; portanto, assim como existem progressões e declínios lunares, por analogia, existem progressões e declí-

---

[256] ELIADE, Mircea. (1983) **História das Crenças e das Idéias Religiosas**. Tomo I, II, III, Rio Janeiro: Zahar.

[257] SOBOTTA, Robert H. Johannes. (2000) **Atlas de Anatomia Humana**. trad. Wilma Lins Werneck: *Atlas de Anatomie des Menschen*. 21ed. atualizada. vols.I e II. Rio de Janeiro: Guanabara Koogan.

nios psíquico-quânticos pela influência da Lua (através das sinapses química e elétrica, complexos etc.) por meio da conexão dos doze pares de nervos cranianos.

Como a mulher está expressando conscientemente o seu lado feminino e não o outro, ela procura ter sinergia[258] com o seu oposto[259], um homem, para ativar o seu lado subconsciente (involuntário), latente, em busca de *homeostase psíquica*[260]. O inverso é válido para o homem. Assim, se observa a dinâmica do inconsciente pelas análises em "O Eu e o Inconsciente - anima e animus" (Jung, 2014).

> [...] O homem atribui a si mesmo, ingenuamente, as reações da sua anima, sem perceber que na realidade não pode identificar-se com um complexo autônomo; o mesmo ocorre na psicologia feminina, só que de um modo muito mais intenso, se é que isto é possível. A identificação com o complexo autônomo é a razão essencial da dificuldade de compreender e descrever o problema, sem falar de sua obscuridade e estranheza. Sempre partimos do pressuposto ingênuo de que somos os senhores em nossa própria casa. Deveríamos habituar-nos, no entanto, com a idéia de que mesmo em nossa vida psíquica mais profunda, vivemos numa espécie de casa cujas portas e janelas se abrem para o mundo: os objetos e conteúdos deste último atuam sobre nós, mas não nos pertencem [...]. (Jung, 2014, §296-406).

Elohim, este Sagrado Nome significa Hoste de Exaltados Seres, pois admite a coexistência de dois Princípios ou Forças. A primeira parte do nome "*Eloh*" é do gênero feminino, onde a letra "h" indica o gênero. Se houvesse intenção de indicar apenas um ser feminino poderiam usar a palavra "*Eloh*". Sabe-se que na escrita hebraica o plural feminino é formado com o sufixo "*oth*". Portanto, se houvesse intenção de indicar certo número de Deuses do gênero feminino, a palavra correta teria sido "*Elooth*". Todavia, em vez de qualquer destas duas formas, encontramos o plural masculino terminado em "*im*". Acrescentado à parte feminina "*Eloh*", indica Hoste de Exaltados Seres feminino-

---

[258] **Sinergia**: [Do gr. *synergía*, 'cooperação'.] 1.Fisiol. Ato ou esforço coordenado de vários órgãos na realização de uma função. 2.Associação simultânea de vários fatores que contribuem para uma ação coordenada. 3.Ação simultânea, em comum.

[259] JUNG, C. G. (1985) **Mysterium Coniunctionis**. Coleção OBRA COMPLETAS, vol. XIV/1 Rio de Janeiro: Vozes; p. 1-84.

[260] JUNG, Emma. (1997) **Animus e Anima**. Trad. Dante Pignatari, 1ed. [original: *Animus und Anima*], São Paulo: Cultrix.

masculino com dual Expressão de Energia ou Força Criadora: *Eloh* (polo positivo) + *im* (polo negativo) ⇔ *Elohim.*

Na última parte do versículo 27 (Gênese 1) alude-se novamente à pluralidade de Hierarquias Criadoras, quando se atribui as seguintes palavras aos "Elohim": "Deus criou o homem à sua imagem; criou-o à imagem de Deus, [...]". Depois parece ser contraditório acrescentar: "[...] criou o homem e a mulher", ou seja, Elohim os fez macho e fêmea (Gênesis 1:26-27). *Data vênia*, a psicologia de Alfred Adler (1870-1937), pelo "Princípio do Poder", por não ter analisado essa questão pela perspectiva psíquico-quântica espiritual do sistema Ego.

Todavia, além de outras passagens bíblicas, podemos observar em Mateus 19:1-30: "[...] Ele, porém, respondendo, disse-lhes: Não tendes lido que aquele que os fez no princípio macho e fêmea os fez, E disse: Portanto, deixará o homem pai e mãe, e se unirá à sua mulher, e serão dois numa só carne? Assim não são mais dois, mas uma só carne [...]."

Assim, dentro do possível, analisamos o princípio do *processo psíquico-quântico da anima e animus*, pela perspectiva psíquico-quântica espiritual. Todavia, dentro do algoritmo psíquico-quântico temos a *hipótese da progênie da anima e do animus na natureza da psique*. Os Elohim realizam a Sagrada Expressão no inconsciente coletivo através do Poder Anímico e da Mente Criadora, cujos poder (Sol⇔*animus*) e criação (Lua⇔*anima*) se manifestam como força sexual através do inconsciente pessoal, por meio das duas criaturas gêmeas e autônomas: *anima* (criação, concepção) e *animus* (vontade, impregnação).

Dentro dessa perspectiva e hipótese, com base em "O Eu e o Inconsciente - anima e animus" (Jung, 2014).

> [...] Por outro lado, não podem ser integrados à consciência enquanto seus conteúdos permanecerem desconhecidos. No entanto, a tentativa de explicação com eles deverá trazer à luz seus conteúdos; só quando esta tarefa for cumprida, isto é, só quando a consciência familiarizar-se suficientemente com os processos inconscientes refletidos na anima, esta última será percebida como uma simples função (Jung, 2014, §296-406).

Ao observar a *hipótese da progênie da anima e do animus na natureza da psique*, pela narração em Gênesis 2:21-25: "Então o Senhor Deus mandou ao homem um profundo sono; e enquanto ele dormia, tomou-lhe uma costela e fechou com carne o seu lugar. E da costela que tinha tomado do homem, o Senhor Deus fez uma mulher, e levou-a para junto do homem. 'Eis agora aqui, disse o homem, o osso de meus ossos e a carne de minha carne; ela se chamará mulher, porque foi tomada do homem'. Por isso o homem deixa o seu pai e sua mãe e se unir à sua mulher; e já não são mais que uma só carne. O homem e a mulher estavam nus, e não se envergonhavam."

No entanto, pelos postulados em "*The Rosicrucian Cosmo-Conception – The Occult Analysis of Genesis*" (Heindel, 2012, p. 317-365), quanto ao fato da separação dos sexos, conforme tradução bíblica (Gênesis 1:26-31 e 2:21-24), mesmo pelas interpolações e erros de interpretação devemos considerar que a escrita hebraica antiga não tinha vogais. Por exemplo, se colocar a vogal "a" na palavra *tsd*: *tsad* quer dizer *costela*. Quando colocadas vogais "e", "a" na mesma palavra *tsd*: *tseda* significa *lado*; portanto, modo psicológico temos o *lado anima* e o *lado animus*, conforme em Mateus 19:1-30: "[...] Assim não são mais dois, mas uma só carne [...]."

O arquétipo da anima representa os aspectos femininos que constitui uma parte do inconsciente coletivo dos homens (veja os diagramas I e II), ou seja, anima é o *lado* feminino do homem. É o seu *lado* emocional, intuitivo.

Pelos estudos de Freud, isso pode ser remetido à bissexualidade psíquica constitucional de todos os seres humanos, pois, essa mutação temporária (diagrama II) acontece na natureza da psique, quando se pode observar a progênie da homossexualidade, complexos e a entropia psíquica.

Assim, pela perspectiva espiritual apresentamos a *hipótese da bissexualidade do ser humano*. Também observamos a bissexualidade existente em outros seres viventes na natureza seja por necessidade temporária, ou pela sobrevivência da espécie.

Jung (1985) em "Fundamentos de Psicologia Analítica" considerou que todos são psicologicamente bissexuais, ou seja, temos um *lado masculino* (*animus*) e um *lado feminino* (*anima*). O *lado feminino* dos homens tem sua origem no inconsciente coletivo (as Forças Anímica de Elohim) e é muito resistente a se tornar consciente. Poucos homens se sentem tranquilos em reconhecer seu ***lado feminino***. Por isso exigem a derrubada de muitas barreiras psíquicas e um profundo mergulho em seu inconsciente, pois, para a grande maioria dos homens reconhecerem o *arquétipo da anima* é ainda mais difícil que conhecer o *arquétipo da sombra*.

Por isso, não veja os diversos livros da Bíblia Sagrada apenas como um conjunto de "livros religiosos", mas Livros que proporcionam conhecimento em diversas áreas: religião, antropologia (biológico e social), astronomia, astrologia, psicologia, pedagogia, física quântica, geofísica etc.

Ao contrário da ideia geralmente aceita, o Ego é bissexual. Se o Ego não se manifestasse pelo sexo ou força sexual, o corpo denso seria necessariamente assexuado; todavia, o corpo é apenas o símbolo externo, o arquétipo criado pelo tríplice Espírito residente.

O Ego não se manifesta através do sexo nos mundos internos. Nos planos internos ele se expressa como duas qualidades distintas: Vontade e Imaginação. A Vontade é o poder masculino e é aliado das forças solares. A Imaginação é o poder feminino e está sempre ligada às forças lunares. Isso explica a tendência imaginativa da mulher e o poder especial que a Lua exerce sobre o organismo feminino.

Essa ideia nos faz observar, quando a Terra e a Lua foram formadas e ainda faziam parte da grande Massa Ígnea Central, do protosol em "Astronomia e Astrofísica" (Oliveira Filho; Saraiva, 2013, p. 129-180). Nesse estágio o corpo do ser humano embrionário era maleável, plástico. Na Época Hiperbórea o ser embrionário era hermafrodito e se reproduzia por cissiparidade e por osmose.

Quando a Terra e a Lua estavam no processo quântico para serem ejetados do Sol, as forças dos dois luminares não encontraram a mesma expressão em todos os seres humanos. Alguns corpos tornaram-se mais favoráveis às forças solares e outros aderentes às forças lunares.

Contemplar os Elohim dentro duma abordagem antropológica em "Introdução - o Campo e a Abordagem Antropológicos" (Laplantine, 1995), os tradutores bíblicos diante desta simbólica, trataram-na como adjetivo polissêmico, fazendo-a equivaler à palavra no singular, neutra: "Deus". Podiam ter traduzido de outra forma, mesmo que soubessem?

Isso nos direciona à época do Rei Jaime, pois, era proibido perturbar as ideias existentes e o rei não desejava a verdade revelada a todo preço, mas a paz por qualquer preço. Seu único desejo, na época, foi evitar toda controvérsia que pudesse criar perturbações durante o seu reinado.

Contemplar os Elohim dentro duma abordagem psicológica origina outro relevante fator psicológico de extrema importância, que se manifesta em diferentes espaços-tempos, pelo *fenômeno de sincronicidade*[261] entre os signos de Sagitário⇔Gemini, no processo psíquico-quântico da *psicologia da anima e do animus*: quando se analisa o matrimônio como sendo um "casamento psíquico" em "O Eu e o Inconsciente - anima e animus" (Jung, 2014, §296-406).

Modo psicológico, se observa que a base do *matrimônio é a união psíquica entre anima e animus*; todavia, analisamos também a "infecundidade psíquica" do casamento entre pessoas homossexuais ou homoafetivas. Nessa etapa do processo a "infecundidade psíquica" se desdobra no comportamento espiritual, mental e social de cada sujeito, tendo como base os estudos e análises em "O Eu e o Inconsciente - anima e animus" (Jung, 2014).

> A anima, sendo feminina, é a figura que compensa a consciência masculina. Na mulher, a figura compensadora é de caráter masculino e pode ser designada pelo nome de animus. Se não é simples expor o que se deve entender por anima, é quase insuperável a dificuldade de tentar descrever a psicologia do animus" (Jung, 2014, §296-406).

[261] JUNG, C. G. (2012) **Sincronicidade - a dinâmica do inconsciente**. Col. OBRA COMPLETAS. 18ed.Vol.8/3. RJ: Vozes.

Diante da personificação psicológica dos opostos (Jung, 2015), podemos analisar a ação dos Senhores da Mente, os sagitarianos (a humanidade do Período de Saturno, diagrama VII) cuja nota chave particular é Fá maior, com um bemol[262]. Eles auxiliaram os Espíritos Virginais (*a formação do triple Ego*) na terceira Revolução do Período de Saturno e tiveram como prerrogativa elevar a *consciência* dos Espíritos Virginais ***em*** Si-mesmos. Para melhor compreender esse processo psíquico-quântico, podemos fazer analogia aos componentes da união em "*Mysterium Coniunctionis* - a personificação dos opostos" (Jung, 2015, §101-340).

O signo oposto de Sagitário é Gemini[263], os Gêmeos, cuja nota chave particular é Fá# Maior, com seis sustenidos[264] (diagrama VII e Tabela 1), que se manifesta na camada mais profunda da natureza da psique, na *psique subjetiva*; com "mente inferior", ou seja, quando iniciou sua "jornada" sua consciência estava num estado de *transe profundo*.

O signo de Gêmeos é regido por Mercúrio. A mente dos seres humanos é regida por Mercúrio; portanto, ressalta-se que a projeção quântica de conteúdos psíquicos e de conteúdos psíquico-quânticos ocorre por meio da *Quarta Região das Forças Arquetípicas* (diagrama I), onde se concentram as Forças Arquetípicas e a *Mente humana*; todavia, é o *foco* através do qual se reflete o Espírito na matéria, analisado em "Psicologia e Alquimia - As Idéias de Salvação na Alquimia" (Jung, 2011, §332-400), bem como analisado em "Psicologia da Anima e do Animus" (Cruz, 2022).

Por isso a mulher (*anima* ⇔ Lua ⇔ Imaginação ⇔ Ideia) procura ter percepção do sexo oposto num homem (*animus* ⇔ Sol ⇔

---

262 **Bemol**: abaixa um semitom; Dobrado Bemol: abaixa dois semitons; Semitom: é o menor intervalo existente entre dois sons que o ouvido humano ocidental pode perceber e classificar.

263 ALPHERAT. (1939) **Tratado de Astrologia: Construcción Científica del Horóscopo - Interpretacion**. Talleres Gráficos de Porter Hnos. Libreria Kier - Buenos Aires, Argentina; p.62.
PSICOLOGIA EXPERIMENTAL e CIÊNCIAS HERMÉTICAS. (1946) **Astrologia**. 6ed. Reg. Biblioteca Nacional sob nº3485. São Paulo: Pensamento.
3) HEINDEL; FOSS HEINDEL, A. (2011) **The Message of the Stars** [An Esoteric Exposition of Natal and Medical Astrology - Explaining the Arts of Reading the Horoscope and Diagnosing Disease by The Rosicrucian Fellowship] 20.ed. Oceanside, CA. USA.

264 **Sustenido**: eleva um semitom; Dobrado Sustenido: eleva dois semitons; Semitom: é o menor intervalo existente entre dois sons que o ouvido humano ocidental pode perceber e classificar.

Vontade ⇔ Logos) para ativar o seu *lado subconsciente*, latente ou adormecido. O inverso é válido para o homem.

Como observamos dentro desse complicado *processo psíquico-quântico subjetivo*, os sagitarianos inseriram os Espíritos Virginais na sub-região mais profunda da *quinta região*; todavia, nessa profunda e Sagrada[265] *quinta região*, que é atemporal, eles entraram em harmonia com a origem do terceiro aspecto Espiritual no ser humano (Jung, 2011), pois pelo Poder Atividade do Espírito Santo (os Elohim), através das duas entidades autônomas e gêmeas *anima* e *animus*.

Nesse processo psíquico-quântico, a dual Energia Espiritual (o Poder Anímico e a Mente Criadora) foi dividida em dual força sexual, conforme postulado em "*The Rosicrucian Cosmo-Conception – The Occult Analysis of Genesis*" (Heindel, 2012, p. 317-365).

Na respectiva Revolução do Período de Saturno (diagrama III, Globo "C"), observamos o princípio ou a causa da regência do signo de Gemini sobre as duas entidades gêmeas (*anima* e *animus*) ao criar Ideias Germinais ***em*** Si-mesmas (pelo caráter de rapidez no processo de assimilação).

Todavia, pela personificação dos opostos em "Mysterium Coniunctionis" (Jung, 2015), aprenderam a projetar conteúdos psíquico-quânticos[266] no inconsciente pessoal[267]; dentro da sua particular psicologia: ora no *processo psíquico-quântico do animus*, ora no *processo psíquico-quântico da anima*.

Com essa base psicológico (diagrama II), pelos tipos psicológicos[268] podemos perceber a "infecundidade psíquica" que ocorre nos matrimônios entre homossexuais, quando se analisa o matrimônio como "casamento psíquico", conforme as análises em "Sincronicidade – a dinâmica do inconsciente" (Jung, 2016, §906-987).

Pela "psicoastrologia" em "Sincronicidade" (Jung, 2016), se torna mais interessante, pois o signo de Sagitário pela triplicidade é um

---

[265] ELIADE, Mircea. (2000) **O Sagrado e o Profano - A Essência das Religiões**. Trad. Rogério Fernandes. Coleção Vida e Cultura. Lisboa:Livros do Brasil.

[266] RAMACHANDRAN, V. S.; ARMEL, K.C. (2003) **Projecting sensations to external objects: evidence from skin conductance response**. Proceedings of the Royal Society of London: Biological, n.270, pp.1499-1506.

[267] JUNG, C. G. (2012) **Os Arquétipos e o Inconsciente Coletivo**. Col. OBRA COMPLETAS, vol. 9/1. Rio de Janeiro: Vozes; *pp.51-62*.

[268] JUNG, C. G. (1981) **Tipos Psicológicos**. [1967] Trad. Álvaro Cabral. 1981. 4ed Rio de Janeiro: Zahar Editores.

signo de fogo e é regido por Júpiter[269]: o planeta da benevolência que busca Sabedoria ***em*** Si-mesmo. E Gêmeos pela triplicidade é um signo aéreo e é regido por Mercúrio[270]: o planeta da razão, da mente (ver diagrama I: *quarta região*), pois busca a razão da própria existência ***em*** Si-mesmo; portanto, "*Penso, portanto, sou*" (*Cogito, ergo sum*)[271].

Ao terminar a terceira Revolução do Período de Saturno, no Globo "C", os Espíritos Virginais foram transportados, em consciência, para diferentes espaços-tempos na Noite Cósmica entre os Globos "C" e "D".

Em resumo, esse processo quântico consiste em que todos os Estados de Matérias ou Mundos, após serem dissolvidos e assimilados - durante o processo quântico no Caos Primordial - os Espíritos Virginais foram transportados, ***em*** consciência, para outros espaços-tempos. Cujos espaços as anteriores *atividades quânticas subjetivas e objetivas* têm a mesma duração de espaço e de tempo de tudo que os antecedeu, como forma de preparo (análogo à epigênese[272]) para nova Revolução ou Período Mundial, em diferentes Estados Excitado de Matérias previamente preparadas pelas centenas de bilhões de Hierarquias Criadoras (diagramas V e VI).

Observa-se que não era necessário deslocar-se fisicamente para ir de um aos outros Mundos ou Estados de Matérias equidistantes, nem para ir de uma região para outra. Assim como em nosso corpo se encontram os sólidos, os líquidos e os gases interpenetrando-se uns aos outros (sem perderem suas individualidades), assim também estão as diferentes Regiões e sub-regiões de todos os outros Mundos ou Estados de Matérias. Logo entram em atividade na próxima Revolução ou Período Mundial dentro do mesmo esquema quântico, ou seja, análogo ao processo quântico do "Esquema Representativo da Semibreve" (Figura 3), porém em grau superior: sendo 1(um) grau em cada Período Mundi-

---

[269] HEINDEL; FOSS HEINDEL, A. (1973) **A Mensagem das Estrelas**. [título original: *The Message of the Stars*, by The Rosicrucian Fellowship] Oceanside, CA. EUA; *pp.166-181*.

[270] HEINDEL; FOSS HEINDEL, A. (1973) **A Mensagem das Estrelas**. [título original: *The Message of the Stars*, by The Rosicrucian Fellowship] Oceanside, CA. EUA. *pp.120-133*.

[271] DESCARTES, René. (1996) **Discourse on Method and Meditations on First Philosophy**. New Haven & London: Yale University Press.

[272] **Epigênese** (Fisiologia): teoria segundo a qual a constituição dos seres se inicia a partir de célula sem estrutura e se faz mediante sucessiva formação e adição de novas partes que, previamente, não existem no ovo fecundado; epigênese.

al, totalizando 7(sete) graus de crescimento da consciência e da forma, até atingir o Período de Vulcano (diagrama IV).

Nesse "Esquema Representativo da Semibreve", os Espíritos Virginais desde o início da respectiva Revolução, no Globo "A", tiveram que atingir, ***pelos próprios esforços***, determinado nível vibratório; onde elevaram o seu particular som ao nível necessário para que pudessem alcançar, ***em*** Si-mesmos, o som recebido dos Senhores da Chama e das demais Hierarquias (diagrama VII), i.e., na 64ª vibração da semibreve para não ficarem atrasados no processo quântico de *Evolução* (↑), no respectivo Período Mundial.

Quando todas as coisas em manifestação se transformam numa força ativa e homogênea que estabelece e conserva a Ordem Natural das Coisas, de tudo quanto existe, i.e., tudo é dissolvido e converte-se novamente no Caos Primordial: porque no "*Increatum*[273]" temos a expressão do Poder Anímico e da Mente Criadora.

É nesse processo divino e quântico que as Hierarquias Criadoras e os Espíritos Virginais, depois do processo psíquico-quântico de assimilação, ***em*** Si-mesmos, retornam do Caos Primordial, no Verbo (diagrama VI), conforme postulados em "*The Rosicrucian Cosmo-Conception - The Relation of Man to God*" (Heindel, 2012, p. 173-182).

A Formação da Consciência Tridimensional do Ego – parte 5
Globo D: Quarta Revolução Quântica do Período de Saturno
Formação do Inconsciente Coletivo e do Inconsciente Pessoal

Os processos quânticos analisados tornaram-se ainda mais interessante porque não estão destinados apenas às pessoas do Ocidente ou do Oriente, nem para determinada classe social, *são eventos reais e naturais, são processos psíquico-quânticos inconscientes e semiconscientes que estão acontecendo em todos os seres humanos, através de metadados psíquicos*, conforme analisado em "Psicologia e Alquimia – O Método" (Jung, 2011, §401-335).

---

[273] JUNG, C. G. (1984) **Psicologia e Alquimia**. Da coleção OBRAS COMPLETAS. Vol.12. Rio de Janeiro: Vozes, pp.329-337.

Temos os Condensados de Bose-Einstein, que por meio de postulados e teorias que se orientam para sistemas de normas práticas por antecipar características prováveis do objeto investigado e que vale, quer pela confirmação dessas características, quer pelo encontro de novos caminhos de investigação; no entanto, é preciso encontrar a verdade de razão[274] para dada hipótese; portanto, um caráter verdadeiramente científico deve ser livre de preconceitos.

Como observado pela psiquiatria, doenças mentais existem em pessoas que têm corpo[275]. Doenças mentais não são doenças de espíritos nem de anjos, são pessoas que têm corpo que possuem doenças; mesmo o corpo exercendo papel secundário; todavia, *a Neurobiologia, a Neuropsicologia e a Neuropsiquiatria ainda não podem precisar como as alterações ocorrem em termos mais profundos*.

É possível verificar que a medicina ocidental se inicia na Grécia Antiga, com Alcmeón ou Alcmeão de Crotona (século VI a.C.), sendo o primeiro a oferecer hipótese patológica desapegada de qualquer interpretação mitológica; todavia, quando o "Corpus Hipocrático" reelaborou seus fundamentos. Todavia, duas são as principais localizações do "poder humano", o *coração*, representado pelas teorias de Aristóteles e os estoicos e o *cérebro*, com base nas propostas de Platão, Pitágoras, Hipócrates e Alcmeón de Crotona (Caixeta, et al., 2012, p. 1-14).

O neuropsicólogo Alexander Luria (1973) indicou a existência de duas unidades funcionais no córtex cerebral: uma *receptora*, localizada posteriormente ao sulco central e a outra *executora*, situada em posição anterior ao sulco central (Fuentes et al., 2014, p. 29-46).

Ao tentar analisar a *psicologia do animus e da anima* somente pelo viés científico da emoção pode tornar-se complicado, pelo fato de que *estados emocionais quânticos* (da *emoção quantificada*[276]*)*, também, são subjetivos e acessados de forma privilegiada a partir da perspectiva de primeira pessoa. Porque quando essas emoções são arraiga-

---

[274] **Verdade de razão** (Filosofia): verdade necessária e cujo oposto é impossível.

[275] CRUZ, A. J. G. (2022) **Psicologia da Anima e do Animus**. 1ª ed. São Paulo: Gonçalves Cruz.

[276] **Quantificação** (Fis.): A passagem da descrição clássica e contínua dum sistema para a descrição quântica, em que alguns observáveis só podem assumir os valores de um conjunto discreto; *quantização*.

das[277] ou oprimidas[278] nesta interface quantificada podem desencadear à depressão, ao suicídio, à alienação social, aos eventos do *Apokalypsis* 13, por exemplo.

Por outro lado, é necessário entender que o ser humano não é um aglomerado aleatório de elementos biológicos. Que ocupa determinado espaço em algum tempo finito, num determinado planeta onde cria oportunidades para sobreviver durante uma única e curta vida, para depois ser descartado no crematório ou no cemitério. *Existe finalidade, propósito e meta na vida; por isso, passamos por transformações psíquico-quânticas para elevar nossa consciência e forma.*

Ao iniciar a quarta Revolução do Período de Saturno, no Globo "D" (diagrama III), os Espíritos Virginais foram inseridos nesse Globo-calor feito de matéria e energia escura, pois, era constituído por dentro e por fora somente por Espíritos Virginais. A nota musical "Fá" (do Verbo, diagramas V e VI) foi despertada na Noite Cósmica entre os Globos "C" e "D" e atingiu sua vibração máxima antes de iniciar a quinta Revolução do Período de Saturno, ou seja, entre os Globos "D" e "E".

Nota-se que o *processo quântico de Involução* (↓) tem sua "flecha do tempo[279]" na descendente, num processo gradativo de introdução ou incrustação; todavia, a partir dos Globos "A" (diagramas III e IV) nos Períodos de Saturno, Solar, Lunar e a metade do Período Terrestre, foi quando os Espíritos Virginais (com o auxílio e direção de exaltadas Hierarquias) começaram a reunir forças latentes. Elas atuam através do Poder Anímico e da Mente Criadora (devido atividades quânticas em espiral[280] dentro de espiral) para atrair, agregar, condensar, dissolver e assimilar diferentes Estados Excitados[281] de Matérias, como objetivo de elevar suas consciências e formas ***em*** Si-mesmos.

---

[277] FREUD, Sigmund Schlomo. (1996) **O Inconsciente.** [Ed. Standard Brasileira das Obras Psicológicas Completas de S.Freud, vol.15. original em 1915]. Rio de Janeiro: Imago.

[278] FREIRE, Paulo. (1987) **Pedagogia do Oprimido**. 17.ed. São Paulo: Paz e Terra.

[279] PRIGOGINE, Ilya. (2002) **As Leis do Caos**. Tradução Roberto Leal Ferreira, São Paulo: UNESP.
PRIGOGINE, Ilya. (1996) **O fim das certezas: tempo, caos e as leis da natureza**. [Título original: *La fin des La Certidudes: temps, chaos et les lois de la nature*. Tradução Roberto L. Ferreira] São Paulo: Universidade Estadual Paulista.

[280] **Espiral** (Geom.): qualquer curva plana gerada por um ponto móvel que gira em torno de um ponto fixo, ao mesmo tempo em que dele se afasta ou se aproxima segundo uma lei determinada.

[281] **Estado excitado** (Física): estado de um sistema em que a energia é superior à do estado fundamental.

O Mundo ou Estado de Matéria do Pensamento é o Mundo do Som. No Período de Saturno, no Globo "D", na Região Concreta do Pensamento, foi onde se localizavam matérias mais densas, mais pesadas nos seus respectivos espaços-tempos (devido atividades quânticas em espiral dentro de espiral). O Mundo do Pensamento divide-se em duas Grandes Regiões: a Região Abstrata e a Região Concreta do Pensamento (diagramas I e III).

No *universo subatômico*[282], o comportamento da matéria exibe padrões muito discrepantes daqueles observados numa escala macroscópica, nos quais os princípios da mecânica clássica de Newton não são mais capazes de descrever de forma coesa os fenômenos físicos. No nosso escopo, a matéria passa a apresentar o denominado "comportamento quântico" (com sua peculiaridade ou idiossincrasia psicológica[283]), no qual, ao invés de partículas, as ondas eletromagnéticas representam os componentes que mais plausivelmente descrevem as idiossincrasias físicas[284].

Embora não seja usual a verificação de exibições macroscópicas da natureza quântica da matéria na conjuntura cotidiana, existem determinadas circunstâncias em que isto pode se efetivar. A ocorrência dos Condensados de Bose-Einstein[285] em cooptação aos fenômenos da superfluidez e da supercondutividade, de forma geral, configura-se como verdadeiros paradigmas neste sentido. Podemos estar diante da superfluidez topológica e da supercondutividade topológica na natureza

---

[282] **Universo subatômico**: em física, partícula subatômica é a designação genérica daquelas cujas dimensões são muito menores que as de um átomo. Entre as partículas subatômicas, existem determinadas denominações, que foram escolhidas para designar os números quânticos. O conhecimento das propriedades dessas partículas deu-se a partir do final do século XIX. No decorrer do século XX, foi comprovada a existência de aproximadamente 200 destes corpúsculos. Neste período, foram descobertas muitas das leis que governam as inter-relações e interações entre essas partículas, as forças e campos que regem o Universo. Sua quantidade e complexidade levaram ao desenvolvimento de formulações matemáticas cada vez mais complexas, na tentativa de predizer seu comportamento. Atualmente, os estudiosos, através de exercícios teóricos e experimentos práticos, buscam teorias para unificar e simplificar o estudo da estrutura universal, cujo tecido se desdobra a cada nova descoberta. Os físicos que descobriram alguns desses pequenos elementos utilizaram nomenclaturas que podem ser consideradas ou soar estranhas. Porém, analisando mais profundamente, observaremos que os quarks, por exemplo, chamados de: quark top; quark bottom; quark strange, quark charm, têm razões para receberem estes nomes. Estas nos dão uma ideia aproximada das propriedades singulares desses corpúsculos, cujas dimensões são inferiores à do átomo. Partículas alfa que, resumidamente, assemelha-se com o núcleo de hélio emitido em um processo radioativo; partícula beta, elétron ou pósitron emitido num processo de desintegração nuclear, possuidor de energia cinética; íons; elétrons, os prótons; etc. Classificam-se, também, as partículas elementares, aquelas que se supõe fazerem parte do conjunto de constituintes fundamentais da matéria; estas são caracterizadas por um conjunto de números quânticos: massa; isospin; spin; paridade; carga elétrica; número leptônico; número bariônico; estranheza; (incluem-se nesta classe os léptons; os mésons; os bárions; o fóton, os bósons W e Z e as respectivas antipartículas).

[283] **Idiossincrasia psicológica:** é o conjunto de elementos cuja combinação dá o temperamento e o caráter individual. É a particularidade psíquica de um indivíduo, o seu tipo psicológico. **Idiossincrasia farmacológica** significa intolerância e diferentes reações do organismo a determinadas substâncias medicamentosas, que também afeta a psíquica do sujeito.

[284] **Idiossincrasia física**: maneira própria de ver, sentir, reagir, de cada indivíduo.

[285] **Quantum Made Simple**: https://toutestquantique.fr/condensation-de-bose-einstein/. Acesso em 14.09.2025.

da psique, pois pode reestruturar todo o entendimento da Psicologia da Anima e do Animus.

Portanto, o que foi apresentado no parágrafo anterior, bem como desenvolvido no ensaio de psicologia em "Psicologia da Anima e do Animus" (Cruz, 2022), que tem sua base de entendimento nos estudos e análises em "A Natureza da Psique: V - Determinantes Psicológicas do Comportamento Humano" (Jung, 2014).

> A alma humana vive unida ao corpo, numa unidade indissolúvel, por isto só artificialmente é que se pode separar a psicologia dos pressupostos básicos da biologia e, como esses pressupostos biológicos são válidos não só para o homem, mas também para todo o mundo dos seres vivos, eles conferem aos fundamentos da Ciência uma segurança que supera os do julgamento psicológico que só tem valor na esfera da consciência. Por isso não deve causar surpresa que os psicólogos se sintam inclinados a retornar à segurança do ponto de vista biológico e utilizem a teoria dos instintos e da fisiologia. Também não é de espantar a existência de uma opinião largamente difundida que considera a psicologia meramente como um capítulo da fisiologia. Embora a psicologia reclame, e com razão, a autonomia de seu próprio campo de pesquisa, ela deve reconhecer uma extensa correspondência de seus fatos com os dados da biologia. [...]" (Jung, 2014, §232-234).

Dentro da mesma ideia acima, como logística temos a Psicologia Esotérica[286] quando o psicólogo se deparar com algum problema da psicologia moderna. A base desse entendimento, também, é explicada em "A Natureza da Psique - o problema fundamental da psicologia moderna" (Jung, 2014).

> [...] **Fiz as seguintes reflexões, numa tentativa de resolver este problema: o conflito entre natureza e espírito não é senão o reflexo da natureza paradoxal da alma: ela possui um aspecto físico e um aspecto espiritual que parecem se contradizer mutuamente, porque, em última análise, não compreendemos a natureza da vida psíquica como tal**. Todas as vezes que o intelecto humano procura expressar alguma coisa que, em última

[286] CRUZ, A. J. G. (2020) **Fundamentos de Psicologia Esotérica**. 1ª ed. São Paulo: Gonçalves Cruz.

análise, ele não compreendeu nem pode compreender, ele deve expor-se, se é sincero, a uma contradição, deve decompô-la em seus elementos antitéticos, para que possa captar alguns de seus aspectos. O conflito entre o aspecto físico e o aspecto espiritual apenas mostra que a vida psíquica é, em última análise, qualquer coisa de incompreensível. É, sem dúvida alguma, nossa única experiência imediata. **Tudo o que eu experimento é psíquico**. A própria dor física é uma reprodução psíquica que eu experimento. Todas as percepções de meus sentidos que me impõem um mundo de objetos espaciais e impenetráveis são imagens psíquicas que representam minha experiência imediata, pois somente eles são os objetos imediatos de minha consciência. Minha psique, com efeito, transforma e falsifica a realidade das coisas em proporções tais, que é preciso recorrer a meios artificiais para constatar o que são as coisas exteriores a mim; é preciso constatar, por ex., que um som é uma vibração do ar de uma certa freqüência e que uma cor é determinado comprimento de onda da luz. No fundo estamos de tal modo envolvidos em imagens psíquicas, que não podemos penetrar na essência das coisas exteriores a nós. Tudo o que nos é possível conhecer é constituído de material psíquico. A psique é a entidade real em supremo grau, porque é a única realidade imediata. **É nesta realidade, a realidade do psíquico, que o psicólogo pode-se apoiar** [...]. (Jung, 2014, §649-689).

Da Dialética Subjetividade-Objetividade: a Região Concreta do Pensamento - Hipótese da Psicologia Quântica da Anima e do Animus

Na Revolução de Saturno, no Globo "D" (diagrama III), pode-se observar na Região Concreta do Pensamento a formação de arquétipos[287], pela concepção de Ideias Germinais no Globo "C", durante o intrincado *processo psíquico-quântico subjetivo* pela harmonia de sons (Tabelas 1, 2 e 3). No Mundo do Som, as Ideias Germinais despertaram nos Egos (nos Espíritos Virginais) forças anímicas para criar os primei-

[287] HEINDEL, Max. (2011) **Compiled Information Concerning Archetypes**. [From the writings of Max Heindel Second Edition Collected Works]. *The Rosicrucian Fellowship*, Oceanside, CA. 92058-2329. USA.

ros arquétipos ***em*** Si-mesmos, análogo aos "sólidos de Platão" em "*The Sacred Word and its Creative Overtones*" (Lewis, 1990), congruente às teorias em "Os Arquétipos e o Inconsciente Coletivo" (Jung, 2016, §148-198).

Todavia, é quando se observa as Tabelas 1, 2 e 3 e as unifica com as análises em "O Eu e o Inconsciente" (Jung, 2014).

> [...] A anima, sendo feminina, é a figura que compensa a consciência masculina. Na mulher, a figura compensadora é de caráter masculino e pode ser designada pelo nome de animus. Se não é simples expor o que se deve entender por anima, é quase insuperável a dificuldade de tentar descrever a psicologia do animus (Jung, 2014, §328).

Devemos ter sempre em mente que cada uma das duas figuras crepusculares, *anima* e *animus* em "O Eu e o Inconsciente" (Jung, 2014, §339), têm sua autonomia no inconsciente. Assim analisamos a *hipótese da psicologia quântica da anima e do animus* pelas projeções quânticas de conteúdos psíquicos e de conteúdos psíquico-quânticos no inconsciente pessoal. A raiz dos conteúdos psíquicos é originária das camadas mais profundas das sub-regiões da Região Abstrata do Pensamento (*psique subjetiva*) e da Região Concreta do Pensamento (*psique objetiva*), pois compõem a totalidade da natureza da psique. Tema desenvolvido no ensaio escrito em "Psicologia da Anima e do Animus" (Cruz, 2022).

Através das Regiões Abstrata e Concreta do Pensamento, pela sincronicidade dessas regiões, Jung (2016), pode-se observar a formação de arquétipos[288], pois ambas as regiões apresentam como fatores responsáveis pela organização dos processos psíquico-quânticos Ideias Germinais e Forças Arquetípicas. Todavia, *através do despertar das Forças Arquetípicas iniciou-se a projeção quântica de conteúdos psíquicos e de conteúdos psíquico-quânticos por meio do Verbo, pelo Poder da Palavra*, Gênesis 2.

Observa-se nos diagramas I e VI que as *Forças Arquetípicas* são emanadas do Poder do Verbo: o Som do Poder da Palavra, do Lo-

[288] HEINDEL, Max. (2011) **Compiled Information Concerning Archetypes**. [From the writings of Max Heindel Second Edition Collected Works]. *The Rosicrucian Fellowship*, Oceanside, CA. 92058-2329. USA.

gos, que produz Vida e Forma em toda a matéria do Mundo ou Estado de Matéria do Pensamento (composto pelas Regiões Abstrata e Concreta), pois, é o Mundo do Som, conforme relatado em Gênesis 2:19-25: "Tendo, pois, o Senhor Deus formado da terra todos os animais dos campos, e todas as aves dos céus, levou-os ao homem, para ver como ele os havia de chamar; e todo o nome que o homem pôs aos animais vivos, esse é o seu verdadeiro nome. O homem pôs nomes a todos os animais, a todas as aves dos céus e a todos os animais dos campos; mas não se achava para ele uma ajuda que lhe fosse adequada. Então o Senhor Deus mandou ao homem um profundo sono; e enquanto ele dormia, tomou-lhe uma costela e fechou com carne o seu lugar. E da costela que tinha tomado do homem, o Senhor Deus fez uma mulher, e levou-a para junto do homem. 'Eis agora aqui, disse o homem, o osso de meus ossos e a carne de minha carne; ela se chamará mulher, porque foi tomada do homem.' Por isso o homem deixa o seu pai e sua mãe para se unir à sua mulher; e já não são mais que uma só carne. O homem e a mulher estavam nus, e não se envergonhavam."

Jean Piaget (1896-1980) por volta do ano 1926, interessado em pesquisar as representações infantis sobre fenômenos da realidade, realizou entrevistas com crianças para verificar como elas diferenciariam, ou não, o mundo subjetivo do mundo objetivo; todavia, Piaget identificou duas importantes características do pensamento infantil: *o realismo, que é uma forma de atribuir características da realidade a fatos subjetivos, como ao acreditar que os nomes das coisas existiriam em seu interior, como uma propriedade física delas*. Por analogia, esse fenômeno é encontrado em diferentes épocas e em diferentes contextos, Gênesis 2:19-25: "*Tendo, pois, o Senhor Deus formado da terra todos os animais dos campos, e todas as aves dos céus, levou-os ao homem, para ver como ele os havia de chamar;* [...]."

Assim como notamos na primitiva humanidade, por analogia, pelos estudos em "O Juízo Moral na Criança" (Piaget, 1994), podemos observar essa fenomenologia na criança, desde a sua primeira infância, quando se observa as categorias lógicas relativas à construção do "real" (da realidade): o objeto, o espaço, a causalidade e o tempo. Ao tratar dessa construção como necessária à adaptação do sujeito ao mundo, ele afirma que ela se dá de forma recíproca entre sujeito e objeto, ou seja, que o sujeito organiza (e percebe) o mundo ao mesmo tempo em que se organiza (e se percebe) a si próprio.

Por outro lado, pela psicologia analítica, pode-se entender a sincronicidade psíquica e espiritual[289], quando na formação de arquétipos; todavia, é preciso entender como as imagens arquetípicas são formadas (diagrama I) desde a sua manifestação na fase intrauterina, quando se analisa a natureza da psique do sujeito em "Sincronicidade – a dinâmica do inconsciente" (Jung, 2016).

> Em todos estes casos e em outros semelhantes parece que há um conhecimento *a priori*, inexplicável causalmente e incognoscível na época em apreço. O fenômeno de sincronicidade é constituído, portanto, de dois fatores: 1) *Uma imagem inconsciente alcança a consciência de maneira direta* (literalmente) *ou indireta* (simbolizada ou sugerida) *sob a forma de sonho, associação ou premonição*; 2) *Uma situação objetiva coincide com este conteúdo*. Tanto uma coisa como a outra podem, por assim dizer, causar admiração. De que modo surgem a imagem inconsciente ou a coincidência? Entendo muito bem que as pessoas prefiram duvidar da realidade de tais coisas [...]. (Jung, 2016, §858).

Quando se tem o conhecimento dessa base psíquica, da formação de imagens arquetípicas; todavia, é necessário conhecer os precursores da sincronicidade em "Sincronicidade – a dinâmica do inconsciente" (Jung, 2016, §906-987).

De forma gradual, do início até a metade de quaisquer Revoluções e Períodos Mundiais, os Espíritos Virginais procuram adaptar-se aos novos espaços-tempos com diferentes Estados Excitados de Matérias. Após esse período de adaptação são direcionados e inseridos em diferentes regiões e sub-regiões da respectiva Revolução, no referente período (diagramas III e IV), para a revitalização dos intricados *processos psíquico-quânticos subjetivos e objetivos*.

[289] JUNG, C. G. (2000) **A Natureza da Psique**. Da coleção OBRAS COMPLETAS Vol.VIII/2. Rio de Janeiro: Vozes; ***o problema fundamental da psicologia moderna, §649-689***.

Modo psicológico, em "o mito da caverna", é possível observar a ação de ambos os processos quânticos na natureza da psique em "A República" (Platão, 1987).

> [...] - Considera, pois - continuei - o que aconteceria se eles fossem soltos das cadeias e curados da sua ignorância, a ver se, regressados à sua natureza, as coisas se passavam deste modo. Logo que alguém soltasse um deles, e o forçasse a endireitar-se de repente, a voltar o pescoço, a andar e a olhar para a luz, ao fazer tudo isso, sentiria dor, e o deslumbramento impedi-lo-ia de fixar os objectos cujas sombras via outrora. Que julgas tu que ele diria, se alguém lhe afirmasse que até então ele só vira coisas vãs, ao passo que agora estava mais perto da realidade e via de verdade, voltado para objectos mais reais? E se ainda, mostrando-lhe cada um desses objectos que passavam, o forçassem com perguntas a dizer o que era? Não te parece que ele se veria em dificuldades e suporia que os objectos vistos outrora eram mais reais do que os que agora lhe mostravam? [...] [...] - E se o arrancassem dali à força e o fizessem subir o caminho rude e íngreme, e não o deixassem fugir antes de o arrastarem até à luz do Sol, não seria natural que ele se doesse e agastasse, por ser assim arrastado, e, depois de chegar à luz, com os olhos deslumbrados, nem sequer pudesse ver nada daquilo que agora dizemos serem os verdadeiros objectos?
> - Não poderia, de facto, pelo menos de repente.
> - Precisava de se habituar, julgo eu, se quisesse ver o mundo superior. Em primeiro lugar, olharia mais facilmente para as sombras, depois disso, para as imagens dos homens e dos outros objectos, reflectidas na água, e, por último, para os próprios objectos. A partir de então, seria capaz de contemplar o que há no céu, e o próprio céu, durante a noite, olhando para a luz das estrelas e da Lua, mais facilmente do que se fosse o Sol e o seu brilho de dia. [...] (Platão, 1987, §508b-509c, §509d-511e).

Pelas ideias de Platão (1987) podemos notar que "É impossível expressar esse mistério que, aliás, não foi criado (nec etiam creatum fuit). O mistério increado foi preparado (praeparatum) por Deus de tal forma que no futuro nada será parecido com ele, nem ele voltará a ser o que já foi" em "Psicologia e Alquimia" (Jung, 2011, p. 333-358).

Os Mundos Superiores são os "Mundos das Causas", das Forças no "*Increatum*" (diagramas V e VI), de forma que não poderemos compreender bem neste mundo inferior sem conhecer os outros e sem compreender suas Forças e suas Causas, das quais todas as coisas materiais são meros efeitos; assim também se pode observar a relação dos seres humanos com Deus, ao estudar os postulados em "*The Rosicrucian Cosmo-Conception - The Relation of Man to God*" (Heindel, 2012).

> [...] É uma tarefa das mais difíceis, tendo em vista os conceitos mal definidos acerca de Deus e que existe na mente da maioria dos leitores da literatura que trata desse assunto. É certo que os nomes em si mesmos não têm maior importância, mas importam muito que saibamos o que pretendemos significar com um nome, caso contrário os mal-entendidos continuarão. Se escritores e instrutores não empregarem uma nomenclatura comum, a atual confusão tornar-se-á maior. Quando empregada a palavra 'Deus' seu significado é sempre incerto; trata-se do Absoluto ou Existência Una, do Ser Supremo, que é o Grande Arquiteto do Universo, ou de Deus, que é o Arquiteto do nosso Sistema Solar [...]. (Heindel, 2012, p. 177-200).

Os Mundos Superiores comparados à nossa realidade no Mundo Físico (diagrama I) semelham na verdade, por estranho que pareça muito mais reais. Para a maioria das pessoas são fantasias, utopias ou pelo menos pouco substanciais, *subjetivos*; entretanto, certo é serem os objetos que neles se encontram muito mais permanentes e indestrutíveis do que os objetos do Mundo Físico. Isso será facilmente compreendido por meio de um simples e trivial exemplo.

O arquiteto, na construção de uma casa, não começa adquirindo ao acaso os materiais necessários e contratando trabalhadores para levantarem-na, sem previamente idealizar e arquitetar um plano de construção. Primeiramente, pela vontade e imaginação do arquiteto, ele "idealiza a casa", que gradualmente assume uma *forma subjetiva* em sua mente; finalmente surge uma ideia clara da casa, isto é, um arquétipo da casa. A casa é ainda invisível, *subjetiva* para as outras pessoas, menos para o arquiteto, que a torna *objetiva* no papel, em planta baixa. Ele desenha o plano e por meio das imagens subjetivas e objetivas do seu arquétipo os trabalhadores constroem a casa de madeira, de ferro, de pedra ou de alvenaria, exatamente de acordo com o arquétipo original do arquiteto. Assim o arquétipo da casa se converte em realidade material, em matéria densa, numa construção física, palpável.

A pessoa materialista afirmará que a casa construída é muito mais real, durável e substancial que a imagem criada na mente do arquiteto; todavia, a casa não poderia ter sido construída sem o arquétipo. O objeto material, a casa, pode ser destruído por dinamite, terremoto, fogo ou pelo tempo, mas o seu arquétipo subsistirá. Durará enquanto o arquiteto viver, pois, por meio do pensamento poderão ser construídas inúmeras casas iguais àquela que foi destruída. Nem mesmo o próprio arquiteto poderia destruir o arquétipo criado, pois até depois de sua morte esse arquétipo pode ser recuperado por qualquer pessoa que, suficientemente desenvolvida, seja capaz de alcançar o referido arquétipo. Portanto, vimos o quanto é admissível a existência de Mundos Superiores que existem em volta e entre nós; todavia, gradualmente, seremos persuadidos de suas realidades, das suas utilidades para obtermos algum conhecimento por meio deles.

Portanto, diante da concepção do *processo psíquico-quântico objetivo*, os sagitarianos, através de a particular nota chave (Tabela 1), sempre em harmonia com o Verbo (diagrama VI), auxiliaram os Espíritos Virginais através das Forças Arquetípicas (da Região Concreta do Pensamento) adquirida na quarta Revolução de Saturno, no Globo "D". Ao serem inseridos em diferentes sub-regiões da Região Concreta (numa espécie de natureza de automação[290]), atraíram e agregaram diferentes estados de matéria mais densos, em *gérmen*, para que pudessem criar arquétipos ***em*** Si-mesmos, Gênesis 2:1-25: "[...]. Por essa razão, o homem deixará pai e mãe e se unirá à sua mulher, e eles se tornarão uma só carne [...]".

Modo psicológico, conforme se observa, pois, o homem deixará pai e mãe (*genitores físicos*) e se unirá à sua mulher (a *anima*). A mulher deixará pai e mãe (*genitores físicos*) e se unirá ao seu homem (ao *animus*) e eles se tornarão uma só carne; congruente a análise em "*Mys-*

[290] NASCIMENTO JR, Cairo Lúcio; YONEYAMA, Takashi. (2004) **Inteligência Artificial em Controle e Automação**. Ed.Blucher. 1ed. São Paulo: FAPESP.

terium Coniunctionis – a personificação dos opostos" (Jung, 2015, §101-340).

Como a mulher está expressando conscientemente o seu *lado feminino* e não o outro, ela procura ter sinergia[291] com o seu oposto[292], um homem para ativar o seu *lado* subconsciente, latente, em busca de *homeostase psíquica*[293]. O inverso é válido para o homem, pois, é possível observar essas atividades psíquicas ao ressaltar as análises em "O Eu e o Inconsciente - anima e animus" (Jung, 2014).

> [...] O homem atribui a si mesmo, ingenuamente, as reações da sua anima, sem perceber que na realidade não pode identificar-se com um complexo autônomo; o mesmo ocorre na psicologia feminina, só que de um modo muito mais intenso, se é que isto é possível. A identificação com o complexo autônomo é a razão essencial da dificuldade de compreender e descrever o problema, sem falar de sua obscuridade e estranheza. Sempre partimos do pressuposto ingênuo de que somos os senhores em nossa própria casa. Deveríamos habituar-nos, no entanto, com a idéia de que mesmo em nossa vida psíquica mais profunda, vivemos numa espécie de casa cujas portas e janelas se abrem para o mundo: os objetos e conteúdos deste último atuam sobre nós, mas não nos pertencem [...]. (Jung, 2014, §296-406).

Isso é verdadeiro, pois, pela biologia celular ou citologia (pelo estudo da estrutura e do funcionamento das células, assim como da interação entre elas, permite maior compreensão do funcionamento dos organismos) temos os cromossomos XX (que gera fêmea) e XY (que gera macho). Observa-se que toda mulher pode gerar machos e fêmeas no seu ventre, pelo seu DNA. O homem possui cromossomos XY, no seu DNA, transmitido pelo espermatozoide para impregnar óvulos. Em geral, são 23 cromossomos da mulher e 23 do homem, totalizando 46 cromossomos em "Tratado de Fisiologia Médica - Capítulo 3 - Controle Genético da Síntese de Proteínas, do Funcionamento Celular e da Reprodução Celular" (Guyton; Hall, 2011, p. 27-42).

---

[291] **Sinergia**: [Do gr. *synergía*, 'cooperação'.] 1.Fisiol. Ato ou esforço coordenado de vários órgãos na realização de uma função. 2.Associação simultânea de vários fatores que contribuem para uma ação coordenada. 3.Ação simultânea, em comum.

[292] JUNG, C. G. (1985) **Mysterium Coniunctionis**. Coleção OBRA COMPLETAS, vol. XIV/1 Rio de Janeiro: Vozes; p. 1-84.

[293] JUNG, Emma. (1997) **Animus e Anima**. Trad. Dante Pignatari, 1.ed. [original: *Animus und Anima*], São Paulo: Cultrix.

Dentro dessa ideia fisiológica, podemos observar que o Sol representa a Gloriosa Luz do Espírito, brilha invisivelmente ao nosso redor e dentro de nós em todos os momentos da nossa vida. O "mistério da biologia celular", ou seja, quando do desenvolvimento do feto no útero materno é realizado em cooperação com as Hierarquias Divinas (diagramas V e VII), ao criar nosso corpo mortal temporário (o corpo físico, denso), dentro de um molde invisível e vivo que chamado Arquétipo[294], localizado na Região do Pensamento Concreto (diagrama I).

Este molde arquetípico é colocado em vibração no terceiro Céu (diagrama II) pelos Anjos do Destino (cuja nota-chave é definida pelo signo Ascendente de nascimento de cada pessoa) por um período predeterminado que viveremos na presente vida (pela idade biológica). *Todavia, temos o maravilhoso privilégio de prolongar ou encurtar nossa vida à vontade*, dentro dos limites estabelecidos; todavia, tendo como base nossas vidas passadas, *cujas condições* (pelas *tendências*), *podemos modificar diariamente através da nossa atitude psíquica, mental e espiritual.*

O processo de construção de nosso corpo biológico envolve a condensação (análogo ao processo dos Condensados de Bose-Einstein[295]) e cristalização do Espírito Universal (Luz) em matéria (Forma). É por isso que é falado na Bíblia Sagrada que somos feitos de fótons (Luz), conectados por um mar de energia cósmica invisível chamado *campo morfogenético*[296], localizado no Mundo Espiritual da Vida, pois, por postulado, conecta todo o Sistema Solar e todos os seus planetas, luas e seres.

Ao observar o núcleo de uma célula, nossos genes estão dispostos ao longo de moléculas de DNA de fita dupla torcidas chamadas cromossomos. Nas extremidades dos cromossomos estão trechos de

---

[294] HEINDEL, Max. (2011) **Compiled Information Concerning Archetypes**. [From the writings of Max Heindel Second Edition Collected Works]. *The Rosicrucian Fellowship*, Oceanside, CA. 92058-2329. USA.

[295] CRUZ, A. J. G. (2020) **C. G. Jung e os Condensados Bose-Einstein: Neuropsicologia Quântica**. 1ª ed. São Paulo: Gonçalves Cruz.
PETHICK, C.J.; SMITH, H. (2002) **Bose-Einstein Condensation in Dilute Gases**. Cambridge University Press, New York.
PITAEVKSKII, L.; STRINGARI, S. (2003) **Bose-Einstein Condensation**. Oxford University Press. New York.

[296] Campo morfogenético é uma hipótese formulada pelo biólogo inglês Rupert Sheldrake. Segundo a teoria, os campos morfogenéticos são estruturas invisíveis que moldam a forma e o comportamento de todos os seres vivos. São campos de forma, padrões ou estruturas de ordem que funcionam como uma memória coletiva, à qual cada membro da espécie recorre e para a qual cada um deles contribui. **Rupert Sheldrake** é biólogo e parapsicólogo britânico, criador da hipótese conhecida como "campo morfogenético", hipótese está ***rejeitada*** pelo "***consenso***" da comunidade científica ("***consenso***"; que julgam ser os donos da verdade).

DNA chamados ***telômeros***, que protegem nossos dados genéticos, pois possibilitam a divisão das células e guardam alguns "segredos" sobre como envelhecemos, como contraímos câncer e outras anomalias fisiológicas ou doenças.

Os ***telômeros*** foram comparados às pontas plásticas dos cadarços, porque evitam que as extremidades dos cromossomos se desfiem e grudem, o que destruiria ou alteraria nossa informação genética. No entanto, toda vez que uma célula se divide, os ***telômeros*** encurtam-se. Quando eles se tornam muito curtos a célula não pode mais se dividir: a célula torna-se inativa, *senescente*[297] ou morre.

Esse processo de encurtamento está associado ao envelhecimento, câncer e ao aumento do risco de morte. Então, *os telômeros se alongam graças aos nossos pensamentos, sentimentos, hábitos e ações e à nossa atitude positiva geral na vida*. Portanto, podemos viver vidas mais longas e plenas.

Modo psicológico, no momento podemos ajuizar a ação dos anjos atrasados e fracassados, conforme postulados em "*The Rosicrucian Cosmo-Conception or Mystic Christianity - The Lucifer Spirits*" (Heindel, 2012), conforme consta em Gênesis 2:21-25: "[...] O Senhor Deus tomou o homem e colocou-o no jardim do Éden para cultivá-lo e guardá-lo. Deu-lhe este preceito: 'Podes comer do fruto de todas as árvores do jardim; mas não comas do fruto da árvore da ciência do bem e do mal; porque no dia em que dele comeres, morrerás indubitavelmente' [...]. [...] Então o Senhor Deus mandou ao homem um profundo sono; e enquanto ele dormia, tomou-lhe uma costela e fechou com carne o seu lugar. E da costela que tinha tomado do homem, o Senhor Deus fez uma mulher, e levou-a para junto do homem. 'Eis agora aqui, disse o homem, o osso de meus ossos e a carne de minha carne; ela se chamará mulher, porque foi tomada do homem.' Por isso o homem deixa o seu pai e sua mãe para se unir à sua mulher; e já não são mais que uma só carne. O homem e a mulher viviam nus, e não sentiam vergonha."

---

[297] **Senescência** abrange todas as alterações produzidas no organismo de um ser vivo, nos reinos humano, animal e vegetal, pois esses reinos estão diretamente relacionados à sua evolução no tempo. Por exemplo, todos que chegam à velhice experimentam as alterações fisiológicas (normais) desse processo, o que denominamos **Senescência**. Por exemplo, temos a leve perda auditiva (presbiacusia), diminuição da visão (presbiopia), leve alteração da memória, entre outras mudanças que não caracterizam doenças.

Modo psicológico, ao ter conhecimento do simbólico Jardim do Éden (ver diagrama IV, a "metade Marciana" do Período Terrestre), onde Adão e Eva levavam uma vida harmoniosa e aprazível sob a influência do raio influência de Touro, enquanto obedecia a Jeová, Adão foi expulso para as regiões desamparadas da Terra, ou seja, desviado pela influência do raio de Escorpião, que é governado pelos Espíritos Lucíferos, de Marte. Seduzido pelos conselhos deles (Gênesis 3), Adão "conheceu" Eva, pois, Escorpião governa os órgãos sexuais e rege a oitava Casa: a Casa da morte. É também o oitavo signo e seu raio de influência tem a mortal "picada da serpente"; portanto, a "morte do corpo denso", que é a herança das pessoas que nascem da conjunção, da fusão sexual pela paixão, pois o sofrimento e a "morte física" constituem a sua herança. Em lugar da *Harmonia* (na natureza da psique[298]) pelo signo de Touro que prevalecia durante o regime ou influência de Touro (no simbólico Jardim do Éden), a *Discórdia* (no inconsciente pessoal[299]) é a nota-chave de Escorpião (*que governa os órgãos sexuais*), que desde então governa a humanidade.

Por isso, não veja os diversos livros da Bíblia Sagrada apenas como um conjunto de "livros religiosos", mas Livros que proporcionam conhecimento em diversas áreas: religião, antropologia (biológico e social), astronomia, astrologia, psicologia, pedagogia, física quântica, geofísica etc.

Com essa base de entendimento em "*The Rosicrucian Cosmo-Conception – The Occult Analysis of Genesis*" (Heindel, 2012, p. 317-365), quanto ao fato da separação dos sexos, conforme consta em Gênesis 1:26-31 e 2:21-24), mesmo pelas interpolações e erros de interpretação devemos considerar que a escrita hebraica antiga não tinha vogais. Por exemplo, se colocar a vogal "a" na palavra *tsd*: *tsad* quer dizer *costela*. Quando colocadas vogais "e", "a" na mesma palavra *tsd*: *tseda* significa *lado*; portanto, modo psicológico temos o *lado anima* e o *lado animus*.

[298] JUNG, Carl Gustav. (2000) **A Natureza da Psique**. Da coleção OBRAS COMPLETAS Vol.VIII/2. Rio de Janeiro: Vozes.
[299] JUNG, Carl Gustav. (1984) **O Eu e o Inconsciente**. Coleção OBRAS COMPLETAS Vol.VII/2. 4ed. Rio de Janeiro: Vozes.

Dentro desse algoritmo hebraico temos a *hipótese da progênie e da psicologia da anima e do animus na psique subjetiva e objetiva do sujeito*[300]. Diz-se do que é válido para um só sujeito e que só a ele pertence, pois integra o domínio de todas as atividades psíquicas, sentimentais, emocionais, volitivas etc., do sujeito; onde os Elohim (o Espírito Santo) têm suas expressões por meio do Poder Anímico e da Mente Criadora no inconsciente coletivo e no inconsciente pessoal através das duas criaturas gêmeas e autônomas[301]: *anima* e *animus*.

Os espaços-tempos para a *quantificação*[302] da energia psíquica, pelos 2022 anos atrás e pelos espaços-tempos da Era de Aquário (que está próxima), ocasião em que os signos de Aquário⇔Leão serão iluminados e vivificados pela precessão dos equinócios. Processo observado em *Apokalypsis* 12, pela *quantização* do amor fraternal (signo de Leão) e pela *quantização* psíquica para a elevação do Filho do Homem.

Modo psicológico, nas diversas sub-regiões da Região Concreta do Pensamento podemos constatar que os arquétipos (não importa a qual reino pertença) encontram-se na sua subdivisão mais inferior. Encontram-se na Região Continental (diagrama I), porque a humanidade ainda precisa criar dimensão compacta de tempos em tempos (ver diagrama II) na Região Química do Mundo Físico (ver Tabela 3 – Tabela Periódica de Elementos), para poder crescer em consciência e forma por meio de diferentes interconexões de espaços-tempos, ocupado por cada uma das partes da personalidade: *corpo denso* (Região Química), *corpo vital* (Região Etérea) e *corpo de desejos* (Mundo do Desejo).

Na *Região Continental* estão também os arquétipos dos continentes e das ilhas da Terra, os quais são moldados de acordo com esses arquétipos mundiais. As modificações da crosta terrestre devem produzir-se primeiramente na Região Continental. Enquanto o arquétipo-modelo não for modificado as Inteligências Criadoras (pela falta de conhecimento chamamos de "Leis da Natureza") não podem produzir as condições físicas que alteram esse Ecossistema, pois, diferentes Hie-

---

[300] **Sujeito** (Filos.): o indivíduo real, que é portador de determinações e que é capaz de propor objetivos e praticar ações.

[301] JUNG, C. G. (2012) **Os Arquétipos e o Inconsciente Coletivo**. Col. OBRA COMPLETAS, vol. 9/1. Rio de Janeiro: Vozes; *p .51-81*.

[302] **Quantificação** (Física): a passagem da descrição clássica e contínua dum sistema para a descrição quântica, em que alguns observáveis só podem assumir os valores de um conjunto discreto; quantização.

rarquias (diagrama VII) auxiliam na evolução desse Ecossistema, da Terra. Essas planejam as mudanças análogas ao projeto do arquiteto nas alterações duma casa, antes que "os operários" (a humanidade) lhe deem expressão ou forma concreta.

De forma análoga efetuam-se mudanças (pelas Leis da Natureza e pela Ciência moderna através da engenharia genética) na flora, fauna e humana devido às metamorfoses dos respectivos arquétipos alterados pelos seres humanos durante processos quânticos nos ciclos de renascimentos nos mundos visíveis e invisíveis e em laboratórios pelos experimentos científicos (engenharia genética e *in vitro*).

Quando falamos de arquétipos são todas as diferentes formas, no Mundo Físico, de Desejos e do Pensamento (diagrama I). Todavia, não devemos ajuizar que esses arquétipos[303] sejam simples modelos, no mesmo sentido em que falamos de um objeto feito em miniatura ou feito de outro material diferente do apropriado ao seu uso final. Não são simples semelhanças nem modelos das formas que vemos em torno de nós.

São *arquétipos criadores, vivos, luminosos, sonoros e autônomos*, pois, modelam todas as formas à sua própria semelhança ou semelhanças, porque frequentemente muitos arquétipos se expressam em conjunto (em processo quântico), para produzir determinadas espécies (na flora, fauna e humana); onde cada arquétipo produz ***de*** e ***em*** Si-mesmo a parte necessária para a construção de formas requeridas em diferentes espaços-tempos, com diferentes estados de matérias.

Por analogia, as interfaces do homem e da mulher, sendo arquétipos humanos, ambos se unem para contribuir na construção de outros arquétipos: os filhos, onde ambos fornecem, em geral, 23 pares de cromossomos XY. Podemos ajuizar que a *anima* e *animus* são arquétipos autônomos e dinâmicos, pois "modelam" os processos psíquico-quânticos inconscientes, que juntos produzem outros arquétipos, *na natureza da psique*[304].

---

303 HEINDEL, Max. (2011) **Compiled Information Concerning Archetypes**. [From the writings of Max Heindel Second Edition Collected Works]. *The Rosicrucian Fellowship*, Oceanside, CA. 92058-2329. USA.

304 JUNG, C. G. (2000) **A Natureza da Psique**. Da coleção OBRAS COMPLETAS Vol.VIII/2. RJ: Vozes.

A segunda subdivisão da Região Concreta do Pensamento denomina-se *Região Oceânica* (diagrama I). Podemos descrevê-la como *vitalidade universal*, fluente e pulsante. Todas as Forças que atuam pelos quatro níveis de éteres (químico, de vida, luminoso e refletor) que constituem a Região Etérea são vistos aqui como arquétipos etéreos ou psíquicos. Correntes de vida fluem através de todas as formas (densas e não densas), assim como a vida flui no sangue que circula no corpo humano, a vida, ou *vitalidade universal*, flui em todos os reinos: no reino humano, animal e em outros reinos mais sutis.

A *Região Aérea* é a terceira divisão da Região Concreta do Pensamento. Aqui se encontram arquétipos dos desejos, das paixões, dos sentimentos e das emoções, tais como os que experimentamos e manifestamos no nosso dia a dia; onde todas as atividades são análogas às condições atmosféricas. Os sentimentos de prazer e de alegria chegam aos sentidos das pessoas de acordo suas experiências inconscientes. *Nessa Região Concreta encontram-se também imagens geradas pelas emoções dos seres humanos e dos animais.*

A *Região das Forças Arquetípicas* é a quarta divisão da Região Concreta do Pensamento. A Região Central é a mais importante dos cinco Mundos ou Estados de Matérias, onde se efetua a evolução integral do ser humano. *Nessa Região encontram-se somente imagens geradas pelas emoções dos seres humanos, pois, somente os seres humanos pensam, porque possuem uma Mente.*

Portanto, pela hipótese de o corpo de desejos estar intimamente ligado à mente, com base nas teorias de diferentes autores observa-se a emoção como facilitadora do pensamento, pois, refere-se à capacidade do pensamento gerar emoções, bem como a possibilidade de elas influenciarem o processo cognitivo. Assim, as emoções podem e influenciam processos de pensamentos por meio da promoção de distintas estratégias de processamento da informação.

Durante minha pesquisa-ação, ao conversar com diferentes pessoas que praticavam (e ainda praticam) a *terapia de retrospecção e concentração – TRC*, foi possível observar como essas pessoas hábeis conseguem integrar suas emoções com a cognição, pois, tendem a utilizar emoções positivas para desenvolver criatividade e processar a informação de forma integrada. Todavia, essas pessoas necessitavam (e necessitam) de menor esforço cognitivo no processamento de informação e na resolução de problemas de ordem emocional.

Por analogia, em "*Mysterium Coniunctionis – Os Opostos*" (Jung, 2015, §1-100), de um lado dessa Região têm três regiões superiores do Mundo do Pensamento, mais o Mundo do Espírito de Vida e o Mundo do Espírito Divino, em diferentes espaços-tempos.

No lado oposto da Região de Forças Arquetípicas, análogo aos estudos em "*Mysterium Coniunctionis – As Personificações dos Opostos*" (Jung, 2015, §101-340), estão três regiões inferiores do Mundo do Pensamento, mais o Mundo do Desejo e o Mundo Físico (diagrama I).

Portanto a *quarta região* torna-se uma espécie de "ponte" (análogo à teoria das pontes de Einstein-Rosen[305]), limitada de um lado pelos Reinos do Espírito e do outro pelos Mundos das Formas; em diferentes espaços-tempos, em diferentes mundos ou estados de matérias.

Todavia, podemos ajuizar que existem "arquétipos finitos" (as formas densas em geral, os complexos no inconsciente pessoal) e "arquétipos infinitos" (Forças Divinas no inconsciente coletivo), dentro e fora da Mente dos seres humanos. Isso acontece porque os pensamentos (além de serem criados) podem ser assimilados, revitalizados e projetados em diferentes espaços-tempos e em diferentes Estados de Matérias ou Mundos.

Para melhor entender as *camadas da psique* (o inconsciente coletivo e o inconsciente pessoal), conforme pesquisa e análise feita em "C. G. Jung e os Condensados Bose-Einstein: Processos Psíquico-quânticos da Anima e Animus: capítulo "V", "Dimensão Compacta: Analogia dimensional – parte 2 - A Quarta Dimensão, a Ortogonalidade e Espaços Vetoriais: os Poliedros de Schläfli e os Poliedros de Platão" (Cruz, 2020).

---

[305] AFRIAT, A; SELLERI, F. (1999) **The Einstein, Podolsky, and Rosen Paradox**. [Springer Science Business Media New York 1999. Originally published by Plenum Press, New York in 1999] Softcover reprint of the hardcover, 1st.edition. New York.
BELL, J. S. (1964). **On the Einstein-Podolsky-Rosen Paradox**. Physics Vol.1, 195-200. Reproduzido em Wheeler & Zurek (1983), op. cit., pp. 403-8, e em Bell (1987), op. cit., pp. 14-21.

A *quarta região*, a Região das Forças Arquetípicas é o *ponto focal* por onde os Elohim têm Suas Expressões, pelo Poder Anímico e Mente Criadora, beneficiando toda a humanidade cujas Expressões Divinas se manifestam no inconsciente pessoal: na *anima* e no *animus* de acordo a dinâmica do inconsciente.

A *quarta região* é o atual "domicílio natural" do Ego, pela qual se reflete na matéria. *Através da quarta região é que o Ego se reflete na matéria de maneira formativa,* pois, pela *união* da *quinta região* com a *quarta região* observa-se as expressões dos Elohim no inconsciente dos seres humanos (diagrama I):

Primeira região - Continental: os Espíritos Virginais atraíram, agregaram e aprenderam a criar *arquétipos da forma*: cuja natureza é análoga à membrana plasmática do citoplasto[306] mais as "atividades" latentes da célula (análogo sua permeabilidade seletiva), onde contém em *gérmen* a *essência da Luz*; quando os Espíritos Virginais assimilaram (a *Luz* e o *gérmen* do corpo denso) durante o processo quântico de assimilação na primeira Revolução de Saturno, no Globo "A", cujo ulterior objetivo é a projeção quântica de conteúdos psíquicos e de conteúdos psíquico-quânticos.

Segunda região - Oceânica: os Espíritos Virginais atraíram, agregaram e aprenderam a criar *arquétipos da vitalidade universal*: cuja natureza é análoga ao citoplasma[307], onde contém em *gérmen* a *essência da Vida*; quando os Espíritos Virginais assimilaram (a *essência da Vida*) durante o processo quântico de assimilação na segunda Revolução de Saturno, no Globo "B", cujo ulterior objetivo é a projeção quântica de conteúdos psíquicos e de conteúdos psíquico-quânticos.

Terceira região - Aérea: os Espíritos Virginais atraíram, agregaram e aprenderam a criar *arquétipos do desejo e da emoção*: cuja natureza é análoga aos componentes do citoplasma[308], pois contém em *gérmen* a *essência das Ideias Germinais*; quando os Espíritos Virginais

[306] **Citoplasto** (Citol.): conteúdo celular, com exclusão do núcleo.
[307] **Citoplasma** é o espaço intracelular entre a membrana plasmática e o invólucro nuclear em seres eucariontes, enquanto nos procariontes corresponde à totalidade da área intracelular. O **citoplasma** é preenchido por uma matéria coloidal e semifluida denominada [citosol], na qual estão suspensos os organelos celulares.
[308] **Componentes do Citoplasma**: o citoplasma consiste em porção fluida, denominada citossol; partículas insolúveis, denominadas inclusões; e estruturas delimitadas por membrana, coletivamente conhecidas por organelos, como Complexo de Golgi, mitocôndrias, ribossomas, centríolos, núcleo, retículo endoplasmático rugoso e liso.

assimilaram (a *essência das Ideias Germinais*) durante o processo quântico de assimilação na terceira Revolução de Saturno, no Globo "C", cujo ulterior objetivo é a projeção quântica de conteúdos psíquicos e de conteúdos psíquico-quânticos.

Através de postulados, os conteúdos psíquicos das *Regiões Continental, Oceânica* e *Aérea* formam a Mente humana (diagrama I). Os Egos (os Espíritos Virginais), desde a primeira Revolução do Período de Saturno, no Globo "A", reuniram conteúdos, em *gérmen*, para formar consciência, *em* Si-mesmos, pois, antes de iniciar esse primeiro evento divino e coletivo (diagrama IV), eles tinham apenas consciente *em* Deus e *de* Si-mesmos (não tinham conhecimento das Coisas externas).

Quarta região - Região das Forças Arquetípicas: contém as Forças Arquetípicas e a Mente humana. É o *ponto focal* (análogo ao núcleo atômico) através do qual o Espírito (o Ego) se reflete na matéria; todavia, o Poder Anímico e a Mente Criadora dos Elohim (do Espírito Santo) mantêm a mente dos seres humanos iluminada, imaginativa, pensante e criativa, de acordo a dinâmica do inconsciente.

Modo psicológico, podemos analisar essa ideia de forma ordenada e dinâmica[309]. Por exemplo, as formas nos mundos inferiores são como reflexos ou representações do Espírito (do Ego), dos Mundos Superiores:

A *quinta região*, pelo lado do Espírito (do Ego), se reflete na *terceira região*, na mais próxima do ***ponto focal*** pelo lado da Forma.

A *sexta região* se reflete na *segunda região*.

A *sétima região* se reflete na *primeira região*.

A *quarta região* funciona como uma espécie de "ponte"; portanto, temos sete dimensões (7D) que se manifestam em diferentes espaços-tempos, numa natureza de *dobra do tempo*. Assim, temos a *hipótese da dobra do tempo psíquico*, que foi uma das ideias germinais em "Cartas de C. G. Jung - 1946-1955" (Jung, 2018, p. 212-213; p. 218-225).

---

[309] JUNG, C. G. (1985) **Mysterium Coniunctionis: pesquisa sobre a separação e a composição dos opostos psíquicos na alquimia.** [colaboração de Marie-Luise von Franz]. Vol.I Coleção OBRA COMPLETAS, vol. XIV/1 Rio de Janeiro: Vozes.

Pela *dobra do tempo psíquico*, nas *duas camadas da psique* (inconsciente coletivo e inconsciente pessoal) e nas *duas naturezas da psique* (subjetiva e a objetiva), podem-se observar fenômenos de sincronicidade pelas projeções de conteúdos psíquicos entre "dois mundos". Assim, temos os *processos sincronísticos inconscientes* entre o corpo denso, o corpo vital e o corpo de desejos através da *triple sincronicidade da mente*, que une o *Eu Superior* (o Mundo Espiritual) e o *eu inferior* (o Mundo Físico, ver diagramas I e II), para que o triple Ego (*Eu Superior*) possa interagir com o seu triple arquétipo: a ***personalidade***.

Essas projeções de conteúdos psíquicos entre a *Região Abstrata* e a *Região Concreta* do Pensamento (diagrama I), ocorrem através da "ponte" entre as duas camadas da psique. Podemos observar nesse *processo psíquico-quântico fenômenos de sincronicidade*, tendo como paradigma a teoria das pontes de Einstein-Rosen[310], quando as analisa pelas teorias de Hameroff (2016)[311], Kant (2001)[312], Libet (2004)[313] e de Minkowski (1995)[314].

Observamos a *hipótese da psicologia quântica da anima e do animus* e a *hipótese da progênie e projeção quântica de conteúdos psíquicos e de conteúdos psíquico-quânticos no inconsciente*, cuja raiz dos conteúdos psíquicos é composta pelas camadas mais profundas das sub-regiões, nas duas grandes Regiões: Abstrata e Concreta do Mundo Pensamento.

Por postulado, a Região Abstrata do Pensamento constitui o que chamamos de *psique subjetiva.* A Região Concreta do Pensamento constitui o que chamamos de *psique objetiva.* Pela composição das duas grandes Regiões Abstrata e Concreta do Pensamento, temos o que C.

---

310 AFRIAT, A; SELLERI, F. (1999) **The Einstein, Podolsky, and Rosen Paradox**. [Springer Science Business Media New York 1999. Originally published by Plenum Press, New York in 1999] Softcover reprint of the hardcover, 1st.edition. New York.
BELL, J. S. (1964). **On the Einstein-Podolsky-Rosen Paradox**. Physics Vol.1, 195-200. Reproduzido em Wheeler & Zurek (1983), op. cit., pp. 403-8, e em Bell (1987), op. cit., pp. 14-21.

311 HAMEROFF, S; PENROSE, R. (2016) **Consciousness in the Universe: An Updated Review of the "Orch OR" Theory**, in Biophysics of Consciousness: A Foundational Approach, eds. Roman R. Poznanski, Jack A. Tuszynski, Todd E. Feinberg, World Scientific, Chapter 14. 2016; Hameroff Penrose updated review of Orch OR chapter 14 Biophysics of Consciousness - Stuart Hameroff, Change the Music - Psychotherapy and Brain Vibrations, Vol 4 Issue 4, April 2016. http://quantumconsciousness.org/content/scholarly-journals.

312 KANT, Immanuel. (2001) **Crítica da Razão Pura**. [Tradução do original alemão intitulado "*KRITIK DER REINEN VERNUNFT*"] Trad. Manuela Pinto dos Santos e Alexandre Fradique Morujão. 5ed. Lisboa: Fundação Colouse Gulbenkion; "**Da Exposição Metafísica do Conceito de Espaço - Da Exposição Metafísica do Conceito de Tempo**".

313 LIBET, B. (2004) **Mind Time: the temporal factorin consciousness**. Cambridge: Harvard University Press.

314 MINKOWSKI, Eugène. (1995) **O Tempo Vivido**. [Título original: *Le Temps Vecú*. 1933]. Paris: Quadrige/P.U.F.

G. Jung chamou de “a natureza da psique”, com suas duas camadas: o inconsciente coletivo e o inconsciente pessoal, conforme analisado no ensaio de psicologia em “Psicologia da Anima e do Animus” (Cruz, 2022).

Parte 1 - Hipótese da Formação da Mente Humana
Neurotransmissão Quântica - Sinapse Química

É necessário entender que o ser humano não é um aglomerado aleatório de elementos biológicos, que ocupa determinado espaço em algum tempo finito, num determinado planeta, onde cria oportunidades para sobreviver durante uma única e curta vida, para depois ser descartado no crematório ou no cemitério. Assim, observamos, pois o *maior problema do ser humano em discutir conscientização, pensamentos, memória e aprendizado reside no fato de não conhecer os seus processos psíquico-quânticos e nem o mecanismo neuronal do pensamento.*

Nesse processo, precisamos observar o desenvolvimento do aprendizado do sujeito, quando se destaca as interações conjuntas da *ontogênese*, *filogênese*, *sociogênese* e *microgênese* sobre o desenvolvimento humano como um todo, tendo como base os estudos de Vygotsky[315].

A *filogênese* estuda a evolução das espécies, por meio da adaptação progressiva desde os seus primórdios, abordando tanto as predisposições biológicas quanto as características gerais do comportamento humano. A *ontogênese* refere-se à evolução humana, iniciada na concepção, seguida de transformações sequenciadas até a morte, de tal forma que cada estágio apresenta um determinado nível de maturidade. A *sociogênese* estuda as interações sociais como sendo as raízes das funções mentais superiores, que só passam a existir no indivíduo na relação mediada com o mundo externo. A *microgênese* é caracterizada pela emergência do psiquismo individual no cruzamento dos fatores biológico, histórico e cultural, sendo crucial na questão da afetividade e no conceito de personalidade.

---

[315] Os Planos Genéticos do Desenvolvimento Humano: A Contribuição de Vigotski [The genetic plans of human development: the Vygotsky's role], https://www.rchunitau.com.br/index.php/rch/article/view/298/189 , acesso em 27.08.2024.

Como vimos nos capítulos antecedentes, quando se observa os estudos de Vygotsky[316] é possível notar os planos genéticos do desenvolvimento humano propostos por ele, pois integram o plano da *filogênese* (história da espécie); da *ontogênese* (história do próprio indivíduo); da *sociogênese* (história do grupo cultural) e da *microgênese* (história da formação de cada processo psicológico específico em curto prazo, bem como das experiências vividas pelo indivíduo).

Não há divisão discricionária para que o sistema neuronal efetue sinapses química e elétrica[317]; porém, para efeito didático separamos ambos os processos sinápticos com abordagem, modo psicológico, para melhor compreender suas atividades neuropsíquicas e quânticas.

Pela neuroquímica[318] é estabelecido e controlado comunicações entre si por meio de estruturas denominadas sinapses nervosas. A comunicação entre os neurônios motor e as células musculares ocorre por meio da junção neuromuscular. As sinapses nervosas podem ser químicas ou elétricas (Guyton; Hall, 2011).

Sinapse química: forma de comunicação dos neurônios com outros neurônios ou com as células efetuadoras por meio de mediadores químicos denominados neurotransmissores (NT). Os NT são sintetizados pelos próprios neurônios e armazenados dentro de vesículas. Essas vesículas concentram-se no terminal axônio e quando os impulsos nervosos chegam a esses terminais os NT são liberados por meio de exocitose. A membrana do terminal que libera os NT denomina-se membra-

---

[316] VIGOTSKI, L. S. (2007) **A formação social da mente**. 7. ed. São Paulo: Martins Fontes.
VIGOTSKI, L. S. (2010) **A construção do pensamento e da linguagem**. 2. ed. São Paulo: Martins Fontes.
VIGOTSKI, L. S.; LURIA, A. R. (1996) **Estudos sobre a história do comportamento: o macaco, o primitivo e a criança**. Porto Alegre: Artes Médicas.
VIGOTSKI, L. S.; LURIA, A. R.; LEONTIEV, (2010) A. N. **Linguagem, desenvolvimento e aprendizagem**. 11. ed. São Paulo: Ícone.
WERNER, J. (1999) **Análise microgenética: contribuição dos trabalhos de Vigotski para o diagnóstico em psiquiatria infantil**. Int. J. Prenataland Perinatal Psychologyand Medicine, v. 11, n. 2, p. 157-171.
WERTSCH, J. V. (1980) **The significance of dialogue in Vygotsky's account of social, egocentric and inner speech**. Contemporary Educational Psycology, v. 5, p. 150-162.
WERTSCH, J. V. (1985) **Vygotsky and the social formation of mind**. Cambridge: Harvard Ed.

[317] GUYTON, Arthur C. (1993) **Neurociência Básica - anatomia e fisiologia**. 2ed. Trad. Charles A. Esbérard; Cláudia Lúcia C. de Araújo. São Paulo: Guanabara Koogan.
ROHEN, J.W., YOKOCHI, C. (1989) **Anatomia Humana: Atlas Fotográfico de Anatomia Sistêmica e Regional**. Trad. e rev. prof. Orlando J. Aidar. 2ed. São Paulo: Manole.
SOBOTTA, R. H. Johannes. (2000) **Atlas de Anatomia Humana**. trad. Wilma Lins Werneck: *Atlas de Anatomie des Menschen*. 21ed., atualizada. vols.I e II. Rio de Janeiro: Guanabara Koogan.

[318] **Neuroquímica** é o estudo de produtos químicos, incluindo neurotransmissores e outras moléculas como psicofármacos e neuropeptídeos, que controlam e influenciam a fisiologia do sistema nervoso. Esse campo da neurociência examina, como os neuroquímicos influenciam a operação de neurônios, sinapses e redes neurais. Pela neuroquímica se analisa a bioquímica e biologia molecular de compostos orgânicos no sistema nervoso e suas atividades nos diferentes processos neurais, incluindo plasticidade cortical, neurogênese e diferenciação neural.

na pré-sináptica e a imediatamente vizinha, membrana pós-sináptica. Entre elas há um espaço em torno de 100-500A chamado fenda sináptica. A interação dos NT com a membrana pós-sináptica é realizada por meio de receptores proteicos altamente específicos em "Tratado de Fisiologia Médica - Organização do Sistema Nervoso Central, Funções Básicas das Sinapses e Neurotransmissores" (Guyton; Hall, 2011, p. 571-601).

Além dos NT, os neurônios sintetizam mediadores conhecidos como neuromodulações cujo efeito é o modular (controlar, regular) a transmissão sináptica[319]. Pode-se observar que a *neurotransmissão química é quântica*; todavia, a unidade elementar da neurotransmissão química é o efeito causado pelos NT contidos em uma vesícula. Como supostamente cada vesícula contém a mesma quantidade de NT, a resposta pós-sináptica é quântica, ou seja, a amplitude do potencial pós-sináptico será sempre o múltiplo da resposta causada por uma única vesícula.

Por postulado, pode-se observar que no "espaço" em torno de 100-500A, chamado fenda sináptica parece ocorrer à manifestação do Ego (diagrama I), que tem a propriedade de alterar a condição da amplitude do potencial pós-sináptico durante os processos sinápticos, tornando-o quântico.

Assim se observa a ação e o potencial energético[320] (ATP) sintetizado e controlado pelas duas criaturas autônomas *anima* e *animus*; todavia, ao manifestarem internamente forças originadas pelo Poder Anímico e pela Mente Criadora, antes da formação do feto (aproximadamente), no vigésimo primeiro dia da gestação humana em "*The Rosicrucian Cosmo-Conception - Man and the Method of Evolution: Preparations for Rebirth*" (Heindel, 2012, p. 133-138).

Pela sinapse química pode-se analisar o processo *qualitativo* do sistema digestório do sujeito, pelos alimentos ingeridos, processados e sintetizados (complexo de enzimas digestivas); por isso, é preciso considerar os processos emocional e mental durante o *processo quântico*

---

[319] OXFORD Academic https://global.oup.com/ushe/product/neuroscience-9781605353807?cc=us&lang=en https://academic.oup.com/cercorcomms. Acessados em 16.04.2020.

[320] JUNG, C. G. (1985) **A Energia Psíquica**. Da coleção OBRAS COMPLETAS Vol.VIII/1. 2ed. RJ: Vozes.

da alimentação. Porque é pelo olfato, visão, paladar (onde se inicia a preparação de sucos gástricos, quando o alimento entra em contato pela primeira vez com o corpo), depois pela mastigação e ingestão de alimentos pela boca ou por sonda (alimentos pré-processados); portanto, o processo energético da ATP é um fator de extrema importância para a homeostase e sobrevivência do indivíduo natural, ou seja, do sujeito que é portador de determinações e capaz de propor objetivos e praticar ações autônomas.

Podemos analisar, na *quarta região*, quando os Espíritos Virginais atraíram, agregaram e aprenderam a criar através das *Forças Arquetípicas* todo o conteúdo das regiões *Continental*, *Oceânica* e *Aérea* do Mundo do Pensamento (diagrama I), cuja natureza é análogo às células eucariontes.

Por analogia, ajuizamos que cada célula contém no seu *núcleo* um análogo do *átomo semente* formado pela condensação na quarta Revolução do Período de Saturno, Globo "D"; cujo objetivo é a projeção quântica de conteúdos psíquicos e de conteúdos psíquico-quânticos para a criação de arquétipos. A Mente é um Arquétipo, é o *ponto focal* em que o Espírito Virginal (o Ego) através da *anima* e *animus*, se reflete em toda a matéria psíquica antes de ser projetada na e pelas camadas da psique.

Modo psicológico, é preciso conhecer a Teoria da Relatividade[321] em "Astronomia e Astrofísica" (Oliveira Filho; Saraiva, 2013, p. 623-685), para tentar compreender os espaços-tempos na psique. Pela *dobra do tempo psíquico*, nas *duas camadas da psique* (inconsciente coletivo e inconsciente pessoal) e nas *duas naturezas da psique* (subjetiva e a objetiva), pode-se observar fenômenos de sincronicidade[322] pelas projeções de conteúdos psíquicos entre "dois mundos". Assim, temos os *processos sincronísticos inconscientes* entre o corpo denso, o corpo vital e o corpo de desejos através da *triple sincronicidade da mente*, que une o *Eu Superior* (o Mundo Espiritual) e o *eu inferior* (o

[321] RUSSELL, Bertrand A. W. (1960) **ABC da Relatividade**. Tradução G. Rebuá. Rio de Janeiro: Zahar.

[322] JUNG, C. G. (2012) **Sincronicidade - a dinâmica do inconsciente**. Col. OBRAS COMPL. 18ed.Vol.8/3. Rio de Janeiro: Vozes.

Mundo Físico, ver diagramas I e II), para que o triple Ego (*Eu Superior*) possa interagir com o seu triple arquétipo: a *personalidade.*

Essas projeções de conteúdos psíquicos entre a *Região Abstrata* e a *Região Concreta* do Pensamento (diagrama I), ocorrem através da "ponte" entre as duas camadas da psique. Podemos observar nesse *processo psíquico-quântico fenômenos de sincronicidade*, tendo como paradigma a teoria das pontes de Einstein-Rosen[323], quando as analisa pelas teorias de Hameroff (2016)[324], Kant (2001)[325], Libet (2004)[326] e de Minkowski (1995)[327].

Para mais clareza dessa questão, devemos começar a transição entre viver uma vida subconsciente, involuntária (como estar em um piloto automático) e viver uma verdadeira vida consciente; quando fazemos esforços conscientes para nos concentrarmos no que pensamos, sentimos, repetimos e fazemos todos os dias, através dos nossos pensamentos, sentimentos, hábitos e ações. É hora de despertar para a realidade do mundo interno (diagrama I) que nos circula o tempo todo e aprender a torná-la (a realidade) numa presença consciente em nossas vidas cotidianas. É hora de emergir do espaço-tempo da dimensão compacta (da personalidade[328]) para espaços-tempos contínuos e extrair maiores conhecimentos (e Sabedoria) que leva à realidade invisível[329], escondida além do "véu" dos cinco sentidos clássicos.

---

[323] AFRIAT, A; SELLERI, F. (1999) **The Einstein, Podolsky, and Rosen Paradox**. [Springer Science Business Media New York 1999. Originally published by Plenum Press, New York in 1999] Softcover reprint of the hardcover, 1st.edition. New York.
BELL, J. S. (1964). **On the Einstein-Podolsky-Rosen Paradox**. Physics Vol.1, 195-200. Reproduzido em Wheeler & Zurek (1983), op. cit., pp. 403-8, e em Bell (1987), op. cit., pp. 14-21.

[324] HAMEROFF, S; PENROSE, R. (2016) **Consciousness in the Universe: An Updated Review of the "Orch OR" Theory**, in Biophysics of Consciousness: A Foundational Approach, eds. Roman R. Poznanski, Jack A. Tuszynski, Todd E. Feinberg, World Scientific, Chapter 14. 2016; Hameroff Penrose updated review of Orch OR chapter 14 Biophysics of Consciousness - Stuart Hameroff, Change the Music - Psychotherapy and Brain Vibrations, Vol 4 Issue 4, April 2016. http://quantumconsciousness.org/content/scholarly-journals.

[325] KANT, Immanuel. (2001) **Crítica da Razão Pura**. [Tradução do original alemão intitulado "*KRITIK DER REINEN VERNUNFT*"] Trad. Manuela Pinto dos Santos e Alexandre Fradique Morujão. 5ed. Lisboa: Fundação Colouse Gulbenkion; "**Da Exposição Metafísica do Conceito de Espaço - Da Exposição Metafísica do Conceito de Tempo**".

[326] LIBET, B. (2004) **Mind Time: the temporal factorin consciousness**. Cambridge: Harvard University Press.

[327] MINKOWSKI, Eugène. (1995) **O Tempo Vivido**. [Título original: *Le Temps Vecú*. 1933]. Paris: Quadrige/P.U.F.

[328] **Personalidade** (Psicologia) é o conjunto de características psicológicas que determinam os padrões de pensar, sentir e agir, ou seja, a individualidade pessoal e social de alguém. A formação da personalidade é processo gradual, complexo e único a cada indivíduo. O termo é usado em linguagem comum com o sentido de "conjunto das características marcantes de uma pessoa", de forma que se pode dizer que uma pessoa "não tem personalidade"; esse uso, no entanto leva em conta um conceito do senso comum e não o conceito científico aqui tratado. **Personalidade** (Arquétipo) é o conjunto de veículos ou corpos que se interpõem e interatuam em diferentes dimensões compactas, para manifestar um conjunto de características psicológicas que determinam os padrões de pensar, sentir e agir, ou seja, a individualidade pessoal e social do Ego.

[329] HEINDEL, Max. (2011) **Mysteries of The Great Operas** [Faust, Parsifal, The Ring of The Niebelung, Tannhaüser, Lohengrin]. [The Rosicrucian Fellowship Mount Ecclesia 2222 Mission Avenue Oceanside, California, USA, 92058-2329] [All rights including translation reserved. Permission to copy or translate will be readily given upon written request. Seventh Edition]. Oceanside, CA. USA.

Ao analisar o postulado da "ponte psíquica" ou ponte prateada[330] que conecta a Região Abstrata do Pensamento (pela *psique subjetiva*), com a Região Concreta do Pensamento (pela *psique objetiva*). Nestas regiões temos a composição das duas *camadas da psique* que abrange a Região Abstrata do Pensamento (cujos conteúdos são mais bem assimilados pelo inconsciente coletivo) e a Região Concreta do Pensamento (cujos conteúdos são mais bem assimilados pelo inconsciente pessoal); todavia, os sistemas têm suas interfaces e se interpenetram sem que percam sua autonomia, porque não se encontram desprovidos de sua "individualidade".

Pelas atividades psíquicas, entre a *psique subjetiva* e a *psique objetiva*, através das duas camadas da psique (inconsciente coletivo e inconsciente pessoal), é possível observar *fenômenos sincronísticos*. Nessas atividades observam-se a projeção quântica de conteúdos psíquicos, de arquétipos e de conteúdos psíquico-quânticos entre "dois mundos", para diferentes espaços-tempos pelo *processo psíquico-quântico do sistema Ego* (diagrama I).

Na Região Concreta do Mundo do Pensamento (diagrama I), *quarta região*, das *Forças Arquetípicas*, observa-se processos análogos aos condensados de Bose-Einstein. De forma bastante simplificada, pode-se inferir que o quinto estado da matéria (neste caso, constituída por bósons) é obtido quando a temperatura chega ser tão baixa (próxima do zero absoluto), que as moléculas do sistema entram em *collapsu*. O Condensado de Bose-Einstein caracteriza-se como um aglomerado de partículas ultrafrias que admitem um único estado quântico, i.e., os efeitos quânticos podem ser verificados em nível macroscópico, de modo que todos os átomos do sistema se comportam como um único e grande átomo.

De forma concisa e sem apresentar definições matemáticas condizentes à estatística quântica, podemos caracterizar os Condensados de Bose-Einstein[331] como o estado ou fase da matéria no qual os átomos

---

[330] KYBER, Manfred. (1970) **A Ponte Prateada**. Trad. Maria Luisa, 2ed. [original alemão: *Die Drei Lichter der Kleinen Veronika* - "As Três Luzes da Pequena Verônica"]. Rio de Janeiro: Electra.
[331] **Quantum Made Simple**: https://toutestquantique.fr/condensation-de-bose-einstein/. Acesso em 14.09.2025.

encontram-se desprovidos de sua "individualidade", passando a admitir um mesmo estado quântico fundamental.

Por analogia, essas iniciais atividades objetivas de atração, agregação e condensação (devido atividades quânticas em espiral dentro de espiral), referem-se às experiências adquiridas por todos os Espíritos Virginais (os Egos). Esses processos tiveram o seu início no começo da diferenciação ***em*** Si-mesmos, até o término na respectiva Noite Cósmica entre Revoluções e Períodos Mundiais (diagrama IV).

Os relatos acima são *eventos psicológicos de extrema importância*, pois formam a base da projeção quântica de conteúdos psíquicos e de conteúdos psíquico-quânticos na psique. Nessa etapa os Espíritos Virginais iniciaram ***em*** Si-mesmos a criação de um núcleo de matéria escura com energia[332] escura. Isso se produz pelo processo de condensação da matéria psíquica, pois, é análogo ao processo quântico dos Condensados de Bose-Einstein, onde armazenaram todos os dados e informações (numa interface quântica[333]) de todas as suas experiências e em todas as Revoluções nos Globos "A", "B", "C" e "D": criando átomo semente, em *gérmen.*

De forma concisa e sem apresentar definições matemáticas condizentes à estatística quântica, podemos caracterizar esse átomo semente análogo ao processo quântico dos Condensados de Bose-Einstein[334]. É como o estado ou fase da matéria psíquica no qual todas as sub-regiões das Regiões Abstrata e Concreta do Pensamento (diagrama I) encontram-se desprovidas de sua "individualidade", passando a admitir um mesmo estado quântico fundamental[335]: o *átomo semente*[336].

Através de algoritmos quânticos[337], processos análogos aos Condensados de Bose-Einstein acontecem na condensação dos diferen-

---

[332] **Energia** (Fís.): propriedade de um sistema que lhe permite realizar trabalho. A energia pode ter várias formas (calorífica, cinética, elétrica, eletromagnética, mecânica, potencial, química, radiante), transformáveis umas nas outras, e cada uma capaz de provocar fenômenos bem determinados e característicos nos sistemas físicos. Em todas as transformações de energia há completa conservação dela, *i. e.,* a energia não pode ser criada, mas apenas transformada (primeiro princípio da termodinâmica). A massa de um corpo pode-se transformar em energia, e a energia sob forma radiante pode transformar-se em um corpúsculo com massa [símb.: *E*].

[333] NIELSEN, Michael A.; CHUANG, Issac L. (2010) **Quantum Computation and Quantum Information**. 10th Anniversary Edition. Cambridge: Cambridge University Press.

[334] **Quantum Made Simple**: https://toutestquantique.fr/condensation-de-bose-einstein/. Acesso em 14.09.2025.

[335] **Estado quântico fundamental**: é o estado quântico de menor energia possível.

[336] HEINDEL, Max. (1937) **The Rosicrucian Cosmo-Conception**. 27ed. [The Rosicrucian Fellowship, Oceanside, CA. 92058-2329. EUA, 1909, Renewed 1937] [L.N.Fowler & Co.,Ltd. 29 Ludgate Hill, London:England E. C. 4] Wood & Jones. Printers-Lithographers. Pasadena:USA. *Chapter XI – The Genesis and Evolution of Our Solar System, pp.246-260.*

[337] PITTENGER, A. O. (2001) **An Introduction to Quantum Computing Algorithms**, Birkhauser, Boston.

tes estados de matérias[338], em diferentes espaços-tempo[339] para constituir os diferentes corpos da personalidade: corpo denso, vital, de desejos e o corpo mental ou mente, pois conecta o Ego e a personalidade entre dimensões compactas (diagrama I). Cada corpo com o seu respectivo *átomo semente*, comporta-se como um único e grande átomo[340]. Com base nessa ideia germinal, em "Os Arquétipos e o Inconsciente Coletivo" (Jung, 2016).

> [...] É um preconceito supor que algo nunca pensado possa ter existência dentro da psique. Há muitas provas de que a consciência está longe de abranger a totalidade da psique. Muitas coisas acontecem num estado de semiconsciência e, outras tantas sucedem inconscientemente [...]. Em todo o caso, a psicologia médica foi profundamente marcada pela importância de tais fenômenos, que provocam todo tipo de sintomas psíquicos e fisiológicos [...] (Jung, 2016, §489-626).

No Período de Saturno temos a *hipótese da progênie do átomo semente do corpo denso*, em *gérmen*, (tendo como paradigma o processo dos Condensados de Bose-Einstein) para ulterior projeção quântica de conteúdos psíquicos e de conteúdos psíquico-quânticos quando da formação da psique objetiva; no entanto, sempre após as atividades subjetivas da respectiva Revolução, cuja atividade se estende durante a Noite Cósmica entre a Revolução anterior e a posterior; neste caso, entre a quarta e quinta Revolução, ou seja, entre os Globos "D" e "E".

A partir do Período Solar (diagrama IV), em todos os Globos "A" de todos os Períodos Mundiais aconteceu benfeitorias no corpo denso, análogo ao processo quântico da epigênese em "*The Rosicrucian Cosmo-Conception - Man and the Method of Evolution*" (Heindel, 2012, p. 87-146).

No *átomo semente* do corpo denso foram *quantizados* todos os conteúdos psíquicos referentes ao corpo denso, em *gérmen* (dos Globos "A" ao "G"), em todas as Revoluções dos Períodos Mundiais de Satur-

338 CRUZ, A. J. G. (2022) **Psicologia da Anima e do Animus**. 1ª ed. São Paulo: Gonçalves Cruz.

339 KANT, Immanuel. (2001) **Crítica da Razão Pura**. [Tradução do original alemão intitulado "*KRITIK DER REINEN VERNUNFT*"] Trad. Manuela Pinto dos Santos e Alexandre Fradique Morujão. 5ed. Lisboa: Fundação Colouse Gulbenkion.

340 **Quantum Made Simple**: https://toutestquantique.fr/condensation-de-bose-einstein/. Acesso em 14.09.2025.

no, Solar, Lunar e na primeira metade do Período Terrestre, dos Globos "A" ao "D" (diagrama IV), denominada *metade marciana* (↓).

Modo psicológico, ao ampliar nossa visão no sistema psicológico humano, como estamos na segunda metade do Globo "D" do Período Terrestre, denominada *metade mercurial* (↑); todavia, de forma latente, nos *átomos-sementes* dos corpos denso, vital e de desejos (que são os corpos que compõem a personalidade[341]), estão sendo *quantizados* todos os conteúdos psíquicos, em todas as etapas da Revoluções dos Globos "D" ao "G".

Todavia, a partir da segunda metade (no Globo "D" do atual Período Terrestre, *no qual estamos vivendo*), teve o início da projetação de conteúdos psíquicos e conteúdos psíquico-quânticos na natureza da psique, analisado em "Psicologia da Anima e do Animus" (Cruz, 2022), bem como nas suas duas camadas; todavia, mais diretamente no Inconsciente Coletivo conforme analisado em "Os Arquétipos e o Inconsciente Coletivo" (Jung, 2016).

> [...] O inconsciente coletivo é uma parte da psique que pode distinguir-se de um inconsciente pessoal pelo fato de que não deve sua existência à experiência pessoal, não sendo, portanto, uma aquisição pessoal. Enquanto o inconsciente pessoal é constituído essencialmente de conteúdos que já foram conscientes e, no entanto desapareceram da consciência por terem sido esquecidos ou reprimidos, os conteúdos do inconsciente coletivo nunca estiveram na consciência e, portanto não foram adquiridos individualmente, mas devem sua existência apenas à hereditariedade. Enquanto o inconsciente pessoal consiste em sua maior parte de complexos, o conteúdo do inconsciente coletivo é constituído essencialmente de arquétipos [...] (Jung, 2016, §87-110).

Pela *progênie e psicologia da anima e do animus*, desde a "Prima-Mater[342]" e durante o processo de condensação pela *Involução* (↓), (tendo como paradigma o processo dos Condensados de Bose-

---

[341] JUNG, C. G. (1981) **Tipos Psicológicos**. [1967] Trad. Álvaro Cabral. 1981. 4.ed RJ: Zahar Editores.
JUNG, C. G. (1972) **O Desenvolvimento da Personalidade**. [Edição integral Título do original: Über die entwicklung der persönlichkeit] Trad. Frei Valdemar do Amaral. 4ed. Rio de Janeiro: Vozes.
[342] JUNG, C. G. (1984) **Psicologia e Alquimia**. Da coleção OBRAS COMPLETAS. Vol.12. Rio de Janeiro: Vozes; ***A "materia prima", §425-432***.

Einstein[343]), pois ao iniciar a Revolução no Globo "A" em todos os Períodos Mundiais (diagrama IV), observam-se *atividades subjetivas* dos Egos. Os Egos possuem energia psíquica[344] para atrair, agregar e assimilar diferentes estados de matérias[345], em *gérmen*; todavia, em estado quântico[346] quando do início da formação do inconsciente coletivo, bem como no seu estado quântico fundamental quando do início da formação do inconsciente pessoal devido atividades quânticas em espiral dentro de espiral.

Nesse processo de condensação quântica é quando os átomos se encontram desprovidos de sua "individualidade". Eles passam a admitir um mesmo estado quântico, pois, armazena conteúdos psíquico-quânticos na *natureza da psique* (psique subjetiva⇔psique objetiva), em interfaces[347] de *núcleos psíquicos* para ulterior projeção quântica de conteúdos psíquicos e de conteúdos psíquico-quânticos e na formação de arquétipos em "*Mysterium Coniunctionis – Os Opostos*" (Jung, 2015, p. 1-251).

Pelos postulados[348] em "*The Rosicrucian Cosmo-Conception - Cosmogenesis and Anthropogenesis*" (Heindel, 2012, p. 177-232), nos processos do estado quântico[349] é preciso observar que a interação dos

---

[343] **Quantum Made Simple**: https://toutestquantique.fr/condensation-de-bose-einstein/. Acesso em 14.09.2025.

[344] JUNG, C. G. (1985) **A Energia Psíquica**. Da coleção OBRAS COMPLETAS Vol.VIII/1. 2 ed. Rio de Janeiro: Vozes.

[345] CRUZ, A. J. G. (2022) **Psicologia da Anima e do Animus**. 1ª ed. São Paulo: Gonçalves Cruz.

[346] **Estado quântico** é qualquer estado possível em que um sistema mecânico quântico possa se encontrar. Um estado quântico plenamente especificado pode ser descrito por um vetor de estado, por uma função de onda ou por um conjunto completo de números quânticos para um dado sistema. Vetores de estado quântico, na interpretação mais comum da mecânica quântica, não têm realidade física. O que tem significado físico são as probabilidades que podem ser calculadas a partir deles e não os vetores em si. Ao estado quântico de menor energia possível dá-se o nome de **estado quântico fundamental**. Na física quântica, o estado quântico se refere ao estado de um sistema isolado. Um estado quântico fornece uma distribuição de probabilidade para o valor de cada observável, ou seja, para o resultado de cada medida possível no sistema. O conhecimento do estado quântico juntamente com as regras para a evolução do sistema no tempo esgota tudo o que se pode prever sobre o comportamento do sistema. Uma mistura de estados quânticos é novamente um estado quântico. Os estados quânticos que não podem ser escritos como uma mistura de outros estados são chamados estados quânticos puros, todos os outros estados são chamados de estados quânticos mistos.

[347] **Interface**: 1.Recurso que permite comunicação ou interação entre dois sistemas ou organismos. 2.Inform. Dispositivo de conexão entre computador e periférico(s), ou entre periféricos. 3.Inform. Conjunto de elementos de *hardware* e *software* destinados a possibilitar a interação com o usuário.

[348] **Postulado** (Filosofia): Proposição não evidente nem demonstrável, que se admite como princípio de um sistema dedutível, de uma operação lógica ou de um sistema de normas práticas. 2.Fato ou preceito reconhecido sem prévia demonstração: *Esse postulado emana de uma profunda convicção.* 3.Tempo de exercício e provações que antecede o noviciado das comunidades religiosas.

[349] **Estado quântico** é qualquer estado possível em que um sistema mecânico quântico possa se encontrar. Um estado quântico plenamente especificado pode ser descrito por um vetor de estado, por uma função de onda ou por um conjunto completo de números quânticos para um dado sistema. Vetores de estado quântico, na interpretação mais comum da mecânica quântica, não têm realidade física. O que tem significado físico são as probabilidades que podem ser calculadas a partir deles e não os vetores em si. Ao estado quântico de menor energia possível dá-se o nome de **estado quântico fundamental**. Na física quântica, o estado quântico se refere ao estado de um sistema isolado. Um estado quântico fornece uma distribuição de probabilidade para o valor de cada observável, ou seja, para o resultado de cada medida possível no sistema. O conhecimento do estado quântico juntamente com as regras para a evolução do sistema no tempo esgota tudo o que se pode prever sobre o comportamento do sistema. Uma mistura de estados quânticos é novamente um estado quântico. Os estados quânticos que não podem ser escritos como uma mistura de outros estados são chamados estados quânticos puros, todos os outros estados são chamados de estados quânticos mistos.

núcleos psíquicos dos arquétipos, em *gérmen*, no Globo "D" (análogo ao núcleo atômico[350]), são ativados pela *quantização* de estados excitados[351]. Esse processo quântico acontece pela ação do Poder Anímico e da Mente Criadora, pois ***conecta*** os respectivos conteúdos psíquicos assimilados durante as anteriores Revoluções do Período de Saturno (diagrama III, Gênesis 1 e 2):

Primeira Revolução - Globo "A": o *gérmen do corpo denso,* pela ação da *Luz*, foi o *primeiro conteúdo psíquico* assimilado e incorporado para ulterior projeção de conteúdos psíquicos, conteúdos psíquico-quânticos e formação de arquétipos.

Segunda Revolução - Globo "B": a *Força de Vida* foi o *segundo conteúdo psíquico* assimilado e incorporado para ulterior projeção de conteúdos psíquicos, conteúdos psíquico-quânticos e formação de arquétipos.

Terceira Revolução - Globo "C": a *Ideia Germinal* das Forças Abstratas do Pensamento tornou-se o *terceiro conteúdo psíquico* assimilado e incorporado para ulterior projeção de conteúdos psíquicos, conteúdos psíquico-quânticos e formação de arquétipos.

Quarta Revolução - Globo "D": o Ego (diagrama I), através das *Forças Arquetípicas*, quantificou[352] as *Ideias Germinais* das regiões 5, 6 e 7 (na Região Abstrata do Pensamento), da terceira Revolução de Saturno, Globo "C"; todavia, quando atraiu, agregou e assimilou *conteúdos psíquicos* e conteúdos psíquico-quânticos (que são *conteúdos psíquicos quantizados*) para constituir uma Mente humana, num *processo sincronístico*[353], na quarta região (pelas *Forças Arquetípicas*), da Região Concreta do Pensamento (diagramas I e II).

Para alcançar essa ideia é preciso recorrer ao entendimento da Psicologia Esotérica[354], pois, quando o psicólogo se deparar com algum problema da psicologia moderna, a base desse entendimento, também,

---

[350] **Núcleo atômico** (Fís. Nucl.) Parte do átomo com carga positiva e com a quase totalidade da sua massa constituída por prótons e nêutrons, e que ocupa pequeníssimo volume.
[351] **Estado excitado** (Fís.): estado de um sistema em que a energia é superior à do estado fundamental.
[352] **Quantificação** (Fís.): a passagem da descrição clássica e contínua dum sistema para a descrição quântica, em que alguns observáveis só podem assumir os valores de um conjunto discreto; quantização.
[353] JUNG, C. G. (2012) **Sincronicidade - a dinâmica do inconsciente**. Col. OBRA COMPLETAS. 18ed.Vol.8/3. RJ: Vozes.
[354] CRUZ, A. J. G. (2020) **Fundamentos de Psicologia Esotérica**. 1ª ed. São Paulo: Gonçalves Cruz.

é explicada em "A Natureza da Psique - o problema fundamental da psicologia moderna" (Jung, 2014).

> [...] **Fiz as seguintes reflexões, numa tentativa de resolver este problema: o conflito entre natureza e espírito não é senão o reflexo da natureza paradoxal da alma: ela possui um aspecto físico e um aspecto espiritual que parecem se contradizer mutuamente, porque, em última análise, não compreendemos a natureza da vida psíquica como tal.** Todas as vezes que o intelecto humano procura expressar alguma coisa que, em última análise, ele não compreendeu nem pode compreender, ele deve expor-se, se é sincero, a uma contradição, deve decompô-la em seus elementos antitéticos, para que possa captar alguns de seus aspectos. O conflito entre o aspecto físico e o aspecto espiritual apenas mostra que a vida psíquica é, em última análise, qualquer coisa de incompreensível. É, sem dúvida alguma, nossa única experiência imediata. **Tudo o que eu experimento é psíquico.** A própria dor física é uma reprodução psíquica que eu experimento. Todas as percepções de meus sentidos que me impõem um mundo de objetos espaciais e impenetráveis são imagens psíquicas que representam minha experiência imediata, pois somente eles são os objetos imediatos de minha consciência. Minha psique, com efeito, transforma e falsifica a realidade das coisas em proporções tais, que é preciso recorrer a meios artificiais para constatar o que são as coisas exteriores a mim; é preciso constatar, por ex., que um som é uma vibração do ar de uma certa freqüência e que uma cor é determinado comprimento de onda da luz. No fundo estamos de tal modo envolvidos em imagens psíquicas, que não podemos penetrar na essência das coisas exteriores a nós. Tudo o que nos é possível conhecer é constituído de material psíquico. A psique é a entidade real em supremo grau, porque é a única realidade imediata. **É nesta realidade, a realidade do psíquico, que o psicólogo pode-se apoiar** [...] (Jung, 2014, §649-689).

Portanto, pelo *significado sincronístico* nas grandes Regiões Abstrata e Concreta do Pensamento, análogo ao processo quântico dos

Condensados de Bose-Einstein[355], os *conteúdos psíquicos* foram condensados em *núcleos psíquicos*: no *núcleo psíquico dos arquétipos da forma*, no *núcleo psíquico do arquétipo da vitalidade universal* e no *núcleo psíquico dos arquétipos do desejo e da emoção*, i.e., na respectiva dimensão compacta das duas grandes regiões (diagrama I): na Região Etérea (*onde se encontra a natureza da psique*) e na Região Química do Mundo Físico (*onde se encontram todos os sistemas do corpo denso, físico*).

"É nesta realidade, a realidade do psíquico, que o psicólogo pode-se apoiar"; pois, temos como logística os estudos em "Os Arquétipos e o Inconsciente Coletivo" (Jung, 2016, §489-626), quando observamos a *heurística*[356] *e sua aplicabilidade, se positiva, se negativa*, pela dinâmica da consciência, da inconsciência e da individuação[357]; todavia, é quando se observa no inconsciente coletivo toda a herança espiritual, renascida e revitalizada (diagrama II) na estrutura psicológica de todo o indivíduo. Portanto, é plausível ajuizar que a separação da psicologia, da biologia é artificial porque a psique humana[358] vive numa união indissolúvel com o corpo.

Com essa base do entendimento psíquico, o som pode ser mensurado em quaisquer espaços-tempos, pois quando se observa as figuras geométricas da "Tabela 3 - Tabela Periódica de Elementos", conforme estudos em "*The Sacred Word and its Creative Overtones*" (Lewis, 1990, p. 20), congruentes aos estudos de Ernst Chladni (1756-1827). Por exemplo, as "figuras sonoras de Chladni" referem-se aos padrões geométricos formados numa camada fina de areia, talco depositado

---

[355] **Quantum Made Simple**: https://toutestquantique.fr/condensation-de-bose-einstein/. Acesso em 14.09.2025.

[356] **Heurística e sua aplicabilidade positiva e negativa**: a capacidade heurística é uma característica humana. **Do lado positivo**, pode ser descrita como a arte de descobrir e inventar ou resolver problemas mediante a experiência (própria ou observada), somada à criatividade e ao pensamento lateral ou pensamento divergente. Como descrito acima, seja de forma deliberada ou não, heurísticas são procedimentos utilizados quando um problema a ser encarado é por demais complexo ou traz informações incompletas. Por ser inconsciente, é praticada sem que muitas vezes os indivíduos se deem conta do processo. No geral, pode ser considerada como um atalho aos processos mentais, sendo assim uma medida que preserva e conserva energia e os recursos mentais. A heurística pode funcionar efetivamente na maioria das circunstâncias em que é aplicada conscientemente. **Do lado negativo** é um processo geralmente aplicado de forma automática, inconsciente e, portanto, sujeito a inúmeros vieses e padronização de erros. Um exemplo de atalho mental aplicado dessa forma é o julgamento de um indivíduo com base no estereótipo do grupo ao qual pertence, o que em geral resulta em erros sistemáticos. Por ser uma forma automática, é muito difícil, mesmo para profissionais experientes, monitorá-la e às vezes até evitá-la (inclusive quando estão conscientes dela), dada à naturalidade com que, quando somos confrontados com questões de resolução difícil, perguntas e respostas heurísticas mais fáceis vem à mente. Especialmente se associadas a outras heurísticas ao longo do tempo, como a do afeto.

[357] CRUZ, A. J. G. (2020) **C. G. Jung e os Condensados Bose-Einstein: Processos Psíquico-quânticos da Individuação**. 1ª ed. São Paulo: Gonçalves Cruz.

[358] HERCULANO-HOUZEL, S. (2002) **O Cérebro Nosso de cada Dia**. Rio de Janeiro: Vieira & Lent.

sobre uma placa de cristal, vidro ou metal, vibrando em diferentes frequências.

Por outro lado, as experiências de Walter Lewin[359], ao apresentar "*resonance and the sounds of music*", são congruentes aos estudos em "*The Sacred Word and its Creative Overtones*" (Lewis, 1990, p. 13-130).

Modo psicológico, ao observar as "figuras sonoras de Chladni", demonstradas pela física para não haver dúvidas, pois, na *origem* dessas figuras ou imagens se encontra algo que transcende a consciência humana. Esse experimento não somente corrobora a formação de figuras ou imagens através do som, como simplesmente variam de maneira "indefinida e desordenada", ao mostrar que essas figuras ou imagens, por assim dizer, estejam relacionadas com a formação de arquétipos, pois, cada arquétipo emite luz, vida e som característico e singular.

Portanto, ao demonstrar *sua origem* podemos considerar que todos os arquétipos contêm luz, cor e som; todavia, como criamos arquétipos vivos e autônomos na natureza da psique pela *quantização* de *ideias germinais, nossos pensamentos têm vida, possuem luz e emitem sons*[360].

Diante do exposto, observa-se o *fenômeno de sincronicidade* em "Sincronicidade – a dinâmica do inconsciente" (Jung, 2016, §818-871), quando se avalia que *Ideia Germinal, Luz, Vida* e *Som* são expressões do Poder Anímico e da Mente Criadora (diagramas V e VI). Esses sons mostram a *origem* de entidades psíquicas (ver diagrama VII e Tabela 1); todavia, é quando se ajuíza que *Forças Arquetípicas* são armazenadas nos respectivos *núcleos psíquicos* (análogo ao núcleo atômico[361]), pois eles contêm *conteúdos psíquicos* das regiões *Continental*, *Oceânica* e *Aérea*, cujos *conteúdos psíquicos* fazem parte da mente humana:

- *Núcleo psíquico do arquétipo da forma*: são configurados, em *gérmen* (análogo à configuração química[362], Tabela 3) e quanti-

[359] **Resonance and the Sounds of Music** - Walter Lewin, https://youtu.be/f4M-6tWtkoA. Acesso em 28.09.2022.

[360] BBC Worldwide Ltd. (2001) **A incrível Jornada do Homem do Nascimento à Morte**. [Superinteressante: 4DVD's. Apres. médico e cientista Robert Winston] São Paulo: Abril.

[361] Nota do Autor: análogo ao **Núcleo atômico** (Fís. Nucl.) Parte do átomo com carga positiva e com a quase totalidade da sua massa constituída por prótons e nêutrons, e que ocupa pequeníssimo volume.

[362] **Configuração** (Quím.): modo como estão ligados, uns aos outros, os átomos de uma molécula.

zados pelas *Ideias Germinais da forma mineral, vegetal, animal e humana* para ulterior formação e projeção de forças arquetípicas e de arquétipos.

- *Núcleo psíquico do arquétipo da vitalidade universal*: são configurados, em *gérmen* (análogo à configuração química, Tabela 3) e quantizados pelas *Ideias Germinais da vida vegetal, animal e humana* para ulterior formação e projeção de forças arquetípicas e de arquétipos.
- *Núcleo psíquico do arquétipo do desejo e da emoção*: são configurados, em *gérmen* (análogo à configuração química, Tabela 3) e quantizados pelas *Ideias Germinais do desejo e da emoção dos animais e dos seres humanos* para ulterior formação e projeção de forças arquetípicas e de arquétipos. É a origem do terceiro aspecto do tríplice Espírito no ser humano: o Espírito Humano. Nesses *núcleos psíquicos* encontram-se a Sagrada Expressão do Poder do Espírito Santo (dos Elohim): a *anima* e o *animus*; e os *núcleos psíquicos* são utilizados como interfaces pelas duas entidades psicológicas, gêmeas e autônomas: *anima* e *animus*.
- *Núcleo psíquico das Forças Arquetípicas*: são configurados, em *gérmen* (análogo à configuração química, Tabela 3), onde *arquétipos* foram criados e quantizados, em *gérmen*, para ulterior *constituição da Mente dos atuais seres humanos*, quando na Revolução de Saturno no Período Terrestre em "*The Rosicrucian Cosmo-Conception - The Earth Period*" (Heindel, 2012, p. 233-245).

No Período Terrestre (o atual Período em que vivemos), a mente recém-criada tornou-se o ***ponto focal*** onde o Espírito Virginal (o Ego) se reflete na matéria, através de *processos psíquico-quânticos*. Todavia, essa base psíquica e espiritual é analisada em "Aion – Estudos Sobre o Simbolismo do Si-mesmo – Cristo, o Símbolo do Si-mesmo" (Jung, 2015, §46-126), que através desses *processos psíquico-quânticos* o Ego se transforma num análogo do "Eu Sou", do Cristo.

A quantificação da mente humana pelos *processos psíquico-quânticos do sistema Ego* é a passagem da descrição clássica e contínua de um sistema, cuja descrição quântica, em que alguns observáveis só podem assumir valores de um conjunto discreto, ou seja, de conteúdos psíquicos e espirituais do Espírito Divino, do Espírito de Vida e do Espírito Humano.

Todavia, quando se analisa a natureza da psique (ver ensaio de psicologia, em "Psicologia da Anima e do Animus" (Cruz, 2022), pois, pode-se observar que a *constituição do sistema Ego* é a passagem da descrição clássica e contínua de um sistema para a descrição quântica, em que alguns observáveis, análogo aos conteúdos psíquicos das Regiões dos respectivos Mundos ou Estados de Matérias, que só podem assumir valores de um conjunto discreto, *quantizados.* O Ego se manifesta através da mente (pelo Mundo do Pensamento) todo o seu conteúdo psíquico para um análogo que chamamos de *personalidade.* É quando o Ego se apossa de sua energia psíquica[363] para fins especiais, p.ex., no processo de condensação em diferentes dimensões compactas, análogo aos condensados Bose-Einstein[364].

É preciso conhecer a Teoria da Relatividade, em "Astronomia e Astrofísica" (Oliveira Filho; Saraiva, 2013, p. 623-685), para tentar compreender os espaços-tempos na psique. Pela *dobra do tempo psíquico*, nas *duas camadas da psique* (inconsciente coletivo e inconsciente pessoal) e nas *duas naturezas da psique* (subjetiva e a objetiva), pode-se observar *fenômenos de sincronicidade* pelas projeções de conteúdos psíquicos entre "dois mundos". Assim, temos os *processos sincronísticos inconscientes* entre o corpo denso, o corpo vital e o corpo de desejos através da *triple sincronicidade da mente*, que une o *Eu Superior* (o Mundo Espiritual) e o *eu inferior* (o Mundo Físico, ver diagramas I e II), para que o triple Ego (*Eu Superior*) possa interagir com o seu triple arquétipo: a *personalidade.*

Essas projeções de conteúdos psíquicos entre a *Região Abstrata* e a *Região Concreta* Do Pensamento, ocorrem através da "ponte" entre

---

363 JUNG, C. G. (1985) **A Energia Psíquica**. Da coleção OBRAS COMPLETAS Vol.VIII/1. 2ed. RJ: Vozes.

364 **Quantum Made Simple**: https://toutestquantique.fr/condensation-de-bose-einstein/. Acesso em 14.09.2025.

as duas camadas da psique. Podemos observar nesse *processo psíquico-quântico fenômenos de sincronicidade*[365], tendo como paradigma a teoria das pontes de Einstein-Rosen[366], quando as analisa pelas teorias de Hameroff (2016)[367], Kant (2001)[368], Libet (2004)[369] e de Minkowski (1995)[370].

Na natureza da psique, através de *núcleos psíquicos*, numa configuração análoga ao núcleo atômico[371], as *Forças Arquetípicas* formam e projetam conteúdos psíquicos e conteúdos psíquico-quânticos, em *gérmen*, para que possam atuar em ulterior formação de feixes de nervos através da ação de luz, cor e som, análogo às atividades no Período Lunar cujo objetivo era adquirir, em *gérmen*, o corpo de desejos e iniciar a atividade germinal do terceiro aspecto do tríplice espírito no homem - o Espírito Humano - o triple Ego.

Portanto, pela hipótese de o corpo de desejos estar intimamente ligado à mente, com base nas teorias de diferentes autores observa-se a emoção como facilitadora do pensamento, pois, refere-se à capacidade do pensamento gerar emoções, bem como a possibilidade de elas influenciarem o processo cognitivo. Assim, as emoções podem e influenciam processos de pensamentos por meio da promoção de distintas estratégias de processamento da informação.

Durante minha pesquisa-ação, ao conversar com diferentes pessoas que praticavam (e ainda praticam) a *terapia de retrospecção e concentração - TRC*, foi possível observar como essas pessoas hábeis conseguem integrar suas emoções com a cognição, pois, tendem a utilizar emoções positivas para desenvolver criatividade e processar a in-

---

365 JUNG, C. G. (2012) **Sincronicidade - a dinâmica do inconsciente**. Col. OBRA COMPLETAS. 18ed.Vol.8/3. RJ: Vozes.

366 AFRIAT, A; SELLERI, F. (1999) **The Einstein, Podolsky, and Rosen Paradox**. [Springer Science Business Media New York 1999. Originally published by Plenum Press, New York in 1999] Softcover reprint of the hardcover, 1st.edition. New York.
BELL, J. S. (1964). **On the Einstein-Podolsky-Rosen Paradox**. Physics Vol.1, 195-200. Reproduzido em Wheeler & Zurek (1983), op. cit., pp. 403-8, e em Bell (1987), op. cit., pp. 14-21.

367 HAMEROFF, S; PENROSE, R. (2016) **Consciousness in the Universe: An Updated Review of the "Orch OR" Theory**, in Biophysics of Consciousness: A Foundational Approach, eds. Roman R. Poznanski, Jack A. Tuszynski, Todd E. Feinberg, World Scientific, Chapter 14. 2016; Hameroff Penrose updated review of Orch OR chapter 14 Biophysics of Consciousness - Stuart Hameroff, Change the Music - Psychotherapy and Brain Vibrations, Vol 4 Issue 4, April 2016. http://quantumconsciousness.org/content/scholarly-journals.

368 KANT, Immanuel. (2001) **Crítica da Razão Pura**. [Tradução do original alemão intitulado "*KRITIK DER REINEN VERNUNFT*"] Trad. Manuela Pinto dos Santos e Alexandre Fradique Morujão. 5ed. Lisboa: Fundação Colouse Gulbenkion; "**Da Exposição Metafísica do Conceito de Espaço - Da Exposição Metafísica do Conceito de Tempo**".

369 LIBET, B. (2004) **Mind Time: the temporal factorin consciousness**. Cambridge: Harvard University Press.

370 MINKOWSKI, Eugène. (1995) **O Tempo Vivido**. [Título original: *Le Temps Vecú*. 1933]. Paris: Quadrige/P.U.F.

371 **Núcleo atômico** (Fís. Nucl.) Parte do átomo com carga positiva e com a quase totalidade da sua massa constituída por prótons e nêutrons, e que ocupa pequeníssimo volume.

formação de forma integrada. Todavia, essas pessoas necessitavam (e necessitam) de menor esforço cognitivo no processamento de informação e na resolução de problemas de ordem emocional.

Esses conteúdos psíquicos transmitiam energias psíquicas[372] e espirituais desde o início da primeira Revolução do Período Lunar, no Globo "A" (diagrama IV), pois, assim formou o nosso atual e complexo sistema nervoso central (SNC), depois o sistema nervoso periférico (SNP). Essa atividade parece ser análoga à Luz projetada pelos Senhores da Chama, na primeira e na sétima Revolução do Período de Saturno, respectivamente no Globo "A" e no Globo "G" (diagrama III).

Pela *hipótese da progênie dos núcleos dos arquétipos* (diagrama I, *quarta região* da Região Concreta do Pensamento) temos os processos da constituição da mente humana, análogo aos BECs, num estado de matéria[373] que ocorre depois que os átomos (análogo ao plasma[374]), com densidade baixa são resfriados até quase zero graus absoluto. Eles se agrupam para formar um estado quântico denso[375]: criando a mente humana.

---

[372] JUNG, C. G. (1985) **A Energia Psíquica**. Da coleção OBRAS COMPLETAS Vol.VIII/1. 2ed. RJ: Vozes.

[373] CRUZ, A. J. G. (2022) **Psicologia da Anima e do Animus**. 1ª ed. São Paulo: Gonçalves Cruz.

[374] **Plasma**: Como um gás, o plasma não possui forma ou volume definido. Ao contrário dos gases, os plasmas são eletricamente condutivos, produzem campos magnéticos e correntes elétricas e respondem fortemente a forças eletromagnéticas. Núcleos carregados positivamente nadam em um "mar" de elétrons desassociados em movimento livre, semelhante à maneira como essas cargas existem no metal condutor, onde esse "mar" de elétrons permite que a matéria no estado do plasma conduza eletricidade. Um gás é geralmente convertido em plasma de uma de duas maneiras, por exemplo, a partir de uma enorme diferença de tensão entre dois pontos ou expondo-o a temperaturas extremamente altas. O aquecimento da matéria a altas temperaturas faz com que os elétrons deixem os átomos, resultando na presença de elétrons livres. Isso cria o chamado plasma parcialmente ionizado. Em temperaturas muito altas, como presentes nas estrelas, supõe-se que essencialmente todos os elétrons sejam "livres" e que um plasma de alta energia seja essencialmente núcleos nus nadando em um mar de elétrons. Isso forma o chamado plasma totalmente ionizado. O estado do plasma é geralmente mal compreendido e, embora não exista livremente em condições normais na Terra, é geralmente gerado por raios, faíscas elétricas, luzes fluorescentes, luzes de neon ou em televisões de plasma. A coroa do Sol, alguns tipos de chamas e estrelas são exemplos de matéria iluminada no estado do plasma.

[375] DEUTSCH, S.; DEUTSCH, A. (1993) **Understanding the Nervous System**. New York, NY, USA: IEEE Press.
FREEMAN, J. A.; SKAPURA, D. M. (1991) **Neural Networks: Algorithms, applications, and programming techniques**. Boston, MA, USA: Addison-Wesley.
GIBSON, K. R.; PETERSEN, A. C. (1991) (Ed.). **Brain maturation and cognitive development: Comparative and cross-cultural perspectives**. Hawthorne, NY, USA: Aldine de Gruyter.
GUTENBERG, B.; RICHTER, C. F. (1949) **Seismicity of the Earth and Associated Phenomena**. Princeton, NJ, USA: Princeton University Press.
HENNESSY, J. L.; PATTERSON, D. A. (2012) **Computer Architecture: A quantitative approach**. Waltham, MA, USA: Morgan Kaufmann.
HERTZ, J.; KROGH, A.; PALMER, R. G. (1991) **Introduction to the Theory of Neural Computation**. Boston, MA, USA: Addison-Wesley Publishing Company.
IZHIKEVICH, E. M. (2007) **Dynamical Systems in Neuroscience: The geometry of excitability and bursting**. Cambridge, Massachussetts, USA: The MIT Press.
KANEKO, K. (1993) **Theory and Applications of Coupled Map Lattices**. Chichester, USA: Wiley.
MARRO, J.; DICKMAN, R. (1999) **Nonequilibrium Phase Transitions in Lattice Models**. Cambridge, UK: Cambridge University Press.
NICOLIS, G.; PRIGOGINE, I. (1977) **Self-Organization in Nonequilibrium systems: from dissipative structures to order through fluctuations**. New York, NY, USA: John Wiley & Sons.
NUNEZ, P. L. (1995) **Neocortical dynamics and human EEG rhythms**. New York, UK: Oxford University Press.
SPORNS, O. (2012) **Discovering the Human Connectome**. Cambridge, MA, USA: The MIT Press.
SPORNS, O. (2010) **Networks of the Brain**. Cambridge, MA, USA: The MIT Press.

De forma concisa e sem apresentar definições matemáticas condizentes à estatística quântica, podemos caracterizar a constituição da mente humana, *a priori*, como o estado ou fase da matéria no qual os átomos encontravam-se desprovidos de sua "individualidade". Nesse primitivo processo passou a admitir um mesmo estado quântico fundamental[376], para depois admitir diferentes estados quânticos[377]: o nosso atual corpo mental ou mente.

Resumidamente, quando no estado quântico fundamental, iniciou-se um sistema básico neuronal em "Atlas de Anatomia Humana - Forames da Base do Crânio e Nervos Cranianos, vol.1" (Sobotta, 2000, p. 267-340), para receber impactos através dos polos (negativo e positivo), por meio dos doze pares de nervos cranianos ligados às atividades da *anima* e *animus*. Estes processos aconteceram desde a *quarta região das Forças Arquetípicas* (diagrama I), para serem quantizados e revitalizados pela Mente para ulterior formação de um rudimentar corpo caloso. Depois para a formação do cérebro com seus respectivos hemisférios (direito e esquerdo) e o sistema cérebro-espinhal, em *gérmen*, quando no Período Lunar em "*The Rosicrucian Cosmo-Conception - The Work of Evolution*" (Heindel, 2012, p. 201-245).

Quando no Período Terrestre, em diferentes épocas, foram adicionados dados e informações astrológicas pelos "batismos estelares" (diagrama II), conforme postulados em "A Mensagem das Estrelas" (Heindel; Foss Heindel, 1973, p. 11-25).

Pelos postulados[378] de em "*The Rosicrucian Cosmo-Conception – The Four Kingdons*" (Heindel, 1937, p. 56-86), a força

STROGATZ, S. H. (2001) **Nonlinear Dynamics and Chaos**: With Applications to Physics, Biology, Chemistry, and Engineering. [S.l.]: Westview Press.

[376] **Quantum Made Simple**: https://toutestquantique.fr/condensation-de-bose-einstein/. Acesso em 14.09.2025.

[377] **Estado quântico** é qualquer estado possível em que um sistema mecânico quântico possa se encontrar. Um estado quântico plenamente especificado pode ser descrito por um vetor de estado, por uma função de onda ou por um conjunto completo de números quânticos para um dado sistema. Vetores de estado quântico, na interpretação mais comum da mecânica quântica, não têm realidade física. O que tem significado físico são as probabilidades que podem ser calculadas a partir deles e não os vetores em si. Ao estado quântico de menor energia possível dá-se o nome de **estado quântico fundamental**. Na física quântica, o estado quântico se refere ao estado de um sistema isolado. Um estado quântico fornece uma distribuição de probabilidade para o valor de cada observável, ou seja, para o resultado de cada medida possível no sistema. O conhecimento do estado quântico juntamente com as regras para a evolução do sistema no tempo esgota tudo o que se pode prever sobre o comportamento do sistema. Uma mistura de estados quânticos é novamente um estado quântico. Os estados quânticos que não podem ser escritos como uma mistura de outros estados são chamados estados quânticos puros, todos os outros estados são chamados de estados quânticos mistos.

[378] **Postulado** (Filosofia): Proposição não evidente nem demonstrável, que se admite como princípio de um sistema dedutível, de uma operação lógica ou de um sistema de normas práticas. 2.Fato ou preceito reconhecido sem prévia demonstração: *Esse postulado emana de uma profunda convicção.* 3.Tempo de exercício e provações que antecede o noviciado das comunidades religiosas.

vital do Sol, que nos rodeia com fluido incolor, é absorvida pela contraparte etérea do baço do corpo vital, onde passa por complexa transformação de cor. Torna-se rosa pálido e se espalha pelos nervos (na forma de luz, pela sinapse elétrica), percorrendo todo o corpo denso pelas iniciais atividades dos doze pares de nervos cranianos (Sobotta, 2000); análogo à transmissão e recepção de luz da constelação dos Signos do Zodíaco em "Astronomia e Astrofísica" (Oliveira Filho; Saraiva, 2013, p. 06-10).

A quantificação pelo *processo psíquico-quântico do sistema Ego* capacita o ser humano a possuir elevadas faculdades psíquico-quânticas que dificilmente são imaginadas na presente época. Essa capacitação parece ser superior às transmissões quânticas de dados e informações dum computador quântico[379]. Por analogia, essa energia vital em "A Energia Psíquica" (Jung, 2014, §83), é equivalente a eletricidade dum sistema computacional, pelo uso de corrente contínua; embora haja fios, portas lógicas e usuários inserindo e recebendo dados e informações, pois, se não houver eletricidade (energias) é impossível enviar e receber dados e informações.

Assim podemos ter ideia da quantização do sistema Ego (diagrama I), pois tem a logística da Mente para governar o cérebro e todos os sistemas do corpo vital e do corpo denso através do SNC e SNP, que podem estar aparentemente em perfeitas condições; todavia, se faltar energia vital para levar e receber mensagens do Ego, através do sistema nervoso, o corpo denso permanecerá inerte e sem vida.

É precisamente isto o que sucede quando se paralisa parte do corpo denso, quando o corpo vital adoece e essa força vital já não pode fluir. Por exemplo, como no acidente vascular cerebral (AVC), por problemas na irrigação sanguínea no cérebro causa a perda de células neuronais, o que faz com que partes do cérebro deixem de funcionar devidamente. Nesse processo neuronal, existem dois tipos principais de AVC: *isquêmico*, causado pela interrupção da irrigação sanguínea; *he-*

[379] **Computadores quânticos** utilizam de princípios quânticos para seu funcionamento e tornam viáveis cálculos complexos que levariam quantidades de tempo exorbitantes em computadores convencionais. No lugar de bits temos qubits. Qubits são bits quânticos implementados em spins de elétrons ou na polarização de fótons. Esses tipos de partículas apresentam uma curiosa característica: eles podem apresentar valor 0, 1 ou 1 e 0 ao mesmo tempo. Essa combinação de dois estados é possível graças à uma peculiaridade das partículas subatômicas: a superposição.

morrágico, causado por hemorragia cerebral. Entre os sinais e sintomas de um AVC está a incapacidade de mover ou de sentir um dos lados do corpo, dificuldades em compreender ou falar, sensação de que os objetos em volta se movimentam ou a perda de um dos lados da visão. Como na maioria das enfermidades, a perturbação está nos veículos invisíveis e seus efeitos aparecem no corpo visível, denso.

Como se observa, as doenças mentais existem em pessoas que têm corpo[380]. Doenças mentais não são doenças de espíritos nem de anjos, são pessoas que têm corpo que possuem doenças; mesmo o corpo exercendo papel secundário; todavia, *a neurobiologia, a neuropsicologia e a neuropsiquiatria ainda não podem precisar como as alterações ocorrem em termos mais profundos.*

Este complexo sistema é apresentado em "Atlas de Anatomia Humana - Forames da Base do Crânio e Nervos Cranianos, vol.1" (Sobotta, 2000, p. 267-340). Observa-se o sistema básico neuronal que recebem impactos através dos polos negativos e positivos dos doze pares de nervos cranianos, ligados ao sistema nervoso central (SNC) e este ao sistema nervoso periférico (SNP).

O relato científico, apresentado acima, *é um evento psicológico de extrema importância, pois se tornou a base para as projeções quântica de conteúdos psíquicos e de conteúdos psíquico-quânticos na psique objetiva.*

Como se sabe, os Espíritos Virginais *iniciaram **em*** Si-mesmos *a criação* de um *núcleo de matéria escura com energia escura, pelo processo de condensação*, tendo como paradigma o processo dos Condensados de Bose-Einstein, que armazenam dados e informações de todas as suas experiências alcançadas em todas as Revoluções, dos Globos "A". "B", "C" e "D": quando formou o *átomo semente* (veja a animação[381]).

Modo psicológico, de forma concisa e sem apresentar definições matemáticas condizentes à estatística quântica, podemos caracterizar os Condensados de Bose-Einstein como o estado ou fase da matéria

[380] CRUZ, A. J. G. (2022) **Psicologia da Anima e do Animus**. 1ª ed. São Paulo: Gonçalves Cruz.
[381] **Quantum Made Simple**: https://toutestquantique.fr/condensation-de-bose-einstein/. Acesso em 14.09.2025.

no qual os átomos encontram-se desprovidos de sua "individualidade", passando a admitir um mesmo estado quântico fundamental: análogo ao *átomo semente*[382].

Análogo ao processo quântico dos Condensados de Bose-Einstein, no núcleo desse *átomo semente* foi quantizado todos os conteúdos psíquicos referentes ao corpo denso, em *gérmen*. Fatos ocorridos quando no Período de Saturno, nas Revoluções dos Globos "A", "B", "C" e "D" para depois projetar conteúdos psíquico-quânticos, formando a Mente humana com a matéria da Região Concreta do Mundo do Pensamento, na sua *quarta região*: das *Forças Arquetípicas* (diagrama I).

De acordo os estudos astrológicos em "Sincronicidade - a dinâmica do inconsciente" (Jung, 2016, §959-987), entre os signos de Sagitário⇔Gemini tem outro fator psicológico de extrema importância que devemos levar em consideração, que é o *fenômeno de sincronicidade*, entre aspectos e tendências.

Esse *significado sincronístico* está em cada um dos diversos modos e meios psicológicos com que algum fenômeno, coisa, assunto etc., possa ser observado ou considerado dentro da *psicologia quântica da anima e do animus* em diferentes espaços-tempos[383]. Esse fator psicológico pode ser observado em pacientes, com base nos dados e informações adicionados no processo do "batismo estelar" em "A Mensagem das Estrelas" (Heindel; Foss Heindel, 1973, p. 11-25). Pode-se fazer analogia pela transmissão e recepção de luz da constelação dos Signos do Zodíaco em "Astronomia e Astrofísica" (Oliveira Filho; Saraiva, 2013, p. 06-10).

Observamos que os Senhores da Mente, os sagitarianos (a humanidade do Período de Saturno) cuja nota chave particular é Fá Maior, com um bemol[384] (ver Tabela 1). Eles auxiliaram os Espíritos Virginais na terceira Revolução, tendo como ulterior prerrogativa elevar a consciência dos Espíritos Virginais (dos Egos) ***em*** Si-mesmos, congru-

---

[382] HEINDEL, Max. (1937) **The Rosicrucian Cosmo-Conception**. 27ed. [The Rosicrucian Fellowship, Oceanside, CA. 92058-2329. EUA, 1909] [L.N.Fowler & Co.,Ltd. 29 Ludgate Hill, London:England E. C. 4] Wood & Jones. Printers-Lithographers. Pasadena: USA. *pp.247.*

[383] AFRIAT, A; SELLERI, F. (1999) **The Einstein, Podolsky, and Rosen Paradox**. [Springer Science Business Media New York 1999. Originally published by Plenum Press, New York in 1999] Softcover reprint of the hardcover, 1st.edition. New York.

[384] **Bemol**: abaixa um semitom; Dobrado Bemol: abaixa dois semitons; Semitom: é o menor intervalo existente entre dois sons que o ouvido humano ocidental pode perceber e classificar.

ente com a teoria em "*Mysterium Coniunctionis – Os Componentes da Coniunctio*" (Jung, 2015, §1-100).

Notamos que o signo oposto de Sagitário é Gemini cuja nota chave particular é Fá# Maior, com seis sustenidos[385]; que se manifestou na camada mais profunda da *natureza da psique*, conforme analisado em "Psicologia da Anima e do Animus" (Cruz, 2022); todavia, quando o sujeito manifestava "mente inferior" (da personalidade) no seu inconsciente pessoal, ou seja, num estado de consciência de ***transe profundo***. Na respectiva Revolução de Saturno do Período Terrestre, Globo "D" (diagramas III e IV), também, pode ser observado o princípio, a origem ou a causa da regência de Gemini sobre as duas criaturas autônomas e gêmeas (*anima* e *animus*), ao criar Ideias Germinais (pelo caráter de rapidez no processo de assimilação) em "*Mysterium Coniunctionis – Pelas Personificações dos Opostos*" (Jung, 2015, §101-340), aprenderam a projetar conteúdos psíquicos e arquétipos nos e dos inconscientes coletivo e pessoal.

Por isso é preciso ter em mente, conforme analisado em "O Eu e o Inconsciente" (Jung, 2014).

> [...] A anima, sendo feminina, é a figura que compensa a consciência masculina. Na mulher, a figura compensadora é de caráter masculino e pode ser designada pelo nome de animus. Se não é simples expor o que se deve entender por anima, é quase insuperável a dificuldade de tentar descrever a psicologia do animus (Jung, 2014, §328).

Quando a pessoa vive fisicamente como mulher (*anima*) manifesta sua energia psíquica[386] através do polo positivo do corpo vital[387], enquanto o homem (*animus*) manifesta essa mesma energia pelo polo negativo do corpo vital. Observa-se que *somente* um conjunto de doze nervos cranianos (Sobotta, 2000), é comandado pela *anima* (sexo feminino) e o outro conjunto de doze nervos cranianos é comandado pelo *animus* (sexo masculino), através de processos psíquico-quânticos inconscientes.

---

[385] **Sustenido**: eleva um semitom; Dobrado Sustenido: eleva dois semitons; Semitom: é o menor intervalo existente entre dois sons que o ouvido humano ocidental pode perceber e classificar.

[386] JUNG, C. G. (1985) **A Energia Psíquica**. Da coleção OBRAS COMPLETAS Vol.VIII/1. 2ed. RJ: Vozes.

[387] HEINDEL, Max. (2011) **The Vital Body**. [The Rosicrucian Fellowship MT. Ecclesia Oceanside, California, USA] [Copyright 2011 by The Rosicrucian Fellowship. Third Edition]. Oceanside, CA. USA.

A mulher (*anima*) gera mais energia pela Força Criadora (da Mente Criadora) para produzir na sua consciência, pela *Imaginação*, como genitora e modeladora de corpos pelo sistema reprodutivo, protetora da prole etc. Ela procura atrair e agregar pela configuração de processos inconscientes a Força Anímica (do Poder Anímico) do seu oposto, o *animus*, para ativar o seu lado subconsciente, latente ou adormecido; logo, projeta conteúdos psíquico-quânticos no seu inconsciente pessoal pela forte influência do *animus*, através da *Vontade*. O contrário é válido para o homem (*animus*).

Modo psicológico, se observa que a base do *matrimônio é a união psíquica entre anima e animus*; todavia, analisamos também a "infecundidade psíquica" do casamento entre homossexuais, pois, essa "infecundidade psíquica" se desdobra no comportamento espiritual, mental e social de cada pessoa.

Diante dessa informação, o experimento e aprendizado na infância e adolescência, em geral, podem ser configurados como sendo um período de desenvolvimento físico, emocional e mental, análogo ao período de *involução*(↓) que o Ego experimentou quando no processo gestacional (no útero); todavia, aquiescido pelo "batismo estelar", quando processou as iniciais experiências da sua primeira respiração ou troca gasosa em "Tratado de Fisiologia Médica - Capítulo 39 - Princípios Físicos das Trocas Gasosas" (Guyton; Hall, 2011, p. 509-518).

Por exemplo, quando o Ego se manifesta externamente como mulher (*anima*) recebe as configurações do "batismo estelar" pelos ajustamentos da data/hora/local de nascimento, conhecido como *signo solar*, através do *inconsciente pessoal*. Nesse processo, observa-se que o *animus* recebe as configurações do "batismo estelar" pelos ajustamentos da data/hora/local de nascimento, conhecido como *signo Ascendente*, através do *inconsciente coletivo*. Entretanto, ambas as configurações psíquicas, com base em "Sincronicidade - *um experimento astrológico*" (Jung, 2016, §872-905), passa a constituir as bases dos processos neurobiológico e neuropsicológico nos novos ambientes de desenvolvimento. O contrário é válido quando o Ego se manifesta como homem (*animus*).

Com este embasamento entendemos a "infecundidade psíquica" que ocorre nos casamentos entre homossexuais, quando se analisa o matrimônio como sendo um "casamento psíquico", em "O Eu e o Inconsciente" (Jung, 2014).

> [...] Reside aqui, sem dúvida, uma das principais fontes da qualidade feminina da alma. Mas, ao que parece, não é a única fonte. Não há homem algum tão exclusivamente masculino que não possua em si algo de feminino. O fato é que precisamente os homens muito masculinos possuem (se bem que oculta e bem guardada) uma vida afetiva muito delicada, que muitas vezes é injustamente tida como "feminina". O homem considera uma virtude reprimir da melhor maneira possível seus traços femininos. Analogamente, a mulher, até há pouco tempo, considerava inconveniente ser varonil. A repressão de tendências e traços femininos determina um acúmulo dessas pretensões no inconsciente. A imago da mulher (a alma), torna-se, com a mesma naturalidade, o receptáculo de tais pretensões; por isso, o homem, em sua escolha amorosa, sente-se tentado a conquistar a mulher que melhor corresponda à sua própria feminilidade inconsciente: a mulher que acolha prontamente a projeção de sua alma. Embora uma escolha desse tipo possa ser considerada e sentida como um caso ideal, poderá também representar a opção do homem por seu lado fraco (Isto esclareceria muitos casamentos estranhos.) [...] (Jung, 2014, §296-406).

Modo psicológico, pela análise da *psicologia da anima e do animus*[388], pode-se observar, a anatomia e fisiologia dos doze pares de nervos cranianos em "Atlas de Anatomia Humana - Forames da Base do Crânio e Nervos Cranianos, volume 1" (Sobotta, 2000, p. 267-340).

Nessa troca de informações psíquico-quânticas[389] entre os doze pares de nervos cranianos incluem no seu processo quântico os dois hemisférios cerebrais através do corpo caloso e pelas sinapses (química e elétrica). Pela observação participante, pode ser ajuizado que existem distintos processos psíquicos entre a *psique subjetiva* e a *psique objetiva*, através das duas camadas da psique (inconsciente coletivo e incons-

---

388 JUNG, Emma. (1997) **Animus e Anima**. Trad. Dante Pignatari, 1ed. [original: *Animus und Anima*], São Paulo: Cultrix.

389 NIELSEN, Michael A.; CHUANG, Issac L. (2010) **Quantum Computation and Quantum Information**. 10th Anniversary Edition. Cambridge: Cambridge University Press.

ciente pessoal), ao analisar *fenômenos sincronísticos* das projeções quânticas de conteúdos psíquicos e de conteúdos psíquico-quânticos entre "dois mundos".

Ao ajuizar a *dobra do tempo psíquico*, nas *duas camadas da psique* (inconsciente coletivo e inconsciente pessoal) e nas *duas naturezas da psique* (subjetiva e a objetiva), pode-se observar *fenômenos de sincronicidade* pelas projeções de conteúdos psíquicos entre "dois mundos". Assim, temos os *processos sincronísticos inconscientes* entre o corpo denso, o corpo vital e o corpo de desejos através da *triple sincronicidade da mente*, que une o *Eu Superior* (o Mundo Espiritual) e o *eu inferior* (o Mundo Físico, ver diagramas I e II), para que o triple Ego (*Eu Superior*) possa interagir com o seu triple arquétipo: a *personalidade*.

Essas projeções de conteúdos psíquicos entre a *Região Abstrata* e a *Região Concreta* do Pensamento (diagrama I), ocorrem através da "ponte" entre as duas camadas da psique. Podemos observar nesse *processo psíquico-quântico fenômenos de sincronicidade*, tendo como paradigma a teoria das pontes de Einstein-Rosen[390], quando as analisa pelas teorias de Hameroff (2016)[391], Kant (2001)[392], Libet (2004)[393] e de Minkowski (1995)[394].

Com essa visão do mundo analítico, é possível ajuizar que a relação entre a consciência e o inconsciente, bem como no processo de individuação parece que problemas surgem quase sempre nas etapas finais, como se observa no ensaio de psicologia em "Psicologia da Anima e do Animus" (Cruz, 2022). Todavia, essa relação foi analisada em "Os Arquétipos e o Inconsciente Coletivo" (Jung, 2016).

---

[390] AFRIAT, A; SELLERI, F. (1999) **The Einstein, Podolsky, and Rosen Paradox**. [Springer Science Business Media New York 1999. Originally published by Plenum Press, New York in 1999] Softcover reprint of the hardcover, 1st.edition. New York.
BELL, J. S. (1964). **On the Einstein-Podolsky-Rosen Paradox**. Physics Vol.1, 195-200. Reproduzido em Wheeler & Zurek (1983), op. cit., pp. 403-8, e em Bell (1987), op. cit., pp. 14-21.

[391] HAMEROFF, S; PENROSE, R. (2016) **Consciousness in the Universe: An Updated Review of the "Orch OR" Theory**, in Biophysics of Consciousness: A Foundational Approach, eds. Roman R. Poznanski, Jack A. Tuszynski, Todd E. Feinberg, World Scientific, Chapter 14. 2016; Hameroff Penrose updated review of Orch OR chapter 14 Biophysics of Consciousness - Stuart Hameroff, Change the Music - Psychotherapy and Brain Vibrations, Vol 4 Issue 4, April 2016. http://quantumconsciousness.org/content/scholarly-journals.

[392] KANT, Immanuel. (2001) **Crítica da Razão Pura**. [Tradução do original alemão intitulado "*KRITIK DER REINEN VERNUNFT*"] Trad. Manuela Pinto dos Santos e Alexandre Fradique Morujão. 5ed. Lisboa: Fundação Colouse Gulbenkion; "**Da Exposição Metafísica do Conceito de Espaço - Da Exposição Metafísica do Conceito de Tempo**".

[393] LIBET, B. (2004) **Mind Time: the temporal factorin consciousness**. Cambridge: Harvard University Press.

[394] MINKOWSKI, Eugène. (1995) **O Tempo Vivido**. [Título original: *Le Temps Vecú*. 1933]. Paris: Quadrige/P.U.F.

> [...] É um preconceito supor que algo nunca pensado possa ter existência dentro da psique. Há muitas provas de que a consciência está longe de abranger a totalidade da psique. Muitas coisas acontecem num estado de semiconsciência e, outras tantas sucedem inconscientemente [...]. Em todo o caso, a psicologia médica foi profundamente marcada pela importância de tais fenômenos, que provocam todo tipo de sintomas psíquicos e fisiológicos [...] (Jung, 2016, §489-626).

Regra geral, assim como as imagens são invertidas pelo nervo óptico em "Atlas de Anatomia Humana - O Sistema Nervoso: B. Os Órgãos Especiais dos Sentidos" (Sobotta, 2000, p. 629-643), os efeitos das influências dos signos também são invertidos, ou seja, a luz dos Signos Zodiacais quando captadas pelos doze pares de nervos cranianos, essa luz é invertida ou distorcida na natureza da psique, de acordo as tendências e influências da *anima* e *animus*; todavia, quando cada um dos *lados* (o *lado anima* ou o *lado animus*) se manifesta no inconsciente pessoal, ou subconsciente (involuntário).

Assim, é possível analisar em "Sincronicidade - *um experimento astrológico*" (Jung, 2016, §872-905), pois, ao dividir o mapa natal na horizontal (Casa 1⇔Casa 7), quando o hemisfério superior (↑) - o consciente - mostra o que o nativo revela racionalmente. O hemisfério inferior (↓) - o subconsciente - revela o que pode manifestar-se pelo instinto, ou intuição. As terminologias diferem, mas não alteram o seu significado e verdade.

Nessas interfaces psíquicas, podemos observar as análises em "Sincronicidade - a dinâmica do inconsciente" (Jung, 2016).

> [...] Como pode um acontecimento distante no espaço e mesmo no tempo produzir, por exemplo, uma imagem psíquica correspondente, se nem sequer podemos falar de um processo de transmissão de energia para isto necessária? Por mais incompreensível que isto pareça, nós nos vemos, afinal, forçados a admitir que haja no inconsciente, uma espécie de conhecimento ou 'presença' *a priori* de acontecimentos, sem qualquer base causal. Em qualquer caso, nosso conceito de causalidade é incapaz de explicar os fatos (Jung, 2016, §856).

É recomendado que cada pessoa busque o equilíbrio das Forças Criadoras e Forças Anímicas, respectivamente geradas pela Mente Criadora e pelo Poder Anímico (dos *Elohim*, o Espírito Santo), pois, tornam-se expressões dentro duma "homeostase psíquica"; no mesmo nível vibratório para ambas as entidades psicológicas autônomas e gêmeas (*anima* e *animus*) na sua 64ª parte da semibreve, ora pela manifestação da vida psíquica, ora pela manifestação no corpo físico.

São atividades quantizadas pelo Poder da Atividade (diagrama VI, Sétimo Plano Cósmico), do que mais nos falta inconscientemente, ou seja, "*Eloh*" expressa na mulher (*anima*) a força de *Imaginação* pelas forças lunares para suprir as necessidades do *animus*; todavia, "*Im*" expressa no homem (*animus*) a força de *Vontade* pelas forças solares para suprir as necessidades da *anima*. Pela neurobiologia e neuropsicologia, ambos os processos estão vinculados ao sistema límbico em "Atlas de Anatomia Humana - Mecanismos Comportamentais e Motivacionais do Cérebro - O Sistema Límbico e o Hipotálamo, vol.1" (Sobotta, 2000, p. 749-759).

Dentro dos processos acima, a "natureza" das emoções parece ser um dos temas arcaicos do pensamento ocidental, sendo temática em distintas manifestações da cultura como a arte, a religião, a filosofia e a ciência, desde tempos imemoriais. Desde o século XX, o avanço das neurociências possibilitou a construção de hipóteses para a elucidação das emoções, especialmente a partir dos estudos envolvendo o sistema límbico.

Assim notamos que os Egos (Espíritos Virginais) foram direcionados para a sub-região mais profunda da Região Concreta do Pensamento (*quarta região*), para constituir uma Mente que se tornará *Criadora* no Período de Vulcano (diagrama IV); portanto, a *quarta região* concentra as Forças Arquetípicas em Si Mesmas, pelos *Elohim*, pois contém o Arquétipo da Mente. É o *foco* através do qual o Espírito Virginal (o Ego, diagrama I) se reflete em diferentes estados excitado de matéria e em diferentes espaços-tempos, pelas ações da *anima* e do *animus* (diagrama II).

Na *quarta região*, Região Concreta do Pensamento, os *Elohim* têm sua Expressão (através das *Forças Arquetípicas*) pelo Poder Anímico e pela Mente Criadora sobre e através das duas entidades psicológicas autônomas e gêmeas: *anima* e *animus*. Todavia, os Espíritos Virginais, nesse processo quântico e divino comportam-se como arquétipos no inconsciente coletivo como a décima segunda Hierarquia no Zodíaco (diagrama VII), pois, por assim dizer, simbolizam a Imagem e a Semelhança (Gênesis 1:26-27): um análogo do Divino no Zodíaco.

Parte 2 - Hipótese da Formação da Mente Humana
Neurotransmissão Quântica - Sinapse Elétrica

Não há divisão discricionária para que o sistema neuronal efetue sinapses química e elétrica; porém, para efeito didático separamos ambos os processos sinápticos com abordagem pelo modo psicológico, para melhor compreender suas atividades neuropsíquicas e quânticas.

Os neurônios estabelecem comunicações entre si por meio de estruturas denominadas sinapses nervosas. A comunicação entre os neurônios motores e as células musculares ocorre por meio da junção neuromuscular. As sinapses nervosas podem ser químicas ou elétricas; todavia, no nosso atual estágio de desenvolvimento, *as sinapses elétricas tornam-se quânticas, quando:*

- *No processo quântico do sono,* pelas atividades do corpo de desejos.
- *No processo quântico post mortem*, quando o corpo denso (cremado ou sepultado) e o corpo vital são descartados.

Sinapse elétrica: comunicação nervosa que dispensa mediadores químicos; a neurotransmissão é estabelecida através da passagem direta de íons por meio das junções abertas ou comunicantes - *gap junctions*. Os canais iônicos ficam acoplados e forma unidades funcionais denominadas conexinas. A transmissão dos dados e da informação é muito rápida, mas oferece quase nenhuma versatilidade quanto ao controle da neurotransmissão. São particularmente úteis nas vias reflexas rápidas e nas respostas sincrônicas de alguns neurônios do sistema nervoso central (SNC). Durante a fase de desenvolvimento ontogenético[395] do sistema nervoso humano os neurônios possuem ambos os tipos de sinapses, mas depois predominam as neurotransmissões químicas, pois pela *quantização* tornam-se neurotransmissões químico-quânticas em "Tratado de Fisiologia Médica - Organização do Sistema Nervoso Central, Funções Básicas das Sinapses e Neurotransmissores" (Guyton; Hall, 2011, p. 571-601).

Nesse processo, precisamos observar o desenvolvimento do aprendizado do sujeito, quando se destaca as interações conjuntas da *ontogênese*, *filogênese*, *sociogênese* e *microgênese* sobre o desenvolvimento humano como um todo, tendo como base os estudos de Vygotsky[396].

A *filogênese* estuda a evolução das espécies, por meio da adaptação progressiva desde os seus primórdios, abordando tanto as predisposições biológicas quanto as características gerais do comportamento humano. A *ontogênese* refere-se à evolução humana, iniciada na concepção, seguida de transformações sequenciadas até a morte, de tal forma que cada estágio apresenta um determinado nível de maturidade. A *sociogênese* estuda as interações sociais como sendo as raízes das funções mentais superiores, que só passam a existir no indivíduo na relação mediada com o mundo externo. A *microgênese* é caracterizada pela emergência do psiquismo individual no cruzamento dos fatores biológico, histórico e cultural, sendo crucial na questão da afetividade e no conceito de personalidade.

Quando se observa os estudos de Vygotsky[397] é possível notar os planos genéticos do desenvolvimento humano propostos por ele, pois integram o plano da *filogênese* (história da espécie); da *ontogênese* (história do próprio indivíduo); da *sociogênese* (história do grupo cultu-

---

395 **Ontogenia** (Biol.): desenvolvimento do indivíduo desde a fecundação até a maturidade para a reprodução; ontogênese.

396 Os Planos Genéticos do Desenvolvimento Humano: A Contribuição de Vigotski [The genetic plans of human development: the Vygotsky's role], https://www.rchunitau.com.br/index.php/rch/article/view/298/189 , acesso em 27.08.2024.

397 VIGOTSKI, L. S. (2007) **A formação social da mente**. 7. ed. São Paulo: Martins Fontes.
VIGOTSKI, L. S. (2010) **A construção do pensamento e da linguagem**. 2. ed. São Paulo: Martins Fontes.
VIGOTSKI, L. S.; LURIA, A. R. (1996) **Estudos sobre a história do comportamento: o macaco, o primitivo e a criança**. Porto Alegre: Artes Médicas.
VIGOTSKI, L. S.; LURIA, A. R.; LEONTIEV, (2010) A. N. **Linguagem, desenvolvimento e aprendizagem**. 11. ed. São Paulo: Ícone.
WERNER, J. (1999) **Análise microgenética: contribuição dos trabalhos de Vigotski para o diagnóstico em psiquiatria infantil**. Int. J. Prenataland Perinatal Psychologyand Medicine, v. 11, n. 2, p. 157-171.
WERTSCH, J. V. (1980) **The significance of dialogue in Vygotsky's account of social, egocentric and inner speech**. Contemporary Educational Psycology, v. 5, p. 150-162.
WERTSCH, J. V. (1985) **Vygotsky and the social formation of mind**. Cambridge: Harvard Ed.

ral) e da *microgênese* (história da formação de cada processo psicológico específico em curto prazo, bem como das experiências vividas pelo indivíduo).

Sabemos que a quantificação pelo *processo psíquico do sistema Ego* é a passagem da descrição clássica e contínua de um sistema para a descrição quântica, em que alguns observáveis só podem assumir valores de um conjunto discreto pelos processos dos Espíritos Divino, de Vida e Humano. Assim podemos analisar a *constituição divino-quântica do sistema Ego* (diagrama I), pois, é a passagem da descrição clássica e contínua de um sistema para a descrição quântica, em que alguns observáveis, análogo aos conteúdos psíquicos das Regiões dos respectivos Mundos ou Estados de Matérias[398]. Esses observáveis só podem assumir valores de um conjunto discreto, *quantizados*, pois manifestam através da Mente todo o seu conteúdo para um análogo que chamamos de *personalidade* (diagrama I), pois, apossa-se de sua energia para esse fim em especial em "A Energia Psíquica" (Jung, 2014).

> A transformação da energia instintiva se processa com sua canalização para um análogo do objeto dos instintos. Do mesmo modo que uma usina elétrica imita uma queda d'água, e assim se apossa de sua energia, assim também o mecanismo psíquico imita o instinto e, deste modo, apossa-se de sua energia para fins especiais (Jung, 2014, §83).

Nesse *gap junctions* há a manifestação da *quantização* do sistema Ego, que altera sua *frequência* e *condição* através da dinâmica do inconsciente[399] durante os processos sinápticos elétricos; assim pode-se observar a ação psíquica das duas entidades psicológicas autônomas e gêmeas (*anima* e *animus*) que manifestam Forças originárias dos Elohim, através do Poder Anímico e da Mente Criadora[400].

Pela sinapse elétrica pode-se observar o processo do sistema energético do sujeito, de forma qualitativa e quantitativa da projeção

[398] CRUZ, A. J. G. (2022) **Psicologia da Anima e do Animus**. 1ª ed. São Paulo: Gonçalves Cruz.
[399] JUNG, C. G. (2012) **Sincronicidade - a dinâmica do inconsciente**. Col. OBRAS COMPL. 18ed.Vol.8/3. Rio de Janeiro: Vozes.
[400] JUNG, C. G. (1984) **Psicologia e Alquimia**. Da coleção OBRAS COMPLETAS. Vol.12. Rio de Janeiro: Vozes; **p. 237-335**.

quântica de conteúdos psíquicos e de conteúdos psíquico-quânticos; portanto, o processo quântico energético[401] do trifosfato de adenosina (ATP) é um fator de extrema importância para a homeostase e sobrevivência psíquica do indivíduo real, que é portador de determinações e capaz de propor objetivos e praticar ações em "Tratado de Fisiologia Médica - Capítulo 67 - Metabolismo dos Carboidratos e Formação do Trifosfato de Adenosina" (Guyton; Hall, 2011, p. 851-860).

De acordo o escopo deste capítulo, nos micros processos quânticos, *gap junctions*, devemos observar os fundamentos de psicologia analítica[402]. Neles é apresentado o comportamento quântico do sistema Ego através das ideias de medidas entrópicas[403] no espaço de fases inconscientes, que é possível fornecerem medida de irreversibilidade que parece corrigir séries de limitações das formulações e tendências psicológicas atuais em "Cartas de C. G. Jung - 1946-1955" (Jung, 2018, p. 212-225).

Com essa base psicológica e biológica temos a análise em "A Energia Psíquica - O Conceito Psicológico de Energia" (Jung, 2014).

> [...] na experiência, a energia é sempre específica, manifestada no momento como movimento e força; virtualmente é situação, é condição. Quando em ato, a energia psíquica se manifesta nos fenômenos dinâmicos da alma, tais como as tendências, os desvios, o querer, os afetos, a atuação, a produção de trabalho etc., que são justamente forças psíquicas. Quando virtual, a energia aparece nas aquisições, possibilidades, aptidões, atitudes, que são condições (Jung, 2014, §26).

Portanto, pelas ideias dos parágrafos acima, noção de campo de energia pode ser comparada à noção de campo do inconsciente, onde conteúdos psicológicos aparecem ordenados na área psíquica como partículas num campo magnético, energético. Podemos falar assim de unidades psíquico e psicofísico da realidade, o *unus mundus* (diagrama

---

[401] JUNG, C. G. (1985) **A Energia Psíquica**. Da coleção OBRAS COMPLETAS Vol.VIII/1. 2 ed. RJ: Vozes.
[402] JUNG, C. G. (1985) **Fundamentos de Psicologia Analítica**. Da col. OBRAS COMPLETAS, Vol. XVIII/1, RJ: Vozes.
[403] **Entropia**: função termodinâmica de estado, associada à organização espacial e energética das partículas de um sistema, cuja variação, numa transformação desse sistema, é medida pela integral do quociente da quantidade infinitesimal do calor trocado reversivelmente entre o sistema e o exterior pela temperatura absoluta do sistema.

I), onde matéria e psique são um só, como observado no ensaio de psicologia em "Psicologia da Anima e do Animus" (Cruz, 2022).

Um dos princípios mais importantes observados é o *fenômeno de sincronicidade* cuja explicação dos fenômenos de natureza psíquica não é apenas lógica e causal, mas uma conexão *acausal*, aonde acontecimentos significativos vão sendo produzidos numa outra relação entre fatos psíquicos interiores e exteriores, nos *processos psíquico-quânticos inconscientes da anima e animus*. Assim como observamos a criação de novos espaços cósmicos (diagrama VI), pode-se avaliar novos espaços psíquico-quânticos pelas constantes neurotransmissões quânticas (diagrama II). Por exemplo, o fenômeno cooperativo[404] que de certa forma exige o fenômeno de massa[405], conforme analisado em "Astronomia e Astrofísica – Hipótese Nebular" (Oliveira Filho; Saraiva, 2013, p. 129-132) em "*The Rosicrucian Cosmo-Conception: Chapter XIV - The Nebular Theory*" (Heindel, 2012, p. 322-324).

Pelas pesquisas literárias e observações de fenômenos em pacientes, na camada mais profunda da quarta região, entre a Região Abstrata e a Região Concreta do Pensamento (diagrama I), os Senhores da Mente, os sagitarianos, auxiliaram os Egos (Espíritos Virginais) a criar uma Mente, em *gérmen*, pelo *mysterium coniunctionis*[406] da *anima* e *animus*; foi quando as duas entidades psicológicas autônomas e gêmeas começaram sua projeção quântica de conteúdos psíquicos e de conteúdos psíquico-quânticos. Em diferentes etapas, os Egos iniciaram a criação de arquétipos na Mente pela união dos opostos (diagramas V e VII).

Pela *dobra do tempo psíquico*, nas *duas camadas da psique* (inconsciente coletivo e inconsciente pessoal) e nas *duas naturezas da psique* (subjetiva e a objetiva), podem-se observar *fenômenos de sincronicidade* pelas projeções de conteúdos psíquicos entre "dois mun-

---

[404] **Fenômeno cooperativo** (Física): qualquer processo cuja ocorrência exige a interação simultânea de vários sistemas cujas atuações se adicionam para levar ao efeito final.

[405] **Fenômeno de massa** (Física): o que só existe ou só se manifesta quando ocorre grande quantidade de fenômenos individuais ou particulares. A pressão de um gás, p. ex., é um fenômeno de massa decorrente das diferentes velocidades das moléculas constitutivas do gás e dos choques dessas moléculas com as paredes do recipiente que o contém.

[406] JUNG, C. G. (1985) **Mysterium Coniunctionis**. Coleção OBRA COMPLETAS, **vol. XIV/1.** RJ: Vozes.
JUNG, C. G. (2012) **Mysterium Coniunctionis: pesquisa sobre a separação e a composição dos opostos psíquicos na alquimia**. [colaboração de Marie-Luise Von Franz]. **Vol.II** Tradução Valdemar do Amaral. 3ed. Petrópolis. RJ: Vozes.

dos". Assim, temos os *processos sincronísticos inconscientes* entre o corpo denso, o corpo vital e o corpo de desejos através da *triple sincronicidade da mente*, que une o *Eu Superior* (o Mundo Espiritual) e o *eu inferior* (o Mundo Físico, ver diagramas I e II), para que o triple Ego (*Eu Superior*) possa interagir com o seu triple arquétipo: a *personalidade*.

Essas projeções de conteúdos psíquicos entre a *Região Abstrata* e a *Região Concreta* do Pensamento, ocorrem através da "ponte" entre as duas camadas da psique. Podemos observar nesse *processo psíquico-quântico fenômenos de sincronicidade*[407], tendo como paradigma a teoria das pontes de Einstein-Rosen[408], quando as analisa pelas teorias de Hameroff (2016)[409], Kant (2001)[410], Libet (2004)[411] e de Minkowski (1995)[412]:

- Pela *dobra do tempo psíquico* - Sétima região⇔Primeira região: os *Arquétipos da forma* incorporaram no seu *núcleo* Ideias Germinais da *forma* mineral, vegetal, animal e humana.
- Pela *dobra do tempo psíquico* - Sexta região⇔Segunda região: os *Arquétipos da vitalidade universal* incorporaram no seu *núcleo* Ideias Germinais da *vida* vegetal, animal e humana.
- Pela *dobra do tempo psíquico* - Quinta região⇔Terceira região: os *Arquétipos do desejo e da emoção* incorporaram no seu *núcleo* Ideias Germinais do *desejo* e da *emoção* do animal e humana.
- Na quarta região (diagrama I), nas sub-regiões mais profundas da *natureza da psique*, no processo quântico pela *dobra do tem-*

---

407 JUNG, C. G. (2012) **Sincronicidade - a dinâmica do inconsciente**. Col. OBRA COMPLETAS. 18ed.Vol.8/3. RJ: Vozes.
408 AFRIAT, A; SELLERI, F. (1999) **The Einstein, Podolsky, and Rosen Paradox**. [Springer Science Business Media New York 1999. Originally published by Plenum Press, New York in 1999] Softcover reprint of the hardcover, 1st.edition. New York.
BELL, J. S. (1964). **On the Einstein-Podolsky-Rosen Paradox**. Physics Vol.1, 195-200. Reproduzido em Wheeler & Zurek (1983), op. cit., pp. 403-8, e em Bell (1987), op. cit., pp. 14-21.
409 HAMEROFF, S; PENROSE, R. (2016) **Consciousness in the Universe: An Updated Review of the "Orch OR" Theory**, in Biophysics of Consciousness: A Foundational Approach, eds. Roman R. Poznanski, Jack A. Tuszynski, Todd E. Feinberg, World Scientific, Chapter 14. 2016; Hameroff Penrose updated review of Orch OR chapter 14 Biophysics of Consciousness - Stuart Hameroff, Change the Music - Psychotherapy and Brain Vibrations, Vol 4 Issue 4, April 2016. http://quantumconsciousness.org/content/scholarly-journals.
410 KANT, Immanuel. (2001) **Crítica da Razão Pura**. [Tradução do original alemão intitulado "*KRITIK DER REINEN VERNUNFT*"] Trad. Manuela Pinto dos Santos e Alexandre Fradique Morujão. 5ed. Lisboa: Fundação Colouse Gulbenkion; "**Da Exposição Metafísica do Conceito de Espaço - Da Exposição Metafísica do Conceito de Tempo**".
411 LIBET, B. (2004) **Mind Time: the temporal factorin consciousness**. Cambridge: Harvard University Press.
412 MINKOWSKI, Eugène. (1995) **O Tempo Vivido**. [Título original: *Le Temps Vecú*. 1933]. Paris: Quadrige/P.U.F.

po psíquico, entre as camadas da psique (na natureza da psique), houve a criação do Arquétipo da Mente, em *gérmen*.

Nessa região as *Forças Arquetípicas* incorporaram no seu *núcleo* todo o processo da quantificação[413]: Força Anímica e Força Criadora. Pode-se observar nesse processo psíquico-quântico a *hipótese da gênese do sistema Ego*, pela inicial *projeção quântica de conteúdos psíquicos* e de *conteúdos psíquico-quânticos*, culminando na inicial *formação da personalidade*, em *gérmen*, na Revolução no Globo "D" (diagrama III).

Esse inicial *processo psíquico-quântico da formação de arquétipos*, no Globo "D" (diagramas III e IV), a força de atração das Forças Arquetípicas se expressa na região ou camada mais profunda da *natureza da psique*. Pode-se observar no *mysterium coniunctionis*[414] entre a psique subjetiva⇔psique objetiva, onde se encontram as duas entidades psicológicas autônomas e gêmeas - *anima* e *animus* - que criaram, quantificaram[415] e projetaram conteúdos psíquico-quânticos para a formação do Arquétipo da Mente. Esse numinoso[416] evento pode ser analisado pelos estudos em "*Ancient and Modern Initiation – The Tabernacle in the Wilderness - The Sacred Shekinah Glory*" (Heindel, 2011, p. 35-46).

Por analogia, a mesma lógica da *dobra do tempo* tem o seu equivalente psicológico, ao ser aplicado pela análise do diagrama VI, tanto no Mundo de Deus quanto nos Planos Cósmicos, pois, em tese, é onde a teoria das pontes de Einstein-Rosen tem o seu fundamento.

Ao fazer analogia com os condensados Bose-Einstein, os macros efeitos quânticos podem ser verificados em nível macrocósmico, de modo que todos os Planos Cósmicos se comportam como um "Único Átomo": o Ser Supremo, ou o Deus de cada sistema solar (no Séti-

---

[413] **Quantificação** (Fís.): a passagem da descrição clássica e contínua dum sistema para a descrição quântica, em que alguns observáveis só podem assumir os valores de um conjunto discreto; *quantização*.

[414] JUNG, C. G. (1985) **Mysterium Coniunctionis**: **pesquisa sobre a separação e a composição dos opostos psíquicos na alquimia**. [colaboração de Marie-Luise Von Franz]. Vol.I Coleção OBRA COMPLETAS, vol. XIV/1 Rio de Janeiro: Vozes.
JUNG, C. G. (2012) **Mysterium Coniunctionis: pesquisa sobre a separação e a composição dos opostos psíquicos na alquimia**. [colaboração de Marie-Luise Von Franz]. Vol.II Tradução Valdemar do Amaral. 3ed. Petrópolis. RJ: Vozes.

[415] **Quantificação** (Fís.): a passagem da descrição clássica e contínua dum sistema para a descrição quântica, em que alguns observáveis só podem assumir os valores de um conjunto discreto; *quantização*.

[416] **Numinoso** (Filos.): segundo Rudolf Otto (1869-1927), teólogo e filósofo alemão, o sentimento único vivido na experiência religiosa, a experiência do sagrado, em que se confundem a fascinação, o terror e o aniquilamento.

mo Plano Cósmico). Pelo microcosmo, temos os *processos sincronísticos inconscientes* entre o corpo denso, o corpo vital e o corpo de desejos através da *triple sincronicidade da mente*, que une o *Eu Superior* (o Mundo Espiritual) e o *eu inferior* (o Mundo Físico, ver diagramas I e II), para que o triple Ego (*Eu Superior*) possa interagir com o seu triple arquétipo: a *personalidade* ou *triple personalidade*.

Como analisado, a mesma lógica, do macrocosmo, observa-se na teoria dos Condensados de Bose-Einstein de forma bastante simplificada, ao inferir que o quinto estado da matéria (neste caso, constituída por bósons). Este estado é obtido quando a temperatura chega a ser tão baixa (próxima de zero absoluto), que as moléculas do sistema entram em *collapsu*. Os Condensados de Bose-Einstein caracterizam-se como um aglomerado de partículas ultrafrias que admitem um único estado quântico[417], i.e., os efeitos quânticos podem ser verificados em nível macroscópico, de modo que todos os átomos do sistema se comportam como um único átomo.

Esse *opus alquímico* e a *renovação da vida* são processos analisados em "Psicologia e Alquimia" (Jung, 2011).

> [...] O equivalente psicológico deste tema é a projeção de um conteúdo inconsciente altamente fascinante que, como todos os conteúdos deste tipo, apresenta um caráter numinoso, 'divino' ou 'sagrado'. A alquimia propõe-se a alcançar este 'tesouro difícil de ser alcançado' e a produzi-lo de forma visível na medida em que a Arte se exerce no laboratório, quer sob a forma do ouro físico, quer como panaceia, quer sob a forma de tintura com poder de transformação. No entanto, uma vez que a atividade química prática jamais foi inteiramente pura, exprimindo também em si e por si os conteúdos do inconsciente do operador, ela era simultaneamente uma atividade psíquica à qual se poderia comparar a imaginação ativa. Aquilo

[417] **Estado quântico** é qualquer estado possível em que um sistema mecânico quântico possa se encontrar. Um estado quântico plenamente especificado pode ser descrito por um vetor de estado, por uma função de onda ou por um conjunto completo de números quânticos para um dado sistema. Vetores de estado quântico, na interpretação mais comum da mecânica quântica, não têm realidade física. O que tem significado físico são as probabilidades que podem ser calculadas a partir deles e não os vetores em si. Ao estado quântico de menor energia possível dá-se o nome de **estado quântico fundamental**. Na física quântica, o estado quântico se refere ao estado de um sistema isolado. Um estado quântico fornece uma distribuição de probabilidade para o valor de cada observável, ou seja, para o resultado de cada medida possível no sistema. O conhecimento do estado quântico juntamente com as regras para a evolução do sistema no tempo esgota tudo o que se pode prever sobre o comportamento do sistema. Uma mistura de estados quânticos é novamente um estado quântico. Os estados quânticos que não podem ser escritos como uma mistura de outros estados são chamados estados quânticos puros, todos os outros estados são chamados de estados quânticos mistos.

que se capta ativamente através deste método também se exprime na vida onírica. As relações do mundo da intuição alquímica e dessas duas formas do processo de interpenetração inconsciente-consciente são tão próximas a ponto de ser justo supor-se que no procedimento alquímico se trata de processos semelhantes ou iguais aos da imaginação ativa e dos sonhos, e enfim ao processo de individuação [...] (Jung, 2011, §425-565).

Com essa base psicológica divina e humana, na Região Concreta do Pensamento quem tem maior poder de atuar são as Forças Arquetípicas que interagem através da Mente, pois ela é o ***elo*** entre o Ego e a personalidade (diagrama I); todavia, pela composição dos opostos na alquimia psicológica, conforme apresentado em "*Mysterium Coniunctionis*" (Jung, 2015), as Forças Arquetípicas interagem em simetria com os conteúdos das Ideias Germinais na Região Abstrata do Pensamento (pela *dobra do tempo psíquico*), onde observamos a formação e a quantificação do sistema Ego, para ulterior desenvolvimento dos "componentes" da Mente[418].

Assim, temos os *processos sincronísticos inconscientes* entre o corpo denso, o corpo vital e o corpo de desejos através da *triple sincronicidade da mente*, que une o *Eu Superior* (o Mundo Espiritual) e o *eu inferior* (o Mundo Físico, ver diagramas I e II), para que o triple Ego (*Eu Superior*) possa interagir com o seu triple arquétipo: a *personalidade*.

Com o auxílio da humanidade do Período de Saturno, os Senhores da Mente (diagrama VII), os Egos aprenderam a atrair e agregar diferentes estados de matérias para criar, quantificar e estruturar suas próprias Ideias Germinais no limiar ou "ponte" entre as Regiões Abstrata e Concreta do Pensamento para criar e revitalizar arquétipos na natureza da psique[419].

---

[418] FUENTES, Daniel. (2014) **Neuropsicologia: teoria e prática** [organizadores, Daniel Fuentes... et al.] 2ed. P.A.: Artmed.
GAZZANIGA, M. S.; IVRY, R. B.; MANGUN, G. R. (2006) **Neurociência Cognitiva: a Biologia da Mente**. 2ed. P.A.: Artmed.
GEWANDSNAJDER, F. (2006) **Ciências, Matéria e Energia**. 2ed. São Paulo: Ática.
GUYTON, Arthur C. (1993) **Neurociência Básica - anatomia e fisiologia**. 2ed. Trad. Charles A. Esbérard; Cláudia Lúcia C. de Araújo. São Paulo: Guanabara Koogan.
HAMEROFF, Stuart R. (2016) **Consciousness, Neurobiology and Quantum Mechanics: The Case for a Connection**. In: THE EMERGING PHYSICS OF CONSCIOUSNESS. J. Tuszynski (ed.). Berlin: Springer-Verlag; ***p. 192–253***.
HERCULANO-HOUZEL, S. (2005) **O Cérebro em Transformação**. Rio de Janeiro: Objetiva.
[419] JUNG, C. G. (2000) **A Natureza da Psique**. Da coleção OBRAS COMPLETAS Vol.VIII/2. RJ: Vozes.

Desde a primeira Revolução do Período de Saturno, análogo ao "Esquema Representativo da Semibreve", os Espíritos Virginais, *a priori*, tiveram que atingir, ***pelos próprios esforços***, a 64ª vibração da semibreve para elevar o seu particular som ao nível necessário, para que pudessem alcançar ***em*** Si-mesmos sons equivalentes recebidos do inconsciente coletivo. Observa-se que é o som na mesma vibração da semifusa (Tabela 1) para não ficassem atrasados em ulterior *processo quântico de Evolução* (↑): na Quinta Revolução do Período de Saturno, no Globo "E". (Pela lógica, os gradativos atrasos nos processos psíquico-quânticos eram acumulativos, até culminar no final do Período de Saturno, no Globo "G".)

Nas atividades objetivas (a partir da segunda metade do Globo "D") a força de dissolução exerce função célere pelo *processo quântico da Evolução* (↑); todavia, as *atividades quânticas subjetivas/objetivas de descanso e assimilação* que sempre acontecem no final de cada Revolução ou Período Mundial (diagrama IV), faz parte da Noite Cósmica, no Caos Primordial. Nesse espaço-tempo (na Noite Cósmica), os Espíritos Virginais assimilam e amalgamam todas as essências das experiências, ***em*** Si-mesmos, com o objetivo de elevarem suas consciências e formas.

Por exemplo, ao terminar a quarta Revolução do Período de Saturno, no Globo "D", os Espíritos Virginais foram transportados, ***em*** consciência, para diferentes espaços-tempos durante a Noite Cósmica entre os Globos "D" e "E". Durante as *atividades quânticas subjetivas de descanso e de assimilação* os Espíritos Virginais (com o auxílio dos Senhores da Mente, a humanidade do Período de Saturno) despertaram ***em*** Si-mesmos o *sentido da audição.*

A partir de o gradativo despertar da audição (um dos cinco sentidos clássicos que estavam latentes desde a primeira Revolução de Saturno, no Globo "A"), durante as iniciais atividades objetivas (a partir da segunda metade do Globo "D"); no entanto, os Espíritos Virginais começaram a perceber a harmonia sonora entre as Hierarquias Criadoras (diagrama VII) no inconsciente coletivo[420]. Centenas de bilhões

[420] JUNG, C. G. (2012) **Os Arquétipos e o Inconsciente Coletivo**. Col. OBRA COMPLETAS, vol. 9/1. Rio de Janeiro: Vozes.

de Hierarquias Criadoras estavam posicionadas em diferentes espaços-tempos, análogo ao "Esquema Representativo da Semibreve".

O próximo passo na realização dos Espíritos Virginais (a atual humanidade) foi o da iluminação da mente, que envolveu longos e árduos processos, através de muitas experiências de vidas para completar esse aperfeiçoamento, para atingir o atual estágio mental: diagrama II.

Em resumo, esse processo psíquico-quântico consiste em que todos os distintos Estados de Matérias, após serem dissolvidos e assimilados (durante o processo quântico no Caos Primordial), os Espíritos Virginais foram transportados, ***em*** consciência, para diferentes espaços-tempos. Nos distintos espaços as anteriores *atividades quânticas subjetivas e objetivas* têm a mesma duração de espaço e de tempo de tudo que os antecedeu, como forma de preparo (análogo à epigênese) para nova Revolução ou Período Mundial, em diferentes Estados Excitado de Matérias previamente preparadas pelas diferentes Hierarquias em manifestação (diagrama VII).

Observa-se que não era necessário deslocar-se fisicamente para ir de um aos outros Mundos ou Estados de Matérias, nem para ir de uma região a outra equidistante. Assim como em nosso corpo se encontram os sólidos, os líquidos e os gases interpenetrando-se uns aos outros (sem perderem suas individualidades), assim também estão as diferentes Regiões e sub-regiões de todos os outros Mundos ou Estados de Matérias; no entanto, logo entram em atividade na próxima Revolução ou Período Mundial no mesmo esquema quântico, ou seja, análogo ao processo quântico do "Esquema Representativo da Semibreve" (Figura 3), porém em grau superior.

A Formação da Consciência Tridimensional do Ego – parte 6
Globo E: Quinta Revolução Quântica do Período de Saturno
Formação do Inconsciente Coletivo e do Inconsciente Pessoal

Ao terminar a quarta Revolução do Período de Saturno, no Globo "D", os Espíritos Virginais (os triples Egos) foram transportados, ***em*** consciência, para diferentes espaços-tempos durante a Noite Cósmica entre os Globos "D" e "E" (diagrama III).

Ao iniciar a quinta Revolução do Período de Saturno, no Globo "E", os Espíritos Virginais foram inseridos nesse Globo-calor feito de matéria escura e energia escura, que era constituído por dentro e por fora somente por Espíritos Virginais. A nota musical "Sol" (do Verbo, diagramas V e VI) foi despertada na Noite Cósmica entre os Globos "D" e "E" e atingiu sua vibração máxima antes de iniciar a sexta Revolução do Período de Saturno, ou seja, entre os Globos "E" e "F" (ver diagrama III).

Observa-se que o *processo quântico de Evolução* (↑) tem sua "flecha do tempo[421]" na ascendente, num processo gradativo de aumento de consciência e forma a partir dos Globos "A" (diagramas III e IV) nos Períodos de Saturno, Solar, Lunar e na metade do Período Terrestre. Nessa etapa os Espíritos Virginais (com o auxílio e direção de exaltadas Hierarquias Criadoras) começaram a reunir forças através do Poder Anímico e da Mente Criadora (devido atividades quânticas em espiral[422] dentro de espiral) para atrair, agregar, condensar, dissolver e assimilar diferentes Estados Excitados de Matérias, objetivando elevar suas consciências e formas ***em*** Si-mesmos.

De forma gradual, do início até a metade de quaisquer Revoluções e Períodos Mundiais, os Espíritos Virginais procuram adaptar-se aos novos espaços-tempos com diferentes Estados Excitados de Matérias. Após esse período de adaptação são direcionados e inseridos em diferentes regiões e sub-regiões da respectiva Revolução, no referente Período (diagramas III e IV), para a revitalização dos intrincados *processos psíquico-quânticos subjetivos e objetivos*.

Pelas pesquisas em "*The Rosicrucian Cosmo-Conception - Man and the Method of Evolution*" (Heindel, 2012, p. 87-146), antes do início do périplo dos Espíritos Virginais através da matéria, eles encontravam-se no Mundo dos Espíritos Virginais, o mais próximo ao mais elevado dos sete mundos (diagrama I). Possuíam Consciência Divina, mas não consciência ***de*** Si-mesmos; todavia, o Poder Anímico e a Men-

[421] PRIGOGINE, Ilya. (2002) **As Leis do Caos**. Tradução Roberto Leal Ferreira, São Paulo: UNESP.
PRIGOGINE, Ilya. (1996) **O fim das certezas: tempo, caos e as leis da natureza**. [Título original: *La fin des La Certidudes: temps, chaos et les lois de la nature*. Tradução Roberto L. Ferreira] São Paulo: Universidade Estadual Paulista.

[422] **Espiral** (Geom.): qualquer curva plana gerada por um ponto móvel que gira em torno de um ponto fixo, ao mesmo tempo que dele se afasta ou se aproxima segundo uma lei determinada.

te Criadora são faculdades que se adquire na *Evolução* (↑), para que (os Espíritos Virginais) possam constituir suas próprias consciências ***em*** Si-mesmos.

Através do Poder do Verbo (diagrama VI), quando iniciou a Primeira Revolução do Período de Saturno, no Globo "A". Nesse processo os Espíritos Virginais foram inseridos, incrustados em diferentes espaços-tempos e em diferentes Estados de Matérias ou Mundos, nas três Revoluções e meia do respectivo Período, nos Globos "A", "B", "C". Essa atividade abrangeu diferentes sub-regiões da Região Abstrata do Pensamento, no Globo "C" (diagrama III), com o objetivo para elevarem suas consciências e formas, pois, iniciaram como seres estáticos, inconscientes e autômatos; todavia, para entidades dinâmicas e conscientes ***de*** Si-mesmos.

Em resumo, esse processo quântico consistiu em que todos os diferentes Estados de Matérias ou Mundos, após serem dissolvidos e assimilados durante o processo quântico no Caos Primordial, os Espíritos Virginais foram transportados, ***em*** consciência, para diferentes espaços-tempos. Em cujos espaços as anteriores *atividades quânticas subjetivas e objetivas* têm a mesma duração de espaço[423] e de tempo de tudo que os antecedeu, como forma de preparo (análogo à epigênese[424]) para nova Revolução ou Período Mundial, em diferentes Estados Excitado de Matérias previamente preparadas pelas diferentes Hierarquias (diagrama VII).

Modo psicológico, quando a matéria mental se condensa a ponto de tornar-se demasiada densa, pesada, pelo processo de condensação ou cristalização, análogo aos Condensados de Bose-Einstein; todavia, a Hierarquia nela não podendo agir, retira-se para recuperar sua energia psíquica[425] já exaurida; portanto, comparável ao *processo quântico do sono* para restauração da energia psíquica e biológica em "Atlas de

---

[423] KANT, Immanuel. (2001) **Crítica da Razão Pura**. [Tradução do original alemão intitulado "*KRITIK DER REINEN VERNUNFT*"] Trad. Manuela Pinto dos Santos e Alexandre Fradique Morujão. 5ed. Lisboa: Fundação Colouse Gulbenkion; Capítulo: *Doutrina Transcendental Dos Elementos: Primeira Secção - Do Espaço - Exposição Metafísica deste Conceito; Segunda Secção - Do Tempo - Exposição Metafísica do Conceito de Tempo.*

[424] **Epigênese** (Fisiologia): teoria segundo a qual a constituição dos seres se inicia a partir de célula sem estrutura e se faz mediante sucessiva formação e adição de novas partes que, previamente, não existem no ovo fecundado; epigênese.

[425] JUNG, C. G. (1985) **A Energia Psíquica**. Da coleção OBRAS COMPLETAS Vol.VIII/1. 2ed. RJ: Vozes.

Anatomia Humana - Estados da Atividade Cerebral - Sono, Ondas Cerebrais, Epilepsia, Psicoses" (Sobotta, 2000, p. 761-769).

Análogo ao "Esquema Representativo da Semibreve", a partir do Globo "E", cada Espírito Virginal teve que atingir, ***pelo próprio esforço***, determinado nível vibratório para elevar o seu particular som ao nível necessário; todavia, para que pudesse alcançar, ***em*** Si-mesmo, som recebido dos Senhores da Chama e das demais Hierarquias (diagrama VII). Esse som é a 64ª da semibreve, para não ficar atrasado no *processo quântico de Evolução* (↑), que teve o seu início entre os Globos "D" e "E" em "*The Rosicrucian Cosmo-Conception - Stragglers and Newcomers*" (Heindel, 2012, p. 223-232).

Por isso observamos anteriormente, quando chega a Noite Cósmica - entre Revoluções e Períodos Mundiais - todas as coisas em manifestação transformam-se numa força ativa e homogênea que estabelece e conserva a Ordem Natural de todas as Coisas existentes, i.e., tudo é dissolvido e converte-se novamente no Caos Primordial[426]. Porque no *Increatum*[427] temos a expressão do Poder Anímico e da Mente Criadora (diagrama VI). É nesse processo que as Hierarquias Criadoras e os Espíritos Virginais, depois do *processo quântico de descanso e assimilação*, ***em*** Si-mesmos, retornam do e ao Caos Primordial através do Poder do Verbo.

Os relatos acima *são eventos psicológicos de extrema importância, pois formam a base da projeção quântica de conteúdos psíquicos e de conteúdos psíquico-quânticos na natureza da psique, para ulterior formação da Alma Consciente*. A *Alma Consciente* é a quintessência do corpo denso; que teve sua progênie no Período de Saturno.

Nessa etapa, os Espíritos Virginais iniciaram, ***em*** Si-mesmos, *a criação de um núcleo de matéria escura com energia escura, pelo processo de condensação*, cujo processo quântico é análogo ao processo dos Condensados de Bose-Einstein. Armazenaram dados e informações no condensado *átomo semente*, ou seja, suas experiências em todas as Revoluções nos Globos "A", "B", "C" e "D".

---

[426] **Caos primordial** (Cosmologia): concepção de que ao princípio o Universo pode ter sido altamente irregular e heterogêneo.
[427] JUNG, C. G. (1984) **Psicologia e Alquimia**. Da coleção OBRAS COMPLETAS. Vol.12. Rio de Janeiro: Vozes, ***p. 329-337***.

Assim, no Período de Saturno temos a *progênie do átomo semente do corpo denso*, análogo ao processo dos Condensados de Bose-Einstein. Esse processo quântico tornou-se a base para ulterior projeção quântica de conteúdos psíquicos e de conteúdos psíquico-quânticos, quando da organização da psique objetiva, após o *processo da atividade quântica subjetiva de descanso e assimilação* durante a Noite Cósmica, entre os Globos "D" e "E" (diagramas III e IV).

A Formação da Consciência Tridimensional do Ego – parte 7
Globo F: Sexta Revolução Quântica do Período de Saturno
Formação do Inconsciente Coletivo e do Inconsciente Pessoal

Ao iniciar a sexta Revolução do Período de Saturno, no Globo "F", os Espíritos Virginais foram inseridos nesse Globo-calor escuro e negro que era constituído, por dentro e por fora, somente por Espíritos Virginais. A nota musical "Lá" (do Verbo, diagramas V e VI) foi despertada na Noite Cósmica entre os Globos "E" e "F" e atingiu sua vibração máxima antes de iniciar a sétima Revolução do Período de Saturno, ou seja, entre os Globos "F" e "G" (diagrama III).

Observa-se que o *processo quântico de Evolução* (↑) tem sua "flecha do tempo" na ascendente, num processo gradativo de aumento de consciência e forma. A partir dos Globos "A" (diagramas III e IV) nos Períodos de Saturno, Solar, Lunar e na metade do Período Terrestre, quando os Espíritos Virginais (com o auxílio e direção de exaltadas Hierarquias Criadoras) começaram a reunir forças através do Poder Anímico e da Mente Criadora (devido atividades quânticas em espiral dentro de espiral). Essas atividades eram para atrair, agregar, condensar, dissolver e assimilar diferentes Estados Excitados de Matérias, cujo objetivo era elevarem suas consciências e formas.

De forma gradual, do início até a metade de quaisquer Revoluções do Período de Saturno, os Espíritos Virginais procuraram adaptar-se aos novos espaços-tempos com diferentes Estados Excitados de Matérias. Após o período adaptativo são inseridos, ***em*** consciência, em diferentes regiões e sub-regiões da respectiva Revolução, no referente Período (diagrama IV).

Pelos postulados de Heindel (2012), antes do início da peregrinação dos Espíritos Virginais através da matéria, eles se encontravam no Mundo dos Espíritos Virginais, o mais próximo ao mais elevado dos sete mundos (diagrama I). Possuíam Consciência Divina, mas não consciência ***de*** Si-mesmos. O Poder Anímico e a Mente Criadora são faculdades que se adquire pela *Evolução* (↑), para constituir e elevar a consciência e forma.

Através do Poder do Verbo, teve início a Primeira Revolução do Período de Saturno, no Globo "A", diagrama III. Os Espíritos Virginais foram inseridos, incrustados em diferentes espaços-tempos e em diferentes Estados de Matérias ou Mundos, nas três Revoluções e meia do respectivo Período, nos Globos "A", "B", "C", "D". Essa Divina Atividade perdurou até ao final das atividades na Região Abstrata do Pensamento entre os Globos "C" e "D", com o objetivo para elevarem suas consciências e formas, pois, iniciaram como seres estáticos, inconscientes e autômatos; todavia, para entidades dinâmicas e conscientes ***de*** Si-mesmos.

Pode-se observar que ao terminar a quinta Revolução do Período de Saturno, no Globo "E", os Espíritos Virginais foram transportados, ***em*** consciência, para diferentes espaços-tempos na Noite Cósmica entre os Globos "E" e "F".

Em resumo, esse processo quântico consistiu em que todos os distintos Estados de Matérias ou Mundos, após serem dissolvidos e assimilados - durante o processo quântico no Caos Primordial - quando os Espíritos Virginais foram transportados, ***em*** consciência, para diferentes espaços-tempos. Em cujos espaços as anteriores *atividades quânticas subjetivas e objetivas* têm a mesma duração de espaço[428] e de tempo de tudo que os antecedeu, como forma de preparo (análogo ao processo da epigênese) para nova Revolução ou Período Mundial.

Observa-se que não era necessário deslocar-se fisicamente para ir de um aos outros Mundos ou Estados de Matérias, nem para ir de

[428] KANT, Immanuel. (2001) **Crítica da Razão Pura**. [Tradução do original alemão intitulado "*KRITIK DER REINEN VERNUNFT*"] Trad. Manuela Pinto dos Santos e Alexandre Fradique Morujão. 5ed. Lisboa: Fundação Colouse Gulbenkion; Capítulo: *Doutrina Transcendental Dos Elementos: Primeira Secção - Do Espaço - Exposição Metafísica deste Conceito; Segunda Secção - Do Tempo - Exposição Metafísica do Conceito de Tempo.*

uma região a outra equidistante. Assim como em nosso corpo se encontram os sólidos, os líquidos e os gases interpenetrando-se uns aos outros (sem perderem suas individualidades), assim também estão as diferentes Regiões e sub-regiões de todos os outros Mundos ou Estados de Matérias; no entanto, logo entram em atividade na próxima Revolução ou Período Mundial no mesmo esquema quântico, ou seja, análogo ao processo quântico do "Esquema Representativo da Semibreve", porém em grau superior.

Nesse "Esquema Representativo da Semibreve", os Espíritos Virginais desde o início da respectiva Revolução tiveram que atingir, *pelos próprios esforços*, determinado nível vibratório; onde elevaram o seu particular som ao nível necessário para que pudessem alcançar, ***em*** Si-mesmos, o mesmo som recebido dos Senhores da Chama e das demais Hierarquias (diagrama VII), i.e., na 64ª vibração da semibreve para não ficarem atrasados no processo quântico de *Evolução* (↑).

Modo psicológico, quando a matéria psíquica se condensa a ponto de tornar-se demasiada densa, pesada, cristalizada pelo processo de condensação psíquica, análogo aos Condensados de Bose-Einstein, a Hierarquia nela não podendo agir, retira-se. O objetivo foi recuperar a energia psíquica já exaurida; todavia, comparável ao *processo quântico do sono* para restauração da energia psíquica e biológica.

Por isso observamos anteriormente, quando chega a Noite Cósmica - entre Revoluções e Períodos Mundiais - todas as Coisas em manifestação transformam-se numa força ativa e homogênea que estabelece e conserva a Ordem Natural das Coisas, de tudo quanto existe. Tudo é dissolvido e converte-se novamente no Caos Primordial, porque no *Increatum* temos a expressão do Poder Anímico e da Mente Criadora. É nesse processo que as Hierarquias Criadoras e os Espíritos Virginais, depois do *processo quântico de descanso e assimilação*, ***em*** Si-mesmos, retornam do e ao Caos Primordial através do Poder do Verbo.

No processo quântico para a formação do *átomo semente* Heindel (2012), foram quantizados todos os conteúdos psíquicos referentes ao corpo denso, em *gérmen*, em todas as Revoluções dos Globos "A" ao "G", para depois projetar conteúdos psíquico-quânticos através da psique objetiva. O objetivo foi para a extração da quintessência do corpo denso, no Globo "G" do Período de Saturno.

Nessa etapa os Espíritos Virginais *iniciaram*, ***em*** Si-mesmos, *a criação* de um *núcleo de matéria escura com energia escura, pela condensação*, onde armazenaram dados e informações de todas as suas experiências em todas as Revoluções, dos Globos "A" ao "E"; todavia, ao criarem o *átomo semente* de cada corpo que compõe a personalidade.

Assim, temos a *progênie do átomo semente do corpo denso*, em *gérmen*. Por analogia, para conhecer a formação quântica desse *átomo semente*, basta conhecer o processo dos Condensados de Bose-Einstein; todavia, esse *átomo semente* será utilizado para ulterior projeção quântica de conteúdos psíquicos e de conteúdos psíquico-quânticos, após *atividade quântica subjetiva de assimilação* durante a Noite Cósmica, entre a quinta e sexta Revolução, ou seja, entre os Globos "E" e "F", no respectivo Período Mundial.

Os relatos acima *são eventos psicológicos de extrema importância, pois formam a base da projeção quântica de conteúdos psíquicos e de conteúdos psíquico-quânticos na natureza da psique, para ulterior formação da Alma Consciente*, ou *interface de Alma Consciente*. A *Alma Consciente* é a quintessência do corpo denso; que teve sua progênie no Período de Saturno.

Após a *atividade quântica subjetiva de assimilação* (durante o processo quântico no Caos Primordial) cada Espírito Virginal iniciou processo psíquico-quântico espiritual, para elevação da sua consciência e forma em 1(um) grau naqueles respectivos espaços-tempos; todavia, depois de assimilar conteúdos psíquico-quânticos recebidos do inconsciente coletivo, pela dinâmica do inconsciente. Portanto, foi quando começou a projetar conteúdos psíquico-quânticos no seu inconsciente pessoal para a formação, em *gérmen*, de seus futuros corpos para a formação da sua personalidade.

A Formação da Consciência Tridimensional do Ego – parte 8
Globo G: Sétima Revolução Quântica do Período de Saturno
Formação do Inconsciente Coletivo e do Inconsciente Pessoal

Ao iniciar a sétima Revolução do Período de Saturno, no Globo "G", os Espíritos Virginais foram inseridos nesse Globo-calor feito de matéria escura com energia escura, pois, era constituído por dentro e por fora somente por Espíritos Virginais. A nota musical "Si" (do Verbo, diagramas V e VI) foi despertada na Noite Cósmica entre os Globos "F" e "G". Atingiu sua vibração máxima antes de terminar a sétima Revolução do Período de Saturno, no Globo "G" (diagrama III), para iniciar outro Período Mundial, o Período Solar, que é outro Grande Dia de Manifestação (diagrama IV).

Para funcionar em qualquer Mundo ou Estados de Matérias e manifestar as qualidades que lhe são peculiares, é necessário possuir um corpo formado da matéria do respectivo Mundo (diagrama I).

Para que o ser humano funcione no Mundo Físico precisa de um corpo denso adaptado ao ambiente. Se assim não fosse seríamos "fantasmas" como geralmente dizem e seríamos invisíveis para a maioria dos seres físicos. Assim, também precisamos de um corpo vital para poder expressar vida, crescimento e externar outras qualidades pertinentes à Região Etérea.

O estado de inconsciência dos atuais seres humanos, quando no Globo "A", do Período de Saturno era análogo à inconsciência do atual reino mineral, bem como análogo ao estado de inconsciência dos médiuns quando em ***transe profundo***. Se bem que durante as seis primeiras Revoluções (diagrama III), a vida que hoje evolui como ser humano trabalhava no *gérmen* do corpo denso, com a direção e auxílio de diferentes Hierarquias Criadoras (ver diagrama VII).

Na metade da sétima Revolução do Período de Saturno, ou seja, na segunda metade do Globo "G", os Senhores da Chama, os leoninos, que estiveram inativos desde o momento em que proporcionaram o *gérmen* do corpo denso na metade da primeira Revolução, no Globo "A", tornaram-se ativos. Desta vez com o divino objetivo de *despertar* nos Espíritos Virginais (os atuais seres humanos) o princípio espiritual mais elevado: *despertaram* a inicial atividade do Espírito Divino (diagramas I e VII).

Portanto, a atual humanidade teve o mais inferior e o mais elevado dos seus corpos ou veículos (respectivamente, o corpo denso em *gérmen* e os primeiros aspectos do Espírito Divino), durante o Período de Saturno. Os Senhores da Chama prestaram esse Divino Serviço de forma voluntária e amorosa, sem que nada os obrigasse a fazê-lo.

Observa-se que o *processo quântico de Evolução* (↑) tem sua "flecha do tempo" na ascendente, num processo gradativo de ampliação de consciência e forma; todavia, a partir dos Globos "A" (diagramas III e IV) nos Períodos de Saturno, Solar, Lunar e a metade do Período Terrestre, foi quando os Espíritos Virginais (com o auxílio e direção de exaltadas Hierarquias Criadoras) começaram a reunir forças latentes. As Forças do Poder Anímico e da Mente Criadora (devido atividades quânticas em espiral dentro de espiral) foi utilizada para que os Espíritos Virginais pudessem atrair, agregar, condensar, dissolver e assimilar diferentes Estados Excitados de Matérias, com o objetivo de elevarem suas consciências e formas, ***em*** Si-mesmos.

Em resumo, esse processo quântico consistiu em que todos os distintos Estados de Matérias ou Mundos, após serem dissolvidos e assimilados - durante o processo quântico no Caos Primordial - os Espíritos Virginais fossem transportados, ***em*** consciência, para diferentes espaços-tempos. Em cujos espaços as anteriores *atividades quânticas subjetivas e objetivas* têm a mesma duração de espaço[429] e de tempo de tudo que os antecedeu, como forma de preparo (análogo ao processo da epigênese) para nova Revolução ou Período Mundial; todavia, em diferentes Estados Excitado de Matérias previamente preparadas pelas diferentes Hierarquias (diagrama VII).

Observa-se que não era necessário deslocar-se fisicamente para ir de um aos outros Mundos ou Estados de Matérias, nem para ir de uma região a outra equidistante. Assim como em nosso corpo se encon-

---

[429] KANT, Immanuel. (2001) **Crítica da Razão Pura**. [Tradução do original alemão intitulado "*KRITIK DER REINEN VERNUNFT*"] Trad. Manuela Pinto dos Santos e Alexandre Fradique Morujão. 5ed. Lisboa: Fundação Colouse Gulbenkion; Capítulo: *Doutrina Transcendental Dos Elementos: Primeira Secção - Do Espaço - Exposição Metafísica deste Conceito; Segunda Secção - Do Tempo - Exposição Metafísica do Conceito de Tempo.*

tram os sólidos, os líquidos e os gases interpenetrando-se uns aos outros (sem perderem suas individualidades), assim também estão as diferentes Regiões e sub-regiões de todos os outros Mundos ou Estados de Matérias; no entanto, logo entram em atividade na próxima Revolução ou Período Mundial dentro do mesmo esquema quântico, ou seja, análogo ao processo quântico do "Esquema Representativo da Semibreve", porém em grau superior.

Nesse "Esquema Representativo da Semibreve", os Espíritos Virginais desde o início da respectiva Revolução tiveram que atingir, ***pelos próprios esforços***, determinado nível vibratório; onde elevaram o seu particular som ao nível necessário para que pudessem alcançar, ***em*** Si-mesmos, o mesmo som recebido dos Senhores da Chama e das demais Hierarquias (diagrama VII), i.e., a 64ª vibração da semibreve para não ficarem atrasados no processo quântico de *Evolução* (↑).

Modo psicológico, quando a matéria mental se condensa a ponto de tornar-se demasiada densa, pesada, cristalizada pelo processo de condensação, análogo aos Condensados de Bose-Einstein, a Hierarquia nela não podendo agir, retira-se. O objetivo é recuperar a energia psíquica já exaurida; todavia, comparável ao *processo quântico do sono* para restauração da energia psíquica e biológica.

Quando chega a Noite Cósmica - entre Revoluções e Períodos Mundiais - todas as Coisas em manifestação transformam-se numa força ativa e homogênea que estabelece e conserva a Ordem Natural de todas as Coisas existentes, i.e., tudo é dissolvido e converte-se novamente no Caos Primordial, pois, no *Increatum* temos a expressão do Poder Anímico e da Mente Criadora. É nesse processo que as Hierarquias Criadoras e os Espíritos Virginais, após o processo quântico de assimilação, ***em*** Si-mesmos, retornam do e ao Caos Primordial através do Poder do Verbo: João 1:1-5.

No processo quântico do *átomo semente* (Heindel, 2012), foram quantizados os conteúdos psíquico-quânticos referentes ao corpo denso, em *gérmen* (dos Globos "A" ao "G"). Essa atividade ocorreu em todas as Revoluções e em todos os Períodos Mundiais, para depois projetar conteúdos psíquico-quânticos através da psique objetiva, bem como para extrair a quintessência do corpo denso.

Nessa etapa os Espíritos Virginais *iniciaram*, ***em*** Si-mesmos, *a criação* de um *núcleo de matéria escura com energia escura, pela condensação*, onde armazenaram dados e informações de todas as suas experiências em todas as Revoluções, dos Globos "A" ao "F"; todavia, ao criarem o *átomo semente* de cada corpo que compõe a personalidade (diagrama I)

Assim, temos a *progênie do átomo semente do corpo denso*, em *gérmen*. Por analogia, a formação do átomo semente seguiu o mesmo processo dos Condensados de Bose-Einstein; todavia, para ulterior projeção quântica de conteúdos psíquicos e de conteúdos psíquico-quânticos, após *atividade quântica subjetiva de assimilação* durante a Noite Cósmica entre a quinta e sexta Revolução, ou seja, entre os Globos "F" e "G" do Período de Saturno.

Após a *atividade quântica subjetiva de assimilação* (durante o processo quântico no Caos Primordial) cada Espírito Virginal iniciou processo psíquico-quântico espiritual, para elevação da sua consciência e forma em 1(um) grau naqueles respectivos espaços-tempos; todavia, depois de assimilar conteúdos psíquico-quânticos recebidos do inconsciente coletivo, pela dinâmica do inconsciente. Portanto, foi quando começou a projetar conteúdos psíquico-quânticos no seu inconsciente pessoal para a formação, em *gérmen*, de seus futuros corpos para a formação da sua personalidade.

A divisão entre os Espíritos Virginais (pioneiros e atrasados) ocorreu no final da sétima Revolução do Período de Saturno, no Globo "G". Foi quando os Senhores da Chama ***despertaram*** os primeiros aspectos do Espírito Divino; consequentemente, verificaram que alguns Espíritos Virginais se encontravam *aquém* das condições para *despertar* a inicial atividade do Espírito Divino; todavia, para prosseguirem no seu desenvolvimento de consciência e forma, conforme pesquisado em "*The Rosicrucian Cosmo-Conception - Stragglers and Newcomers*" (Heindel, 2012, p. 223-232).

Os Espíritos Virginais atrasados tiveram que continuar sem o *despertar* da *Divina Chispa Espiritual* de que dependia o seu progresso. Os Senhores da Chama viram-se compelidos a conservar os atrasados na mesma dimensão onde se encontravam os Espíritos Virginais pioneiros, porque os atrasados eram incapazes de seguir os pioneiros que tiveram sua *Divina Chispa Espiritual despertada* (diagrama VII).

Como analisado no início deste capítulo, os Espíritos Virginais pioneiros, com o auxílio de diferentes Hierarquias Zodiacais (diagrama VII), ajudaram os Espíritos Virginais atrasados a *despertar* os primeiros aspectos do Espírito Divino (a *Divina Chispa Espiritual*). Depois, a extrair a essência do *gérmen* do corpo denso com os cinco sentidos latentes, para amalgamar no Espírito Divino como *interface de alma consciente*. Nessa mesma etapa, iniciaram o *processo de dissolução* e transformaram em *energia psíquica primordial* as matérias assimiladas desde a Região Concreta do Mundo do Pensamento.

Com essa capacitação, *pelos próprios esforços*, os Espíritos Virginais atrasados *despertaram* em Si-mesmos a consciência de *transe profundo* e elevaram sua consciência e forma em 1(um) grau. Nessa nova condição, atraíram Forças Arquetípicas do Grande Arquétipo Psíquico-Espiritual de Saturno e criaram na sua natureza da psique, um análogo do Inconsciente Coletivo.

Como vimos, os Espíritos Virginais, desde a Revolução, no Globo "A", tiveram que atingir ***pelos próprios esforços*** determinado nível vibracional para elevarem o seu particular som ao nível necessário, para que pudessem alcançar, ***em*** Si-mesmos, o mesmo som recebido dos Senhores da Chama e das demais Hierarquias (diagrama VII), análogo ao processo do "Esquema Representativo da Semibreve".

O som que foi despertado, é a 64ª vibração da semibreve, para não ficarem atrasados no processo quântico de *Evolução* (↑). Nesse processo quântico evolutivo, o objetivo era elevar a consciência e forma dos Espíritos Virginais, para que progredissem no *processo quântico de Evolução* (↑), bem como nos ulteriores Períodos Mundiais (diagrama IV), pois, quando no Globo "A", no Período de Saturno, iniciaram como seres estáticos, inconscientes e autômatos, com o objetivo de se transformarem em seres dinâmicos e conscientes ***de*** e ***em*** Si-mesmos.

Por exemplo, quando no processo escolar, acadêmico, cada estudante é avaliado para aferir o seu aprendizado durante o ano letivo. Em cada ano letivo, em tese, são obtidas notas equivalentes ao aprendizado. Pelas aferições, as notas deverão atingir determinada média final, para conferir se o estudante está habilitado para prosseguir seus estudos em grau superior. Por analogia, a mesma lógica aplicada nas Revoluções e Períodos Mundiais, durante a peregrinação dos Espíritos Virginais nos sete Períodos Mundiais (diagrama IV), é aplicada no processo escolar, acadêmico.

Em cada Revolução, cada Espírito Virginal, ***pelo próprio esforço*** procurou elevar sua consciência em 1(um) grau durante as Noites Cósmicas, dos Globos "A" ao "G", contabilizando 7(sete) graus em cada Período Mundial. Quando utilizamos a expressão "sete graus", nos referimos às atividades do Globo "A" ao Globo "G", i.e., durante as 7 Revoluções em volta dos 7 Globos, nos 7 Períodos Mundiais.

Como apresentei hipóteses fundamentais da existência da triplicidade do Ego e da triplicidade da personalidade, diferenciando o "Eu Superior" (a triplicidade do Ego) e o "eu inferior" (a triplicidade da personalidade), é preciso encontrar a verdade de razão para dada hipótese; logo, um caráter verdadeiramente científico deve ser livre de preconceitos.

DIAGRAMAS

Os Sete Mundos
(Os Sete Estados de Matéria)

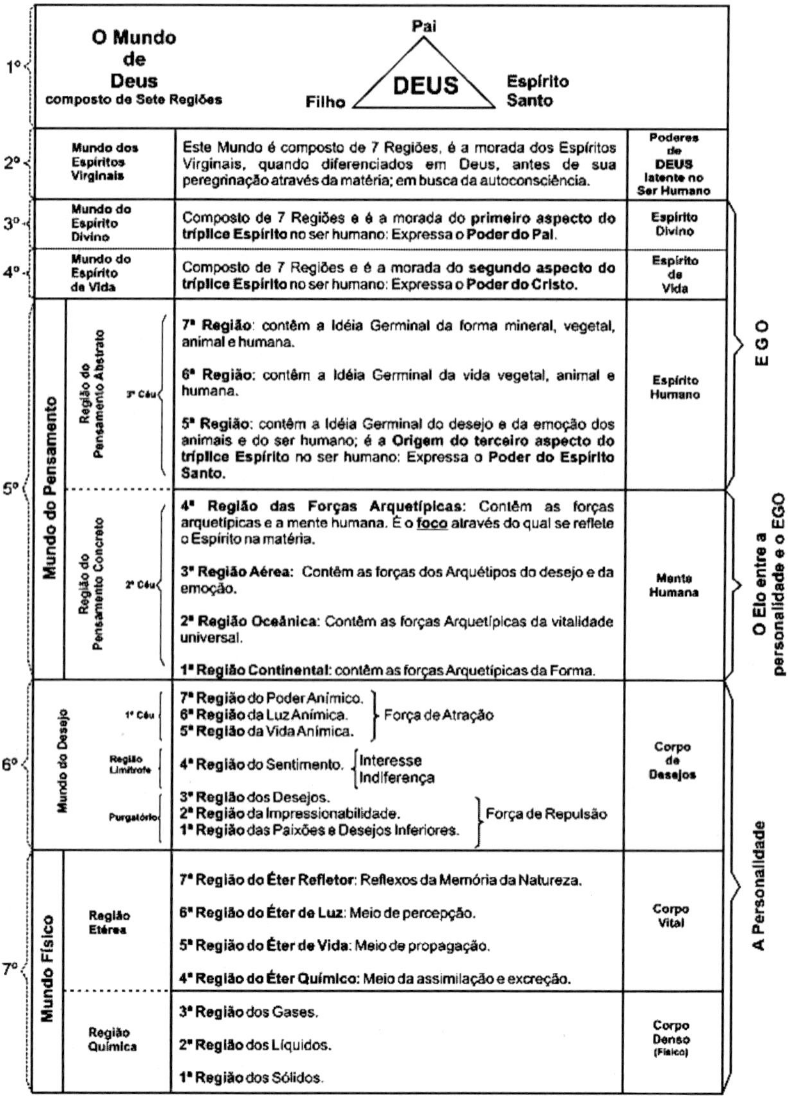

Este diagrama foi baseado na obra de HEINDEL, Max. Conceito Rosacruz do Cosmos ou Cristianismo Místico, trad. pela Fraternidade Rosacruz - sede central do Brasil, 3ed., São Paulo, 1993, pp.53, diagrama 2.

Diagrama I

Ciclo de Renascimentos nos Mundos Invisível e Visível

Inconsciente Coletivo e o Inconsciente Pessoal

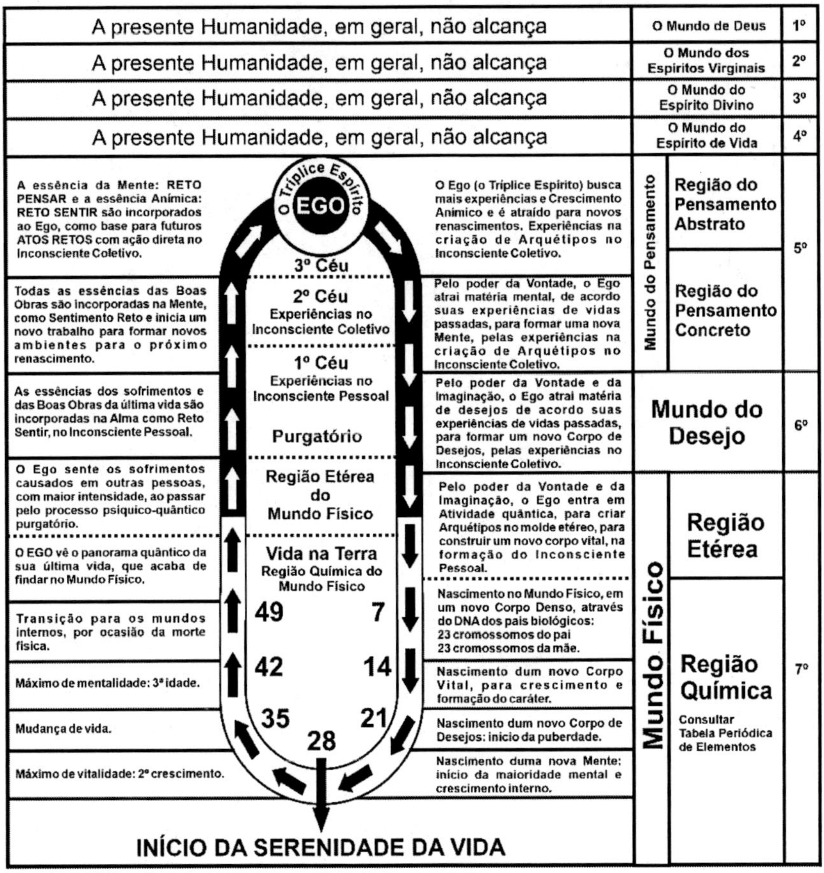

Este diagrama mostra a passagem do Ego, que é representado pelo círculo na parte superior do Mundo do Pensamento até a Região Química do Mundo Físico, através dos ciclos setenários que representam a idade cronológica do Ser Humano, do nascimento até o processo psíquico-quântico *post mortem*, aos Mundos Invisíveis. Baseado no livro HEINDEL (2012) em *'The Rosicrucian Cosmo-Conception'*.

Diagrama II

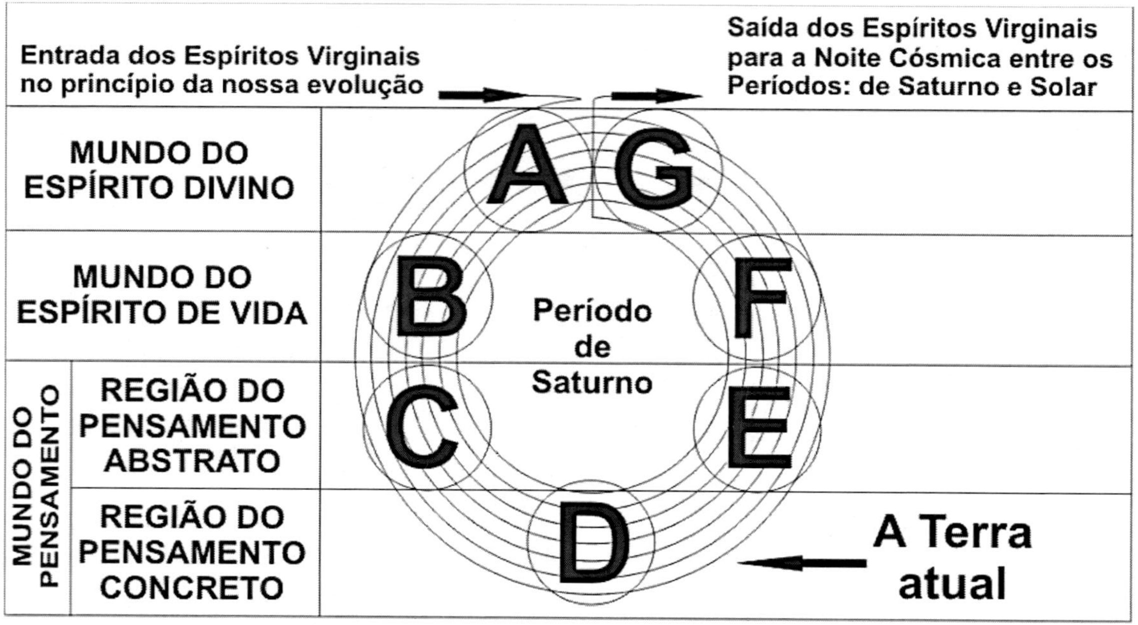

A saída da Onda de Vida para a Noite Cósmica, onde tudo que se manifestou, que foi assimilado por TODOS os Espíritos em manifestação, dentro do sistema solar a que pertencem, e isso ocorreu entre os Períodos de Saturno, Solar, Lunar, e acontecerá entre os Períodos Terrestre, de Júpiter, de Vênus e de Vulcano.

Este diagrama foi baseado no diagrama 7, da p.178, da obra de HEINDEL, Max. Conceito Rosacruz do Cosmos ou Cristianismo Místico, trad. pela Fraternidade Rosacruz - sede central do Brasil, 3ed., São Paulo, 1993.

Diagrama III

A PEREGRINAÇÃO DOS ESPÍRITOS VIRGINAIS NOS 7 PERÍODOS

7 REVOLUÇÕES EM TORNO DOS **7** GLOBOS DOS **7** PERÍODOS MUNDIAIS

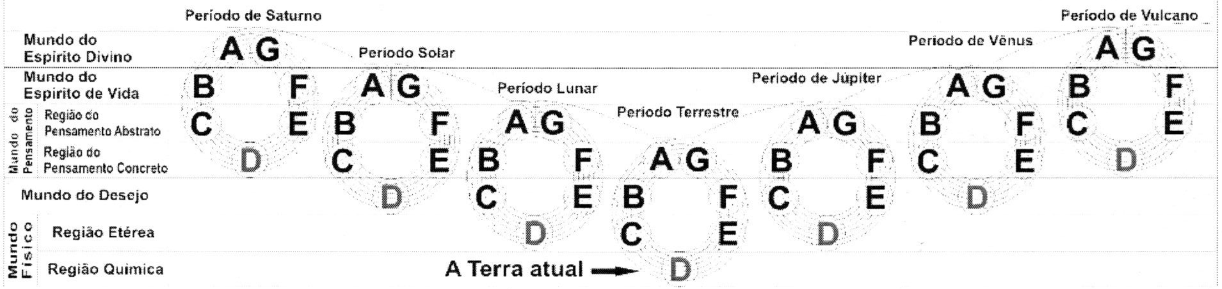

Este diagrama foi baseado no diagrama 8, da p.180, da obra de HEINDEL, Max. Conceito Rosacruz do Cosmos ou Cristianismo Místico, trad. pela Fraternidade Rosacruz - sede central do Brasil, 3ed., São Paulo, 1993.

Diagrama IV

A Expressão do Poder do Som do Deus do nosso Sistema Solar

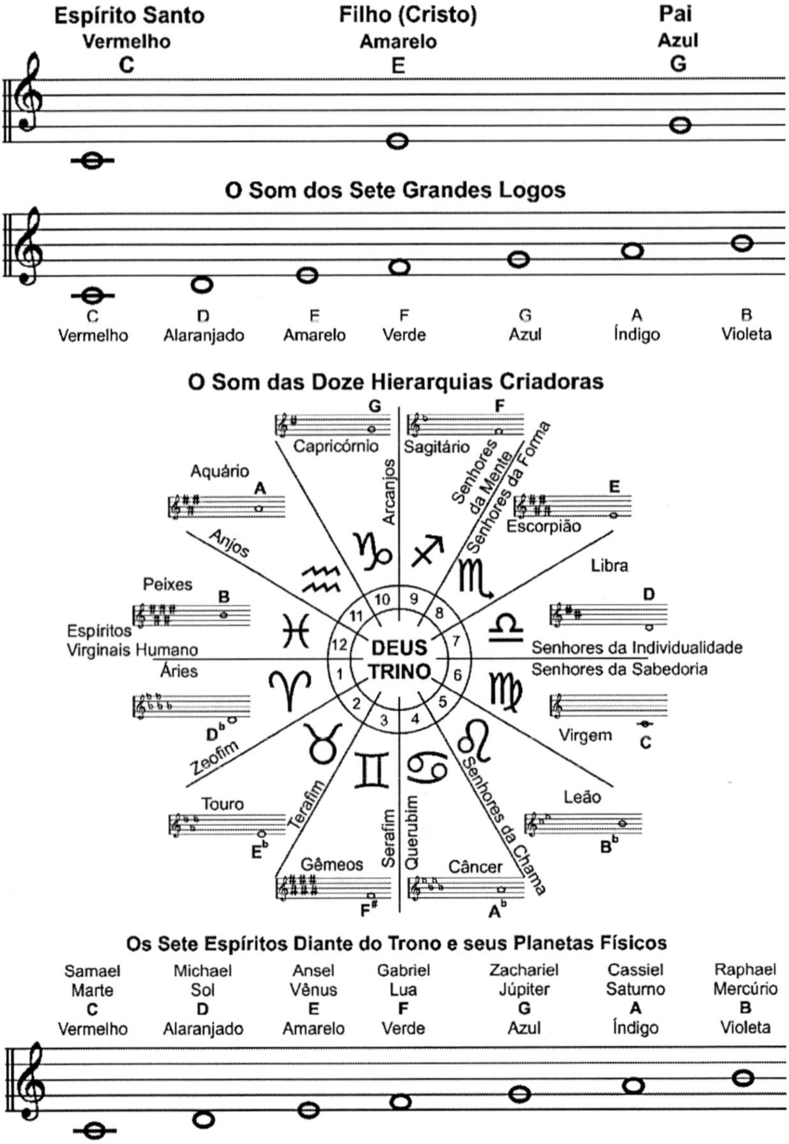

Este diagrama foi baseado na figura da obra de LEWIS, Robert C. The Sacred Word and its Creative Overtones. 2ª ed. [A Student of The Rosicrucian Fellowship Teachings] Oceanside, California, USA, 1990, pp.140

Diagrama 5

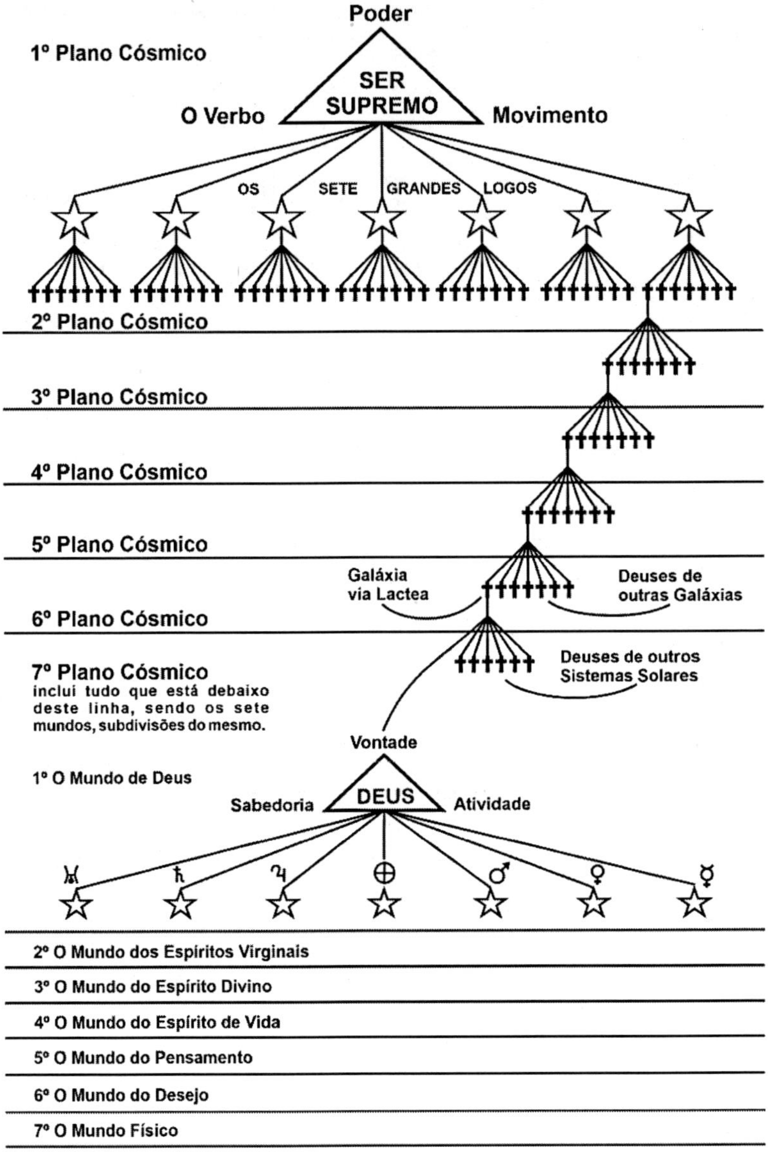

Fonte: Diagrama baseado o livro HEINDEL (1937) *The Rosicrucian Cosmo-Conception*, 27ed. p.178.

Diagrama 6

Hierarquias Criadoras

Signo Zodiacal	Nome	Nota Chave Musical	Estado de Consciência
1. Áries	Zeophim	Ré^{b} Maior	Diz-se que a Primeira e Segunda Ordens elevaram-se além da compreensão de qualquer pessoa na Terra. Sabe-se que prestaram algum Serviço Espiritual no Princípio da nossa Evolução.
2. Touro	Teraphim	Mi^{b} Maior	
As três seguintes Ordens trabalharam live e voluntariamente para ajudar a atual humanidade, durante os três períodos que precederam ao Período Terrestre. Passaram à Libertação.			
3. Gêmeos	Seraphim	Fá# Maior	No Período Lunar despertaram na humanidade, em formação, o *gérmen* do Espírito Humano – o Ego.
4. Câncer	Querubim	Lá^{b} Maior	No Período Solar despertaram o *gérmen* do Espírito de Vida.
5. Leo	Senhores da Chama	Si^{b} Maior	No Período de Saturno despertaram o *gérmen* do Espírito Divino e deram, em *gérmen*, o Corpo Denso, com seus 5 sentidos clássicos (latentes) em cada **Ser Humano**.
As seguintes Hierarquias Criadoras estão em plena Atividade no presente Período Terrestre.			
6. Virgem	Senhores da Sabedoria	Dó Natural	No Período Solar deram, em *gérmen*, o Corpo Vital.
7. Libra	Senhores da Individualidade	Ré Maior	No Período Lunar duram, em gérmen, o Corpo de Desejos.
8. Escorpião	Senhores da Forma	Mi Maior	Têm especial encargo da evolução humana no Período Terrestre.
9. Sagitário	Senhores da Mente	Fá Maior	A humanidade do Período de Saturno.
10. Capricórnio	Arcanjos	Sol Maior	A humanidade do Período Solar.
11. Aquário	Anjos	Lá Maior	A humanidade do Período Lunar.
12. Peixes	Espíritos Virginais	Si Maior	A humanidade no presente Período Terrestre: o **Ser Humano**.

Fontes: Diagrama baseado nas obras de HEINDEL (1937, p.221) em "*The Rosicrucian Cosmo-Conception*" e de LEWIS, Robert C. (1990, pp.139-156) em "*The Sacred Word and its Creative Overtones*".

Diagrama 7

CONSTITUIÇÃO DA TERRA

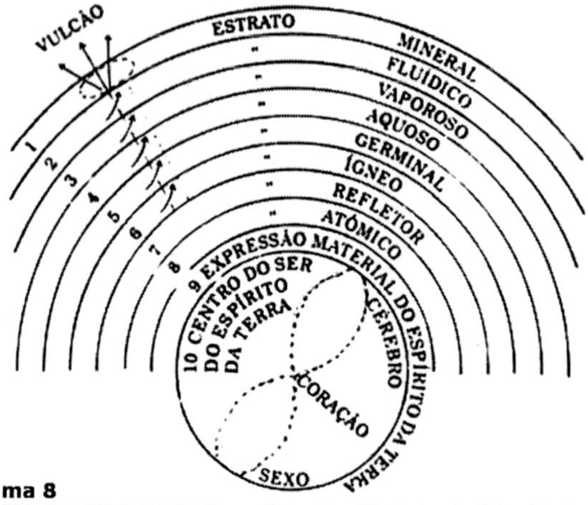

Diagrama 8

Fonte: HEINDEL, Max. The Rosicrucian Cosmos-Conception. [The Rosicrucian Fellowship, Oceanside, CA. 92058-2329. USA, 1909, Renewed 1937] [Copyright 2012 by The Rosicrucian Fellowship According To Last Edition (6th) Edited By Max Heindel]. Oceanside, CA. USA. 2012; p.509 - Diagram 8.

TABELAS

Tabela 1: Os Arquétipos Musicais e o Tempo de Vibração

Capacidade de Vibração da Hierarquia Criadora	Nome do Arquétipo Musical	Tempo de Vibração do Arquétipo Musical
Senhores da Sabedoria	Semibreve = 1	A Unidade Vibracional
Senhores da Individualidade	Mínima = 1/2	1/2 da Semibreve
Senhores da Forma	Semínima = 4ª	4ª parte da Semibreve
Senhores da Mente	Colcheia = 8ª	8ª parte da Semibreve
Arcanjos	Semicolcheia = 16ª	16ª parte da Semibreve
Anjos	Fusa = 32ª	32ª parte da Semibreve
Espíritos Virginais (os atuais seres humanos)	Semifusa = 64ª	64ª parte da Semibreve

Fonte: Esquema do próprio Autor, com base em APEL, Willi. **Harvard Dictionary of Music**. 2ed. Cambridge (Massachusetts): The Belknap Press of Harvard University Press, 1969; e em LEWIS, Robert C. (1990) **The Sacred Word and its Creative Overtones**. 2ed. [A Student of The Rosicrucian Fellowship Teachings] Oceanside, California, USA.

Tabela 2 - Notas Chaves das Hierarquias Zodiacais

Casas	Signos	Nomes das Hierarquias Zodiacais	Notas chaves dos Signos	Bemol / Sustenido
1	Áries	Zeophim	Ré$^{\flat}$ maior	5 Bemóis
2	Touro	Teraphim	Mi$^{\flat}$ maior	3 Bemóis
3	Gêmeos	Seraphim	Fá# maior	6 Sustenidos
4	Câncer	Querubim	Lá$^{\flat}$ maior	4 Bemóis
5	Leão	Senhores da Chama	Si$^{\flat}$ maior	2 Bemóis
6	Virgem	Senhores da Sabedoria	Dó natural	não tem sustenido nem bemol
7	Libra	Senhores da Individualidade	Ré maior	2 Sustenidos
8	Escorpião	Senhores da Forma	Mi maior	4 Sustenidos
9	Sagitário	Senhores da Mente	Fá maior	1 Bemol
10	Capricórnio	Arcanjos	Sol maior	1 Sustenido
11	Aquário	Anjos	Lá maior	3 Sustenidos
12	Peixes	Espíritos Virginais (os atuais Seres Humanos)	Si maior	5 Sustenidos

Fontes: Tabela do próprio Autor, com base em LEWIS (1990, pp.139-156) em *"The Sacred Word and its Creative Overtones; em APEL, Willi. Harvard Dictionary of Music. 2ed. Cambridge (Massachusetts): The Belknap Press of Harvard University Press, 1969; e em JUNG, C. G. (2012, pp.32-111) em "Sincronicidade - a dinâmica do inconsciente".*

Tabela 3 - Tabela Periódica de Elementos

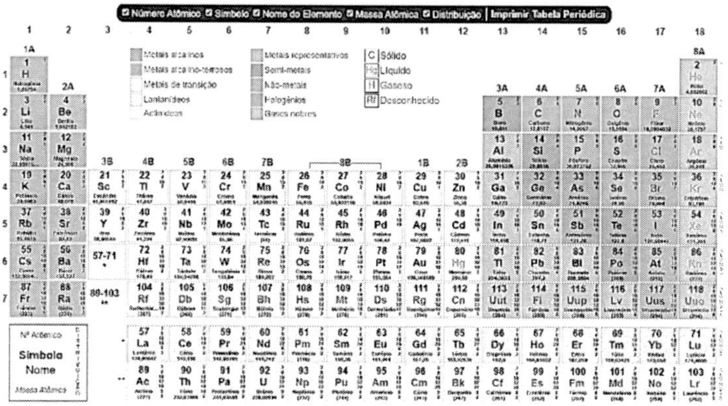

Fonte: <https://www.tabelaperiodicacompleta.com/>. Acesso em 16.11.2019.

Referências Bibliográficas

ABBAGNANO, Nicola. (1970) **Dicionário de Filosofia**. São Paulo: Mestre Jou.

ABBAGNANO, Nicola. (1994) **Historia de la Filosofía**. Volumem 1. Traducción Juanes Telrich y J. Pérez Ballestar. Barcelona: Hora.

ABBAS, Abul; FAUSTO, Nelson; KUMAR, Vinay. (2005) **Patologia: Bases Patológicas das Doenças**. 7ed; São Paulo: Elsevier, Brasil.

ABBOTT, Edwin A. (2019). **Flatland**. [Original title: *Flatland* (1884) by Edwin A. Abbott]. E.book. Global Grey.

AFRIAT, A; SELLERI, F. (1999) **The Einstein, Podolsky, and Rosen Paradox**. [Springer Science Business Media New York 1999. Originally published by Plenum Press, New York in 1999] Softcover reprint of the hardcover, 1st.edition. New York.

AGOSTINHO, Santo. (1994) **A Trindade**. [Tradução do original latino e introdução Agostino Belmonte; ver. e notas complementares Nair de Assis Oliveira] São Paulo: Paulus.

AGOSTINHO, Santo. (1996) **A Cidade de Deus**. Volume I. Livros I a VIII. Tradução, prefácio, nota bibliográfica e transcrições de J. Dias Pereira. 2ed. Lisboa: Fundação Calouste Gulbenkian.

AHARONOV, Y. (1964) **Quantum computation**, in D. Stauffer, ed., 'Annual Reviews of Computational Physics', Vol. VI, World Scientific, Jerusalem, 1998; pp.1–78.

AHARONOV, Y.; BERGMANN, P. G.; LEBOWITZ, J. L. **Phys. Timesym Metryin the Quantum Process of Measurement. Physical Review**, v.134. pp. 1410-1416.

AHARONOV, Y.; ROHRLICH, D. (2005) **Quantum Paradoxes: Quantum Theory for the Perplexed**. Weinheim: Wiley-VCH.

ALBERTINI, Luigi. (2005) **Origins of the War of 1914**. vol.I. Enigma Books: New York.

ALBERTINI, Luigi. (1953) **Origins of the War of 1914**. vol.II, Oxford University. Press: Londres.

ALBERTINI, Luigi. (2005) **Origins of the War of 1914**. vol.III. Enigma Books: New York.

ALIGHIERI, Dante. (1999) **A Divina Comédia: Inferno, Purgatório e Paraíso**. Tradução e notas de Ítalo E. Mauro. Em português e italiano (original). São Paulo: Ed.34.

ALIGHIERI, Dante. (1955) **The Comedy of Dante Alighieri the Florentine: Purgatory**. Translation and notes by Dorothy Sayers. Penguin, EUA.

ALIGHIERI, Dante. (1949) **The Comedy of Dante Alighieri the Florentine: Hell (L'Inferno).** Translation and notes by Dorothy Sayers. Penguin, EUA.

ALPHERAT. (1939) **Tratado de Astrologia: Construcción Científica del Horóscopo - Interpretacion**. Talleres Gráficos de Porter Hnos. Libreria Kier – B. Ayres, Argentina.

ALVARENGA, Beatriz; MÁXIMO, Antônio. (2007) **Física**. Vol.2. São Paulo: Scipione.

AMERICAN PSYCHIATRIC ASSOCIATION. (2025) **Manual Diagnóstico e Estatístico de Transtorno DSM-5** [*American Psychiatric Association*, trad. Maria Inês Corrêa Nascimento et al.]; revisão técnica: Aristides Volpato Cordioli [et al.]. Porto Alegre: Artmed. https://psychiatryonline.org/doi/book/10.1176/appi.books.9781615375363. Acesso em 13.09.2025.

AMORTH, Gabrielle. (2008) **Exorcistas e Psiquiatras**. Trad. Ana Paula Bertolini [Título original: *Esorcisti e Psiquiatri*, 2008], 2.ed. São Paulo: Palavra & Prece Editora Ltda.

AMORTH, Gabrielle. (2012) **Um Exorcista Conta-nos**. São Paulo: Paulinas.

AMORTH, Gabrielle; RODARI, Paolo. (2012) **O Último Exorcista - Minha Batalha Contra Satanás**. São Paulo: Paulinas.

AMORTH, Gabrielle; TOSATTI, Marco. (2011) **Memórias de um Exorcista – Minha Luta Contra Satanás**. Trad. Regina Valente. São Paulo: Paulinas.

ANTUNES, M. A. M. (2014) **A Psicologia no Brasil: Leitura histórica sobre sua constituição**. São Paulo: EDUC.

ARISTÓTELES (1991) **The Complete Works of Aristotle**. Complete Works (Aristotle). [Copyright © 1984 by The Jowett Copyright Trustees Published by Princeton University Press, 41 William St., Princeton, New Jersey In the United Kingdom: Princeton University Press, Oxford]. Jonathan Barnes, Princeton University Press, Princeton, New Jersey.

ARISTÓTELES. (1984) **Ética a Nicômaco**. Trad. L. Vallandro e G. Bornheim [versão inglesa de W.D. Ross]. Sel. de textos José Américo Motta Pessanha. São Paulo: Victor Civita.

ARISTÓTELES. (1984) **Metafísica – Livros I e II**. [Trad., índices analítico e onomástico: Eudoro de Souza]. Textos José A. Motta Pessanha. São Paulo: Victor Civita.

ARISTÓTELES. (1984) **Poética**. [Trad. direto do grego por Vincenzo Cocco e notas de Joaquim de Carvalho]. Sel. de textos José Américo Motta Pessanha. São Paulo: Victor Civita.

ARNHEIM, Rudolf. (1998) **Arte e Percepção Visual: uma Psicologia da Visão Criadora**. ISBN: 8522101485. São Paulo: Pioneira.

ARNHEIM, Rudolf. (2005) **O diferencial da cegueira: estar além dos limites dos corpos**. In: MEDITSCH, Eduardo (Org.). Teorias do rádio. Textos e Contextos. Vol. 1. Florianópolis: Insular.

ARNHEIM, Rudolf. (1980) **Estética Radiofônica**. Barcelona: Gustavo Gili.

ASSEMBLEIA GERAL DOS BISPOS DO BRASIL. (2008) **Ritual de Exorcismos e Outras Súplicas** [*Rituale Romanum*, renovado pelo decreto do Concílio Vaticano II, promulgado por autoridade do Papa João Paulo II], 2ed., São Paulo: Paulus.

ATKINS, Peter; JONES, Loreta. (2001) **Princípios de Química: questionando a vida moderna e o meio ambiente**. Porto Alegre: Bookman.

BACHELARD, Gaston. (1968) **O Novo Espírito Aplicado**. Rio de janeiro: Tempo Brasileiro.

BACHELARD, Gaston. (1977) **O Racionalismo Aplicado**. Rio de janeiro: Zahar.

BACHELARD, Gaston. (2004) **Ensaio sobre o Conhecimento Aproximado**. [*Essai sur la Connaissance Approchée*] Trad. Estela dos S. Abreu. Rio de Janeiro: Contraponto.

BACHELARD, Gaston. (2005) **A Formação do Espírito Científico**. Rio de Janeiro: Contraponto.

BACHELARD, Gaston. (2006) **Epistemologia**. Lisboa: Edições 70.

BACHELARD, Gaston. (2008) **A Psicanálise do Fogo**. São Paulo: Martins Fontes.

BACHELARD, Gaston. (1988) **A Filosofia do Não**. Editorial Presença, Lisboa.

BACHER, Elman. (1962) **Estudios de Astrolgía** [The Rosicrucian Fellowship, Oceanside, CA. 92058-2329 USA. Elman Bacher, 1953] The Rosicrucian Fellowship, Volumes I, II, III, IV, V, VI, VII, VIII, IX. Califonia, USA.

BACON, Francis (1915) **The Advancement of Learning** [Edited with an Introduction by G. W. KITCHIN]. DENT: LONDON EVERYMAN'S LIBRARY dutton: New York.

BARBOSA SILVA, A. Beatriz. (2014) **Mentes Perigosas - o Psicopata Mora ao Lado**. Editora: Principium, Rio de Janeiro.

BARNHILL, John W. (2024) **CASOS CLÍNICOS DO DSM-5-TR** [E.pub], tradução: André Garcia Islabão; revisão: Camila Carvalho Rocha Granghelli, Thaís Bonini; revisão técnica: José Alexandre de Souza Crippa (coord.), Flávia de Lima Osório, José Diogo Ribeiro de Souza. Porto Alegre: Artmed.

BASSALO, J. M. F. (2006) **Eletrodinâmica Quântica**. Editora Livraria da Física, São Paulo.

BASTOS, A. V. B.; GONDIM, S. M. G. (Orgs.) (2010) **O trabalho do psicólogo no Brasil**. Porto Alegre: Artmed.

BALDWIN, J. (1906) **Though and Things: A Study of the Development and Meaning of Thought**. London: Swan Sonnenschein & Co.

BBC Worldwide Ltd. (2001) **A incrível Jornada do Homem do Nascimento à Morte**. [Superinteressante: 4DVD's. Apres. médico e cientista Robert Winston] São Paulo: Abril.

BELL, J. S. (1964). **On the Einstein-Podolsky-Rosen Paradox**. Physics Vol.1, 195-200. Reproduzido em Wheeler & Zurek (1983), op. cit., pp. 403-8, e em Bell (1987), op. cit., pp. 14-21.

BELL, J. S. (1966). **On the Problem of Hidden Variables in Quantum Mechanics**. Reviews of Modern Physics 38, 447-75. Reproduzido em Bell (1987), op. cit., pp. 1-13. Tradução para o português em Cadernos de História e Filosofia da Ciência (série 3) 2(2) (1992) 243-57.

BELL, J. S. (1971). **Introduction to the Hidden-Variable Question**. in d Espagnat, B. (org.) (1971), Foundations of Quantum Mechanics (Proceedings of the International School of Physics Enrico Fermi, course IL). Nova Iorque: Academic, pp. 171-81. Reproduzido em Bell (1987), op. cit., pp.29-39.

BELL, J. S. (1987). **Speakable and Unspeakable in Quantum Mechanics**. Cambridge University Press.

BENENZON, Rolando O. (1998) **La Nueva Musicoterapia**. Buenos Aires: Lumen.

BERGER, P. L. (1997) **Rumor de Anjos: A Sociedade Moderna e a Redescoberta do Sobrenatural**. Petrópolis: Vozes.

BERGSON, Henri. (1978) **As Duas Fontes da Moral e da Religião**. Rio de Janeiro: Zahar.

BERGSON, Henri. (2006) **Duração e Simultaneidade**. Tradução Cláudia Berliner. São Paulo: Martins Fontes.

BERGSON, Henri. (1999) **Matéria e Memória: Ensaio sobre a Relação do Corpo com o Espírito**. 2.edição. São Paulo: Martins Fontes.

BERGSON, Henri. (2006) **Memória e Vida**. Trad. C. Berliner. São Paulo: Martins Fontes.

BERGSON, Henri. (1984) **O Cérebro e o Pensamento: uma ilusão filosófica**. Trad. Franklin Leopoldo e Silva. Col. Os Pensadores, 2ed. São Paulo.

BERGSON, Henri. (2006) **O pensamento e o Movente**. Tradução de Bento Prado Neto. SP: Martins Fontes.

BETTELHEIM, Bruno. (1979) **A Psicanálise dos Contos de Fadas**. Trad. Arlene Caetano, 2ed., Rio de Janeiro: Paz e Terra.

BEZERRA JUNIOR, B. (1992) **Considerações Sobre Terapêuticas Ambulatoriais em Saúde Mental**. Em S. A. Tunis & N.R.Costa (Org), Cidadania e loucura: Políticas de saúde mental no Brasil, 3ed. Petrópolis: Vozes. ***p. 133-169***.

BIRMAN, J. & Costa, J. F. (1994) **Organização das instituições para uma reforma comunitária**. Em P. Amarante (Org), Psiquiatria social e reforma psiquiátrica. Rio de Janeiro: Fiocruz. Brasil. p. ***41-72***.

BOCK, A. M. B.; FERREIRA, M. R.; GONÇALVES, M.G.M.; FURTADO, O. **Sílvia Lane e o Projeto do 'Compromisso Social da Psicologia**. Psicologia & Sociedade; v.19, Edição Especial 2, p. 46-56, 2007.

BOCK, A. M. B.; FURTADO, O.; TEIXEIRA, M. (2018) **Psicologias: Uma introdução ao estudo da Psicologia**. São Paulo: Saraiva.

BOUZON, Emanuel. (1999) **O Código de Hammurabi**. [Introdução. trad. texto cuneiforme e comentários]. 7ed. RJ: Vozes.

BRANDÃO, Carlos Rodrigues. (1982) **O que é Educação**. 5ed., São Paulo: Brasiliense.

BRANDÃO, Junito de Souza. (1986) **Mitologia Grega**. Vol.I. 2ed. RJ: Vozes.

BRANDÃO, Junito de Souza. (1987) **Mitologia Grega**. Vol.II. 2ed. RJ: Vozes.

BRANDÃO, Junito de Souza. (1987) **Mitologia Grega**. Vol.III. 2ed. RJ: Vozes.

BRANDÃO, M. Lira. (2004) **As Bases Biológicas do Comportamento: Introdução à Neurociência**. São Paulo: Editora Pedagógica e Universitária.

BRENNER, Charles. (1987) **Noções Básicas de Psicanálise, Introdução à psicologia psicanalítica**. 5ed. São Paulo: Imago.

BLEULER, Eugen. (1993) **Dementia praecox ou groupe des schizophrénies**. Paris: Epel; Clichy: Grec.

BULWER-LYTTON, Sir E. G. (1842) **Zanoni**. Vol.I. [Original title: ***Zanoni***]. New York.

BULWER-LYTTON, Sir E. G. (1865) **Zanoni**. Vol.II. [Original title: ***Zanoni***]. Philadelphia, J. B. Lippincott & Co.

BUNGE, A. V. (1977) **Introdução à Química Quântica**. Ed. Edgard Blucher Ltda., São Paulo. ***p. 41***.

CAIXETA, Leonardo Ferreira; FERREIRA, Sandra de Fátima Barbosa. (2012) **Manual de neuropsicologia:** dos princípios a reabilitação. 1. ed. São Paulo: Atheneu. *E-book*. Disponível em: https://plataforma.bvirtual.com.br. Acesso em: 11 out. 2024.

CAMPBELL, Joseph J. (1993) **As Transformações do Mito Através do Tempo**. São Paulo: Cultrix.

CAMPBELL, Joseph J. (1997) **O Herói de Mil Faces** [título original: *The Hero with a Thousand Faces. Princeton University Press*. 1949], trad. Adail Sobral. 10ed. São Paulo: Pensamento.

CAMPBELL, Joseph J. (1988) **O Poder do Mito** [título original: *The Power of Myth*, by Apostrophe S. Productions, Inc. and Alfred van der Marck - Ed.Doubleday; division by Bantam Doubleday Dell Publishing Group, Inc.

CAMPOS, R.H.F. e GUARESCHI, P. (Orgs.). (2000) **Paradigmas em Psicologia Social – A Perspectiva Latino-Americana**. Petrópolis: Vozes: 2000, p. 58-69.

CANTILINO, A.; CARVALHO, J. A. **Psicoses Relacionadas à Epilepsia: um Estudo Teórico**. Revista Neurobiologia. 2001. 64 (3-4): 109-16.

CARVALHO, Paulo Cezar Pinto. (1999) **Introdução à geometria espacial**. 4ª Edição. Rio de Janeiro: Sociedade Brasileira de Matemática.

CARROLL, J. B. (1993). **Human cognitive abilities: a survey of factor-analytic studies**. Nova York: Cambridge University Press.

CARROLL, J. B. (1997). **The three-stratum theory of cognitive abilities**. In D. P. Flanagan, J. L. Genshaft & P. L. Harrison (Orgs.), Contemporary intellectual assessment: theories, tests and issues (p. 122-130). Nova York: Guilford.

CARROLL, J. B. (1998). **Human cognitive abilities: a critique**. In J. J. McArdle & R. W. Woodcock (Orgs.), Human cognitive abilities in theory and practice (pp. 5-23). New Jersey: Erlbaum.

CASOY, Ilana. (2004) **Serial killer: louco ou cruel?** 6ed. São Paulo: Madras.

CATTELL, R. B. (1971). **Abilities: their structure, growth, and action**. Boston: Houghton Mifflin.

CATTELL, R. B. (1987). **Intelligence: its structure, growth and action**. Amsterdam: Elsevier.

CATTELL, R. B. (1998). **Where is intelligence? Some answers from the triadic theory**. In J. J McArdle & R. W. Woodcock (Orgs.), Human cognitive abilities in theory and practice (pp. 29-38). New Jersey: Erlbaum.

CHO, P. Yonggi. (1995) **A Quarta Dimensão**. [Trad. do original em inglês: *The Fourth Dimension*, © Copyright 1979 by Paul Yonggi Cho] Vida, Deerfield, Florida, EUA: Editora.

CHOMSKY, N. (1965) **Syntactic Struclures**. London, Mouton.

CHURCHLAND, P. (1999) **Matter and Consciousness**. Cambridge: MIT Press.

CÍCERO, Marcus Tullius (2004) **Sulla Natura Degli Dei**. Milano: Oscar Mondadori Editore.

CITELLI, A. (1997) **Linguagem e Persuasão**. 11ed. São Paulo: Ática.

COELHO, Wilson Ferreira (org.). (2015) **Psicologia do desenvolvimento**. São Paulo: Pearson Education do Brasil.

CLECKLEY, Hervey. (1988) **The mask of sanity**. 5 ed. St Louis: Mosby.

COHEN, S. M. (2008) **Aristotle's Metaphysics**. Disponível em: https://plato.stanford.edu/entries/aristotle-metaphysics/, acesso em 19.09.2022.

COHEN, I. Bernard. (1978) **Introduction to Newton's 'Principia'**, Harvard University Press, Cambridge, Massachusetts.

COHEN, I. Bernard. (1988) **O Nascimento de uma Nova Física**, trad. Maria Alice Gomes da Costa, rev., adapt. e notas José Félix Gomes da Costa; pref. João Andrade e Silva; rev. de texto Miguel Pereira, Lisboa: Gradiva.

COHEN, I. Bernard. (1983) **La Revolución Newtoniana y la transformación de las ideas científicas**, trad. Carlos Solís Santos, Madrid: Alianza Editorial.

COGGIOLA, Osvaldo (org.) (2005) **Manifesto Comunista – Karl Marx e Friedrich Angels**. [Trad. Manifesto Comunista, Álvaro Pina]. São Paulo: Boitempo Editorial.

COLLINS, John J. (1998) **The Apocalyptic Imagination: an introduction to Jewish apocalyptic litterature**. 2ed. Michigan: Erdmans. EUA.

CONDON, E. U.; Shortley, G. H.; (1935) **The Theory of Atomic Spectra**. Cambridge University Press.

COOPERSMITH, Jennifer. (2015) **Energia, o Conceito Sutil: a descoberta dos blocos de Feynman de Leibniz e Einstein**. [Publicado na Oxford Online: agosto de 2015 DOI: 10.1092 / acprof: oso / 9780198716747.001.0001], Oxford, EUA.

CORMEN, T. H. [et al.] (2002) **Algoritmo: Teoria e Prática**. Trad.2ed. [americana] Vandenberg D. de Souza, RJ: Elsevier.

CRUZ, A. J. G. (2026) **A Triplicidade do Ego e a Psicopatologia Fenomenológica**. 1ª ed. São Paulo: Gonçalves Cruz.

CRUZ, A. J. G. (2026) **A Triplicidade do Ego e a Triplicidade da Personalidade e a Psicanálise de Sigmund Freud**. 1ª ed. São Paulo: Gonçalves Cruz.

CRUZ, A. J. G. (2026) **A Triplicidade do Ego e a Triplicidade da Personalidade e a Psicologia Analítica de C. G. Jung**. 1ª ed. São Paulo: Gonçalves Cruz.

CRUZ, A. J. G. (2026) **A Triplicidade do Ego e a Triplicidade da Personalidade e a Teoria das Relações Objetais de Melanie Klein**. 1ª ed. São Paulo: Gonçalves Cruz.

CRUZ, A. J. G. (2022) **Apóstolo Paulo: Psicologia do Caminho de Damasco**. 1ª ed. São Paulo: Gonçalves Cruz.

CRUZ, A. J. G. (2022) **Beethoven e os Arquétipos Musicais**. 1ª ed. São Paulo: Gonçalves Cruz.

CRUZ, A. J. G. (2024) **C. G. Jung e a Psicoastrologia: Fenômeno de Sincronicidade**. 1ª ed. São Paulo: Gonçalves Cruz.

CRUZ, A. J. G. (2020) **C. G. Jung e os Condensados Bose-Einstein: Neuropsicologia Quântica**. 1ª ed. São Paulo: Gonçalves Cruz.

CRUZ, A. J. G. (2020) **C. G. Jung e os Condensados Bose-Einstein: Processos Psíquico-quânticos da Anima e Animus**. 1ª ed. São Paulo: Gonçalves Cruz.

CRUZ, A. J. G. (2020) **C. G. Jung e os Condensados Bose-Einstein: Processos Psíquico-quânticos da Individuação**. 1ª ed. São Paulo: Gonçalves Cruz.

CRUZ, A. J. G. (2020) **C. G. Jung e os Condensados Bose-Einstein: Processos Psíquico-quânticos do Apokalypsis de São João**. 1ª ed. São Paulo: Gonçalves Cruz.

CRUZ, A. J. G. (2023) **Entropia Psíquica: Psicologia da Decadência Social**. 1ª ed. São Paulo: Gonçalves Cruz.

CRUZ, A. J. G. (2026) **Estudo de Caso Jeffrey Dahmer: Entropia Psíquica ou Esquizofrenia?** 1ª ed. São Paulo: Gonçalves Cruz.

CRUZ, A. J. G. (2021) **Fundamentos de Psicologia Esotérica**. 1ª ed. São Paulo: Gonçalves Cruz.

CRUZ, A. J. G. (2021) **Inconsciente Social: Síndrome de Estocolmo**. 1ª ed. SP: Gonçalves Cruz.

CRUZ, A. J. G. (2022) **Psicologia da Anima e do Animus**. 1ª ed. São Paulo: Gonçalves Cruz.

CRUZ, A. J. G. (2021) **Psicologia da Arca da Aliança**. 1ª ed. São Paulo: Gonçalves Cruz.

CRUZ, A. J. G. (2024) **Psicologia da Ciência de Morrer: Processos do Luto Social e do Luto Psíquico**. 1ª ed. São Paulo: Gonçalves Cruz.

CRUZ, A. J. G. (2022) **Psicologia da Pedra Filosofal**. 1ª ed. São Paulo: Gonçalves Cruz.

CRUZ, A. J. G. (2026) **Psicologia da Triplicidade do Ego e da Triplicidade da Personalidade e os Fenômenos no Córtex Visual Primário e Secundário do Sujeito nos Transtornos da Personalidade**. 1ª ed. São Paulo: Gonçalves Cruz.

CRUZ, A. J. G. (2026) **Psicologia da Triplicidade do Ego e da Personalidade e os Conceitos de Sigmund Freud e de C. G. Jung**. 1ª ed. São Paulo: Gonçalves Cruz.

CRUZ, A. J. G. (2024) **Psicologia de Sonho de Uma Noite de Verão e os Símbolos e Arquétipos dos Contos de Fadas. 1ª ed. São Paulo: Gonçalves Cruz.**

CRUZ, A. J. G. (2026) **Psicologia do Apokálypsis e a Fenomenologia na Psique e no Córtex Visual Humano**. 1ª ed. São Paulo: Gonçalves Cruz.

CRUZ, A. J. G. (2026) **Psicologia do Mito da Caverna e sua Representação Arquetípica na Psique e no Córtex Visual Primário e Secundário**. 1ª ed. São Paulo: Gonçalves Cruz.

CRUZ, A. J. G. (2026) **Psicologia do Mito de Prometeu como Símbolo e Arquétipo da Transformação e do Desenvolvimento Humano**. 1ª ed. São Paulo: Gonçalves Cruz.

CRUZ, A. J. G. (2021) **Psicologia e Arquétipos da Oração Pai Nosso**. 1ª ed. São Paulo: Gonçalves Cruz.

CRUZ, A. J. G. (2023) **Psicologia Esotérica e o Mito da Caverna**. 1ª ed. São Paulo: Gonçalves Cruz.

CRUZ, A. J. G. (2024) **Psicologia Esotérica e o Behaviorismo de B. F. Skinner**. 1ª ed. São Paulo: Gonçalves Cruz.

CRUZ, A. J. G. (2026) **Psicologia Esotérica e o Processo de Desenvolvimento Biopsicossocial do Ser Humano**. 1ª ed. São Paulo: Gonçalves Cruz.

CRUZ, A. J. G. (2023) **Psicologia Esotérica: a Gênese e Topologia do Ego**. 1ª ed. São Paulo: Gonçalves Cruz.

CRUZ, A. J. G. (2025). **Psychology of the Triplicity of the Ego and the Triplicity of the Personality and their Phenomena in the Primary and Secondary Visual Cortex of the Subject in Personality Disorders**. "Open Minds – Internacional Journal (ISSN 2675-5157)", sob o https://doi.org/10.22533/at.ed.5157425121211, v.1, n.4, 23 dezembro 2025.

CRUZ, A. J. G. (2021) **Resposta a Carl Gustav Jung: Origem e Arquétipos do Inconsciente Coletivo**. 1ª ed. São Paulo: Gonçalves Cruz.

CRUZ, A. J. G. (2024) **Resposta ao Neurocientista António Damásio: Origem e Formação do Cérebro e da Mente Humana**. 1ª ed. São Paulo: Gonçalves Cruz.

CRUZ, A. J. G. (2023) **Terapia de Retrospecção e Concentração – TRC**. 1ª ed. São Paulo: Gonçalves Cruz.

CRUZ, A. J. G. (2022) **Universo da Natureza da Psique: a inexistência do tempo**. 1ª ed. São Paulo: Gonçalves Cruz.

DALGALARRONDO, Paulo. (2000) **Psicopatologia e semiologia dos transtornos mentais**. Porto Alegre: Artmed.

DAMÁSIO, António R. (2018) **A Estranha Ordens das Coisas – as origens biológicas dos sentimentos e da cultura**. [The Strange Order of Things: Life, Feeling, and the Making of Cultures, 2009. Revisão Carmen T. S. Costa Clara Diament]. São Paulo: Companhia das Letras.

DAMÁSIO, António R. (2011) **E o Cérebro Criou o Homem**. [Self comes to mind: constructing the conscious brain. Trad.: Laura Teixeira Motta]. São Paulo: Companhia das Letras.

DAMÁSIO, António R. (2004) **Em Busca De Espinosa**. [*Looking for Spinoza: joy, sorrow, and the feeling brain*]. São Paulo: Companhia das Letras.

DAMÁSIO, António R. (2012) **O Erro De Descartes: emoção, razão e o cérebro humano**. [Descartes error: emotion reason and the human brain. Tradução: Dora Vicente e Georgina Segurado]. São Paulo: Companhia das Letras.

DAMÁSIO, António R. (2015) **O Mistério da Consciência – do corpo e das emoções ao conhecimento de si**. [The Feeling of What Happens - Body and Emotion in the Making of Consciousness]. São Paulo: Companhia das Letras.

DAMÁSIO, António R. (2022) **Sentir e Saber – as origens da consciência**. [The Strange Order of Things: Life, Feeling, and the Making of Cultures, 2009. Trad. Laura Teixeira Motta]. São Paulo: Companhia das Letras.

DARWIN, Charles. (1872) **The Origin of Species** [edited by Charles W. Eliot LL D]. P. F. Collier & Son, New York.

D'AJELLO, L. F. T. (2016) **Golpes Oligárquicos e Consciência Democrática**. [Tese (Doutorado), Universidade Federal do Rio Grande do Sul, Instituto de Filosofia e Ciências Humanas, Programa de Pós-Graduação em História] Porto Alegre, BR-RS.

DE-FARIAS, Ana Karina C. R.; colaboradores. (2010) **Análise comportamental clínica: aspectos teóricos e estudos de caso**. Porto Alegre: Artmed.

DELEUZE, G.; GUATTARI, F. (1995) **Mil platôs - capitalismo e esquizofrenia**. [Título original: *Mille plateaux - capitalisme et schizophrénie. Mille plateaux © Les Éditions de Minuit*, Paris, 1980]. [Tradução de Aurélio Guerra Neto e Célia Pinto Costa]. 1.ed. **vol.1**, Rio de janeiro: Ed.34.

DELEUZE, G.; GUATTARI, F. (1995) **Mil platôs - capitalismo e esquizofrenia**. [Título original: *Mille plateaux - capitalisme et schizophrénie. Mille plateaux © Les Éditions de Minuit*, Paris, 1980]. [Tradução de Ana Lúcia de Oliveira e Lúcia Cláudia Leão]. 1.ed. **vol.2**, Rio de Janeiro: Ed.34.

DELEUZE, G.; GUATTARI, F. (1996) **Mil platôs - capitalismo e esquizofrenia**. [Título original: *Mille plateaux - capitalisme et schizophrénie. Mille plateaux © Les Éditions de Minuit*, Paris, 1980]. [Tradução Aurélio Guerra Neto, Ana Lúcia de Oliveira, Lúcia Cláudia Leão e Suely Rolnik]. 5.ed. **vol.3**, Rio de janeiro: Ed.34.

DELEUZE, G.; GUATTARI, F. (1997) **Mil platôs - capitalismo e esquizofrenia**. [Título original: *Mille plateaux - capitalisme et schizophrénie. Mille plateaux © Les Éditions de Minuit*, Paris, 1980]. [Tradução: Suely Rolnik]. 1.ed. **vol.4**, São Paulo: Ed.34.

DELEUZE, G.; GUATTARI, F. (1997) **Mil platôs - capitalismo e esquizofrenia**. [Título original: *Mille plateaux - capitalisme et schizophrénie. Mille plateaux © Les Éditions de Minuit*, Paris, 1980]. [Tradução de Peter Pál Pelbart e Janice Caiafa]. 1.ed. **vol.5**, São Paulo: Ed. 34.

DELEUZE, G.; GUATTARI, F. (1988) **Selected Philosophical Writings**. Tradução J. Cottingham, R. Stoothoff, e D. Murdoch. Cambridge: Cambridge University Press.

DEUTSCH, D.; JOZSA, R. (1992) **Rapid solution of problems by quantum computation**, in 'Proceedings of the Royal Society of London. Series A', Vol. 439, Royal Society, London. pp.553–558.

DEUTSCH, S.; DEUTSCH, A. (1993) **Understanding the Nervous System**. New York, NY, USA: IEEE Press.

DESCARTES, René. (1996) **Discourse on Method and Meditations on First Philosophy**. New Haven & London: Yale University Press.

DESCARTES, René. (1988) **Selected Philosophical Writings**. Tradução J. Cottingham, R. Stoothoff, e D. Murdoch. Cambridge: Cambridge University Press.

DORAK, M. Tevfik (ed.) (2006) **Real-time PCR**. [Library of Congress Cataloging-in-Publication Data]. Polymerase chain reaction. I. Dorak, M. Tevfik. [DNLM: 1. Polymerase Chain Reaction – methods. New York: Taylor & Francis Group.

DU MAURIER, George. (1893) **Peter Ibbetson**. [The original of this book Cornell University Library] New York: Harper & Brothers, Franklin Square.

DUNCAN, Willian. (1996) **A Guide to the Project Management Body of Knowledge** (PMBOK), Charlote, NC: PMI.

DURKHEIM, E. (1996) **As Formas Elementares da Vida Religiosa**. São Paulo: Martins Fontes.

EDDINGTON, A. Stanley. (1929) **The Nature of the Physical World**. *[The Nature of the Physical World.* New York: The McMillan Company - The Gifford Lecture - 1927] Cambridge: McMillan. England.

EDDINGTON, A. Stanley. (1913) **The Greenwich Eclipse Expedition to Brazil**. The Observatory, London, v. 36, n. 457, p. 62-65.

EDDINGTON, A. Stanley. (1912) **The Total Solar Eclipse of October 10. The Observatory**, London, v. 35, n. 452, pp.328-330.

EDDINGTON, A. Stanley; DAVIDSON, C. (1912) **Total Eclipse of the Sun, 1912 October 10. Report on an expedition to Passa Quatro, Minas Gerais, Brazil**. Monthly Notices of the Royal Astronomical Society, London, v.73, pp.386-390.

EDINGER, E. F. (1995) **Ego e Arquétipo**. Trad. A. Ubirajara Sobral, 10ed. SP: Cultrix.

EINSTEIN, Albert. (1981) **Como Vejo o Mundo**. Trad. H.P. Andrade. Rio de Janeiro: Nova Fronteira.

EINSTEIN, Albert. (1981) **Albert Einstein: The Human Side.** Pinceton: Princeton University Press.

EINSTEIN, Albert. (1961) **Relativity: The Special and the General Theory**. New York: Bonanza Books.

EINSENSTAEDT, Jean; VIDEIRA, Antonio Augusto Passos. (1995) **A Relatividade Geral verificada: o eclipse de Sobral de 29/05/1919**. In: MOREIRA, Ildeu de Castro; VIDEIRA, Antonio Augusto Passos (Orgs.). **Einstein e o Brasil**. Rio de Janeiro: Ed. UFRJ. pp.77-99.

ELIADE, Mircea. (2002) **Mito e Realidade**. Trad. Paola Civelli. São Paulo: Perspectiva.

ELIADE, Mircea. (1979) **Imagens e Símbolos: Ensaio sobre o simbolismo mágico-religioso** [título original: *Images et Symboles: Lssais sur le symbolisme magico-religieux*], trad. Maria Adozinda Oliveira Soares, 1ed. Lisboa: Arcádia.

ELIADE, Mircea. (1991) **Mito do Eterno Retorno**. Trad. José Antonio Ceschin. São Paulo: Mercuryo.

ELIADE, Mircea. (2000) **Nacimiento y Renacimiento, El significado de la iniciación en la cultura humana**. Trad. Miguel Portillo, Ed.Kairós [Título original: *BIRTH AND REBIRTH*. Harper San Francisco, a división of HarperCollins Publishers Inc.].

ELIADE, Mircea. (2000) **O Sagrado e o Profano - A Essência das Religiões**. Trad. Rogério Fernandes. Coleção Vida e Cultura. Lisboa: Livros do Brasil.

ELIADE, Mircea. (2008) **Tratado de História das Religiões**. Trad. Fernando Tomaz e Natália Nunes. São Paulo: Martins Fontes.

ELIADE, Mircea. (1983) **História das Crenças e das Idéias Religiosas**. Tomo I, II, III, Rio Janeiro: Zahar.

ELIAS, Norbert. (1998) **Sobre o Tempo**. [título original: ***Ueber die Zeit***]. Trad. Vera Ribeiro. Rio de Janeiro:Zahar.

FICINO, Marsilio. (2011) **Mercurio Trismegisto Pimander sive de Potestate et Sapientia Dei**. A Cura di Maurizio Campanelli. Torino: Nino Aragno Editore. (Ficinus Novus I)

FICINO, Marsilio. (2002) **Platonic Theology**. Volume II. Books V-VIII. English Translation by Michael J. B. Allen with John Warden. Latin Text edited by James Hankins with William Bowen. Cambridge, Massachussets; London: Harvard University Press.

FICINO, Marsilio. (2004) **Platonic Theology**. Volume IV. Books XII-XIV. English Translation by Michael J. B. Allen with John Warden. Latin Text edited by James Hankins with William Bowen. Cambridge, Massachussets; London: Harvard University Press.

FIGUEIREDO, L. C. (2012) **Matrizes do Pensamento Psicológico**. 17ª ed. Petrópolis: Vozes.

FERREIRA, Cátia; MATOS, Marlene, (2013) **Violência doméstica e stalking pós-ruptura: dinâmicas, doping e impacto psicossocial na vítima**. PSICOLOGIA, Vol. XXVII (2). Edições Colibri, Lisboa.

FERREIRA, Fernando N. F; ARAÚJO, Márcio T. de. (2008) **Política de Segurança da Informação - Guia Prático para Elaboração e Implementação**. 2ed.rev. Rio de Janeiro: Ciência Moderna.

FOUCAULT, Michel. (2006) **O Poder Psiquiátrico**. São Paulo: Martins Fontes.

FRANCHINI, A. S; SEGANFREDO, Carmen. (2007) **As melhores Histórias da Mitologia Nórdica**. 7ed. PA: Ed.Artes e ofícios.

FREEMAN, J. A.; SKAPURA, D. M. (1991) **Neural Networks: Algorithms, applications, and programming techniques**. Boston, MA, USA: Addison-Wesley.

FREIRE, Paulo. (1987) **Pedagogia do Oprimido**. 17ed. São Paulo: Paz e Terra.

FREIRE JR, O; PESSOA JR, O; BROMBERG, J. Lisa. (Orgs.) (2011) **Teoria Quântica: Estudos Históricos e Implicações Culturais**. Campina Grande: EDUEPB.

FREUD, Sigmund Schlomo. (1996) **As Neuropsicoses de Defesa**. Rio de Janeiro: Imago. (Edição Standard Brasileira das Obras Psicológicas Completas de Sigmund Freud).

FREUD, Sigmund Schlomo. (1996) **Estudos sobre a Histeria**. Rio de Janeiro: Imago. (Edição Standard Brasileira das Obras Psicológicas Completas de Sigmund Freud).

FREUD, Sigmund Schlomo. (1996) **Neurose e Psicose.** In: Edição standard brasileira - obras psicológicas completas de Sigmund Freud. Rio de Janeiro: Imago; ***vol.19 p. 189-193.***

FREUD, Sigmund Schlomo. (1996) **O Inconsciente.** [Ed. Standard Brasileira das Obras Psicológicas Completas de S. Freud, vol.15. original em 1915]. Rio de Janeiro: Imago.

FREUD, Sigmund Schlomo. (1979) **Sinopses da Edição Standard brasileira das Obras Psicológicas Completas de Sigmund Freud**. Trad. Helena Floresta de Miranda; Luiz Horácio da Matta. Rio de Janeiro: Salamandra.

FREUD, Sigmund Schlomo. (1961) **The Future of an Illusion**. Trad. James Strachey [Original: 1927, Londres: Standard Edition, XXI, The Hogarth Press] England.

FRIEDMAN, J.M; POLIFKA J.E. (1998) **The Effects of Neurologic and Psychiatric Drugs on the Fetus and Nursing Infant**. Baltimore: Johns Hopkins University Press.

FROBENIUS, Leo; FOX, Douglas C. (1937) **African Genesis: Folk Tales and Myths of Africa**. Nova York.

FRÖHLICH, H. (1969) **From Theoretical Physics to Biology**. [Edit. by M. Marois] North Holland, Amsterdam.

FUENTES, Daniel. (2014) **Neuropsicologia: teoria e prática** [organizadores, Daniel Fuentes... et al.] 2ed. Porto Alegre: Artmed.

FUJIWARA, Gustavo (2020). **Fenomenologia e Psicologia – fenomenologia em Sartre**: arqueologia dos conceitos. 1.edição, Curitiba: Editora Appris Ltda.

GAIMAN, Neil. (2017) **Mitologia Nórdica** [Copyright © 2017 by Neil Gaiman Publicado mediante acordo com W. W. Norton & Company, Inc. Título Original Norse Mythology], Edição digital: 2017 1.ed., Rio de Janeiro: Editora Intrínseca.

GARDNER, H. (2003). **A Nova Ciência da Mente**. São Paulo: Editora da Universidade de São Paulo.

GAZZANIGA, M. S.; IVRY, R. B.; MANGUN, G. R. (2006) **Neurociência Cognitiva: a Biologia da Mente**. 2ed. PA: Artmed.

GELDARD, F. A.; SHERRICK, C. E. (1972) **The Cutaneous "Rabbit": a Perceptual Illusion**. Science, v.178, p. 178-179.

GEYMONAT, L. (1997) **Galileu Galilei**. Rio de Janeiro: Editora Nova Fronteira.

GOETHE, Johann Wolfgang von. (1812) **Faust**. [original: FAUST - EINE TRAGÖDIE]. Mit siebzehn Lichtdrucktafeln nach den Lithographieen ton EUGENE DELACROIX. Leipzig.

GOLEMAN, Daniel. (1995) **La Inteligencia Emocional**. Buenos Aires.

GOLEMAN, Daniel. (1996). **Inteligência emocional** (M. Santarrita, Trad.). Rio de Janeiro, RJ: Objetiva.

GOLEMAN, Daniel. (1998). **Working with emotional intelligence**. New York: Bantam Books.

GOODWIN, C. J. (2010) **História da Psicologia Moderna**. 4ª ed. São Paulo: Cultrix.

GRANGEIA, H. MATOS, M. (2012) **Riscos Associados ao Stalking: Violência, Persistência e Prevalência**. Sociedade Portuguesa de Psiquiatria e Psicologia da Justiça.

GUIMARÃES, Carlos A. Fragoso. (2004) **Carl Gustav Jung e os Fenômenos Psíquicos**. 1.ed. São Paulo: Madras.

GUNKEL, D. J. (2012) **The Machine Question: Critical Perspectives on AI, Robots, and Ethics**. Cambridge, MIT Press.

GUYTON, Arthur C. (1993) **Neurociência Básica - anatomia e fisiologia**. 2ed. Trad. Charles A. Esbérard; Cláudia Lúcia C. de Araújo. São Paulo: Guanabara Koogan.

GUYTON, Arthur C.; HALL, John E. (2011) **Tratado de Fisiologia Médica** [recurso eletrônico]. (John Edward,1946), John E. Hall. [tradução Alcides Marinho Junior ... et al.]. Rio de Janeiro: Elsevier.

HÄFNER, H. (2000) **Gender differences in schizophrenia.** ***In: Frank, B. (ed.).*** *Gender and its Effects on Psychopathology*. American Psychiatric Press, Washington DC.

HÄFNER, H; DER HEIDEN, W. (2003) **Course and Outcome of Schizophrenia**. In:Hirsch, S.R.; Weinberger, D.R. (eds.). Schizophrenia, Blackwell Science, Oxford; pp.101-141.

HALL, Alfred Rupert (1996) **Isaac Newton: adventurer in thought**. Cambridge, Cambridge University Press.

HALL, James A. (1993) **Jung e a Interpretação dos Sonhos: Manual de Teoria e Prática**. Trad. Álvaro Cabral. 9ed. SP: Cultrix.

HALL, Manly Palmer (1938) **Codex Rosae Crucis - A Rare and Curious Manuscript of Rosicrucian Interest**. [D.O.M.A. Codex Rosæ Crucis A rare and curious manuscript of Rosicrucian interest] Kessinger Legacy Reprints.

HALL, S. (2004) **A Identidade Cultural na Pós-Modernidade**. 9ed. Rio de Janeiro: DP & A.

HAMEROFF, Stuart R. (1987) **ULTIMATE COMPUTING Biomolecular Consciousness and Nanotechnology**. [Department of Anesthesiology College of Medicine University of Arizona Tucson, Arizona, U.S.A]. Elsevier Science Publishers B.V.

HAMEROFF, Stuart R. (2016) **Consciousness, Neurobiology and Quantum Mechanics: The Case for a Connection**. In: THE EMERGING PHYSICS OF CONSCIOUSNESS. J. Tuszynski (ed.). Berlin: Springer-Verlag; pp.192–253.

HAMEROFF, Stuart R; PENROSE, R. (2016) **Consciousness in the Universe: An Updated Review of the "Orch OR" Theory**, in Biophysics of Consciousness: A Foundational Approach, eds. Roman R. Poznanski, Jack A. Tuszynski, Todd E. Feinberg, World Scientific, Chapter 14. 2016; Hameroff Penrose updated review of Orch OR chapter 14 Biophysics of Consciousness - Stuart Hameroff, Change the Music - Psychotherapy and Brain Vibrations, Vol 4 Issue 4, April 2016. http://quantumconsciousness.org/content/scholarly-journals.

HAMEROFF, Stuart R; PENROSE, R. **Review of Orch OR Theory** http://quantumconsciousness.org/content/hameroff-penrose-review-orch-or-theory.

HANSON, Paul D. (1979) **The Dawn of Apocalyptic, the Historical and Sociological Roots of Jewish Apocalyptic Eschatology**. Ed. rev. Philadelphia: Fortress Press.

HANNA, R. Kant. (2006) **Science, and Human Nature**. Oxford: Oxford University Press.

HARE, Robert D. (2013) **Sem consciência: o mundo perturbador dos psicopatas que vivem entre nós**. São Paulo: Artmed.

HARNISCH, Günter (1999). **Léxico dos Sonhos: mais de 1500 símbolos oníricos de A a Z interpretados à luz da psicologia**. (Das Grosse Traumlexikon: Über 1500 traumsymbole von A bis Z psychologisch gedeutet). Trad. de Enio Paulo Gianchini. 5edição. Petrópolis: Vozes.

HARTMANN, William K. (1999) **Moons & Planets**. Belmont: Wadsworth Publishing Co.

HAWKING, Stephen W. (1994) **O fim da física**. Trad. José G. Rosa. Lisboa. Gradiva.

HAWKING, Stephen W. (2001) **O universo numa casca de noz**. Tradução de Ivo Korytowski. São Paulo: Arx.

HAWKING, Stephen W. (1988) **Uma Breve História do Tempo** [*A Brief History of Time*] Ed.Rocco.

HAWKING, Stephen W; PENROSE, Roger. (1997) **A natureza do espaço e do tempo**. São Paulo: Papyros.

HEGEL, G. W. F. (1992) **Fenomenologia do Espírito – parte I**. Trad. Paulo Meneses, 2ed. [tradução do original alemão: *Phänomenologie des Geistes*], Rio de Janeiro: Vozes.

HEGEL, G. W. F. (1999) **Fenomenologia do Espírito – parte II**. Trad. Paulo Meneses, 4ed. [tradução do original alemão: *Phänomenologie des Geistes*], Rio de Janeiro: Vozes.

HEINDEL, Max. (1937) **The Rosicrucian Cosmo-Conception**. [The Rosicrucian Fellowship, Oceanside, CA. 92058-2329. USA, 1909, Renewed 1937] [L.N.Fowler & Co.,Ltd. 29 Ludgate Hill, London: England E. C. 4] Wood & Jones. Printers-Lithographers. Pasadena: USA.

HEINDEL, Max. (1973) **Astrologia Científica e Simplificada.** [copyright © - *The Rosicrucian Fellowship*, Oceanside, CA., 92058-2329, USA.] Tradução do original em inglês. Buenos Aires, Editorial Kier S.A.

HEINDEL, Max. (1977) **El Cuerpo Vital y El Cuerpo de Deseos.** [Título original em inglês: *The Vital Body - 1st ed. 1950*]. [título original em inglês: *The Desire Body – 1st ed. 1953*] [Autorização da *The Rosicrucian Fellowship, Oceanside, CA. 92058-2329.* USA.] Libro de ed. Argentina. Ed.Kier S.A. Buenos Aires: Argentina.

HEINDEL, Max. (1979) **Enseñanzas de un Iniciado**. [Título original: *Teachings of an Iniciate - The Rosicrucian Fellowship, Oceanside, CA. 92058-2329.* USA], publicado por *libro de edicion*, 5ed. Argentina. Buenos Aires: Editorial Kier S.A.

HEINDEL, Max. (1981) **Misterios de las Grandes Operas**. 5ed. Ed. Kier S.A. Bs.As. Spañol. [The Rosicrucian Fellowship] Oceanside, CA. 92058-2329. USA.

HEINDEL, Max. (1989) **Iniciação Antiga e Moderna.** [Título original: *Ancient and Modern Initiation - The Rosicrucian Fellowship, Oceanside, CA. 92058-2329.* USA], publicado pela Fraternidade Rosacruz – sede central do Brasil, São Paulo.

HEINDEL, Max. (1989) **Maçonaria e Catolicismo**. [The Rosicrucian Fellowship] 2ed. Oceanside, CA. USA.

HEINDEL, Max. (1992) **Cartas aos Estudantes.** [Título original: *Letters to Students.* copyright © - *The Rosicrucian Fellowship*, Oceanside, CA. 92058-2329. USA.] Traduzido pela Fraternidade Rosacruz – sede central do Brasil. São Paulo: Ed.Parma Ltda.

HEINDEL, Max. (1992) **Coletâneas de um Místico**. [Título original: *Gleanings of a Mystic*], copyright © - *The Rosicrucian Fellowship*, Oceanside, CA. 92058-2329. USA.] Traduzido pela Fraternidade Rosacruz – sede central do Brasil. SP: Ed. Parma Ltda.

HEINDEL, Max. (1992) **Cristianismo Rosacruz**. [*The Rosicrucian Christianity Lectures*]. The Rosicrucian Fellowship, 1ed., Oceanside, CA. 92058-2329. USA.

HEINDEL, Max. (1993) **Conceito Rosacruz do Cosmo ou Cristianismo Místico**. [*The Rosicrucian Cosmo-Conception*, The Rosicrucian Fellowship, Oceanside, CA. 92058-2329. USA, 1909], trad. Frater.Rosacruz - sede central do Brasil, 3ed., São Paulo.

HEINDEL, Max. (1993) **Os Mistérios Rosacruzes**. [título original: *The Rosicrucian Mysteries*, The Rosicrucian Fellowship, Oceanside, CA. 92058-2329. USA.]. Trad. Fraternidade Rosacruz - Brasil, 3ed., São Paulo.

HEINDEL, Max. (1998) **Astrological Keyword System: of Analyzing Character and Destiny**. [The Rosicrucian Fellowship MT. Ecclesia Oceanside, California, USA] [Reprinted December 2000 Copyright 2011 by The Rosicrucian Fellowship. Tenth Edition]. Oceanside, CA. USA.

HEINDEL, Max. (2000) **How Shall We Know Christ at His Coming?** [Copyright 1914, 1941 by The Rosicrucian Fellowship] [A Series Ofessays on Practicalmysticism. Sixth Edition. Reprinted December 2000]. Oceanside, CA. USA.

HEINDEL, Max. (2011) **Ancient and Modern Initiation**. [The Rosicrucian Fellowship MT. Ecclesia Oceanside, California, USA] [Copyright 2011 by The Rosicrucian Fellowship. Seventh Edition]. Oceanside, CA. USA.

HEINDEL, Max. (2011) **Astro-Diagnosis a Guide to Healing**. [The Rosicrucian Fellowship MT. Ecclesia Oceanside, California, USA] [A Treatise Onmedical Astrology and Diagnosis from The Horoscope and Hand. Copyright 2011 by The Rosicrucian Fellowship. Tenth Edition]. Oceanside, CA. USA.

HEINDEL, Max. (2011) **Freemasonry and Catholicism**. [The Rosicrucian Fellowship MT. Ecclesia Oceanside, California, USA] [Copyright by The Rosicrucian Fellowship. Eleventh Edition]. Oceanside, CA. USA.

HEINDEL, Max. (2011) **Gleanings of A Mystic**. [The Rosicrucian Fellowship Ecclesia Oceanside, California] [A Series Ofessays on Practicalmysticism. Second Edition]. Oceanside, CA. USA.

HEINDEL, Max. (2011) **Max Heindel's Letters to Students** [Dec. 1910 to Jan. 1919, INCLUSIVE] [All rights including translation reserved. Permission to copy or translate will be readily given upon written request.]. Oceanside, CA. USA.

HEINDEL, Max. (2011) **Mysteries of The Great Operas** [Faust, Parsifal, The Ring of The Niebelung, Tannhaüser, Lohengrin]. [The Rosicrucian Fellowship Mount Ecclesia 2222 Mission Avenue Oceanside, California, USA, 92058-2329] [Permission to copy or translate will be readily given upon written request. Seventh Edition]. Oceanside, CA. USA.

HEINDEL, Max. (2011) **Teachings of an Initiate**. [The Rosicrucian Fellowship MT. Ecclesia Oceanside, California, USA] [Copyright 2011 by The Rosicrucian Fellowship. Eighth Edition]. Oceanside, CA. USA.

HEINDEL, Max. (2011) **The Desire Body**. [The Rosicrucian Fellowship MT. Ecclesia Oceanside, California, USA] [Copyright 2011 by The Rosicrucian Fellowship. Second Edition]. Oceanside, CA. USA.

HEINDEL, Max. (2011) **The Rosicrucian Philosophy - IN - Questions and Answers Volume I**. [The Rosicrucian Fellowship MT. Ecclesia Oceanside, California, USA] [Copyright 2011 by The Rosicrucian Fellowship. Fourth Edition]. Oceanside, CA. USA.

HEINDEL, Max. (2011) **The Rosicrucian Philosophy - IN - Questions and Answers Volume II**. [The Rosicrucian Fellowship MT. Ecclesia Oceanside, California, USA] [Copyright 2011 by The Rosicrucian Fellowship. Second Edition]. Oceanside, CA. USA.

HEINDEL, Max. (2011) **The Vital Body**. [The Rosicrucian Fellowship MT. Ecclesia Oceanside, California, USA] [Copyright 2011 by The Rosicrucian Fellowship. Third Edition]. Oceanside, CA. USA.

HEINDEL, Max. (2011) **The Web of Destiny: How Made and Unmade**. [The Rosicrucian Fellowship MT. Ecclesia Oceanside, California, USA] [Copyright 2011 by The Rosicrucian Fellowship. Seventh Edition]. Oceanside, CA. USA.

HEINDEL, Max. (2012) **Etheric Vision and What It Reveals**. [The Rosicrucian Fellowship MT. Ecclesia Oceanside, California, USA. by a student Second Edition of the Rosicrucian Fellowship MT. Ecclesia Oceanside, California, USA]. Oceanside, CA. USA.

HEINDEL, Max. (2012) **Occult Principles of Health and Healing**. [The Rosicrucian Fellowship MT. Ecclesia Oceanside, California, USA] [by The Rosicrucian Fellowship. Ninth Edition]. Oceanside, CA. USA.

HEINDEL, Max. (2012) **The Mystical Interpretation of Christmas**. [Six Dissertations Upon the Subject of Christmas Showing the Occult Significance of This Great Event]. [The Rosicrucian Fellowship MT. Ecclesia Oceanside, California, USA] [Copyright 2012 by The Rosicrucian Fellowship. Eleventh Edition]. CA. USA.

HEINDEL, Max. (2012) **The Mystical Interpretation of Easter**. [Compiled from the Numerous Writings and Lectures of a Mystic]. [The Rosicrucian Fellowship MT. Ecclesia Oceanside, California, USA] [Copyright 2012 by The Rosicrucian Fellowship. Eleventh Edition]. Oceanside, CA. USA.

HEINDEL, Max. (2012) **The Rosicrucian Christianity Lectures**. [The Rosicrucian Fellowship MT. Ecclesia Oceanside, California, USA] [Copyright 2012 by The Rosicrucian Fellowship. Fifth Edition]. CA. USA.

HEINDEL, Max. (2012) **The Rosicrucian Cosmo-Conception**. [The Rosicrucian Fellowship, Oceanside, CA. 92058-2329. USA, 1909, Renewed 1937] [Copyright 2012 by The Rosicrucian Fellowship According to Last Edition (6th) Edited by Max Heindel]. (ISBN 0-911274-02-2) (ISBN 978-0-911274-02-8). Oceanside, CA. USA.

HEINDEL, Max; FOSS HEINDEL, A. (1973) **A Mensagem das Estrelas**. [Título original: *The Message of the Stars*, by The Rosicrucian Fellowship] Oceanside, CA. USA.

HEINDEL, Max; FOSS HEINDEL, A. (1999) **Astrodignose: um Guia de Saúde**. [Título original: *Astro-Diagnosis – A Guide to Healing, by* The Rosicrucian Fellowship, Oceanside, CA. USA]. Trad. Fraternidade Rosacruz – sede central do Brasil, 10ed, São Paulo: Pensamento.

HEINDEL, Max; FOSS HEINDEL, A. (2011) **The Message of the Stars** [An Esoteric Exposition of Natal and Medical Astrology - Explaining the Arts of Reading the Horoscope and Diagnosing Disease by T. R. F.] 20.ed. Oceanside, CA. USA.

HEINDEL, Max. (1973) **A Teia do Destino.** [Título original: *The Web of Destiny*], copyright © - *The Rosicrucian Fellowship*, Oceanside, CA. 92058-2329. USA.

HEINDEL, Max. (1992) **A Filosofia Rosacruz em Perguntas e Respostas**. Vols.I e II [Título original: *The Rosicrucian Philosophy in Question and Answers*]. Trad. Fraternidade Rosacruz - sede central do Brasil., São Paulo: Editora Parma.

HEINDEL, Max. (2011) **Compiled Information Concerning Archetypes**. [From the writings of Max Heindel Second Edition Collected Works]. *The Rosicrucian Fellowship*, Oceanside, CA. 92058-2329. USA.

HEINDEL, Max. (2012) **Birth of the Rosicrucian Fellowship**. [The History of its Inception BY Mrs. Max Heindel An Account of Max Heindel's Preparation and Work in the Occult Field]. Mt. Ecclesia Oceanside, California, U.S.A.

HELINE, Corinne. (1986) **Beethoven's NINE SYMPHONIES**. By New Age. Philosophy Center, 1139. Lincoln Boulevard. Santa Monica, California. 90403. USA.

HELINE, Corinne. (1986) **Mysteries of the Holy Grail**. By New Age. Philosophy Center, 1139. Lincoln Boulevard. Santa Monica, California. 90403. USA.

HENNESSY, J. L.; PATTERSON, D. A. (2012) **Computer Architecture: A quantitative approach**. Waltham, MA, USA: Morgan Kaufmann.

HENRIQUES-CALADO, J.; DUARTE-SILVA, M. E. (2010) **A Estrutura da Personalidade na Demência e na Esquizofrenia: um Estudo Exploratório.** In C. Nogueira, I. Silva, L. Lima, A. Almeida, R.

Cabecinhas, R. Gomes, C. Machado, A Maia, A. Sampaio &, M. C. Taveira (Eds.), Actas do VII Simpósio Nacional de Investigação em Psicologia, pp. 660-674.

HENRIQUES-CALADO, J.; DUARTE-SILVA, M. E; BARRETO-RAMOS, A. (2011) **Explorando a Psicogénese da Demência na sua Relação com a Esquizofrenia: Proposta Psicodinâmica dum Continuum Estrutural.** Análise Psicológica, 2(29), 231-244. DOI: 10.14417/ap.50 (IF .101).

HENRIQUES-CALADO, J.; DUARTE-SILVA, M. E. (2011) **A Esquizofrenia e a Demência no Teste de Apercepção Temática: uma Análise da Angústia e da Relação de Objeto.** Contextos Clínicos, 4(2), 67-79. DOI: 10.4013/ctc.2011.42.01.

HESSEN, J. (2003) **Teoria do Conhecimento**. Trad. CUTER, J.V.G. 2ed. São Paulo: Martins Fontes.

HERCULANO-HOUZEL, S. (2007) **Fique de Bem com seu Cérebro**. Rio de Janeiro: Sextante.

HERCULANO-HOUZEL, S. (2005) **O Cérebro em Transformação**. Rio de Janeiro: Objetiva.

HERCULANO-HOUZEL, S. (2002) **O Cérebro Nosso de cada Dia**. Rio de Janeiro: Vieira & Lent.

HERTZ, J.; KROGH, A.; PALMER, R. G. (1991) **Introduction to the Theory of Neural Computation**. Boston, MA, USA: Addison-Wesley Publishing Company.

HINTON, C. Howard. (1904) **Fourth Dimension**. Loudon: Swan Sonnenschein Co., Ltd. New York: John Lane.

HOLLAND, J. G.; SKINNER, B. F. (1975) **A Análise do Comportamento**. Trad. e adaptação Rodolpho Azzi, 6.ed. Ed. Universidade de São Paulo: São Paulo.

HOMERO. (1965) **Odisséia**. Trad. E. Dias Palmeiras; M. Alves Correia. Lisboa.

HORGAN, J. (2000) **A Mente Desconhecida. Porque a Ciência não Consegue Replicar, Medicar e Explicar o Cérebro Humano**. São Paulo: Companhia das Letras.

HORN, J. L. (1985). **Remodeling old theories of intelligence: Gf-Gc theory**. In B. B. Wolman (Org.), Handbook of intelligence (pp. 267-300). Nova York: Wiley. HORN, J. L. (1991). **Measurement of intel-**

lectual capabilities: a review of theory. In K. S. McGrew, J. K. Werder, & R. W. Woodcock (Orgs.), Woodcock Johnson technical manual (pp. 197-232). Chicago: Riverside.

HORN, J. L.; DONALDSON, G.; ENGSTROM, R. (1981). **Apprehension, memory and fluid intelligence decline in adulthood**. Research on Aging, 3, 33-84.

HORN, J. L.; NOLL, J. (1997). **Human cognitive capabilities: Gf-Gc theory**. In D. P. Flanagan, J. L. Genshaft & P. L. Harrison (Orgs.), Contemporary intellectual assessment: theories, tests, and issues (pp. 53-91). Nova York: Guilford.

HORN, J. L.; STANKOV, L. (1982). **Auditory and visual factors of intelligence**. Intelligence, 6, 165-185.

HÜBNER, M. M. Costa; MOREIRA, M. Borges (2012) **Temas Clássicos da Psicologia sob a Ótica da Análise do Comportamento**. [organizadores Maria Marta Costa Hübner, Márcio Borges Moreira; editores da série Edwiges Ferreira de Mattos Silvares, Francisco Baptista Assumpção Junior, Léia Priszkulnik.]. Rio de Janeiro: Guanabara Koogan.

INSTITUTO DE CIÊNCIAS HERMÉTICAS. (1940) **Astrologia, Psicologia Experimental**. 5ed. [registrado na Biblioteca Nacional sob nº3485] São Paulo: Pensamento.

IZHIKEVICH, E. M. (2007) **Dynamical Systems in Neuroscience: The geometry of excitability and bursting**. Cambridge, Massachussetts, USA: The MIT Press.

JACKSON, J.D. (1999) **Classical Electrodynamics**. 3ed. John Wiley & Sons, New York.

JAEGER, Werner W. (1986) **PAIDÉIA - a Formação do Homem Grego**. Trad. Arthur M. Pereira. 1ed. São Paulo: Martins Fontes.

JAEGER, Werner W. (1991) **Cristianismo Primitivo e Paideia Grega**. Lisboa: Edições 70.

JOHANSSON, I. (1989) **Ontological Investigations**. New York: Routledge.

JUNG, Carl Gustav. (1964) **O Homem e seus Símbolos**. Trad. Maria Lúcia Pinto. 8ed. RJ: Nova Fronteira, Ed. Especial Brasileira.

JUNG, Carl Gustav. (2013) **Psicologia e Religião**. Da coleção OBRAS COMPLETAS. Vol.11/1. RJ: Vozes.

JUNG, Carl Gustav. (1983) **La Psicología de la Transferencia**. [título original: (1954) *Die Psychologie der Uebertragund* - publicado por Rascher & Cie. A.G. Verlag, Zurich] versão catellana J.Kogan Albert, Buenos Aires: Editorial Paidos.

JUNG, Carl Gustav. (2011) **Psicologia e Alquimia**. Da coleção OBRAS COMPLETAS. Vol.12. RJ: Vozes.

JUNG, Carl Gustav. (1985) **Fundamentos de Psicologia Analítica**. Da col. OBRAS COMPLETAS, Vol. XVIII/1, RJ: Vozes.

JUNG, Carl Gustav. (1985) **O Espírito na Arte e na Ciência**. [Título do original: *Über das Phänomen dês Geistes in Kunst und Wissenschaft*] Coleção OBRAS COMPLETAS Vol.XV. Rio de Janeiro: Vozes.

JUNG, Carl Gustav. (2013) **Presente e Futuro**. Da coleção OBRAS COMPLETAS Vol. X/. 2 ed. RJ: Vozes.

JUNG, Carl Gustav. (2016) **Símbolos da Transformação: análise dos prelúdios de uma esquizofrenia**. Coleção OBRAS COMPLETAS. Vol.V. RJ: Vozes.

JUNG, Carl Gustav. (2006) **Memórias, Sonhos, Reflexões**. [organização e edição de Aniela Jaffé; tradução: Dora Ferreira da Silva] 13.ed. Rio de Janeiro: Nova Fronteira.

JUNG, Carl Gustav. (2014) **A Energia Psíquica**. Da coleção OBRAS COMPLETAS Vol.VIII/1. 2ed. Rio de Janeiro: Vozes.

JUNG, Carl Gustav. (2013) **Ab-Reação, Análise dos Sonhos, Transferência**. Col. OBRAS COMPL. vol.VI/2. 4ed. RJ: Vozes.

JUNG, Carl Gustav. (2013) **Aspectos do Drama Contemporâneo**. Da coleção OBRAS COMPLETAS, Vol. X/2, RJ: Vozes.

JUNG, Carl Gustav. (2013) **Civilização em Transição**. Tradução de Lúcia Mathilde Endlich Orth; revisão técnica Jette Bonaventure. – Petrópolis, RJ; Vozes.

JUNG, Carl Gustav. (2013) **Estudos Psiquiátricos**. [Original: Psychiatrische Studen]. Tradução de Lúcia Mathilde Endlich Orth. 5ed. Petrópolis: Vozes.

JUNG, Carl Gustav. (2013) **Interpretação Psicológica do Dogma da Trindade**. Col. OBRAS COMPL. vol. XI/2. 2ed. RJ: Vozes.

JUNG, Carl Gustav. (2016) **O Símbolo da Transformação na Missa**. Coleção OBRAS COMPLETAS, vol. XI/3. RJ: Vozes.

JUNG, Carl Gustav. (2013) **Psicologia do Inconsciente**. Col. OBRAS COMPLETAS. Petrópolis: Vozes.

JUNG, Carl Gustav. (2013) **Resposta a Jó**. Col. OBRAS COMPLETAS, vol. XI/4. Rio de Janeiro: Vozes.

JUNG, Carl Gustav. (2013) **Um Mito Moderno Sobre Coisas Vistas no Céu**. OBRAS COMPLETAS. 2.ed. Vol.X/4: Vozes.

JUNG, Carl Gustav. (2014) **Freud e a Psicanálise**. [Tradução de Lúcia Mathilde Endlich Orth; revisão técnica Jette Bonaventure.] Petrópolis, RJ: Vozes.

JUNG, Carl Gustav. (2014) **O Desenvolvimento da Personalidade**. [Edição integral Título do original: Über die entwicklung der persönlichkeit] Trad. Frei Valdemar do Amaral. 4ed. Rio de Janeiro: Vozes.

JUNG, Carl Gustav. (2014) **O Eu e o Inconsciente**. Coleção OBRAS COMPLETAS Vol.VII/2. 4ed. Rio de Janeiro: Vozes.

JUNG, Carl Gustav. (2014.) **A Natureza da Psique**. Da coleção OBRAS COMPLETAS Vol.VIII/2. Rio de Janeiro: Vozes.

JUNG, Carl Gustav. (2015) **Aion – Estudos Sobre o Simbolismo do Si-mesmo**. Col. OBRAS COMPL. 5.ed. Vol.V. RJ: Vozes.

JUNG, Carl Gustav. (2015) **Mysterium Coniunctionis**: **pesquisa sobre a separação e a composição dos opostos psíquicos na alquimia**. [colaboração de Marie-Luise Von Franz]. **Vol. I**, Coleção OBRAS COMPLETAS, vol. XIV/1 Rio de Janeiro: Vozes.

JUNG, Carl Gustav. (2015) **Mysterium Coniunctionis**: **pesquisa sobre a separação e a composição dos opostos psíquicos na alquimia**. [colaboração de Marie-Luise Von Franz]. **Vol. II**, Coleção OBRAS COMPLETAS, vol. XIV/2 Rio de Janeiro: Vozes.

JUNG, Carl Gustav. (2015) **O Livro Vermelho – Liber Novus**. [original: *The Red Book: Liber Novus a reader's edition*. Publicação autorizada pela Fundação das Obras de C. G. Jung, de Zurique]. 4ed. Trad. Edgar Orth. Petrópolis, Rio de Janeiro: Vozes.

JUNG, Carl Gustav. (2015) **Psicogênese das Doenças Mentais**. Da coleção OBRAS COMPLETAS Vol.III. Rio de Janeiro: Vozes.

JUNG, Carl Gustav. (2015) **Tipos Psicológicos**. [1967] Trad. Álvaro Cabral. 1981. 4.ed Rio de Janeiro: Zahar Editores.

JUNG, Carl Gustav. (2016) **Os Arquétipos e o Inconsciente Coletivo**. Col. OBRAS COMPLETAS, vol. 9/1. Rio de Janeiro: Vozes.

JUNG, Carl Gustav. (2016) **Símbolos da Transformação: análise dos prelúdios de uma esquizofrenia**. [tradução de Eva Stern; revisão técnica Jette Bonaventure. – Petrópolis: Vozes.

JUNG, Carl Gustav. (2016) **Sincronicidade - a dinâmica do inconsciente**. Col. OBRAS COMPL. 18ed.Vol.8/3. Rio de Janeiro: Vozes.

JUNG, Carl Gustav. (2018) **Cartas de C. G. Jung – 1946-1955**. [Col. OBRAS COMPL.] 1.ed. vol.2. [1946-1955] RJ: Vozes.

JUNG, Carl Gustav; WILHELM, R. (1992) **O Segredo da Flor de Ouro**. 7ed. Petrópolis: Vozes.

JUNG, Emma. (1997) **Animus e Anima**. Trad. Dante Pignatari, 1ed. [original: *Animus und Anima*], São Paulo: Cultrix.

JUNG, Emma; FRANZ, Marie-Louise V. (1997) **A Lenda do Graal: do Ponto de vista Psicológico**. Trad. Margit Martincic, 10ed. [original: *Die Graalslegende in Psychologischer Sicht*], São Paulo: Cultrix.

KAMPHUIS, J.H., EMMELKAMP, P.M.G. (2000) **Stalking - a contemporany challenge for forensic and clinical psychiatry**. The British Journal of Psychiatry.

KANT, Immanuel. (1993) **O Conflito das Faculdades.** [Título original: **Der Streit der Fakultäten**] Tradução Artur Morão. Portugal, Lisboa: Edições 70.

KANT, Immanuel. (1993) **Os Progressos da Metafísica.** [Título original: **Über die von der Könige**] Tradução Artur Morão. Portugal, Lisboa: Edições 70.

KANT, Immanuel. (2001) **Crítica da Razão Pura.** [Título original: **Kritik Der Reinen Vernunft**] Tradução Manuela Pinto dos Santos e Alexandre Fradique Marujão. 5ªed. Lisboa: Edição da Fundação Caloustre Gilbenkian.

KANT, Immanuel. (2003) **A Metafísica dos Costumes.** [Título original: **Die Metaphysik der Sitten**] Tradução Edson Bibi. [contendo: A Doutrina do Direito e a Doutrina da Virtude] 1ªed. São Paulo: Edipro.

KANT, Immanuel. (2007) **Fundamentação da Metafísica dos Costumes.** [Título original: **Grundlegung zur Metaphysik der Sitten**] Tradução Paulo Quintela. Portugal, Lisboa: Edições 70.

KAKU, Michio. (2011) **A Física do Futuro**. Rio de Janeiro: Rocco.

KAKU, Michio. (2000) **Hiperespaço: uma odisséia científica através de universos paralelos, empenamento do tempo e a décima dimensão**. Rio de Janeiro: Rocco.

KAKU, Michio. (2000) **Mundos Paralelos: uma jornada através da criação, das dimensões superiores e do futuro cosmo**. [Tradução: Talita M. Rodrigues] Rio de Janeiro: Rocco.

KAKU, Michio. (1994) **Quantum Field Theory - A Modern Introduction**. Oxford University Press, New York.

KAKU, Michio. (2000) **O Cosmo de Einstein: Como A Visão de Albert Einstein Transformou nossa e Compreensão de Espaço e Tempo**. [Tradução: Ivo Korytwski. Coleção Grandes Descobertas] São Paulo: Cia de Letras.

KAKU, Michio. (2011) **A Física do Futuro**. Rio de Janeiro: Rocco.

KAKU, Michio. (2000) **Hiperespaço: uma odisséia científica através de universos paralelos, empenamento do tempo e a décima dimensão**. Rio de Janeiro: Rocco.

KAKU, Michio. (2000) **Mundos Paralelos: uma jornada através da criação, das dimensões superiores e do futuro cosmo**. [Tradução: Talita M. Rodrigues] Rio de Janeiro: Rocco.

KAKU, Michio. (1994) **Quantum Field Theory - A Modern Introduction**. Oxford University Press, New York.

KAKU, Michio. (2000) **O Cosmo de Einstein: Como A Visão de Albert Einstein Transformou nossa e Compreensão de Espaço e Tempo**. [Tradução: Ivo Korytwski. Coleção Grandes Descobertas] São Paulo: Cia de Letras.

KEPPE, Norberto R. (2002) **Sociopatologia – Estudo sobre a Patologia Social**. Revisão da 2ed. Henrique Keppe. 1ed. São Paulo: Proton Editora.

KERÉNYI, Karl. (1972) **La Religion Antigua**. Madrid: Revista de Occidente.

KERÉNYI, Karl. (1969) **Le Langage de la Théologie et la Théologie de la Langue** in: CASTELLI, E.(org.). L'analyse du langage théologique: le nom de Dieu. Paris: Aubier, Ed. Montaigne, pp.23-32.

KERÉNYI, Karl. (1996) **Le Mythe de la Foi** in: CASTELLI, Eurico. Mythe et Foi. Paris: Ed. Montaigne, pp.105-116.

KERÉNYI, Karl. (1991) **Eleusis: Archetipal Image of Mother and Daughter**. Princeton, New Jersey: Pinceton Univeraity Press.

KERÉNYI, Karl. (1999) **Qu'est-ce Que c'est la Théologie de L'histoire Chez les Grecs?** in: CASTELLI, E. (org.). La théologie de l'histoire. Paris : Aubier, Ed. Montaigne, 1971, p.197-204.

KERÉNYI, Karl. (2008) **Essais Sur le Mythe**. Mauvezin: T.E.R., 1987. PANNENBERG. Filosofia e Teologia. São Paulo: Paulinas.

KERCKHOVE, Derrick de. (2009) **A pele da Cultura**. São Paulo: Annablume.

KIMURA, Doreen. (1979) **La Asimetría del Cerebro Humano**. Introduciones de Richard F. Thomson; H. Blume. Madrid:Selecionaes Scientific American. Spaña.

KINGSLEY, R. E. (2000) **Manual de Neurociência**. São Paulo: Guanabara Koogan.

KLEIN, R. K. (1996) **Psicoterapia de grupo a curto prazo**. Em H.I.Kaplan & B.J. Sadock (Orgs.), Compêndio de psicoterapia de grupo (3ed., ***pp.215-225***). Porto Alegre: Artes Médicas.

KLEIN, Melanie. (1991) **Inveja e gratidão e outros trabalhos** [Melanie Klein (1946-1963): tradução da 4ª.ed. inglesa; Elias Mallet da Rocha, Liana Pinto Chaves (coordenadores) e colaboradores.] Rio de Janeiro: Imago Ed.

KONAR, Amit. (1999) **Artificial Intelligence and Soft Computing: behavioral and cognitive modeling of the human brain**. [©2000 by CRC Press LLC], N. York, Washington, D.C., CRC Press - Boca Raton London.

KREUZER, H. J. (1981) **Nonequilibrium Thermodynamics and its Statistical Foundations**. Clarendon. Oxford.

KYBER, Manfred. (1970) **A Ponte Prateada**. Trad. Maria Luisa, 2ed. [original alemão: *Die Drei Lichter Der Kleinen Veronika* - "As Três Luzes da Pequena Verônica"]. Rio de Janeiro: Electra.

LACAN, Jacques. (1992) **O seminário, livro 3: as psicoses**. Rio de Janeiro: Jorge Zahar.

LANE, S. T. M. (2017) **O que é psicologia social**. São Paulo: Brasiliense.

LAVOISIER, Antoine. (1864) **Traité Élémentaire de Chimie**. Paris: Imprimerie Impériale.

LEGGETT, A. J. (2006) **Quantum Liquids: Bose Condensation and Cooper Pairing in Condensed Matter Systems**. Oxford University Press, Oxford.

LENNOX, J. (2000) **Aristotle's Philosophy of Biology: Studies in the Origins of Life Science**. Cambridge: Cambridge University Press.

LÉPINE, Jacques. (2008) **A Via Láctea - nossa ilha no universo**. São Paulo: Edusp.

LEWIN, Kurt. (1973) **Princípios de Psicologia Topológica**. [Trad. original *Principles of Topological Psychology*, de 1936] Ed. Cultrix e Editora da Universidade de São Paulo.

LEWIS, Robert C. (1990) **The Sacred Word and its Creative Overtones**. 2ed. [A Student of The Rosicrucian Fellowship Teachings] Oceanside, California, USA.

LIBET, B. (2004) **Mind Time: the temporal factoring consciousness**. Cambridge: Harvard University Press.

LIMA, Renato Sampaio (2009). **História da psicologia social no Rio de Janeiro: dois importantes personagens**. Fractal, Rev. Psicol. [online]. 2009, v.21, n.2, p. 409-424, Maio/Agosto 2009.

LURIA, A. Romanovich (1981) **Fundamentos de Neuropsicologia**. São Paulo: Cultrix.

MAGIE, F. W. (1935) **A Source Book in Physics**. New York: McGraw-Hill.

MAILHIOT, Gérald B. (2013) **Dinâmica e Gênese dos Grupos - atualidade das descobertas de Kurt Lewin**. Petrópolis: Vozes.

MALDONADO, Mauro. (2014) **Dicionário das ciências da mente: psicologia, psiquiatria, psicanálise, neurociências.** [original: *Dizionario di scienze psicologiche*]. Trad. Roberta Barni e Maria Lucia Cumo. Rio de Janeiro: Senac Nacional.

MARCEL N; NELSON S. (2016) **Mecânica Quântica Básica**. São Paulo: Editora Livraria da Física.

MARCONDES, D. (2005) **Textos Básicos de Filosofia: dos Pré-socráticos a Wittgenstein**. 4. ed. Rio de Janeiro: Jorge Zahar Editor.

MARCONDES, D. (2013) **Iniciação à história da filosofia: dos pré-socráticos a Wittgenstein**. 13. ed. Rio de Janeiro: Jorge Zahar Ed.

MARSHALL, Peter H. (2006) **A Astrologia no Mundo: uma visão histórica para melhor entender a personalidade humana**. [*World Astrology*]. Trad. Angela Machado. Rio de Janeiro: Nova Era.

MARTIN, J. H. (1989) **Neuroanatomy Text and Atlas**. São Paulo: Appleton & Lange.

MASSIMI, M. (2016) **História dos Saberes Psicológicos**. São Paulo: Paulus.

MAZZOLA, Andrea (2020) **Extasis Naturae. O valor eurítmico do devir natural: Alfred North Whitehead e a Escola de Lisboa** [Doutoramento em Filosofia da Ciência, Tecnologia, Arte e Sociedade Especialidade de Lógica e Filosofia da Ciência]. Portugal, Lisboa.

MC CORDUCK, P. (1979) **Machines who Think**. San Francisco, W.H. Freeman.

MAYER, J. D., & SALOVEY, P. (1997). **What is emotional intelligence?** In P. Salovey & D. Sluyter (Eds.), Emotional development and emotional intelligence: Implications for educators (pp. 3-31). New York: Basic Books.

MAYER, J. D., SALOVEY, P., & CARUSO, D. R. (2000). **Models of emotional intelligence**. In R. J. Sternberg (Ed.), Handbook of intelligence (pp. 396-420). New York: Cambridge University Press.

MELEIRO, Alexandrina M. A. da Silva; TENG, C. Tung; WANG, Y. Pang. (2004) **Suicídio: estudos fundamentais**. São Paulo: Segmento Farma. ISBN 85-98353-20-5.

MELOY, J. Reid, (1998) **The psychology of stalking - Clinical and forensic perspectives**. San Diego: Academic Press.

MALLOY-DINIZ, L. F., et al. (2010) **Avaliação neuropsicológica**. Dados eletrônicos. – Porto Alegre : Artmed.

MENEZES, Luis Carlos de. (2005) **A Matéria, uma Aventura do Espírito: Fundamentos e Fronteiras do Conhecimento Físico**. São Paulo: Livraria da Física.

MERIKOSKI, J. K. (1984) **On the Trace and the Sum of Elements of a Matrix: Linear Algebra and its Applications**. vol. 60; pp.177-185.

MERRITT, Bernard T. et al. HALBACH, Klaus. (1994) **Array Motor/Generators: A novel generalized electric machine**. Lawrence Livermore National Lab. CA. USA.

MINKOWSKI, Eugène. (1995) **O Tempo Vivido**. [Título original: *Le Temps Vecú*. 1933]. Paris: Quadrige/P.U.F.

MINKOWSKI, Eugène. (1997) **La Notion de Perte de Contact Vital avec la Realité et ses Applications em Psychopathologie**. In: Au-Delà Du Rationalisme Morbide. Paris: L'Harmattan.

MINKOWSKI, Eugène. (2002) **Phénoménologie et Analyse Existentielle et Psychopathologie**. *L'évolution psychiatrique, 1948*, Fasc. 4, pp 137-185. In: Écrits Cliniques, textes rassemblés Bernard Granger, Édition Érès.

MINKOWSKI, Eugène. (1999) **Vers une Cosmoslogie**. [*Vers une Cosmoslogie*, 1936]. Paris : Éditions Payot & Rivages.

MORANA, Hilda C. Penteado (2004). **Identificação do ponto de corte para a escala PCL-R (Psychopathy Checklist Revised) em população forense brasileira: caracterização de dois subtipos de personalidade; transtorno global e parcial**. Tese (Doutorado em Psiquiatria) Faculdade de Medicina, Universidade de São Paulo, São Paulo.

MOREIRA, M. B.; MEDEIROS, C. A. (2019) **Princípios básicos de análise do comportamento**. Porto Alegre: Artmed.

MORIN, E. (2000) **Ciência com consciência**. Rio de Janeiro: Bertrand.

MORIN, E. (1979) **O enigma do homem**. Rio de Janeiro: Zahar.

MULDERS, P. J. (2011) **Quantum Field Theory**. [Department of Theoretical Physics, Department of Physics and Astronomy, Faculty of Sciences, VU University, 1081 HV Amsterdam, the Netherlands]. Version 6.04 – November 2011, Vrije Universiteit Amsterdan.

MÜLLER, Ingo. (2007) **A History of Thermodynamics: The Doctrine of Energy and Entropy**. Berlin: Springer-Verlag.

NASCIMENTO JR, Cairo Lúcio; YONEYAMA, Takashi. (2004) **Inteligência Artificial em Controle e Automação**. Ed.Blucher. 1ed. São Paulo: FAPESP.

NIELSEN, Michael A.; CHUANG, Issac L. (2010) **Quantum Computation and Quantum Information**. 10th Anniversary Edition. Cambridge: Cambridge University Press.

NIETZSCHE, F. W. (2001) **Além do Bem e do Mal ou Prelúdio de uma Filosofia do Futuro**. [Trad. Márcio Pugliesi da Universidade de São Paulo], [Original Alemão: *Jenseits Von Gut Und Böse*] Curitiba: Ed.Hemus S.A.

NIETZSCHE, F. W. (2002) **Assim Falava Zaratustra** [Trad. base por José Mendes de Souza]. Versão e-Book.

NUNEZ, P. L. (1995) **Neocortical dynamics and human EEG rhythms**. New York, UK: Oxford University Press.

NUSSEENZVEIG, H. Moysés (2014). **Curso de Física Básica: Ótica, Relatividade e Física Quântica**. São Paulo: Blucher.

NEUMANN, Johan von, (1927) **Thermodynamik quantummechanischer Gesamheiten**. Gött. Nach.1, pp.273-291.

NEUMANN, Johan von. (1955) **Mathematical Foundations of Quantum Mechanics**. Princeton: Pinceton University Press.

NEUMANN, Johan von. (1954) **Mathematischen Grundlagen der Quantemmechanik** [Springer, Berlin. 1932] English translation: Mathematical foundations of quantum mechanics, Dover, New York.

OLIVEIRA FILHO, Kepler de S.; SARAIVA, Maria de F. O. (2013) **Astronomia e Astrofísica**. [Departamento de Astronomia - Instituto de Física Universidade Federal do Rio Grande do Sul] Porto Alegre.

OLIVEIRA, J; GOUVEIA, O. (2003) **Transtornos psiquiátricos associados à epilepsia**. Revista de Psiquiatria clínica 2003.60-164.

OLIVEIRA, Martha Kohl de. (1997) **Vygotsky: aprendizado e desenvolvimento – um processo sócio-histórico**. São Paulo: Scipione.

PAPALIA, Diane E.; OLDS, Sally Wemdkos; FELDMAN, Ruth Duskin. (2010) **Desenvolvimento humano**. 10. Ed. Porto Alegre: Artmed.

PEIRCE, Charles Sanders (2005) **Semiótica**. [original *The Collected Papers*]. Tradução José Teixeira Coelho Neto]. 2ª ed. Perspectiva: São Paulo.

PENROSE, R. (1989) **Shadows of the Mind: A search for the missing science of consciousness**. Oxford: University Press.

PENROSE, R. (1991) **A Mente Nova do Rei: Computadores, Mentes e as Leis da Física**. RJ: Campus.

PENROSE, R. (1998) **O grande, o pequeno e a mente humana**. São Paulo: Unesp.

PEREIRA Jr., A. (1997) **Irreversibilidade física e ordem temporal na tradição boltzmanniana**. São Paulo: Editora Unesp.

PESKIN, M. E.; SCHROEDER, D. V. (1995) **An Introduction to Quantum Field Theory**. The Advanced Book Program, New York.

PETTEN, C. V. etal. (1999) **Time Course of Word Identification and Semantic Integration in Spoken Language**. Journal of Experimental Psychology: Learning, Memory and Cognition, v.25, n.2, pp.394-417.

PETHICK, C.J.; SMITH, H. (2002) **Bose-Einstein Condensation in Dilute Gases**. Cambridge University Press, New York.

PESSOA Jr., O. (2011) **Teoria Quântica: estudos históricos e implicações culturais**. Campina Grande: EDUEPB; São Paulo: Livraria da Física.

PESSOA Jr., O. (2004) **Conseqüências Filosóficas do Teorema de Bell**, em Chediak, K. & Videira, A.A.P. (orgs.), Temas de Filosofia da Natureza, UERJ, Rio de Janeiro, pp.93-122.

PESSOA Jr., O. (2003) **Conceitos de Física Quântica**. Vol.1. São Paulo: Livraria da Física.

PESSOA Jr., O. (2006) **Conceitos de Física Quântica**. Vol.2. São Paulo: Livraria da Física.

PIAGET, Jean. (1994) **O Juízo Moral na Criança**. Tradução Elzon Lenardon. São Paulo: Summus.

PILAR, F. L. (1990) **Elementary Quantum Chemistry**. 2ed., McGraw-Hill Publishing Co. New York *p.117*.

PITAEVKSKII, L.; STRINGARI, S. (2003) **Bose-Einstein Condensation**. Oxford University Press. New York.

PITTENGER, A. O. (2001) **An Introduction to Quantum Computing Algorithms**, Birkhauser, Boston.

PLANCK, Max. (1945). **Treatise on Thermodynamics**. New York: Dover.

PLATÃO (1987) **A República**. [introdução, tradução e notas de Maria H. R. Pereira], 5ed., Lisboa: Fundação Calouste Gulbenkian, 1949. [FUNDAÇÃO CALOUSTE GULBENKIAN. PLATÃO. A República] Trad. Maria Helena da Rocha Pereira. 5ed. Lisboa.

PLATÃO (1991) **Diálogos**. [Seleção de textos de J. Américo Motta Pessanha. Trad. J. Cavalcante de Souza, Jorge Paleikat e J. Cruz Costa]. 5ed. São Paulo: Nova Cultural.

PLATÃO (2011) **Timeu-Crítias**. [Tradução do grego, introdução e notas Rodolfo Lopes]. 1ªed. Lisboa: Editor: Centro de Estudos Clássicos e Humanísticos.

POGGI, Amadeo; VALLORA, Edgar. (2004) **Beethoven: Signori, il catalogo è questo!** [Tradução: Beethoven: Repertorio Completo, tradução de Bernardo Moreno Carrillo. 2 ed.] Ed.Cátedra-Classica. Madrid, Spaña.

POINCARÉ, J. Henri. (1985) **A Ciência e a Hipótese**. Tradução Maria Auxiliadora Kneipp. Brasília: Editora Unb.

POINCARÉ, J. Henri. (1995) **O valor da ciência.** Trad. Maria Helena F. Martins. Rio de Janeiro: Contraponto.

POINCARÉ, J. Henri. (1996) **Science and method**. Trad. Francis Maitland. London: Routledge/Thoemmes.

POINCARÉ, J. Henri. (1924) **Últimos pensamentos**. Trad. G. L. B. RJ: Livraria Garnier.

POINCARÉ, J. Henri. (1956) **Principles of mathematical physics**. The Scientific Monthly, (4) 82: 165-175.

PRICE, Randall. (2006) **Arqueologia Bíblica**. Trad.: Sergio Viala e Luis Aron de Macedo. [Original em inglês: *The stones cry out*. Harvest House Publishers Eugene, Oregon, USA 1.ed. 1997], 5ed. Rio de Janeiro: Casa Publicadora das Assembleias de Deus.

PRIGOGINE, Ilya. (2002) **As Leis do Caos**. Trad. R. L. Ferreira, São Paulo: UNESP.

PRIGOGINE, Ilya. (2006) **El Nacimiento del Tiempo**. Tusquets Editores, Buenos Aires.

PRIGOGINE, Ilya. (1992) **Entre o tempo e a eternidade**. São Paulo: Cia. das Letras.

PRIGOGINE, Ilya. (1971) **Entropy and dissipative structures**. Berlim: Sppringer.

PRIGOGINE, Ilya. (1980) **From being to becoming: time and complexity in phisical sciences**. São Francisco: Freeman.

PRIGOGINE, Ilya. (1984) **Idées contemporaines**. Paris: Édition La Découverte e jornal Le Monde.

PRIGOGINE, Ilya. (1979) **La nouvelle alliance: metamorphose de as science**. Paris: Gallimard.

PRIGOGINE, Ilya. (1996) **O fim das certezas: tempo, caos e as leis da natureza**. [Título original: *La fin des La Certidudes: temps, chãos et les lois de la nature*. Trad. Roberto L. Ferreira] São Paulo: Univ. Estadual Paulista.

PRIGOGINE, Ilya. (2003) **Order out of Caos: a new dialogue of men and nature**. Nova York: Bantam.

PRIGOGINE, Ilya; GLANSDORFF, P. (1971) **Structure, stabilité et fluctuations**. Paris: Masson.

PRIGOGINE, Ilya; STENGERS, Isabela. (1991) **A nova aliança: metamorfose da ciência**. Trad. de Miguel Faria e Maria Joaquina Machado Trincheira. Brasília: Ed. UnB.

PSICOLOGIA EXPERIMENTAL e CIÊNCIAS HERMÉTICAS. (1946) **Astrologia**. 6ed. Reg. Biblioteca Nacional sob nº3485. São Paulo: Pensamento.

QUADROS, Emérico Arnaldo de. (2017) **Psicologia e desenvolvimento humano**. Petrópolis: Vozes.

RALPHS, John D. (1994) **A Quarta Dimensão**. Trad. Helena M. Alves. Lisboa: Estampa.

RAMACHANDRAN, V.S.; GREGORY, R.L. (1991) **Perceptual filling in of artificially induced scotoma in human vision**. Nature, n.350, p.699-702, April 25.

RAMACHANDRAN, V.S.; BLACKSLEE, S. (2004) **Fantasmas no cérebro: uma investigação dos mistérios da mente humana**. Rio de Janeiro: Record.

RAMACHANDRAN, V.S.; HIRSTEIN, W. (1998) **The perception of phantom limbs: The D. O. Hebb lecture**. Brain, n.21, p.1603-1630.

RAMACHANDRAN, V.S.; HUBBARD, E.M. (2001) **Synaesthesia: a window into perception, thought and language**. Journal of Consciousness Studies, v.8, n.12, pp.3-34.

RAMACHANDRAN, V.S.; ROGERS-RAMACHANDRAN, D. (2000) **Phantom limbs and neural plasticity. Archives of Neurology**, v.57, n.3, pp.317-320, Marc.

RAMACHANDRAN, V.S., et al. (1996) **Illusions of body image: what they reveal about human nature In: LLINAS, R.R.; CHURCHLAND, P.S. (Eds). The mind-brain continuum: sensory processes. Cambridge**, MA: MIT Press, pp.29-60.

RAMACHANDRAN, V.S. (1994) **Phantom limbs, neglect syndromes, repressed memories, and Freudian psychology**. International Review of Neurobiology, v.37, p.291-332.

RAMACHANDRAN, V.S.; ARMEL, K.C. (2003) **Projecting sensations to external objects: evidence from skin conductance response**. Proceedings of the Royal Society of London: Biological, n.270, pp.1499-1506.

RAMOS, Luís M. Alves. (2002) **Apontamentos sobre a psicologia analítica de Carl Gustav Jung**. Campinas, São Paulo: ETD – Educ. Temática Digital. V.4. n.1. pp.110-144.

REGO, T. C. (2002) **Vygotsky: uma perspectiva histórico-cultural da educação**. 14ed. Petrópolis: Vozes.

RHINE, Joseph Banks. (1950) **An Introduction to the Work of Extra-Sensory Perception**. Transaction of the New York Academy of Sciences, series II, XII, Nova York, pp.164-168.

RHINE, Joseph Banks. (1934) **Extra-Sensory Perception**. Boston: Boston Society for Psychic Research.

RHINE, Joseph Banks. (1948) **The Reach of the Mind**. Londres: Faber & Faber.

RHINE, Joseph Banks; HUMPHREY, B.M. (1942) **A Tansoceanic ESP Experiment**. Journal of Parapsychology, VI, Durham, Carolina do Norte. pp.52-74.

RODRIGUES, A.; ASSMAR, E. M. L.; JABLONSKI, B. (2016) **Psicologia Social**. Petrópolis: Vozes.

ROHEN, J. W., YOKOCHI, C. (1989) **Anatomia Humana: Atlas Fotográfico de Anatomia Sistêmica e Regional**. Trad. e rev. prof. Orlando J. Aidar. 2ed. São Paulo: Manole.

ROWLEY, Harold Henry. (1980) **A importância da literatura apocalíptica: um estudo da literatura apocalíptica judaica e cristã, de Daniel ao Apokálypsis**. 1980. Trad. Rui Gutierres. São Paulo: Paulinas.

RUSSELL, Bertrand A. W. (1960) **ABC da Relatividade**. Tradução G. Rebuá. Rio de Janeiro: Zahar.

RUSSELL, Bertrand A. W. (1978) **Análise da Matéria**. Tradução Nathanael C. Caixeiro. Rio de Janeiro: Zahar.

RUSSELL, Bertrand A. W. (2007) **Introdução à Filosofia Matemática**. Tradução: Maria Luiza de A. Borges. Rio de Janeiro: Zahar.

RUSSELL, Bertrand A. W. (1948) **Los Principios de La Matemática**. Trad. del inglés: Juan Carlos Grimberg, BA: Espasa-Calpe.

RUSSELL, Bertrand A. W. (1966) **Nosso Conhecimento do Mundo Exterior**. Tradução: R. Haddock Lobo, Série 1, vol.4, São Paulo: Cia. Ed. Nacional.

RUSSELL, Bertrand A. W. (1978) **Significado e Verdade.** [*An Inquiry into Meaning and Truth*]. Trad. Alberto Oliva. RJ: Zahar.

RUSSELL, Bertrand A. W. (1962) **Perspectiva Científica**. 2ed. Trad. José Severo C.Pereira. [***The Scientific Outlook***] SP: Nacional.

SALOVEY, P., & MAYER, J. D. (1990). **Emotional intelligence**. Imagination, Cognition and Personality, 9, 185-211.

SALOVEY, P., MAYER, J. D., CARUSO, D., & Lopes, P. N. (2001). **Measuring emotional intelligence as a set of mental abilities with the MSCEIT**. In S. J. Lopes & C. R. Snyder (Eds.), Handbook of positive psychology assessment. Washington, DC: American Psychological Association.

SALOVEY, P., WOOLERY, A., & MAYER, J. D. (2001). **Emotional intelligence: Conceptualization and measurement**. In G. Fletcher & M. S. Clark (Eds.), The Blackwell handbook of social psychology: Vol. 2. Interpersonal processes (pp. 279 307). Oxford, UK: Blackwell.

SANTI, P. L. R. (2009) **A Construção do Eu na Modernidade**. 6ª ed. Ribeirão Preto/SP: Holos.

SHAKESPEARE, William. (2016) **Sonho de uma noite de verão** [título original: A midsummer night's dream]. tradução Rafael Raffaelli. – Florianópolis: Ed. da UFSC.

SCHOPENHAUER, A. (2003) **El Mundo como Voluntad y Representacion**. vols.I e II, Trad. de Roberto R. Aramayo, Madrid:Fundo de Cultura Económica.

SCHOPENHAUER, A. (2005) **El Mundo como Voluntad y Representacion**. vols.I e II, trad. Pilar López de Santa Maria, Editorial Trotta, Madrid, 2009. Também a tradução brasileira: *O mundo como Vontade e como Representação*, Trad. de Jair Barboza, São Paulo: Ed. UNESP.

SCHOPENHAUER, A. (1991) **Parerga e Paralipomena**. Trad. espanhola completa (vol I e II) de Pilar López de Santa Maria, Editorial Trotta, Madrid, 2009. Tradução brasileira de Wolfgang Maar, In: Coleção "Os Pensadores", 5ed., São Paulo: Nova Cultural.

SCHOPENHAUER, A. (1836) **Über den Willen in der Natur**. Frankfurt am Main.

SCHULTZ, D. P. & SCHULTZ, S. E. (2011) **História da Psicologia Moderna**. 9ª ed. São Paulo: Thomson Learning.

SEARLE, J. (1984) **Minds, Brains and Science**. Cambridge: Harvard University Press.

SEARLE, J. (1998) **O mistério da consciência**. São Paulo: Paz e Terra.

SEARLE, J. (1999) **The Chinese Room**. The MIT Encyclopedia of the Cognitive Sciences, pp.115-116. Cambridge: MIT Press.

SÉRIO, T. M. A. P.; ANDERY, M. A. Comportamento verbal. In: SÉRIO, T. M. A. P.; ANDERY, M. A.; GIÓIA, P. S.; MICHELETTO, N. (2002) **Controle de Estímulos e Comportamento Operante: Uma Nova Introdução**. São Paulo: Editora Educ.

SHEEHAN, William. (1996) **The Planet Mars: A History of Observation and Discovery**. Tucson: Univ. of Arizona Press. EUA.

SHU, Frank. (1982) **The physical Universe; An Introduction to Astronomy**. Mill Valley: Univ. Science Books.

SKINNER, B. F. (1953) **Science and Human Behavior**. Macmillan Free Press.

SKINNER, B. F. (2003) **Ciência e Comportamento Humano**. Trad. João Carlos Todorov e Adolfo Azzi. Martins Fontes: São Paulo.

SKINNER, B. F. (2009) **Sobre o Behaviorismo**. Trad. Maria da Penha Villalobos, Cultrix: São Paulo.

SOBOTTA, Robert H. Johannes. (2000) **Atlas de Anatomia Humana**. trad. Wilma Lins Werneck: *Atlas de Anatomie des Menschen*. 21ed. atualizada. vols.I e II. Rio de Janeiro: Guanabara Koogan.

SOCIEDADES BÍBLICAS UNIDAS. (1943) **O Novo Testamento de Nosso Senhor Jesus Christo**. [Traduzido do Original Grego. Trad. Brasileira, 2000]. Nova versão brasileira, in-12º, Rio de Janeiro.

SPEARMAN, C. (1904) **General Intelligence**, Objectively Determined & Measured, American Journal of Psychology 15, 201- 293.

SPINOZA, Baruch (2012) **Breve tratado de Deus, do homem e do seu bem-estar**. Tradução e notas Emanuel Angelo da Rocha Fragoso, Luís César Guimarães Oliva. Belo Horizonte: Autêntica Editora.

SPINOZA, Baruch (2009) **Ética**. Tradução Tomaz Tadeu. Belo Horizonte: Autêntica Editora.

SPINOZA, Baruch (2009) **Tratado político**. Tradução Homero Santiago. São Paulo: Editora Martins Fontes.

SPORNS, O. (2012) **Discovering the Human Connectome**. Cambridge, MA, USA: The MIT Press.

SPORNS, O. (2010) **Networks of the Brain**. Cambridge, MA, USA: The MIT Press.

SPOTTISWOODE, P.; MAY, E. (2003) **Skin Conductance Prestimulus Response: Analyses, Artifacts, and a Pilot Study**. Journal of Scientific Exploration, v.17, n.4. pp.617–641.

STREY, M. N.; JACQUES, M. G. C. (Orgs.) (2016) **Psicologia social contemporânea**. Petrópolis: Vozes.

STROGATZ, S. H. (2001) **Nonlinear Dynamics and Chaos**: With Applications to Physics, Biology, Chemistry, and Engineering. [S.l.]: Westview Press.

TAYLOR, John. (1988) **Buraco Negro: o supremo desconhecível**. Trad. Aldo B. Neto; revisão técnica Ronaldo R. F. Mourão. Rio de Janeiro: F. Alves.

TEIXEIRA, J. F. (Org.). (1996) **Cérebros, Máquinas e Consciência: uma introdução à Filosofia da Mente**. São Carlos: EdUFSCar.

THORNDIKE, R. M. (1997). **The early history of intelligence testing**. In D. P. Flanagan, J. L. Genshaft, & P. L. Harrison. (Orgs.), Contemporary Intellectual Assessment: theories, tests and issues (pp. 3-16). Nova York: Guiford.

THORNDIKE, R. L.; HAGEN E. P. (1977) **Measurement and Evaluation in Psychology and Education**. New York: Wiley.

TOWNSEND JR, Courtney M; etal., (2010) **Tratado de Cirurgia – a base biológica da prática cirúrgica moderna**. [Do original Sabiston Textbook of Surgery, 18th edition]. [Tradução autorizada do idioma inglês da edição publicada por Saunders - selo editorial Elsevier ID 2003, Elsevier Inc. Edição original: ISBN978-0-8089-2401-2]. [tradução Débora Rodrigues Fonseca, etal.]. Rio de Janeiro: Elsevier.

TRINDADE, Jorge; BEHEREGARAY Andréa; CUNEO, Mônica R. (2009) **Psicopatia: a máscara da justiça**. Porto Alegre: Livraria do Advogado Editora.

TUSZYNSKI, Jack A. (Ed.) (2006) **The Emerging Physics of Consciousness** [Series Editors: A. C. Elitzur; M. P. Silverman; J. Tuszynski; R. Vaas; H. D. Zeh. The Frontiers Collection]. Springer-Verlag Berlin Heidelberg 2006 Printed in Germany.

TURING, Alan. (1996) **Computação e Inteligência**. [Tradução de Fábio de Carvalho Hansem. Cérebros, Máquinas e Consciência: uma introdução à filosofia da mente.] São Carlos: EdUFScar.

TURING, Alan. (1999) **Computing Machinery and Intelligence**. [Computer Media and Communication: A Reader.] Oxford: Oxford University Press.

TZU, Sun. (2005) **A Arte da Guerra**. São Paulo: Cultura Brasil.

US NATIONAL LIBRARY OF MEDICINE NATIONAL INSTITUTES OF HEALTH http://www.ncbi.nlm.nih.gov/pmc/articles/PMC3094200/. Acesso em 16.05.2016. Journal List, BMC Neurosci. v.12; 2011, PMC3094200. [WEISS, E. M.; BILDER, R. M.; FLEISCHHACKER, W. W. (2011) **The Effects of Second-generation Antipsychotics on Cognitive Functioning and Psychosocial outcome in Schizophrenia**.].

VAN WYLEN, G. J.; SONNTAG, R. E.; BORGNAKKE, C. (1998) **Fundamentos da Termodinâmica**. 5ed. São Paulo: Edgard Blucher.

VERNANT, Jean-Pierre. (1990) **Mito e Pensamento entre os Gregos**. [Estudos de Psicologia Histórica]. Tradução de Haiganuch Sarian. Rio de Janeiro: Paz e Terra.

VERNANT, Jean-Pierre. (2000) **O universo, os deuses, os homens**. São Paulo: Companhia das Letras.

VYGOTSKY, L. S. (2007) **A formação social da mente**. 7. ed. São Paulo: Martins Fontes.

VYGOTSKY, L. S. (2010) **A construção do pensamento e da linguagem**. 2. ed. São Paulo: Martins Fontes.

VYGOTSKY, L. S.; LURIA, A. R. (1996) **Estudos sobre a história do comportamento: o macaco, o primitivo e a criança**. Porto Alegre: Artes Médicas.

VYGOTSKY, L. S.; LURIA, A. R.; LEONTIEV, A. N. (2010) **Linguagem, desenvolvimento e aprendizagem**. 11. ed. SP: Ícone.

XAVIER, C. R. (2003) **A Permuta dos Sábios: um Estudo Sobre as Correspondências entre Carl Gustav Jung e Wolfgang Pauli**. São Paulo: Annablume.

XAVIER, V. F. Gomes; ROCHA, O. de Souza (Orgs.) (2019) **As duas problemáticas Agostinianas: O Mal e O Tempo** [recurso eletrônico]. Victor Fabiam Gomes Xavier; Onelielton de Souza Rocha. Porto Alegre, RS: Editora Fi.

WAND, Y.; WEBER, R. Mario (1990) **Bunge's ontology as a formal foundation for information systems concepts**. In: WEINGARTNER, P.; DORN, J. W. G. (Ed.). Studies on Mario Bunge's treatise. Amsterdam: Rodopi. p.123-153.

WAND, Y.; STOREY, V. C.; WEBER, R. (1999) **An ontological analysis of the relationship constructs in conceptual modeling**. ACM Transactions on Database Systems, New York, v. 24, n. 4, p. 494-528.

WALTHER, Leon. (1929) **Tecno-psicologia do trabalho industrial**. Tradução Lourenço Filho. SP: Companhia Melhoramentos.

WEBER, M. (1994) **A Ética Protestante e o Espírito do Capitalismo**. São Paulo: E. M. Guazzeli.

WEBER, M. (1993) **Ciência e política: duas vocações**. Trad. de Leônidas Hegenberg e Octavio S. da Mota, São Paulo: Cultrix.

WERNER, J. (1999) **Análise microgenética: contribuição dos trabalhos de Vigotski para o diagnóstico em psiquiatria infantil**. Int. J. Prenataland Perinatal Psychologyand Medicine, v. 11, n. 2, p. 157-171.

WERTSCH, J. V. (1980) **The significance of dialogue in Vygotsky's account of social, egocentric and inner speech**. Contemporary Educational Psycology, v. 5, p. 150-162.

WERTSCH, J. V. (1985) **Vygotsky and the social formation of mind**. Cambridge: Harvard Ed.

WILBER, Ken (1995). **O Espectro da Consciência** (The Spectrum of Consciousness). Trad. Octávio M. Cajado. 10ed. SP: Cultrix.

WILLIAMS, Colin P. (1998) **Explorations in Quantum Computing**. New York, NY: Springer-Verlag.

WINNICOTT, Donald W. (1983) **O Ambiente e os Processos de Maturação: estudos sobre a teoria do desenvolvimento emocional**. [Trad. Irineo Constantino Schuch Ortiz]. Porto Alegre: Artmed.

WINNICOTT, Donald W. (2021) **Tudo Começa em Casa**. [Traduzido por Paulo Cesar Sandler / Conselho técnico: Ana Lila Lejarraga, Christian Dunker, Gilberto Safra, Leopoldo Fulgencio, Tales Ab' Sáber] São Paulo: Ubu Editora.

WOYCIEKOSKI, C.; HUTZ, C. S. (2009). Inteligência Emocional: Teoria, Pesquisa, Medida, Aplicações e Controvérsias. Disponível em 21.08.2024, www.scielo.br/prc .

WUNDT, Wilhelm M. (1904) **Principles of Physiological Psychology**. Vol.1, London Swan Sonnenschein & Co. Lim. New York: The Macmillan Co.

YANCEY, Philip; BRAND, Paul. (2003) **À imagem e semelhança de Deus: uma analogia entre o corpo humano e o corpo de Cristo** [Título original: ***In His Image***. ISBN 85-7367-7034], tradução: James Monteiro dos Reis. São Paulo: Ed.Vida.

ZANDER, C.; PLASTINO, A.; PLASTINO, A. R. (2009) **Quantum entanglement in a many-body system exhibiting multiple quantum phase transitions**. Brazilian Journal of Physics, v.39, n.2ª, pp.464-467.

ZOHAR, Danah. (2010) **O Ser Quântico: uma Visão Revolucionária da Natureza Humana e da Consciência, Baseada na Nova Física.** 18ed. São Paulo: Best Seller.

Made in United States
Cleveland, OH
06 November 2026

47667472R00262